欧洲大学史

第一卷

中世纪大学

总主编 瓦尔特·吕埃格

General Editor WALTER RÜEGG

欧洲大学史

A HISTORY OF THE UNIVERSITY IN EUROPE

第一卷 中世纪大学

VOLUME I UNIVERSITIES IN THE MIDDLE AGES

主编 希尔德·德·里德-西蒙斯

Edited by H. DE RIDDER-SYMOENS

张斌贤 程玉红 和 震 张 驰 王海芳 等译

王 璞 王 晨 和 震 初校

张斌贤 孙 益 张 驰 审校

河北大学出版社

Hebei University Press

冀图登字：03—2001—013

《欧洲大学史》第一卷《中世纪大学》

A History of the University in Europe，Volume I，

Universities in the Middle Ages

本书根据剑桥大学出版社(Cambridge University Press)1992年版翻译

图书在版编目(CIP)数据

欧洲大学史.第1卷，中世纪大学/(瑞士)吕埃格著：

(比)里德—西蒙斯分册主编；张斌贤等译.—保定：

河北大学出版社，2007.9

ISBN 978—7—81097—194—2

Ⅰ.欧… Ⅱ.①吕…②里…③张… Ⅲ.高等教育—教育

史—欧洲—中世纪 Ⅳ.G649.509

中国版本图书馆CIP数据核字(2007)第141867号

责任编辑　臧燕阳　Tel：0312—5921826　E—mail：zyyzmq@yahoo.com.cn

封面设计　王占梅

版式设计　赵　谦

责任印制　闻　利

出版：河北大学出版社(保定市五四东路180号)	印数：1～4500册
经销：全国新华书店	版次：2008年8月第1版
印制：河北新华印刷一厂	印次：2008年8月第1次
规格：1/16(787mm×960mm)	书号：ISBN 978-7-81097-194-2/G·582
印张：39.5	定价：80.00元
字数：607千字	

欧洲大学史

总主编兼编委会主席　瓦尔特·吕埃格(瑞士)

编委会

阿萨·布里格斯(英国)

亚历山大·盖伊什托尔(波兰)

诺克特尔·哈默施泰因(德国)

奥拉夫·彼德森(丹麦)

希尔德·德·里德－西蒙斯(比利时)

约翰·罗伯茨(英国)

爱德华·希尔斯(美国)

雅克·韦尔热(法国)

编委会秘书

艾利森·德·皮默热－布朗宁(英国)

这套四卷本丛书由欧洲大学校长常设会议(CRE)领导的编委会组织编写。CRE是一个非政府组织,总部设在瑞士日内瓦,会员包括东欧和西欧的许多大学,总数超过500个。CRE作为本套丛书的协调者,委托其副秘书长管理全部工作,并任编委会秘书。

在过去的一千年中,大学是欧洲唯一一种基本形式、基本社会作用和功能都保持不变的机构。本套丛书将阐明大学如何且为什么能逐渐包括所有的知识,并遍布于世界绝大部分地区,大学是如何形成欧洲共同智力传统的,以及大学是如何培养学术和职业精英的,这些精英的精神气质具有超越国界的特征。

本套丛书包括:

第一卷 中世纪大学

主编 希尔德·德·里德－西蒙斯

第二卷 近代早期的欧洲大学(1500—1800)

主编 希尔德·德·里德－西蒙斯

第三卷 19世纪和20世纪早期的大学(1800—1945)

主编 瓦尔特·吕埃格(准备中)*

第四卷 1945年以来的大学

主编 阿萨·布里格斯(准备中)

* 原文如此,第三卷已于2004年由英国剑桥大学出版社出版——译者。

译校者序

一

从 1982 年开始，欧洲大学校长常设会议（the Standing Conference of Rectors, Presidents, and Vice-Chancellors of the European Universities，简称 CRE）开始组织欧洲各国和美国有关学科的专家开展一项合作研究，以探讨欧洲大学历史发展的基本过程和基本问题。这项合作研究的主要成果之一，就是编写了四卷本《欧洲大学史》。《欧洲大学史》第一卷《中世纪大学》于 1992 年出版，1996 年出版了该书第二卷，即《近代早期的欧洲大学（1500—1800）》，第三卷《19 世纪和 20 世纪早期的大学（1800—1945）》于 2004 年出版。

现在摆在读者面前的就是这套四卷本《欧洲大学史》的第一卷《中世纪大学》。这篇序言的目的是提供一个轮廓，以使读者更好地把握本书的基本结构、内容、特色和价值。①

---

① 关于整套《欧洲大学史》的特色，由于全书并未出齐，且原作者在本书前言部分已经做了非常简明和充分的介绍，故译校者只分别介绍各卷的特点。

在这套《欧洲大学史》出版前后，用英语写作的有关中世纪大学的著作和论文可谓汗牛充栋，例如，拉希德的三卷本《欧洲中世纪大学》(1895)①、桑戴克的《中世纪的大学记录与生活》(1949)②、鲍德温和古德威特的《政治中的大学——中世纪后期和近代早期的个案研究》(1972)③、科班的《中世纪大学及其发展与组织》(1975)④、莱夫的《13—14世纪的巴黎大学与牛津大学》(1975)⑤、伊泽温和帕奎的《中世纪后期的大学》(1978)⑥、班德的《大学与城市》(1988)⑦、梅鲁的《中世纪欧洲的大学训练》(1993)⑧、彼德森的《最早的大学——大学馆与欧洲大学教育的起源》(1997)⑨，等等。那么，与此前出版的有关中世纪大学史著作相比，本书有什么特点呢？

根据我们的初步认识，本书的主要特点和价值有四：

1.编写的组织方式。如前所述，本书是由欧洲大学校长常设会议组织编写的。这个常设会议是一个非政府组织，成立于1964年，总部设在瑞士日内瓦，其成员包括欧洲27个国家的470多个高等教育机构。由于常设会议成员的普遍性，因此得以组织起一个庞大的编写队伍，集中各国相关学科的专家共同探讨。本书的作者就包括来自英国、法国、德国、美国、波兰、瑞典、瑞士、意大利、西班牙、比利时、丹麦等11个国家的16位学者。

---

① Hastings Rashdall. *The Universities of Europe in the Middle Ages* (3 vols.). Oxford: The Clarendon Press, 1895.

② Lynn Thorndike. *University Record and Life in the Middle Ages*. New York: Columbia University Press, 1949.

③ J. W. Baldwin and R. A. Goldthwaite (eds.), *Universities in Politics: Case Studies from the Late Middle Ages and Early Modern Period*. Baltimore/London, 1972.

④ A. B. Cobban. *The Medieval Universities: Their Development and Organization*. London: Methuen & Co. Ltd., 1975.

⑤ Gordon Leff. *Paris and Oxford Universities in the Thirteenth and Fourteenth Centuries: An Institutional and Intellectual History*. New York: Robert E. Krieger Publishing Company, 1975.

⑥ Jozef Ijsewijn and Jacques Paquet. *The Universities in the Later Middle Ages*. Louvain: Louvain University Press, 1978.

⑦ Thomas Bender. *The University and the City: From Medieval Origin to the Present*. New York and Oxford: Oxford University Press, 1988.

⑧ Alfonso Maieru. *University Training in Medieval Europe*. Trans. By D. N. Pryds. Leiden and New York: E.J. Brill, 1993.

⑨ Olaf Pedersen. *The First Universities: Studium Generale and the Origins of University Education in Europe*. Cambridge University Press, 1997.

其中大多是相关学科领域国际上有广泛影响的学者，如已故的芝加哥大学社会思想和社会学教授、《密涅瓦》杂志的创办人爱德华·希尔斯，著名社会史学家、原牛津大学沃斯特学院院长阿萨·布里格斯爵士，以及本书总主编、原法兰克福大学校长瓦尔特·吕埃格等。

与学者个人独立撰写的著作相比，这种编写方式尽管可能存在着一些不可避免的局限（如语言风格的差异、思想的连贯性不足），但毋庸质疑的是，它也避免了由于学者学术兴趣和视野的局限而带来的著作内容的不平衡。更为重要的是，由于聚集了一些在中世纪史不同领域（如社会史、经济史、法学史、科学史等）各有专长的知名学者，因而保证了著作本身在整体上的高水平。并且，为避免多人合作所造成的种种问题，《欧洲大学史》的“编委会选择了一个非常复杂的程序。首先，为每一卷和每一章所涉及的主题都制定了一套内容和方法的指南，并邀请那些愿意合作的人士参加第一轮讨论。在这些讨论中，通过扩展或约定拟承担写作章节的内容，那些未来的作者同意写作的分工。在讨论的过程中，这种合作完成的著作所必需的共识和互相理解得以形成。在第二轮讨论中，各章的初稿被认真审读和详细讨论。来自各国的通信员在主编和作者未被告知的情况下，被邀参加讨论。接着，这些讨论形成的第二稿由主编经过一次或多次会议反复修改，直到通过编委会的程序，各章被整合到一个统一的模式中”①。

2.作者的学科背景。在我国，由于教育史学科最初是作为教师教育的重要科目，因此，包括大学史在内的教育史研究主要是由设有教育专业或学科的师范院校的教学科研人员承担的，其他人文社会学科领域的科研人员很少介入教育史研究（值得欣慰的是，近年来一些院校历史学、政治学等相关学科的科研人员开始“涉足”教育史研究）。由于研究人员学科背景的单一性，不可避免地导致教育史研究中就教育而论教育的普遍现象，从而极大地限制了对教育历史的认识和理解。从这个意义上讲，本书的一个突出特点是，作者学科背景的多样性。在书中所介绍的16位作者中，有从事古典语言研究的莫妮卡·阿斯塔罗斯，有从事社会史学研究的阿萨·布里格斯，从事教会法史研究的安东尼奥·加西亚·Y·加西亚，从事中世纪史研究

① 见本书前言。

的亚历山大·盖伊什托尔、戈登·莱夫、彼得·莫拉夫、雷纳·克里斯托夫·施温格、南茜·斯雷斯，从事法律史研究的保罗·纳尔第，从事哲学史和科学史研究的约翰·诺思、奥拉夫·彼德森，从事大学史研究的希尔德·德·里德－西蒙斯、雅克·韦尔热，以及从事社会学研究的瓦尔特·吕埃格、爱德华·希尔斯等。

多样化的学科背景对于大学史研究是必不可少的前提。这是因为，与中小学不同，大学从其产生之日起，就不仅是作为教育机构和文化机构而存在的，它同时也是一种学术机构、社会机构，大学承担着多重社会功能。正因如此，大学历来与社会生活的诸多领域（政治、经济、社会、文化、宗教）密切相关。大学是在与社会的复杂联系中经历变迁、得到发展的。如果仅仅从教育的角度或把大学只当做教育机构，那么就不可能认识和理解大学的历史变迁，也不可能有真正科学的大学史研究。就此而言，如果本书是一部反映西方学术界关于中世纪大学史最新进展的重要著作，那么，它的成功在很大程度上应当归因于作者多样的学科背景。

3.本书的内容范围。与同类著作相比，《欧洲大学史》的第一卷《中世纪大学》在内容范围上的特点是非常突出的。迄今为止已经公开出版的关于中世纪大学史的著作，大多是以专题研究或专门研究为主，或者是关于中世纪大学起源的研究（如彼德森的《最早的大学——大学馆与欧洲大学教育的起源》），或者是关于中世纪某一时期的大学研究（如伊泽温和帕奎的《中世纪后期的大学》），或者是关于中世纪大学与社会关系的研究（如班德的《大学与城市》），或者是关于中世纪大学内部某一方面问题的研究（科班的《中世纪大学及其发展与组织》、梅鲁的《中世纪欧洲的大学训练》），或者是关于中世纪大学的个案研究（如莱夫的《13—14世纪的巴黎大学与牛津大学》），如此等等。本书虽然是以专题研究为基础，但就其专题所涉及的范围而言，它实际上是一种综合性的专题研究。在空间上，它涵盖了东欧、中欧、西欧在内的整个欧洲；在时间上，它则跨越了从大学产生之初直到16世纪初的三百多年；在广度上，它包括从大学的管理、财政、建筑，到大学的学科、学院组织、招生、教学、学位授予、考试，直到学生的生活、学习、活动，等等，几乎无所不包，同时还广泛地涉及到大学与外部世界（教会、王国、城市）的关系。

就本书所涉及的内容范围而言，唯一能与之相比拟的是拉希德在一百年前出版的三卷本《欧洲中世纪大学》。尽管拉希德的著作一直被认为是研究中世纪大学的经典之作，但与之相比，本书的特点仍然是非常清晰的。二者之间最为重要的差异在于，拉希德的著作主要侧重在博洛尼亚大学、巴黎大学和牛津大学这三所大学的历史（尽管也涉及到诸多国家的大学）和国别大学史，而本书所要反映的不是（或主要不是）不同大学或不同国家的大学在中世纪的发展，而是欧洲大学的不同侧面，以及由此构成的整体在12—15世纪这三百多年间的变迁。

4.本书的结构。四卷本《欧洲大学史》是一部关于欧洲大学发展的通史类著作，但它又与一般的编年史不同，是一部"欧洲大学的比较史"，或者说是一部以专题研究为基础的欧洲大学通史。由于是以专题研究为基础，因而确保了整套《欧洲大学史》结构的一致性，也因而保证了全书的整体性。根据主编的介绍，《欧洲大学史》各卷均分为四个部分，各卷的第一部分提供主题的导引和该卷所考察时期大学的分布和发展的综合描述；第二部分共三章，叙述大学的结构，首先是大学与公共当局的关系，然后是大学的内在组织，它的财政、校舍和设备，管理机构及其决策的方式，大学的教师，在第二、三、四卷中，还将有第四章探讨欧洲高等教育机构在其他国家的扩展；第三部分共四章，涉及大学的一个主要使命，即学生在科学和学术知识方面的训练，大学学习的社会的、经济的和理智的前提，学习科目，学生的日常生活、考试和职业；第四部分的四章，涉及大学的另一个主要职能，即运用批判的方法，证明、更新和扩展人类的知识（第一卷主要涉及文学院、法学院、医学院和神学院这四个学院或知识领域）。

就历史的编撰而言，很难简单地判断何种结构是好的，而其他的结构是不好的。历史著作结构的不同主要取决于研究对象本身的特点，取决于作者的历史观念、作者对研究对象的认识，等等。就大学的历史而言，由于大学机构、大学功能，以及大学与社会关系的复杂性，由于不同国家、不同地区和不同类型的大学发展的特殊性，因此，似乎难以运用编年史的方法和结构，尤其是当研究的对象范围涉及一个广大的区域。在这种情况下，以专题研究为基础的历史编撰，可能是较为现实可行的合理方法。通过对不同时期、不同地区和不同类型大学发展的基本过程的梳理，从中抽象出大学发展的主要问题,并进而形成一个具有逻辑联系的结构,这确实是值得关注的一种历史编撰方式。

我以为,这种编撰方式的一个更为重要的价值在于,有助于通过把握不同时期、不同地区、不同类型大学发展的共同问题在不同历史条件下的延续、变化,认识和理解大学的不同方面、不同部分,以及由它们所构成的整体在历史过程中的演变。这样,人们既有可能得到对大学某一个方面或部分的历史变迁的纵向认识,也有可能真正理解作为一个整体的大学历史。由此得到的不再是平面的、静止的和孤立的大学史,而是立体的、动态的和整体的大学史。

除了以上四个方面的特点之外,诸如史料之丰富、史料涉及语种之多、叙述分析之细微具体,以及在相关专题的研究中自然地运用比较方法,等等,也都是本书的特色。

二

由于语言、资料、研究力量等方面的原因,国内教育学术界对中世纪大学的研究是非常有限的。近四十多年来,在国内发表的关于欧洲中世纪大学的专门研究成果仅有10余篇论文(其中一篇为译文)。① 但奇怪的是,大量的论文和著作在讨论相关问题时,都会非常频繁地涉及到中世纪大学,似乎我们对中世纪大学已经有了非常充分和全面的了解。其实,我们的了解大都局限在:中世纪大学是一个学者与学生组成的行会或法人团体;这个团体从教皇、皇帝和国王那里获得了包括内部自治、罢课、免税、免除徭役、自由迁徙等特权;中世纪大学通常由文学院、法学院、医学院和神学院等组成;按照管理模式的不同,中世纪大学可以分为以博洛尼亚大学为代表的学生大学和以巴黎大学为代表的教师大学;中世纪大学已经建立了由学士、硕士和博士学位组成的学位制度;中世纪大学是现代大学的直接起源,等等。而且,在我们有限的知识中,有许多是笼统的、不确定的,有些则完全是以讹传讹。

---

① 张斌贤,孙益:"欧洲中世纪大学的特权",《北京师范大学学报》(人文社会科学版),2004年第4期。

从1984年开始，由于专业教学和研究的需要，我先后阅读了大量有关中世纪和中世纪大学的书籍和文献；早在上个世纪90年代，也曾写过有关中世纪大学的论文①。在翻译和校对本书之前，我自以为对中世纪大学已经具有了一定的了解。翻译和校对本书，彻底打破了我原有的“自信”，我真切地感到，与本书所提供的知识和洞见相比，自己已有的关于中世纪大学的知识是多么的匮乏和肤浅。我相信认真阅读本书的读者同样会有类似的感受。我相信，本书对于有兴趣的读者丰富关于中世纪大学的知识，从而深化对大学起源和大学本质的认识和理解，将发挥特殊的作用。

在关注本书的结构和内容的同时，我认为，读者还应当关心本书编写的动机。关于这一点，本书总主编瓦尔特·吕埃格在前言中的一段话是值得格外注意的：

> 科学和学术知识共同体重要性的不断增长，加上由于对这种重要性的认识而产生的高等教育机构前所未有的扩张，使欧洲大学不堪重负。尽管在法国、意大利和奥地利，中央政府管理大学的体制与联邦德国和瑞士的联邦体制，以及与英国大学的法律自治之间，存在着差异，但它们所面临的问题是相同的：大学被期望承担的职责各种各样、不断变化、相互矛盾；大学在不断增长的压力下，被要求将各种职责与其传统目的保持一致。

这也就是说，欧洲大学校长常设会议之所以组织编写这套四卷本《欧洲大学史》，是因为在20世纪70、80年代欧洲大学的发展面临着现实的挑战和危机。第二次世界大战后欧洲各国所进行的一系列大学教育的改革、大学机构的急速扩张，非但未能使大学教育真正满足社会的需要，反倒使大学自身陷入功能冲突的困境。大学的发展向何处去？大学教育当前所面临的主要矛盾是什么？如何真正有效地解决大学所面临的问题？

要解答上述问题或难题，“向前看”固然是必须的，但“向后看”也同等重要。正如瓦尔特·吕埃格所说，“第二次世界大战后10年间改革大学的

① 张斌贤：“欧洲中世纪大学的历史地位”，《教育史研究》，1995年第2期。

各种努力的失败已经表明,如果没有对大学的发展和悠久传统的深入认识,是不可能获得解决大学问题的真正有效的方法的"①。

众所周知,中世纪大学是现代大学的共同渊源,中世纪大学在其发展过程逐渐形成的一系列制度和原则,为现代大学的建立奠定了坚实的历史基础。大学源于中世纪法律所具有的法人社团的性质,不仅保证了大学在中世纪异常纷繁复杂的社会环境中的生存和发展,而且为学术自治作为现代大学的基本原则的确立提供了强有力的历史依据和法律依据;中世纪大学所建立的学院、学舍制度,不仅进一步确立了西方传统的学科分类和知识分类,从而为知识的发展奠定了重要的基础,而且为大学教育的有效进行提供了制度保障;中世纪大学的学位制度不仅在制度上为现代高等教育的学位制度提供了范式,甚至其形式也经过改造一直保持至今;其他诸如招生、学生管理、学生与教师的组织、教学过程、教学方式和方法、考试,以及大学在与外界交往和冲突中逐渐形成的行为模式,等等,都对 16 世纪以后大学的历史产生了直接和深远的影响。没有中世纪大学,便没有现代大学的迅速崛起。从这个意义上讲,了解中世纪大学的历史,是把握现代大学发展规律的必由之路。没有对中世纪大学历史的深入和全面的认识,是难以真正完整、深刻地理解现代大学的本质的。

由此,我想到在我国正如火如荼开展的一轮又一轮高等教育的改革。根据我的认识,在酝酿高等教育的改革(无论是整个高等教育体制的改革还是高校内部的改革)时,高等教育界的领导和学者们重点关注的主要是两个方面的问题;一是改革的需要和现有体制的问题;二是西方发达国家(尤其是美国)当代的类似做法,而很少冷静地系统回顾大学发展的历史,更不用说中世纪大学的历史。但在实际上,正如其他领域中的改革一样,缺乏历史感,甚至轻视历史,是我们轻易犯错误、不断犯错误和犯很多错误的基本原因之一。由于轻视历史和历史研究,我们为改革支付了我们实际上难以承受的巨大代价。

众所周知,中国现代大学教育制度并非直接发源于我国古代的高等教育,而是从西方移植而来的。由于这个原因,中国的现代大学教育制度存

---

① 见本书前言。

在“先天不足”的缺陷，既缺乏文化传统的滋养，又缺乏社会相关制度的支持。而且，自现代大学教育在中国生根以来的一百多年间，接连不断的内忧外患使中国大学始终未能长时间得到真正稳定的发展。粗略计算一下，一百多年来，中国大学教育相对稳定发展的时间大约在 40 年左右（即 20 世纪 20 年代初至抗日战争爆发前的十多年和 1978 年改革开放以来的 20 多年）。从大学发展的历史来看，中国的大学实际上还处于幼年时期，大学的机体依然非常娇嫩，易受外界的有利和不利的影响。在这种情况下，任何会影响大学自然生长的改革措施（尤其是那些全局性的和根本性的改革），都应该慎之又慎。更何况我们是在一种非常特殊的国际背景和社会环境下从事高等教育的改革事业，既无先例可循，又无现成的方案。在这种情况下，既需要改革者的勇气和胆识，同样还需要如履薄冰般的小心谨慎。须知改革本身并不是目的，改革是需要支付成本的。在历史上，并不缺乏这样的事例，即改革所造成的不良后果远远大于改革所带来的实际效益。对改革的评价并不取决于改革者的勇气和胆识，也不取决于改革的速率和幅度，而只在于它所造成的整体的和长远的结果。为了避免改革的重大失误，对于明智的改革者来说，对历史的审视无疑是一种最为“经济的”选择。对历史的审视似乎是一种实验，它虽然不会提供现成的改革方案，也不能预测改革的结果，但至少它会告诉人们不要做什么。在人类生活的许多情况下，选择不做什么其实远比选择做什么更需要智慧和胆识。在巍峨的历史大厦面前，人是需要有一种敬畏之心的，否则，我们会因无知而恣意妄为。

本书的翻译和校对是一项非常艰苦的工作。且不说书中有法语、德语、西班牙语、意大利语等多种译校者完全不了解的外语词汇，且不说书中运用了大量拉丁语词汇，对译校者更具挑战的是大量欧洲中世纪大学特有的名词、术语。译校者经常面临的困难是，如何既忠实于原文，又能使中文读者不致产生疑惑。举一个最为简单的例子：*studium*，*studium generale* 是书中反复出现的拉丁语词汇。这个词汇在一些中文的论著中有很多译名，例如公共研究所、普通学校、大学校，等等。查阅拉丁语词典可以知道，*studium* 的含义是文化教育机构，而 *generale* 的含义是普遍的、广泛的。在大学兴起以前，这两种机构都已经存在，而它们又与大学的兴起直接相关(尤其是在意大利)。那么,究竟如何准确地表达这两个词汇的含义,从而既能表达 *studium* 与 *studium generale* 之间的差异,又能表明它们与大学之间的联系?经过多次讨论(包括与翻译爱好者在网上的讨论),我们把这两个词汇分别译成"学馆"、"大学馆",一方面表明它们的学校性质以及它们之间的差异,另一方面既说明它们与大学的联系,同时又不至于和大学相混淆。类似这样的例子不胜枚举。

由于面临的巨大困难,翻译和校对工作的进展非常缓慢。初步的翻译工作用了整整两年(2001—2002)时间,从 2003 年到 2004 年上半年先后进行了三遍校对,2004 年下半年至 2005 年 2 月进行了第四遍校对。即使如此,我们仍不能完全确信译文已经达到毫无差错的程度,甚至还可能存在许多问题。只是因为版权的合同期已满,不得已而交付出版。

本书分工如下:张斌贤翻译前言,程玉红翻译第一章、第二章,黄福祥翻译第三章,王海芳翻译第四章、第六章,和震翻译第五章、第十章,张弛翻译第七章、人名索引,杨晓燕翻译第八章、第九章,张斌贤、程玉红翻译第十一章、第十二章、第十三章,刘冬青翻译主题索引,王璞翻译尾声。和震、王晨、王璞先后负责一、二、三校,张斌贤、孙益、张弛负责第四遍校对。

翻译本书是我多年的愿望。早在 1999 年 4 月,当时我还在哈佛大学教育研究生院从事研究工作,因为确定把西方大学史当做自己今后的研究方向,所以花费了大量时间搜集相关资料。在检索资料时发现了当时已经出版的这套书的第一、二卷,欣喜异常,但随后的结果却使我懊丧,在哈佛大学的几个图书馆寻找了几天都未能找到这两本书(因为外借)。情急之下,只好求助当时正在波士顿学院从事研究的周作宇博士。他从该校借到书后,我随即乘坐地铁赶到波士顿学院,在附近的商店复印后再交给他送回图书馆。在返回住处的路上,我一边翻看复印件,一边就下定决心回国后把它译成中文,使更多的人能从中受益。在本书中文版即将出版之际,我要首先感谢周作宇博士的帮助。

我要衷心地感谢我的学生们。在过去的四年中,我与他们共同度过了虽然艰苦但却乐趣无穷的时光。在他们身上,我感受到了年轻学子的热情、勇气和敏锐,并从他们身上学到了许多弥足珍贵的东西。同时我也相信,此次翻译的经历对于他们的学术发展将有重要的影响。

我还要感谢河北大学出版社前社长宫敬才教授。作为一名哲学博士，他对教育的浓厚兴趣使我深受鼓舞，他的远见卓识将使这套四卷本《欧洲大学史》得以陆续与中国读者见面。河北大学出版社臧燕阳编辑为版权的联系，本书的翻译、校对以及出版付出了辛勤的劳动。

张斌贤

2007 年 2 月于北京师范大学教育学院

目　录

第一编　主题与模式

第二编　结构

第三编　学生

第四编　学术

地图一览表*

＊ 地图一览表中的面码为原书页码——译者。

作者与主编

莫妮卡·奥斯陶洛什(瑞典),1953年出生于斯德哥尔摩。她是斯德哥尔摩大学古典语言系拉丁语副教授。1987年,她曾作为访问学者赴位于多伦多的中世纪学主教学院进修半年。

阿萨·布里格斯(英国),1921年出生于约克郡,牛津大学伍斯特学院院长。布里格斯爵士曾任苏塞克斯大学校长(1967—1976)、英国社会史学会会长、巴黎欧洲教育与社会政策研究所所长。

安东尼奥·加西亚·Y.**加西亚**(西班牙),1928年出生于卢戈省的布莱托纳。他是萨拉曼卡主教大学的教会法史教授,是《西班牙宗教法评论》和《西班牙宗教会议辑录》的编辑,同时也是伯克利中世纪教会法研究所的成员。

亚历山大·盖伊什托尔(波兰),1916年出生于莫斯科。他是波兰科学院院长、华沙皇家城堡主管、华沙大学历史学名誉教授。

诺特克尔·哈默施泰因(德国),1930年出生于美因河畔的奥芬巴赫。法兰克福大学近代早期史教授,他编纂过《法兰克福大学史》,也是《大学史》的编委会成员之一。

戈登·莱夫(英国),出生于1926年,在剑桥国王学院接受教育。他目前是约克大学中世纪史教授。

彼得·莫拉夫(德国),1935年出生于迈里希·奥斯特劳。他是基森大学中世纪史和德国国家、经济与社会史教授。

保罗·纳迪(意大利),1949年出生于锡耶纳。他是锡耶纳大学意大利法律史教授,同时任锡耶纳大学出版的《锡耶纳研究》的主编。

约翰·诺思(英国),1934年出生于切尔顿汉姆。曾在牛津大学任教,现为荷兰格罗宁根大学哲学与精密科学史教授、国际科学史学会终身秘书。

奥拉夫·彼德森(丹麦),生于1920年。他是奥胡斯大学科学史教授和剑桥圣埃德蒙德研究所的访问研究员,国际科学哲学与科学史联盟的副主席和国际天文学联盟历史委员会主席。

希尔德·德·里德-西蒙斯(比利时),1943年出生于布鲁塞尔的圣·詹斯·莫伦贝克。她是阿姆斯特丹自由大学中世纪史教授、根特大学比利时国家科学研究基金副教授。1985年以来,她一直是大学史国际委员会秘书长。

约翰·罗伯茨(英国),1928年出生于巴斯。他曾先后任牛津大学默顿学院教师、现代史导师和院长,并担任过多年南安普顿大学的副校长。1967—1976年,他是《英格兰历史评论》的联合主编,现任不列颠广播公司执行官。

瓦尔特·吕埃格(瑞士),1918年出生于苏黎士。他是伯尔尼大学社会学荣誉教授、前法兰克福大学社会学教授,1965—1970年,曾任法兰克福大学校长,现任本套《欧洲大学史》的总主编。

雷纳·克里斯托夫·施温格斯(德国),出生于1943年,曾任教于基森大学,现任瑞士伯尔尼大学中世纪史教授。

爱德华·希尔斯(美国),1910年出生于马萨诸塞州斯普林菲尔德。他是《密涅瓦》杂志的创办人、芝加哥大学社会思想和社会学教授,同时还是剑桥大学彼得学院和伦敦经济学院的研究员。

南茜·斯雷斯(美国),1932年出生于约克郡。她是纽约城市大学亨特学院历史学教授和《大学史》编委会成员。

雅克·韦尔热(法国),1943年出生于吉伦特的塔伦斯,他是巴黎高等师范学校中世纪史讲师和国际大学史委员会副主席。

读者指南

本套丛书尽管是由专家们编撰的，但却面向一般读者。因此，各章所附的注释和精选文献都尽量精简。这些注释要么是引文出处(一般是与该主题相关的最主要或最新的资料)，要么是一些量化的数据或用以解释某个问题的两种阐释之间的区别的。每一章后面都有一份精选文献。这些文献并不是详尽无遗的，目的只是鼓励进一步的阅读。读者可以在本书文献中涉及的著作里找到更完整的参考书目。由于这一时期有一些著名的著作在几章中都被引用，所以在注释中就使用这些著作题目的缩写形式。本书中有注释文献缩写表。另外，读者在第二章(《模式》)末，可以看到较为笼统的参考书目和一些地图，因为这一章探讨了中世纪大学的形成与初始状态。为了避免各章之间过多的重复，编者们相互参照其他章节的内容及注释，从而告知读者关于某一主题可以在本卷丛书的其他地方找到更为充裕的资料(也可参考地名与主题索引)。整卷书都使用标准英语专有名词的写法；必要的时候，通过在人名索引中的相互参照，也会采取一种在欧洲大陆更为常用的表达形式。

注释文献缩写

Cobban, *Medieval Universities*

A. B. Cobban, *The Medieval Universities: Their Development and Organization* (London, 1975).

CUP

H. Denifle and E. Châtelain (eds.), *Chartularium Universitatis Parisiensis*, 4 vols. (Paris, 1889 – 1997).

Denifle, *Entstehung*

H. Denifle, *Die Entstehung der Universitäten des Mittelalters bis 1400* (Berlin, 1885; reprint, Graz, 1956).

Fournier (ed.), *Statuts*

M. Fournier (ed.), *Les Statuts et privilèges des universités françaises depuis leur fondation jusqu'en* 1789, 4 vols. (Paris, 1890 – 1892).

History of Oxford

J. I. Catto (ed.), *The History of the University of Oxford*, vol. Ⅰ, *The Early Oxford Schools* (general editor: T. H. Aston) (Oxford, 1984).

d'Irsay, *Histoire des universités*

S. d'Irsay, *Histoire des universités françaises et étrangères des origines à nos jours*, 2 vols. (Paris, 1933 – 1935).

Kaufmann, *Deutsche Universitäten*

G. Kaufmann, *Geschichte der deutschen Universitäten*, 2 vols. (Stuttgart, 1888 – 1896; reprint, Graz, 1958).

Kibre, *Nations*

P. Kibre, *The Nations in the Mediaeval Universities*, Mediaeval Academy of America, 49(Cambridge, Mass., 1948).

Kibre, *Privileges*

P. Kibre, *Scholarly Privileges in the Middle Ages. The Rights, Privileges and Immunities of Scholars and Universities at Bologna – Padua – Paris – Oxford*, Mediaeval Academy of America, 72 (Cambridge, Mass., 1961).

Rashdall, *Universities*

H. Rashdall, *The Universities of Europe in the Middle Ages*, 3 vols. ed. F. M. Powicke and A. B. Emden(Oxford, 1936; reprint, London, 1942 – 1958; reprint, Oxford, 1988).

Renaissance and Renewal

R. B. Benson and G. Constable(eds.), *Renaissance and Renewal in the Twelfth Century* (Cambridge, Mass., 1982; reprint, Oxford, 1985).

Schulen und Studium

J. Fried(ed.), *Schulen und Studium im sozialen Wandel des hohen und späten Mittelalters* (Sigmaringen, 1986).

Schwinges, *Universitätsbesucher*

R.C. Schwinges, *Deutsche Universitätsbesucher im 14. und 15. Jahrhundert: Studien zur Sozialgeschichte des alten Reiches* (Stuttgart, 1986).

Università e società

Università e società nei secoli XII—XVI. Atti del nono convegno internazionale di studio tenuto a Pistoia nei giorni 20 – 25 settembre 1979 (Pistoia, 1982).

Universités en France

J. Verger(ed.), *Histoire des universités en France*(Toulouse, 1986).

Universities in the Late Middle Ages

J. IJsewijn and J. Paquet(eds.), *Universities in the Late Middle Ages*, Mediaevalia Lovaniensia, series 1, studia 6 (Louvain,1978).

Universities in Politics

J. W. Baldwin and R. A. Goldthwaite(eds.), *Universities in Politics: Case Studies from the Late Middle Ages and Early Modern Period*(Baltimore/London, 1972).

前　言

总主编　瓦尔特·吕埃格

大学是欧洲的机构

大学是欧洲的机构，而且确实是欧洲最卓越的机构。各种理由都可以支持这个结论。

作为教师和学生的共同体，大学被赋予某些权利，诸如管理上的自主权、确定和实施课程与研究目的的权利，以及授予被广泛认可的学位的权利，它是中世纪欧洲——基督教教皇统治的欧洲——的创造物。这套书的第一卷将说明这一点。

而且，大学是欧洲唯一在历史过程中始终保持其基本模式和社会功能与作用不变的机构；正如这套四卷本著作所展现的，大学的这些方面一直在得到加强和扩展。在中世纪欧洲社会三种公认的权力——王室、教会和学馆——中，第一种是政治权力，它已经经历了巨大的变化；第二种权力虽然在罗马天主教教会中仍保存了它的结构，并扩展到全球，但它已经丧失了垄断地位，这种地位曾是它所拥有的提供救赎的条件。同样的情况也发生在中世纪其他文化的和制度的创造物中，例如，独具特色的欧洲货币经济组织形式、造型艺术、建筑和音乐。

没有其他欧洲的机构像欧洲大学的传统形式那样扩展到整个世界。欧洲大学所授予的学位——学士学位、资格证书、硕士学位和博士学位的教育模式已被全世界大多数不同的社会所采用。四个中世纪学院——文学院（它有不同的称呼，如哲学、文学、艺术、艺术与科学、人文学院）、法学院、医学院和神学院保存至今，并且一直得到许多学科（特别是社会科学和技术研究）的充实。在全世界，它们依然是大学的核心。即使是 *universitas* 这个称谓——它在中世纪被用于许多不同种类的法人团体，因而也用于教师和学生的法人机构——随着时间的推移，其含义主要集中在作为知识团体的大学；从 18 世纪以来，大学一直是智力的机构，它的使命是研修和传递所有得到精心研究的知识领域的知识瑰宝。

此外，从其社会角色来看，大学之所以是欧洲的机构，是因为它在整个欧洲社会中所履行的某些职能。大学所发展和传递的科学和学术的知识以及传递知识的方法，产生于普遍的欧洲知识传统，并且是这个传统的组成部分。与此同时，大学形成了一种学术精英群体，其精神气质基于欧洲的共同价值观，并且超越了所有国界。

第二次世界大战后出现的建立“欧洲”大学的种种努力之所以不成功，是因为已有大学的抵制，这些大学认为它们就是“欧洲的”。这些大学指出，国家传统的差异是欧洲的宝贵财富，这些不同的国家都为欧洲的学术和学者共同体作出了贡献。

这种解释是否能说明现状，是可以置疑的。难道欧洲的大学是同等地（如果不是更为深刻地）受到形成于中世纪和宗教改革时期的欧洲民族国家差异的影响吗？难道民族国家已经把欧洲大陆的大学事实上（通常也是法律上）变成了政府体系的组成部分了吗？在任何一个欧洲国家中，只有百分之一的学生来自其他国家；在许多欧洲国家中，来自其他国家的教授得不到聘任或只在特殊的情况下得到聘任，在这样的情形下，大学还能名副其实地发挥“欧洲的”作用吗？当新一代欧洲的科学家和学者更愿意到另一个国家的大学继续他们的研究工作，而这个国家比欧洲更为热情、更为真诚、更有责任感和更为有效地继承了欧洲的科学和学术研究以及学术精神的传统，现存的欧洲大学还能被认为扮演了恰当的社会角色吗？

欧洲大学校长常设会议的创意

科学和学术知识共同体重要性的不断成长，加上由于对这种重要性的认识而产生的高等教育机构前所未有的扩张，使欧洲大学不堪重负。尽管在法国、意大利和奥地利，中央政府管理大学的体制与联邦德国和瑞士的联邦体制，以及与英国大学的法律自治之间，存在着差异，但它们所面临的问题是相同的：大学被期望承担的职责各种各样、不断变化、相互矛盾；大学在不断增长的压力下，被要求将各种职责与其传统目的保持一致。

为了对这种状况作出反应，1955 年，15 个欧洲国家的大学代表聚集在剑桥大学，交流经验和想法。1964 年，他们在哥廷根组织了欧洲大学校长会议。①到今天，来自欧洲 27 个国家的 470 多个高等教育机构是它的成员，它的成员每五年聚会一次。每个国家（这些国家的大学是欧洲大学校长会议的成员）的代表每六个月聚会讨论各国大学由于深刻的社会和文化变迁所面临的问题。② 在讨论的过程中，他们经常表达出一种对大学历史的更为系统了解的愿望。第二次世界大战后 10 年间，改革大学各种努力的失败已经表明，如果没有对大学发展和悠久传统的深入认识，是不可能获得解决大学问题的真正有效的方法的。

---

① H.-A. Steger(ed.), *Das Europa der Universitäten, Entstehung der Ständigen Konferenz der Rektoren und Vize-Kanzler der europäischen Universitäten 1948—1962* (Bad Godesberg, 1964).

② *Europäische Rektorenkonferenz, Ⅲ. Generalversammlung Göttingen 1964*, 2 vols. (Göttingen, 1964); J. Courvoisier(ed.), *Acts of the 4th General Assembly Geneva 1969* (Bologna, 1971); J. Roche(ed.), *Opening Address and Administrative Part of the 5th General Assembly held in Bologna September 1 – 6, 1974* (Bologna, 1977); CRE, *CRE VIth General Assembly* (Vienna, 1975); A. Barblan(ed.), *Actes de la VIIe Assemblée Générale tenue à Helsinki du 12 au 17 août 1979*, 2 vols. (Geneva, 1980); A. Barblan(ed.), *Actes de la VIIIe Assemblée Générale, tenue à Athènes du 9 au 14 septembre 1984* (Geneva, 1986); *CRE-Information*, quarterly, 从 1966 年起由 CRE 出版；从 1988 年起，以《CRE 行动》(*CRE-action*)为题出版。

但是，获得更多这种认识的途径相当匮乏。确实存在大量关于大学历史的著作。然而，许多广泛的研究和学术会议的目标主要集中在近几十年的大学历史，③并且一直集中在一个很大主题的各个局部的方面：关于某段时期，关于特定的国家、大学和学科，关于大学的法律地位，关于入学和毕业的统计，关于大学教师的生活，等等。最近一部综合性的大学史是斯蒂芬·德－伊尔塞的《法国大学史》。它出版于1933—1935年间，在很长一段时间里，一直是大学史的权威著作。但是在许多细节上，它需要修订并且在任何方面，它都没有涉及1860年以后的事件。④

由于这个原因，欧洲大学校长常设会议于1982年决定开展一项合作研究，探讨历史上欧洲大学发展与变迁的社会背景、社会需要、结构、以及主要问题。它要求本书与学术研究的最高标准相一致，充分反映最新的研究成果，并且是比较的、连贯的和全面的。所采取的第一个步骤是设立了一个各国的联络员小组，其职责是提供各自国家大学状况的可靠信息。在这个小组的协助下，欧洲大学校长常设会议提出了三个研究项目，并且得以实施。第一个项目是列举每一个国家的大学在其历史上最为重要的问题，⑤第二个项目是准备出版欧洲大学的历史概览，⑥第三个项目是计划在1983年召开一次国际会议，在会上，来自不同欧洲国家的历史学家能够讨论大学社会功能的变迁，并讨论合作编写一部综合的欧洲大学史的现实可行性。⑦

---

③ S. Stelling-Michaud, 'L'histoire des universités au Moyen-âge er à la Renaissance au cours des vingt-cinq dernières années', in *XIe Congrès international des Sciences Historiques, Rapports*, vol. Ⅰ(Stockholm, 1960), 97－143；附有最新文献的意大利译本见：G. Arnaldi (ed.), *Le origini dell'università* (Bologna, 1974), 153－217；J. Fletcher(ed.), *The History of European Universities, Work in Progress and Publications*, 1(1974)－5(1981)；从1988年起，文献目录在 *History of Universities* 杂志以"Publications on University History since 1977: a Continuing Bibliography"发表，ed. J. M. Fletcher and C. A. Upton; C. Schmitt and L. V. B. Brockliss(eds.), *History of Universities*, 1(1981) onwards.

④ S. d'Irsay, *Histoire des universités françaises et étrangères des origines à nos jours*, 2 vols. (Paris, 1933—1935).

⑤ 'Interrogating the Past: in Search of the University', *CRE－Information*, 69(1985).

⑥ L. Jílek (ed.), *Historical Compendium of European Universities* (Geneva, 1984).

⑦ 'Town and Gown: the University in Search of its Origins', *CRE－Information*, 62 (1983).

本书的目的和概念

作为一部欧洲大学的比较史,本书只有一位先驱,这就是英国枢密顾问、哥廷根大学"精明老练的"教授克里斯蒂汀·迈那斯的《高等学校发生和发展史》。该书共四卷,于1802—1805年出版。它的目标是:"作为一部大学的实用历史","(描述)大学建立和盛衰的重要事件"和"欧洲文明国家大学的最为重要和显著的特征"。为了达到这些目标,该书指出了"大学的失误、缺陷和错误",并且揭示了大学的优越之处。⑧因此,这部著作在结构上是按照主题而非年代编排的。对起源的历史处理主要集中在"同乡会"和学院、学舍和学生寓所的重要性,一些外在因素诸如纸张的发明、书籍的印刷、文艺复兴和宗教改革的影响;接着在12个章节中描叙了捐赠的历史发展、经费、特权、学术法庭、委员会、官员、教师、教室、班级、学习条件、纪律考核。这部著作基于对大量旧的手稿的排列,而不是批判的运用。由于占有资料的丰富,此书于1973年被重新出版。

只有在19世纪末对史料的批判性考证之后,才有可能开始以真正学术的方式编写中世纪大学的历史。1885年,巴黎大学史料的编者之一德尼夫勒对1400年以前欧洲大学的起源和结构变化,作了历史的说明;⑨根据著名的普鲁士高等教育管理当局负责人阿尔特霍夫的指令,新近被"普鲁士化"的斯特拉斯堡大学的一位教授考夫曼写作了一部德国大学史。1888年,考夫曼提交了第一卷,这是一部德国大学的史前史,它主要叙述了意大利的"城市大学"、法国和英国的"教长大学",以及西班牙的"国立大学和西班牙大学"结构的发展。在该书结尾的章节中,他试图描述大学发展的相似性,特别是在学位和特许状方面的相似性。但是,考夫曼只完成了前两卷,这两卷主要涉及中世纪大学。⑩在名为《欧洲中世纪大学》的三

⑧ C. Meiners, *Geschichte der Entstehung und Entwickelung der hohen Schulen unseres Erdtheils*,(Göttingen, 1802; reprint, Aalen, 1973), Vol. Ⅰ 3ff.

⑨ H. Denifle, *Die Entstehung der Universitäten des Mittelalters bis 1400*(Berlin, 1885; reprint, Graz, 1956).

⑩ G. Kaufmann, *Geschichte der deutschen Universitäten*, vol. Ⅰ, *Vorgeschichte*(Stuttgart, 1888; reprint, Graz,1958).

卷本标准著作中,拉希德按国别和不同的大学,进行了叙述,但他也加上了对学生生活的详细描述。这部著作于1895年首次出版,1936年由波威克和埃姆登修订。⑪唯一涉及中世纪以后年代的综合性著作是伊里萨的《法国大学史》,这是一部机构的和传记体的历史著作,它按照年代(一百年)和思想的潮流(诸如文艺复兴、宗教改革、实证主义)加以编排。

1983年秋天,由欧洲大学校长常设会议任命的编委会有了一项更为艰巨的任务。计划编写的著作将对欧洲学术界主要的知识和制度特征进行社会学的和比较的分析,并注意地区差异和历史变迁。⑫鉴于这种考虑,就必须设计一种分析和呈现的方式,以便使大学历史的不同时期能够前后比较,并平等对待大学功能的各个方面及其变化。

这样,这套著作就将分为四卷,每一卷都按照同样的方式设计。第一卷涉及大学在中世纪的兴起和扩展,第二卷涉及1500—1800年间地区、宗教、科学和学术的多样性,第三卷分析第二次世界大战以前大学作为科学和学术机构的发展情况,第四卷涉及第二次世界大战结束以来发生的科学和学术研究与教学的前所未有的扩张。不同时期的界线并不被看做是大学历史严格的编年史分期。因此,1500年这个年份并不代表对中世纪终结时间的确定。它只是沿用了上述大学史标准著作一直采用的分期。毫无疑问,由于受到区域政治和宗教因素的影响,16世纪的大学明显不同于前一时期的大学;16世纪以前,尽管存在着明显的地区差异,但是,由于教皇权力的普遍合法性,大学的结构模式是相同的。同样,1800年标志着两条具有决定性但又是相互矛盾的发展道路的开端,这两条道路对19世纪的大学都产生了影响。一条道路是由政府集中管理教育制度、追求直接的社会效用;在拿破仑时期,这条道路得以完善。另一条道路是冯·洪堡提出的,它主张进行无功利目的的研究,为整个人类的知识教育服务。在大学的历史上,19世纪的结束既不在1900年,也不在1914年。只是到1945年

---

⑪ H. Rashdall, *The Universities of Europe in the Middle Ages*, 3 vols., ed. F. M. Powicke and A.B. Emden(Oxford, 1936; reprint, Oxford, 1988).

⑫ A. Barblan in 'Town and Gown' (注释7), 4ff. 关于项目的定义见:A. Barblan, A. de Puymège, and W. Rüegg, 'The History of the European University in Society: a Joint University Research Project', *History of European Ideas*, 8:2(1987), 127-138.

后，整个欧洲的高等教育和每一所大学才呈现出完全不同的景象。在历史的分期中，界限总是不确定的。本书也是如此，只是在每一卷的开始和结束章节中，界限才是清晰的。

本书各卷都由四个主要部分、14—15章构成。每一个部分都旨在对作为一个整体的欧洲大学的社会功能进行比较分析。本书不对任何一所特定的大学进行描述，但是，通过索引的使用，可能从不同章节中得到对任何一所特定大学的具体了解。

各卷的第一部分提供主题的导引和该卷所考察时期大学的分布和发展的综合描述。第二部分共三章，叙述大学的结构，首先是大学与公共当局的关系，然后是大学的内在组织、财政、校舍和设施、管理机构及其决策的方式、大学的成员；在本书的第二、三、四卷中，还将有一个第四章探讨欧洲高等教育机构在其他大陆的扩展情况。第三部分共四章，涉及大学的一个主要使命，即学生在科学和学术知识方面的训练，大学学习的社会、经济和理智的先决条件，学习的科目、学生的日常生活、考试和职业。第四部分的四章涉及大学的另一个主要职能，即运用批判的方法，证明、更新和扩展人类的知识。在各卷中，这四章是不同的，但都对应于不同时期科学和学术的主要种类。在第一卷中，注意力集中在四个学院的智力活动；第二卷的重点是大学内外传统与革新之间的相互作用、学科的精细化、人文学科体系的建立和"科学革命"中大学的作用。第三、四卷涉及现代的专业领域，从神学到哲学、法律研究、自然科学和社会科学，再到医学和技术科学。

显然，一个人是不可能写作这样的著作的。因此，就有必要在具有欧洲传统的国家中，为每一章寻找一位对所涉及专题有深入研究的专家。在一部按专题设计的著作的编写中，合作者的范围越大，危险也就越大，其结果有可能成为一些互不关联的论文的汇编，这些论文捆绑在一起组成了著作的整体。为了避免这种情况，编委会选择了一个非常复杂的程序。首先，为每一卷和每一章所涉及的主题都制定了一套内容和方法的指南，并邀请那些愿意合作的人士参加第一轮讨论。在这些讨论中，通过扩展或约定拟承担写作章节的内容，那些未来的作者同意写作的分工。在讨论的过程中，这种合作完成的著作所必需的共识和互相理解得以形成。在第二轮讨论中，各章的初稿得以认真审读和详细讨论。来自各国的联络员在主编和作者未被告知的情况下，被邀参加讨论。接着，这些讨论形成的第二稿由主编经过一次或多次会议反复修改，直到通过编委会的程序，各章被整合到一个统一的模式中。

尽管付出了这些努力，主编和作者们仍然没有能够完全消除风格和概念上的差异，也没有避免不同主题之间的重复和不平衡。如果一个特定的现象对不同主题都具有重要性，那么，重复就是不可避免的。由关注不同地区或主题之间的相互关系所引起的不平衡，在很大程度上是知识状况和对那些主题研究进展的差异的结果。本书的基本原则是，凭借研究的现状，努力使知识在一个新的比较的综合情境中得到运用。在这个意义上，每一章都呈现了研究的杰出成果，虽然它们并不都是对档案材料进行全面研究的结果。

欧洲大学的社会角色

社会功能或角色是具有特定功能的责任者对外界期望所作出的反映的总和。这些期望基于行为所具有的价值，而价值则转化为指导行为的规范，这种行为是社会所期望的。期望、价值和规范直接和间接地反映了不同社会角色的利益，并且经常是相互矛盾的。

社会角色的冲突是固有的，不仅限于大学的社会角色。联结大学成员的基本价值和规范并不是一致的。科学和学术研究的标准、方法和成果的普遍有效性，并不总是人类个体认识能力的局限与差异的结果。由于社会和经济资源的分布和这些资源的替代使用的不平等，以致入学机会的平等与在大学学习持续的时间是冲突的。赋予闲暇和沉思以优先地位（这是科学与学术研究所必需的），反映了一种从希腊哲学家而来的理论生活的理想，而它与实践生活的理想（它强调科学知识的运用和大学所提供的职业训练的社会目的）是冲突的。“爱知识”的观念（它强调运用纯粹的科学和学术的方法探索真理）是与轻视研究与教学成果的经济价值联系在一起的，并与对尊严和个人财富的追求、与学术研究成果的社会和经济价值相矛盾。最后（但并非不重要），大学作为法人团体的学术自由，在两个方面处于潜在的冲突之中：在内部，是个人的自由与大学成员的团结之间的冲突;在外部,是大学自治的要求与那些提供了必需的财政资源的人的控制之间的冲突。

在大学的社会史上,这些和其他的冲突都是固有的。展现这些冲突曾经采取的各种形式和曾经尝试过的各种解决方法,是我们工作的最重要的目标。确实,这些冲突和由此产生的张力,以及使它们处于一种开放平衡状态的结构和机制,在很大程度上说明了欧洲大学的动力。如果一种价值观(例如,把大学变成一种政府机构,或象牙塔,或职业学校,或完全自我封闭的科学机构)占据了优势,并长时间地和非常明显地打破平衡,那么,张力就会失去其创造力,反而会导致懈怠以及极度的浅薄和无益的焦躁。

我们当然不会再同意迈那斯提出的观点(这种观点反映了启蒙运动的特征),即欧洲大学的历史“在某种程度上能使人认识和避免大学的失误、不足和错误;在某种程度上能展示和仿效大学的优点”。[13]正如一台机器,只有当它各部分的重要性及其相互关系得到认识和检验时,才能加以修理和重新运转。大学也是如此,作为一种非常复杂的社会机构,它必须不断地得到基本的分析。如果要理解并切实改进大学的社会作用,那么,对大学的结构和功能(它们来源于历史的进程)的基本分析,就是必不可少的。

---

⑬ Meiners, *Geschichte* (注释 8), 4.

鸣　谢

《欧洲大学史》的准备工作一直获得下述机构的无私支持：伯尔尼大学的马克斯和埃尔斯·比尔－布朗温德基金会，埃森的德国促进科学与人文捐赠者协会，阿姆斯特丹欧洲文化基金会，波恩的康拉德·阿登纳基金会，马德里的拉蒙·阿雷塞斯基金会，葡萄牙高等教育政府秘书处、国家科学研究院及里斯本的卡勒斯特·格尔本肯基金会，波尔图的安东尼奥·德·艾尔美达基金会，苏黎士－维塔－艾尔皮纳保险公司朱比利基金会，巴塞尔霍夫曼－拉·洛克公司，沃韦的雀巢公司，苏黎士的瑞士信贷银行，汉诺威的沃克斯温基金会，以及科隆的弗里茨·蒂勒森基金会。我们真诚地感谢这些赞助机构。我们同样感谢承办我们的会议和讨论会的那些大学，特别是伯尔尼大学、萨拉曼卡大学、科英布拉大学、艾希施泰特大学、牛津大学、波鸿大学、博洛尼亚大学和根特大学。我们还在此表达我们对于以下两位教授的敬意，他们是格拉茨大学的格雷特·克林斯坦和伦敦大学名誉教授W.罗伊·尼布利特。与编委会的成员一样，他们在本计划的初期阶段帮助我们列出了《欧洲大学史》的框架。另外，我们还要感谢尼古劳斯·洛布科维茨的建议和支持。作为慕尼黑大学的前校长、艾希施泰特天主教大学的现任校长，洛布科维茨在界定和发起整个工作中发挥了关键作用。最后，我们还要感谢遍布整个欧洲的国家通讯员，他们非常慷慨地奉献了他们的时间和知识，帮助我们使本卷丛书在其范围上更"欧洲化"，这些人是罗马格列高利大学的米格尔·巴特罗瑞教授、伯明翰阿斯顿大学的约翰·弗莱彻博士、乌普莎拉大学的托雷·弗兰斯米尔教授、格拉斯哥大学的迈克尔·莫斯先生、克拉科夫·捷吉伦吉安大学的卡米拉姆罗佐乌斯卡教授、奥伯托大学的路易斯·德奥利韦拉·拉莫斯教授、瓦伦西亚大学的玛里亚诺·佩塞特·雷格教授，以及当时在雷尼格拉德国家文化学院工作的格里高瑞·季什金教授。我们尤其应该感谢的是欧洲大学校长常设会议（CRE）秘书长安德里森·巴伯兰和副秘书长艾利森·德·皮默热－布朗宁，正是他们的热忱和机智，使这么多欧洲学者得以和谐地（实际上是友好地）合作相处。

第一编　主题与模式

第一章 主 题

瓦尔特·吕埃格

在大学的历史上,没有一个时期像中世纪那样受到如此广泛的研究。①即使这样,许多空白仍然存在。大量的档案文献、无数的手稿,以及许多大学教师的讲稿尚未出版。我们缺少关于教师和学生的生平传记、他们的社会和家庭出身、他们在学习过程中的结社模式,以及完成学业后职业状况方面的文献资料。对于一部真正的大学社会史,群体传记式的研究

① J. M. F. Fletcher and J. Deahl, 'European Universities, 1300 – 1700, The Development of Research, 1969 – 1981 and a Summary Bibliography', in J. M. Kittelson and P. J. Transue(eds.), *Rebirth, Reform and Resilience. Universities in Transition 1300 – 1700* (Columbia, Ohio, 1984), 324 – 357; P. Denley, 'Recent Studies on Italian Universities in the Middle Ages and the Renaissance', *History of Universities*, 1(1981), 198 – 205.

是必不可少的，这种方法在对某些特定大学②或者某些大学发源地③的研究中已经得到了应用。④ 只有当这些研究完成之后，才“有可能探明知识潮流的方向及其影响，再现知识分子团体的构成和结构、他们之间的交往，以及某些知识传统（例如，13世纪的亚里士多德主义、14世纪的罗马法、15世纪的人文主义和16世纪的宗教改革）的传播和扩散”⑤。

因此，我们的项目只能反映目前的研究状况。本章具有导言性质，其目的是围绕一些主题，展现中世纪大学研究中所使用的视角、存在的一些问题，以及可能从中获得的知识。

---

② A. B. Emden, *A Biographical Register of the University of Oxford to 1500*, 3 vols. (Oxford, 1957–1959); D. E. R. Watt, *A Biographical Dictionary of Scottish Graduates to AD 1410* (Oxford, 1970); C. Renardy, *Le Monde des maîtres universitaires de Liège, 1140–1359. Recherches sur sa composition et ses activités* (Paris, 1979); C. Renardy, *Les Maîtres universitaires du diocèse de Liège. Rèpertoire biographique (1140–1350)* (Paris, 1981); J. Verger, 'Peut-on faire une prosopographie des professeurs des universités françaises du Moyen-Age?', *Mélanges de l'Ecole française de Rome, Moyen Age*, 100(1988), 55–62; A. B. Emden, *A Biographical Register of the University of Oxford AD 1501 to 1540* (Oxford, 1974); H. de Ridder-Symoens, D. Illmer, and C. M. Ridderikhoff, *Le Premier livre des procurateurs de la nation germanique de l'ancienne Université d'Orléans. Seconde partie: Biographie des étudiants*, 3 vols. (Leiden, 1978–1985).

③ S. Stelling-Michaud, 'L'histoire des universités au Moyen Age et à la Renaissance au cours des 25 dernières années', in *XIe Congrès International des Sciences Historiques, Rapports*, vol. I (Stockholm, 1960), 121–130. 关于瑞士：O. Vasella, 'Untersuchungen über die Bildungsverhältnisse im Bistum Chur mit besonderer Berücksichtigung des Klerus vom Ausgang des 13. Jahrhunderts bis um 1500', in 62. *Jahresbericht der Historisch-Antiquarischen Gesellschaft von Graubünden* (Chur, 1932); K. M. Zahnd, *Die Bildungsverhältnisse in den bernischen Ratsgeschlechtern im ausgehenden Mittelalter* (Berne, 1979). 更多文献参见：W. Rüegg, *Humanistische Elitenbildung in der Eidgenossenschaft zur Zeit der Renaissance. Wolfenbütteler Abhandlungen zur Renaissanceforschung*, vol. 9 (Wiesbaden 1991), 95–133.

④ Fletcher and Deahl, 'European Universities'（注释1），327; L. Stone (ed.), *The University in Society*, vol. Ⅰ (Princeton, 1974), 4; P. Classen, *Studium und Gesellschaft im Mittelalter*, ed. J. Fried (Stuttgart, 1983), 18; J. Miethke, 'Die Kirche und die Universitäten im 13. Jahrhundert', in *Schulen und Studium*, 287; G. F. Lyttle, 'The Careers of Oxford Students in the Later Middle Ages', in Kittelson and Transue (eds.), *Rebirth*（注释1），214; H. Coing (ed.), *Handbuch der Quellen und Literatur der neueren europäischen Privatrechtsgeschichte*, vol. Ⅰ (Munich, 1973), 85 ff.; J. Verger, 'A propos de la naissance de l'université de Paris: contexte social, enjeu politique, portée intellectuelle', in *Schulen und Studium*, 88.

⑤ Stelling-Michaud, 'Histoire'（注释3），121.

大学起源的神话与历史编纂

1988 年，博洛尼亚大学举行了建校 900 周年庆典。然而，不管是我们的还是其他人对中世纪大学历史所进行的研究，都没有发现任何证据证明博洛尼亚大学建于 1088 年。恰恰相反，研究结果显示，在 1088 年，并没有发生类似事件。⑥ 事实上，1088 年是一个世纪前由一个委员会选定为"传统建校日"的，这个委员会的主席是著名诗人乔苏埃·卡尔杜齐；1888 年举行了规模宏大的周年纪念庆典，皇室成员和来自世界各国的大学校长出席了这次庆典。这次庆典的目的是为了使意大利人民和全世界都意识到，即使是当时政治统一尚未完全巩固的意大利，也能给予博洛尼亚大学延续了 800 年之久的自由教学和研究传统以合法性，以及这一行为对于民族和世界的重要性。⑦1888 年举行的博洛尼亚大学 800 周年的纪念庆典，实际上是 19 世纪举办的众多纪念活动和象征性表现形式之一，其目的就与是为了唤醒意大利人民对过去和历史连续性的记忆，强化他们的国家统一意识。⑧ 5

纪念庆典总是关注某一个特殊的年代。由于这个原因，就必须去寻找这样的年代，而这样的年代必须尽可能地遥远。就此而言，作为"欧洲大学之母"的博洛尼亚大学具有无与伦比的政治意义和象征功能。卡尔杜齐和他的中世纪史专家同事，依据 13 世纪的一份文献，提出了自己的看法。根据这份文献，"著名的伊尔涅留斯"(约 1080—1140)与一位"不知名的"佩普是最早在博洛尼亚讲授法律的人士。在大多数情况下，周年纪念庆典促

---

⑥ Rashdall, *Universities*, vol. Ⅰ, 118; H. Grundmann, *Vom Ursprung der Universität im Mittelalter* (Darmstadt, 1957, 2nd edn 1960), 40. Even A. Sorbelli, *Storia della Università di Bologna*, vol. Ⅰ, *Il Medioevo* (*Sec. XI – XV*) (Bologna, 1940), 写作于 850 周年纪念之时，并没有提及日期。

⑦ U. Eco (ed.), *Bologna 1088 – 1988*, *Alma Mater Studiorum Saecularia Nona* (Milan, n.d. [1987]), [45]. W. Tega (ed.), *Lo Studio e la città. Bologna 1888 – 1988* (Bologna, 1987), 11 – 61.

⑧ 参见 T. Nipperdey, 'Nationalidee und Nationaldenkmäler im 19. Jahrhundert', *Historische Zeitschrift*, 206 (1968), 528 – 585; E. Fehrenbach, 'Ueber die Bedeutung der politischen Symbole im Nationalstaat', *Historische Zeitschrift*, 213 (1971), 291 – 357.

进了历史研究。[9]这样的历史研究常常会校正初创时间,或者证明所宣称的创立事件仅是一个神话。博洛尼亚大学建立800周年庆典与其他大学庆典不同之处还在于它引发了一大批大学史著作的出版。我们现在已经知道,那位佩普并非"不知名";他就是在1190年被视为"博洛尼亚的光荣"的人,[10]并作为罗马法的权威出席国王亨利四世的法庭。[11] 就此而言,如果这位佩普就是大学的创始人或至少是创始人之一,卡尔杜齐选定的"建校日期"就没有错。在博洛尼亚大学建校900周年纪念庆典时出版发行的小册子确认了1088年是大学诞生的日期,它认为,在这一年出现了独立于博洛尼亚教会学校的自由的法律教学组织,这就是一所大学建立的标志。[12]

这样的论证合情合理吗?没有学者怀疑。在11和12世纪,各地都存在着数量相当可观的学校,出现了许多非常成功的独立讲学的教师(在他们身边,聚集着大批学生)。在博洛尼亚,法学博士(他们是活跃的律师和法官)与他们的学生一起形成了自由的法人团体[13]。不同的研究者还有一个共识(正如以后各章所展现的那样),即在13世纪被授予特殊的自由和特权的学生组织(博洛尼亚大学)或教师和学生的组织(巴黎大学),为高等

---

⑨ 关于周年纪念庆典活动和大学史研究著作之间含糊不清的关系参考:N. Hammerstein, 'Jubiläumsschrift und Alltagsarbeit. Tendenzen bildungsgeschichtlicher Literatur', *Historische Zeitschrift*, 238(1983), 601-633;J. Verger, 'Du bon et du mauvais usage des anniversaires', *Histoire*, 115(Oct.1988),78-80.关于博洛尼亚:Denley, 'Recent Studies' (注释1), 193; Rashdall, *Universities*, vol. Ⅰ, 88. 有关德意志民主共和国:W. Fläschendräger and M. Straube, *Die Entwicklung der Universitäten, Hochschulen und Akademien im Spiegel der hochschulgeschichtlichen Forschungen (1960 - 1969) - Literaturübersicht*, Informationen und Studien zur Hochschulentwicklung, 12 (Berlin,1970).

⑩ G. Cencetti, 'Studium fuit Bononie', in G. Arnaldi (ed.), *Le origini dell'università* (Bologna,1974),101-115.

⑪ L. Schmugge, '"Codicis Iustiniani baiulus"—Eine neue Quelle zu Magister Pepo von Bologna', *Ius Commune*, 6(1977),1-9. H. G. Walther, 'Die Anfänge des Rechtsstudiums und die kommunale Welt Italiens', in *Schulen und Studium*, 138-144, 其中没有把佩普当做博洛尼亚的法律教授。

⑫ Eco, *Bologna 1088 - 1988*(注释7),[14].

⑬ P. Weimar, 'Zur Doktorwürde der Bologneser Legisten', in C. Bergfeld (ed.), *Aspekte europäischer Rechtsgeschichte. Festgabe für Helmut Coing zum 70. Geburtstag* (Frankfurt, 1972), 422.

教育的形式奠定了基础，这种形式在中世纪被称为大学馆（*studium generale*），后来被称为大学。

由于这种原因，阿贝拉尔很久以来就不再被当做是巴黎大学的创办者；在12世纪的前四十年，他先后在默伦、科贝伊和巴黎讲学，部分时间是在一所教会学校，部分时间作为最著名的独立教师。⑭同样的原因，萨勒诺(Salerno)医学校也失去了作为欧洲最古老大学的盛名；⑮它至多被当做一所“母大学”。⑯当然，这丝毫无损萨勒诺医学校的声誉。在10世纪，它是一所培养医生的学校；在12世纪，它是医学中心；在13世纪，它是医学教学和研究的楷模。⑰

早期大学的起源是一个非常复杂的过程，这个过程将会在下一章说明。博洛尼亚大学或者巴黎大学也许可以被称为最古老的大学，这主要取决于对那些构成大学的要素的权衡。如果把法人团体的存在作为唯一的衡量标准，那么博洛尼亚大学就是最古老的大学，但这有些勉强。在博洛尼亚，到12世纪末，来自国外学习法律的学生们自己组织起了“同乡会”，随即发展成为欧洲中世纪大学的基本组织形式。如果把各个学科的学生和教师的不同组织结合成为一个单一的法人组织作为决定性的衡量标准，那么最古老的大学当首推巴黎大学，它肇始于1208年。⑱

只有在举行学术典礼、排列座次而必须决定哪些校长应该处于优先位置时，哪一所大学是最古老的这个问题才有实际意义。大学诞生的年代之所以重要，是由于庆典的社会意义和心理意义。然而正如在第二章将要说明的那样，⑲确定大学诞生的确切年代是非常困难的，而且经常是武断的。 7

---

⑭ Rashdall, *Universities*, vol. Ⅰ, 276 – 278. 参见 S. C. Ferruolo, *The Origins of the University. The Schools of Paris and their Critics*(Stanford, 1985), 24.

⑮ P.O. Kristeller, ‘The School of Salerno, its Development and Contributions to the History of Learning’, *Bulletin of the History of Medicine*, 17(1945), 138 – 194; 再版时选入 P.O. Kristeller, *Studies in Renaissance Thought and Letters*(Rome, 1956), 495 – 551.

⑯ Cobban, *Medieval Universities*, 37.

⑰ P.O. Kristeller, ‘The Curriculum of Italian Universities from the Middle Ages to the Renaissance’, *Proceedings of the PMR Conference*, 9(1984), 3.

⑱ *CUP*, vol. Ⅰ, 67, no. 8; Verger, ‘Naissance’(注释 4), 86; Ferruolo, *Origins*(注释 14), 5.

⑲ 参见 pp. 45ff.

这不仅适用于最古老的大学，它们通常是逐渐形成的，在不同的时期通过各种书面文件的正式认可从而“在习惯中成长起来”的；[20]甚至在那些通过明确的法令或法律建立的大学，也会产生究竟哪一个特殊事件应该被确认为大学的诞生日期的问题：应该是地方当局建立大学的决定，还是现有的学校被认可为大学？应该是教皇、帝国或者王室的认可或捐赠的获得，还是市政当局行政官的决定，或是教学工作的开始？

至于中世纪大学是否有先驱者或模式，这个问题比较容易回答。与当代大学非常相似的是，那些早期的大学也把它们的起源追溯到尽可能早的年代。在博洛尼亚大学，1226 到 1234 年间出现了一份伪造的大学创立年代的文件，这份文件宣称博洛尼亚大学是公元 423 年罗马帝国皇帝狄奥多西斯建立的。[21]巴黎大学则认为它是由查理曼创办的，由于他的功劳，巴黎大学能够把自己当做罗马高等教育传统的继承者。[22]一些人宣称牛津大学的起源甚至更早：在特洛伊城被破坏之后，特洛伊人征服了大不列颠，据说与他们一同前来的一些哲学家，在牛津为自己找到了一个适宜的地方。一种比较审慎的传统观点则把阿尔弗雷德大帝(848—899)当做牛津大学的创办者。[23]所有这些虚构(它们受到了人文主义者的质疑或者反驳)都可以归结为中世纪的实际情况；当时，为了表明机构的合法性，就往往把它的起源追溯到古代。把中世纪大学的起源追溯到古代，是为了证明它们的知识内容的基本特征来源于古代，此后由圣奥古斯丁和其他教父将其基督教化。中世纪的学者们通常认为，他们是站在古代那些巨人肩膀上的侏儒，因而他们才能看得更远。[24]不论怎样，大学的组织形式都不能追溯到古典

---

[20] 参见 Miethke, ‘Kirche’(注释 4), 290; Denifle, *Entstehung*, 231.

[21] A. Borst, ‘Geschichte an mittelalterlichen Universitäten’, *Konstanzer Universitätsreden*, 17 (1969), 24–30.

[22] Stelling-Michaud, ‘Histoire’(注释 3), 99; Cobban, *Medieval Universities*, 14.

[23] J. Morris, *The Oxford Book of Oxford* (Oxford, 1978), 3ff.

[24] 参考 R. K. Merton, *On the Shoulders of Giants. A Shandean Postscript* (San Diego/New York/London, 1985; 第 1 版, New York, 1965).

时代,也没有受到拜占庭的影响。㉕

中世纪大学的组织模式起源于伊斯兰学术界,这是有可能的(第十章和第十一章明确说明了后者在哲学、自然科学和医学学术活动中的重要作用)。英国研究伊斯兰教的学者对于"阿拉伯人创造大学了吗"这个问题给出了明确且肯定的回答。他们坚持认为,伊斯兰的学术机构是把外国学生组织起来形成同乡会想法的渊源,也是通过授予教学许可证、学位服、学士头衔,从而使教学资格具有普遍有效性的思想渊源。㉖当然,对于两者间那种姻亲关系的良好祈愿常常混淆了"因此之故"和"在此之后"之间的区别,而且无法阐明中世纪大学的组织形式是否是,以及如何从前者演变过来的。同时,认识这两者之间的亲密关系需要具备敏锐的识别能力,这要求熟悉和了解西方和伊斯兰世界的知识传统。"学士"这个术语并不能算是12 世纪伊斯兰世界的舶来品,因为在 9 世纪这个术语已经在使用了,作为一个拉丁语名词,它是指在社会各行各业中处于预备期的或者辅助性的身份地位。美国的伊斯兰文化研究专家马可蒂斯——这是一位值得认真对待的学者——在研究伊斯兰和西方的学术组织模式以及它们通过类似于大学的制度安排的传播过程中,发现了十八种比较有价值的姻亲关系。然而,他的研究结论是,"大学是 12 世纪西方基督教世界的世纪产物,这不仅仅体现在大学的组织方面,而且表现在大学从教皇和国王那里获得到的特权和保护方面"。但是涉及到学院,情况却是完全不同的,他认为学院源于伊斯兰的模式。㉗

大学从其他中世纪机构借鉴的东西更为重要。正如第二章所表明的那样,大学的概念正是从那些专指各种各样法人组织的称谓中得来的。然

㉕ Cobban, *Medieval Universities*, 20ff.; P. Speck, 'Die Kaiserliche Universität von Konstantinopel. Präzisierungen zur Frage des höheren Schulwesens in Byzanz im 9. und 10. Jahrhundert', *Byzantinisches Archiv*, 14 (Munich, 1973), 69 – 91; C. N. Constantinides, *Higher Education in Byzantium in the Thirteenth and Early Fourteenth Centuries (1203 – 约 1310)*, *Texts and Studies of the History of Greece*, 11 (Nicosia, 1982).

㉖ R.Y. Ebied and M.J.L. Young, 'New Light on the Origin of the Term "Baccalaureate"', *Islamic Quarterly*, 18: 1 – 2 (1974), 1 – 7; R.Y. Ebied and M.J.L. Young, 'Did the Arabs invent the university?' *Times Higher Education Supplement*, 2 May 1975.

㉗ G. Makdisi, *The Rise of Colleges, Institutions of Learning in Islam and the West* (Edinburgh, 1981), 287ff.

而，"师生共同体"或者"研究团体"这个称谓本身必须进一步加以补充说明，才能用来指称大学的特征。法人团体的显著特征、特权、法规、印章、宣誓的誓言，以及官员的职能和头衔，所有这一切因素都与当时的法律和组织形式具有密切的关系。[28]作为一个整体，就像本书各章节中所描述的那样，中世纪大学是其社会环境的组成部分和具体体现。

9 大学:社会的产物和塑造者

如何解释大学的起源？大学是它所依存的社会的产物还是塑造社会的因素？对于这些问题的回答不能仅仅依赖于研究的进展。此类问题的答案与现实的政治背景以及当前高等教育政策的论争相关，并受它们的影响。[29]

迈那斯的比较大学史（本书在"前言"中已经提及），写于1802到1805年间，是其在论述高等教育政策的巨著出版之后不久就开始撰写的。在这部巨著中，作者通过与实用功利教育的对比，强调了科学教育和理论教育的重要性，并提出许多教育改革的建议，其目的是反对当时企图把大学改造成高等职业训练学校的做法。[30]因此，迈那斯把早期大学视做"人类精神取得巨大进步的宣言"，[31]同时他还用启蒙运动关于人类对知识的追求永无止境的思想解释这些大学的起源。通过揭示12世纪不断增长的独立讲学的教师的数量，以及那些具有自觉意识的学者们为了争取对其权利和特权的认可而进行的成功斗争，迈那斯解释了大学的起源。他用一种非常令人惊奇的精确方式剖析了所获得的资料，继而探究了中世纪学术共同体的出现和发展。他毫不怀疑中世纪大学不是其所在社会环境的附带产物，而是形成社会环境的重要因素。由于这个原因，他确实仅仅对社会环境赐予

㉘ Verger, 'Naissance'（注释4），90; P. Michaud-Quantin, '*Universitas*'. *Expression du mouvement communautaire dans le Moyen-Age latin* (Paris, 1970).

㉙ 在拉希德的《欧洲中世纪大学》第Ⅰ卷(Rashdall, *Universities*, vol. I, 12 n.2)中把德尼夫勒和考夫曼的争论，当做一种思想灌输的文化战争。

㉚ C. Meiners, *Über die Verfassung und Verwaltung der deutschen Universitäten*, 2 vols. (Göttingen, 1801－1802; reprint, Aalen, 1970).

㉛ C. Meiners, *Geschichte der Entstehung und Entwickelung der hohen Schulen unseres Erdtheils*, vol. Ⅰ (Göttingen, 1802; reprint, Aalen, 1973), 7.

大学的利益和对大学造成的伤害表现出兴趣。

在德尼夫勒、考夫曼和拉希德的著作中,也能发现这种基本的态度和立场,这些著作出版于1885到1895年之间。比起迈那斯的著作来,这些著作显得更加学术化,更具有批判性。迟至1923年,"古老和普遍的学者们之间的交往"仍是美国中世纪研究专家查尔斯·霍默·哈斯金斯著作中关注的中心;[32]德-伊尔塞也同样如此,在他1933年至1935年间出版的《大 10
学史》中,大学历史基本上被当做知识分子历史的一部分。[33]

根据马克思主义的观点:

> 资本家们和帝国主义的史学评论频繁地反复重申这个命题,即存在着与阶级和阶级斗争毫无关系的纯粹的学术和大学理念……历史已经揭示出那是一个错误、一种曲解……学校和高等教育机构是为了训练那些维护统治阶级的统治所需要的人才而建立的。[34]

1956年,在耶拿和莱比锡发表的演讲中,格伦德曼立场鲜明地反对大学取决于"统治阶级需要"的观点。他认为,大学的出现确实受到社会和经济发展的促进,包括"由十字军东征所促进的商业和交通的兴盛;随着城市发展而诞生的货币经济或早期资本主义(它也一直影响着城市),特别是在意大利和法国;以及农业生产的改进和农民地位的提高"。但是,这些发展无论如何也不会形成大学。

> 人的职业、职业培训或普通教育的需要,政府的、教会的、社会的,以及经济的要求和动机都不是主要的、本质的或根本性的和决定性的

---

[32] C.H.Haskins, *The Rise of Universities*(New York, 1923), 126.

[33] d'Irsay, *Histoire des universités*, *I*.

[34] G.Steiger and W.Fläschendräger(eds.), *Magister und Scholaren*, *Professoren und Studenten*, *Geschichte der Universitäten im Überblick* (Leipzig, 1981), 12; M. Steinmetz, ' Die Konzeption der deutschen Universitäten im Zeitalter von Humanismus und Renaissance', in *Les Universités européennes du XIVe au XVIIIe siècle*, *aspects et problèmes*. *Actes du Colloque international à l'occasion du VIe Centenaire de l'Université Jagellonne*, *Cracovie 6 – 8 Mai 1964* (Geneva, 1967),115; W.Prahl, *Sozialgeschichte der Universität* (Munich, 1978),13.

> 因素，这些都不是构成作为全新社团和教学、学习场所大学的起源及其本质的基础。恰恰相反！概括地说，刺激大学出现和成长的根本原因是对学术和科学的兴趣，是学习和了解世界的需求，是“探索知识的欲望”。[35]

格伦德曼的论点由于过于理想化或者说过于意识形态化而受到批评。克拉森在 1964 年指出，对知识的纯粹热爱与其说体现在巴黎大学，还不如说更具体地表现在沙特尔的大教堂学校中。他的问题是，一所大学为什么以及如何恰恰就出现在这个地方而不是在别的地方。“除去知识分子的因素之外，似乎还有其他力量和驱动力，使大学可能成为一种新的社会组织形式。”他引用了阿贝拉尔的自白和知识渊博的布卢瓦的彼得的名言。阿贝拉尔说，是贪婪和野心促使他从事教学。彼得（1180 年，他成了宫廷的
11 宠臣）则说：“有两样东西促使人们去刻苦学习法学，那就是追逐权力和追求名望以满足虚荣心。”基于这些理由，克拉森的结论是：

> 12 世纪的学校和 13 世纪的大学从未把自己的目标确定在为宫廷和市政当局培养专门人才方面。然而，在大学中形成的新的社会组织模式部分地是由社会造成的，因为大学是广泛社会群体的兴趣所在，这使得高等学校有可能成为永久性的独立机构。从一开始，教育就受到探索真理的基本冲动与众人获得实际训练的需要之间张力的支配。相应的，尽管非其所愿，学校却形成了新的学术等级，改变了整个社会结构，使社会更为充实、更加复杂。[36]

今天，大多数学者赞同这种观点——这至少是对格伦德曼的命题进行讨论的成果。[37]科班和艾什比较多地强调都市化社会的需要，强调教会和

---

[35] Grundmann, *Ursprung*（注释 6），36，39.

[36] Classen, *Studium*（注释 4），25.

[37] Verger, ‘Naissance’（注释 4），86; A. Seifert, ‘Studium und soziales System’, in *Schulen und Studium*, 604ff.; Arnaldi (ed.) *Origini*（注释 10），15ff.

政府官僚体制的需要。[38]勒戈夫和萨瑟恩则强调大学从社会的压力下解放出来。[39]但是,简单的观点是难以接受的;任何一位严谨的史学家都不会认为,大学是从天而降来到这个社会的,或者作为一种社会生产力的功能简单地从社会中生发出来的。大学和孕育了大学的社会之间彼此作用、互相影响。如果没有理性主导的探索知识的精神冲动,就不会有大学,“但是精神本身并不能创造大学”[40]。作为新的社会制度,大学只有在中世纪某些具有特殊的政治、经济和社会条件的城市中,才可能出现。

在现有的知识状况下,我们还不能回答这样的问题:大学产生的决定性因素是什么?或者这些因素怎样集合在一起,才能把开创者和成熟的学者汇聚在一个其权利和特权得到公共权威保护的法人团体中?但不管怎样,早期大学诞生的历史确实提供了一些启示。

最早在博洛尼亚出现的私立法律学校向大学的转变,也许受到了许多 12
外部因素的影响。这些因素包括以下事实,即博洛尼亚是一个商道交汇的枢纽中心,是北方的朝圣者前往罗马的必经之地,同时皇帝对详细阐释和应用罗马法感兴趣,将其作为一种使其帝国统治合法化的手段。这种兴趣使巴巴罗萨腓特烈一世于1155年签署了《安全居住法》,[41] 并使博洛尼亚的城市自治在神圣罗马帝国衰落后得到加强。所有这些外部的因素都对博洛尼亚成为大学的所在地,作出了积极的贡献。在整个12世纪,那些著名教师的声誉具有同样重要的作用,他们吸引着欧洲各地的学生不远万里来到博洛尼亚。但是,只有当那些在经济、社会和政治上有权势的外国学生们聚集在一起,并为保护自身利益与城市和教师开展集体斗争时,大学的组织才会形成。[42]

由于卡佩王朝(987—1328)君主制度的巩固,巴黎成为政治、经济和文

㊳ Cobban, *Medieval Universities*, 8; A. Esch, *Die Anfänge der Universität im Mittelalter. Rektoratrede Universität Bern 1985* (Berne, 1985), 8ff.

㊴ J. Le Goff, Les Intellectuels au Moyen Age, *Le Temps qui court*, 3 (*Paris*, *n. d.* [1957]), 73; *J. Le Goff*, 'Les universités et les pouvoirs publics au moyen âge et à la Renaissance', in *Rapports du XII e congrès international des sciences historiques*, vol. III, *Commissions* (Vienna, 1965), 189; R. Southern, 'From Schools to University', in *History of Oxford*, 35.

㊵ Classen, *Studium* (注释 4), 4.

㊶ 参见本书第3章, 第78页(系原书页码,以下同——译者)。

㊷ Cobban, *Medieval Universities*, 49 - 55.

化的中心。在整个12世纪,不同宗教当局控制下的许多学校之间所展开的竞争,导致了名师的集中和学生们的相应汇集。国王们大力支持教育事业的发展,其中的一位国王路易七世本人曾经就是一名学生。虽然各地为学生们提供的食物相当丰富,但是对于他们来说,找到合适的住宿场所的确非常不易。针对这种情况,1180年和1186年,为贫寒学生建造了宿舍。㊸正如将在下一章中所看到的那样,大学的形成首先得益于名师的努力,他们得到了国王和教皇的支持;得益于因履行共同责任而放松了监管的地方教会;得益于无政府主义的学习安排秩序化。接踵而来的1208—1231年间大学师生与教长、宗教团体和市民之间的曲折斗争,同样促进了大学得到公众的认可。㊹

与法国的教会和君主制相比,伦敦的皇家法庭和英国的主教区雇佣了更多的教师。㊺英国的学者们曾在欧洲大陆学习过,他们对巴黎有着特殊的偏爱。㊻到12世纪末,当他们希望在英格兰进行研究时,是什么原因使
13 他们选择了牛津而不是伦敦?新版的《牛津大学史》也提出了这个问题。牛津是一个地方性的小城镇,不能和座堂城镇相提并论,当然更无法和伦敦相比。但是,在12世纪80年代,作为皇家管理机关和宗教法庭所在地,牛津获得了战略性的政治意义。这吸引了一些学识渊博的律师们前往牛津,并且促使其中的一部分律师开设法律课程。在这十年间,牛津法律学校是英格兰唯一一所有能力吸引外国学生的学校,尽管有些学生来自教育落后的地区,如匈牙利和弗里斯兰。这些发展也吸引了当时一位最著名的神学家亚历山大·尼卡姆来到牛津执教。1209年,为反抗地方政府的极端行为,教师们进行了罢课。直到1214年,在教皇特使的调停或是命令下,

---

㊸ Cobban, *Medieval Universities*, 79–82; Ferruolo, *Origins*(注释14), 22–26; 250–254; A. L. Gabriel, 'The Cathedral Schools of Notre Dame', in A. L. Gabriel, *Garlandia. Studies in the History of the Mediaeval University*(Frankfurt, 1969), 41ff.

㊹ 参考S. C. Ferruolo, 'The Paris Statutes of 1215 reconsidered', *History of Universities*, 5(1985), Ⅱ; Verger, 'Naissance'(注释4), 75ff.

㊺ J. W. Baldwin, 'The Penetration of University Personnel into French and English Administration at the Time of the Twelfth and Thirteenth Century', *Etudes Islamiques*, 44(1976), 204–210.

㊻ A. L. Gabriel, 'English Masters and Students in Paris during the Twelfth Century', in Gabriel, *Garlandia*(注释43), 1–57.

市政当局保证牛津的学者们享有与巴黎大学同样的自由和特权，教师们才停止罢课。[47]

在这三座城市中，政治和经济的联合优势，对有学术声望的教师和教育机构的尊敬，吸引了大批高质量的学生和教师。这确保了师生团体利益免受地方当局的侵害。在巴黎，它也使不同学校和教师之间的无序竞争得到控制，并把他们融入到“大学”。在每一座城市，决定性的因素是教师和学生的利益，这种利益最先表现在一种正式的学习模式（这使他们能够自主地工作）上，然后表现在解决他们与地方当局有关自由和特权问题的冲突上，最后表现在中央政权对他们的支持上。

大约在同一时期，蒙彼利埃的医学校也获得了大学的地位，然而促进和巩固这个统一的大学共同体的环境因素却非常模糊。但不管怎样，这座名列最古老大学城第四位的城市具有与其他城市相同的某些本质特征。这些特征包括该城地处罗纳河谷地、西班牙和普罗旺斯的三者交汇地带的经济地位；当地文化的发展处于全盛期；最后，蒙彼利埃是医学和法律学校教育非常繁荣的地方，吸引了来自远方的学生。与此同时，蒙彼利埃作为教皇的封地和军事重镇占据着特殊的政治地位，1220 年，教皇派遣一位红衣主教作为特使，代表教廷向大学授予了特许状。

在有些地方，缺乏某一个条件或者其他类似的特征或者属性，例如，缺乏名师的出现，皇室或者教皇的支持，大学的出现就会稍晚一些。如帕多瓦大学和帕维亚大学，虽然作为经济上非常重要的货物集散地，它们早就建立了非常好的法律学校。[48]而直到 1346 年，神圣罗马帝国的第一所大学才出现在布拉格。布拉格地处帝国的东部边境，那里虽然有许多政治和经济力量雄厚的德国城市，这些城市在 12 世纪就有优秀的学校，但是却没有大学，这也许归因于“德国社会中占统治地位的阶层对此没有给予充分的支持或反应冷淡”。这些阶层的人士把贵族出身当做在教会中晋升高级职位的标准，这远比法国严重，在法国，“学术上的优越能够使外国人和非贵 14

[47] Southern, ‘From Schcols ’(注释 39), 4 – 36; R. W. Southern, *Robert Grosseteste. The Growth of an English Mind in Europe*(Oxford, 1986), 56.

[48] Walther, ‘Anfänge des Rechtsstudiums’(注释 11), 121 – 135.

族出身的人成为主教”。[49]

这些仅仅是假说。至于为什么在伦敦没有大学，为什么罗马大学(1303)、科隆大学(1388)，以及美因兹大学(1476)的建立晚于博洛尼亚大学、牛津大学、巴黎大学和萨拉曼卡大学(1218—1219)，对于这些问题，正如我们在这篇导言一开始就提到的那样如果能够的话，只能在经过进一步的资料挖掘和分析之后，才能作出结论性的解释。

教会、王权和市政当局的期望

各种各样的社会势力：教皇、皇帝、王公、主教、市政当局、贵族和资产阶级、中世纪后期的农民，以及教师和学生们，他们对大学的期望是什么？他们认为大学的社会职能又是什么？大学的社会职能是对那些复杂而又相互矛盾的期望的反应，只有对这些矛盾进行认真思考，才有可能对其社会职能加以确定。

所有这些社会势力，在他们为生存而战时，都希望从学术和科学知识中得到支持。政权和教会希望得到大学的支持，以巩固它们的统治；学生和教师们探索知识以谋求社会地位；大学城中的居民们想要提高生活水平。但是，就这些目标而言，并不必然需要大学。

正如巴巴罗萨·腓特烈一世在1155年颁布的关于学术自由的基本法律中所说的那样，只有通过知识的传播，这个世界才能被照亮，臣民的生活才能遵照上帝及其仆人（即皇帝）的旨意[50]。这种辞藻华丽的表述非常清晰地表达了世俗最高权力的双重期望。光明的象征意义在中世纪是深受欢迎的，它表达了这样一种观点：学术丰富着知识，并使社会秩序保持稳定。

15 可以确信的是，佩普并不是博洛尼亚大学的创建者，但是他可能是第一个向皇帝亨利四世解释罗马法的研究能够为社会秩序提供新支撑的人。

---

[49] J. Ehlers, ‘Die hohen Schulen’, in P. Weimar (ed.), *Die Renaissance der Wissenschaften im 12. Jahrhundert*, Zürcher Hochschulforum Universität Zürich, E.T.H. Zürich, 2 (Zurich, 1981), 72.

[50] P. Krüger and T. Mommsen (eds.), *Corpus iuris civilis* vol. Ⅱ (Berlin, 1877), 511; reprinted in Kaufmann, *Deutsche Universitäten*, vol. Ⅰ, 165.

在一次亨利四世出席的刑事审判中,佩普对一条规定提出了异议,这条规定是,赔偿的抚恤金数量必须与被害人的地位相称。他指出,“神圣的皇帝法律,如罗马法律,根据人类平等的自然法则,禁止对一位自由人或者一位非自由人施行不平等的待遇”。不论佩普的精彩辩论给亨利四世留下了什么样的印象,世俗皇帝们显然对于罗马法中的条款比较感兴趣——这些条款能够加强他们的财政和政治权力,他们显然热衷于采纳这些条款。[51]

在大学诞生之前,学问和学者就被世俗政权和教会当局寄予类似的期望。实际上,在当时的某些人看来,大学的建立对于真正的学术知识探索和传播来说是一种障碍。值得提及的是一位神学家和诗人,菲利普斯·德·格利维亚,他在1206年成为巴黎大学的一名教师,1218到1236年担任巴黎大学的校长。他曾经对他的同事抱怨道:

> 过去,当每一位教师独立教学的时候,当大学的名字不为人们所知的时候,那时候有更多的讲座和辩论,人们对于学术事务有更多的兴趣。然而,到现在,当你走进大学的时候,讲座和辩论越来越少;每一件事情都是仓促地完成,需要用来学习的时间被浪费在开会和讨论中,几乎学不到什么知识。当那些长者在会议上争论和制定规定的时候,年轻人则正在策划罪恶的阴谋和计划夜间的袭击。[52]

可以确信的是,由于菲利普斯·德·格利维亚是教会利益(它对学术活动的监督权力被大学削弱了)的代言人,因此他并不是一位客观的见证人。然而,同样真实的情况是,12世纪教师的独立讲学活动并没有损害学术。

但是,教皇和君主们在法律上承认那些已经“成长起来”的大学以及后来通过赐予特权建立其他大学时,他们对大学的期望是什么?显而易见的是,与教团或者地方主教们控制的教师相比,那些享有自由权利的学者们组成的法人团体能更好地为教皇和君主的利益服务。

教皇对大学感兴趣的原因有三。其一,在各种各样教团和学者们所持

---

[51] Schmugge, '“Codicis Iustiniani ”'(注释11),4－8.

[52] Verger, 'Naissance'(注释4),76 n.34.

的互相矛盾的信仰中，他们希望合乎理性的教义的地位得到加强；他们特别关注于开展一场反对扩张中的异端邪说的斗争。他们急切地希望加强罗马教廷的集权统治，以反对世俗政权的权力和野心以及地方封建主的利益。他们也关注录用那些能够为教廷服务的人员。早在12世纪，这种录用标准就认可学术性教育的价值就在于为教会政策中出现的教义和法律问题提供解决方法。学者们变成了红衣主教。两位教皇塞莱斯汀二世（1143—1144）和塞莱斯汀三世（1191—1198）是阿贝拉尔的学生。阿贝拉尔的另外一位学生亚历山大三世（1159—1181），被称为"第一位法学家教皇，不论他是否是著名的科隆宗教法律学家克雷莫纳的罗兰，他都开创了教廷历史上的新纪元"。[53]13世纪以后，在大多数情况下，教皇们都上过大学，教皇周围学识渊博的红衣主教也日益增多。[54]这样，教皇们把大学当做是一种在他们直接的司法管辖和保护下，能够组织和控制学术，因而也能够处理教廷感兴趣的三项事务的机构。本书第八章详细叙述了那些经过学术训练的人士在教廷中得到任用的情况。

教皇们是如何让个别的大学毕业生乃至大学机构为他们服务的？有人也许会想，这再容易不过了。那是他们自己创办的大学。然而，这种情况的发生完全是非常偶然的。这种情况最早出现在1229年的图卢兹，当时，在打击阿尔比教派的战斗结束之后，为了建立反对异端邪说的堡垒，他们强迫伯爵建立并资助一所大学以作为对他的惩罚。正如下一章所表述的那样，这所新创办的大学并没有成功地履行这项使命。在1245年，教皇才亲自在罗马创办了一所教廷大学。与之相对照的是，在其他大学创办时，教皇们只是通过颁发特许状，表明自己是大学的合法创办者和保护人，因此也有能力把大学置于自己的控制之下。这种控制包括教皇学监制度，这些学监们自觉地维护教皇赐予大学的特权，以免受地方当局的限制和侵犯。[55]教皇们也把大学作为传播教令和教义的途径；他们把教义送到大学，

---

[53] P. Classen, 'Rom und Paris Kurie und Universität im 12. und 13. Jahrhundert', in Classen, *Studium*（注释4），130.

[54] Miethke, 'Kirche'（注释4），294 – 303; J. Verger, *Les Universités au moyen âge*, Collection SUP, l'Historien 14(Paris, 1973), 70; R. Avi-Yonah, 'Career Trends of Parisian Masters of Theology', *History of Universities*, 6(1986 – 1987), 47 – 64.

[55] Miethke, 'Kirche'（注释4），314.

通过讲座进行讨论和传播。[56]

受俸牧师(即由教会指派到大学学习的牧师)的做法对教会事务有着深刻的含义。教皇们帮助大学和那些具有僧侣和牧师身份的大学生,与此同时,通过解除这些大学生与原所在教区的薪俸关系,教皇把他们置于教廷的控制之下。到14世纪,学术机构定期向教皇通报大学学生和毕业生的名单,教皇通过发放薪俸资助学习的方式形成了一种固定的制度形式,此即教会奖学金制度(rotuli)。[57]“学术机构的物质存在完全依赖于教会向他们的成员所发放的牧师薪俸。”[58]

大学颁发得到教皇认可的“通用教学资格证”——这将在下面两章中进行叙述——具有深远的历史意义。在一开始,这种教学资格基本上在教皇的整个基督教王国都是有效的,但实际上,这种教学资格受到一定的限制,甚至遭到反对。教皇们自己就限制那些从巴黎大学或者博洛尼亚大学获得教学资格的人士享受这一权利。除了对这种教学资格的普遍有效性加以限制之外,大学的教师组织通过限制普通教授职位,即“名额限制”来保护自身利益,抵制来自外界的竞争[59]。此外,一些大学的管理机构为了使教师们为自己的大学服务,拒绝承认那种可以在任何地方进行教学的权利。[60]实际上,“教学资格证”的普遍有效性更多地是用于表明一种教学的能力倾向,而较少应用于教学职位的确定。即使在今天,情况也仍然如此;从字面意义上来讲,它表明了“普遍教学自由”对大学机构和现代学术职业的基本意义。依据教皇的法律,大学的结业考试具有普遍的有效性,因此,大学机构就具有了按照超越其地域的标准来管理学习内容和结业考试的职责。这不仅使大学更加走向自治,而且对学术史和文化史产生了巨大的影响。由此,探索知识和传播知识的这一普遍价值(这种价值自古以来就

---

[56] Classen, *Studium*(注释 4),292.

[57] A. Borst, ‘Krise und Reform der Universitäten im frühen 14. Jahrhundert’, *Konstanzer Blätter für Hochschulfragen*, 9(1971),55; Verger, *Universités* (注释 54),128ff.; D. E. R. Watt, ‘University Clerks and Rolls of Petition for Benefices’, *Speculum*, 34(1959),213ff.

[58] G. Ritter, *Die Heidelberger Universität*, vol. Ⅰ, Das *Mittelalter* (Heidelberg, 1936), 44.

[59] 参考本书第5章,第149页;Rashdall, *Universities*, vol. Ⅰ, 14ff., 拉希德得出的结论是“教师身份降低到一种得到普遍认可的声誉,除此之外再无其他意义”。

[60] Borst, ‘Krise und Reform’(注释 57),57.

一直得到人们的承认)在大学中得到了制度安排。从那时候起,这种价值一直在延续,直到今天。不管怎样,它是高级大学学位获得者的共同体,即科学和学术共同体、知识共同体的共同使命和责任。

尽管当局不得不以司法介入来平息大学内部的纷争,但是不同学说之间的冲突(12 世纪以来它们经常导致哲学派别和教师受到谴责,两个世纪后它们被表述为"古代派"与"现代派"之间的对抗[61]),仍然在大学中发生。发生在学者与学者之间、学者与大学之外的人士和组织之间的冲突,促进了学术制度的发展。在这些冲突中形成的脆弱结构,通过大学内部协调冲突的规则和实践而得到加强,从而使大学成为教会和王室之外的第三种权力机构。

法国、英国和西班牙的国王们,和后来葡萄牙、奥地利、波希米亚、波兰、匈牙利的国王们以及仿效他们的王公贵族们,期望他们的大学能在智力和人才方面有效地帮助他们建立和巩固管理制度和行政体制,以求战胜城乡贵族之间的离心力量。确实,他们经常通过建立大学来证明他们关心自己管辖范围内的年轻人,这些年轻人希望在本地学习,以免除国外学习的昂贵费用和负担。[62]但是,事实上他们更为关心的是把这些年轻人与自己的政治利益联系起来,一个典型的事例是,腓特烈二世在 1224 年建立了那不勒斯大学,他的目的是要瓦解博洛尼亚大学。[63] 作为国家大学的原型,那不勒斯大学在 5 年后解体;三百年之后,它成为广泛传播的大学组织模式。

城市对大学的期望是什么?大学通过特权、免税、限定最高房租和其他不利于城市利益的方式来保护学者和学生的集体利益免受市政当局和市民的损害。最初,市政当局站在自己的立场并不需要大学向它们提供经济活动所必需的智力和法律方面的知识。这些知识包括商人所需的初级

---

[61] 参考本书第 13 章,第 438 页。在海德堡大学,1440 年后有过激烈的辩论和冲突,并以选帝侯(*Kurfürsten*)的介入和两个学派各自建立机构而告终。参考 P. O. Kristeller, 'Scholastik und Humanismus an der Universität Heidelberg', in G. Keil, B. Moeller, and W. Trusen(eds.), *Der Humanismus und die oberen Fakultäten*, Mitteilung XIV der Kommission für Humanismusforschung(Weinheim,1987),6.

[62] Borst, 'Krise und Reform'(注释 57),55.

[63] 参考本书第 3 章,第 87 页。

算术和读写识字能力，公证人和文书们需要熟练掌握的公文语言，乃至跨区域的职业和职位所需的高级教育。所有这些需要在没有大学的帮助下都能得到满足。

然而，在那些著名学者和他们的学校对城市政治和经济发挥作用的地方，市政当局更感兴趣的是稳定而持续的规章制度，而不是临时性的安排。从13世纪后期开始，大的商业城市已经清醒地意识到拥有大学的优势，大学能够提供律师解决普通法无法处理的法律问题，以及提供能为王权服务的文职人员。它们对培养市民后裔也抱有兴趣，这些市民后裔会选择在本地大学中从事学术职业。这样，城市很快就认识到大学所提供的这种可信赖同伴关系的优势，它们开始尽力想控制大学。在城市国家中，越来越多的教师由市政当局支付薪水，[64]大学开始处于地方政权的控制下。[65]

巴塞尔就是关于这种期望的一个很有意义的例子，这种期望在中世纪后期导致了众多城市的市政当局创建自己的大学。1431年，巴塞尔议事会建立了中世纪大学历史上独一无二的大学，叫做议事会大学。1449年，这所大学与议事会一起解散。埃涅阿斯·西尔维尔斯曾经在这个议事会担任文书；1458年，当他成为教皇即庇护二世后，原议事会大学的一些巴塞尔籍毕业生认为此时是建立一所城市大学的恰当时机。此举很容易地就获得了教师的支持，并且同意重新分配牧师俸禄以充做教授薪水，虽然他们为此事疏通关节也花费不少。更困难的是如何让那些心存疑虑的市民相信在他们的城市中建立一所大学是有价值的。1460年，市民们被说服同意继续建立大学，这与其说是市民们认为这种机构的价值有助于基督教理想并让他们自豪，不如说是出于对经济和政治利益的考虑。市民们陶醉于辉煌的前景之中：大学的建立能为巴塞尔市民后代跨进医学和法律职业界和晋升地区教会高级职位提供便利，并增强了与其对手布雷斯高的弗赖堡地区在政治和经济事务方面的竞争力（弗赖堡虽然已经决定建立一所大

[64] H. Koller, 'Stadt und Universität im Spätmittelalter', in E. Maschke and J. Sydow (eds.), *Stadt und Universität im Mittelalter und in der frühen Neuzeit*, Stadt in der Geschichte, 3 (Sigmaringen, 1977), 87; T. Bender (ed.), *The University and the City. From Medieval Origin to the Present* (New York/Oxford, 1988), 3 – 58.

[65] 参考本书第3章，第96－97页。

学，但始终没有建成）。市民们投入了一笔数目不小的经费，他们希望富有学生的涌入会带来经济上的收益，这也许有利于抑制巴塞尔的经济衰退。巴塞尔的市民被告知，如果大学有1000名学生，那么，他们每年在巴塞尔的花费将增加20 000基尔德金币。[66]

预想中的前景并没有很快实现。教皇承诺的牧师俸禄受到挤占，并未完全落实。前来巴塞尔的外国学生（首先是富有的学生）比预期的人数少。这种情况在大学开张第一年的一份任职合同中得到体现。合同规定，最高薪水的发放取决于待聘任的教授自己是否带来3名学习宗教法的贵族学生和40名学习民法的出身高贵的学生以及他们的随从。[67]直到半个世纪以后，由于形成了一个非常成功的书籍出版业，这所大学才开始为城市带来现实的经济收益。

教师和学生们的期望

教师们对大学的期望是什么？我们已然看到，这种期望并不是对知识的渴望诸如此类的东西，而是教师和学生们不确定的社会地位，这才是早期大学建立的诱因。保护学者个体的权利是帝国法规之中向外国学生所保证的条款，但假如皇帝不能付诸于实施的话，它们就变成了一纸空文。学者们在市政当局和教廷官员面前有组织地集体表述自己的利益，会在极端情况下发挥重要作用，例如，学者集体从一个市镇迁移到另外一个市镇；这为个体创造了自由和安全的空间，免受物质方面的剥削和政府或者教廷官员们的专横管理，而这种自由和安全是学者们研究和学习所必需的。至于我们所提到的大学成员所涉及的许多法律和经济上的特权，将在本书第七章和第八章加以详细说明。前文所述的"教会奖学金"名单（它是由大学定期汇编的），会给大学的成员带来物质上的利益。"大学教育——那时候

---

[66] E. Bonjour, *Die Universität Basel von den Anfängen bis zur Gegenwart 1460 – 1960* (Basle, 1960), 21 – 38. 参考鲁汶：J. Paquet, 'Bourgeois et universitaires à la fin du Moyen-Age', *Le Moyen-Age*, 67(1961), 312 – 340.

[67] J. Rosen, 'Die Universität Basel im Staatshaushalt 1460 – 1530', *Basler Zeitschrift für Geschichte und Altertumskunde*, 72(1972), 177.

和现在一样——基本上为每一个学生都提供了获取未来牧师俸禄的机会。”[68]

这种言过其实的叙述确实适用于大量渴望在教会中谋取职位或者已经占据着某些职位的学生。但是,总的来说,在博洛尼亚模式的大学中,世俗学生也不少见;到15世纪,世俗学生在所有的大学都已普遍存在,就像在本书第七章中所说明的那样,他们也期望从大学的学习中获得更好的条件——如果他们并非出身于传统的上层社会的话——以便增加谋取公共 21
管理机构中任职的机会。正因如此,他们对于大学所提供的系统有序的学习进程非常感兴趣,他们甚至坚持要求这一点——例如在博洛尼亚大学,那里的学生行会,在一开始聘请教授时,就通过罚款来监督教授是否良好地履行自己的教学职责、是否准时上课、是否上了足够课时,为了支付罚金,教授们必须事先存下一笔钱来支付保证金。

中世纪大学的社会作用主要在于训练以更理性的方式行使教会的、政治的和社会的权力。这似乎与事实相矛盾,除了大学教师的职业之外,中世纪大学的教学科目、考试和学位并不提供任何其他职业的训练。学术训练第一个阶段的终结授予学士学位。获得学士学位并不能证明什么,只不过说明获得者有能力和权利作为一位学徒,在一位教师的监督之下,在一个特定领域从事教学的辅助工作。硕士学位或者博士学位则证明了一种能力,以及如“普遍的教学自由”所意味的一样,有正式独立举办学术讲座的权利,而且在许多大学里面,这种讲座至少开设两年。[69] 这样,大学教师就构成了一个超越地域和学科界限,并拥有独特知识的社会群体,他们享有高度的特权。他们逐渐意识到自己是大学精英,他们的精神气质也适宜于他们的地位,他们也这样被社会及其统治者接受。作为源于中世纪的遗产,这项大学内部学术资格的安排仍象征性地保留在牛津大学中的评议会中,它是牛津大学的最高管理机构。评议会仍然由教师组成,但也包括文科硕士学位获得者和神学、法律、医学的博士学位获得者(他们并不是大学的活跃成员),以及其他学位的获得者。现在,这个机构的权力主要局限于

---

[68] Ritter, *Heidelberger Universität*(注释58),44.

[69] 参考本书第5章,第147页。

选举荣誉校长和选聘诗学教授。

在大学之外，学位并不意味着从事任何特定职业的资格。神学的学习不是成为牧师的先决条件，但是，在既没有贵族血统又缺乏超凡能力的情况下，神学学习能使获得高级神职变得更容易。正如本书第十一章所表明的那样，在中世纪，只有少数医生接受过大学训练，因此他们自认为是精英；然而在医生行会中，与那些没有医学学位的医生相比，他们并不具有优
22 先权。在一些意大利的大学城中，要得到法官的职位，必须接受法律教育，但是并不一定要获得一种学位，而只需证明自己拥有最重要的法律书籍。[70]在通常的情况下，充当法官、从事公证人职业或者在一所学术机构执教，并不要求拥有一个学位。即便如此，进入大学学习对于那些希望从事以上职业的人来说还是非常有吸引力，因为这些职业关乎公众利益，同时也不是通过具体经验或传统就能掌握的。只有很少的学生把从事学术研究作为终身事业，事实上，职业训练是大学教育的主要目的。

首先，除了社会出身，正是在学院中获得的知识和技能，为从事相应的实践活动提供了便利。在15世纪，对于贵族和大资产阶级的子孙来说（正如本书第七章和第九章所解释的那样），进入大学不过是在完成主流的骑士教育之后的扩充而已。但是，对于比例很大的其他学生（他们更多地是来自中产阶级），昂贵的费用使他们不能完成学业，也无法获得学位。在15世纪，学位被当做一种学术证明，在某种程度上，它是竞争教会和世俗职位的重要砝码。在增补重要的牧师和官员时，也会考虑学位的级别。这样，从没有学位到产生学位，大学教育成为从事拯救灵魂、法律实践、政府管理、医疗和教育等各类职业的精英们的显著标志。

当然，正如本书第八章所表明的那样，不是大学教育本身就能决定从事学术职业的人的社会地位，传统的统治家族和阶层的出身、财富和收入、特殊职位的威望，都与个体的社会地位密切相关。然而，到中世纪末期，由于大学，学术教育成为社会分化的一个标志，而博士头衔近似于贵族头衔，成为一种受到人们尊敬的称谓。

至此，我们转而探讨探索知识的欲望对于大学的意义。学术训练对职

---

[70] Walther, ‘Anfänge des Rechtsstudiums’（注释11），132.

业的社会价值(这是当前研究的主要关注点之一),只有通过大学才能实现,因为,旨在理性地探索真理的学术和教学活动,是制度性的规则和学院秩序化课程安排的本质。大学的本质被不恰当地称为"象牙塔";大学公开宣称的功能是提供亚里士多德式"沉思的生活"、为理智而进行理智训练。23 大学潜在的功能是为培养实际事务的专门人才、促进"实践的生活"和满足社会需要作准备,但这并不能否定其为知识而追求知识的社会价值,这种实际的功能是以探索知识欲望的重要性为先决条件的。如果大学只是作为一种追求物质利益和自由的法人团体,它本应与中世纪其他机构具有同样的命运,而这些机构已经销声匿迹了。正是大学组织和学科所共同担负的探索知识的责任,赋予了学者和教师的特权与自由以某种意义,从而超越了他们直接的物质利益,确保大学在其最显著的活动(即学术的、科学的教学与研究)中保持自治。

学院* 组织的起源和局限

当人们寻找大学管理机构为组织和监管大学行使集体性职责的最早证据时,就会发现,一直以来就存有一个标准规范,正是这个标准规范,使人们承认大学或与其类似的组织是高等教育机构。这就是将学位(特别是博士学位)的授予建立在学术委员会决议的基础之上,学术委员会对这个决议负责。

1213年,巴黎教长颁发了"大学的大宪章";1231年,"大学的大宪章"被选进教皇格列高利九世颁发的圣谕《知识之父》中。它限定了教长的责任,即在聘任神学和教会法的教师时,必须经由教授投票。申请大学教职的候选人必须通过学院的考试。[71]确实,教师个体和其学生之间的关系对中世纪大学是非常重要的。所以,正如本书第六章所描述的那样,在过去,一个人只有当他敬慕某个特定的教师,才会成为这位教师的学生。但是,与早期的情况相反,评价学生表现的权利不再留给教师个人,也不再留给教会当局。此后,教师必须把他的学生情况介绍给本学科的其他同事,他

* 学院(faculty),也有"学部"、"系科"、"学科"、"系"、"教授会"等译法——译者。

[71] 本部分内容以及以下内容参考:Verger,'Naissance'(注释 4),80ff.

的同事们必须做出决定是否应该把这位学生推荐给教长，建议教长授予他“教学许可证”，并接受这位学生作为一名教师。一旦证明这位候选人在操行方面无可指责，并通过了正规的课程学习，就会立刻授予这位候选人教学资格，接受其成为同行。[72]

24 大学要做出这样决定，必然要求有衡量正当行为的最低标准和做出决定的材料和程序。对规定科目的考察必然要依赖一整套规则，这套规则规定了最低的学习期限和每一个学科不同级别学位所涉及的知识范围。这些规则也规定了教师的权利和义务，教师在出席考试、仪式、亡故师生葬礼和纪念仪式时的着装，机构的职责，“普通”和“特殊”讲座的课程表，惩戒权，以及教授们反对政治权力干涉的罢课权。1208—1209 年，巴黎大学制定的那些学院规章以及誓言细则得到教皇英诺森三世的承认，1215 年再次得到教皇特使库尔松的罗伯特的认可，1231 年在教皇的圣谕《知识之父》中得到公开承认和详细说明。[73]

1219 年前，在博洛尼亚，由法学教师组织的学院博士学位的集体考试，播下了“一颗形成博士共同体的种子”。[74]与巴黎大学早期的章程不同，博士虽然也能被选举进入教授圈子，但要通过由教授主持的，有持有教学许可证的教会人士出席的真正的考试。[75]不过，在那些模仿博洛尼亚大学模式建立的大学中，教师并没有形成一个有权力制定大学章程的法人团体。相反，是学生法人团体通过他们的章程，制定学习科目管理和惩罚的规定，即通过罚款处罚履行教学任务过程中出现的不严格遵守时间规定的行为或者实质上的错误，这一点前面已经提到。其他规章制度则由市政当局制定。只是到 14 世纪初，数量有限的教学和非教学博士才组成了博士协会，这些协会此后为城市的公民保留了下来。迄今为止，我们所知的博洛尼亚律师协会最早的章程产生于 1397 年。[76]

为什么直到相对晚些的时候，在博洛尼亚模式的大学中，教授协会才

---

[72] *CUP*, vol. Ⅰ, 137, no. 79.

[73] *CUP*, vol. Ⅰ, 67ff., no. 8; 78ff., no. 20; 136－139, no. 79.

[74] Weimar, ‘Doktorwürde’(注释 13), 433.

[75] G. Cencetti, ‘La Laurea nelle università medievali’, *Studi e memorie per la storia dell'Università di Bologna*, 16(1943), 259.

[76] Weimar, ‘Doktorwürde’ (注释 13), 441.

能够组织起来,并且也只在有限的程度上对抗学生法团和政治当局,这个问题仍未得到解释。人们已经列举出了各种各样的原因,所有这些原因都可以归结到这个事实上,那就是在这种类型的大学中,有利可图的法学和医学是主要科目,并且在很大程度上由世俗人士负责教学和实践。他们更多地依赖于学费和固定的收入,而文科、教会法和神学的教师,他们的收入则来源于教会的薪俸,这些人在巴黎大学模式的大学中占了大多数。而且教学和实践之间的联系比较直接地表现在律师和医生职业。“中世纪的法律教育不是直接指向培养法学教师,而是训练法律职业的从业者”。⑦因此,这些大学的博士协会也向从业者开放,并发挥职业训练的社会功能,而不仅仅承担学术的职责。正如同本书第十一章所说明的那样,在医学方面也同样如此。

不过,许多问题仍然无法回答。在以巴黎大学为模式的大学中,教师们既收取讲座费,又领取固定的薪水,其他学院的教师也和法学院、医学院一样。他们不仅训练学院未来的教师,而且培养未来的从业者。在这种情况下,学位证明的不过就是传授已有知识和技术的能力和责任,学院的教师集体负责对学位申请人所达到的能力进行评价。也许是因为在博洛尼亚大学模式的大学中教授毫无势力,因而缺乏长远的集体责任感,任人唯亲在博士协会中变成了一种惯例,从而导致了15世纪博洛尼亚法学院的衰落。⑱另一方面,由于学生缺乏对大学的责任感,因此,像阿威罗伊学说和人文主义那样的新知识潮流在意大利的大学里所遭遇的抵制就比在以巴黎大学为模式的大学小得多。在巴黎大学,文学院坚定地坚持某些教义,教学团体的构成更多地受到教义和探索知识的欲望所采取的特殊形式的影响,而较少受到社会出身和职业利益的影响。

学院为学生对大学的责任感提供了组织框架。“在学院中,教师们拥有自治权,特定学科的学生们则被纳入到一个共同体中。”⑲中世纪大学的四种典型学院(文学院、医学院、神学院和法学院)的起源、重要性及其发

---

⑦ Walther, ‘Anfänge des Rechtsstudiums’(注释 11), 161.

⑱ 参见 Cencetti, ‘Laurea’(注释 74), 273.

⑲ J. Verger, ‘Fakultät, -en’, in *Lexikon des Mittelalters*, vol. Ⅲ (Munich/Zürich, 1987), cols. 215–217.

展，将在本书第四章、第十章到第十三章中加以详细分析。然而，为什么是这些而不是其他的知识领域走进了大学呢？

如果考虑“社会需要”，那么像建筑学、军事技术、造船术、机械制造和开采矿业方面的技术科学，以及像农业、兽医学和制药学方面的应用科学，
26
都应该出现在大学里面。这些学科的训练对中世纪社会都是必需的，因此，如果从社会需要考虑，政治和经济上的统治阶级就应该对这些领域的专家培养和知识发展拥有强烈的兴趣，就像他们对四种学院所涉及科目拥有兴趣一样。在此我们再一次看到了，并不是社会应用知识的需求，而是由于某些学科的存在表明了其对某些社会要求的价值，导致了大学的建立。

为什么技术学科从学院的教学计划中被排除？乍一看，对这个问题的解释似乎在于中世纪的科学分类，这种分类把知识分为“文科”和“技术学科”。但是，这并不必然贬低技术学科。早在7世纪，机械学就被认为是“一种知识或者理论，它用精巧的方式把万物的创造汇集到一起”。[80]到12世纪，圣维克多的休斯(1096—1141)甚至赋予机械学更精微的意义，他在他的《大纲》中说道，机械学是科学，通过它，人们模仿自然以便满足物质上的需要。在他的学科分类中，他把“技术学科”置于和“文科”同等的地位。在“机械的”哲学中，他划分出七门学科(他把“机械的”哲学和自然哲学、道德哲学、语言哲学并列)。七门学科中有三门学科涉及到的知识内容在人的身体之外。首先是涉及各种原料(都用于织布的原料)的纺织技术；其次是涉及各种器械设备的制造工艺(例如，陶器制造、切割石头、建筑、开矿、木工和冶金术)；第三就是航海学，包括各种各样的商业贸易。其他四门学科则是为人的身体需要服务：开垦土地、打猎(包括各种形式的食物储藏)、医学和戏剧艺术。1250年，巴黎大学教授、后来成为坎特伯雷大主教的罗伯特·基尔沃比，在其著作《学科源流》中修改了这个学科结构，将“异教”的戏剧艺术放到建筑学中一个特定的位置；同时，他用其他一些在本质上更为精确的分类取代了过于狭窄的学科范畴。例如，他用原材料艺术取代纺

[80] B. Bischoff, ‘Eine verschollene Einteilung der Wissenschaften’ *Archives d'histoire doctrinale et littéraire du Moyen-Age* (1958), 16.

织，用商业贸易取代航海术，用种植取代开垦土地，用烹调取代打猎。与圣维克多的休斯一样，罗伯特·基尔沃比也认为，“技术学科”是哲学的一种途径，是研究人间事物的一种途径（这有别于对神的事物的研究，即神学）。[81]。如果以这种看待各种知识的方式为基础，大学从一开始就应该把技术学科，连同经济的和经验的学科，以及那些在当时大学中常见的实践性学科包容进来。

但结果是只有一门技术学科，即医学成了大学的科目。正如本书第十一章所提到的那样，由于对阿拉伯医学的格外关注以及在阿拉伯和犹太医生的帮助下，医学院形成了。一位西班牙籍哲学家、亚里士多德著作的阿拉伯文注释的翻译家多米尼克斯·古恩迪斯萨利诺斯，在大约写于 1150 年的著作《论哲学分类》中，建议取消“文科”和“技术学科”的划分，他认为每一门学科都应该划分为一个理论部分和一个实践部分；由于医学事关人类自身（而人类处于自然之巅），因此，它应该位居自然科学之首[82]并超越文科。但是，这种分类并没有被接受。由于它试图把医学列入很高的等级，这就使得医学被置于文科之中。因此，1239 年，蒙彼利埃大学医学院在新修订的章程的序言中，医学被当做光芒四射的恒星，照亮了“文科”中的其他学科。[83]正如本书第十一章中所提到的那样，文科的学习和医学的学习通常相互联系，在意大利大学，它们设置在同一所学院。许多学科分类都将实践医学（包括外科，它被归入技术学科）与思辨医学（它被认为是文科的组成部分）区分开来。[84]

托马斯·阿奎那在写于 1255—1259 年评论波依休斯的著作《论三位一体》中抛弃了这种划分。他认为，与炼金术、农业以及所有这种类型的学科一样，医学运用了自然的事物，因此，就像女仆就是为了被使唤一样，医学应当依附于自然科学。所有机械学科（医学是其中之一）的目标不在于积累知识而在于实践运用，所以，它们应该被当做从属于人类不自由部分（即

---

[81] R. Kilwardby, *De ortu scientiarum*, ed. A. G. Judy (London, 1976), Cap. 34 – 41, 122 – 137. 参考 J. A. Weisheipl, ‘The Nature, Scope and Classification ofthe Sciences’, *Studia Mediewistyczne*, 18 (1977), 85 – 101.

[82] D. Gundissalinus, *De divisione philosophiae*, ed. L. Baur (Munich, 1903), 84 – 88.

[83] *Cartulaire de l'Université de Montpellier*, vol. Ⅰ, (Montpellier, 1890), 185, no. 4.

[84] Library of Wolfenbüttel, Cod Guelf, 567, chart. XVs., fol. 113r.

人体)的活动。因此,它们不应该被当做文科,而应作为附属学科。[85]这种理论的划分受到了那些反对医学的学者的欢迎。彼特拉克在1355年写成的一篇论战作品《反对医生》中,把农业——一门有用的技艺与有害的医学
28 作了比较。[86]萨卢塔蒂于1399年写的《论法学和医学的源流》中,借助阿威罗伊(阿拉伯名为伊本·路西德)的观点,认为法学应高于医学,并把医学归为技术学科的范畴。[87]

为什么医学会成为唯一在大学中教授的技术学科?甚至建筑——瓦罗(公元前116—前27年)把它与医学都列入九种文科中——也需要相当多的理论知识,特别是数学知识,而数学的地位一点也不亚于"四艺"中的算术和几何,在某些方面甚至优于它们。[88]帕诺夫斯基(1892—1968)在比较经院哲学和哥特式建筑的风格时,曾经把它们的相似归结为共同的精神习惯,即哲学家和建筑学家的共同精神习惯。帕诺夫斯基说,通过学校和大学的经历或者通过从时代的文化生活中所吸取的"养分",学者的思维模式影响了建筑的外观。[89]事实上,只有在少数建筑师身上,才可能证明与大学之间的直接关系。这部分人在大学城中的工作包括建设城市的主要教堂和防御工事,他们掌控着技术、艺术和组织方面的事务。这些职责使他们在社会中获得了特殊的地位,因而引起了大学教师们的嫉妒。从13世纪开始,建筑物的数量得到了前所未有的增长。建筑师们在大型项目的设计和管理中显得日益重要,他们作为市政当局、王公贵族和皇家法庭建筑事务的负责人,在社会上日益受到尊敬。这些工程项目使得对那些不但具

---

[85] Thomas Aquinas, *Commentarii in Boethii De Trinitate*, Quaest. Ⅱ, Art. Ⅰ, 英文译本 A. Maurer, *St Thomas Aquinas*, *The Division and Methods of the Sciences* (Toronto, 1953; 4th edn 1986), 19-22.

[86] F. Petrarca, *Invectiva contra medicum*, ed. P. G. Ricci (Rome, 1950), L. I. Cap. V; L. Ⅱ, Cap. ⅩⅧ.

[87] C. Salutati, *De nobilitate legum et medicinae*, *De verecundia*, ed. E. Garin (Florence, 1947), 24, 216.

[88] L. Mojon, *St Johannsen*, *Saint Jean de Cerlier*, *Beiträge zum Bauwesen des Mittelalters* (Berne, 1986), 23.

[89] E. Panofsky, *Gothic Architecture and Scholasticism*, Wimmer Lectures 1948 (Latrobe, Pa., 1951), 21-28.

备实践经验而且拥有理论知识的建筑人才的需求大幅增长。[90]

无论是社会对建筑的需求,还是学科本身或者学科分类,都无法解释把建筑学排斥在大学教学科目之外的原因,其他的技术学科也同样如此。[91]古代的文献资料并不缺乏这样的记载,证明这些学科包括在教学大纲中,并且做出了相应的教学安排。维特鲁威提供了科学探讨建筑艺术的出发点。这种观点确实被一些非官方的学者和艺术家所接受,例如利昂·巴蒂斯塔·阿尔贝蒂于1452年所写的《建筑十书》。阿尔贝图斯·马格努斯写于1256年的植物学著作《蔬菜种植》、亨利的沃尔特广为流传的论农业的标准著作《农书》(约1250),以及克利斯恩斯的彼得的著作《农时》(约1306)——这部著作是基于对亚里士多德、瓦罗和科路美拉的讨论写成的,这些书中都隐含着对农业问题的理论探讨。它们都以大学教育为前提,但是却并没有成为大学教学计划中的科目。这种结果不能归因于它们生产人工制品的目的(这与医学不同)。正如本书第十章所言,“四艺”和物理学等大学已有的学科发展出了光学、天文学和乐器,这些科目既服务于实践,同样也适用于研究。 29

也许我们不必那么严肃地探讨不同种类知识的学术分类问题。它们也根本没有为重要的法学学科腾出空间,也没有让法学成为文法、逻辑和修辞学这“三艺”的分支学科,或者成为实践哲学的分支,这些情况都与法学在大学中的重要地位不相称。我们也很难把知识的理论分类与大学中的理智活动的组织紧密地联系在一起。即使对于自由学科来说也是如此,从古代后期经过加洛林王朝的教育改革,直到12世纪,文科被认为处于世俗科学和哲学的顶端,仅次于神学。13世纪,随着亚里士多德哲学的胜利,它们被从显要的位置上赶了下来,或者在不同类型的知识分类中被置

[90] Mojon, *St Johannsen* (注释88), 20 - 27; M. Warnke, *Bau und Klosterbau, Soziologie der mittelalterlichen Architektur nach den Schriftquellen* (Frankfurt, 1976; reprint, 1984), 131 - 145.

[91] 关于技艺学科的综合性评论(并附有一个详尽的书目),见 E. Whitney, ‘Paradise Restored, The Mechanical Arts from Antiquity through the Thirteenth Century’, *Transactions of the American Philosophical Society*, 80,1(1990),1 - 169.

于从属的位置上。[92]显然它与文学院的名称是完全不协调的(正如第十章所呈现的那样),直到1255年,随着亚里士多德的大部分作品被允许进入巴黎大学文学院的教学大纲,它与文学院的教学计划才相一致。

中世纪大学四个学院的模式持续到19世纪,这无法通过知识类型的学术分类来解释,也不能用“自由”的学科与“技艺”的学科之间或者“思辨”哲学与“机械”哲学之间的区别来解释。相反,固守四个学院的体系是探索知识欲望的结果。学院只会在那些将知识传授作为一项公共事业,并基本上向所有能够达到智力标准要求的人开放的学校中才会出现。即使是医
30 学这种实践导向的知识领域,只有当其知识建立在从古代和阿拉伯—犹太人文献,以及经验性观察中获得的自然哲学和医学的理论研究之上,才有可能发展成为一门科学的学科,并被引入到大学中。同样的情况也发生在法学院中。只有当大学建立、罗马法的接受者打开眼界、司法的原则的推导和实施,以及思维方式在教学中的地位超出了从法律实践中形成的知识范畴,法学院才会具有国际吸引力。

与建筑学相比,其他技艺学科的差异是非常大的。这些技艺学科,由行会或者基于身份地位形成的法人团体控制着入门训练,入门常常受到亲属关系的限制。而且,这些训练直接指向实际的职业技术。在这些学科领域,中世纪社会并没有提供可普遍入学的学校,从而使大学或大学学院可以从中发展起来。不管中世纪社会的等级制度对学生团体的社会构成和大学教学职业产生了什么样的影响,与其他社会领域相比,大学确实表现出高度的开放性和平等性。这至少是大学所声称的职业目标的一种结果,这种目标就是获得和传授科学的与学术的知识,与此同时,获得在等级社会结构中从事职业活动的正式资格,只是次要目的或副产品。

事实是,把在社会上非常重要的“技术”学科(这些学科的传播依赖于类似行会的组织安排)与大学中讲授的学科之间进行比较,就可以看出,学者获得闲暇的机会对于学院学科的发展具有相当重要的作用,这种闲暇使他们得以摆脱对获得生活必需品的直接关注(这是普通职业的特征)。这

---

[92] R. McInerny, ‘Beyond the Liberal Arts’, in L. Wagner (ed.), *The Seven Liberal Arts in the Middle Ages* (Bloomington, Ind. 1983), 257ff; C. La Fleur, *Quatre introductions à la philosophie au XIII e siècle* (Montreal/Paris, 1988).

种摆脱实际利益，全身心地对宇宙神圣秩序原理和人类事务进行学术研究的思想，直接来源于希腊哲学的范畴。但是这种来源，探索理性解释现实的基本形式，是所有学院科学和学术方法的基本特征。这种探索也是中世纪大学——它的基本结构是改革的结果——特有的思想基础。

为了“更好”：贯穿大学始终的改革

巴黎大学最早的章程发布于1215年，它的出现是与努力“改革和改
进”巴黎学校的条件联系在一起的。正如克拉森在1967年所揭示的那样， 31
“改革”不仅意味着松散的大学组织得以重建，以前的章程重新发挥作用，而且意味着导致一所大学，或者大学章程，或者大学秩序的建立的行为。[93]在意大利的城市国家中，那些负责监督大学的官员们常常被称为“学院改革派”(reformatores studii)。[94] 从10世纪以来，“改革”一词就一直被用来标识修道院的改革活动，它的原义是重新恢复恰当的或基本的形式。对于大学而言，改革的意义也在于此，从一开始，它就肩负着实现其恰当形式(用柏拉图学派的术语就是潜在的理念，用亚里士多德学派的术语就是潜能的实现)的使命。

现实中这个使命如何才能完成？在一般的情况下，接受那些包含了恰当形式的模式就等于完成了。这意味着，对于后来建立的大学来说，两所最为成功的大学(巴黎大学和博洛尼亚大学)中任何一所大学的模式和章程应该被复制，至少在局部和细节上是如此。正如以下章节所清晰说明的那样，这一点解释了大学的统一性：学院组织、学习科目、学位、教学计划和教学模式，在这些方面只有细微的差异。这种令人惊奇的普遍一致性以及那种可以把中世纪大学分为博洛尼亚大学型、巴黎大学型或混合型的这种奇特的现象，不能归因于任何正走向统一的外部权威。无论是世俗皇帝还是教皇，都不可能充当“大学的规划者”，描绘基督教大学的理想蓝图，并在每一个细节方面加以实施！相反，那些最早的“改革者”是在与不同地方的个人、组织、教会、世俗王公贵胄、市政当局、各个学校和同乡会的教师和学

[93] Classen, *Studium*(注释4), 170ff.

[94] 参见本书第4章，第132页。

生们进行磋商的过程中形成的。后来,他们深思熟虑地制定了一些规章制度,这些制度或许也能适用于其他地方。然而,为了使这些制度付诸实施,他们不得不与其他集团协商,或者至少加以修正以便适用于当地的环境。最早的大学形成条件各有差异,它们也没有现成的模式可供参照。就像本章一开始所提到的那样,这些早期大学杜撰历史上的先驱者,目的就是为了使自己对大学形式的改革合法化,他们认为这些改革在过去就已经完成了。

如果现在详细地调查大学改革所依据的规章制度,我们不可能找到源于科学理论、教育政策理论或组织理论的思想。如上文所述,章程不仅规
32 定了职位的权利和义务、授予学位的要求、可用和禁用的教材,以及当教师们的特权受到侵害时的罢课权利,而且也非常详细地规定了谁有资格进行教学、教什么、什么时候教和在什么地方教,谁可以穿着什么样的学位袍、戴什么样的学位帽、什么时候穿戴和什么场合穿戴,哪些教师可以参加死亡同事的守夜仪式,以及哪些教师必须参加亡故学者的葬礼,等等。类似这种规定的目的是——正如教皇特使库尔松的罗伯特在1215年所说的那样——确保大学的安宁。

然而,与最近几十年以来有着同样目的的大学改革不同,中世纪的法规和禁令指导着改革,使其能够防止大学同事之间的摩擦,能够使他们充分地履行职责。在布道和论争中,他们以那个时代的表达方式表明自己的观点和立场,有的含蓄凝重,有的清晰直率,这些都与科学家和学者们的理想紧密相联。伴随着探索知识的欲望——理智的诚实、博学、概念明晰——他们试图维护谦恭、仁爱、虔诚、对学生如父亲般的慈爱、对大学的忠诚、尊敬大学高等管理机构中教会和世俗任职人员等品质。[95]在这方面,这也是一种"改革",是在大学共同体的背景下基本伦理形式的复兴,作为基督教的和古典的德行和价值观,这些伦理最早是以西方传统经典的形式出

---

[95] A. C. Gabriel, 'The Ideal Master of the Medival University', *The Catholic Historical Review*, 9(1974), 1 – 40; G. Lebras, '"Velut splendor firmamenti", le docteur dans le droit de l'église médiévale', in *Mélanges offerts à Etienne Gilson* (Toronto/Paris, 1959), 373 – 388; J. Leclercq, 'L'idéal du théologien au moyen-âge, textes inédits', *Revue des sciences religieuses*, 21 (1947), 121 – 148.

现的。

如果试图系统地阐述大学形成过程中学术伦理的基本原则,那么也许可以由假设的形式演绎出七种价值观,它们蕴涵在用宗教术语表达的中世纪规章制度、探索知识的欲望和大学的组织形式中。[96]这七种评价性的观点是:

1. 相信上帝所创造的世界秩序是合理的,并可以为人的理性所把握,人类理性可以解释并掌握世界的秩序;这种信仰构成了从事旨在理解造物的合理秩序的科学和学术研究的基础。

2. 古人关于人不是完美的存在的认识、犹太教与基督教认为人生而具有原罪的主张,以及那些源于人类理智是不完善的思想的观点,在中世纪都发挥着作用,并成为推动理智批判和组织合作的动力。这也成为把普遍的道德价值观(例如,谦逊、崇敬和自我批评)转变成为理想的科学家和学者形象的基础。 33

3. 对个人作为宇宙的反映或在上帝的形象中形成这类观念的尊重,是科学和学术的研究与教学的自由逐步实现的基础。

4. 科学真理所必需的绝对性引导着经院哲学成为科学和学术的研究与教学的基本规范(例如,严禁否定已经得到证明的知识观点,个人的主张服从于普遍有效的证据并向所有可能的反对意见公布,争论和讨论的公众性)。

5. 在根本上,作为公共物品的科学和学术知识是上帝赐予人类的礼物,这并不妨碍为了金钱的目的而进行研究和教学,甚至在大学建立之前就是如此。然而,大学内部对于科学知识经济功用的兴趣一直小于大学以外的知识行业。这种对科学知识经济功用相对较小的兴趣,已经成为大学的一条举世公认的价值标准。

6. 作为一种革新已有知识和促进其长远发展的科学努力,"改革"对中世纪大学中既有的思维模式和年长的创作者所产生的影响是不

[96] W. Rüegg, 'The Academic Ethos', *Minerva*, 24:4(1986), 393－412. 参见 Cobban, *Medieval Universities*, 13ff. 参见本书第 5 章, p. 161 ff.

均衡的。而且，这种努力并没有未经批评就被接受，它们受到苛刻的详细审查，以检验它们作为知识基础的真实性。对于新的理论和新的认识事物的方式而言，它们是一种刺激物。正如前面提到过的，这在中世纪后期的科学家身上得到体现，他们是站在巨人肩上的侏儒，因而比巨人看得更远。科学和学术的知识在已有知识的基础上，在积累的过程中成长着。从这种意义上来说，知识的进步是一个连续不断的"改革"过程。

7. 学者们在科学任务面前的平等和团结，使大学得以成为科学共同体中的制度中心。对那些与我们的思想和信仰截然不同的人们所作出的科学成果的承认，对那些与我们属于不同社会阶层的人们所作出的科学成果的承认，以及时刻准备根据新的有说服力的知识（不管它来自什么地方）改正自己的错误，都促进了科学的兴起。所有这些促进科学知识生长的因素，甚至在大学形成之前就已经存在。作为自然法一部分的人类平等的观念（佩普在刑事审判案件中从罗马法中援引了这个观念，这在前文中已经提到），最早在大学提供的科学和学术
34
争论中找到了制度安排。不论现代社会历史学著作如何强调大学内部存在的社会不平等（本书第六章到第八章将提出这些问题），在科学知识所涉及的事物中，社会出身和民族的差异并没有发挥任何作用。事实上，平等的水准越高，对知识进步的共同责任参与越多，大学就会更好地履行它的责任。这些价值越不受尊重（这种情况常常发生在地方或者区域性的小型大学中），科学和学术活动的水平下降得越快。其结果是，大学变得毫无生气，一些大学甚至销声匿迹。这在中世纪大学的历史中得到了证明。

第二章 模 式

雅克·韦尔热

今天,已经没有人会去质疑下面这个事实,即从现在对大学这个词语普遍理解的意义上来看,大学始创于中世纪,最初出现在12与13世纪之间。同样毋庸置疑的是,在其他先于或者完全不同于中世纪西方文明的文明中,如罗马帝国文明、拜占庭文明、伊斯兰文明或者中国文明,也有类似的高等教育形式,为方便起见,历史学家有时候也把它们说成是大学。然而,如果仔细观察,就会发现这些机构的组织形式是完全不同的。事实证明,它们与西方的中世纪大学没有任何联系。除非有相反的确凿证据,否则,我们就应该认为西方中世纪大学就是现代大学模式的唯一渊源,这种模式逐步传遍整个欧洲,之后传播到整个世界。所以,我们关心的是没有任何争议的最早的机构是什么,这只能通过对其在具体环境下的形成和运行方式进行历史分析后,才能得出结论。

作为大学馆的大学

定义的问题自然在中世纪也有。当时的人们创造了大学馆(*studium generale*)的概念,以及一系列法律标准。大学馆是由一个具有普遍权威的当局如教皇、皇帝(较少)建立或至少在法律上确认的高等教育机构,其成员具有某些权利,这些权利在运用上同样具有普遍性,超越所有区域性的界限(例如,城镇、教区、公国、封邑和国家)。这些权利既涉及群体,也涉及
36 个体,而首先涉及的是教师和学生的个人社会地位,这将他们直接置于最高当局(或者是教皇,或者是皇帝,至于是谁建立了大学,这个问题尚有争议)的保护之下。特别是,大学师生从教皇那里获得教廷俸禄作为收入的权利,但他们并不实际从事教会事务。另一方面,大学授予的头衔得到当局的确认,所以这些头衔被认为是普遍有效的。这意味着大学颁发的那些执教许可证是被普遍认可的,它授予持有者在整个基督教世界进行教学的权利,而不仅仅局限于某些特定的教区。类似的情况也适用于主教或者主教的代理人所授予的资格凭证。至于获得博士或者硕士的头衔,无论是哪一所大学授予的,都会被当做一种具有很高智力水平和在任何情况下具有同等价值的标志。其结果是,学位获得者被想象成在任何地方都可以取得那些为具有这种高级头衔保留的官职和荣誉。①更有意义的是,教皇通过颁发特别诏书(那时的用语是关于博士的诏书),以一种有效的方式保留了授予博士学位的权力,从而表明大学所行使权力的被委托性质。

真实的情况是,从12世纪开始,虽然已经有了“学馆”(studium)这个词,但除了它本身具有的古典和某种抽象的“研究”意义之外,它已经被赋予更多的“学校”机构的含义;大学馆这个概念,实际是在最早的大学已经建立之后才逐渐出现的。在13世纪最初的几十年内,大学馆这个词汇的使用是很少见的;但是,到13世纪中期,这种表达方式已变成一种普遍的现象。这就是说,在教会和世俗当局开始着手创建新的大学时,是从已有的模式衍生出一种普遍适用的合法的组织形式(特别是在巴黎大学和博洛

① G.Ermini, ‘Il concetto di “Studium generale” ’, *Archivio giuridico*, series V, 7 (1942), 3-24.

尼亚大学)。由此开始,所有那些新建大学的创办特许状中都会提到,这些新创办的大学实际上就是大学馆。那些最古老的大学中的一部分(蒙彼利埃大学在1289年,博洛尼亚大学在1291年,巴黎大学在1292年)尽管在很早就具有了这种机构的所有特征,并且在确定大学馆的含义中发挥了首要的作用,但在那个时期它们仍然要从教皇那里获得正式的"大学馆"身份的认可。当然,牛津大学从未获得这种认可,但很难说它由于缺乏这种认可而受到过什么损害。②

无论是大学馆的概念还是它在中世纪法律中的解释,都是后来的事物,而从历史学家的观点来看,这个概念另外还有过于模糊的缺陷。不可否认,在中世纪,大学馆的概念或多或少允许大学划定边界,并把大学和同时期存在的所有其他类型的学校(主教学校、城市学校、托钵僧教团的学校、私人法律学校等)严格地区分开来。在所开设课程的实际内容方面,与一些大学相比,这些学校中的一部分(它们的教师有时就是大学的毕业生)在其历史的某一个阶段已经达到了大学的水平。但实际的情况是,它们得不到地方当局(无论是世俗当局还是教会)的任何支持,这些学校的学生不能享受大学的特权,在这些学校的学习因而也不能得到正式的学位认可。简言之,这些机构实际上缺乏"普遍的"(general)特性,这也就意味着它们处于较为低级的水平,不能把它们的影响传播到外部,并且只具有有限的社会声誉。 37

实际上,这种规则也有例外。特别是在13世纪,一些毫无疑问不是大学的学校的学生偶尔也被授予一两项特权,而正常情况下,这样的特权仅限于大学馆的成员(例如,教廷俸禄的获得者所具有的居住税的豁免权)。这种情形中最著名的就是萨勒诺的医学校(它可以被称为准大学③)。但是,这种混杂的现象是非常少见的,到14世纪基本上就完全消失了。从此,同时代的记载似乎已经非常清楚哪些是真正的大学,哪些不是;大学的名册被汇集起来,各个国家的编年史家的记录中也提到了大学。

② 关于 *studium generale* 这一表述的用法,见 Cobban, *Medieval Universities*,尤其是第21-36页.

③ 参见本书第52页。

38

大学社团:独立和影响

如果用更为具体的术语来表达,那么这些大学是什么? 如果我们使用更为贴近那个时代的词语,那么我们将发现,尤其是在 13 世纪,文本最常用的词汇似乎是大学(*universitas*),而不是大学馆(*studium generale*)。*universitas*是一个抽象的古典拉丁词语,其含义是"整体"或者"全部",中世纪法学家用 *universitas* 这个术语指称各种类型的社团和法人(行会、商会、兄弟会等)。从 12 世纪(这是此种机构的扩张时期)开始,这个术语经常在中世纪拉丁语中用做这种含义。④所以,如果谈论的主题是教学的话,那么就必须明确说明它所涉及的对象,就会说是"学生大学"或"教师与学生大学",以及诸如此类的地方。在最早的大学财产登记册中,可以发现这些表述;在更早的时候,甚至有可能在日常用语中找到,大学这个词汇有时是被单独使用的,如果不进一步限定的话,其含义和今天是一样的。

对"教师与学生大学"这类表达的喜好是出于这样的事实,即它强调了中世纪大学中人的存在。很长时间里,这些大学几乎不知道其他的存在物,只满足于最低限度的建筑和财政(这一点我们将在以后的篇幅中看到)。所以,在一些城镇,中世纪大学首先是承担高等教育的组织化了的个人社团。无论在实践中遇到什么样的限制或者灾难,社团的概念对中世纪大学的定义来说应该是基本的东西。⑤它暗含着某种程度的独立和内部的凝聚力。大学是一个集体,一个人如果得到允许,那么他就可以自由加入这个集体。它是一个道义上的实体,可以颁发盖有印章的证书,在民事案件中它以自己的名义提起诉讼,自己制定章程并强迫成员服从。然而,我们也不应该仅从法律的角度把大学社团当做一个道义上的实体,这是因为早在 13 世纪,在最早的成文章程起草之前(巴黎大学始于 1215—1231 年之间,蒙彼利埃大学始于 1220 年,牛津大学、剑桥大学和博洛尼亚大学起

④ P. Michaud-Quantin, *Universitas. Expressions du mouvement communautaire dans le Moyen-Age latin* (Paris, 1970).

⑤ J. Verger, 'Université et communauté au Moyen Age', *CRE - Information*, 62 (1983), 21-44.

始于 13 世纪 50 年代),在大学的印章出现之前(巴黎大学是在 1246 年,牛津大学是在 1276 年),大学就已经具有那样的社会地位了。

大学社团的这种独立当然不能摆脱在不同情况下外界世俗当局或教会当局的干涉或控制,更不用说来自大学内部各分支机构和等级秩序的影响。只有大学的成员才享有这种独立所带来的所有权利和特权,这一点几乎是不容更改的。其他人通常被当做大学的附属,虽然也处于大学的管理之下,但是他们不能参与职责的行使(参加大学的集会、评议会,担任大学的官职)。在以巴黎大学或牛津大学为模式建立的大学中,只有教师们才是这种意义上的大学成员。然而,由于许多神学、法学和医学学科的学生们已经是文科教师,因此,这些大学的等级性事实上比它们"教师大学"的称号所带给人们的想象要低一些。事实上,正是那些文科教师们(他们人数最多,年轻而又躁动)企图控制整个大学。真正被排除在外的是那些文学院的普通学生(他们通常是孩子或者青少年),以及那些被大学所吸引的人,他们是教师或学生的仆人、执礼杖者、差役、抄写员、书商等,他们都被置于大学的管理之下,受大学的保护,但不能加入评议会。 39

另一方面,在被称为学生大学的大学中(例如,博洛尼亚大学、帕多瓦大学),这些大学仅仅由学生组成,教师只是通过每年与大学或自治市签订契约被雇用,但这并不能阻止教师们快速地创建他们自己的组织,即"博士协会",它的特殊职责就是组织考试和授予学位。为更精确起见,还有一点值得注意,在博洛尼亚或帕多瓦,存在着几所而不是一所学生大学,学生的注册取决于个人的籍贯或者所学的学科。这样,法学的学生是属于"山内的"(*cismontane*)大学还是属于"山外的"(*ultramontane*)大学,* 这主要取决于他们是不是意大利人;自由学科和医学学科的学生则属于另外一所完全独立的大学。教师们按照他们的专业同样组成不同的博士协会。然而,大学之间的相互合作非常紧密。在帕多瓦,两所法学的学生大学于 1473 年合并。

在法国南部、伊比利亚半岛,以及东欧地区,大学属于一种混合的类型

* ultramontanes 字面的含义是"在山之外",具体指在阿尔卑斯山之外,欧洲北部和南部被阿尔卑斯山脉所间段,从意大利人的视角来看,意大利本土是山内,欧洲北部是山外——译者。

模式，学生在某种程度上处于某些大学官员（评议员、校长）的控制之下，博士协会被合并到大学之中。通常情况下，后者是一所单一的大学；但蒙彼利埃大学却是例外，尽管 1289 年进行了徒劳的统一尝试，但在医学大学（它是最为古老的大学，以其传统和国际声誉著称）和法律大学（它完全是独立的）之间仍然存在着分界，更不用提“文科大学”，它似乎很长时间以来就没能保持独立的地位。在布拉格大学，从 1372 到 1415 年，为了成立由一位学生校长管理的“法律大学”，法学院从其他学院（仿照巴黎大学模式组织形成的）分离出来。

不管怎样，有一点应该指出，不管定义和轮廓是什么，大学社团通常被划分成一些构成要素，这些要素常常和大学本身一样久远，有时甚至更为古老。在许多大学，特别是那些招生人数相当多的大学，学生们按照籍贯通常被划分为“同乡会”。博洛尼亚大学大约有 20 个同乡会；奥尔良大学有 10 个同乡会，巴黎大学有 4 个同乡会；在神圣罗马帝国和东欧的主要大学（布拉格、维也纳、莱比锡、鲁汶等），以及萨拉曼卡大学，各有四个同乡会。显然，从一所大学到另一所大学，这些同乡会的地理名称各不相同，它
40 们的作用也有差异。有时，同乡会只是一个选举单位的组织；有时，同乡会则是大学内部高度结构化和相当独立的机构。⑥

几乎所有的大学都按照某一特定学科的教师和学生划分为不同的学院。典型的学院是“文学”（即文科）院、神学院、法学院（虽然教会法学院常常是与民法学院分设的）、医学院。当然，还有其他的学院，例如，在图卢兹大学，就有一个文学院，同时又有一个文法学院。

在博洛尼亚、帕多瓦和蒙彼利埃那样的城市，整个大学都专注于单一的学科，学院的观念没有存在的理由。但是在大多数情况下，学院是大学内部根本的并具有某些自治权的实体，它们有自己的章程、评议会和院长。学院的直接利益（它与特定的招生和特殊的目的联系在一起）是完全不同的，因此学院之间的关系经常是很紧张的。

关于中世纪大学的组织结构和内部的划分问题，这里不再多加讨论。它们的具体情况确实千变万化，它们经历了几个世纪的发展，无论如何也

⑥ Kibre, *Nations*.

不应该混淆其基本的观念:独立的大学社团的观念。但是必须意识到,作为一个整体(即使是当时的人们也意识到了这一点),大学常常是类似联邦的机构,其中各种各样的组成要素相互作用。这既是大学活力的一种因素,又是一种始终存在的导致混乱的威胁。这也许被人们当做非常普遍的现象,并作为中世纪大学确定的特征之一。

需要考虑的另外一个问题是中世纪大学的影响,这种影响也许可以通过考察学生所来自的地理区域进行比较具体的评价。毋庸置疑,正如我们将在以后看到的那样,大学要吸引大批源源不断地来自整个基督教世界的学生,这在中世纪是相当罕见的。只有巴黎大学和博洛尼亚大学(也许还有15世纪的帕多瓦大学)有资格这样说。但即使在这些大学所在的城市,大部分学生仍然来自周边地区。其他任何地方——包括那些享有无可争议的知识成就的大学(例如,奥尔良大学、牛津大学、萨拉曼卡大学、布拉格大学、鲁汶大学等)——招生的区域主要是"同乡"式的(就这个词语的中世纪含义而言)或者实际上就是区域性或地方性的。从14世纪开始,大学和民族国家采取了多种多样的措施以防止而不是支持学生的流动。

虽然如此,流动却总是被许可的,至少在理想上,大学具有一种天职。 41
虽然大学坐落在一个特定的城镇或者国家,但是它们能够发挥的影响力远远超过了一个地区,这个影响范围不是由任何已有的教会或政治的疆界(教区、行省、公国或王国)来决定的,而只取决于大学内在的魅力。反过来,这种影响力又取决于大学的传统声誉和大学教学质量。旅行前去求学和旅居在一个特定的地方学习,是大学生活两个不可分割的部分,而在此期间学生们都享有同等程度的特权。从定义上讲,中世纪的学生就是外地人。而且在博洛尼亚,那些讲纯正本地方言的学生们并不属于博洛尼亚大学,这是因为作为博洛尼亚的公民,他们仍然是博洛尼亚城市社团的成员,享有社团的权利和自由。⑦

经院式的教学

最后,可以根据实际的教育类型和水平来界定中世纪大学。但是只提

⑦ Cobban, *Medieval Universities*, 69 - 70.

到“高等教育”是不充分的。这里，我们不必详细阐述那些将会在本书涉及不同学院的章节中要分别讨论的问题，但是重要的是要记住，绝大部分中世纪大学是依据教学观念和知识分类来建构的，这些都是12世纪的学校遗赠给它们的精神财富，而这些财富常常有着非常古老的渊源，始于卡洛林王朝时期的改革家们，如阿尔昆；始于基督教的教父们，如圣奥古斯丁、圣杰罗姆；始于古代的理论家们，如昆体良、瓦罗、波依休斯、卡西多拉斯等，他们自己又都从亚里士多德和西塞罗那里获得灵感。⑧

这种继承具有三重性，涉及到知识分类、教学的等级体系，以及方法问题。

最终固定在一张学科清单上的知识分类，大多是由“权威”做出的；也就是说，那些作为学科基础和要素的基本文本和最具权威的评注或多或少到12世纪就完成了，在以后的世纪里，它们没有任何改变地被运用于大学的教学。这些学科基本上就是各个学院的名称，即神学、法学、医学，以及文科。在实践中，也会额外地讲授一些其他的学科，但这都是在传统学科
42 的支配下进行的（例如，在博洛尼亚大学，伴随着法学，讲授“公证人的技艺”；伴随着医学，讲授外科）；在特定的学院里面，一两门处于附属地位的分支学科，特别是在四艺的“学科”（例如，在博洛尼亚大学和帕多瓦大学的天文学，在萨拉曼卡大学的音乐），在某种程度上也能成为单独讲授的科目，或者甚至于可授予学位。然而，这样的变革相当少见，而且几乎不会减轻中世纪大学本身继承下来并使之永久化的学科和学院结构的稳定性。这种进程延续的主要结果，就是把那些尚未被传统的分类所认可的知识分支部分排除在大学教学之外。历史学、诗学、习惯法，以及那些“技术学科”（就是我们理解的应用科学和技术）的情况就是这样。

除了这种刚性的学科分类，中世纪大学还继承了古代和中世纪早期的文化和教学传统，以及包含在学科内部的等级观念。每一门学科或多或少的宗教特征、社会功用、知识的尊严等一些确定的标准，都支配着这种等级观念；相反，如果一门学科看起来是“亵渎基督教的”、“有利可图的”（即为

---

⑧ R. R. Bolgar, *The Classical Heritage and its Beneficiaries from the Carolingian Age to the End of the Renaissance* (Cambridge, 1958); A. Piltz, *The World of Medieval Learning* (Oxford, 1981).

个人带来利益)，或者是“技术的”(即与物质有关)，那么这门学科将会被降级，甚至被毫无保留地取消。以这种方式构成的等级制度，非常具体地表现在大学的生活中，根据先后顺序、权力和声望。显而易见，神学院注定被放在首要位置上，其次才是法学院和医学院，文学院排列在最后面。人们不应当从中得出结论(这方面已经有所暗示)，正如我们将要看到的那样，文学院仅仅是为进入其他被称之为“高级”学院作准备的“预备学院”，或者文学院的学生和教师们必然被排除在每一种“大学权力”形式之外。但事实是，任何已经获得认可的中世纪大学都不是仅限于文科学校。虽然文科学校的形式多样，从 14 世纪往后其数量在中世纪的西欧相当多，但只有当它们与神学院、法学院、医学院中的至少一个学院联合在一起的时候，它们才会被授予大学地位。

然而，在中世纪很难发现一所包括所有学院的大学。在 14 世纪 60 年代之前，当新型神学院不断扩张的时候，包含所有学院的大学只出现在巴黎(虽然 1219 年以来巴黎大学就不再讲授民法)、牛津和剑桥。其他的大学倾向于拥有两个或三个学院，或者只有一个(例如，奥尔良大学的法学院)。从 14 世纪 80 年代开始，那些大学开始陆续建立；虽然在文件上，它们通常都被授予拥有“所有已被认可的学院”，但在实际上，某些学院(特别是神学院和医学院)的人数非常有限或者非常不稳定。

但是，这里要把握一个关键的因素，对于中世纪的人来说，只有在一门学科被“高水平”(即完整和完美)地，并且完全按照知识的“确定性”(它包含了知识的社会目的)进行教授的地方，才能被称之为大学或大学馆。尽管中世纪的哲学家和科学家孜孜不倦地努力证明他们自己学科的独立性和高尚的品质，但文科却始终是在其古代的非宗教起源备受怀疑的状态下发展的。其结果是，它们从未达到超过预备价值的地位，因为在基督教文化中，不完整的学科无法要求其正统的学术地位，只能作为辅助人们获得真正高深且独立的各种知识的途径。 43

在理论上，正如已经说过的，人们期望包括相同类型学院的所有大学都能保证提供同等水平的教学，授予在整个基督教世界中普遍有效的学位。实际上，也正如我们将在后面所看到的，学院之间的差异非常大。最重要的几所大学拒绝承认在其他的大学中所获得的学位，尤其是巴黎大学

(在神学领域)和博洛尼亚大学(在法学领域)声称在其擅长的学科中,它们起着重要作用,具有真正的优越性并且领导着整个基督教世界。

在中世纪的所有大学中,所使用的教学方法是完全相同的。但毋庸置疑的是,在教学的细节方面,从一个学院到另一个学院,从一所大学到另一所大学,或者从一个时期到另一个时期,则存在着明显的差异。然而,全面地来看,在中世纪大学中有一种共同的精神气质,这种精神气质完全可以被描述为(假如有人希望这样做的话)经院式的。在很大程度上,这是从12世纪的主要学术中心(巴黎的逻辑和神学学校、博洛尼亚的法律学校、萨勒诺的医学学校)继承下来的。

这种传统的主要特点是什么?撇开通常把拉丁语当做学术讨论的普遍和唯一的语言不谈,可以注意到,在所有中世纪大学的学院中,有两种基本的训练类型,这就是“讲座”和“辩论”。前者是使学生阅读并评论正式教学大纲中包含的文本,从而熟悉作为每门学科基础的“权威人士”。后者是口头辩论,依据亚里士多德的三段论方法进行推理、演绎、辩论,主要依靠不断地引经据典,为巩固、辩护或者反驳一个特定的观点或者“案例”服务,并允许在辩论中解答和阐发每一门学科(哲学、法学、神学等等)中的原理问题,而这些问题产生于对文本的学习和比较。

这种广为流行的教学形式(同时也是大学章程普遍规定的义务),产生
44 了多种不同的结果。首先,这种教学法使文法和辩证法起着关键的基础性的作用,这两门学科对于任何一个希望准确理解教材内容和含义以及希望在逻辑推理方面无懈可击的人,都是必不可少的,况且逻辑推理本身就被视做达到真理的基本途径;其次,这种教学法确立了写作的相对重要性,在这种教学形式中写作是对权威作品、“权威性”注释以及讲座和辩论这些常规的口头形式的必要支持;第三,它在教师和学生之间的个人关系方面起着重要的作用;第四,它也要求连续不断地进行记忆,所以它依赖于背诵,这就需要很长的学习期限。这种学习期限在整个13世纪不断地延长,只是到了15世纪才在某种程度上开始缩短,这在各个大学和学院中变化各异,学习期限的变化范围从文学院的四年或者五年(在牛津大学甚至长达七年或者八年)到法学院的十二年或者十三年(例如,图卢兹大学),巴黎大学的神学院学习期限长达十五年或者十六年。

中世纪大学如此倚重这种教学形式，以至于造成了对它的滥用，从而使这种教学形式丧失了活力。确实，中世纪大学完全切断了其他的理智形式，无论是传统的形式（例如，神秘主义的解释方法、受到人们喜爱的宗教修炼）还是创新的形式（实验和测量、文献和历史的分析方法）。后面这些以人文主义为代表的革新的方法，直到15世纪后期和16世纪早期才开始冲破巨大的阻力进入大学的教学中。至此以后，只有那些最有活力的反对教条的形式才得以设法在这种铁板一块的框架内得到某种反映。

大学并没有垄断“经院式的”教学方法。13和14世纪，在许多城市学校和托钵僧的学校中也流行着这种教学方法，尽管常常是一种简化了的形式。正是大学承担了完善经院哲学的任务。更为特殊的是，大学是唯一把教学和考试紧密结合起来的机构，这是中世纪大学制度的巨大创新之一。尽管事实上中世纪的大学生往往由于各种各样的原因，在参加考试之前常常缺席，正如我们将要看到的那样，但是考试被认为是一门课程学习的正式终结，考试决定是否授予正式的学位。这种考试主要是口试，严格地遵循相关的规定（虽然这种对细节的重视并不能排除作弊和欺骗行为）。这些考试被用来确定学生是否已经掌握了所要求的知识和技能（那些知识和技能已经被反复地向学生灌输）以及学生已经有能力复述练习（在此之前，他一直是被动的听讲者）。学士学位的考试通常进行一场简化的“阅读”，而教学证书的授予则取决于赢得辩论，获得博士学位就是“普通”教学职位的庄严开始。 45

上面所说的显然仅仅是一种普遍和抽象的框架，具体情形、地域特征，以及长期的转变将会在以后的章节中加以叙述。

总而言之，中世纪大学不仅是教皇建立并授予其成员以广泛特权的机构，中世纪大学也是一个独立的社团，常常具有复杂的内部结构，实施着特殊形式的教学，并从其影响所及的广大区域（从理想的角度说，可以扩展到整个基督教王国）吸收成员。

中世纪大学的多样性

显而易见，我们首要的任务就是试图界定中世纪大学。假如我们就此为止的话,那么,也许就会给读者留下一种完全同一和静态的印象。但是,对于60多所中世纪西方大学来说,它们的人数、理智取向、社会角色,以及大学自身的组织机构,都是千差万别的。

这种多样性是历史和地理的产物。事实上,每一所中世纪大学(不管是偶然形成的,还是设计而成的)的特殊性,在很大程度上都可以归结为大学建立的时间、大学建立的条件、大学所在的城镇和地区的社会和政治环境。因此现在适于概要地追溯中世纪欧洲建立大学的年代,并鸟瞰大学所在的地区。⑨然而,这种看似简单的任务会遭遇许多实际困难。

由于早期的大学是逐渐地脱胎于那些先前存在的学校,因此,大学诞生的确切日期总是模糊不清的。例如,如果把教皇的批准或现存最早的成文章程(巴黎大学是在1215年和1231年,蒙彼利埃大学是在1220年,博洛尼亚大学是在1252年)作为大学诞生时间的话,那么将不可避免地提出明显太迟的建立日期。不管多么复杂,如果人们普遍地同意,机构性质的巨大变化发生在10—15年的这一段"岔口"(这种情况发生在博洛尼亚、巴黎、蒙彼利埃和牛津,所有这四个机构似乎在1200到1215年就已经成为
46 真正的大学,博洛尼亚可能稍晚一些)。在其他的例子中,本质的变化似乎漫无止境地拖延着,这种情况发生在奥尔良大学(*universitas* 一词于1236年第一次在那里出现,但教皇诏书的授予是在1306年),以及安格斯大学(我们所知道的法律学校早于1230年,但是它最早使用大学馆的名称是在1337年,而正式得到教皇的批准是在1364年)。⑩在后一个例子中,大学诞辰日期的选择就变得随心所欲了。

对于大多数稍后建立的大学来说,通常都有教皇信件的确定日期以证明大学的建立时间(有时候是事先或随后授予一份王室特许状)。但是,它们的实际运行往往是在若干年以后,因此,就会出现错误的创办时间。图卢兹大学虽然正式创建于1229年,但在13世纪60年代前,一直不稳定。维也纳大学建于1365年,但真正的运行却是在1383年;这一年,由于"大分裂",巴黎大学的一部分教师因被驱赶而来到维也纳。克拉科大学建于

---

⑨ 除非有相反的资料,否则,我将依据以下著作中的观点:Rashdall, *Universities*; L. Jílek (ed.), *Historical Compendium of European Universities* (Geneva, 1984).

⑩ *Universités en France*, 41-42.

1364 年，但很快就消失了，直到 1400 年，由于国王拉迪斯劳斯·雅格洛的倡议和新的教皇诏书的公布，才重新恢复生机。显然，在类似这样的情况下，坚持只把某一个时间作为大学建立的日期，是没有任何意义的。

即使有时候事情就如教皇诏书所批准的那样进行，也会有许多计划中途夭折。拉希德开列了 15 所这类“纸上大学”的名单，他的名单几乎可以肯定地说是不完整的。[11]这些计划的失败必然引起历史学家的兴趣。其中一部分建立大学的计划不过就是某个君王的一时兴致或者诸多条件共同作用下的偶然结果，这些是很容易解释的。其他的情况理解起来就比较困难。例如，为什么在卢卡、里昂或者日内瓦就从未出现过大学计划呢？每一个情况本身就是一部专题著作。但是从我们现在的目的看，这些失败的尝试必须搁置一边。

大学馆确实存在过，但是非常短暂，并且时断时续或者衰落了，它给历史学家提出了一个非常严肃的问题。例如，这个类型的机构包括意大利北部的各个学馆（1204—1210 年间在维琴察建立的学馆、1215—1255 年以及后来在 1338 年左右再次在阿雷佐建立的学馆、1228 年至 13 世纪末期在维切利建立的学馆），这些学馆的出现是博洛尼亚大学和帕多瓦大学这两所主要大学的师生们迁徙的结果；短暂几年之后，一旦先前导致他们迁徙的冲突解决，大部分师生重返他们原来的大学之后，大部分学馆很快就衰落并迅速消失了。其他的一些大学（大部分建于 14 世纪）或者因为时代的 47
普遍“困难”或者由于缺乏适宜的社会或政治环境，都未能得到充分的发展。有少数几所大学单调地、无所作为地一直存在到近代早期，例如，法国的奥朗日大学、卡豪斯大学，阿拉贡的韦斯卡大学，意大利的费拉拉大学。其他一些大学则很快不得不关门大吉，例如，位于卡斯提尔的帕伦西亚大学，位于多菲内的格勒诺布尔大学，意大利的特里维索大学、佛罗伦萨大学、皮亚琴察大学。可以想象，如果这些机构的衰落和消失只留下文献记载的空白和疑难，这样的情况经常是难以搞清楚的。但是并不能因此就忽视这些大学，它们作为大学馆的特征通常是非常明确的。

然而不管如何，编制一份中世纪大学建立的名单相对来说是容易的，

---

⑪ Rashdall, *Universities*, vol. Ⅱ, 325 – 331.

现实的困难是确定真正活跃的大学馆创办的确切日期。本章最后汇编的大学地图正是为了说明这一点，它的缺点是没有区分大学的规模大小，没有区分完整的大学与不完整的大学（即只有一两个学院的大学），没有区分大学影响的范围。至少由于研究的现状，似乎很难系统地再现各种相互作用的因素（它们本身也在随时变化）。但是如果人们试图理解大学在中世纪社会和文明中的地位和作用，那么至少应当记住这个问题。

大学的诞生

一般来说，可以把中世纪大学的发展历程划分为三个不同的阶段。

显然，第一个阶段就是大学的诞生时期。关键性的事件就是巴黎大学和博洛尼亚大学的出现；虽然这两所大学彼此之间差异很大，但直到中世纪末，它们一直都是欧洲最著名的大学。当然，也不应该夸大这两所大学之间的差别；尤其是不要过分强调这两所大学对所有后续建立的大学的榜样作用。尽管如此，它们在大学作为一个机构的形成过程中发挥了关键的作用，这使我们有理由稍停片刻，来考察它们诞生时的环境和条件。

让我们先从博洛尼亚大学开始。因为博洛尼亚大学比任何其他大学早了许多年，并具有最古老的欧洲大学的虚衔。然而，我们并不能确定这所大学确切的诞生日期。更为重要的是强调博洛尼亚大学继承了悠久的
48 法律教学的传统。⑫从 11 世纪下半叶以来，博洛尼亚就一直存在着私立的法律学校。虽然这些法律学校的起源模糊不清，但是它们出现的背景却十分清晰，这也就是意大利北部地区独有的早期城市生活的复苏和从 1075 年开始的、在那些罗马教廷和帝国发生重大政治冲突的主要地区成文法的复兴。大约 1070 到 1100 年，博洛尼亚最早的教授（就是我们已知的佩普）在此教学；尤其是，据证实伊尔涅留斯 1112 到 1125 年间就在博洛尼亚，他重新整理了整部《民法大全》（即罗马皇帝查士丁尼在 6 世纪汇编的全部罗马法律）并最早开始进行“注释”（即依据辩证法的原则评注“民法大全”）。1140 年，修道士格拉蒂安也在博洛尼亚对教会法进行注释。

---

⑫ 关于博洛尼亚大学的开始，见 Rashdall, *Universities*, and Cobban, *Medieval Universities*, M. Bellomo, *Saggio sull' università nell'età del diritto comune* (Catania, 1979).

博洛尼亚法律学校的进展情况是这样的：1155年，腓特烈一世把博洛尼亚法律学校的学生直接置于他的保护之下，并且宣布这些学生只服从他们的教师或者博洛尼亚主教的司法管辖（而不是地方当局的司法管辖）。⑬然而，直到1180年前后，没有任何迹象表明博洛尼亚的那些法律学校不是由每一位教师开办并以他自己乐意的方式加以管理的私立学校；在这些学校中，汇聚而来的学生与教师达成协议，向教师支付费用以作为教师教学的回报。1180—1190年间，发生了关键性的变化。⑭学生的数量开始快速增长，这些学生经常来自一些非常遥远的地方（德国、英国、法国）。与之形成竞争的法律学校在邻近的城镇摩德纳发展起来。而博洛尼亚自治市（它的独立性正在不断增强）则试图更多地控制学生和教师们，同时防止师生逃往与之形成竞争的城镇。教师们（通常是博洛尼亚当地人）同意，从1189年开始，向博洛尼亚自治市宣誓不会把学馆迁移到其他地方。另一方面，学生们开始自己组织起来，根据他们的来源地形成"同乡会"（现在已知的最早的同乡会是1191年成立的伦巴底同乡会）；这些同乡会很快结盟成为"大学"，并选举校长作为他们的领导人。这些联盟意味着保证互相帮助，保护学生们的利益不受当地人或者市政当局的勒索。在几次错误的尝试之后，大约在1230到1240年间，山内和山外两个大学的传统体系最终 49
定型。与教师们不同，校长们拒绝宣誓停留在一个地方，而自治市则得到教师们的同意，通过制定各种各样的章程（1211，1216—1217），以寻求抑制学生大学的未来发展，虽然学生大学已经很好地组织起来了并且得到了教皇的支持。教皇摆出一副"学生自由"保护人的姿态，设法扩大他对这些机构的控制，尽管这些机构在那时主要是世俗化的。因此，1219年，教皇决定由博洛尼亚副主教负责在严格的考试后颁发教学许可证书，而此前头衔的授予一直是由教师们决定的。

斗争旷日持久。但是，学生们的旺盛斗志，阿雷佐（1215）、帕多瓦

⑬ 关于12世纪博洛尼亚学校的情况，见 G. Cencetti, '"Studium fuit Bononie"', *Studi Medievali*, series Ⅲ, 7 (1966), 781 – 833 (republished in G. Arnaldi (ed.), *Le origini dell'Università* (Bologna, 1974), 101 – 151).

⑭ J. K. Hyde, 'Commune, University, and Society in Early Medieval Bologna', in *Universities in Politics*, 17 – 46.

(1222)、那不勒斯(1224)等地学馆的出现对博洛尼亚学馆构成的威胁，以及博洛尼亚市政当局中更倾向于学校的“大众”派的胜利，形成了一种妥协方案。城市承认大学的独立，大学因此处于校长的司法管辖之下；与此同时，与博洛尼亚市民一样，学生们享有获得公平可信的食宿条件的保障。这些特许权早在 1245 年自治市的章程中就已经包含了，但直到 1274—1290 年间才得到正式批准。为了理解这种发展的本质，人们应该记住，在博洛尼亚，法律学生通常是成年人，而且常常来自于社会上层，有些人本身就身居要职，或者领取教会的俸禄，自然地，他们更为独立和成熟。

同时，这些学生大学同样成功地完全控制了学习的组织管理。学生们自己雇用教师，办法是订立年度契约，规定教师们的薪金，要求他们保证严格遵守阅读《民法大全》或《教会法大全》的规定章节的进度表。通过查看 1252 年的大学章程，我们了解了这个制度。这个章程是现存最古老的大学章程，它的起草象征着，大学在这个时期已经作为一个机构完全稳定下来了。⑮

至此，将要作为整个欧洲南部地区大学模式的大学诞生了。由于这所大学是一所“学生大学”，因此，虽然教师们并没有丧失他们无可争辩的社
50 会声望，虽然最后他们建立了自己的组织，⑯但是他们发现他们处于机构的边缘地位。此外，作为一所大学的模式，它首先是一所法律大学，这为强化法律在西欧社会和国家生活各个方面的地位，发挥了重要作用。

13 世纪，在博洛尼亚，紧随法律大学的浪潮之后，其他的教学形式也建立起来了。毫无疑问，“文科”学校早在 1220 年之前就已经出现了。这些学校主要进行文法和修辞的教学(采用的是书信艺术的形式)，并结合一定课时的逻辑学，但几乎没有自然哲学。在这些学校上学的许多学生以后成了法律专家。大约在 1260 年前后，出现了许多医学校。渐渐地，在法律

---

⑮ D. Maffei, ‘Un trattato di Bonaccorso degli Elisei e i più antichi statuti dello Studio di Bologna nel manoscritto 22 della Robbins Collection’, *Bulletin of Medieval Canon Law*, new series, 5 (1975), 73-101.

⑯ 关于博洛尼亚博士协会出现的最早时间，有着很大的分歧。一些学者认为早在 12 世纪末它的萌芽形式就已经出现，但魏玛(P. Weimar)认为，直到 1291 年，它的最终形式才形成：P. Weimar, ‘Zur Doktorwürde der Bologneser Legisten’, *Aspekte europäischer Rechtsgeschichte. Festgabe für Helmut Coing zum 70. Geburtstag* (Frankfurt, 1982), 421-443.

大学的直接刺激下，一所文科和医学的大学建立起来了。但直到1316年，在一位选举产生的校长领导之下，大学的独立才得到法律大学和自治市的承认。

巴黎大学几乎与博洛尼亚大学同时产生，但它具有迥然不同的特性。[17] 巴黎大学起源于从11世纪末期在巴黎出现的那些学校。但是，应在传统的教会学校（其中最重要的是巴黎圣母院主教座堂圣职团*学校）和那些独立的教师开办的私立学校（虽然这些私立学校在1150年之后须从巴黎圣母院教长那里得到"教学许可"）之间进行区分。巴黎圣母院学校首先是一所神学学校，在12世纪下叶，这所学校由许多著名的教师管理，例如，彼得·隆巴德、彼得·科麦斯特和彼得·尚特，他的手稿直到中世纪结束的时候，仍然是神学教学的教材。私立学校的课程内容多种多样，虽然讲授的主要课程是辩证法，但是文法、法律和医学也在那里讲授。

毫无疑问，在12世纪将要结束的几十年内，那些学校正在蓬勃发展。越来越多的学生云集到巴黎，他们常常来自遥远的地方（例如，英格兰、德意志和意大利）。这种几乎失控的快速增长带来了许多问题，既有物质方面的（住宿问题、食物供应和公众秩序问题），也有组织和精神方面的。新教师在为凌驾于他们之上的权力焦躁不安，这些权力虽然有限，但被主教和圣母院教长控制着；而主教和教长本人也同样忧心忡忡，像许多教师一样，他们为学校人数的剧增及其所造成的教学"混乱"而烦恼。在他们眼里，最大的危险显然是"赚钱的学科"（即法学）的发展以及亚里士多德哲学著作的兴盛（这些著作的译本在巴黎风行一时）。[18]

在这些情况下，巴黎大学的诞生可以被解释为各个派别互相妥协的结果。早在1208—1210年，就允许教师（特别是文科的教师）组织他们自己

---

[17] J. Verger, 'Des écoles à l'université: la mutation institutionnelle', in R.-H. Bautier (ed.), *La France de Philippe Auguste. Le temps des mutations* (Paris, 1982), 817 - 846; J. Verger, 'A propos de la naissance de l'université de Paris: contexte social, enjeu politique, portée intellectuelle', in *Schulen und Studium*, 69 - 96.

* 主教座堂圣职团(cathedral chapters)：是主教座堂的参议神父，主要任务是协助主教处理教区内的事务。圣职团的成员被称为"加农"(canons)——译者。

[18] S. C. Ferruolo, *The Origins of the University. The Schools of Paris and their Critics, 1100 - 1215* (Stanford, 1985).

的自治行会、制定自己的章程、吸收新同事,巧妙的避开巴黎圣母院教长的直接控制和苛捐杂税——简言之,在以上确定的意义下,形成了一所大学。另一方面,教会当局以及那些已经得到认可的教师(特别是神学教师),他们得益于规定的教学大纲、详细的课程内容、严格的考试,以及阻碍新学校兴起和"混乱"秩序的保护措施;并且,由于大学机构本身的偏差,特别是由于各个学院之间的差异,迫使人们尊重基于基督教知识传统的知识分类及其等级制度。

没有斗争就不能成功地达到和解状态,这种斗争一直持续到1231年。事实上,如果不是法国国王和教皇(他们非常偏爱学校一方)充当调停人进行干涉的话,这场斗争可能持续更长的时间。早在1200年,法国国王就允许学生享有教士的特权;教皇则在1215年和1231年,庄严地授予大学最早的正式章程。然而,这种支持被其他的因素抵消了。特别是教皇着手监督教学机构,让这些新型的机构服务于教会的目标,即保护和阐述正统的教义、抵制异端邪说的威胁、培养优秀的神学家和传教士。1219年,禁止在巴黎大学讲授民法,理由是民法过于世俗化。此后,他们又不失时机地强迫巴黎大学合并了托钵僧教团的神学校(1220),尽管最终导致了托钵僧教团的修士们与世俗教师们之间发生了异常激烈的争执(1250—1256年间),但他们仍然固执己见。⑲随后的几年中,就是在这个问题的争执中,巴
52 黎大学最终确定了它的制度,并一直保持到中世纪末期:大学由四个同乡会(从1220年开始)组成,校长职位的确立并由文科教师选举产生(大约在1240年),"高级"学院的形成并都有自己的章程和院长(大约在1260年)。

经过漫长的斗争,巴黎大学基本上由教师构成。事实上,巴黎大学就是一所"教师大学",一个学校的联盟,其中的各个学校保持着自己管理学生的权利;教师们通过评议会和他们选举的官员,集体管理整个大学;在涉及教学和考试的所有问题上,各个学校共同遵守统一的协议。正如以上所说明的那样,大多数教师是文学院的年轻教师,他们控制同乡会并且选举校长,而他们自己又常常是或者将要成为神学院、法学院和医学院的学生。

---

⑲ M.-M. Dufeil, *Guillaume de Saint-Amour et la polémique universitaire parisienne, 1250 - 1259* (Paris, 1972).

毋庸置疑,这个事实本身就会对巴黎大学的运行产生“民主”的影响,即使这注定会导致与“高级”学院教师的不断冲突。

要是有较多的篇幅留给这两所最古老的欧洲大学就好了,这不仅因为直到中世纪结束时,它们仍然是最为著名的、拥有最大的教师队伍和最有广泛影响力的大学,而且因为它们通常是大多数稍后建立的大学的模型。然而,更快的增长则适合于那些后来者。

事实上,它们之中的一些几乎与巴黎大学和博洛尼亚大学同样古老。正如我们已经看到的,位于萨勒诺的那些医学校在整个13世纪没有得到多少发展;1231年,皇帝腓特烈二世颁布了建立学位体系的章程,但是拒绝它们的完全独立。另一方面,在蒙彼利埃,确信早在12世纪30年代前后就已存在的医学校(但是它的起源不详),到13世纪发展成为一所名副其实的“医科大学”。1220年,这所大学从教皇特使那里得到章程,从而被置于教会当局控制之下,但同时章程又承认由教师管理大学。

在同一时期,牛津大学诞生了。英国的第一所大学就坐落在这个小集镇上,这个集镇甚至都不是主教驻地,这着实令人吃惊。也许机遇在其中起了作用。不过应该记住,很久以来牛津就有一些教会的设施,这也许提供了一个起点。无论如何,即使巴黎大学在牛津大学的发展过程中发挥了一些作用,即使牛津大学的组织从巴黎人那里得到了灵感,但毋庸置疑的是,牛津大学是一所土生土长的原发型大学。早在12世纪中叶,牛津就办起了一些学校,从1200年开始,大学组织的萌芽就已经出现,甚至在1214 53
年第一个教皇章程之前(这个章程得到了王室特许状的补充),牛津就建立了最早的组织(教长、同乡会学监、教师集会),同时确保了独立于林肯郡主教、当地市政当局的自主性。⑳

中世纪结束前,大学建立的主要方式有二,即“蜂群式”或根据世俗和教会当局预先的决定建立机构的方式,这在13世纪前几十年是非常普遍的。

“蜂群式”涉及到一群学生和教师,他们在和地方当局发生争执之后,离开他们原来所在的大学,到一个新的城镇再创办一所大学。这种类型的

---

⑳ *History of Oxford*, vol. Ⅰ, 1－95.

迁移通常是暂时性的，随着冲突的妥善处理，他们还会重返以前的大学。然而，如果条件适宜，一所新的大学也会建立起来。

这种情况确切地发生在剑桥。1209 到 1214 年间，在市长和国王下令逮捕和处死了一些学生之后，牛津的学生和教师逃离了自己的大学来到剑桥。在法国，毫无疑问，奥尔良和安格斯那些古老的学校从发生在1229—1231 年间巴黎大学师生（他们为死于皇家高级律师之手的学生追索赔偿）的逃亡中获益匪浅。即便如此，正如我们已经看到的那样，它们的大学地位也是在很长时间以后才获得的。

意大利北部是大学迁移的中心地区，这很有可能与这个地区的经济发展条件有关，与它被分割为几个互相对立的城市国家有关，也正如前面所提到的，与这里的学生大学体制有关（学生大学体制特别适宜流动）。除此之外，13 世纪前期发生在博洛尼亚的各种争论伤害了博洛尼亚大学与博洛尼亚自治市和皇帝之间的关系，这导致了一系列的迁移事件。然而，这些迁移只产生了一所重要的大学，这就是帕多瓦大学（1222）。但直到 1260 年之后，这所大学才取得了显著的进步，它的制度和精神都很明显地反映出了对博洛尼亚大学的承袭。[21]从大约 1188 年开始，也许在勒佐·艾米利亚出现过大学。毋庸置疑，还有许多大学出现在 1204 到 1209 年间的维琴察、1215 到 1255 年间的阿雷佐、1255 年前后的维切利（这是 1228 到 1244 年间帕多瓦大学师生迁徙的结果）和 1246 到 1252 年间的锡耶纳，但
54 是所有这些大学都是昙花一现，几年之后很快就消失了，留下了一些可用来证明 14 世纪一系列复兴大学的徒劳努力的记忆。

也正是在 13 世纪，世俗当局或教会出于自己的利益决定创办大学，或者就像谚语中说的“栽种”（plant）大学。在出现了这种性质的举动的地方，先前已经存在的学校事实上常常为新大学的建立奠定了基础。然而，那样的举动通常意味着以不同的完整程度求助于一个固定的机构模型。除此之外，可以把它们理解成为一个信号，即从新机构建立之初，就被赋予了明确的社会目标和政治目标，即使它们并没有被完全实现。

---

[21] G. Arnaldi, 'Le origini dello studio di Padova dalla migrazione universitaria del 1222 alla fine del periodo ezzeliniano', *La Cultura*, 15 (1977), 388 – 431.

那不勒斯大学就是这种类型中最早建立的大学，它由腓特烈二世创办于1224年，其目的就是与博洛尼亚大学展开竞争，培养其所需要的法学家。虽然由皇室官员密切监督，但那不勒斯大学还是被授予最低限度的法人机构，这使它能被称为大学。再者，很有可能因为13世纪意大利南方的混乱状况，所以尽管有一系列受腓特烈二世及其安茹王朝直接继承者的影响而进行的"普遍改革"，但大学并没有得到很大的发展。㉒

在法国，这种类型的大学首推图卢兹大学(1229)，它是在十字军征伐"清洁派"和图卢兹伯爵之后，通过巴黎协约而建立的。这所大学的建立明显地不受当地人的欢迎，以至于直到13世纪60年代，以其性质的深刻变革为代价，才打下基础。把那种最初设计为宗教化的大学发展成为一所法学占优势的大学，这更符合南方人的期望。㉓

我们所列举出来的"创办"大学的名单上还应该包括教皇英诺森四世在罗马教廷创办的一所大学(1245)。

毋庸置疑，从13世纪开始，在伊比利亚半岛，政治当局更为直接地介入到大学的发展过程中，这个事实可以从西班牙王室通过不断"征服"，从而把王国的所有机构都控制在自己手中的趋势得到证明。早在1208年，卡斯提尔国王阿方索八世就为帕伦西亚大教堂学校的教师支付薪水。但是，很难确定这些特权(它们得到了1220年教皇法令的确认)是否促进了一所真正的大学的建立。假如情况正是那样的话，那么存在了一段时期并以文科和神学为主的帕伦西亚的学馆似乎在1250年前后消失了。与此同时，王室的支持转移到萨拉曼卡大学。事实上，一份同年代的文献记载，在1218—1219年的冬季，利昂的阿方索九世在萨拉曼卡创办了一所大学。1254年王室授予它的特权，在1255年得到教皇法令的批准，并在著名的《法律集成》司法文件汇编中(1260年前后)反复提到这些情况；该校在萨拉曼卡大学馆得到确定的认可时发展到高潮；它虽然处于当地教会显贵的严格控制之下，但是也被赋予传统的特权。通过一系列稍晚发布的章程(1411、1422)，我们只知道这所大学的组织无疑是一种混合的类型，但它更 55

㉒ G. Arnaldi, 'Fondazione e rifondazioni dello studio di Napoli in età sveva', in *Università e società*, 81–105.

㉓ *Les Universités de Languedoc au XIII e siècle*, Cahiers de Fanjeaux, 5 (Toulouse, 1970).

多地吸收了博洛尼亚大学而不是巴黎大学的因素。在13世纪结束前,同一类型的另外一所大学馆在瓦拉杜利德建立,它得到卡斯提尔国王的资助,并受到国王的全面保护,虽然直到1346年前,教皇并未完全承认它的大学地位。

里斯本大学几乎完全是同样的情形。葡萄牙国王丹尼斯以及王国境内教廷的显贵人物,特别是阿尔科巴科的西多会修道院院长,于1288年创办了里斯本大学并且资助这所大学,教皇在1290年加以确认。

因此,到13世纪末期,大学虽然在数量上仍然非常少,但是已经成为欧洲文化生活的核心机构,对于思想的产生和传播做出了贡献,事实上它就是真正的"知识权力"的场所,㉔同时也是培养教廷和城市精英的核心机构。1300年前,出现了18所大学馆,㉕ 其中15所(或者16所,如果包括萨勒诺大学在内的话)在这段时期可能是十分活跃的。其中的一些大学肯定吸引了几千位来自不同地区的学生,直到中世纪末,这些大学一直是欧洲主要的大学(博洛尼亚大学、巴黎大学、蒙彼利埃大学、牛津大学、帕多瓦大学、萨拉曼卡大学、剑桥大学等)。其他的大学也对当地社会产生了重大的影响。

中世纪末期的大学

如果新的大学在14和15世纪以更大的数量不断建立,那么我们就会对大学在中世纪末期"衰落"这个传统的判断产生疑问。

中世纪欧洲大学发展的第一个阶段,可以说截至到1378年,这一年开
56 始了"大分裂"。这个阶段见证了19所新大学的建立,即莱里达大学(1300)、阿维尼翁大学(1303)、罗马大学(1303)、佩鲁贾大学(1308)、特里维索大学(1318)、卡豪斯大学(1332)、格勒诺布尔(Grenoble)大学(1339)、比萨大学(1343)、布拉格大学(1347)、佛罗伦萨大学(1349)、佩皮尼昂大学

㉔ H. Grundmann, '"Sacerdotium – Regnum – Studium": zur Wertung der Wissenschaft im 13. Jh.', *Archiv für Kulturgeschichte*, 34 (1952), 5–21.

㉕ 如果算上萨勒诺、勒佐、皮亚琴察(1248年的教皇法令,但很可能无效)、帕伦西亚和塞维利亚这些有争议的例子,数量将会是23所。

(1350)、韦斯卡大学(1354)、阿雷佐大学(1355)、锡耶纳大学(1357)、帕维亚大学(1361)、克拉科大学(1364)、奥朗日大学(1365)、维也纳(1365)、佩奇大学(1367)。㉖ 同时也涉及到1300年之前建立起来的几所大学(例如,奥尔良大学、安格斯大学、瓦拉杜利德大学)的资格确认问题。到1378年,真正运行的大学大约有28所,如果包括萨勒诺大学、维罗纳大学和卢卡大学,那么就有31所大学。

虽然不能对这些稍后建立的大学进行详细的讨论,但仍然可以考察它们的共同特征。首先,虽然有先前存在的学校和适宜的社会和文化氛围,但在这些新建大学的发展过程中,当局(不管是教会还是世俗当局,更多的情况是世俗当局)的主动性是一个非常关键的因素。例如,在阿维尼翁、佩鲁贾、布拉格,这种新的机构是通过授予原有的重要学校以大学地位而建立的。另一方面,在特里维索、格勒诺布尔(1339)、韦斯卡那样的地方,由于先前没有学校,大学似乎完全被任意地移植,一些年以后,这些大学就变得毫无生气,甚至完全消失。通常的说法是,1378年前,只有一些人数相对较少而且影响较小的大学(布拉格大学除外)是在14世纪兴起的。

这些大学中的绝大多数(19所大学中的15所大学)坐落在欧洲南部,在这些大学中占据优势地位的法学院通常都是低水平的,其他的学院若有若无,最好的情况也是人数稀少、成绩平平。因此,这些大学通常都模仿博洛尼亚大学的章程,但也会根据本地的社会和政治形势加以调整,并努力避免博洛尼亚大学那种把学生大学和博士协会完全分开的体制。

如果不考虑巴黎大学和牛津大学,那么欧洲南部一直就是大学的乐园,这是因为欧洲南部的城市化水平较高、成文法有着悠久的历史,以及由社会世俗因素所推动的早期发展。然而,在14世纪中期,在欧洲南部以外,兴起了一场创办新大学的运动,1347年,布拉格大学的建立成为这场运动的转折点。直到那时,可能因为贵族势力的强大,神圣罗马帝国和欧洲中部多少处于这场运动之外。由于贵族可以随心所欲地把他们的子弟送到巴黎大学或者博洛尼亚大学学习,他们不希望看到土生土长的大学出 57

㉖ 或21所,如果认为维罗纳学馆(它于1339年获得本尼迪克十二世的教谕)和卢卡学馆(1369年获得皇帝的批准)具有大学地位的话,还应记住的是,阿雷佐和锡耶纳的大学馆在13世纪的同一时期也已得到发展。

现，这种大学更容易进入，因而为中产阶级和农民的孩子提供了一个在社会生活中上升的机会；同样，这样的大学也有助于加强教会和城镇在政治上的重要性。然而，经济的发展和民族感情的觉醒使这场创办新大学的运动变得更为有力。1347 年，在教皇，特别是在新皇帝查理四世（他曾是一位热衷于法国文化和极力赞成建立大学的王子）的帮助下，大学运动盛行起来。㉗ 几年之后，布拉格大学取得了巨大的成就，吸引着成千上万来自德国、捷克、波兰的学生。㉘这种成功引出了大量的模仿者，但在早期阶段，模仿显得生硬而笨拙：奥地利的维也纳大学，创办于 1365 年，然而直到 1383 年仍然毫无生机；波兰的克拉科大学，创办于 1364 年，但是很快遇到麻烦，不得不在 1397—1400 年间重建；匈牙利的佩奇大学，创办于 1367 年，但是仅仅维持了十年时间。

正如欧洲历史的其他方面一样，始于 1378 年的"大分裂"在大学的历史上代表着真正的分水岭。在所有爆发的危机（瘟疫、战乱、经济萧条）中，"大分裂"是最引人注目的事件。中世纪基督教王国的统一被无可救药地粉碎了，巴黎大学所培养的普遍主义的抱负已不再盛行。现在，人们目睹的是现代国家的诞生和崛起，以及民族感情的觉醒。

考虑到这种社会背景，就不难理解为什么大学得以大量出现。事实上，从 1378 到 1400 年间，欧洲新建或者重建了 7 所大学，1400 到 1450 年间有 18 所（事实上，如果算上帕尔马大学和赫罗纳大学，一共有 20 所大学）；1451 到 1500 年间为 22 所。1378 年，实际运行的大学有 28 所（或者说 31 所大学），到 1400 年变成了 31 所大学（或者说 34 所大学），到 1500 变成了 63 所大学（或者说 66 所大学）。新建的大学遍布整个欧洲，伊比利亚半岛上有 7 所大学（加上赫罗纳大学，有 8 所大学），法国有 8 所大学，德国有 15 所大学（还可以加上布拉班特公爵于 1425 年创办的鲁汶大学），坐落在老欧洲西部和东部边缘上的王国（苏格兰、斯堪的纳维亚、波兰、匈牙

㉗ 除了布拉格，皇帝查理四世还授予意大利弗里乌利的齐维塔利（Cividale in Friuli，1353 年，但它仍然形同虚设）、阿雷佐（1355）、佩鲁贾（1355）、帕维亚（1361）、佛罗伦萨（1364）、奥朗日（1365）和卢卡（1369）这些地方的大学馆以成立或者认可的证书。

㉘ P. Moraw, 'Die Universität Prag im Mittelalter. Grundzüge ihrer Geschichte im europäischen Zusammenhang', in *Die Universität zu Prag*, Schriften der sudetendeutschen Akademie der Wissenschaften und Künste, 7 (Munich, 1986), 9–134.

利)共有 9 所大学,在意大利共有 8 所大学。除了费拉拉大学(1391)、都灵大学(1404)和卡塔尼亚大学(1444)之外,毫无疑问,那些大学与其说是真正的新大学,不如说是大学的重新开张(13、14 世纪,这些大学一直是作为大学馆而存在的)。唯独英格兰纹丝未动,没有出现一所向已经年迈的牛津大学和剑桥大学的垄断发起挑战的新大学。

与以往有很大不同,这些新的大学主要是由城市或王公贵胄发起建立的,这样,大学在获得特权的同时,也会得到物资和财政上的捐赠。作为这些机构的创办人和保护者,他们从大学获得了声望以及培养教士、牧师、法官的重要场所。当然,通常需要有教皇认可的教谕,更不用说,这些新建机构中的大部分实际上是以先前存在的学校为依托的。

这并不意味着在 15 世纪结束时,欧洲大学网络已经完全形成。首先,在 16 世纪,新的大学仍然在建立。然而,在 15 世纪,许多人就开始对新大学的不断出现产生了忧虑。不同程度上取得了成功的那些古老大学,企图保持它们的地区垄断地位。因此,以布格斯和卡昂市镇的距离太近为借口,巴黎大学试图阻止在那里建立新的大学。在阿拉贡王国,莱里达大学从未停止提醒世人 1300 年大学的创办者国王迭戈二世赋予它的垄断地位,以防止在其他地方(特别是在巴塞罗那)兴办新的大学。[29]类似的情况也发生在意大利,帕维亚大学设法保持作为米兰公国唯一一所大学的地位,因而限制皮亚琴察、帕尔马和米兰的现存学校或者计划筹建学校的发展。

另一方面,还应当注意到,1378 年之后建立起来的新大学很少有完全衰落下去的,因为很多大学在学生的人数和教学的影响方面,都设法维持在一般水平上。毫无疑问,15 世纪最有活力的大学出现在法兰西王国的北部(普瓦捷、布格斯和卡昂)、鲁汶、克拉科和德国。这些地方的大学规模很大,通常都有几百名来自不同地区的学生,并在本世纪内一直保持着稳步的增长。[30] 更为重要的是,这些大学被本地人、本地的世俗当局和教会

㉙ C. Carrère, 'Refus d'une création universitaire et niveaux de culture à Barcelone: hypothèses d'explication', *Le Moyen Age*, 85(1979),245－273.

㉚ 15 世纪德国大学中学生群体的增长规模在 R. C. Schwinges 的 *Universitätsbesucher* 中得以确立。

所接纳，并获得大量慷慨的捐赠，大学本身、学院和大学教师都受益匪浅。汉萨的罗斯托克大学和格瑞夫斯沃德大学就是这类大学的典型例子。到
59 后来，它们都发展成为在知识方面雄心勃勃的大学，有能力留住一些著名的教师。由此，这些大学成功地促进了新思潮和原创教学的发展（克拉科大学的新天文学、维也纳大学的人文主义、图宾根大学的“唯名论”），简言之，出于自身的利益，它们复兴了直到那时仍被认为是诸如巴黎大学或牛津大学那些古老的学术中心特权的创造天职。

在欧洲北部，那些新大学通常采用了源于巴黎大学模式的组织结构。所以，这些大学倾向于四个“经典的”学院（文学院、神学院、法学院和医学院）；其中最重要的是文学院（它的人数最多）和神学院，在神学院，世俗人士和托钵僧共同承担教学任务。它们都是“教师大学”，虽然（例如，在布拉格大学或圣安德鲁斯大学或维也纳大学）学生们有时候能够在一些选举和决策过程中发挥一定的作用，至少在早期是这样。与巴黎大学一样，在布拉格大学、圣安德鲁斯大学、维也纳大学、鲁汶大学、格拉斯哥大学，都有四个同乡会，但是文科教师从未获得像他们在巴黎大学和牛津大学的同行们所具有的优势地位。每一所学院有本院的院长，管理整所大学的权力属于由各个学院教师组成的评议会，通常情况下，由评议会选举大学校长。

15 世纪建立起来的大学，或者从建立初期或者在随后的一些年中，通常都正式配置“所有认可的学院”，只有罗斯托克大学，在大学成立整整十二年之后，才于 1431 年正式建立神学院。相反，14 世纪中期之前建立的大多数大学是不完整的，只能说拥有一个学院、两个学院或者三个学院。更为特别的是，教皇们严格控制神学的教学和声望很高的神学硕士学位的扩散，只允许在与巴黎大学、牛津大学和剑桥大学同等水平的大学和教廷学馆讲授神学。[31]从 14 世纪 60 年代起，由于教皇乌尔班五世的倡议，这项

㉛ 这显然没有阻止数量众多的神学学馆（常常是高水平的）在托钵僧教团自己的教育网络中运作；*Le scuole degli ordini mendicanti*（*secoli* XIII－XIV）（Todi，1978）；F.-B. Lickteig，*The German Carmelites at the Medieval Universities*（*Rome*，1981）.

60

政策被废止。[32]

由于巴黎大学的神学教学被"唯名论"、司各脱主义、托马斯主义之间的争吵弄得四分五裂，如今各方都呼吁，将神学教育进行分散化处理，巴黎大学再也不能确保其正统性和垄断地位。继而，出现了一种对大学馆概念更为严格的界定，以及来自地方和国家的要求建立本土神学院的压力。所以，到中世纪结束时，出现了许多由教皇教令批准建立神学院的宪章，即1360年在博洛尼亚大学和图卢兹大学、1363年在帕多瓦大学、1389年在帕维亚大学、1396年在萨拉曼卡大学、1400年在里斯本大学、1413年在阿维尼翁大学、1421年在蒙彼利埃大学、1430年在莱里达大学、1436年在瓦拉杜利德大学、1447年在佩皮尼昂大学。14世纪结束的时候，维也纳大学和克拉科大学获得建立神学院的资格，虽然它们曾经在二三十年之前，即在大学初建的时候明确地拒绝过那样的权利（在布拉格大学，从建校之初就建立了神学院）。然而总的说来，神学院的扩充主要影响了南部的大学，实际上它常导致已有的托钵僧学馆通过合并到本地大学的方式被授予大学的地位，由此获得颁发学位的权利。

大学学舍*

讨论（哪怕只是粗略地讨论）中世纪大学的类型而不涉及大学学舍，那将是不完整的。

最早的大学学舍出现在12世纪末的巴黎大学。这些学舍不过是由"穷教士"提供的微薄的慈善基金支持，其目的是为一些学生提供住所。第一批真正的学舍出现在巴黎，后来是13世纪下半叶的英格兰，当时，由于大学的扩张，开始出现了许多严重的实际问题。在巴黎，应当提及索邦学舍（建于1257年）和哈考特学舍（建于1280年）；在牛津大学，这样的学舍是默顿学舍（建于1263—1264年间）、贝利学舍（建于1261—1266年间）以

---

[32] E. Delaruelle, 'La politique universitaire des papes d'Avignon-spécialement d'Urbain V-et la fondation du Collège Espagnol de Bologne', in *El Cardenal Albornoz y el Colegio de España*, vol. II (Bologna, 1972), 8－39.

* 学舍（college），也有"学院"、"学寮"、"学苑"等译法——译者。

及大学学舍(建于1280年左右);在剑桥大学,是彼得豪瑟学舍(建于1284年)。它们的组织形式主要受到了托钵僧修道院的启发,这些修道院早在13世纪20年代就在这些大学中建立起来,专供属于那些教团的学生使用。由于获得大量的捐赠(包括土地、财产和租金),这些学舍把在一定时期内接纳一定数量的学生作为其使命。早期的学舍包括为特定的大修道院或教团的僧侣们留用的寓所,这些寓所或多或少被比做小修道院,例如,巴黎大学的圣·柏纳德学舍(西多会修道院,建于1248年)、科路尼学舍(大约建于1260年)、圣·丹尼斯学舍(建于1263年左右),在牛津大学的有格洛斯特学舍(建于1283年)和达拉谟学舍(建于1289年)。不过,大多数学舍对于世俗学生非常吝啬(创办者的家族或者同胞常常享有优先权)。在1300年前,巴黎大学总共建立了19所学舍,在牛津大学有6所,在剑桥大学只有1所。

61 虽然巴黎拥有的学舍在数量上远远超过其他地方,但其规模很小,并且对文学院的年轻学生非常吝啬,这些学舍几乎没有独立性,受到外部势力(教会或大学)的严格监督。英国的学舍比较独立而且比较民主,其成员主要是文学士和神学学生。

在14世纪,大学学舍作为一种组织机构取得了很大成就;从1300到1400年间,巴黎大学建立了37所学舍,牛津大学有5所学舍,剑桥大学有7所学舍。通常情况下,巴黎学舍比英国学舍的规模更为适度,在很长时间最为重要的纳瓦拉学舍(1304年建于巴黎)有70名学生;只有1379年在牛津大学创办的“新学舍”可与之相比,它也有70名学生。在14世纪,学舍组织传播到南方大学,此前,学舍并不为南方人所知;但是它们远没有像在巴黎和牛津那么重要。法国的南部建立了15所学舍(其中有8所在图卢兹),意大利有11所学舍(最重要的一所是1367年在博洛尼亚创办的西班牙学舍),在西班牙有两所学舍。神圣罗马帝国和欧洲中部的新大学采用了这种组织形式(一共有8所),但是,又涉及到一种完全不同的学舍类型(常常称为 *collegium maius*),在其中,教师享有优先权。这种学舍因此被认为监督管理着学院的运营,大部分教学团体由它们组织。

在15世纪,学舍仍然继续开办。在那些最古老的大学里,创办学舍的节奏放慢了(法国有36所学舍,其中12所是在巴黎大学;英国有9所学舍;意大利有 8 所学舍),但在其他地方,数量却非常可观(神圣罗马帝国内有 27 所学舍,欧洲中部有 3 所学舍,苏格兰有 3 所学舍,伊比利亚半岛有 6 所学舍,它们注定有光明的前景)。事实上,没有任何学舍的中世纪大学是非常罕见的,唯一的例外就是奥尔良大学。

在 14 和 15 世纪,这些学舍(不论其创办者是王公贵胄、位居要职的官员、教廷显贵,还是前摄政教师)很少被认为是为"穷学生"提供的简单寓所,更多地是被当做特权机构,保护它们自己的成员(代价是遵守纪律)、提供最好的工作和学习条件,换句话说就是组成了一个学生精英团体。[33]所以,比较富有的学生(特别是法学学生)才被接纳进来。无论如何,那些没有被战争摧毁的学舍得益于不断增加的捐赠,使它们能扩大图书馆,更为重要的是,使这些学舍本身成了真正的、有合适的教师团体、具有新的和更 62
先进的教学方法的教学机构。所以,在与学院的竞争中,学舍的地位不断上升,学院的作用逐渐被削弱到仅仅授予学位。

只有一些主要的学舍提供全部课程,但从 14 世纪末期开始,一些学舍成了真正的知识生活的中心。事实上,它们比大学中的其他组织更有活力。纳瓦拉学舍和莫德林学舍所发挥的最重要的作用,是在巴黎大学和牛津大学传播人文主义,这些已为人们所知。[34]但是,这个过程在神圣罗马帝国的诸国中很少有人提及,在那里,穷学生一直是学舍注册人数中的主要部分。无论如何,至少那些学舍仍然接受这一部分学生(在巴黎大学、牛津大学、剑桥大学,这部分学生约占 10%—20%,而在其他地方则更少);但在法国、英格兰和德意志,这些学舍所创制的教育模式对现代欧洲的中等教育和高等教育的演进产生了巨大的影响。

---

[33] A. L. Gabriel, 'The College System in the Fourteenth-Century Universities', in F. L. Utley (ed.), *The Forward Movement of the Fourteenth Century* (Columbus, 1961), 79–124; A. L. Gabriel, 'Motivations of the Founders of Mediaeval Colleges', *Beiträge zum Berufsbewusstsein des mittelalterlichen Menschen*, Miscellanea Mediaevalia, 3 (Berlin, 1964), 61–72.

[34] G. Ouy, 'Le collège de Navarre, berceau de l'humanisme français', in *Enseignement et vie intellectuelle (IXe – XVIe siècle). Actes du 95e Congrès national des sociétés savantes*, vol. I (Paris, 1975), 275–299.

中世纪欧洲大学一览表

那些有争议的、地位等同于大学的学馆被列在括号内。

（萨勒诺大学）（*Salerno*，12 世纪）：1231 年由罗马帝国皇帝腓特烈二世颁令认可。

博洛尼亚大学（*Bologna*，12 世纪末期）

（勒佐大学）（*Reggio*，1188 年）（该校一直存在到 13 世纪末）

维琴察大学（*Vicenza*，1204 年）（1209 年之后消失）

（帕伦西亚大学）（*Palencia*，1208 年）（1250 年前后消失）

巴黎大学（*Paris*，13 世纪初）

牛津大学（*Oxford*，13 世纪初）

蒙彼利埃大学（*Montpellier*，13 世纪初）

剑桥大学（*Cambridge*，1209—1225 年）

阿雷佐大学（*Arezzo*，1215 年）（1260 年前后消失，1355 年重建，1373 年前后再次消失）

萨拉曼卡大学（*Salamanca*，1218—1219 年前）

帕多瓦大学（*Padua*，1222 年）

那不勒斯大学（*Naples*，1224 年）

63 维切利大学（*Vercelli*，1228 年）（14 世纪消失）

图卢兹大学（*Toulouse*，1229 年）

奥尔良大学（*Orléans*，约 1235 年）（1306 年被正式认可为大学馆）

罗马教廷大学（Studium *of the Roman curia*，1245 年）

锡耶纳大学（*Siena*，1246 年）（约 1252 年消失，1357 年重新建立）

（皮亚琴察大学）（*Piacenza*，1248 年）（关于 1248 年大学的真实运行情况还存在一些争议；1398 到 1402 年，当帕维亚大学迁移到皮亚琴察的时候，皮亚琴察大学一度非常活跃）

安格斯大学（*Angers*，约 1250 年）（1337 年被正式认可为大学馆）

（塞维利亚大学）（*Seville*，1254—1260 年）（由国王和教皇建立，这

座学馆也许不是一所真正的大学;大约 1270 年消失)

瓦拉杜利德大学(*Valladolid*,13 世纪末)(1346 年被教皇正式认可为大学馆)

里斯本大学(*Lisbon*,1290 年)[从 1308 年到 1338 年、1354 年到 1377 年,里斯本大学迁移到科英布拉(*Coimbra*)]

莱里达大学(*Lèrida*,1300 年)

阿维尼翁大学(*Avignon*,1303 年)

罗马大学(*Rome*,1303 年)(14 世纪末期消失,1431 年重新建立)

佩鲁贾大学(*Perugia*,1308 年)

科英布拉大学(*Coimbra*),见里斯本大学

特里维索大学(*Treviso*,1318 年)(很有可能在 14 世纪或者最迟在 1407 年已经消失)

卡豪斯大学(*Cahors*,1332 年)

格勒诺布尔大学(*Grenoble*,1339 年)(14 世纪中期消失)

(维罗纳大学)(*Verona*,1339 年)(它的大学地位受到怀疑,15 世纪消失)

比萨大学(*Pisa*,1343 年)(大约 1360 年消失,15 世纪初重新建立)

布拉格大学(*Prague*,1347 年)

佛罗伦萨大学(*Florence*,1349 年)(1472 年迁移到比萨,而后关闭)

佩皮尼昂大学(*Perpignan*,1350 年)

韦斯卡大学(*Huesca*,1354 年)(15 世纪上半叶消失,1464 年重新建立)

帕维亚大学(*Pavia*,1361 年)(1398 年迁移到皮亚琴察,因此被取缔;1412 年重新建立)

克拉科大学(*Cracow*,1364 年)(1370 年之前消失,1397 年重新建立)

奥朗日大学(*Orange*,1365 年)

维也纳大学(*Vienna*,1365 年)

佩奇大学(*Pècs*,1367 年)(1367 年后的某个时间消失)

卢卡大学(*Lucca*,1369 年)

爱尔福特大学(*Erfurt*,1379 年) 64

海德堡大学(*Heidelberg*,1385年)

科隆大学(*Cologne*,1388年)

布达大学(*Buda*,1395年)(约1400年消失,1410年重新建立,约1460年消失)

费拉拉大学(*Ferrara*,1391年)(1394年消失,1430年重新建立)

维沃尔茨堡大学(*Würzburg*,1402年)(1413年后消失)

都灵大学(*Turin*,1404年)

莱比锡大学(*Leipzig*,1409年)

普罗旺斯的艾克斯大学(*Aix-en-Provence*,1409年)

圣安德鲁斯大学(*St Andrews*,1411年)

(帕尔马大学)(*Parma*,1412年)(这座学校在1412到1420年间自称为大学馆)

罗斯托克大学(*Rostock*,1419年)

多尔大学(*Dole*,1422年)

鲁汶大学(*Louvain*,1425年)

普瓦捷大学(*Poitiers*,1431年)

卡昂大学(*Caen*,1432年)

波尔多大学(*Bordeaux*,1441年)

卡塔尼亚大学(*Catania*,1444年)

(赫罗纳大学)(*Gerona*,1446年)(1446年由西班牙皇家颁发特许状,但是直到16世纪才成为一所真正的大学)

巴塞罗那大学(*Barcelona*,1450年)

格拉斯哥大学(*Glasgow*,1451年)

瓦伦斯大学(*Valence*,法国,1452年)

特里尔大学(*Trier*,1454年)

格瑞夫斯沃德大学(*Greifswald*,1456年)

弗赖堡大学(*Freiburg im Breisgau*,1457年)

巴塞尔大学(*Basle*,1459年)

英格斯塔德大学(*Ingolstadt*,1459年)

南特大学(*Nantes*,1460年)

布格斯大学(*Bourges*,1464 年)

帕塞尼大学(*Pozsony*,1465 年)(15 世纪末期消失)

威尼斯大学(*Venice*,1470 年)(医生社团有权授予医学博士学位)

(热那亚大学)(*Genoa*,1471 年)(1513 年才开学)

萨拉戈萨大学(*Saragossa*,1474 年)

哥本哈根大学(*Copenhagen*,1475 年)

美因兹大学(*Mainz*,1476 年)

图宾根大学(*Tübingen*,1476 年)

乌普萨拉大学(*Uppsala*,1477 年)

马略卡·帕尔马大学(*Palma*, *Majorca*,1483 年)

斯古恩匝大学(*Sigüenza*,1489 年)

阿伯丁大学(*Aberdeen*,1495 年)

奥德河上的法兰克福大学(*Frankfurt-on-Oder*,1498 年)(1506 年才开放) 65

阿尔卡拉大学(*Alcalá*,1499 年)

瓦伦西亚大学(*Valencia*,1500 年)

精选文献

文献目录

Bibliographie internationale de l'histoire des universités, vol. Ⅰ, *Espagne – Louvain – Copenhague-Prague*, by R. Gilbert, J. Paquet, S. Ellehój, F. Kavka, and J. Havránek, Geneva, 1973; vol. Ⅱ, *Portugal – Leiden – Pécs – Franeker – Basel*, by A. Moreira de Sà, R. Ekkart, M. Fényes, A. de Kalbermatten, and L. Haeberli, Geneva, 1976.

Coing, H. (ed.) *Handbuch der Quellen und Literatur der neueren europais chen Privatrechtsgeschichte*, vol. Ⅰ, Munich, 1973, 39 – 128.

Craigie, J. *A Bibliography of Scottish Education before 1872*, London, 1970.

Ermann, W. and Horn, E. *Bibliographie der deutschen Universitäten*, 3 vols., Leipzig/Berlin, 1904–1905; reprint, 1965.

Fletcher, J.M. (ed.), *The History of European Universities. Work in Progress and Publications*, 5 vols., Birmingham, 1977–1981.

Fletcher, J.M. and Deahl, J. 'European Universities 1300–1700: the Development of Research 1969–1981, and a Summary Bibliography', in J. M. Kittelson and P. J. Transue (eds.), *Rebirth, Reform and Resilience: Universities in Transition 1300–1700*, Columbus, Ohio, 1984, 324–357.

Fletcher, J. M. and Upton, C. A. 'Publications on University History since 1977: a Continuing Bibliography', *History of Universities*, 7 (1988), 371–468. 这是每年出版的最新文献目录.

Gabriel, A. L. *Summary Bibliography of the History of the Universities of Great Britain and Ireland up to 1800, Covering Publications between 1900 and 1968*, Notre Dame, Ind., 1974.

García y García, A. 'Bibliografía de historia de las universidades españolas', *Repertorio de historia de la ciencias eclesiásticas en España*, 7 (1979), 599–627.

Guenée, S. *Bibliographie de l'histoire des universités françaises des origines à la Rèvolution*, 2 vols., Paris, 1978–1981.

Hammerstein, N. 'Jubiläumsschrift und Alltagsarbeit. Tendenzen bildungsgeschichtlicher Literatur', *Historische Zeitschrift*, 236 (1983), 601–633.

Hammerstein, N. 'Neue Wege der Universitätsgeschichtsschreibung', *Zeitschrift für Historische Forschung*, 5 (1978), 449–463.

Hammerstein, N. 'Nochmals Universitätsgeschichtsschreibung', *Zeitschrift für Historische Forschung*, 7 (1980), 231–236.

Petry, L. 'Deutsche Forschungen nach dem zweiten Weltkrieg zur Geschichte der Universitäten', *Vierteljahresschrift für Sozial-und Wirtschaftsgeschichte*, 46 (1959), 145 – 203.

de Ridder-Symoens, H. 'Universiteitsgeschiedenis als bron voor sociale geschiedenis', *Tijdschrift voor Sociale Geschiedenis*, 10 (1978), 87 – 115.

de Ridder-Symoens, H. and Paquet, J. 'Bibliografisch Overzicht Universiteitsgeschiedenis der Nederlanden', *Batavia Academica*, 2 (1984), 18 – 21. 这是每年出版的最新文献目录.

Scheurkogel, J. 'Nieuwe universiteitsgeschiedenis in de late middeleeuwen', *Tijdschrift voor Geschiedenis*, 94 (1981), 194 – 204. 66

Stark, E. *Bibliographie zur Universitätsgeschichte. Verzeichnis der im Gebiet der Bundesrepublik Deutschland 1945 – 1971 veröffentlichen Literatur*, ed. E. Hassinger, Munich, 1974.

Steiger, G. and Straube, M. 'Forschungen und Publikationen seit 1945 zur Geschichte der deutschen Universitäten und Hochschulen auf dem Territorium der DDR', *Zeitschrift für Geschichtswissenschaft*, 7 (special issue), (1960), 563 – 599.

Stelling-Michaud, S. 'L'histoire des universités au Moyen Age et à la Renaissance au cours des vingt-cinq dernières années', in *Rapports du XI e Congrès international des Sciences historiques*, vol. I, Stockholm, 1960, 97 – 143; revised Italian translation: 'La storia delle università nel medioevo e nel Rinascimento: stato degli studi e prospettive di ricerca', in G. Arnaldi (ed.) *Le origini dell'Università*, Bologna, 1974, 153 – 217.

Straube, M. and Fläschendräger, W. 'Forschungen zur Geschichte der Universitäten, Hochschulen und Akademien der DDR (1960 – 1970)', *Zeitschrift für Geschichtswissenschaft*, 18 (special issue) (1970), 187 – 209.

Verger, J. 'Tendances actuelles de la recherche sur l'histoire de l'éducation en France au moyen âge (XIIIe – XVe siècles)', *Histoire de l'Education*, 6 (1980), 9 – 34.

Vico Monteoliva, M. 'Bibliografía sobre historia de las universidades españolas', *Historia de la Educación*, 3 (1984), 281 – 290.

Zanella, G. 'Bibliografia per la storia dell'università di Bologna dalle origini al 1945, aggiornata al 1983', *Studi e memorie per la storia dell'Università di Bologna*, new series, 5, (1985).

一般著作

Cobban, A.B. *The Medieval Universities: Their Development and Organization*, London, 1975.

Denifle, H. *Die Entstehung der Universitäten des Mittelalters bis 1400*, Berlin, 1885; reprint, Graz, 1956.

Fried, J. (ed.) *Schulen und Studium im sozialen Wandel des hohen und späten Mittelalters*, Sigmaringen, 1986.

d'Irsay, S. *Histoire des universités françaises et étrangères des origines à nos jours*, 2 vols., Paris, 1933 – 1935.

IJsewijn, J. and Paquet, J. (eds.) *Universities in the Late Middle Ages*, Mediaevalia Lovaniensia, series 1, studia 6, Louvain, 1978. 本书也出版于:Paquet, J. and IJsewijn, J.(eds.) *Les Universités à la fin du moyen âge*, Publications de l'Institut d'Etudes Médiévales, 2nd series, 2, Louvain, 1978.

Jílek, L. (ed.) *Historical Compendium of European Universities – Répertoire historique des universités européennes*, Geneva, 1984.

Kaufmann, G. *Geschichte der deutschen Universitäten*, 2 vols., Stuttgart, 1888 – 1896; reprint, Graz, 1958. 第一卷涉及的是欧洲的大学.

Kibre, P. *Scholarly Privileges in the Middle Ages. The Rights, Privileges and Immunities of Scholars and Universities at Bologna – Padua – Paris – Oxford*, Cambridge, Mass., 1961.

Le Goff, J. *Les Intellectuels au Moyen Age*, 2nd edn, Paris, 1985.

Pedersen, O. *Studium generale. De europ eiske universiteters tilblivelse*, Copenhagen, 1974.

Rashdall, H. *The Universities of Europe in the Middle Ages*, 3 vols., ed. F.M. Powicke and A.B. Emden, Oxford, 1936; reprint, Oxford, 1988.

Università e società nei secoli XII – XVI. Atti del nono convegno internazionale di studio tenuto a Pistoia nei giorni 20 – 25 settembre 1979, Pistoia, 1982.

Les Universités européennes du XIV e au XVIII e siècles: Aspects et problèmes. Actes du colloque international à l'occasion du VI e centenaire de l' université Jagellone de Cracovie, Geneva, 1967.

Verger, J. *Les Universités au Moyen Age*, Paris, 1973.

Verger, J. 'Universités et écoles médiévales de la fin du XIe à la fin du XVe siècle', in G. Mialaret and J. Vial (eds.), *Histoire mondiale de l'éducation*, vol. I, Paris, 1981, 281 – 309.

Wieruszowski, H. *The Medieval University: Masters, Students, Learning*, Princeton, N.J., 1966.

国别研究

Ajo González de Rapariegos y Sáinz de Zúñiga, C.M. *Historia de las universidades hispánicas. Orígenes y desarrollo desde su aparición a nuestros días*, 11 vols., Madrid, 1957 – 1977.

Barcala Muñoz, A. 'Las universidades españolas durante la Edad media', *Anuario de Estudios medievales*, 15 (1985), 83 – 126.

Bellomo, M. *Saggio sull'università nell'età del diritto comune*, Catania,

1979.

Boehm, L. and Müller, R. A. (eds.) *Universitäten und Hochschulen in Deutschland, Oesterreich und der Schweiz. Eine Universitätsgeschichte in Einzeldarstellungen*, Düsseldorf, 1983.

Cadini, F. and others (eds.) *La crisi del sistema comunale*, Storia della società italiana, 7, Milan, 1982.

Cobban, A. B. *The Medieval English Universities: Oxford and Cambridge to c. 1500*, Aldershot, 1988.

Coissac, J. B. *Les Universités d'Ecosse depuis la fondation de l'université d'Aberdeen jusqu'au triomphe de la Réforme (1410 - 1560)*, Paris, 1914.

Engelbrecht, H. *Geschichte des österreichischen Bildungswesens*, vol. Ⅰ, Vienna, 1982.

Guenée, S. *Les Universités françaises des origines à la Révolution. Notices historiques sur les universités*, studia *et académies protestantes*, Paris, 1982.

Kaufmann, G. *Geschichte der deutschen Universitäten*, 2 vols., Stuttgart, 1888 - 1896; reprint, Graz, 1958. 第二卷涉及的是德国的大学.

Paulsen, F. *Die deutschen Universitäten und das Universitätsstudium*, Berlin, 1902.

Paulsen, F. *Geschichte des gelehrten Unterrichts auf den deutschen Schulen und Universitäten vom Ausgang des Mittelalters bis zur Gegenwart*, vol. Ⅰ, 3rd edn, Leipzig/Berlin, 1919.

Roslanowski, T. 'Universitäten und Hochschulen in Polen', in E. Maschke and J. Sydow (eds.), *Stadt und Universität im Mittelalter und in der frühen Neuzeit*, Sigmaringen, 1977, 166 - 169.

Verger, J. (ed.) *Histoire des universités en France*, Toulouse, 1986.

1．中世纪大学城

英里
0 100 200 300 400
挪威
乌普萨拉1477
苏格兰
阿伯丁1495
圣安德鲁斯1411
格拉斯哥1451
瑞典
丹麦
哥本哈根1475
爱尔兰
英格兰
罗斯托克1419
格瑞夫斯沃德1456
剑桥 1209-25
牛津
奥德河上的法兰克福1498
神圣
波兰
鲁汶 1425
荷兰
科隆1388
莱比锡 1409
爱尔福特1379
罗马
克拉科1364
卡昂 1432
巴黎
美因兹1476
特里尔1454
维尔茨堡1402
海德堡 1385
布拉格1347
波西米亚
安格斯 c.1250
奥尔良c.1235
图宾根 1476
南特1460
布格斯1464
福朗茨孔特
英格斯塔德1459
维也纳1365
帕塞尼1465
弗莱堡市1457
帝国
多尔1422
巴塞尔1459
布达1389
普瓦捷1431
瑞士联盟
法国
萨伏伊
勒迈1188
米
兰
威
尼
斯
匈牙利
维罗纳1339
维琴察1339
波尔多 1441
格勒诺布尔1339
维切利1228
特里维索1318
卡豪斯1332
帕维亚1361
威尼斯1470
佩哥1367
奥朗日1365
瓦伦斯1452
都灵1404
帕多瓦1222
图卢兹1229
费拉拉1391
博洛尼亚
帕伦西亚1208
葡萄牙
纳瓦拉
蒙彼利埃
阿维尼翁1303
爱克森1409
卡1369
达尔马提亚
土耳其
瓦拉杜立德1300
乔姆布诺1308
萨拉曼卡1218-19
韦斯卡1354
佩皮尼昂1350
热那亚1471
比萨1343
佛罗伦萨1349
阿雷佐1215
萨拉戈萨1474
皮亚琴察1248
锡瓦纳1246
佩鲁贾1308
帝国
斯古恩匝1489
莱里达1300
赫罗纳1446
帕尔马1412
里斯本1290
阿尔卡拉1499
阿拉贝
巴塞罗那 1450
教皇国
卡斯提尔
罗马
马略卡岛
那不勒斯
巴伦西亚1500
那不勒斯1224
萨勒诺
帕尔马1483
塞维利亚（1254-60）
格兰纳达
西西里岛
卡塔尼亚1444

2. 1300年前建立的大学

大学的状况：●确定的　○有争议的

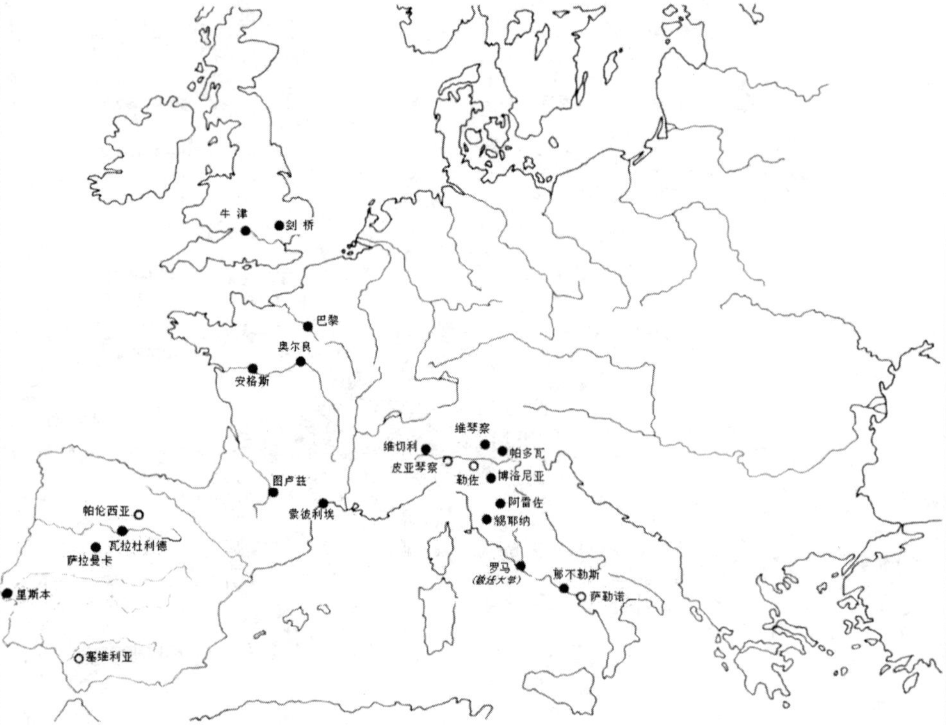

3. 1300年尚存的大学

大学的状况：●确定的　○有争议的

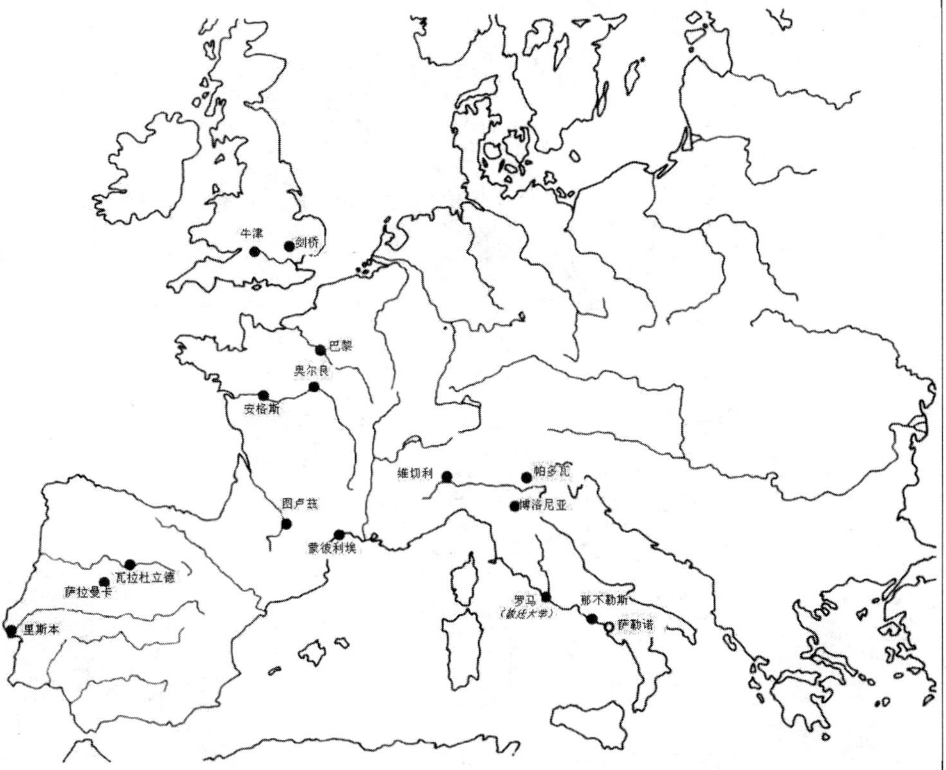

4. 1300—1378年建立的大学

大学的状况：●确定的 ○有争议的

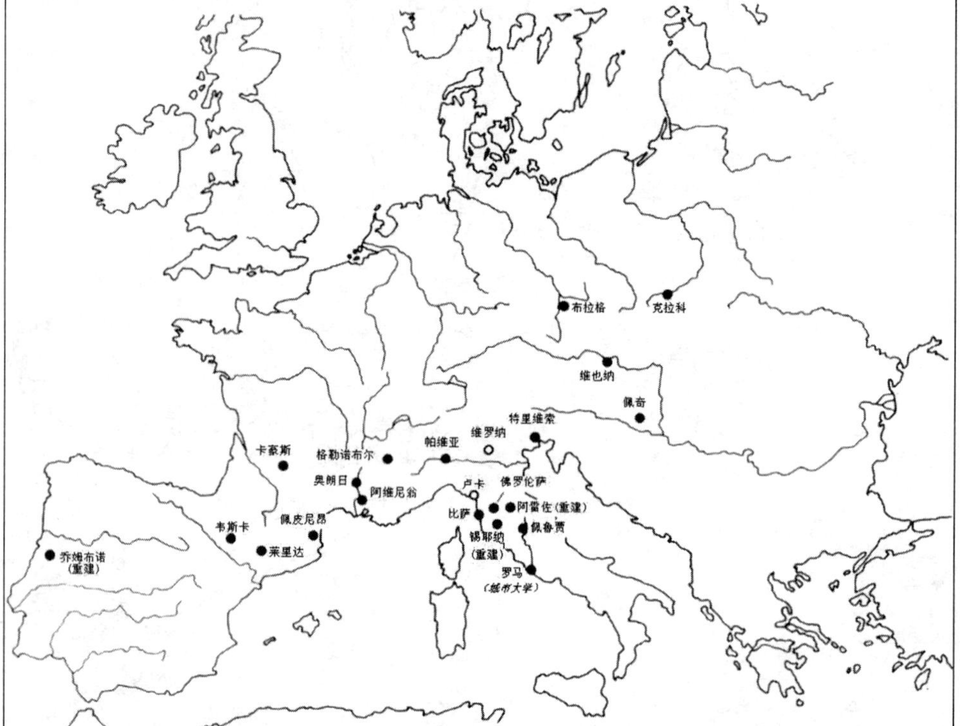

5. 1378年尚存的大学

大学的状况：●确定的　○有争议的

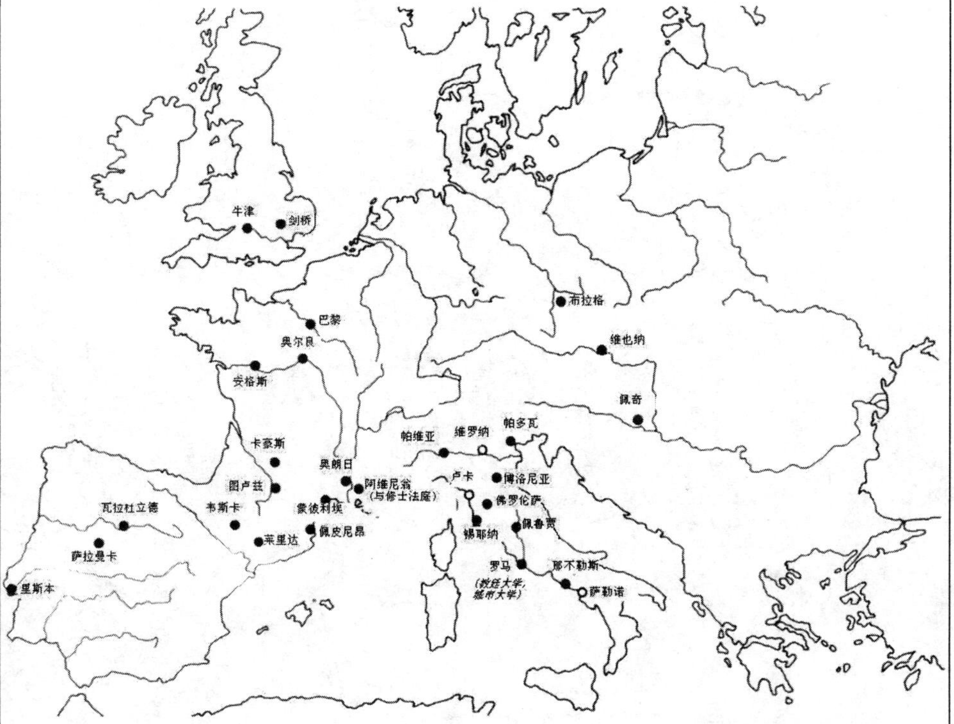

6. 1378—1500年建立的大学

大学的状况：●确定的 ○有争议的

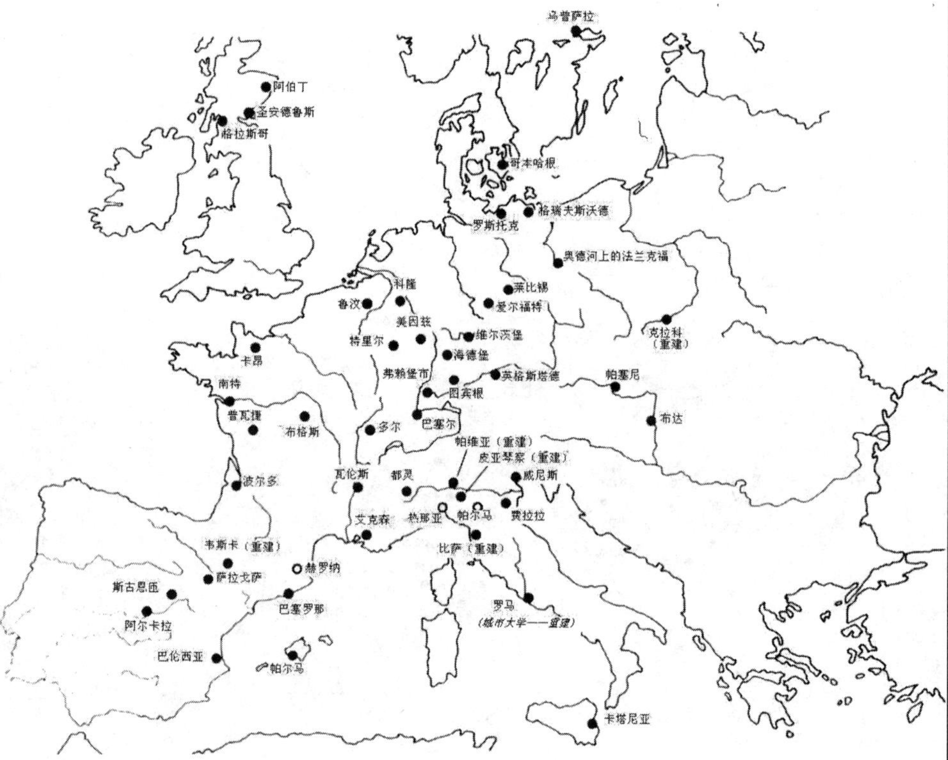

7. 1500年尚存的大学

大学的状况：●确定的　○有争议的

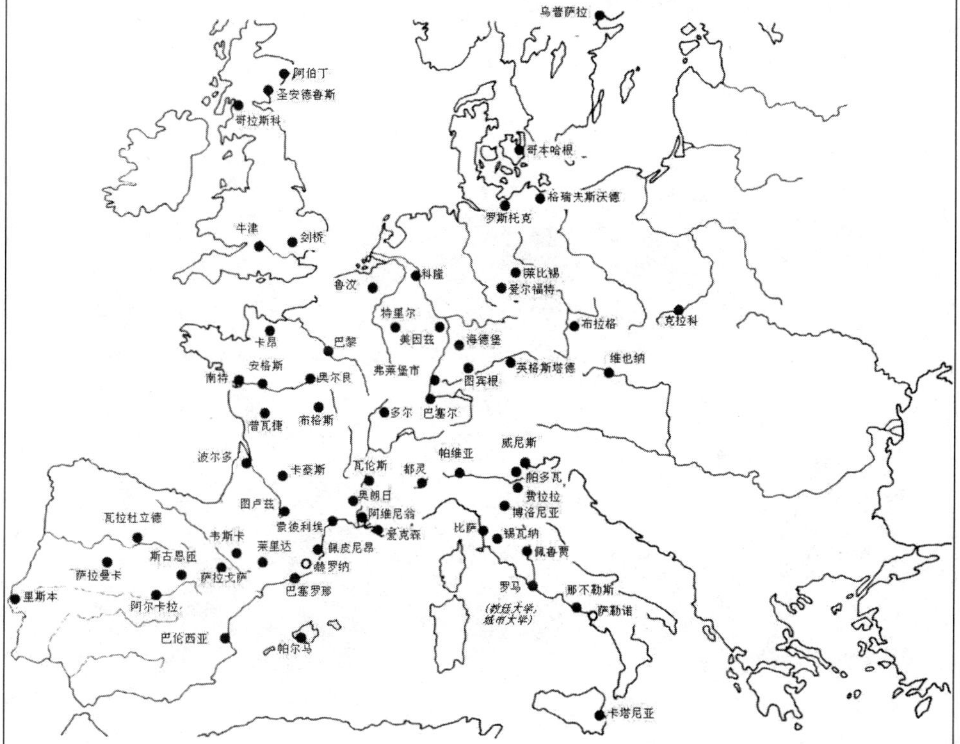

第二编 结构

第三章　与当局的关系

保罗·纳迪

12世纪的教皇、帝国与学校

最近的历史研究清楚地表明，人们必须纠正那种认为从12世纪早期开始，帝国当局就直接干预高等教育的理论。例如，没有证据表明博洛尼亚大学是卡诺萨的女伯爵马蒂尔达在1111年5月被任命为神圣罗马帝国代理主教之后，经其提议所创立的。①尽管从格列高利改革开始，教会与神学、法学研究的关系已日益紧密，但在12世纪的前几十年，教会依然觉得没有必要将这些欧洲新兴的学校制度化。这些学校的组建方式并不利于

① E. Cortese, 'Legisti, canonisti e feudisti: la formazione di un ceto medievale', in *Università e società*, 208－209.

密切与官方的联系，因为当时人们认为，学校的兴起并不是源于固定的教育场所的出现，而是源于教师的个人魅力，正是这种力量吸引着学生不远万里跟随教师学习。②同时，当时的人们也普遍认为，对财富的追求直接导致了错误教义的传播。因此，克莱蒙特会议(1130)、兰斯会议(1131)和第二次拉特兰会议(1139)，都严厉禁止僧侣和正式信徒在接受了圣谕、进行了宗教起誓之后，还去研究医学和民法。③另一方面，教会也没有忽视与重要学校——博洛尼亚法律学校(红衣主教艾默里库斯，1123 至 1141 年间
78 神圣罗马教会的教长，与著名的 评注学家布尔加鲁斯过从甚密)④、巴黎神学学校(1144 年，红衣主教罗伯特·普伦，⑤一位在巴黎教学的英国神学家，被聘为神圣罗马教会的教长)等之间的联系。

帝国当局在对教师和学生们的要求和活动兴趣上的首次重要转变，无疑体现在 1155 年巴巴罗萨腓特烈一世皇帝首次去意大利接受加冕时所颁布的《安全居住法》中。⑥1155 年 5 月，在博洛尼亚附近，他接见了法律学校的师生们。根据《腓特烈一世传》佚名作者的描述，当时师生们恳求皇帝颁令严格禁止对外国学生动用司法权(当外国人与本国人发生债务纠纷时，逮捕个人或没收财产来弥补本国人的债务损失)，并给予他们自由迁徙的权利，"以使所有潜心学习的人能够来去自由，安居乐业"。⑦巴巴罗萨腓特烈一世很快颁布了这部著名的宪法，在该法中，他确认了科学知识具有无上的价值，并承认那些为追求科学知识而远离故土的人们是值得称道的，应受到保护。首先，他批准给予民法学教授和学生们自由迁移的特权，并

---

② R. W. Southern, 'The Schools of Paris and the School of Chartres', in *Renaissance and Renewal*, 114ff., 123ff. 见同卷，特别是参见 J. Leclercq 所写的论文，'The Renewal of Theology', 68－87，和 S. Kuttner, 'The Revival of Jurisprudence', 299－322.

③ D. Diepgen, *Studien zur Geschichte der Beziehungen zwischen Theologie und Medizin im Mittelalter*, vol. I, *Die Theologie und der ärztliche Stand* (Berlin/Grünwald, 1922), 16ff.

④ H. Kantorowicz, *Studies in the Glossators of the Roman Law* (Cambridge, 1938), 68, 71.

⑤ P. Classen, *Studium und Gesellschaft im Mittelalter*, ed. J. Fried, Schriften der MGH, 29 (Stuttgart, 1983), 9－10.

⑥ W. Stelzer, 'Zum Scholarenprivileg Friedrich Barbarossas ("Authentica Habita")', *Deutsches Archiv für Erforschung des Mittelalters*, 34 (1978), 123－165.

⑦ I. Schmale－Ott (ed.), *Carmen de gestis Frederici I. imperatoris in Lombardia*, MGH Scriptores (Hanover, 1965), 17－18, 496－497.

保障师生们在学习地的居住安全。其次,皇帝非常同情那些为了在异域生存下来,甘冒各种风险,耗尽所有资产的人们,他颁令禁止任何人伤害和侮辱学生,而且在法令中特别规定,本国人欠学生的债务必须到期偿还,否则处以四倍的罚金。所有违规者都将受此制裁,执行此法不力者将被永久革职。再次,他颁令,任何被传唤出庭的学生都可在是由自己的老师审问还是由教庭审问之间做出选择。如若不尊重学生的选择,原告即使在法律上有理,也将被判败诉。该法令将神职人员所享有的权利扩大到了普通学生身上,并重申了一项旧的帝国条规(该条规源自查士丁尼的法律全集,并为博洛尼亚的教师们所熟悉),它授权贝里托的教授和主教对该市的学生进行审判。腓特烈一世提出将《安全居住法》纳入查士丁尼的《法典》中,这清楚地表明了他希望复活罗马法,并主张将该法纳入神圣罗马帝国的法律体系中。他的计划正好符合博洛尼亚教师们的愿望,而后者作为查士丁尼法典的解释者和传授者,在该法的广泛普及和运用中发挥了积极作用。⑧ 79

然而,腓特烈一世却没有将《安全居住法》付诸实施,在他首次造访意大利之后,表面上可行的政治目标被证明是难以实现的。1159—1162 年与伦巴第联盟的战争——其高潮是克雷马和米兰被围困——影响了他与在博洛尼亚学习的学生们的关系。据称,当时在博洛尼亚的四位教师给他送来了一封信,恳求他撤销将来自米兰、布雷西亚和克雷马地区的学生驱逐出博洛尼亚的命令。⑨在当时的情况下,腓特烈一世对《安全居住法》并不重视,而只关注当时的政治局势。后来,当博洛尼亚加入伦巴第联盟之后,他就不再关注该市的教授和学生了。⑩

1159 年 9 月,红衣主教罗兰多·班迪内利当选为教皇。他是一个有造诣的神学家和精明的政治家。自 1153 年起,作为神圣罗马教会的教长,他

---

⑧ G. Cencetti, 'Il foro degli scolari negli Studi medievali italiani', *Atti e memorie della R. Deputazione di storia patria per l'Emilia e la Romagna*, 5(1940), 165; J. K. Hyde, 'Commune, University and Society in Early Medieval Bologna', in *Universities in Politics*, 32ff.; R. L. Benson, 'Political Renovatio: Two Models from Roman Antiquity', in *Renaissance and Renewal*, 359 - 386.

⑨ J. Fried, *Die Entstehung des Juristenstandes im 12. Jahrhunderts*, Forschungen zur neueren Privatrechtsgeschichte, 21(Cologne/Vienna, 1974), 54 - 55.

⑩ G. De Vergottini, 'Lo Studio di Bologna, l'Impero, il Papato, in *Scritti di storia del diritto italiano*, vol. Ⅱ, Seminario giuridico della Università di Bologna, 74(Milan, 1977), 744ff.

就积极支持教会和学校间建立密切的联系,由于其教育背景和政治上的敏锐性,他充分意识到了神学和法律教育日益突现的重要性。在白热化的竞争选举(这导致了组织的分裂)之后,教皇亚历山大三世立即频频致信社会名流和各个组织,澄清事实,申明教皇地位的合法性。致信的对象中就有博洛尼亚的民法教师和其他所有教师。这或许是教会当局首次郑重地承认他们的重要性。[11]在亚历山大因与皇帝腓特烈一世不和而逃亡,于1162年4月到1165年9月滞留法国期间,他对法兰西帝国内许多蒸蒸日上的主教学校的情况有了非常深入的了解。这位教皇一回到意大利,就决定下令废除主教学校以颁发执教许可证为由向教师勒索钱财的陋习。他同时颁布一项命令,正式告知法国的主教们:凡有执教能力的人都可以自由从教,不必花钱购买执教许可证,也无需得到许可或受到阻挠,因为从法律上
80 讲知识是不能用来买卖的。后来,他又重申了这一原则,并制定了评价教师资格候选人执教能力的一套程序,规定候选人必须通过由"杰出教士"组织的考试后,其执教资格才被认可(1173)。[12]亚历山大命令道,发放执教许可证的授权人,若违反不得收费的命令,就将受到革职处理,主教应让他人接替其职务。最后,在1179年的第三次拉特兰会议上,教皇重申颁发执教许可证和从事教学工作都应当是免费的,并规定应当给教师支付圣俸。因此,为了抑制买卖圣职和其他腐败行为,亚历山大改革了教会的教育惯例,鼓励有才的贫寒子弟入学,并保证了教师的薪金足额发放。不仅如此,他还为西欧学馆,尤其是巴黎学馆的成立奠定了基础。[13]

在亚历山大三世任教皇期间(1159—1181),尽管出现了一些其他类型的学校(主要是在意大利之外的地方),但亚历山大三世依然极力提倡法学教学,特别是在博洛尼亚的一些学校中,这也使得博洛尼亚成为欧洲研究

---

⑪ K. W. Nörr, 'Institutional Foundations of the New Jurisprudence', in *Renaissance and Renewal*, 325. 关于 Rolando Bandinelli 参见 Classen, *Studium*(注释 5), 130ff.

⑫ Classen, *Studium*(注释 5), 245 n. 14a(注释由 Fried 提供); A. E. Bernstein, 'Magisterium and License: Corporate Autonomy against Papal Authority in the Medieval University of Paris', *Viator*, *Medieval and Renaissance Studies*, 9(1978), 292ff., 显然未意识到 Fried 所提及的文献.

⑬ P. Delhaye, 'L'organisation scolaire au XII e siècle', *Traditio*, 5(1947), 258ff.; G. Post, K. Giocarinis, and R. Kay, 'The Medieval Heritage of a Humanistic Ideal: "scientia donum Dei est, unde vendi non potest"', *Traditio*, 11(1955), 195 - 234.

罗马法和教会法的中心。[14]认为博洛尼亚的学校是由教会创立的看法是完全错误的,[15]但博洛尼亚的主教却无疑是皇帝本人任命的监管学生们的唯一权威。后来,博洛尼亚市民与皇帝的冲突强化了博洛尼亚与教会的联系。罗马教廷对促进法学教育有着非常浓厚的兴趣,这一点可从当时制定的大量的教会法规,以及许多经过法律培训的高级教士被提拔到高级职位的史实中推测出来。第一个由罗马教皇使节颁布的有关博洛尼亚学者和教师的法令,可以追溯到1176—1177年:当时,波尔图—奥斯蒂亚地区的主教禁止教师与学生以竞价的方式租赁旅舍,无论他们是出于居住条件的考虑,还是出于虚荣心的要求,违者一律开除教籍。该法令通过禁止教师和学者在租约尚未到期或未经租住人同意的情况下向房主申请已有租住人的住所,从而保护了租住旅舍的学者的利益。几年后,也就是在1182年8月,教会使节——图斯库卢姆地区主教——彼得罗,再次重申了这一禁令,并对违犯者以逐出教门相威胁。后来,在1184年7月至1185年11月间,教皇卢修斯三世再次重申了这一禁令,并进一步训令,博洛尼亚地区主教每年要将教师和学者集中到一起,向他们宣读教皇敕令。[16]教皇专门强调,地区主教要对凡涉及到博洛尼亚市民与博洛尼亚学馆师生关系的所有敏感问题进行仲裁。

正是在这个时候,博洛尼亚的学校给该市带来了声望,并给当地居民带来了财富,该市对本区域内的学校开始变得极为关注。于是博洛尼亚市开始设法阻止教师们带着他们的学生迁到其他城市。以法学家皮琉斯为例,他于1182年左右与摩德纳地区的人达成秘密协议,准备把学校迁往那里。这一事件使得博洛尼亚市要求该市所有的硕士都要发誓至少两年内不能迁出该市居住。其他教师随即被要求进行类似的宣誓。这样,《安全居住法》所给予的教师自由讲学的权利再次受到侵犯。这些严重干涉博洛尼亚学术生活的法令,极大程度地促使学生们组织了一所大学,即一种类

---

⑭ S. Kuttner, 'Revival'(注释2),319.也见第12章,'The faculties of law'.

⑮ G. Cencetti, 'Studium fuit Bononie. Note sulla storia dell' università di Bologna nel primo mezzo secolo della sua esistenza', *Studi medievali*, 3:7(1966), 781 – 833,特别是第815页.

⑯ P. Landau, 'Papst Lucius Ⅲ und das Mietrecht in Bologna', in S. Kuttner(ed.), *Proceedings of the Fourth International Congress of Medieval Canon Law. Toronto, 21 – 25 August 1972*(Vatican City,1972),511—522.

似于当代城市中的贸易行会或职业协会的组织，这些组织通过推举自己的代表，通过行使属于自身的特殊管理权限来维护其成员的利益。

教会在12、13世纪的贡献

在12世纪末以及13世纪的前20年，欧洲政治的领导权掌握在教皇和僧侣统治集团的手中，这无疑导致了进入学馆学习的“神职人员”(ecclesiastial clerks)[17]人数的大幅增长。在当时，即使像拥有众多学校的法兰西这样的帝国，即便在主教座堂圣职团里也没有太多的教师，但是到了13世
82 纪20、30年代，由于许多最高层的教会人士都来自学术圈，使得学术界开始与教会形成某种一致性。[18]无怪乎当时邦孔帕尼·第·西格纳宣称，教师和学者都是教会的镜子。

因此，罗马教廷促进和筹划高等教育的积极性也复活了，特别是在教皇英诺森三世(1198—1216)统治时期这种热情更是大为增加。英诺森三世是一位神学家、法学家，也是一位具有极大敏锐性和无可置疑权威的政治家。他所颁布的法令，都是为了强化教皇亚历山大三世为主教学校(尤其是巴黎和博洛尼亚地区的)所制定的法规，进一步确立师生们的地位。1207年颁布的教皇教谕就是带有这种目的的法令，它准许求学的神职人员，不在职期间仍可继续领取圣俸。类似的法令还有1215年第四次拉特兰会议上颁布的法规，它们向大教区教堂重申了为牧师和贫穷俗人开办学校，并由公认有能力的教师对其进行管理(教师的工资由圣俸支付)的命令，它要求在都主教辖区设立神学学校，并给教师发放薪水。[19]英诺森三世对当时逐渐出现的大学的要求也并不是无动于衷的，他的教谕向聚集在大学中的巴黎学者们重申，他们有权在相关法律许可的范围内推举出自己的代表。在他的教谕中，他担当起法规解释者和最高保证人的角色，而巴黎

---

[17] 对于神职人员与学者(或世俗的)教士之间的区别，见 J. W. Baldwin, *Masters, Princes and Merchants. The Social Views of Peter the Chanter and his Circle*(Princeton, 1970), vol. Ⅰ, 73; vol. Ⅱ, 51 n. 57.

[18] De Vergottini, ‘Studio di Bologna’, (注释10), 790 n. 120.

[19] G. Post, ‘Masters’ Salaries and Student-fees in the Mediaeval Universities, *Speculum*, 7 (1932), 181ff.

的神学、教会法、文科教师团体都宣誓遵守这些法规。英诺森三世在教谕中还规定,任何因不遵守法规而被大学开除的人,只要改过自新就能重新进入大学。所有这些法规都被收录在他的两部教谕集中:其一是《教谕汇编三》,这是由英诺森三世于1210年颁发,并被送往居住在博洛尼亚的全体师生那里,以便他们在校内外忠实地加以遵守;其二是《教谕汇编四》,这是在1215—1216年间由一位与教廷保持着密切关系的著名法学家编纂的。⑳

英诺森三世为规范高等教育所采取的措施,如果没有红衣主教的使节们发布特别法令予以巩固,没有被委任从事判决工作的高级教士所掌握的法律知识来加以完成的话,他的目标就会落空。因此,在巴黎的教皇使节、红衣主教比齐切里依靠其敏锐的法律头脑,制定出了一套教师与当时对学者进行司法管理的当局都必须遵守的法规。在一般情况下,教师们首先会警告学生,并对那些违规者以开除教籍相威胁。而后,在给予学生们一定时间提交他们的辩护状之后,教师就要在学校重复他们的警告和威胁,列出违规者和所有试图逃避审判的人的名单。最后,如果负罪之人不能改过自新的话,主教座堂圣职团的教长就将宣布将他们逐出教门,而只有主教或圣维克托修道院的院长才能将其赦免(1208)。后来,由教师和学者组成的大学团体与教长就执教许可证的授予和司法权的实施问题陷入了一场旷日持久的争论当中。英诺森三世任命特鲁瓦主教来负责平息这场争论,并任命巴黎主教作为仲裁人,后者最终批准了各方达成的协议。该协议规定,谋求执教许可证的申请人不必付费或进行忠诚宣誓,如果教长拒绝颁发许可证的话,主教就将把执教许可证授予相关学科内大家公认适合执教的申请人。至少从亚历山大三世起,官方承认巴黎的教师们拥有与主教座

83

⑳ K. Pennington, 'The Making of a Decretal Collection: the Genesis of Compilatio Tertia', in S. Kuttner and K. Pennington (eds.), *Proceedings of the Fifth International Congress of Medieval Canon Law. Salamanca, 21 – 25 September* 1976 (Vatican City, 1980), 67 – 92; S. Kuttner, 'Johannes Teutonicus, das vierte Laterankonzil und die Compilatio quarta', in S. Kuttner, *Medieval Councils, Decretals and Collections of Canon Law. Selected Essays* (London, 1980), essay no. X, 608 – 634.

堂圣职团同样的特权。[21]最终，1215 年，以前在巴黎当过教师的教皇使节、红衣主教库尔松的罗伯特，为巴黎学馆拟定一套全面的规章制度。这些条例设置了库尔松地区教学计划和教学程序，规定了正式集会、着装，以及哀悼场合的学术惯例，重申在大学与教会教长达成协议之前的两年所制定的考试规则，并再次强调教师应当履行对学生的管理权。他没有明确提到卢修斯三世有关租住旅舍租期问题的教谕，而关注其内容。他明确了共同体内的教师与学生宣誓所承担的义务与享有的权利，这些权利包括为那些受到严重不公对待的学者准备辩护词，确定旅舍房间的租金，设定上课的时间和辩论的程序等。这是历年来教会当局就学馆组织所作的最为充分、最为详细的界定了。[22]

教会当局也试图影响牛津学馆。尽管牛津的学者们从形式上接受了牛津所属的林肯地区主教的监督和司法管辖，但由于林肯距牛津较远，主教的影响是很小的。1208 年 3 月，英诺森三世开除了国王约翰的教籍，这造成了那些害怕国王报复的牛津“教士们”的第一次大流散。第二年，由于
84
一名学者涉嫌杀人，当局逮捕了他的一些 同事。经皇室批准，有两三名学者被判处了死刑。这导致了师生们为抗议侵犯教士的特权而大批撤离。仅仅五年后的 1214 年，教皇使节、红衣主教尼古劳斯·德·罗曼尼斯所制定的规章，使学馆又恢复了生机。他下令，被世俗当局逮捕的学者，应当移交给林肯地区的主教或副主教或座堂圣职团的教长。同时，他让世俗当局负责管理从牛津市民那里征收的用以帮助贫困学生的款项。这位教皇使节在学者与市民商定的房租数额的基础上，进一步确认了当时的旅舍固定租金的制度，使其与卢修斯三世制定的禁止竞价房屋的规定相一致，还成立了一个由 4 名学者和 4 位市民组成的委员会，负责处理那些未对租金作必要评估的案件。[23]

---

[21] G. Post, ‘Parisian masters as a corporation, 1200 – 1246’, in G. Post, *Studies in Medieval Legal Thought. Public Law and the State, 1100 – 1322* (Princeton, 1964), 34ff., 44 – 46.

[22] S. C. Ferruolo, ‘The Paris statutes of 1215 reconsidered’, *History of Universities*, 5 (1985), 1 – 14.

[23] R. W. Southern, ‘From Schools to University’, in *History of Oxford*, 26, 29 – 32; C. H. Lawrence, ‘The University in State and Church’, in *History of Oxford*, 97 – 100, 133, 136, 140.

13世纪早期牛津遭遇的这些困扰，清楚地表明了在大学形成和发展的重要时期，它们与世俗当局，尤其是地方当局之间产生的激烈的矛盾与他们所遇到的困难。其他一些地方的类似事件，是通过教会当局强化控制来加以解决的。例如，在巴黎，几名学生被市长（*prévôt*）指使的一伙士兵杀害以后，奥古斯都菲利普二世被迫于1200年授予了学生们一项特权，即向他们保证，他将特别严厉地起诉任何伤害学者的人，并承诺受到刑事罪指控的学者可由教会当局来审判。㉔与此同时，在博洛尼亚，学者共同体的力量不断积聚，并日益站稳了脚跟，这令世俗当局感到非常不安，他们害怕在其腹地成长起来的世界性团体的壮大，担心发展出一个与其自身相抗衡的司法管理体系。1211年，博洛尼亚市开始由市长吉利尔莫·达·普斯特拉掌管，而他也正是不久前被英诺森三世逐出教会的皇帝奥托四世的支持者。吉利尔莫担任市长期间颁布的法令之一，就是禁止组建互助性质的团体（向市政当局宣誓守法的军人和艺术家团体除外）。其意图明显的是想阻止学者共同体的建立。但是就在同一年，教皇坚定地站到了学生们的一边，他劝告博洛尼亚人民离开保皇派，并威胁要将该市逐出教门，将学馆迁往别处。通过这种办法，他成功地为博洛尼亚支持教皇的一方带来了一种
新的权力平衡。㉕随后在1215年左右，教师们放弃了对牵涉世俗学者的犯 85
罪案件的司法管理权，并将其全部交给市政当局（涉及神职人员的案件仍在主教的管辖之下）。尽管市政当局承认大学的存在，但他们还是禁止学者们联合起来离开博洛尼亚，并要求作为这种联合组织代表人物的校长宣誓，表示决不煽动迁校。学者们对此反应强烈，并且认识到，对其自由权最有效的护卫，是来自教会的保护。1217年春，新教皇霍诺留斯三世力劝市长收回命令，或撤销限制学者行动自由的法规，并建议学者们以非暴力的形式抵制市政当局的要求，要求他们撤离博洛尼亚而不屈服于市政当局。后来在1220年，他致辞博洛尼亚人民，谴责限制学术自由的法律，称这些

㉔ J. Verger, 'Des écoles à l'université: la mutation institutionnelle', in R.-H. Bautier (ed.), *La France de Philippe Auguste. Le temps des mutations. Actes du Colloque international organisé par le CNRS*(*Paris, 29 septembre – 4 octobre 1980*) (Paris, 1982), 821ff.

㉕ G. Rossi, '"Universitas scholarium" e Comune (sec. XII – XIV)', *Studi e memorie per la storia dell' Università di Bologna*, new series, I(1956), 197 – 227; A. Hessel, *Storia della città di Bologna dal* 1116 *al 1280*, ed. G. Fasoli(Bologna, 1975), 92.

法律损害了该市的利益。他下令废除这些法津，并声称市长应当辞职。此前一年，罗马教廷已经重申应当由教会当局发放执教许可证，并规定在博洛尼亚只有副主教才有权发放证书，而申请人也必须经过艰难的考试才能获得许可证，他们以此防止不合格的人员占据教席。对于执教者滥竽充数的现象，人们抱怨颇多，当时常有这种情况出现，这有害于整个教师行业。㉖

霍诺留斯三世也对巴黎学馆表现出了相似的关心。当他得知巴黎主教以大学在未得到当地教会当局明确同意的情况下，就擅自制定了自己的章程为由，开除其教籍后，这位教皇就像对待自己亲生儿子一样将学者们置于自己的保护之下，并下令取消开除教籍的公告。但与此同时，他也独揽了对大学的直接控制权，并且在争端得以解决之前，他发布了一系列如有关印章使用，教师司法权实施，任命、惩治不法行为的官员，参加葬礼等方面的指示。在1219年11月22日的教谕中，他也明确了巴黎学馆的功能和角色问题，以此来禁止在巴黎及附近的城市和地区讲授民法，其依据是法国市民并不使用罗马皇帝制定的法律，在宗教诉讼中也很少使用罗马法。该教谕还力图控制神学的讲授，规定扩展1163年图尔斯会议关于禁
86 止所有 神职人员研究民法和医学的条款，同时赋予授课五年以上的教师离职时保留圣俸的特权，尽管当时有一些书面的条款或惯例与此相悖。㉗

与此同时，罗马教廷也对像蒙彼利埃地区那样小型的学馆进行了干预。1120年，乌拉赫地区的神圣罗马教会使节、红衣主教康拉德采纳了该地区一些主教和医学大学中的教师和学生的意见，发布了全面的"符合大多数利益"的法规。他下令，除非经过马格隆地区主教和教师社团的批准，任何人不得公开授课，也不准许在未拜师的情况下，自封为学者。关于司

㉖ M. Bellomo, *Saggio sull'università nell'età del diritto comune* (Catania, 1979), 87 – 89; P. Weimar, 'Zur Doktorwürde der Bologneser Legisten', in C. Bergfeld (ed.), *Aspekte europäischer Rechtsgeschichte. Festgabe für Helmut Coing zum* 70. *Geburtstag* (Frankfurt-on-Main, 1982), 427 – 429.

㉗ *CUP*, vol. 1, 88 – 90, nos. 30 – 31; 102 – 104, no. 45; 90 – 93, no. 32; Post, 'Parisian masters'(注释 21), 37, 39, 47 – 49. 与教谕 *Super speculam* 相关的问题参见 S. Kuttner, 'Papst Honorius Ⅲ und das Studium des Zivilrechts', in S. Kuttner, *Gratian and the Schools of Law 1140 – 1234* (London, 1983), essay no. X, 79 – 101 (for *retractationes*: 43 – 47).

法管辖权，康拉德下令，民事案件的首次审理应当由主教和三名教师组成的团体选定的教师来进行。而主教本人将扮演民事案件的上诉法官，以及刑事案件的终审法官。同时这位红衣主教也对诸如教师与学生的关系、课程和辩论的时限、葬礼及每个接受圣俸或圣谕的人都必须削发等相关事宜作出规定。最后，他要求每个教师在即将开始教育生涯时都要发誓遵守他的法令。这些法令要在每一次“试讲”（*inceptio*，教师履行作为具有正式执教资格教师的职责的正式开始）的时候当众宣读。㉘

也许可以得出这样的结论，在教皇英诺森三世和霍诺留斯三世任职期间，由于意识到像大学这样的新兴组织正在欧洲最为重要的学术中心蓬勃发展，他们发布了越来越详细的有关高等教育管理的法规，目的是对那些最有权威的学校的改革与发展产生影响——这种改革不仅可以规范与这种刚刚出现的教师和学生这一群体的关系，也将涉及到学馆这种组织的每一个具体的细节。附带说一下，大学和世俗当局发生激烈争执的一个原因就是，当时的学术资格是由少数几个皇家官员来审定的（尤其是法国的宫廷），所以世俗当局对推动受教育的统治阶层的形成并不感兴趣。

腓特烈二世皇帝和教皇们的政策

1220 年 11 月 22 日的加冕日，腓特烈二世皇帝颁布了名为 *De statutis et consuetudinibus contra libertatem Ecclesiae editis* 的宪法，以保障神职人员的豁免权和其他特权，并命令博洛尼亚的法学家将这部宪法编入《罗马法大全》。㉙他要借此表明，帝国依旧继承了源自《安全居住法》的传统，高度关注法律学校，但腓特烈二世的这一政策都在他即位前出现的战争和王朝危机中夭折了。尽管如此，腓特烈二世皇帝却无意与教皇争当博洛尼亚学馆的保护人，从他后来在意大利多年强有力的统治中，我们可以推测当时腓特烈有更为雄心勃勃的计划。他的第一个有关学校教育政策的重要举 87

㉘ *Cartulaire de l'Université de Montpellier*, vol. Ⅰ, *1181 – 1400* (Montpellier, 1890), 180 – 183, no. 2; Fournier (ed.), *Statuts*, vol. Ⅱ, 4 – 6, no. 882.

㉙ Weimar, 'Zur Doktorwürde'(注释 26), 431; S. Kuttner, 'A New Eyewitness Account of the Fourth Lateran Council', in Kuttner, *Medieval Councils* (note 20), essay no. Ⅸ, 167 – 171.

措，就是创建了那不勒斯学馆，用以培养西西里王国的统治阶层，这是因为西西里对于他来说是一个与神圣罗马帝国同等重要的地区。1224 年他写信给西西里王国的名流，陈述他创建学馆的理由和方式，[30]在信中，他遵循了《安全居住法》中部分内容，并列举了它的一些条款。但出于种种原因，尽管这两份文件均表明有意保障外乡来的教师与学生的利益，但《安全居住法》为所有来博洛尼亚学习的学者与教师提供保护，并且禁止任何形式的报复行为，而 1224 年的"函件"却只保护那些频频出没于那不勒斯学馆的学者。在信中，腓特烈二世还禁止任何人去境外任教或学习，并威胁说，任何西西里王国的臣民，如果在米迦勒节(9 月 29 日)之前还不返回自己家乡的话，他的父母就将受到惩罚。在信中，腓特烈二世赋予那不勒斯学馆中的学者与在其他学馆中学习的同僚们相似的特权；与《安全居住法》相似，他们的人身和财产安全会得到保障，并且接受其教师的司法管辖，但这仅仅限于民事案件(这与教皇使节对蒙彼利埃学校的规定类似)。为防止在旅舍租金方面的纷争，在那不勒斯，租金要由学者和市民联合组成的委员会来确定，并且金额一旦确定，任何人不得哄抬租金。这最后一项规定与教皇使节在十年前为牛津学馆制定的规则并没有太大的差别。腓特烈二世的学馆与欧洲最重要的教学中心的主要差别在于：在那不勒斯，教会当局无权聘用教师、发放执教许可证或实施司法管辖权。

此后，在 1226 到 1240 年间，皇帝奉行这样一种学术政策，即继续剥夺博洛尼亚在学术界的地位，并试图让那不勒斯成为西西里王国乃至整个帝
88 国法学教学最具权威的中心。在 1226、1234 和 1239 年，腓特烈二世曾多次向博洛尼亚的教师和学生，向他的意大利或者阿尔卑斯山外的其他臣民发出盛情邀请，邀请他们加入到那不勒斯学馆中来。他禁止他们去博洛尼亚教学或研究，同时在那不勒斯形成了一支优秀的教学队伍，其中的法学学者尤为杰出。他的意图不再仅仅是造就西西里王国的统治阶层，而是渴望造就一个伟大的知识精英阶层，以便运用法律武器和文化声望来维持帝国的统治。基于这样一种信念，腓特烈二世在颁布其原则时，阐释了查士

[30] F. Torraca, 'Le origini. L'età sveva', in *Storia della Università di Napoli* (Naples, 1924), 3 – 15; G. Arnaldi, 'Fondazione e rifondazioni dello studio di Napoli in età sveva', in *Università e società*, 81 – 105.

丁尼对他那个时代意气风发的法学学生所发出的号召，腓特烈二世重申，对于帝国的统治而言，法律的力量和武器的力量一样强大。[31]从这一崇高目的出发，他在1238年派遣了一位忠于他的法学家、曾在那不勒斯任教的一位教师，前往维切利学馆讲授民法，这所学馆是不久前由从帕多瓦迁来的学生们创建的。当时，皇帝这种有利于那不勒斯的集权政策，却给其他诸如摩德纳、阿雷佐、帕多瓦等学术中心带来了危机，这些中心都是在12世纪末期和13世纪的前十年里，由来自博洛尼亚的教师和学生们不断迁移而自然形成的，并一度繁荣了若干年。[32]

尽管皇帝的策略坚定有力，但却并不能阻止教皇们对与教会有着传统联系的学馆实施集悉心呵护与严格监控于一体的政策。但与此同时，教皇也作了一些妥协，赋予那些新成立的学馆一些特权，并且力促新兴学习中心的创建。尤其是，他们对博洛尼亚学馆继续显示出最高程度的关心。在1226年当皇帝首次颁发旨在放弃博洛尼亚的声明书时，教皇霍诺留斯三世便任命法学家坦科雷德（也是博洛尼亚辖区副主教）草拟了《圣谕集》，并指示他要确保这份《圣谕集》为博洛尼亚所有的法庭和学校所接受。[33]1234年，教皇格列高利九世通过出版他的《圣谕大集》，再一次重申了这一立场，它采用与英诺森三世颁布的圣谕类似的语句，向博洛尼亚（和巴黎）的学术界表明了他的观点。特别是在《圣谕集》的开篇，它重申了自教皇亚历山大三世以来有关高等教育的所有重要法规，这也意味着他确认了罗马教会在将近四分之三个世纪当中精心制定的一套高等教育法规。[34] 89

同时，在1231年，格列高利九世成功地调停了巴黎大学和法王路易四

---

[31] E. M. Meijers, 'L'Università di Napoli nel secolo XIII', in E. M. Meijers, *Etudes d'histoire du droit*, vol. Ⅲ (Leiden, 1959), 149 – 160; P. Nardi, 'Comune, Impero e Papato alle origini dell'insegnamento universitario in Siena', *Bullettino senese di storia patria*, 90 (1983), 55ff.

[32] E. Cortese, 'Scienza di giudici e scienza di professori tra XII e XIII secolo', in *Legge giudici giuristi* (Milan, 1982), 177, 122.

[33] L. E. Boyle, 'The Compilatio Quinta and the registers of Honorius Ⅲ', *Bulletin of Medieval Canon Law*, 8(1978), 9 – 19.

[34] A. Friedberg (ed.), *Corpus iuris canonici*, vol. Ⅱ (Leipzig, 1879), 1 – 4, coll. 768 – 771 (X. 5. 5); coll. 14 – 15(X. 1. 2. 11); coll. 215 – 216(X. 1. 38. 7); coll. 520 – 521(X. 3. 18. 1); coll. 463(X. 3. 4. 12).

世之间的争端。他发布了名为“科学之父”(*Parens scientiarum*)的敕令,召唤教师和学生们到巴黎来,确认并明确重申了红衣主教库尔松的罗伯特所制定的法规,并且开始进一步采取措施,保护学生和教师们,授予他们在自身权利受到严重侵害时罢课的权利。与此同时,教皇也力劝国王恢复奥古斯都菲利普二世授予学者们的特权,尤其是要求他同意旅舍租金应当由两名教师、两名市民共同组成的委员会来确定。[35]

1233年,格列高利九世在他的教谕中颁布了关于学术事务的最重要的法令。这份教谕是发给图卢兹大学的师生[36]及主教雷蒙德伯爵的。它给予了图卢兹的学生们与巴黎大学学生们同等的特权,并且做出了一项明显让步,即任何在图卢兹地区经过考核并被授予执教许可证的人,都可以自由地在任何地区从教,而不再需要进行其他考试。这一重大让步让许多人忧心忡忡,不到一年,教皇就不得不向巴黎主教保证,授予图卢兹学馆的特权,将不会影响巴黎学馆颁发执教许可证的权利。早在几年前,格列高利九世就曾免除了几位曾在安格斯和奥尔良地区任教的文科和医学教师在巴黎任教前必须进行的考试。于是,这位教皇的意愿为教师的聘用体制打开了一道缝隙——这一体制建立在由作为整个西欧教师培训中心的、最古老、最权威的学馆所独享的特权地位之上。此后,罗马教廷的学术政策是积极鼓励新学校的创建,尤其是对那些位于意大利境外的地区,以及实际上不受帝国管辖和不受皇帝腓特烈二世直接控制的地区。因此,1233年教皇格列高利九世授予了1209年由牛津迁出而创建的剑桥学馆一些重要的特权。教皇承认学者共同体的合法性,并赋予其成员只在剑桥所属的
90 伊利教区受审的权利。[37]几年后,同样是格列高利九世,他给奥尔良的主教送去一封短函,批准在奥尔良教授罗马法,而霍诺留斯三世禁止在巴黎教授罗马法。格列高利这样做,满足了许多法学博士和学者的愿望,但同时这些学者被排除出以拯救灵魂为己任的神职人员的行列,他们也再次被

㉟ *CUP*, vol. I, 136－139, no. 79; 140, no. 82.

㊱ C. E. Smith, *The University of Toulouse in the Middle Ages. Its Origins and Growth to 1500AD*(Milwaukee, Wis., 1958), 57ff.

㊲ M. B. Hackett, *The Original Statutes of Cambridge University. The Text and its History* (Cambridge, 1970), 51, 53ff.

禁止学习民法。㊳

格列高利九世的高等教育政策被英诺森四世(即热那亚的西尼斯波多·菲耶斯基)所继承,英诺森四世是在1243年夏季成为教皇的,当时腓特烈二世正在巩固其对教会集团,尤其是意大利教会集团的统治。1244年秋季,由于担心受制于皇帝,这位新教皇逃往了法国,在那里他将主要关注对象转向了阿尔卑斯山以外的学馆和学校。在巴黎大学,他发现自己很难为前任们所创立的坚实的权利与保障制度增添点新的东西,他所能做的只是确认以前的条款和协议,以及在1245年颁布《权利不容侵犯》的教谕而已。与此同时,英诺森四世把格列高利九世在其教谕《科学之父》中为巴黎制定的规章引入图卢兹学馆,并且批准在第戎地区多米尼教派的学馆中攻读神学的世俗生享有与在巴黎的同僚同等的权利,特别是霍诺留斯三世也赋予他们在离职时继续领取圣俸的特权。但是,西尼斯波多·菲耶斯基在里昂期间,在大学政策方面最为重大的成就却是以下几个:1244—1245年创立教廷学馆(*studium curiae*),1248年创立皮亚琴察学馆,以及1247年对纳博恩地区的教师和学生们所作的让步。教皇规定,上述地区的教师和学生应当享有与大学馆的师生同样的特权、豁免权和自由。他尤其注意照顾与皮亚琴察的主教、教士和民众几方的关系,在这一点上他将巴黎的大学馆视为楷模。㊴这些都是官方提法上的重要变化,而在此之前公共当局从不使用"大学馆"一词,也不把巴黎学馆视为大学馆的前身。1226年当腓特烈二世皇帝为那些希望学习和受到学科训练的人的"普遍利益"创建那不勒斯学馆时,这种表达方式很可能还不是用来指称"大学馆"。但到了13世纪30年代末、40年代初时,"大学馆"这一名词在诸如特拉尼的戈弗雷多和伯特尼的伯纳德这些颇具权威的教会法学家的作品中已具有了精确的涵义。对他们来说,大学馆就是由皇室支持在城市中建立起来的一个

㊳ E. M. Meijers, 'L'Université d'Orléans au XIIIe siècle', in Meijers, *Etudes*(注释31), 28.

㊴ E. Falconi and R. Peveri(eds.), *Il Registrum Magnum del Comune di Piacenza*, vol. I (Milan, 1984), 303-304, no. 146; R. Creytens, 'Le "Studium Romanae Curiae" et le Maître du Sacré Palais', *Archivum fratrum praedicatorum*, 12(1942), 23ff.; M. Bellomo, 'Intorno a Roffredo Beneventano: professore a Roma?', in M. Bellomo (ed.), *Scuole diritto e società nel Mezzogiorno medievale d'Italia*, vol. I (Catania, 1985), 172.

机构(与庄园和城堡相区别)，几乎“世界上任何地方”的学生都可前来求
91 学，如果这些人是神学者的话，还可以在离职期间继续得到圣俸。我们可以理解，作为一名受过良好教育的法学家，教皇英诺森四世倾向于正式接受这个从前普通但很快获得了精确理论涵义的新名词。[40]他在1244—1248年间的让步，并没有将新的学馆置于与巴黎大学馆同等的地位，尤其是它们都没有获得颁发执教许可证的资格，这就表明当时学馆的职能仅仅是教学。

1250年腓特烈二世皇帝去世，他的高等教育的规划也随之落空。英诺森四世返回了意大利，并沿袭教皇扶持大学团体的传统政策。由于他曾在自己的法律著作中充分研究了大学的本质和特点，所以他非常熟悉大学的理论和实践问题。据悉，这些章程规定了学生向教师缴纳学费的时间期限、举行宗教庆典的时间安排、学年之初举办辩论的时间，以及(也许后来才有的)要求教师诵读法律书籍的时间、不遵守规定要施以的罚款等[41]。据我们所知，这些文本很可能并不完整，因此无法说明博洛尼亚大学已在多大程度上独立于自治市和教会；但是，此之前的很长一段时间，大学校长就已经掌握了民事诉讼，以及处理一些小的刑事案件的管辖权。1252年，英诺森四世授予锡耶纳教师和学生的共同体特权，宣布全部免除锡耶纳市政当局对他们个人或财产所征收的各种税及劳役。最后，他还重申，牛津的学生和教师共同体充分享有豁免权、自由、风俗习惯，遵守约定俗成的规章制度的权利。

这种对大学内部事务无所不在的干预政策，同样被教皇亚历山大四世所继承，尤其对于巴黎学馆，他清楚地意识到了巴黎学馆与那些新近成立的大学馆相比所具有的优势。对于巴黎学馆在教会中所发挥的作用，他用了“天堂中的生命之树”这一精彩的成语来加以描绘，相应地，他于1225年4月发布命令，对巴黎大学的一些章程或废除或修改或革新，其中包括那

---

[40] 关于大学馆(*studium generale*)的概念，见 E. Cortese，‘Sulla scienza giuridica a Napoli tra Quattro e Cinquecento’，见 Bellomo(ed.)，*Scuole diritto*(注释 39)，44－46；Nardi，‘Comune，Impero e Papato’(注释 31)，62－65.

[41] D. Maffei，‘Un trattato di Bonaccorso degli Elisei e i più antichi statuti dello Studio di Bologna nel manoscritto 22 della Robbins Collection’，*Bulletin of Medieval Canon Law*，5(1975)，85－101.

些有关因抗议而罢课、增选新教师的程序,以及教长的权力等方面的规章。教会当局对巴黎学馆的秩序与行为的极大热心与兴趣,使得他们在几年之后开始苛求学馆的哲学信条,并将异己视为异端邪说,例如,他们曾苛责布拉班特的西热、达西亚的波依休斯和其他拉丁阿威罗伊主义的代表们所信奉的那些哲学信条。这些信条最终在 1277 年受到了巴黎主教与斯蒂芬·腾皮尔的谴责。[42]

13 世纪世俗当局与教会的关系

13 世纪教皇们授予的特权,若没有世俗当局(不管是皇室还是地方当局)的长期合作,就永远不可能实现。皮亚琴察就是其中一个例子,尽管英诺森四世在那里创建了大学馆,但世俗统治阶级却没有为学馆提供形成和发展的条件。[43]与此形成鲜明对比的是,英国的几位国王对牛津和剑桥学馆的发展提供了强有力的支持。从 1231 年起,亨利三世就发布了一系列法令,重申和巩固由教会赋予教师和学生的特权。1214 年,教皇使节赋予牛津大学通过任命专门委员会来直接管理学生宿舍租金的特权,该权利若没有得到世俗当局的支持就不可能得以推行。同时当局也执行了学生必须注册的法令(在巴黎和蒙波利埃亦采用了),该法令规定学生在入校两周内若不注册,将被司法官逮捕入狱。而这些和其他一些皇家的法令共同构成了剑桥大学 1250 年颁布的大学章程的一部分。1244 年,英王亨利三世授予了牛津大学教长部分司法管辖权,使他能够审判那些凡涉及大学人员的,有关债务纠纷、宿舍租金的确定、马匹租用、合同违反,以及食物采购等方面的案件。1248 年,国王又授予了大学更多的特权,后来甚至赋予他们监督市内食品贸易的权力。

---

[42] *CUP*, vol. I, 279 – 285, no. 247; 543ff., no. 473; M. Grabmann, *Mittelalterliches Geistesleben. Abhandlungen zur Geschichte der Scholastik und Mystik*, vol. Ⅲ (Munich, 1956), 159 – 196; J. Châtillon, 'L'exercice du pouvoir doctrinal dans la chrétienté du ⅩⅢ siècle: le cas d'Etienne Tempier', in J. Châtillon, *D'Isidore de Séville à Saint Thomas d'Aquin. Etudes d'histoire et de théologie* (London, 1985), essay no. XV, 13 – 45.

[43] E. Nasalli Rocca, 'Lo "studium generale" di Piacenza nel sec. ⅩⅢ. Contributo alla storia delle Università', *Bollettino storico piacentino*, 51 (1956), 129 – 141.

比起英国的国王，西班牙卡斯提尔和利昂的国王们针对学馆所采取的行动也毫不逊色。卡斯提尔国王阿方索八世(1155—1214)在帕伦西亚创立了一所学馆，聘请了意大利和法国的神学、教会和文科教师；利昂国王阿方索九世(1171—1230)创立了萨拉曼卡学馆。萨拉曼卡学馆得到了“英明之王”阿方索十世(1252—1284)的承认和重组，他详细地规定了教授的薪
93 水、主教和市长的司法权限。[44]尽管如此，世俗当局为了给学馆争取名誉与特权仍然首先要争取与地方教会当局的合作(帕伦西亚的主教，萨拉曼卡的主教和教士团体)，然后再上报至罗马教廷(尽管还带有一定的限制)。这样，1255 年教皇亚历山大四世正式承认萨拉曼卡学馆的成立，并且给予它大学馆的特权，这其中便包括认可其颁发通用执教许可证的权利(巴黎和博洛尼亚除外)。[45]1263 年教皇乌尔班四世赋予了帕伦西亚的教师和学生豁免权、自由权，以及他们在巴黎和其他大学馆的同行们所享受的其他权利。皮亚琴察学馆也得到了除颁发执教许可证之外的所有权利。

13 世纪时，国王和王储们开始越来越需要受过大学教育的政务官了。虽然在 12 世纪末，这些官员就已在英国皇家法院工作了，但直到路易九世统治时期，这些受过大学教育的官员才在法国的官僚机构和法院系统中大量出现并具备一定的影响力。从 13 世纪后半叶开始，尤其在“公正之王”菲利普 1285 年出任国王以后，许多法学家进入了议会和皇家法庭，他们中的大多数人来自奥尔良学馆，或者在这所学校学习过罗马法，而且其中一些人为了获得特权、满足其统治欲望，他们积极主张法国专制政权取代神圣罗马帝国。当霍亨斯道芬王朝灭亡，西西里王国安茹王朝地位稳固后，奥尔良法律学校与安茹议会的关系才逐渐密切起来。于是，1266 年查理一世重建了那不勒斯学馆，从奥尔良吸引了一批教师到那里任教，并雇请

---

[44] A. Pérez Martín, ‘Importancia de las universidades en la recepción del derecho romano en la Península ibérica’, *Studi sassaresi*, 8(1980 - 1981), 285 - 288.

[45] V. Beltrán de Heredia, *Bulario de la Universidad de Salamanca (1219 - 1549)*, vol. I (Salamanca, 1966), 322 - 323, no. 15；也可参见 320ff., nos. 11 - 14 and 16.

其中一部分人担任国家高级职务。[46]

尽管法律转变成为一种“官员的文化”,成为君主政体的典型特征,但在当时意大利自治市的学馆中,博士们写作书籍的主要目的还是为了从事法律职业和出任市镇法官,而且在从事法官工作的这部分人中的少数人还脱颖而出,撰写出大量极具专业价值的法学著作。[47]博洛尼亚的教授们为人们对法律的无知而悲悯的时代早已一去不返,现在城市政府对于如何资助和规范自己学校越来越感兴趣。因此1260年以后,帕多瓦自治市颁令, 94
要求大学中设立新的教席并承诺付外国教师薪水,起草关于学生互助团体、书稿制作、宿舍的获取,以及宿舍租金的规章,于是一个硕果累累(尤其是在13—14世纪之交)的再造过程就开始启动了。与此相似,13世纪后半叶,佩鲁贾、锡耶纳和摩德纳自治市也主动将聘任教师和吸引学生纳入自身的职责范围,并根据涉及学者安全和特权的普通法律条款,为学者们提供优越的生活条件。[48]尤其值得一提的是,博洛尼亚自治市逐步扩大了它对学校的影响和控制,给予学生在因骚乱和火灾受损而获得赔偿的权利,并在房租、食品购买,以及合同和以某种形式——在城市法所规定的合法形式之外——所作的许愿的有效期等方面做出了让步。同时,它还遵循一个多世纪前《安全居民法》所沿袭下来的传统,它赋予学生一种与博洛尼亚市民相似的地位。然而,市镇长官的司法权的扩大必然影响和限制大学校长的权力,同时自治市也开始通过向教师支付薪金来掌握教师的聘用权,这也就使得学生们丧失了集资聘用教师的这一具有古老传统的特权。但这些现象的出现极大推动了博洛尼亚学馆的市营化进程。究竟是在13

---

[46] Meijers, 'Université d'Orléans'(注释 38),5 – 24;Meijers,'Università di Napoli'(注释 31),149 – 166;D. Maffei, 'Il giudice testimone e una "quaestio" di Jacques de Revigny' (Ms. Bon. Coll. Hisp. 82)', *Tijdschrift voor Rechtsgeschiedenis*, 35(1967), 71 – 73; J. R. Strayer, *Les Gens de justice du Languedoc sous Philippe le Bel*(Toulouse,1970).

[47] Cortese,'Legisti, canonisti e feudisti' (注释 1),272;Cortese,'Scienza di giudici'(注释 32),117 – 129.

[48] G. Arnaldi, 'Il primo secolo dello Studio di Padova', in *Storia della cultura veneta*, vol. Ⅱ, Il *Trecento*(Vicenza,1976),14 – 17; M. Bellomo, 'Studenti e "Populus" nelle città universitarie italiane dal sec. XII al XV', in *Universià e società*, 69ff.; G. Ermini, *Storia della Università di Perugia*, vol. Ⅰ (Florence,1971), 15ff.; C. G. Mor and P. Di Pietro, *Storia dell'Università di Modena*, vol. I(Florence,1975), 12 – 19; Nardi, 'Comune, Impero e Papato'(注释 31), 87ff.

世纪末还是 14 世纪初，这一点很难再考证了，我们只知道大概这时候市政当局加强了对大学生活的干预，干预校长的选举，并要求刑事案件中世俗学者要完全受市政司法的管辖。当后面这一法规在实践中被广为认可的时候，最终也剥夺了学生们可追溯到《安全居住法》的古老特权，只留下教士接受主教司法管辖的权利。

尽管大家一般都认为巴黎、博洛尼亚、蒙彼利埃、牛津、剑桥的学馆在学术界具有非常显著的地位，但它们却没有发放通用执教许可证的权利。因为当时只有教廷才能够授予它们这项权利，正如图卢兹和萨拉曼卡分别是从教皇格列高利九世和亚历山大四世那里才得到了这项重要的特权。由于教皇亚历山大四世不允许从萨拉曼卡大学馆获得执教许可证的人在巴黎和博洛尼亚学院中进行教学活动，因此巴黎和博洛尼亚学馆的特殊地
95 位就被明确认定了。教皇尼古拉斯四世在 1289 年授予了蒙彼利埃颁发通用执教许可证的官方许可，又在 1291、1292 年对博洛尼亚和巴黎授予了这项许可。尽管英王爱德华一世和二世在 1303—1317 年间做出过种种努力，但牛津都没有因此获得颁发通用执教许可证的权利，在 1318 年，教皇约翰二十二世发布了敕令，宣布剑桥为“大学馆”，这就意味着剑桥获得了颁发执教许可证的授权。在 13 世纪末和 14 世纪的前 20 年里，教会实际上以更大的精力来推行其高等教育政策，这一点可以从尼古拉斯四世以及他的继任者博尼菲斯八世、克莱门特五世所做出的各种决策中看出。在 1290 和 1291 年，尼古拉斯四世分别给予了以下学馆以大学馆地位：葡萄牙国王“公正之王”丹尼斯* 于 1288—1289 年在里斯本创立的学馆、勃艮第的奥托四世伯爵于 1287 年在格雷创建的学馆、博尼菲斯八世于 1303 年创立的罗马大学馆和 1295 年创立的帕米尔斯大学馆。他在 1303 年将阿维尼翁提升到了大学的地位，克莱门特五世也分别于 1306 年和 1308 年对奥尔良的那些已经闻名的学校和佩鲁贾的学校进行了升格。㊾克莱门特五

---

* 因其在位时促进改良农耕的方法和实施土地开垦的主要计划，也有“农夫”国王（Denis the Farmer）的称号——译者。

㊾ M. Meyhöfer, ‘Die kaiserlichen Stiftungsprivilegien für Universitäten’, *Archiv für Urkundenforschung*, 4(1912), 396ff.; G. L. Haskins, ‘The University of Oxford and the “lus ubique docendi”’, *English Historical Review*, 56(1941), 281 - 292; A. García y García, ‘Aspectos de la Universidad Portuguesa Medieval’, in *Universities in the Late Middle Ages*, 134ff., 139.

世颁布命令,要求在巴黎、博洛尼亚、牛津和萨拉曼卡的学馆建立希伯来语、阿拉伯语和迦勒底语的讲座(但并非所有学校都遵从),并且禁止刚毕业的博士花超过3000个银币的金钱来庆贺自己获得学位。这些法令使得教会有关高等教育的法规趋于完善,1317年11月1日它们被他的继任者约翰二十二世载入了克莱门特圣谕集,并且颁发给了许多大学。[50]

在那个时期的文件当中,有关在罗马建立大学馆的敕令尤其让人感兴趣。这一敕令是由教皇博尼菲斯八世于1303年6月6日在阿纳尼发布的,其目的在于结束他与法国国王"公正之王"菲利普以及支持他的教士们之间的冲突,但几个月后这位教皇就在羞辱中死去。这份敕令不仅制定了设立大学馆的惯例条款,给予教师和学生们其他大学馆中的同僚所具有的一切特权、自由权和豁免权,而且还详细规定了教授和学生们所享有的地位,就这样关于大学馆的整个秩序体系逐渐建立了起来,并在一个多世纪的时间里在巴黎和博洛尼亚模式的基础上逐渐巩固。鉴于当时博尼菲斯八世的任期及政治影响日渐式微,而罗马教会的阿维尼翁"囚禁"即将开始, 96
这的确是一个具有重大意义的事件。

14世纪世俗当局日益增强的支持

14世纪上半叶,世俗当局在高等教育领域变得更加活跃。在欧洲的许多地方,君主们和市民团体与教会当局携手,一起来促进新老学术中心的建立和发展。14世纪初,安茹家族对那不勒斯学馆表现出了特别的热心,并给予了特殊的保护。[51]同样,他们也对普罗旺斯地区的阿维尼翁学馆关爱有加,这所学馆曾受到过查理二世的竭力保护,他曾赋予这些学馆的教师和学生许多特权,并为了缓解师生们的经济困境,准许他们请假去找

---

[50] *Clementinae* 5.1.1 and 5.1.2, in A. Friedberg (ed.), *Corpus iuris canonici*, vol. Ⅱ (Leipzig, 1879), coll. 1179－1180. 关于克莱门特圣谕集的实施参见 D. Maffei, 'Alberico di Metz e il suo apparato sulle Clementine', *Bulletin of Medieval Canon Law*, 1(1971), 44 n.4; F. Soetermeer, 'The Origin of Ms. D'Ablaing 14 and the *Transmissio* of the Clementines to the Universities', *Tijdschrift voor Rechtsgeschiedenis*, 54 (1986), 108－112.

[51] F. Sabatini, *Napoli Angioina: cultura e società* (Naples, 1975), 18ff., 223ff.

银行家借钱。[52]尽管如此，但他却试图侵犯大学内师生们的独立地位，他曾下令让他的手下成为旅舍住宿租金定价委员会的委员，并要求成为调解大学与市镇纠纷的仲裁人。与此同时，法国的公正之王菲利普由于同博尼菲斯八世素有矛盾，因此他一再干预巴黎学馆的内部事务，以推行他的宫廷和奥尔良法律学校所制定的计划。阿拉贡国王迭戈二世也给予了莱里达一所学馆完全的保护，他主张由市镇为学馆的教授发放薪水，并从博尼菲斯八世那里为学馆争取到与图卢兹学馆同等的特权。几年以后，1318年，德皇哈布斯堡的腓特烈继位，并恩准特里维索市建立一所集法学与其他学科为一体的、办学水平与大学馆相似的学校。

虽然意大利中北部的一些自治市历来以自己的悠久传统为荣，但他们为了赶超博洛尼亚自12世纪以来就享有的学术优势，几十年来不惜掷以千金，为高等教育学校与教师提供资金支持。在14世纪的前几十年里，帕多瓦、佩鲁贾、锡耶纳和佛罗伦萨，利用博洛尼亚市和博洛尼亚学馆的学生所面临的危机，不费吹灰之力就吸引来了不少教师和学生，并许诺为他们提供理想的生活条件和继续享有他们已有的特权。一些自治市为了让自己的学馆拥有一个良好的财政基础，并使其行政管理制度得到巩固，采取
97 了非常的组织措施，它们任命"智者"或"官员"专门负责满足学馆的要求，与那些名师接触，对于后者，为他们提供可观的报酬和良好的住房。因此，大学和地方当局的关系变得越来越密切，当局也对他们的学馆实施了更为严格的控制，但是，如果主管当局不给予学馆以大学馆的称号和权利，任何促进组织化的措施都是不会成功的，因为当时如果没有大学馆的称号和权利，任何的学术机构都无法生存。因此，为了使当地的学馆获得教皇授予的荣誉头衔和各项特权，以及颁发博士学位的资格，市政当局（特别是佩鲁贾、锡耶纳和佛罗伦萨的市政当局）不得不做出长久的努力，其中只有佩鲁贾市充分利用了1321年博洛尼亚学院的危机，尤其是法律教学领域的危

[52] G. M. Monti, 'Da Carlo I a Roberto d'Angió. Ricerche e documenti', *Archivio storico per le province napoletane*, 57(1932), 127ff., 130ff.

机，设法获得了这些权利。[53]。

意大利之外的王公们也在接二连三地积极促进创建新的学馆。1339年，多芬·亨伯特二世在格勒诺布尔建立了一所新学馆。更具重要意义的是，1347年，卢森堡的查理四世在布拉格创建了新的学馆。[54]世俗当局非常希望创建一所大学，这不仅是因为他们希望得到更多受过更好教育和更有教养的官员，更是因为他们渴望拥有并且控制一个堪与最古老、最著名的学术讲堂相媲美的教育中心，从而使他们的臣民免受国外求学之苦。

在1355年卢森堡的查理四世加冕称帝后的几年中，他成功地抵制了教皇在授予大学馆称号和颁发通用执教许可证上的垄断权。查理四世打破了他的前任们——从腓特烈二世开始，他们就对高等教育不甚感兴趣——的政策坚冰，很快便授予了意大利的阿雷佐、佩鲁贾、锡耶纳，以及后来的帕维亚、佛罗伦萨、卢卡和奥朗日等城市的学馆以大学馆的称号。然而，具有重大意义的却是查理四世在特许状中确认了很久之前主要由教会建立起来的法规，并重申大学馆的组织沿用教会设计的模式。在大学的特权方面尤其如此，大学享有在纳税、债务或“政治报复”（夺去生命、没收财产）上的豁免权，以及授予学位方面的特权。这些特权须由主教或者他在学馆里博士和教师委员会中的代表来授予。[55]这样，由公共当局创建、在组织和宗旨上相当一致（尽管相距较远且处于不同的政治制度下）的大学馆，开始与以中庸的观点来看互补的两个当局——教会和帝国——所建立的 98
功能上相联系。

尽管在14世纪世俗统治者日益介入到高等教育中，欧洲政治中的教皇霸权业已终结，但是教会对高等教育的兴趣却并没有减少。在阿维尼翁“囚禁”时期（1309—1376），法国和普罗旺斯南部的各大学从教会的慷慨授予和与教廷有关联的知识分子的大量流入中受益匪浅。尤其是阿维尼翁

---

[53] 锡耶纳：G. Prunai, ‘Lo Studio senese dalla “migratio” bolognese alla fondazione della “Domus Sapientiae”(1321 – 1408)’, *Bullettino senese di storia patria*, 57(1950), 3 – 54. 佛罗伦萨：E. Spagnesi, ‘I documenti costitutivi dalla provvisione del 1321 allo statuto del 1388’, in *Storia dell'Ateneo fiorentino. Contributi di studio*, vol. Ⅰ(Florence, 1986), 109 – 145.

[54] A. Vetulani, ‘Les origines et le sort des universités de l'Europe centrale et orientale fondées au cours du XIVe siècle’, in *Universities in the Late Middle Ages*, 150ff.

[55] Meyhöfer, ‘Kaiserlichen Stiftungsprivilegien’(注释49), 320 – 330.

学馆，居然聘到了曾在教廷任职的著名法学家做教师。[56] 1339 年，蒙彼利埃学馆接到了来自红衣主教、教皇使节伯特兰·德·杜克斯的新规定，即要确保主教掌握学位的授予权和司法管辖权，并对学生的日常管理和教师的教学负责。图卢兹学馆的章程也作了改革，出生在卡豪斯的教皇约翰二十二世于 1332 年在那里创建了一所学馆，1339 年本尼迪克十二世将格勒诺布尔学馆升格为了大学馆。然而，特别是在 14 世纪的初期，教皇对仍旧是神学教学最重要的中心——巴黎——继续实施严格的控制，同时又表现出乐意接受其他地方提出的改名为大学馆的申请。于是，在 1346 年，应卡斯提尔国王阿方索十一世的要求，克莱门特六世(1342—1352)授予了瓦拉杜利德大学馆的称号，应国王查理四世(未来的皇帝)的要求在 1347 年授予了布拉格大学馆的称号，随后又相继授予比萨学馆(1343)、帕多瓦学馆(1346)、佛罗伦萨学馆(1349)同样的称号。后来，或许是因为查理四世皇帝推行强力政策的缘故，教会对大学的政策变得更为审慎。教皇乌尔班五世(1362—1370)在授予特权和称号上尤其踌躇，同时他也试图规范神学院的建立，主张筹建更多的大学学舍，重申教会的特权，特别是学位的授予权。其政策最富意义的特点就是将大学馆和通用执教许可证的授予权交给了三位欧洲的统治者负责：波兰的卡西米尔三世在 1364 年批准授予克拉科大学馆称号，奥地利公爵鲁道夫四世在 1365 年授予维也纳大学馆称号，匈牙利国王路易一世在 1367 年授予佩奇大学馆称号，但是这位教皇却没有批准这三所学馆建神学院，因为他认为它们的条件还不适合建立神学院。然而为了进一步分散神学研究，推动对巴黎的博士和学者们所信奉的奥卡姆主义教义的批评，复兴他本人所信举的托马斯主义的教义，他同意在帕多瓦建立神学院，并同意促进在博洛尼亚、图卢兹和佛罗伦萨的神学
99 院的建设，乌尔班五世强硬坚持授予学位是教会的特权，他甚至宣称，卡西米尔颁布的、由克拉科的皇家大臣行使这一职能的命令是无效的，而只有主教才能被授予行使这一权利。在乌尔班以及他的前后几任教皇任职

[56] J. Verger, 'Les rapports entre universités italiennes et universités françaises méridionales (XII - XV siècles)', in *Università e società*, 157ff., 174ff.; J. Verger, 'L'Université d'Avignon au temps de Clément VII', in *Genèse et débuts du Grand Schisme d'Occident* (Paris, 1980), 185-200.

时期，在意大利以及其他地方建立了更多的专为贫穷学生开办的学舍，这些学舍要么是由教皇，要么是由高级别的教皇使节建立的㊼。

尽管在 14 世纪新建了许多大学，而其他一些大学也被赋予了大学馆的特权，但事实证明，只有那些得到创建者或管理者积极支持的大学才更容易长久地生存下去。在中欧和东欧，尽管维也纳、克拉科、佩奇和布拉格都正式建立了一批学馆，但只有在布拉格，才成长起了一所生机勃勃的大学，这主要得益于查理四世皇帝的支持，他为该校的每所学院建造了一座大楼，并以各种方式为教师们提供给养，他甚至还在 1366 年专为十二名教师建立了卡洛琳学舍。

与此同时，在意大利，大学的发展欣欣向荣，它们在一些大城市有了稳固的根基，在这些大城市里，政府直接地或者通过其代理人向学馆发布严格而具体的规章，严密地监督着大学的运行，它们不会为了满足一些更迫切的需要——例如对武器的需要——而削减教育开支。由于城市当局对大学时而关注时而忽视，因此在佩鲁贾、帕多瓦、锡耶纳和佛罗伦萨等大学里，繁荣和危机交替出现，而那不勒斯学馆则由于在女王约安一世(1343—1382)统治时期得不到任何值得一提的支持，而成为了衰败的典型。事实上，在那不勒斯王国，从“智慧之王”罗伯特(1309—1343)时期开始，许多大学教师最热切的愿望就是离开大学到政府和教会任高官，而事实上许多民法和宗教法的教师也正是这样做了。

与此相似，法国南部的许多地方当局对大学的需要漠不关心。例如，在蒙彼利埃，市政官员们并没有费心去实施红衣主教、教皇使节伯特兰·德·杜克斯所发布的控制旅舍租金的法规，因此，杜克斯在 1344 年曾威胁要取消学馆的特权，甚至威胁要将学馆迁往他处。

在牛津，城镇居民与大学师生之间所爆发的冲突更为严重，这种冲突在(*St Scholastica's Day*，1355 年 2 月 10 日)* 达到了高潮，这一天的冲突简

㊼ A. L. Gabriel, 'The College System in the Fourteenth-Century Universities', in F. L. Utley (ed.), *The Forward Movement of the Fourteenth Century* (Colombus, 1961), 79 - 124 (especially 84ff.); A. L. Gabriel, 'Motivation of the Founders of Mediaeval Colleges', in A. L. Gabriel, *Garlandia. Studies in the History of the Mediaeval University* (Frankfurt-on-Main, 1969), 211 - 223.

* 圣思嘉是圣本笃的妹妹——译者。

100 直就是市民们在法警的纵容下对学生进行的大屠杀。国王采取了保护学馆的措施,并任命了一个审判团,审判团逮捕了牛津市的市长和高级市政官们,撤销了市司法长官的职务。只有当学馆的既有特权得以确认,并进而于1355年6月27日得到皇家特许状赋予的更多特权时,牛津的学馆才真正地重振雄风:牛津市被判罚支付巨额赔偿,并遭受其市政代表听命于大学的羞辱。

教会大分裂的后果

教会大分裂* 之后的危机,对与教皇和教会的关系最为密切的大学馆产生了深刻的影响。自1380年起,教廷存在有两位教皇,即罗马的乌尔班六世和阿维尼翁的克莱门特七世。大学团体立即陷入了进退两难的境地:按照之前的规定,为了给教员们争取圣俸,大学必须向教皇提出申请,[58]那么,他们究竟应该宣布拥护哪位教皇呢?起初他们试图通过确定两次选举中的哪一个更符合教会法来找到一个解决这一难题的合法途径,包括巴尔杜斯·德·乌巴尔迪斯和乔万尼·达·莱加诺在内的著名法学家都提出了他们自己的权威性意见。他们的观点受到了意大利和外国大学的关注,但大家,尤其是国外的大学,却并非完全赞同他们的看法。相反,各地都有效忠不同教皇的相互冲突的两派,在乌尔班的支持者——博洛尼亚或布拉格的大学,与克莱门特的支持者——法国和普罗旺斯的大学之间就发生了非常激烈的争吵。巴黎学馆的混乱现象最为严重,同乡会之间、学院之间的分裂最为惨痛,这种状况直到克莱门特七世的支持者们在法国国王的果决支持下而获胜才得以结束。[59]正是在巴黎的学馆,而并非任何其他欧洲的学术中心,关于如何结束教会大分裂的辩论最为深入,同时,也是在这里奠定了对今后几十年产生深远影响的调和主义理论的基础。但此

---

* 指1378至1417年,由于法国和德、意争夺对教廷的控制权,而造成天主教会同时有两个教皇对峙甚至三个教皇鼎立的分裂局面——译者。

[58] D.E.R. Watt, 'University Clerks and Rolls of Petitions for Benefices', *Speculum*, 34 (1959), 213-229.

[59] R.N. Swanson, *Universities, Academics and the Great Schism* (Cambridge, 1979), 22-44, 58.

间法国王室强硬的克莱门特主义态度——如禁止自由讨论、将反对者流放——却造成了与巴黎学馆教师们之间难以弥合的裂痕(1383)。乌尔班方面的热情也未因此而消减,1384年教皇乌尔班六世开始执行一项积极的大学政策,他批准在维也纳建立一所神学院,并于1385年建立了海德堡学馆,该学馆的教师立即就开始拒绝承认由巴黎支持的克莱门特的教长所授予的学位。在1386至1389年间,奉行同样政策的乌尔班六世,为了扩大其影响力,授予了科隆、卢卡、库姆、爱尔福特建立大学馆的特权,但是他却失望地发现预期目的并未达到。最后,越来越多的大学在中东欧出现,同时,学馆(如那些建在布拉格和维也纳的学馆)也由于大批德意志教师离开巴黎而逐渐兴盛起来。然而法国南部的大学却受到了背弃(甚至是支持克莱门特的教师的背弃),陷入了衰退(只有阿维尼翁是例外,很明显,这是由于在那里法庭仍旧对有志于在教会发展的师生具有非常强的吸引力)。 101

大分裂的局面在乌尔班和克莱门特的继任者之间继续维持,因此,如何使大学从这种日益混乱的形势中摆脱出来,成为大学里和大学之间常话常新的辩论主题。巴黎学馆一如既往成为了最为积极的参与方之一,它迫切要求双方达成协议,主张最好是让两位教皇都退位(1395),但是,无论是欧洲学术界还是那些积极制造分裂的人,都对这一路线的明智与否疑虑重重。1398年5月,法国的各大学被允许参加法国教会召集的研究效忠阿维尼翁教皇问题的会议,但在这次会上,只有巴黎大学发挥较大的影响,尤其是在会议行将结束时,它设法使一项不再效忠本尼迪克十三世,以结束阿维尼翁与罗马之间的宿怨的决议得以通过。但当巴黎大学因受到来自法国皇室,以及安格斯、蒙彼利埃、奥尔良和图卢兹等学馆的压力,而又一次宣誓效忠本尼迪克十三世时,这个决议就被证明是无效的,并最终归于失败。

在15世纪初的几年里,人们逐渐认识到调和主义的观点是最有可能结束大分裂局面的,因而它在欧洲的主要学馆赢得了广泛的支持。然而当时,大学博士们的权威却处在下滑当中,他们仅仅成为教会和世俗当局的政策附庸而已。事实上,大学从未自认为是对教会统一负有责任的机构,而仅仅认为自己是宗教和世俗当局的顾问,制定政策和采取行动的责任都应属于宗教和世俗当局自身。这也导致了不论是在结束大分裂的努力中,还是在从1409年至15世纪中期欧洲举行的大宗教会议上，尽管有许多大学成员参与了这些讨论，在其中阐发了他们的观点，施加了较大的个人影响，但大学被禁止参与决策。

标志着大分裂的开始，并继而导致宗教会议时期使教会分裂的严重争吵，促使教皇和反教皇势力同样把兴趣投向了大学。在14世纪末和15世纪前几十年，无论是罗马还是阿维尼翁，都慷慨地为那些希望在其辖区建立学馆的宗教和世俗当局赋予了特权。显然，相互竞争的教皇们都意识到
102 了他们需要来自部分学术界的智力支持。因此，他们鼓励在那些效忠他们的地区建立大学。[60]

从大学馆到王室机构

由于宗教权威之间的激烈争执——君王们也卷入其中——削弱了大学馆从一开始就具有的功能，即作为超乎国家之上的国际文化传播中心的功能。但也正因为如此，大学与君王们以及世俗当局建立了更为密切的联系，并且事实上成为为国家培养知识精英和统治阶层的机构。这方面一个非常突出的例子就是布拉格大学馆。布拉格学馆承袭了大学是具有普遍意义的泛欧洲机构这一原初的大学理念，它是在仿效巴黎和博洛尼亚模式的基础上于1348年创建的。它的建立得益于皇室对兴办高等教育的兴趣以及皇室的决策。这所严格遵循教会法令中"大学馆"含义的布拉格大学，远离饱受大分裂引起的可恶危机折磨的传统的旧欧洲模式，而查理四世的恩赐也为布拉格学馆的存在与发展、为其获得一系列特权与成功奠定了有利的政治基础。不久以后，也就是1372年，布拉格大学被分成了一所法律大学和文科、医学与神学学院。由于它能跨地区招生和雇用教师，因此很

---

[60] H. Millet, 'Les Pères du Concile de Pise (1409): édition d'une nouvelle liste', *Mélanges de l'Ecole française de Rome. Moyen Age. Temps modernes*, 93(1981), 713 – 790; M. C. Miller, 'Participation at the Council of Pavia – Siena, 1423 – 1424', *Archivum historiae pontificiae*, 22 (1984), 389 – 406; P. Uiblein, 'Zu den Beziehungen der Wiener Universität zu anderen Universitäten im Mittelalter', in *Universities in the Late Middle Ages*, 188; A. Blank, 'The Universities and the Council of Basle: collegium and concilium', in *Universities in the Late Middle Ages*, 513.

快就享有了堪与一些较古老的大学媲美的重要地位。

查理四世的意图并非是为了兴办堪称“现代国家波希米亚式”的教育，尽管查理四世的教育理论在当时看来十分超前，但究其根本，依然是为了维护王朝声威、捍卫君权。查理去世的时候，他的大学仍然还没有强大到足以克服那些给温塞斯拉斯国王的统治投下阴影的政治和宗教麻烦的地步，并就此逐渐衰落了。在15世纪初，在大主教和威克利夫的支持者斗争期间（尤其是后来当约翰·胡斯变得活跃之后，在神圣罗马帝国的皇帝与诸侯们之间不停争斗期间），大学所采取狭隘的亲捷克政策，使大学堕入了无所事事的平庸当中。非捷克籍教授和学生全体离开了布拉格，这让维也纳、海德堡，以及几乎全莱比锡地区都获益匪浅，这些人几乎都成为了布拉 103
格大学的传承者。[61]

当然，布拉格大学为帝国和中东欧的诸侯树立了一个值得效仿的、真正成功的国家大学馆的榜样，它虽然表面上是一所古老的欧洲大学，但却有着新的面貌。正是这一点，唤起了他们中的许多人在15世纪纷纷建立起本国类似的高等教育机构的热情。但是，无论是教会大分裂，还是新的宗教会议的观点，都不能改变这些学馆需要教皇特权这一事实。于是，学馆比以往任何时候更容易获得特权，但这些特权却不再得到普通的认可，其重要性也仅仅成为了形式上的东西。即使这样，对古老欧洲大学章程的采纳和修订，仍表明了大学的一种显而易见的普遍平衡性和不受疆域限制的一致性特征。

实际上，当局创建新的大学是出于他们自身的政治和宗教目的；1409年莱比锡地区和1419年罗斯托克地区诸大学建立后不久，在神圣罗马帝国的疆域内很快又出现了其他7所大学，它们主要是由世俗当局出资创建的。然而，尽管这些大学表面上所遵循的都是传统的模式和理念，但却有着显而易见的区域特色。它们的成立与其说是为了欧洲的发展，毋宁说是出于巩固中世纪晚期地域广阔的神圣罗马帝国和维护教会至高无上地位的需要。同时，也正是由于神圣罗马帝国的稳健发展，使得诸侯和城市有

[61] P. Moraw, ‘Die Universität Prag im Mittelalter. Grundzüge ihrer Geschichte im europäischen Zusammenhang’, in *Die Universität zu Prag*, Schriften der sudetendeutschen Akademie der Wissenschaften und Künste, 7(Munich, 1986), 9ff.

能力兴办大学，并使大学享有一系列由教皇赋予的特权。大学的建立往往是基于各种各样的原因：君主的野心、学者们在公共事务中日渐突出的作用、某位王侯对声望的渴求，甚至仅是出于对大学的虔敬，或者为了缓解落后地区的经济状况，比如像鲁汶、美因兹、特里尔的某些地区。所有那些大学，尽管表面上非常类似于较早前建立的大学，但其特性却慢慢地发生了改变。它们与市民以及宫廷的联系大大增强了。当然，尽管这些大学在表面上要表现得与创建者的意图相一致，但在其内部事务上，却享有着一点儿不亚于早期大学的自由。而且，它们还不再像宗教改革时期那样，屈从于国家的宗教束缚。精神的和世俗的利益可以在很大程度上和平共存，甚至能够为了一个共同目标齐心协力地一起工作。[62]

15 世纪上半叶，巴黎学馆与世俗当局关系的逆转（尤其是在百年战争行将结束时）也具有重要的意义。随着英国对法国统治的扩大，以及双重
104 专制统治的建立，大学希望介入到政治和宗教事务当中的倾向（大分裂时代非常明显）也得以继续。处在这一长期危机的关键时刻，巴黎大学自始至终都扮演了头等重要的角色。该校对英法两国采取了自相矛盾的态度，而这正是与他们所提倡的和平主义的观点相吻合的。学者认为大学馆是最高统治者教皇授予特权管理的机构，也需要得到皇室的优待与保护。因此，巴黎学馆在对待英法问题时毫不迟疑地选择效忠法王（即使这位国王是个英国人）。然而，皇权的代表们却宣称，法国国王是他本国的统治者，并不受制于那里任何其他的权威；只有国王，而非教皇或任何其他人，才有创立大学并赋予它们特权的权力；由此，巴黎大学只有在服从皇室统治和司法管辖的情况下，才能享受到这些特权。这使得原本就并不激烈的争执，在 1446 年查理七世命令所有与巴黎大学有关的案件（包括民事案件）均由议会来处理时就结束了。[63]1452 年，红衣主教、教使纪尧姆·德·埃斯图特维尔颁布了一项对巴黎大学的章程进行大改革的方案，这主要是在包括

---

[62] E. Schubert, 'Motive and Probleme deutscher Universitätsgründungen des 15. Jahrhunderts', in P. Baumgart and N. Hammerstein (eds.), *Beiträge zu Problemen deutscher Universitätsgrundüngen der frühen Neuzeit*, Wolfenbütteler Forschungen, 4 (Nendeln, 1978), 13ff.

[63] J. Verger, 'The University of Paris at the end of the Hundred Years' War', in *Universities in Politics*, 47 – 78.

议会议长在内的王室高官的鼓动下颁布的，目的是遵从皇帝本人的命令。

从此以后，法国倾向于大幅收缩自12—14世纪以来大学成员在法国专制制度得到完全巩固之前所享有的豁免权和特权。例如，图卢兹大学就认可图卢兹议会作为有关大学问题争端的仲裁，而且到了15世纪后半叶，大学也越来越依赖于议会来解决大学的内部管理问题。[64]

到中世纪末时，几乎所有主要的欧洲国家都有了自己的大学，这些大学或由教皇，或由皇帝创建，但是，基督教的最高当局却只赋予了它们某些基本的特权。因此，他们所创立的大学在管理和运行上完全依赖于地方当局，尤其是世俗当局。让我们以鲁汶学馆为例。该学馆是1425年马丁五世应约翰四世、布拉班特公爵、该市居民，以及圣彼得牧师会的要求创建的。教会当局保留了授予通用执教许可证的权利，圣彼得牧师会的会长被任命为教长，有权颁发学位。学馆是因为得到了公爵和市民所提供的资金支持才开始运作的，所以大学都真诚地希望鲁汶学馆能成为一所高效的大 105
学。[65]统治者们都相信大学所具有的社会重要性，尤其是他们在培养公职人员方面所发挥的重要作用。在路易斯二世的请求下，西西里国王和普罗旺斯伯爵亚历山大五世在1409年根据教皇训令，在普罗旺斯的艾克斯创立一所拥有与巴黎和图卢兹一样特权的大学馆。为确保新学校的生存，路易斯二世强迫普罗旺斯的学生们只能在艾克斯上学。[66]

在14、15世纪的意大利，由于更大的领土国家代替了自由的城镇和市民领地，因而学馆的组织和分布也相应地受到了影响。大多数的学馆几乎是在13、14世纪同时创建的，并且都在地方政府的热心支持下得到了巩固。像其他地方的统治者一样，15世纪意大利的王公和政治寡头们都雄心勃勃地想拥有一批以教学质量取胜的学馆，使之能够为王国培养统治阶层和专业精英。因此，无论在维斯孔蒂执政时期，还是在斯福尔萨王朝期间，米兰的公爵们都试图使帕维亚大学馆成为公国的重点大学，但这对于

---

[64] Smith, *University of Toulouse*（注释36），183ff.

[65] E. J. M. van Eijl, 'The Foundation of the University of Louvain', in *Universities in the Late Middle Ages*, 29－41.

[66] 关于艾克斯大学馆：D. Maffei, *Giuristi medievali e falsificazioni editoriali del primo Cinquecento* (Frankfurt-on-Main, 1979), 7－9, 13－15, 40－42, 68.

帕尔马尤其不利。他们尽可能地限制大学馆校长的司法管辖权和大学团体制定自身章程的权力，并且力图将这些权力转移到公国政府；同时，他们通过接管学馆的财务管理权，取得了选聘和支付教师工资以及规范其教学的权力。[67]

当那不勒斯的阿拉贡君王们重建在安茹统治末期遭受重创的古老的霍恩施陶芬大学馆时，也采用了类似的办法。他们恢复了“在学校组织和由公众付薪的教师群体的形成当中的公共参与”原则。阿拉贡的王公们以前曾在西西里创建过一所学馆，1434 年，很可能是在与卡塔尼亚有关系的皇家议会要人的建议下，或许是为了给予卡塔尼亚补偿由于皇家法庭迁往巴勒莫而遭受的损失，“慷慨之王”阿方索五世同意在该市开设一所大学。这所新的大学馆得到了教皇尤金四世所授予的特权，并从一开始就由中央当局和自治市进行控制与管理，但却因大学的收入问题与主教—教长
106 (*bishop-chancellor*)(有权颁发博士学位)发生了冲突。教师协会和学生团体从没有产生过任何值得一提的影响。[68]教皇给予罗马学馆以特殊的照顾，对待它的态度就像对世俗王公一样；佛罗伦萨的市民对他们的学馆也给予了很大帮助，花费重金用于支付教师工资。[69]威尼斯共和国加紧了其对帕多瓦学馆的控制，萨伏伊和都灵自治市的伯爵们(后来的公爵们)，建

---

[67] M.C. Zorzoli, ‘ Interventi dei duchi e del Senato di Milano per l'Università di Pavia (secoli XV - XVI)’, in *Università e società*, 553 - 573; M.G. Di Renzo Villata, ‘Scienza giuridica e legislazione nell'età sforzesca’, in *Gli Sforza a Milano e in Lombardia e i loro rapporti con gli Stati italiani ed europei (1450 - 1535)* (Milan, 1982), 65 - 145. 关于帕尔马大学馆：C. Piana, ‘L'Università di Parma nel Quattrocento’, *in Parma e l'Umanesimo italiano* (Padua, 1986), 108.

[68] A. Romano, *‘Legum doctores’ e cultura giuridica nella Sicilia aragonese. Tendenze, opere, ruoli* (Milan, 1984), 183 - 192. 关于那不勒斯：Cortese, ‘Sulla scienza giuridica’(注释40), 43 n. 24.

[69] D.S. Chambers, ‘Studium Urbis and Gabella Studii: the University of Rome in the Fifteenth Century’, in C. H. Clough (ed.), *Cultural Aspects of the Italian Renaissance. Essays in Honor of Paul Oskar Kristeller* (New York, 1976), 68 - 110; K. Park, ‘The Readers at the Florentine Studio According to the Communal Fiscal Records (1357 - 1380, 1413 - 1446)’, *Rinascimento*, 20 (1980), 249 - 310.

立并发展起了一个颇具声望的学术中心。[70]甚至意大利一些小的城邦，如埃斯坦侯爵领地和锡耶纳共和国，也非常热心于建立自己的学校，并要求拥有一批高水平的教师，以便与那些更具诱惑力的富有城市进行竞争。[71]

就如不久前有人指出的那样，[72]中世纪晚期在意大利繁荣起来的所有学馆，都在高薪聘用教师、为学生提供良好生活条件上相互竞争。这就解释了为何政府不得不制定保护性的法律、为何他们要小心地管理学校的财务、为何普遍都对大学校长处理民事案件（有时也可处理小的刑事案件）进行了限制。总而言之，尽管一些最好的教师仍然不断地从一个学馆跳到另一个学馆，[73]不同国籍的学生源源流入，意大利的学术中心却逐渐省级化了。因此，意大利的大学界与由最富有家庭构成的统治寡头之间的联系变得越来越紧密。这些寡头们占据着主要的公职和最为敏感的外交职位，他们在大学与不断变化的政治和社会万花筒之间，扮演了调停人的微妙角色。

精选文献

Baldwin, J. W. and Goldthwaite, R. A. (eds.) *Universities in Politics. Case Studies from the Late Middle Ages and Early Modern Period*, Baltimore/London, 1972.

Benson, R. L. and Constable, G. (eds) *Renaissance and Renewal in the Twelfth Century*, Cambridge, Mass., 1982; reprint, Oxford, 1985.

Classen, P. *Studium und Gesellschaft im Mittelalter*, ed. J. Fried,

---

[70] 关于帕多瓦的大学馆与威尼斯：F. Dupuigrenet Desroussilles, 'L'Università di Padova dal 1405 al Concilio di Trento', in *Storia della cultura veneta*，第Ⅲ卷：2(Vicenza,1980),616ff. 关于都灵：E. Bellone, *Il primo secolo di vita della Università di Torino* (*sec. XV - XVI*). *Ricerche ed ipotesi sulla cultura nel Piemonte quattrocentesco* (Turin,1986).

[71] Piana, 'Università di Parma'（注释 67），104. 关于锡耶那：L. Zdekauer, *Lo Studio di Siena nel Rinascimento* (Milan,1894).

[72] P. Denley, 'Recent Studies on Italian Universities of the Middle Ages and Renaissance', *History of Universities*, I(1981), 200 - 201.

[73] P. Nardi, 'Umanesimo e cultura giuridica nella Siena del Quattrocento', *Bullettino senese di storia patria*, 88(1981), 244 - 253.

Schriften der M.G.H.,29,Stuttgart, 1983.

Kuttner, S. 'Papst Honorius Ⅲ und das Studium des Zivilrechts', *Gratian and the Schools of Law 1140 – 1234*, London, 1983, 79 – 101.

Lawrence, C.H. 'The University in State and Church', in J.I. Catto (ed.), The *History of the University of Oxford*, vol. Ⅰ, Oxford, 1984, 97 – 150.

Meyhöfer, M. 'Die kaiserlichen Stiftungsprivilegien für Universitäten', *Archiv für Urkundenforschung*, 4(1912), 294 – 314, 395 – 413.

Post, G. 'Parisian Masters as a Corporation, 1200 – 1246', *Speculum*, 9(1934), 421 – 445(reprinted in G. Post, *Studies in Medieval Legal Thought. Public Law and the State, 1100 – 1322*, Princeton, 1964, 27 – 60).

Rossi, G. '"Universitas scholarium" e Comune(sec. Ⅻ – ⅩⅣ)', *Studi e memorie per la storia dell' Università di Bologna*, new series, I (1956), 197 – 227.

Swanson, R.N. *Universities, Academics and the Great Schism*, Cambridge, 1979.

Università e società nei secoli Ⅻ – ⅩⅥ. Atti del nono convegno internazionale di studio tenuto a Pistoia nei giorni 20 – 25 settembre 1979, Pistoia, 1982.

108

第四章 管理与资源

亚历山大·盖伊什托尔

大学的一般结构

欧洲大学史是由许多大学组成的历史，其中大约 80 所在中世纪就已经存在。它们在历史、连续性、教学与研究的质量等方面差异很大。不过，要找出一些规律性的东西还是可能的。值得一提的是两所原型大学（博洛尼亚大学和巴黎大学）的突出影响（见第二章）。有两个拉丁语 *Studium generale*（或简称 *Studium*）和 *universitas scholarium*（或 *universitas magistrorum et scholarium*）的使用成为中世纪大学的标志。这反映出两种组织的特征。*Studium generale*（大学馆）是自发产生或者由教皇或皇帝颁布特许状而建立的，它有权授予其毕业生在任何大学任教的许可。

*Universitas*一词范围很广，在法律上，它意味着所有类型的法人和社团。①

与中世纪所有法人团体一样，在某种程度上，大学是按照它们所享有的特权（或如它们所说的"自由与豁免"）来划分的。在这些特权中，首要的和最重要的是自治权，即大学作为法人团体有权处理与外部的关系、监督成员（不管是教师还是学生）的录用、制定自己的章程并通过一定程度的内部管辖强制实行，而其他的特权则由法人团体的成员所享有。教师和学生具有相同的个人地位。这些情形产生于12世纪而定型于13世纪。学者地位的确立在很大程度上归因于教会法，并在1155年的《安全居住法》中得到强化。这既是教会对大学控制不断加大的原因，也是其结果，这些大
109 学包括地中海沿岸的法科大学和医科大学（见第二章）。与小品教士或修道士、牧师一样，这些大学的学生（他们经常自称"教士"，并按剃发仪式进行区分）都受一定的约束：禁止携带武器、禁止穿戴世俗服饰、通常不能结婚。同时，他们也只服从于教会法庭，并享受教士具有的免税和免除服兵役的权利。实际上和普通的教士相比，大学的成员享有更多的权利。在理论上，他们的个人财产不受查封，他们本人也不会被无端指控。在很大程度上，他们不受当地教会当局的司法管辖，可以直接向教皇或其代表申诉。他们享受教区的圣俸而无须在教区居住。

在中世纪后期，尽管没有受到直接挑战，大学的特权也不再是绝对的了。在保障大学的豁免权方面，世俗当局开始取代教会；同时，大学的特权也受到了限制。学生和教师个人的权利尽管没有被废除，但开始受到控制。世俗官员和法庭对他们事务的介入日益增多，这使得学生的地位不断下降。②

这些影响，连同学生的人数、创办者的意图或者当地的实际安排等因素一起，促成了大学馆组织和结构的形成。大学有一些分支机构，如学院、同乡会和学舍，它们是具有同样的法人团体权利的组织。这些内部团体的

---

① O. Weijers, *Terminologie des universités au XIII e siècle* (Rome, 1987), 14 – 26, 34 – 51.

② Kibre, *Privileges*; P. Classen, 'Libertas scolastica – Scholarenprivilegien – Akademische Freiheit im Mittelalter', in P. Classen, *Studium und Gesellschaft im Mittelalter*, ed. J. Fried, Schriften der MGH, 29 (Stuttgart, 1983), 238 – 284.

性质决定了整个大学的特征，因而需要加以考察。③

学院

从13世纪中期以来，除了表示学科或研究领域的原有含义之外，学院意味着教授一门学科（例如，文学、法学、医学或神学）的一个团体。教师和学生既是学院的成员，也是大学馆的成员。在巴黎大学和其他仿效巴黎大学模式的大学中，学院是最重要的分支机构。

博洛尼亚的传统与此不同。博洛尼亚大学馆及其后继者都是一个大学群，每一所大学的学生只修一门学科，它被分成两个“大学”或者许多“同 110
乡会”，每一个同乡会都有一个特殊的地理来源。出生在博洛尼亚的教师和学生不属于这些社团，因为（正如接下来所看到的那样）在博洛尼亚出生的学生被认为不需要一个同乡会来保护他们。教授也有他们自己的法人团体——博士协会，它与学生的社团完全不同（见第五章）。

并非所有意大利大学的整体结构都是以博洛尼亚为原型的。最为精致的学生大学（主要限于博洛尼亚大学和帕多瓦大学）是由两个大学组成的，一个是法律大学，也可称为法学院，另一个是文科和医学大学，也可称为文学和医学院。*Universitas*（大学）的含义是学生的团体。神学院则在托钵僧会的控制之下，处于大学的外围。每一学院又被分成两个团体，“山内联盟”的学生来自意大利半岛，“山外联盟”的学生来自阿尔卑斯山脉以外的地方。

每一个联盟都会按照更小的地理区域被分成同乡会。随着时间的推移，这些同乡会的数量和名称也在改变，这反映了招生区域的变化。法律大学和文科大学都有一名校长，他是由每一个同乡会的会长选举产生的学生代表。虽然帕多瓦大学最接近博洛尼亚文科的模式，但它也经历了两个世纪的适应和改造。帕多瓦大学建立于1222年，但是直到1260年重组之后，它的法律大学才由两个法学院组成（如在博洛尼亚那样）。1363年产

---

③　大部分数据可参见：Rashdall，*Universities*；Cobban，*Medieval Universities*；Kibre，*Nations*；Kibre，*Privileges*；Weijers，*Terminologie*（注释1）；Denifle，*Entstehung*；Kaufmann，*Deutsche Universitäten*，除了极少数书籍之外，这些出版物都没有更多的参考文献。

生的神学院处于学馆的外围，并置于托钵会修士的控制之下（这与博洛尼亚一样）。文学院和医学院最初依附于法学院，到1399年获得独立，但若有任何请求，仍需向法学院校长提出。

其他的意大利学馆所招收的学生在区域范围上太小，不能证明它们像博洛尼亚大学和帕多瓦大学一样拥有复杂的组织。锡耶纳法律大学分为山外和山内两个联盟，每一个联盟都有几个同乡会，但它的文学院没有同乡会。在费拉拉，法学院和文学院都被分成两个不同的同乡会，但是没有形成山外联盟和山内联盟。比萨和佩鲁贾都只有一个涵盖所有学科的大学，只有一位校长和少数的同乡会。最后一种大学只有很少的学生，外国人更少，因此不需要同乡会。它们与北方大学的模式很接近（如费尔谟、帕
111 尔马）。那不勒斯的大学——由腓特烈二世在1224年建立的大学④和教皇英诺森四世在1244—1245年间创办的罗马教廷大学，是专利主义者的机构，与一般的模式不同，这两所大学开始都只有一个法学院和神学院，目标只在于培养教会的教士和世俗的官员。在1323年之后，罗马教廷大学引入东方语言，在15世纪引入哲学和医学。大约在1500年，在罗马教皇利奥十世任职期间，它与罗马城市大学——即人们所熟知的萨佩恩扎——合并，但它的结构也很简单。

在其他国家，也能看到博洛尼亚大学。在13世纪，由卡斯提尔国王建立的西班牙大学，尤其是由阿拉贡国王建立的大学，尽管也遵循自己的模式，但主要是仿效博洛尼亚大学。它们是学生大学，但由于受到王权的控制，很少像博洛尼亚大学那么独立。其他的一些大学（如蒙彼利埃、奥尔良、安格斯、布拉格）虽然也与博洛尼亚的模式相近，但并不是严格仿效它。位于蒙彼利埃的大学由当地的学校尤其是城市医科学校自发地形成，这些学校在12世纪上半期就已非常知名。1220年，教皇的使节承认了它医学大学的地位，即一所拥有教师和学生的医学大学。1242年，主教颁布章程，建立了一所文科大学。大约在1280年，建立了一所法律大学。1339年后，这所大学成为一所拥有一个独立的授予博士学位学院的学生大学。奥尔良大学源于12世纪的文科学校，1229年因从巴黎大学脱离而发展起

④ *La Fondazione Fridericiana dell'Università di Napoli*(Naples,1988).

来，但是它只教授一门学科，即法律。它的组织形式融合了博洛尼亚和巴黎大学两所原型大学的元素。另一所法律大学安格斯同样从其他大学中分离而来，在15世纪，增加了神学院、文学院和医学院。

布拉格学院是一个体现中世纪机构灵活性的有趣案例。神圣罗马帝国的第一所大学由皇帝查理四世于1346年建成。当时，它如巴黎大学一样包括四个学院。它由一位校长领导，然而，与巴黎大学不同，校长与文学院没有联系。由于政治原因（见第三章），法学院于1372年解散，在意大利边境建立了一所独立的法律大学。

除了这种组织类型（在这种类型中，大学和学院多少是同义词）之外，还有另一种类型，即源于巴黎大学的、由四所学院构成的大学模式。它由一个低级学院（即文学院）和三个高级学院（神学院、医学院、法学院）构成。在教皇霍诺留斯三世于1219年禁止巴黎大学教授民法之后，法学院的教师只教授教会法（奥尔良大学被认为是巴黎大学的民法学院）。教师们很快意识到他们自身的价值，把四个学院称做“四条天堂之河”，圣博纳旺蒂 112
尔把文科比做建筑的地基，把法学和医学比做墙壁，把神学比做屋顶。

巴黎大学的模式被西北欧和中欧的大学所采纳。建于14和15世纪的德国大学是以巴黎大学为原型，并采纳了它的章程。建于1425年的鲁汶大学的章程是照搬巴黎大学的后代——1388年建立的科隆大学的。[⑤]一个理想的多科大学有四个学院，但在13世纪，有些大学只有两到三个学院。在标准和现实的差异方面，苏格兰大学提供了一个有趣的例子。这所大学包括四个传统的学院，但直到近代早期，其中两个学院（法学院和医学院），或许是三个学院，还只是“字面上的学院”。在苏格兰大学，只有文学院的学生能够学习完整的课程。

组织差异的一个原因来自这样一个事实，直到13世纪末，教皇一直保护巴黎大学对神学的垄断，而反对在其他地方建立神学院。这种差异的另外一个原因是，尽管几乎每一所大学都有医学院，但其中一些几乎难以生存，尤其是在神圣罗马帝国或者丹麦，就读的学生常常不到学生总数的

---

⑤ J. Goossens, 'De oudste algemene statuten van de universiteiten van Keulen en Leuven. Een vergelijkende tekstanalyse', *Archives et Bibliothèques de Belgique*, 48(1977), 42–78.

1%。文学院注定有大量教师和学生，尤其是在阿尔卑斯山以北地区。尽管它被认为是三个高级学院的预备学院，但它的很多毕业生从来就没有进入过高级学院。虽然中世纪法学院的重要地位在逐渐下降，但是，由于显赫的职业对有才能的法学毕业生开放，因此，法学院的入学人数不断增加（见第八至第十二章）。

大学的很多管理是通过学院来进行的，尤其是在那些没有同乡会的大学，或者在同乡会不重要的大学。学院提供了积极参与大学的组织和管理的适当渠道。作为一个社团，学院有自己的负责人，通常称为院长（dean），一个财务主管，执礼杖者，一个共同的印章以及章程。院长最早出现在13世纪的巴黎大学和蒙彼利埃大学，在14世纪才出现在其他地方。首先，他仍旧是从事教学的高级教师，院长是学院教师集会的主席，他负责管理和教学、辩论和考试。在牛津大学，学院最早出现在1208—1209年，和巴黎大学一样，文学院占据了支配地位，高级学院不设院长。在意大利的学院-大学（faculty-university），校长行使着与阿尔卑斯山以北学馆中院长同样的职责。成为一名院长所需的资格、选举的方法，以及它的正式称谓，在
113 不同的大学是不同的。一所大学或者它的附属机构是如何组织的，也并不总是非常清晰的。

章程

可能有人认为章程（statutes）是我们了解中世纪大学组织和管理的最好的来源。然而，事实并非如此。从严格的意义上来讲，只有很少的大学章程是从13世纪流传到现在的。由罗马教皇赐予的特权（巴黎大学在1215年和1231年，牛津大学在1214年，博洛尼亚大学在1219年，蒙彼利埃大学在1220年）只是表明，只有在大学与外部权力之间或在大学内部发生争执的某些事务上，才能得到教皇的支持。因此，教皇会撇开大学自己来制定有关教学大纲、课程、教师和执礼杖者的薪水、互助金、大学官员、学生纪律、服装和住宿方面的规定。

这些规定也许相当不稳定，在一些情况下只是一种不成文的惯例。甚至当它们以书面形式出现时，也明显地非常不正规和支离破碎（这些经常

被纳入到以后的法典中),这都使它难以延续下去。现存最早的无疑是剑桥大学的章程,它们可以上溯到1236—1254年间。⑥最近在博洛尼亚大学发现的一份文件(这是一份非常不完整的文件,因为它只涉及法学教师的免税)可以上溯到1252年。⑦除此之外,在其他地方,我们没有发现任何14和15世纪前的完整的章程,也不容易看到这些章程是如何被执行的。因此,我们也无法像少数评论家所做的那样,轻率地假定这些章程在以前是通用的。

在历史悠久的大学中,有时章程的制定是为了进行改革以革除弊端,这就产生了13世纪不为人知的新规定。14世纪60年代的巴黎大学章程和1452年所进行的普遍改革正证实了这一点。在图卢兹大学,从1309到1329年,一些重要的章程使过去几十年一直不确定的大学管理稳定了下来。蒙彼利埃的法律大学在1339年制定了章程。在博洛尼亚大学,第一部完整的章程不会早于1317到1432年之间。在萨拉曼卡大学,章程始于1411年。在牛津大学,最早的章程汇编结合了早先的规定,形成于1313年。⑧

114 很多在中世纪末期建立的大学从一开始就获得了较为完整的章程(最早的例子似乎是1300年莱里达大学的章程)。⑨然而,这些文件或者是受到其他大学的启发而制定的,或者甚至是直接照搬其他大学的章程。因此,我们不能确定它们是否真正适合当地的情况,或者它们是否被严格地执行了。

总而言之,虽然从那些流传至今的章程中,我们总能了解一些东西,但是,明智的办法是把这些章程与其他的资料来源(如日常的管理文件、教师的手稿和课程)进行比较。这样我们就经常能发现一些自相矛盾的地方。

---

⑥ R.K. Hannay, 'Early University Institutions at St Andrews and Glasgow, a Comparative Study' *Scottish Historical Review*, 11(1914), 266-283; M.B. Hackett, *The Original Statutes of Cambridge University. The Text and its History* (Cambridge, 1970).

⑦ D. Maffei, 'Un trattato di Bonaccorso degli Elisei e i più antichi statuti dello studio di Bologna nel manoscritto 22 della Robins Collection', *Bulletin of Medieval Canon Law*, new series, 5(1975), 73-101. 与免税(the *puncta taxata*)有关的内容, 见第12章,第398页。

⑧ Rashdall, *Universities*, vol. Ⅰ, 173-175, 443-447; vol. Ⅱ, 83-85, 131-133, 168-170; *History of Oxford*, 53-54.

⑨ Rashdall, *Universities*, vol. Ⅱ, 93-94.

同乡会*

在早期中世纪大学的组织中还有另一种团体,即已经提到的同乡会。它最初是在学生的努力或者学生和教师的共同努力下自发产生的,后来它才被引进到新建大学的组织中。在很多大学中,同乡会扮演着一个重要的角色,大学的校长往往是由同乡会的领袖选举产生的,而同乡会的领袖也是学馆董事会的成员。

在博洛尼亚和帕多瓦的学生大学中,每一所法学、文科、医学的大学都被划分为两个联盟(山内联盟和山外联盟),联盟本身又按照更小的地理区域被分成同乡会(见第 110 页和第九章)。其他的意大利大学在招生方面过于本地化,因而不需要这种复杂的组织。这反映了它们缺乏对一些欧洲国家或者地区的学生的吸引力。例如,佩鲁贾大学只有三个同乡会——德意志同乡会、法兰西同乡会和加泰罗尼亚同乡会(即山外地区)。在仿效巴黎大学建立的大学中,同乡会的组织有很大的不同。最初,在巴黎大学中,只有最大的学院(即文学院)有同乡会。这些同乡会在大学建立之后迅速组织起来,它们以一种宽泛的地理划分为基础。巴黎大学有四个同乡会,即法兰西同乡会、皮卡第同乡会、诺曼底同乡会和英格兰同乡会(英格兰同乡会包括来自中欧和北欧的学生)。它们由文学院的文学硕士组成,包括在文学院获得了学位的高级学院中的教授。这种同乡会的联盟由一名学监来领导,他由教师们每月选举产生,并且可以多次当选。同乡会有自己的印章和注册登记簿、资料室,收入和支出记录,并成为大学生活的重要组成部分。⑩

阿尔卑斯山以北的其他地方的大学同乡会遵循了多样化的模式。奥
115 尔良的法律大学是最具国际性的中世纪大学之一,到 1532 年为止,它共拥有 10 个同乡会,其组织如意大利的法律大学一样。在牛津大学,两个同乡会——北方同乡会(*boreales*,包括苏格兰人)和南方同乡会(*australes*,包

* 同乡会(nation),也有"民族团"等译法——译者。

⑩ 也可参考 G. C. Boyce, *The English - German Nation in the University of Paris during the Middle Ages* (Bruges, 1927).

括爱尔兰和威尔士)——的界限非常明显。文学院的教师由他们各自的学监领导。然而,由于同乡会之间一直处于无休止的冲突之中,早在1274年,牛津大学就取缔了同乡会。后来,不列颠群岛上的三所苏格兰大学的文学院(圣·安德鲁斯在1411年,格拉斯哥在1450—1451年,阿伯丁在1494年)又恢复了同乡会制度,尽管这些大学的生源都来自苏格兰。在这方面,他们遵循了伊比利亚的模式。西班牙和葡萄牙大学的学生主要来自伊比利亚半岛。在萨拉曼卡大学,四个同乡会与西班牙的教区相对应。在莱里达大学,只有法学院的学生被分了同乡会,而12个同乡会中,有六个是外乡学生的同乡会(纳博恩、加斯科涅和普罗旺斯、法国和勃艮第、意大利、德国,以及不列颠群岛)。在其他西班牙的大学中,同乡会不具有重要性。

也和其他方面一样,在同乡会制度方面,中欧大学最初采用了巴黎大学的模式。在布拉格大学,四个同乡会(捷克、波兰、巴伐利亚和撒克逊)包括了所有的学生。他们的会长、学生或学士和教师一样,都是大学评议会的成员。在维也纳大学,四个同乡会覆盖了所有的学院,学生成员参与选举学监。在莱比锡大学,也有四个同乡会,但只有教师有资格参加会议。在克拉科大学、爱尔福特大学和科隆大学,同乡会的划分没有得到正式认可。鲁汶大学有四个同乡会,但从未发挥过作用。

同乡会首先是一个独立的团体。它们的力量与影响力在大学与大学之间不同,但它们几乎都有着同样的组织和结构。学监(*procuratores*)和会长(*consiliarii*)(在某些意大利的同乡会中)领导着同乡会,拥有行政和财政权力,在某种程度上拥有司法权。他们作为校长的顾问参与大学的管理。同乡会有时也有自己的财务主管,他们的执礼杖者时常是和博洛尼亚的一样。巴黎同乡会每年选举一个首席执礼杖者(学监的部下)和一个来辅佐他的低级执礼杖者。权杖是执礼杖者的标志。在巴黎大学,同乡会的学监任命信使、接受信使的宣誓,并给信使付费,这些信使在同乡会的成员和他们的家人之间传递信件和财物。在中世纪后期,学监也任命首席信使,承担金融家、银行家、货币兑换者的职责为大学服务。

由学监、财务员、图书管理员和同乡会的其他官员保存的书籍是我们获得关于中世纪大学生活知识的最主要的来源,它们给予了我们同乡会的 116

地理、社会起源和同乡会成员日常生活方面的信息，以及同乡会财政方面的信息。学舍也为我们提供了相似的信息。

学舍

随着时光流逝，另一种大学团体——学舍（*collegium*——不要与第五章中解释的博士协会 *collegium doctorum* 相混淆），在重要性方面超出了同乡会。在中世纪后期的一些大学中，学舍机构决定了大学或者学院的组织和管理。海德堡文学舍（1390 年）几乎拥有所有的文学院中领薪水的教师，鲁汶文学院就被分成四个学舍。主要招收本科生的格拉斯哥学舍，因为它的大多数学生是文科本科生，所以在大众心目中被认同为“大学”。

学舍，或者和它最初所称的“学生的住所”一样，开始是一个为穷学生提供的公寓，后来变成了一个自治或者半自治的男性学术团体，他们在捐赠的房子里学习和生活。教师和学生，可能来自一个特殊的地方，或者学习同样的学科。在 12 和 13 世纪，学舍的建立者和捐赠者尤其重视文科和神学，到 14 和 15 世纪他们又重视教会法和公民法。一般很少有医学舍（更多的信息见第七章）。

巴黎大学一开始就有学舍。他们开始是作为客房（*hospitia*），即为大批学生或者叫做同事的教师提供膳食和住宿的房子。一些学舍，包括第一所学舍，在 1180 年为 18 名贫穷的学生建成的十八学舍和建立于 1186 年的卢浮宫的圣托马斯学舍，获得了捐赠。修道院也为神学学生开办了学舍。大约在 1257 年左右，索邦的罗伯特建立了索邦学舍，于是在此有了一批数量充足的非修道院的神学学生。索邦学舍最初只能容纳 16 名学生，后来逐步增加到可容纳 30 名学士和 6 名攻读神学博士的文科硕士。路易九世捐赠给学舍一块位于古罗马浴室附近的土地。它由一个大学和教会中的显要人物组成的董事会来经营，由一名学校负责人和四个学监来管理。这名学校负责人会在每年教会奖学金颁发的或前或后时期得以任命，这名负责人是由教师选举产生，并监督其工作。其他的学舍如纳瓦纳学舍（1304），70 个学生被分成三个班——文法、文科和神学——基本保持学生学舍的面貌。在 14 和 15 世纪，创立者的动机发生了变化，他们更愿意为修道院的精英或者贵族学生提供更为舒适的生活条件而不愿意帮助贫穷的青年。⑪靠补助金学习的学生(*Bursales*)比自己支付住宿费用的富裕学生或者普通学生过着一种更为严格、更为检朴的生活(见第七章)。在15世纪早期,学舍拥有的房子、设施和图书馆成为了吸引讲座者前来的主要原因。在15世纪,讲座被吸纳到大学学舍中来。既为了外面的学生,也为了大学里的学生,大学保留了控制学舍的权力。在15世纪末期,巴黎大学拥有大约70个学舍,其中包括一些修道院和一些为外国人(丹麦人、苏格兰人、伦巴第人和德意志人)建立的学舍。

在巴黎,学院的内部管理通常由内部的官员来执行。外部权威任命学舍的负责人,管理学生奖学金的发放,监视空缺教职的补充,因此控制了学舍的生活。大学校产的管理者通常来自校外。相反,在牛津大学和剑桥大学,学舍与大学的管理机构少有行政方面的联系,他们组织自己的校产,同时从大学的教学和学位发放中受益,他们选举自己的负责人,共同选择同事,这些同事在自己的特权和章程之下管理自己。因此,英国的大学没有追随巴黎大学的道路。在12世纪和13世纪早期,一般财力的本科学生能够得到食宿和在礼堂和宿舍中有限的教学设施。13世纪建立的第一所大学是用来帮助不太富裕的文科学士或者文科硕士,使他们能够继续在高级学院中的学习。第一所英国的"研究生"(graduate)学舍是默顿学舍,建于1264年。贝列尔学舍建于1261到1266年之间,但直到1282年它才得到正式的特许状。大学学舍在13世纪80年代出现。剑桥的第一所学舍,彼德豪斯学舍建立于1284年,是以默顿学舍为原型。剑桥大学的国王学舍(建立于14世纪早期),和1379年建成的牛津大学的新学舍,是最早的招收本科生的学舍,其余的学舍沿袭了它们的道路。1550年前后,学舍生的人数超过了在会堂(halls)和旅店中住宿的学生数。1444年牛津大学仍有89个会堂,至1552年就只剩下了8个,共容纳着大约200名学生。当

⑪ A. L. Gabriel, 'Motivation of the Founders of Mediaeval Colleges', 见 A. L. Gabriel, *Garlandia. Studies in the History of the Mediaeval University* (Frankfurt-on-Main, 1969), 211–223.

时的13个学舍共容纳了450名学生。[12]渐渐地，牛津大学主要由学舍而非大学本身来收取学费。相应地，本科生也得到鼓励申请学舍的奖学金。和其他地方一样，一般的宗教团体都拥有自己的学舍，并拥有完善的教学和住宿设施。在欧洲大陆，鲁汶大学（建于1425年）的学舍生活日趋丰富繁
118 荣。1500年以前，与牛津大学相比，鲁汶大学大多数文科学生住在四个寓所中，这四个寓所在他们居住的房屋建成之后被称为百合、猪、猎鹰和城堡。它们为新生提供了充足的住宿条件与充裕的学费。欧洲大陆也有五个寄宿学舍（不提供教学），主要招收神学院和法学院的学生。1526年，1821名注册学生中的31.8%住在学舍机构当中（17.9%的学生住在四个寓所中、11.6%的学生住在学舍中、2.3%的学生住在教会住所里），52.2%的学生租了私人住宅的一个房间，剩余的学生住在家中。[13]

在中欧地区，学舍中的主要成员是教师。在布拉格，主要接受来自学舍礼拜堂牧师俸禄捐赠的12名教师一起组成了1361年建成的卡洛琳学舍，他们共同吸收同伴成员。学舍在大学举行会议和讲座中扮演着重要的角色，一些讲座常常在学舍中进行。与之相似，在维也纳，也有为受捐赠的教师创建的学舍，即公爵学舍。在克拉科，有三个学舍为教授提供所需的生活设施。1400年的迈尤斯或里杰姆学舍有一个由市长管理的繁荣的图书馆。迈纳斯学舍（1449），以及朱利蒂科姆学舍（1403），有一个小型毗邻的学生住所，即耶路撒冷宿舍。克拉科也有为贫穷学生服务的济贫院，例如，穷人宿舍（1417）。爱尔福特大学最早的学舍，迈尤斯学舍，招收文科硕士，它的产生可能要追溯到大学正式建立的1379年，以及建立于1412年培养法官的阿姆普劳南那或鲍达·考利学院。在其他的德国大学，有教授的学舍和为贫穷学者提供住宿的寓所。

欧洲南部的学舍从未像欧洲中西部这样重要——当然不仅在中世纪，而且直到宗教改革和反宗教改革时期，他们没有获得任何组织的或教育上的意义。意大利的学生往往和市民有着密切联系，他们和市民一起住宿，

[12] A. B. Cobban, *Medieval English Universities: Oxford and Cambridge to c. 1500* (Aldershot, 1988), 158.

[13] E. De Maesschalck, 'De "goede" en de "eeuwige" student. Tucht en huisvesting te Leuven in de 15e en 16e eeuw', *Alumni Leuven*, 9(1978), 11–15.

享受同样的住宿条件和政治权利。博洛尼亚最古老的学院起初就由创立者授意只向少部分贫穷的学生提供住宿、饮食和经济援助，不提供教学。它们是 1267 年由阿维尼翁主教为 8 名贫穷学生建立的阿维尼翁学舍和 1326 年建成的布雷萨那学舍，1436—1437 年两所学舍都与后来建立的格列高利学舍合并。最大的学舍是西班牙学舍(1367)，容纳 30 名学生——8 名神学学员、18 名民法学员、4 名医学学员。他们住在学舍里长达 7 年，神学学生和医学学生在获得博士学位之后可以呆上稍长一段时间。来自西班牙主教辖区的学生由学舍的建立者，红衣大主教吉尔·阿尔沃诺斯进行择优录取。候选人必须通过一个入学考试。对那些出身贫寒而有能力的学生，“至少应通过文法考试”。而对那些学习神学和医学的学生还必须进行逻辑学的考试。被录取的学生可以获得相应的食宿，一年两套衣服，一个年度的薪金。学舍的管理相当的民主，但内部的纪律很严格。每年学者都要选举舍长。重要的财政问题由全体会议解决。学舍也得到主教和上文提及的主教辖区的教士团，以及两个阿尔沃诺斯家族的成员的庇护。⑭在 1363 年之后的帕多瓦大学，托纳森斯学舍和 7 所其他的学舍容纳着小部分学生。 119

博洛尼亚的斯巴纳学舍被视为 14 世纪晚期在萨拉曼卡出现的西班牙学舍的一个典型。最著名的西班牙中世纪学舍是旧学舍或者圣巴尔多罗美学舍，它由 10 名圣经学者和 5 名神职人员在 1401 年建成。建于法国行省的学舍主要是为贫穷的学生提供食宿。图卢兹由于出现了最早的世俗学舍菲塔尔·戈拉特尔学舍(1243)和蒙勒苏学舍(1391)，从而走在了前列。为什么在意大利和法国南部几乎没有出现学舍，原因很明显。大多数有钱的和成年的学生加入了神学院和医学院。他们不需要廉价的旅馆，相反他们偏爱私人住宅中舒适的房间和不受学舍或修道院约束的自由(学舍的生活，见第七章)。再者，组织完善的同乡会提供给学生各类型的援助和财政、司法上的帮助(如博洛尼亚、帕多瓦和奥尔良的德意志同乡会学监的备忘录所表明的那样)，神学由托钵修士会支配，并拥有他们自己的机构。南

---

⑭ B. M. Marti, *The Spanish College at Bologna in the Fourteenth Century*(Philadelphia, 1966).

部大学由于没有这么多年轻的文法和文科学生，因此没有为少数神学和中等财力的文科学生提供特殊的住宿的必要。

内部管理

最初主教的代理人是大学的首领，他对学生和教师拥有绝对的权力。在13世纪的发展中，不同的法人团体在大学馆中逐渐形成。大部分主教代理人的司法权力被转给这个新机构中选出的负责人——校长。[15]正如下文将会解释的那样，除了在英格兰和西班牙，一般来说，主教代理人的作用变得更加形式化。根据学馆的组织类型的不同，校长或是在学生当中选举产生（如在博洛尼亚大学那样），或是在教师当中选举产生（如在巴黎大学
120 那样）。在有着混合的组织类型的大学之中，校长是一位由学生和教师一起选出的教师。例如，奥尔良大学的校长是一名由同乡会选出的教师，在安格斯1398年的改革之后，校长从同乡会任命的选举团成员选出的候选人中诞生。

校长候选人必须满足下列条件才有可能当选。他必须已成年（通常年满25岁或者25岁以上），是一位神职人员（来履行他对作为神职人员的学生的司法权），并拥有一定的财产（办公要承担很多开销），是一位大学毕业生，他的行为要无可挑剔。校长的任期在不同大学是不同的。校长是大学的行政首领、学校议会所采纳的决议的执行者、特权和章程执行的监督者。他管理学校的财政、主持会议、保管文件，在官方事务中担任学校的代表。在中世纪他的最主要的职责之一是维持纪律，主持大学法庭，审判和惩罚犯罪的大学人员。事实上，大学馆的司法自治权是由巴巴罗萨腓特烈一世于1155年《安全居住法》中的一些特权来保证的。从理论上来说，所有大学成员及其附属者都免于市民的司法审判，甚至当地的宗教审判。大学成员及其附属者被视为包括学生和教师，他们的妻子、家人和仆人，以及由大学任命外部官员，包括从事书籍和销售的人员（书商、誊写者、绘图者、毕业文凭制作者、纸张供应者，等等）。

---

⑮ 一般的评论，见 O. Eissfeldt, 'Rektor. Geschichte und Bedeutung des Universitätsamtes', *Studium Generale*, 5(1952), 384-392.

最初，博洛尼亚两所法律大学的校长都是在学生中选举产生的。尽管当初市民和教授双方最初都反对大学中有一位学生校长，在13世纪上半叶他们却被迫听之任之。教授不得不对校长宣誓效忠，这导致了某种程度上，在大学内部除了与学习有关的组织之外，还存在一种特殊形式的学生领导权。在13世纪末，两所法律大学开始共同组织集会，并规定两位校长中有一位缺席时，应由另一位校长代之行使权力，同时还规定他们共同使用一块印章。与此同时，文科大学和医学大学也选举了一位校长，但是作为法律大学的同僚，直到14世纪早期，他们才享有同样的被法律认可的权利。在帕多瓦，医学大学的校长附属于它对应的法律大学的校长直至14世纪。在意大利，大学的校长一般没有教学和考试的权利，这些事务归博士协会管理，医学大学和法律大学都是如此。在博洛尼亚，校长每两年选举一次，他的地位比大主教，甚至比红衣主教和罗马教皇使节的地位都要高，但低于博洛尼亚主教。他的头衔是 *dignissimus*，直至15世纪末期，*magniflus* 的头衔才出现。

大学内合法罚款总收入的一半归校长所有，这是校长薪金的重要来源，有时他也能从公共财产中获得一些额外的收入。在中世纪末期，校长被授予特殊的学生教授职务，受市民资助。但他必须负担他的办公费用，并必须雇用两位仆人。市民或者统治者对大学收紧控制，以及职位的经济负担，限制了学生争取这种显要职位的愿望。 121

尽管在博洛尼亚校长是学生，但他在大学之内的民事司法审判权得到所有大学成员宣誓认可。作为一名校长，他必须保证法令决策的执行和收取对品行不端的成员的罚款。他能够对向学生出租房屋的房主收费，对出版书的工匠收费。他对大学成员或者服务人员的审判能否被执行取决于公共权威(博洛尼亚自治市)的认同。虽然两所大学都需要校长的司法审判权在一切涉及学生的案件中生效，但是市政权力机关还是再三拒绝这种要求。直到15世纪，校长才有对刑事事务的司法权，但这种权力只有在涉案双方都是学者的情况下才能生效。然而，教会法规禁止俗人对教士实行司法权，每一位学生也因此获得了教会豁免权。同时，因为学生大学的校长往往是享有圣俸的牧师，因此他不必屈从于市政法律。

以博洛尼亚大学为原型的大学有着相似的校长制度，尽管其权力更易于受外界权力的影响。在科英布拉,两个校长既是在学生当中选出,也是通过学生选出,但是在西班牙大学,校长的权力就受到限制。如博洛尼亚那样,萨拉曼卡由学生通过同乡会选举出的学生校长领导。在意大利,教学是学院博士协会而不是校长的专利。但与博洛尼亚不同,萨拉曼卡限制了校长的司法审判权,并将真正的审判权和行政权力赋予教区教长。在强大的城市影响之下的大学中,如在阿拉贡、莱里达、瓦伦西亚和巴塞罗那,教长和市民政府分享着校长的权力。

在巴黎,校长职务的产生有很大不同。在四个同乡会当中,每一个同乡会都有一个领导,在 1249 年他们决定选举一位校长——一位教师——作为文学院的首领,而实际上是整个大学的首领。最初,他的权力仅局限于他所属的学院,但是因为文学院的学生人数众多,也因为校长从各个学院中收取学费,并代表整个大学来管理这些钱财,也就产生了保护大学作为一个整体的独立法人团体的需要,于是在 1275 年之后,校长作为大学的法人代表就逐步获得了管理整个机构的权力。但大学校长的权力遭到了
122 神学教授的抵制,到了 13 世纪末期,巴黎圣母院的教长只保留了任命文科主考官和颁发许可证的权力。

在巴黎,校长的司法审判权很受限制,章程只赋予他对大学的成员和服务人员进行司法审判的权力。他被获准实施的处罚包括罚款、停职和开除,他审讯的行为包括对旅馆租金的争议、对受大学管理的工匠和商人提出控诉,以及协调教师和学者之间的个人问题。虽然在文学院的常设法庭上,校长得到了学监的辅助,但在关于大学的申诉权问题上,依然要交由特别法庭审理。在牵涉到大学成员和校外的派别的案件中,大学的自治权受教会法庭和外部世俗法庭的限制。这样的争端——根据能力范围——经由主教辖区法庭(主教法庭)或者“夏特莱(*châtelet*)”(巴黎的司法官法庭,作为皇家特权的保护者)或者由巴黎的罗马教皇保护者法庭来解决。

苏格兰的大学最为接近巴黎大学的模式。苏格兰大学只在文学院中保留了同乡会的学监制度,但尽管如此,他们有召开秘密会议选举校长的权利。依照建校时教皇的教谕(1453),虽然主教—教长是格拉斯哥大学最高权威,但他却要将这些权力委托给由同乡会学监选举出的校长执行。然而,很多有大型同乡会的法国大学,如蒙彼利埃、奥尔良或者安格斯,却有

着不同的模式。甚至在大学章程仿照巴黎大学模式的图卢兹大学，学生的权利却在更大程度上得到关注。在图卢兹大学，校长必须是一名博士，并且要由所有学院中的教授和法学院的学生选举产生。在蒙彼利埃，法学院的校长虽然是从学生中选举出来的，但医学院甚至整个大学，则是由主教和 3 名教师提名的教长管理。他的职位类似于英国大学的教长职位。如在牛津和剑桥，以及其他的英国大学中，教长是大学中主教的代理人（见第 129—133 页，外部管理），他的权力从未移交给过校长。他行使和从事着其他地方的校长完全的权力和活动。原因很明显：早在 13 世纪，牛津和剑桥的学馆从林肯和伊利的主教那里，获得了选举他们的教长的权力。候选人是在神学或者公民法学博士当中选出，他必须是神学学院的一员。因此，教长成为大学内部而非外部的官员，他负责主持集会，行使校长的职责。在漫长的 15 世纪中，教长（在其他地方的大学中不存在这种杰出人物）把他的权力委托给一位副教长（vice-chancellor）——在中世纪末期这位副教长已经成为英国大学实际的首领。他有着广泛的民事和刑事司法权， 123
有开除教籍和监禁的权力。最初，他的权力是一种对学者的精神审判权，但逐渐扩大到包括市民在内的其他群体。根据皇家特许状，在一方是教士的活动中，教长有刑事和民事的司法权。在与市民的争执平息之后，大学从 14 世纪中期起获得胜利，实际上统治了整个牛津城。教长法庭和新出现的大学审判长与一半是由大学特权人一半是由市民组成的陪审团一起，控制着大学管辖区广泛的法律程序。大学代表的类似审讯的政策监督着居民的道德水准。⑯

欧洲中部的大学普遍被认为是以巴黎大学的模式为基础，但若是对其章程进行考察会发现这并非完全正确。首先，与巴黎不同，这个地区的文学院从未产生过处于垄断地位的校长制度，校长可以从其他学院中选出。文学院是由学院院长领导的，其他三个学院也一样。其次，两所最古老的大学——布拉格和维也纳——有一种混合的组织形式。在 1372 年的驱散之后，布拉格的法学者拥有一个设有学生校长的独立的学生大学，而其他学院则由教师掌管。在针对大学成员的民事诉讼和赔偿费诉讼中，这位法

⑯ Cobban, *Medieval English Universities*（注释 12）, 259ff.

学校长有司法审判权。1397 年,校长法庭和同乡会的会长一起,在如有一方为学者的法律诉讼中,拥有包括民事、刑事和精神的完整司法权。在早期的维也纳也是一样,教师和学生是通过他们的同乡会参与校长的选举的。

位于克拉科的第一所大学(1364),也是由一名学生校长担任领导。但却由皇家教长控制着考试(尽管依照教皇教谕,这项任务属于主教)。在第二所大学(建于 1400)中,主教就是教长,并且大学的章程也是由他批准的。他的代理人——副教长——在圣弗洛里安教士团的主持和校长的帮助之下管理着大学的财政。校长每年由教师和学士通过间接代表选出。他必须是一位文科教师或者法律或者神学的毕业生,通常享有教会牧师的俸禄。校长负责召集普通的教师会议,有时是毕业生会议。[17]同时,也是由校长负责审判民事诉讼和不太严重的犯罪案件,但从 1410 年之后,大学的监护人——三个主教座堂圣职团的主持——保护了大学传讯所有的主教
124 辖区内被告的权力。在欧洲这一地区的其他大学内,似乎校长有一种相当宽泛的司法审判权,但不包括直接的精神审判权。[18]中世纪末期,如同乡会的地位一样,各地学生的权利都衰落了。一些德国大学,如莱比锡,校长依然从学生中选举产生,但必须出身高贵,有时甚至是皇室成员,但他却受副校长(vice-rector)控制。或者像在罗斯托克那样,学生校长由一名资助者或者监督者控制。这位监督者是大学常设的执行官员,并履行真正的校长权力,作为(实际上是荣誉的)校长的代表。这样,校长的选举权逐渐转移到一个小群体当中,在图宾根大学,这个小群体由摄政教师(regent masters)控制。

那不勒斯大学是一个例外。它是一所国家大学,由皇帝建立(1224),完全受皇室权力的控制。因此学者的司法审判权不属于校长,而属于皇室

---

[17] J. Dąbrowski, Z. Kozlowska-Budkowa, and K. Pieradzka, *Dzieje Uniwersytetu Jagiellonskiego*, vol. Ⅰ(Cracow, 1964), 15-20, 57-71, 127-138.

[18] F. Stein, *Die academische Gerichtsbarkeit in Deutschland* (Leipzig, 1891); P. Classen, 'Zur Geschichte der "akademischen Freiheit" vornehmend im Mittelalter', *Historische Zeitschrift*, 232(1981), 278; 529-533; Dąbrowski, Z. Kozlowska-Budkowa, and Pieradzka, *Dzieje*(注释 17); C. Vandenghoer, *De rectorale Rechtbank van de oude Leuvense universiteit 1425-1797*, Verhandelingen Koninklijke Academie, Letteren no. 124(Brussels, 1987).

的官员，学校指导官（*iusticiarius sholarium*）。在对刑事案件审判的管理中，指导官由从学生当中选出的三名助理协助。在民事案件中，国王尊重皇帝的特权《安锯住法》，因此学者可能由他自己的教师或者大主教审讯。

一个法人团体、一所大学，其真正有代表性的、合法的行政权力，属于“全体集会”（general assembly）。基于大学的基本结构，全体集会由教师、教师和学生或者只有学生这三种形式构成，由校长主持（或者如牛津和剑桥那样，由教长主持）。除了全体集会之外，还有在学院、同乡会和学舍这些所有同等水平的大学组织形式中的集会。其章程中记载的程序只有细微的差别。随着时间的推移，有一种普遍的减少全体集会的活动倾向，并把当前的事务和决定交给由一小部分领导官员组成的议会来处理。

在大学早期阶段的巴黎，所有学院的摄政教师组成了管理大学的全体集会，连校长都必须服从它的管理。在14世纪中期之后，作为教会和政府中身份高贵的人士，非摄政（non-repent）的教师不断被校长召集来参加集会。除了选举之外，他们都可以参加投票。大概不像牛津和剑桥那样，他们的出席并非是法律上强制的。校长决定集会的时间、举行的地点和集会日程。神学院的院长在校长的家中或者通过一个文科教师被校长召唤，其他的学院院长和学监通过信件召唤。而学院和同乡会的教师是由学院院长和学监在清晨演讲中派遣一个执礼杖者来召唤。集会要讨论的事务是 125
由一个团体提议，并由校长提交集会。集会中最重要的事就是要进行投票，并由各个学院和同乡会单独处理所出现的争议。在集会的地方之一——圣朱利叶－勒－佩孚尔（St Julien-le-Pauvre）教堂，在教堂中部的四个角落设有学监的座位。而这些座位也通常是由同乡会把持。三个小的团体——高级学院——有他们自己的位置。同乡会或者学院的选票由学监或者院长宣读，校长代表整个大学宣布决定，但如果与会人员无法达成共识，校长就不进行投票。从14世纪中期起，出现了宣布超过半数意见的情况。到这一世纪末，在全体集会和学院的集会上，出现了少数服从多数的制度，这在文学院的同乡会中被接受。但一个持有异议的团体可能通过拒绝交出藏有大学印章的柜子的钥匙而阻碍程序进行，在这种情况之下，这个柜子可能被强行打开，或者向教皇申诉。

在博洛尼亚，校长和由同乡会选举的会长召集两所大学的全体集会。

召开这种集会必须要有一名校长和大多数会长的同意。在两名会长的要求之下，通过黑色豆子和白色豆子抽签进行选举。要宣布撤职审判，或者宣布一个博士或者学者发伪誓，必须要有超过半数的成员出席。所有的学生有参加集会的义务。集会在修道院或者基督教堂中进行，通常在修道院中进行。每个成员都有发言权，但是如章程所规定的那样，校长有权在喧闹时让大家保持安静。这些章程每 20 年更改一次，8 位选出的章程修订者可独立处理法令的修订和出版。除非有大学全体成员对校长和会长接受的建议一致同意，并且通过 24 个大学成员的签名，并征得博士的同意之外，其他任何时候不得修订章程。

在牛津大学有三个单独的集会，第一个是由文学院的摄政教师组成的黑色或者预先集会。它是在圣米尔德里德教堂中(以及 1437 年之后，在圣玛丽教堂)，为文学学位的获得和为了提前讨论计划的大学章程而进行的。第二个是所有学院中摄政教师的“小集会”，在圣玛丽教堂附近的建筑中召开，主要讨论财政控制、讲座、学习和毕业等相关问题。第三个集会，是所有教师，无论其摄政还是非摄政都必须参加的全体集会——后来称为大学评议会——在集会中要按照 1303 年的程序进行投票制定大学章程，在
126 1303 年的程序当中提出了通过学院进行 压倒多数选票投票，以及非摄政教师单独投票的规定，这是大学中出现的最高级别的法庭。

西班牙的大学更接近博洛尼亚的模式而非巴黎的模式。学生的集会选举校长，博士形成了他们自己的团体。但是和博洛尼亚不同，博士没有在集会的选举中被排除。但是遵照 1422 年萨拉曼卡的法律，学生的全体集合被剥夺了权力，大学的管理交由一个由各方代表组成的团体来进行。这个团体包括一名校长、经院学者，以及通过大学从学生贵族和荣誉的拥有者当中推选出的 20 个人，他们的年龄不得低于 25 岁，其选举也要通过从持有带薪职位的摄政教师选出的 10 个人来进行。在公众面前陈述的任何事情或者建议需要三分之二的多数通过，并在经院学者的信任选举之后，最终提交教皇批准。

在布拉格，大学议会或者集会由作为同乡会领袖和教师领袖的议员组成。选票由这些领袖统计。维也纳同样是一所教师大学，但是学生在同乡会学监的选举中有投票权。在克拉科，教师的全体集会在迈尤斯学舍中举

行,由校长担任主席,但从 1464 年起校长和院长就成了大学实际的领导。在 14 和 15 世纪欧洲中部的其他大学中,仍有学生间接参与校长的选举。然而在每一个地方,学生的权利都被削减了。同乡会没有能够在大学议会中委派代表,而是被废除甚至剥夺了保护自身利益的权利,同时在大学议会中教师获得了支配性的有时是绝对的地位。⑲

除了大学的高级官员和同乡会、学院和学舍的官员之外,也存在其他常设的或者临时的官职——也承担管理的职责,但它们既不属于教师团体,也不属于学生团体。由于规模和财富的不同,它们的性质和数量在不同大学也各不相同。起初它们的角色很受限制,但随着大学的发展,越来越需要大学之外的有能力的官员来进行健全的管理。

执礼杖者和信使是最初的外部管理者,他们的职位几乎和大学一样古老。在法国大学中,官职经常可以买卖,如 1463 年的阿维尼翁一个执礼杖者,为他的职位支付了 200 基尔德。⑳在公众印象当中,执礼杖者地位要高于校长和其他高官,在完整仪式中,执礼杖者必须带有装饰的权杖,这也是 127 他们官职的象征。他们在集会上收集选票,同时宣读必须阅读的材料和准备出售的书单;他们注重讨论,同时保存毕业生的名单;他们宣读布告和新章程的条文;他们收学费和罚款,记录那些受审要被监禁的人员名单,通知学术法庭的开庭时间;作为看守人,他们负责看管学校的财产。每一个大学都有一个总执礼杖者,同时往往有几个次级的执礼杖者,他们隶属于教授、隶属于学院和同乡会。执礼杖者赢得了学术团体的尊敬,他们是大学城的居民,他们和他们的妻子也被赋予了大学所具有的权利和特权。他们的薪金主要来自特殊的捐款(见第 133 页)。在很多大学中,执礼杖者逐渐开始变得腐败。

信使和同乡会是同时出现的。他们的工作是奔波于学生及其家庭之间,传递钱、物品和信件。在国际性的大学城中,大信使(*nuntii maiores*,与 *nuntii minores* 或者 *volantes* 相反,后者指小的或者特快的信使)作为半个

---

⑲ A. Vetulani, 'Les origines et le sort des universités de l'Europe centrale et orientale fondées au cours du XIVe siècle', in *Universities in the Late Middle Ages*, 148 – 169.

⑳ J. Verger, 'Dépenses universitaires à Avignon au XVe siècle (1455 – 1456)', in *Avignon au Moyen Age. Textes et Documents* (Avignon, 1988), 212.

银行家，在父母给学生寄钱之前先把钱付给学生或者借钱给学生。在帕多瓦，货币兑换者贷款给大学成员。《诉状记载》或者博洛尼亚自治市中公证人的备忘录中记载了学生的经济事务，缺钱的学生往往抵押书本，甚至马匹来换酒。

在中世纪，许多同样的官职以不同的名称在很多大学中出现。因此，博洛尼亚或者巴黎的速记员（*notarius*）和鲁汶的口述者（*dictator*），承担着秘书的职责。他保存录取资料、记录大学的官方行为、书写文件和信件。在牛津，1428 年第一次提到教长的抄写员或者秘书，1447 年出现了大学注册员一职，他必须是一位文学硕士或者公证人。因为在前人文主义或者人文主义的大学中，需要有好的拉丁文知识和优美的书法。其他的支付薪水的学术人员是合法的估价员和大学或学院的律师，他们关注学馆的法律事务及财产。在中世纪的学术生活中诉讼是很普遍的，长期的法律援助并不是什么奢侈的事情。当时也任命了收学费和记录账目的官员——博洛尼亚的两个司库、巴黎或者奥尔良大学的财务主管以及牛津和剑桥的学监。当然其他大学团体，如学院、同乡会和学舍也有财产管理人，而这些往往比其他大学对应的职位产生的更早。司铎通常是这个团体中的一员，有时是
128 个学生，但是通常来自教员。他的职责是庆祝 大学日程中法定的事务、为捐赠者办理手续，以及为已故成员举行葬礼。1412 年，牛津大学司铎也获得了领薪水的图书馆员的职务。但只是在印刷术发明之后，随着大学图书馆的扩张，图书馆员才在大学、学院、同乡会、学舍中占有重要地位。

与大学有密切联系的是经营书籍的那些人。[21]书籍——手抄书籍以及 1475 年之后的印刷书籍——对于大学的学术发展至关重要。出版商或者图书馆员往往隶属于大学，或者至少受大学控制并对它宣誓。在博洛尼亚，文具店老板及其作坊和书店附属于市政当局管理。但他们当中的一部分，作为大学的文具供应部门，必须宣誓效忠于校长。文具制作者是那些

---

[21] J. Destrez, *La pecia dans les manuscrits universitaires du XIII e et du XIVe siècle* (Paris, 1935); G. Pollard, 'The "Pecia" System in the Medieval Universities' in M.B. Parkes and A.G. Watson(eds.), *Medieval Scribes, Manuscripts and Libraries: Essays Presented to N. R. Ker*(London, 1978), 145 – 161; L. J. Bataillon, B. G. Guyot, and R. H. Rouse (eds.), *La Production du livre universitaire au Moyen Age. Exemplar et pecia. Actes du Symposium tenu au Collegio San Bonaventura de Grottaferrata en mai 1983* (Paris, 1988).

经教授们修订通过的原始教学用书样本最主要的管理人。这些文具店老板负责印刷这些书籍,并支付一定的费用以杜绝盗版。官方的样本未被装订,以分册的形式递送叫做"派碎"(*peciae*),接受"派碎"的文具店老板受大学任命的派碎委员会的审查。另一方面,文具店老板是主要的商人,有时通过借贷派碎把它交给专业的抄写者参与到书籍的生产当中。在13世纪末期,大学竭力把获得授权的文具店老板的人数限制到5个人。在巴黎,文具店老板和博洛尼亚的上述第一类群体大致相同,书商大致和第二类群体相同。但有时这两种活动会由同一个人承担。作为经纪人,书商卖书,同时也受委托抄写书籍。只有一小部分文具店老板有权借出"派碎"。所有这些书籍出版的小世界与15世纪末期的印刷书一样,都被大学控制。但这也仅限于在从事与大学有关的活动时才受大学控制,文具店老板和书商并不只为学馆工作。

除了负责管理样本"派碎"制度之外,如在博洛尼亚和巴黎,牛津的文具店老板被授权为大学的代理人,处理在牛津城内的书籍贸易和鉴定书籍、手稿,以及作为抵押品提供的其他作品。有清晰的证据表明,至少在11所中世纪大学有过派碎制度(这11所大学是博洛尼亚、帕多瓦、维切利、佩鲁贾、特里维索、佛罗伦萨、那不勒斯、萨拉曼卡、巴黎、图卢兹和牛津)。㉒

在欧洲中部,14和15世纪盛行的制度不是派碎制度而是由大学中的 129
教师或者学士向学生口述课程,如在布拉格和克拉科大学,或者在其他学校里。甚至在巴黎,出于经济的原因,学生请求教师口述课程。城里的一些专业抄写员为大学服务,他们当中有一类特殊的教士群体(来自写作席位),在德意志、波希米亚、奥地利和波兰,经常获得大学许可。㉓除此之外,很多大学提到了各种各样专业制作书籍的人——制版者、抄写者、校对者、饰画者、扎书者、缝订者——所有这些人或多或少附属于校长或者教长。

㉒ Pollard, 'The "Pecia" System' (注释21), 148.

㉓ E. Potkowski, *Ksiazka rekopis'mienna w kulturze Polski s'redniowiecznej* (Warsaw, 1984), 77-109.

外部管理

如在第二章和第三章中解释过的那样，中世纪大学的历史充斥着其为争取自治权而进行的斗争。在经历了一段漫长的岁月之后，教会和政府才承认大学馆的自治权，而在这期间，它和市镇的关系也很微妙。

大学团体最初的要求之一是招募成员的权利。在早期的中世纪学校中，颁发执教许可证的权利属于经院学者或教师，在天主教学校里属于教区的教长，他担任主教或者大主教的书写官。在 13 世纪，教长实际上监督着大学学校，它们处于主教的司法管辖下。

早在 1212—1213 年，巴黎的教师获得了举行考试和向巴黎圣母院的教长推荐取得执教许可证候选人的权利。巴黎圣母院的教长有义务在不需要候选人付费或单独宣誓的情况下就授予其学位。在博洛尼亚，教会的副主教主持考试委员会，同时根据教授的推荐颁发执教许可证。副主教有时称为教长，而且在中世纪后期，把博洛尼亚的副主教当做教长已经很普遍。比萨的学校，则与之相反，大主教承担着教长的角色。因此，无论是在自然形成的大学还是在根据特权建立的大学里，教长都逐步丧失了实权，而流于形式。例如，在奥尔良，兴旺的主教座堂学校变成了一所大学。在 1306 年之前经院学者仍然是教师的领袖，到 1306 年时，这个学馆被教皇诏书正式认可为一个大学馆，于是，允许教师选举校长，并且由教长正式授
130 予学位。这使大学面临着创造特权的一个新环境。这并不是说在什么地方发展模式都是一样的。如已经在前面的与校长有关的章节指出的那样，在西班牙的学校中和在格拉斯哥，教长保留有更多的权威。在英国的大学里，教长的地位以一种完全不同的方式变化着。在那里，教长作为主教的官方代表，很快变为由教师行会选出。这样，教长从作为一个在教师之上的外部官员，变成了教师当中的一员。（英国大学中校长和教长的关系在第 122 页已经提到过了。）

在牛津大学，教长权力的增长要归因于皇室授予的教长法庭的特权以及精神特权，甚至包括由坎特伯雷的大主教授予他的开除教籍的权力。在 13 世纪末期，教长由大学集会选举，每两年选举一次。他的任命先要提交

给林肯主教，最终由坎特伯雷大主教批准。然而，在 15 世纪，教长不仅可以改选，而且是非驻校的。尽管有正式的豁免权，英国的大学还是处于力量更为强大的王权的控制之下，教长终身任期，同时由他任命副教长。1484 年林肯主教被任命为牛津的教长。在剑桥大学，从 13 世纪早期以来，教长的地位和牛津相似。英国大学的教长和蒙彼利埃医学大学教长的作用有些相同。蒙彼利埃医学大学的教长是主教的代理人，同时是社团的领袖，他由马格隆的主教任命，在教师当中选出。然而，教长的权力受到部分的限制。他的司法权仅仅是民事的，颁发许可证的权力由主教保留。在其他的欧洲大学里，教长任命的方式以及对作为主教权力代表的教长的能力要求仍然存在差异。在许多欧洲东部和中部的国家，教长是当地的主教或者大主教，把他的权力委任给官方选出的大学成员。在图宾根大学（建于 1477 年），教长是主教及其保护人的永久代表。与之相反，在匈牙利的帕塞尼（布莱斯堡）（建于 1465—1467 年），则是副主教—教长挑选布莱斯堡教区的教士长作为他的副教长。克拉科的主教是大学的教长，也是它的总保护人。他不主持考试，但在高级学院里授予许可证，他监管财政和工资、干预大学生活，通过他的规章达到理想效果（1422 年，1433 年，等等）。㉔

和以往一样，那不勒斯情况完全不同。那里的大学受皇家教长的支配，直到 1497 年，国王的大司铎才变成了学馆的统治者。131

大学团体的第二种要求是制定规范大学内部组织章程的权利。大学需要管理学校并与外部世界打交道的官员。例如，几乎在每一所大学城内，市民和学者一起任命一个税务委员会来稳定和控制房屋、食品、书本的价格，以保障一旦物品稀缺，这些物品能有充足的供应。在帕多瓦，有更多的公众监督：在范围很广的实际事务中有四个市民与学生校长协作处理。在葡萄牙，由学生来委任度量衡管理员。在萨拉曼卡，房子的租金由特权保护者确定，他也行使着其他的监管职能，这种特权和其他由教皇或者皇室认可的特权并不经常被注意到。教皇和国王因此任命罗马教皇和皇室的管理委员来保护大学的权利和特权。当他们的权利在内部或者外部受

㉔ Dąbrowski, Kozlowska-Budkowa, and Pieradzka, *Dzieje*（注释 17），43－55.

到侵害时，大学的成员能够向这些管理委员申诉。在巴黎这项制度运行良好：大学成员能够向“夏特莱”——巴黎的司法官法庭申诉，他是皇家特权的维护者，或者是向罗马教皇在巴黎的管理者申诉，他往往是莫城、桑利斯和博韦的三位主教中的一位。在13世纪的牛津，教皇任命了伦敦和索尔兹伯里的主教，在14世纪也任命了坎特伯雷的大主教，作为罗马教皇的特权的监护人。此时期国王的从中调停对于保留牛津学生的特权和权利至关重要。由于城镇与大学之间长期的敌对情绪，为了避免针对学者的更为激烈的冲突，国王要求郡长和镇长负责保留常规的学术自由和豁免权。再者，在14世纪当中，通过授予教长针对所有大学成员完整的司法权以及维持和平的必要权力，国王逐渐强化了教长控制大学成员的权力。在这个问题上，教长实际上履行了和巴黎的皇家特权维护者同样的职能。

在其他大学中，罗马教皇的监护人更为强大，如同在鲁汶，他们是特里尔的大主教、托格罗修道院的院长、鲁汶的圣彼得教士会的教士长。在布拉格，教皇任命了其他的监护人：美因兹教士会的教士长与布莱斯劳和布拉格教士会的教士长。但是，由于萨克森的同乡会抱怨，在它的活动范围
132 内没有一位管理委员，因此吕贝克教士会的主教也得到了任命(1396)。[25]在莱比锡和格瑞夫斯沃德，主教被当做司法特权的保护者。因而在德国大学，罗马教皇的监护人行使着对大学成员的精神审判权。在哥本哈根，很明显，皇室的监护人有不受限制地针对学生的审判权。由于葡萄牙的皇权比西班牙更为强大，因此，在葡萄牙也是由国王命名的来自市民的监护人。[26]在意大利，特权监护人则扮演了一个不太重要的角色。在那里，教皇的特权是由博洛尼亚的副主教和多明我会修士或者其他宗教人士来保障的。在任何情况下，当学生发生冲突和有要求时，却很少诉诸教皇的司法审判权。市政权威，尤其是自治市，赞同这种缄默。威尼斯的统治者也竭力在帕多瓦学院中减少罗马教皇的影响。

---

[25] P. Moraw, 'Die Universität Prag im Mittelalter. Grundzüge ihrer Geschichte im europäischen Zusammenhang', 见 P. Moraw(ed.), *Die Universität zu Prag* (Munich, 1986), 45.

[26] A. García y García, 'Aspectos de la Universidad Portuguesa medieval', in *Universities in the Late Middle Ages*, 133–147.

意大利的城市不仅关心保护学者的特权,他们也希望在大学之内维护法律和秩序。在 14 和 15 世纪,越来越多的意大利自治市支付改造、管理或者管教等费用来监督学生的活动,减少学生的自治,以此减少自治市中的骚乱。1391 年在费拉拉的一个改革者团体,得到公爵和市政当局联合任命,受委托进行包括任命教授在内的普通的大学管理。在都灵,15 世纪,公爵任命了两个宗教学者、四个民法博士、一个法律和医学博士、一个神学博士。在帕多瓦受威尼斯的政府管辖(1406)之后不久,威尼斯的政府就为帕多瓦大学任命了改革者团体。从 1517 年以来,帕多瓦大学受一个改革者团体管辖。神圣罗马帝国的国王也努力通过任命官员来监督或者来执行当地所谓的必要的变革,来强化对"他们的"本地大学的影响。在多尔,勃艮第的公爵任命了三个拨款分配人(最初来管理分配给大学的公共资金)作为学校改革者。

在中世纪末期,法国国王也通过委派学校改革者,竭力减少大学自治,限制使用特权,在巴黎大学和总主教区内维持秩序和纪律。这些人是巴黎的最高法院成员,他们因对皇室的忠诚和对中央集权化政府的信任而知名。为了 1452 年巴黎大学的学校改革,国王也向教皇使者长期忠诚于国王的红衣主教德·埃斯图特维尔请求援助。[27]从此教皇的使节开始参与管理法律事务。在意大利,教皇使节对大学事务的影响与教皇支配领域的扩张一起增长。1506 年,当博洛尼亚处于罗马的直接控制以后,主教的使节和 16 个改革者变成了大学实际的管理者。在现代早期他们的权力增长更快(见第二卷第四章)。 133

大学也有临时活跃于大学外部的官员。司法官是大学在教会和世俗法庭的代表,大学派遣教授担任教皇、国王和议会的特使。但如何支付所有这些费用是一个永久的问题。

财政

大学内部的每一个社团都有自己的预算,但是中世纪大学的账簿很简

---

[27] J. Verger, 'Les libertés universitaires en France au Moyen Age', 见 *Les Libertés au Moyen Age*, Festival d'histoire de Montbrisson (Montbrisson, 1986), 426.

单。如大学的物质基础一样，财政数额很小。财政资源和需要差异大，但随着时间的流逝，这种差异变得越来越明显。大学和同乡会中所保存的相当稀少的记录为我们打开了洞察他们资金运营的一扇窗户。

大学的收入来源既有来自内部的也有来自外部的。内部来源是入学和毕业的学费、恩赐（*graces*，法定条件下获得学位的施与）和其他施与、从同乡会收取的钱和征集款（见下文）。外部的来源是教会的捐赠，国王、公爵或者市民所付的薪水、捐赠和助学金，为了大学的持久维持而给予的赏赐和捐赠。大学开支也很有节制。很多预算用于节日、宴会、招待宾客、日常的行政花费或者旅行花费。法律诉讼也占去了部分的预算，而且中世纪末期大学的设施和其他财产（如徽章）的维护比学术的预算更要优先考虑。教师的薪水通常不是由大学来支付（见第五章）。大学官员通常不被支付薪水，但可以享有征集款的一部分、罚款的一部分和开支津贴，以及实物形式的捐赠。

征集款（*Collectae*）是每年对大学生征收的款项，一年一次或者一年两次，是用来支付大学的一些官员（执礼杖者和学监）和教师以及一些日常的大学开销。到了中世纪末期，学生出的征集款很少，但是考试费和毕业费，以及送给教师和执礼杖者的礼物，对于候选人而言都是一种负担。在15世纪后半叶，章程对必须缴纳的学费进行了规定和限制。㉘

大学的财源是通过大学法庭对违反大学章程、纪律标准、疏忽职责等
134 行为实施罚款来提供。很多章程精确规定了罚金的等级。在莱比锡的米纽斯学院章程（1438）中规定，捡起一块石头或者类似的可投掷的物体想向老师投掷，但没有真的去投掷，罚款为10个格罗申；砸了但没有命中，罚款为8弗罗林；真的砸中罚款更为严厉。打架的罚款根据受害人是否因被重击而受伤，同时伤口产生的破损情况而不同。㉙在维也纳，极度贫困的学生常常因为交纳不起犯罪的罚款而遭鞭笞。哥本哈根大学的章程效仿了科隆大学的章程，但规定不很明确，它规定只有经过校长和四名院长的同意

㉘ M. Fletcher and C. A. Upton, 'Expenses at Admission and Determination in Fifteenth Century Oxford: New Evidence', *English Historical Review*, 100:395 (1985), 331 - 337.

㉙ Rashdall, *Universities*, vol. Ⅲ, 363.

才能罚款。[30]

征集款和罚款由执礼杖者或者收税人收缴。在教授与一部分学生经过相当艰难的谈判之后,如在图卢兹、蒙彼利埃和博洛尼亚,学生也可直接向老师支付征集款。[31]

在英国的大学里,学监是主要的财政官员。现存最早的学监账目日期是从15世纪中期开始的。牛津大学的收入来源,以逐次递减的顺序,来自学位费用、恩赐、城市财产的租金、由英斯汉姆和奥塞尼修道院为救济贫困的学者和文学院摄政教师的救济款、罚款、牛津文法学校管理人的钱,以及各种各样的小额款项。大学的花费:

> 包括每年招待毕业生的大量费用,每年度分配给摄政教师的钱,为听众预备的宴席;给教长、学监和仪仗官的各种津贴;偿还若干租金、付给记录员和牧师—图书馆员的工资;付给圣玛丽教堂教区文书的费用;款待巡视的皇室成员的费用;与大学特权的批准有关的费用;以及不同的建筑项目的支付款额。[32]

剑桥的预算和牛津相似。事实上所有的中世纪大学的账目都很相似。

欧洲中部财政管理的典型代表是克拉科大学。它在1400年重建之后,从国王、主教和一群庄园主那里获得了资金。从皇家克拉科海关和盐矿中获得的收入大概能支付7—9名教授职位的薪俸。更为重要的是,15项教会的捐赠给了神学和法学硕士,46项相当适度的捐赠在文学硕士之间得到了分配(他们每年有不超过10或者12马克——在迈尤斯学院的食 135
宿花费7马克);他们也有不为人所知的大笔大学资金。大学财产主要包括从学生和毕业生中收取的费用、租贷大学的房子收取的租金、基金会财

㉚ J. Pinborg (ed.), *Universitas Studii Haffnensis. Stiftelsesdokumenter og Statutter 1479 Udgivet af Københavns Universitet*, 由 B. P. McGuire 译英文版 (Copenhagen, 1979), 117, cap. 41.

㉛ J. Verger, 'Le coût des grades: droits et frais d'examen dans les universtiés du Midi de la France au Moyen Age', 见 A. L. Gabriel (ed.), *The Economic and Material Frame of the Medieval University* (Notre Dame, 1977), 20.

㉜ 引自 Cobban, *Medieval English Universities* (注释12), 86.

产的财政运营的收入,以及由捐赠人处获得的现金收入。托马斯·德·斯特柴皮诺校长(1432)评论说:"这种机构的目的不是聚敛财富。"尽管如此,大学供养了80名教师,募集了一个相当好的图书馆,建立了一个宏伟的迈尤斯学舍。在15世纪末,甚至向王室和市民提供贷款。[33]

在奥尔良学馆,德国同乡会的现存记录是从1444年开始,同时还有很多其他来源的材料,都有助于清楚了解学校的财政状况。[34]它们表明大学主要的收入来自部分注册入学的在校生和毕业生所交纳的费用。这些费用的大部分流入了同乡会,因为在1532年之前注册入学的在校生和毕业生都是由同乡会而不是大学登记。教授必需缴纳一些费用才能获准在大学任教,也被要求将额外的津贴捐献给大学。大学其他的收入来源以重要性排序是罚款、遗产和捐赠;它的主要的花费项目,也以重要性排序,分别是管理、少数官员的工资、大学卷入的大量法律诉讼、不断增加的隆重的学校仪式和宗教节日的费用,以及极少量的动产和不动产的保养。对于额外的开支,如捐款作为君主的赎金或者保证金(例如1529年为法国的皇太子),大学呼吁其成员慷慨解囊。在其他情况之下,大学也可能要求特殊支持。1506年在面临法军入侵的威胁之下,鲁汶学馆捐款用于修复城墙。[35] 15世纪及其以后,奥尔良学馆的资金往往很少。直到1532年学馆的资金由一名财务总管管理,这种情况才有所好转,他是从同乡会财务室花名册中选出的一名毕业学生,他的收入大约为大学总体收入的1%。作为1532年改革的一部分,国王弗朗西斯一世发布大学和同乡会财政管理的命令,规定大学和同乡会的管理集中在一名由自治市的公民选出的财务总管手

---

[33] A. Gieysztor, 'Aspects financiers de l'Universitité de Cracovie au XV siècle', in Gabriel (ed.), *Economic Frame* (注释 31), 51 - 56; J. Michalewicz, 'Les bases économiques de l'Université Jagellonne et leurs aspects sociaux', and M. Michalewiczowa, 'Le bénéfice en tant qu'élément de la structure d'organisation de l'université Jagellonne', in *L'Histoire des universités. Problèmes et méthodes* (Warsaw, 1980), 25 - 104; J. Michalewicz, *Majatek kapitalowy Uniwersytetu Jagiellońskiego XV - XVIII w.* (Cracow, 1984); J. Michalewicz and M. Michalewiczowa(eds.), *Liber beneficiorum et benefactorum Universitatis Jagellonicae in saec. XV - XVIII* (Cracow, 1978).

[34] H. de Ridder-Symoens, 'La vie et l'organisation matérielle de l'ancienne Université d'Orléans', 见 Gabriel (ed.), *Economic Frame* (注释 31), 37 - 50.

[35] *De Universiteit te Leuven 1425 - 1985* (Louvain, 1986), 42.

中。阿维尼翁大学的财政也与其他大学相似。其收入主要来自注册入学的在校生与毕业生所交纳的费用,以及把学校房子租给学士举办临时讲座所收取的租金。开支原则上用于学校的维修(1455 年,7 个教室)、钟表、图书馆、典礼、通信等,法律诉讼也花费了大量的款额。特殊的费用,如建造学校的费用,必须用外部的财源支付。㊱

由政府建立并受它严格控制的大学的情况就完全不同。如那不勒斯这样的国家大学没有独立的财政。卡斯提尔大学也是由政府资助,国王同时任命了一名监护人来负责大学管理和支付大学人员包括教师、图书馆员和药剂师的工资。资金由皇家 *tercias*(教会什一税的三分之一)来提供。在危机时候,萨拉曼卡、瓦拉杜利德和其他的城市通过对自治市的公民征收专项税专项税来帮助他们的学校。卡斯蒂利亚大学,如所有其他的大学一样,有接受专项税帮助以渡过难关的财政特权。他们被免除一般的税收,免除啤酒和葡萄酒税以及肉类进口税。㊲(大学能获得的免税啤酒和葡萄酒的数量受到限制,如鲁汶市政府的做法那样,大学对他们被免除的消费税的滥用经常导致市民和大学的关系紧张,出现争执。)但一般说来,不管大学发展的模式如何,城市居民一般都对大学的情况有一定的了解,因此,常给予它各种各样的财政援助。作为回报,大学往往不得不接受市政当局的财政控制。在布拉格,两名官方的征集员(*collectores*)帮助校长管理大学的财产,但大部分布拉格的财产,和科隆、莱比锡等德国大学一样,被分给了学院和学舍,他们负责自己的管理。校长很少能有独立支配的钱,遇到某个大的花钱项目,他就组织一次集资(*collecta*)或者如通常在德国大学所称的募款(*bursa*)。在 15 世纪,德国君主日益卷入"他们的"大学的财政事务中,作为回报许诺给大学更多的津贴。这种情况下,大学没有选择权。中世纪后期的大学不再能够自给自足,他们传统的收入已经完全无法满足学校建筑的增加和维护所需的高额成本。

㊱ Verger, 'Dépenses universitaires' (注释 20), 207 - 218.

㊲ A. Rucquoi, 'Sociétés urbaines et universités en Castille au moyen Age', 见 D. Poirion (ed.), *Milieux universitaires et mentalité urbaine au Moyen Age* (Paris, 1987), 105 - 106.

大学建筑

在中世纪后期，随着学生人数的增长，大学停止了迁移，因此，大学也
137 获得了建筑和动产。在一个较长时期内，在巴黎和博洛尼亚的管理中无须照管学校的建筑，因为大学根本就没有自己的不动产。当时，学校在由教师租来的房子里举行讲座，在教堂和修道院中进行考试。然而在巴黎，早在14世纪神学院和同乡会就开始租借房产了，并且在15世纪就拥有了房产。巴黎大学不仅拥有了在麦杆街的演讲大厅，拥有了学舍和寓所，拥有了礼拜堂（全部都在河流的左岸），而且还使得拉丁区成为巴黎的大学区。㊳年轻的博洛尼亚学馆也拥有了私人的房舍以及宗教的或者公共的建筑物以满足讲座、开会和举行仪式的需要。

随着学生人数的增加，他们当中的一些人很年轻，也很贫穷。随着时间的推移，为他们提供住宿就越来越必要。学舍建筑物在各处出现，但更多的是出现在有着大型文学院的大学中，如巴黎、牛津、剑桥和后来的德国大学。意大利的大学也在为学生寻找寓所。在14世纪及其以后，首先在经改造的私人住宅中，出现了意大利北部为数较少的几所学舍。在1420年之后，出现了一种特殊类型的建筑，号称"智慧之屋"，即在1365—1367年建成的以博洛尼亚的西班牙学舍为原型的教学学舍。房间围绕着有拱顶的庭院建成。渐渐地，"智慧之屋"不再是居住的地方，在现代早期变成了正式的大学建筑，有着演讲厅、讨论室、图书馆、膳宿室与管理室和档案室，以及一个举行毕业典礼的大厅。"智慧之屋"也变成了这些华丽的大学建筑的通用名称。㊴

除了博洛尼亚美妙绝伦的西班牙学舍（它至今还在使用）之外，在牛津和剑桥都有杰出的建筑范例。英国的大学在建成正式的大学建筑方面很

㊳ A. Grabois, *La Génèse du Quartier Latin*, Studies in History, 23(Jerusalem, 1972); L. E. Sullivan, 'The Burg of Sainte Geneviève: Development of the University Quarter of Paris in the Thirteenth and Fourteenth Centuries', Ph. D., Baltimore, 1975.

㊴ M. Kiene, 'Der Palazzo della Sapienza – Zur italienischen Universitätsarchitektur des 15. und 16. Jahrhunderts', *Römisches Jahrbuch für Kunstgeschichte*, 23/24 (1988), 219–271.

超前。第一座由大学计划筹建的大学建筑物是牛津的集会大厅。它是约1320年由伍斯特的主教托马斯·科伯汉姆捐赠修建的。其他较为重要的建筑包括了神学院的建筑和其他学院的建筑(所有这些都合并成了现在的牛津大学图书馆)。与之相似,剑桥的大学建筑项目(四方形校舍)在14世纪末和15世纪耗费了大学的资金,慈善家的捐赠已经不能满足大学的需求了。[40]

138

萨拉曼卡的校舍也是一座15世纪四方院落,从一开始就保留了一个房间。在校舍内安置了粗糙的木椅子和桌子,并且安置了与神学院相似的席位。显然这与过去常常让学生坐在地板上相比是一种条件的改善。[41]麦杆街位于巴黎的拉丁区,它可以使人们回忆起那些旧俗。在中世纪的法国,唯一保留下来的世俗的建筑是位于奥尔良的哥特式的大厅,这是一幢两层楼的建筑,有一个大的房间作为图书馆,另一个作为会议室,它的历史可以追溯到15世纪上半叶。到15世纪末期,大学开始建造它的宏大的"大学校"(*Grandes Ecoles*),并为"小学校"(*Petites Ecoles*)购买了一幢毗邻的房子。[42]

因为德国的城镇和它们的大学关系密切,所以自德国大学诞生以来,他们就获得了房舍和基础设施。最初,学校栖身于改造的私人或教会的房子里。但早在15世纪,特殊的学校建筑就建立起来了。在学校中,教堂继续用于充当举办正式的仪式和节日的场所。[43]当地的君主也关注建筑的保养。在海德堡,校长、文学院院长、一名教师和学校的执礼杖者每一年必须和两名工匠一起检查学校的建筑。而相关的修理费从学校的财务中支出。[44]

---

[40] Cabban, *Medieval English Universities* (注释12), 第86-88页及全书各处。

[41] J. A. Villar, *The University of Salamanca. Art and Traditions* (Salamanca, 1980), 49-50.

[42] R. Boitel, 'La construction de la Salle des Thèses de l'ancienne université d'Orléans', *Bulletin de la société archéologique et historique de l'Orléanais*, new series, 1(1960), 299-309.

[43] H. Koller, 'Stadt und Universität im Spätmittelalter', 和 A. - D. von den Brincken, 'Die Stadt Köln und ihre Hohen Schulen', 见 E. Maschke and J. Sydow (eds.), *Stadt und Universität im Mittelalter und in der früheren Neuzeit* (Sigmaringen, 1977), 17-19, 34-36.

[44] L. Thorndike, *University Records and Life in the Middle Ages*, 2nd edn (New York, 1949), 370-371.

牢固的石质建筑刺激了大学、同乡会、学舍建立起图书馆。这些使得牛津的集会大厅和神学校、剑桥的一些建筑、萨拉曼卡的学校、克拉科的迈尤斯学舍[45]以及许多其他地方，拥有的藏书在不断增加，它们来自捐赠和遗产、罚款，也有小部分是通过购买获得的。在更小的机构中，图书馆的出现主要是在现代早期，一些章程对图书馆藏书的保存和借阅制定了非常详细的规定。在1439年的法令中，海德堡大学的校长对路易三世、莱茵的巴拉丁伯爵赠给大学的书籍的收藏采取了极为特殊和严格的措施。[46]除了图书馆之外，主要是在学舍中，学术机构中最为珍贵的财产是档案，这些档案被藏在有着三重锁的柜子当中，如在奥尔良大学那样，放在一起的还有图章、权杖、徽章和钱财。同乡会和学舍有圣餐杯、装饰品、弥撒书、旗帜、章
139 程、特许状和注册簿。学生和教师要仔细照看他们的贵重物品。要打开巴黎的盎格鲁—日耳曼同乡会的柜子，必须8名同乡会成员在场；打开外面的柜子，必须4名成员在场（督察官、财务室和两位教师）；要打开里面的柜子，其中收藏着同乡会的钱财，必须4名教师在场。[47]

到1500年的时候，旧大学和新大学还很相像。他们都拥有自己的学校建筑——演讲室、会议室、小礼拜堂、一个或者两个图书馆、教师和学生的寓所，以及很多有价值的物品。在整个欧洲，学院的建筑，尤其带图书馆的学舍的建筑，都与一种炫耀华丽的功能相结合，这是中世纪大学后期教师不再自由自在到处走动的明显预兆。大学不再有被迫迁移的危险，公众权力也不再容忍罢课和集会。晚期的中世纪大学纪念性的部署和建筑显示了他们如何彻底地转变为社会的一部分。大学城也获得了它们自己的性格。

学术徽章

从一开始，大学馆的形象和特征通过它的服饰、徽章和节日表现出来。

---

[45] K. Rückbrod, *Universität und Kollegium*, *Baugeschichte und Bautypen* (Darmstadt, 1977); K. Estreicher, *Collegium maius*. *Dzieje gmachu* (Cracow, 1968).

[46] Thorndike, *University Records* (注释 44), 315－317.

[47] A. L. Gabriel, 'Res Quaedam notatu dignae nationem Anglicanam (Alemanniae) Parisiensem saeculo XV Spectantes', 见 A. L. Gabriel and G. Boyce(eds.), *Liber Receptorum Nationis Alemanniae* (*1425－1494*), vol. VI of *Auctarium Chartularii Universitatis Parisiensis* (Paris, 1964), 43－44.

大学活动交流的复杂多样,使得其典礼或仪式需要统一的秩序或符号。集会、就职仪式、考试、开学、司法程序、讲座、神职服务,甚至在进餐和节日都会看到特定仪式顺序,包括讲演、手势、物品、音乐、灯光、家具、规定的服饰式样。大学的徽章包括相当广泛的象征性物体,它们在不同时间内以很多方式被学术团体的不同成员使用,包括权杖和节杖、手链、戒指、图章、圣餐杯、钥匙和法律书籍、长袍和帽子。权杖是自治权尤其是校长的司法权的明显的象征,克拉科大学仍然保留有15—16世纪的四柄校长权杖。在教授和校长面前,执礼杖者要携带不同尺寸的节杖。博洛尼亚新任命的博士获得一枚金戒指和他们的执教许可证,在乌普萨拉,现在仍然保持着这项习俗。

学术服饰源自世俗教士的装束[48],最初的教师和学生都属于世俗教士。克劳斯罩袍(*cappa clausa*),带连颈帽的松散斗篷前面留有一个孔可以露出脑袋,是13世纪引入作为教士的户外服饰。后来,这在博洛尼亚、巴黎和牛津成为了大学的服饰,至少成为了博士和硕士的服饰。到14世 140
纪,这种服饰已经获得了它自己的设计和剪裁特点,但颜色标志直到后来才被意识到。在15世纪,世俗服饰对大学服饰的影响随处可见,如连颈帽、四角帽、小罩帽、披肩和头巾。在这种传统中出现了带翼袖的袍子,在德国、低地国家、牛津、剑桥得以使用。有些学舍推荐其成员穿一种特定的服饰。偶尔我们会了解到同乡会之间不同的服饰,如在布拉格的同乡会的宴会上所穿的那样。

在中世纪末期,每一位教师穿着不同样式和颜色的服饰。巴黎、牛津和剑桥的神学家身着黑衣,萨拉曼卡、科英布拉和佩皮尼昂的神学家身着白衣。浅绿黄和血红色是医学院的颜色。在佩皮尼昂、科英布拉和英格斯塔德,蓝色是文学院的颜色。深红色是为圣经学者预备的。在博洛尼亚,早期的民法教授露面时喜爱穿以貂皮装饰的深红色的布袍。14世纪的民法博士穿着蓝色的长至脚面的玛尼克特袍(*cappa manicata*),袖子到肘部,带着一顶白鼬毛皮的毡帽。1432年的校长必须穿玛尼克特袍,钮扣一

---

[48] Rashdall, *Universities*, vol. Ⅲ, 385 - 393; M. G. Houston, *Medieval Costume in England and France* (London, 1939), 153 - 157; W. N. Hargreaves - Mawdsley, *A History of Academic Dress in Europe until the End of the Eighteenth Century* (Oxford, 1963.).

直扣到脖颈，带有白鼬毛皮的连颈帽。到夏天时，它由很薄的布料制成。14 世纪博洛尼亚博士的服饰已较为固定，除了神学博士之外，其构成包括一顶圆形的红色毡帽、斗篷，以及相同颜色的以白鼬毛皮或貂皮装饰的裘尼克外袍（*supertunica*）。学生的服饰已经规定下来，相关的章程要求他们身穿黑色塔巴达袍（*tabardum*）和兜帽。

在巴黎大学，13 世纪就出现了学术服装，至 14 世纪差不多就被规范下来。教会法学者戴着一顶白鼬毛皮装饰的红色帽子，穿着有衬里的红色斗篷。医学教师是紫棕色的罗腾达外袍（*cappa rotunda*）。文学硕士穿着带披肩的外袍，文学学士被指定穿着棕色的塔巴达袍，在他们的“决定”之后穿一件蓝色罗腾达袍，并戴一顶以白鼬毛皮装饰的连颈帽。学生穿衬袍，在节日里穿一件裘尼克袍。在 15 世纪，校长身着一件带连颈帽的红色裘尼克袍。

在牛津大学，副教长穿红色的裘尼克袍，他宽大而摇摆的袖子用灰色的毛皮镶边，作为头饰的是一顶窄边毡帽。在 1350 年，神学教师被规定穿克劳斯罩袍，头戴黑色圆毡帽。教会法博士的全部服饰是一件黑色的克劳斯罩袍，公民法博士是红色的，医学博士是绯红色的。文学硕士身穿一件黑色的闭合斗篷，后来是无袖的宽松长袍，他们被禁止戴毡帽，因为戴毡帽的权力被认为是博士所专有。

在欧洲中部，一件长的裘尼克袍或者塔巴达袍，带着一个低顶的小帽
141 子，似乎是中世纪中最普通的服饰。直到 16 世纪，服饰颜色的选择才有很大的活动余地。在神学院，如在克拉科，克劳斯罩袍被保存下来。只要服饰得体，也不是太昂贵，学生就可以自行设计。

早期大学对印章的设计非常重视，上面有雕刻的寓意画、人物和文字，它们不仅被用于认定法律文件，而且也是自治权的象征。[49]在 13 世纪早期，印章的拥有权争夺激烈，如在巴黎，1246 年大学重新获得了它曾在 1225 年被教皇使节的决定所破坏的印章。从 13 世纪开始一直到法国大

---

[49] *Corpus sceptrorum – Die akademischen Szepter und Stäbe in Europa*, vol. I, ed. G. Vorbrodt and I. Vorbrodt (Heidelberg, 1971); vol. Ⅱ, ed. W. Paatz (Heidelberg, 1979); W. Maisel, *Archeologia prawna Europy* [Archéologie juridique Europe] (Warsaw, 1989), 264 – 266.

革命，巴黎大学的校印上面一直雕刻着"*S. VNIVERSITATIS. MAGISTROR.* [*et*]. *SCOLARIV. PARISIVS*"，以及在一个建筑框架内刻有圣母和耶稣、圣尼古拉斯和圣凯瑟琳、两位博士，以及六名捧书的学生的图案。徽章反面刻着"+ *SECRETUM. PHLOSOPHIE*"，带着智慧的形象。除了大学的印章之外，14 和 15 世纪的学院和学舍也有自己的印章。[50]

以铭文为首要特征的印章上的一般标志，与建筑、动产和印章上的盾形纹章差距很大。14、15 世纪大学纹章，以及大学和学舍的徽章的华丽程度，不比市民、教堂、君王和贵族的盾形纹章逊色。写于康士坦茨议会期间(1414—1418)的乌尔里希·里逊塔尔的编年史，努力通过巴黎、阿维尼翁、奥尔良、维也纳、布拉格、剑桥、牛津、克拉科、博洛尼亚和帕多瓦的一系列盾形纹章来呈现欧洲的大学社团的情况。虽然作者并没有探讨在每一个地方确切存在的纹章传统，但却增加了一本便于携带的书，作为每一个盾型徽章附属象征。事实上，书的确是知识的整体象征，一本特权之书或使用过的登记簿，就如同正在宣读庄严誓言的圣经般神圣。[51]国际和国内的各种纹章标志的输入传递一种欧洲知识分子社团的意义和地方学术社团理念的自觉意识：经院的、道德的和学者的充满生机的社团(巴黎，1454 142
年)。[52]

在中世纪的 300 年间，欧洲大学的组织和管理由这个法人团体内部和外部的力量铸造而成，大学也因此有了共同的特征，但其特征更多的是个别化和特殊的。直到中世纪末期，事实上直到旧制度结束时，大学成员的法律地位和作为一个组织的大学的法律地位在各个地区差别依然很大。尽管当代考察的主要目的在于描写事件和组织机构，但仍然有一种重要的

---

[50] *History of Oxford*, pl. nos. X, XI, 由 J. R.L. Highfield 编写, 225-263. 关于巴黎的大学: R. Gandilhon, *Sigillographie des universités de France* (Paris, 1952), 83-93.

[51] U. von Richental, *Das Concilium, So zu Constantz gehalten ist worden*, Augsburg 1536, Facsimile - Neudruck, Meersburg, 1936, cxxi - cxxiv; A. Porg (ed.), *Concilienbuch geschehener zu Constanz* (Augsburg, 1583); New York Public Library, Spencer Collection, MS 32 (about 1450 - 1460): O. Neubecker, J. P. Broeked-Little, and R. Tobler, *Heraldry, Sources, Symbols and Meanings* (London, 1977), 240-241; A. L. Gabriel, 'The Significance of the Book in Medieval Coats of Arms', 见 Gabriel, *Garlandia* (注释 11), 65-96.

[52] A. L. Gabriel, 'The Foundation of Johannes Hueven of Arnheim for the College of Sorbonne (1452)', in Gabriel, *Garlandia* (注释 11), 141.

倾向值得一提,这在大学其他生活领域中也很明显,即从教师和学者的法律自治和特权地位转变到一种专业等级制度。在这期间,随着大学在当代社会作为一个社团组织和专业机构的威望不断增强,它们对公共权威的依赖也与日俱增。

精选文献

参见第七章的参考文献。

Álvarez, M. F., Robles Carcedo, L., and Rodríguez San Pedro, L. E. (eds.) *La Universidad de Salamanca*, 3 vols., Salamanca, 1990.

Bannenberg, G. *Organisatie en bestuur van de middeleeuwse universiteit*, Nijmegen, 1953.

Beltrán de Heredia, V. (ed.) *Bulgario de la Universidad de salamanca*, 3 vols., Salamanca, 1966 – 1967.

Beltrán de Heredia, V. (ed.) *Cartulario de la Universidad de Salamanca*, 6 vols., Salamanca, 1970 – 1973.

Catto, J. I. (ed.) *The History of the University of Oxford*, vol. I, *The Early Schools*, Oxford, 1984.

Chartularium Studii Bononiensis. Documenti per la Storia dell' Università di Bologna dalle origini fino al sec. XV, 15 vols., Bologna, 1909 – 1988.

Cobban, A. B. *The Medieval English Universities: Oxford and Cambridge, to c. 1500*, Aldershot, 1988.

Cobban, A. B. *The Medieval Universities: Their Development and Organization*, London, 1975.

Denifle, H. *Die Entstehung der Universitäten des Mittelalters bis 1400*, Berlin, 1885; reprint, Graz, 1956.

Denifle, H. and Châtelain, E. (eds.) *Auctarium Chartularii Universitatis Parisiensis*, 6 vols., Paris, 1894 – 1964.

Denifle, H. and Châtelain, E. (eds.) *Chartularium Universitatis Parisiensis*, 4 vols., Paris, 1889 – 1897.

Fournier, M. (ed.) *Les Statuts et privilèges des universités françaises depuis leur fondation jusqu'en 1789*, 4 vols., Paris, 1890 – 1892.

Gibson, S. (ed.) *Statuta Antiqua Universitatis Oxoniensis*, Oxford, 1931.

Gloria, A. (ed.) *Monumenti della Università di Padova*, 2 vols., Venice/Padua, 1885 – 1888.

Hargreaves-Mawdsley, W. N. *A History of Academic Dress in Europe until the End of the Eighteenth Century*, Oxford, 1963.

d'Irsay, S. *Histoire des universités françaises et étrangères des origines à nos jours*, 2 vols., Paris, 1933 – 1935.

Ker, N.R. 'Oxford College Libraries before 1500', in J. IJsewÿn and J. Paquet (eds.), *Universities in the Late Middle Ages*, Mediaevalia Lovaniensia, series 1, studia 6, Louvain, 1978, 293 – 311.

Kibre, P. *The Nations in the Medieval Universities*, Mediaeval Academy of America, 49, Cambridge, Mass., 1948.

Kibre, P. *Scholarly Privileges in the Middle Ages. The Rights, Privileges and Immunities of Scholars and Universities at Bologna – Padua – Paris – Oxford*, Mediaeval Academy of America, 72, Cambridge, Mass., 1961.

Kiene, M. 'Die Grundlagen der europäischen Universitätsbaukunst', *Zeitschrift für Kunstgeschichte*, 46 (1983), 63 – 114.

Moreira de Sà, A. (ed.) *Auctarium Chartularii Universitatis Portugalensis*, 3 vols., Lisbon, 1973 – 1979.

Moreira de Sà, A. (ed.) *Chartularium Universitatis Portugalensis*, 8 vols., Lisbon, 1966 – 1981.

Rashdall, H. *The Universities of Europe in the Middle Ages*, 3 vols., ed. F. M. Powicke and A. B. Emden, Oxford, 1936; reprint, London, 1942 – 1958; reprint, Oxford, 1988.

Verger, J. *Les Universités au Moyen Age*, Collection SUP, L'Historien 14, Paris, 1973.

Weijers, O. *Terminologie des universités au XIII e siècle*, Rome, 1987.

144

第五章　教　师

雅克·韦尔热

不言而喻，没有教师就无所谓大学或学校的存在。学校教育既不同于以实践为主的学徒训练，也不同于家庭教育，其原因就在于有了对特定数量的学生进行授课的教师。同样地，正是教师这种角色的存在，使我们可以在更高的水平上区分学校与中世纪的其他文化机构，诸如修道院的抄录处（*scriptoria*）、教会或国王的办事处或法庭、学园等，这些机构往往依赖于地位相同的人之间的交流。然而，教师职能在各个历史时期明显存在这一事实，不应被当做不合时宜的借口。描述教师职能的词汇在不同时期几乎完全没有改变，但是就职业活动或者社会形象——他接受的或者自我选择的形象——而言，中世纪大学的教师与现代大学的教师有何共同之处？

博士学位

教师的职能显然要比中世纪大学更为久远，因为硕士（*magister*）、博士(*doctor*)和教授(*professor*)这几个关键术语是从古典拉丁文借用的。① 尽管这三个术语并非不加区别地被使用,它们最初却有一个相近的含义,即教学往往与在特定领域作出杰出贡献的人联系在一起。事实上,在中世纪,这种观念得到进一步加强。一名硕士或博士能够教书,但教师却不一定是硕士或博士。当硕士或博士头衔附加在一个姓氏前面时,它只意味着 145 它的拥有者已经完全熟练地掌握了他所学习的学科知识。他因而具备了从事该学科教学的条件,同样具备所有其他公认的从事智力工作所必需的条件。从广义上说,中世纪末期普遍的态度是认为这个头衔赋予其持有者以真正的社会尊严,使他易于接近特权阶层和贵族社会。因此,那些实际从事教学的硕士或博士一般被称之为"摄政的"硕士或博士,即 *regens* 或 *actu regens*,这个分词很快变成名词(a regent),这个词在剑桥大学仍然被使用着。

一个人如何着手获得"硕士"或"博士"头衔呢?这种头衔早在12世纪就已经出现。②在12世纪前,它似乎仅仅是一个普通用语,而不是正式的头衔。如果某人管理一所学校(不管他是受指派的还是创办人,还是基于当局、通常是主教代理人的许可),他就会称自己为硕士。更为普遍的是,任何一个学习了一定时间的人和那些离开学校时带着教师发给的表明学业成绩的正式或非正式证明的人,都可以使用这个头衔。到12世纪,主教座堂圣职团、罗马的法庭以及某些国王的办事处中的人员开始使用这个头衔,更不用说那些在巴黎、博洛尼亚、蒙彼利埃或牛津创办新学校的人了。

大学最初出现时,硕士头衔的获得已不再是一种习惯做法,而成为一种大学声称它们所独有的,并且被详细描述的程序。如果不考虑细节,那

① 关于这些词汇的问题,见 O. Weijers, *Terminologie des universités au XIIIe siècle* (Rome,1987).

② 正如 C. Renardy 所注意到的那样,见 *Le Monde des maîtres universitaires du diocèse de Liège 1140 – 1350. Recherches sur sa composition et ses activités* (Paris,1979), especially 79 – 144.

么只需注意,获得这个头衔的考试由三个要素构成。③

这个程序中的第一个阶段是,经候选人教师的同意,认为候选人已经达到了足够高的水平,候选人即可向大学当局和校长,最重要的是向教长提出申请。教长通常在硕士评审团的陪同下,检查候选人是否已经达到基本条件,即检查关于他的操行和他先前的学习情况。他们要审查候选人是否已完成所要求的学习年限,是否已完成获得学士学位之前所必须进行的
146 练习、阅读与辩论。接下来的便是实际的考试,经常被称做"不公开的"或"严格的"考试,它也是在教长主持、硕士评审团参与下进行。一般情况下,考试主要是候选人围绕一个他赞成的特殊问题或一个"论点"而展开的辩论,这个"论点"是在前一天晚上或当天早上抽签决定的。如果候选人通过了前两场考试,他就会被认为已经"毕业"(准硕士学位资格);但矛盾的是,尽管这种由教长授予的资格已经证明他的学业成绩,但并不能使他具有在大学里从教的资格。鉴于此,他们不得不参加第三场考试,这种考试有时被称做"公开的"考试,有可能就在准硕士学位资格授予后不久举行。有意思的是,在此使用的术语是"开始"(*Inceptio*)或"就职"。

一个人被授予"硕士"或"博士"学位的公开考试没有任何特别的困难,而且没有失败的可能性。实际上它只是一个仪式,通常在教堂举行,包括祈祷、庄严的演说和授予候选人硕士专用的象征物,即四角帽、手套和书籍。然后,候选人将表演他首次作为教师的一幕,通常是围绕一个由他本人选择的主题与学生展开辩论。公开考试的意义到此就完全清楚了。它只不过是先前的考试和准硕士学位的授予所证明的能力进行一次展示而已。它是一个有多种意义的行为,不仅表明候选人适合教学,而且标志着他隆重地进入博士的群体,为他的同辈认识和承认。即使教长出席这些仪式,从严格的意义上说他也不会在硕士学位和博士学位的授予上行使任何特权,因为这种授予是大学专有的活动,大学也通过这种活动宣告这是大

---

③ 关于获得资格证书和博士学位的程序,见 Rashdall, *Universities*, *passim*; 有关博洛尼亚的详细情况见 M. Bellomo, *Saggio sull'università nell'età del dirito comune* (Catania, 1979),尤其是 239 - 263; 关于巴黎大学,见 P. Glorieux, 'L'enseignement au Moyen Age. Techniques et méthodes en usage à la Faculté de Théologie de Paris, au XIII e siècle', *Archives d'histoire doctrinale et littéraire du Moyen Age*, 35(1968),65 - 186; 关于牛津大学, *History of Oxford*, *passim*.

学独立的一个极其重要的方面,即大学有招聘它所希望的任何人的自由。④

广义地说,这些是法定的必要条件。就术语而言,谈及硕士学位多用在文科和法学,博士学位多用在神学、医学等学科,但这只是一种习惯而已,在授予毕业生称号的种类上还有更多变化。

对于事情的实际方面追加一些观察是有价值的。首先,我们应该牢记实际上只有学生中的少数人能毕业。这一点毋庸置疑,尽管要得到准确的百分率是困难的(除15世纪神圣罗马帝国的大学之外,它们保存了入学注册和考试的记录)。这些百分率在不同的大学、不同的学院、不同的时期都有很大变化。为什么如此多的学生不能善始善终?除了涉及学习本身的困 147
难、必需的时间和高额的费用之外,还应该注意到学位本身的代价,假定拥有高级学院的大学有较高的淘汰率是有道理的,因为记录显示只有十分之三四的学生实际上被授予学士学位(*baccalariatus*),而被授予硕士学位的学生只占十分之一,尽管15世纪德国文学院记载了自身的高失败率。另一方面,存在着不少工于心计或善于操纵的人通过欺骗、舞弊或特殊的制度轻而易举的获得学位的例子。

即使如此,为数众多的学生不管他们希望与否,都无法获得教师的职位。然而,所有获得准硕士学位资格的人都能成为硕士或博士吗? 在一些学院,诸如文学院或神学院,这两种称号几乎总是相伴随,而且事实上是同时被授予的。在医学院,尤其是法学,这两种称号在14和15世纪似乎完全被分开。虽然博士学位带给拥有者相当大的声望,但许多硕士学位获得者并不申请博士学位,这是因为这个称号虽然比普通学位的代价高得多,但却没有带来进一步的智力发展。因此,博士学位只有对那些希望留在学院任教的人来说是必需的。⑤

无论硕士学位还是博士学位,最后被授予最高学位的人都从教吗? 起

---

④ A. E. Bernstein, 'Magisterium and License: Corporate Autonomy against Papal Authority in the Medieval University of Paris', *Viator*, 9(1978), 291 – 307.

⑤ J. Verger, 'Le coût des grades: droits et frais d'examen dans les universités du Midi de la France à la fin du Moyen Age', in A. L. Gabriel(ed.), *The Economic and Material Frame of the Mediaeval University*(Notre Dame, 1977), 19 – 36.

初,特别是在巴黎和牛津一流的文学院,规定了这个强制性义务。新硕士都必须作为一个“义务的”(*necessarius*)教师,从教两年。这条法规的好处是保证师资被定期更新,但是它必然使所涉及到的人不满意,因为这种义务的教师职位延迟了教师们的职业发展,也不合已经获得教师职位人的心意,因此他们坦率地表达出对限制学校和教师席位数量的兴趣。由于上述原因的存在,随着1452年的改革,这条规定逐渐被放弃并从巴黎大学的章程中消失。

如果硕士或博士都不从教,谁来选择教师职业呢? 概括地说,有两个解决此问题的方法。第一,通过教职员会议(如在巴黎),大学硕士的“全体集会”(如在牛津),或博士协会(如在阿维尼翁),由已经拥有教职的硕士共同选择。第二,由候选人与大学或作为大学保护者的一个特别权威(一位市民或一位王公)签订契约。这种契约通常一年签一次并且可续签,契约
148 中还十分严格地详细规定了教师的责任和报酬。⑥起初实行这种契约制度的中心区域是意大利(博洛尼亚、帕多瓦),随后它又被那些在不同程度上追随“博洛尼亚模式”国家所仿效,如法国南部或西班牙。在13世纪的博洛尼亚和帕多瓦,是学生大学选择教师并与他们签订契约。从14世纪开始,由自治市支付教师薪水现象的出现意味着选择教师的任务和关于契约的谈判越来越成为城市行政长官的责任,正如大学改革者的努力一样,这也许是他们的特长,虽然这不能取消与大学的初步协议。在科英布拉,是国王任命教师,而在萨拉曼卡,教师的任命在整个中世纪一直是校长及其顾问的特权。

教师的职业生涯

在中世纪大学里,教师这个群体不是同质的。

如果我们暂时不考虑那些学士或准硕士(他们事实上对教学中极有意义的部分负责),那么首先应该注意的是在神学院中很多教师属于宗教阶

⑥ 在博洛尼亚,这些教学责任被 *taxatio punctorum* 严格地确定,即教师必须遵守的严格的日程表,为了一个接一个地学习,没有任何遗漏,所有法典文本被划为要点(见 Bellomo, *Saggio*(注释3),205-208)。

层(托钵僧、西多会修士)。他们在修道院中从教,并且服从于由他们所属阶层中全体教士所固守的关于灵活性的控制,因而他们只在大学的生活和管理中起很小的作用,并有着完全特殊的职业经历。然而世俗教师有很大不同。真正的职业教师群体的逐渐出现在欧洲几乎是随处可见的主要现象,虽然每一事件中使用不同的称谓。⑦他们常被称为"普通"教师,它与"特别"教师相对,而"特别"教师是一个较模糊的概念。

它们之间的区别首先体现在教学方面。因为在每一学科中有"普通"文本和"特别"文本,前者是被"普通"地即更深入地进行学习的最为重要的文本,后者不是最基本的而且常常以"特别的"或"粗略的"方式被阅读,特别的阅读物大体上被委托给学士,而博士也可以讲授它们。在这些特定的环境中,简单的方法就足以区分普通教师和特别博士,前者要求具有在"博 149
士的时间"或"教师的时间"(早晨第一件事)提供普通阅读物的权力,后者一般被限制在下午举行特别阅读物的讲授,涉及的课文被认为不太重要,而且甚至有时不具有考试大纲所要求的特征。

导致普通博士发挥更重要作用的原因不仅有教学方面的,还包括经济和制度方面的因素。正如我们所看到的,这些教师总会获得最多。因为作为普通教师,他们是完全掌管大学的唯一群体,他们要求对学生行使完全的权威,并单独享有这一权利,认为只有他们才有权颁发关于学生学术成就的证明书和成为主考官委员会的一员。在博洛尼亚,这种权威的行使是各个学院的"博士协会"的主要职能。根据数目的限定(民法 16 名,宗教法 12 名),这些被共同选择出来的博士协会成员并不包括全部的教师,而仅仅是其中一部分人。由于它监督学位的颁发和有关的大部分财政收入,因此这些优秀分子代表着与学生大学权力相对应的一种平衡力。⑧这种制度在那些学生不同程度地参与大学的管理的场合是特别有用的。然而普通教师所关心的正是把他们的成员限制在"硕士大学"。这个倾向的存在事

---

⑦ 有关法国的方面,见 J. Verger, 'Les professeurs des universités françaises à la fin du Moyen Age', in J. Le Goff and B. Köpeczi (eds.), *Intellectuels français, intellectuels hongrois, XIIIe – XXe siècles* (Budapest/Paris, 1985), 23 – 39.

⑧ A. Sorbelli (ed.), *Il 'Liber secretus iuris caesarei' dell'Università di Bologna*, vol. I, *1378 – 1420, con una introduzione sull'origine dei collegi dei dottori* (Bologna, 1938), ix – lxxvi.

实上与大学本身一样长久。例如，在 1207 年，教皇英诺森三世建议将巴黎神学校的数量限制到 8 所。因而，在稳定教学职位的意义上，出现了通常由特别捐赠提供的，而且有时与一门特殊科目的教学相联系的一种大学教授席位。然而严格意义上的教授席位在中世纪的大学里是稀少的。在 1317 年的博洛尼亚，新增了五个与传统付薪教师职位相并列的教授职位。[9]在 15 世纪别的地方也存在一些这样的例子。另一方面，人们的印象是，几乎在每个地方普通教师的数量总倾向于被固定在一个低而稳定的数字上。普通教师数量的这种稳定不仅有助于确保他们的收入和权威，而且使拒绝不受欢迎的候选人变得更为容易，特别是对于那些其他大学的博士[10] 或该城市的外来者，而这却有利于已经受雇教师的儿子或侄子。在博洛尼亚事实就是如此。

然而普通教师从未享有完全的大学管理权。撇开像博洛尼亚这种大
150 学里的学生权力不谈，事实是在那些大学或大学城里被任命的特别博士和所有非摄政的硕士和博士，有时在紧张的斗争之后总是赢得在大学决策层中差不多完全的分享权和因此而来的在利益方面的分享权，这包括参加各种集会和会议，主考官委员会，有时甚至是挑选大学的职务的权力。对普通教师优势地位的挑战必然是与对他们教学工作的批评相伴随的，这种批评常以缺勤和枯躁乏味为标志，至少是含蓄的评判。

上述发展在欧洲南部的法学院和医学院是特别明显的。在那里，早期的这些学院中的教师是俗人，并且是已婚的；他们的家庭责任在他们的职业中关系重大。他们往往在一生中保持着教职，即使不得不有几次的迁移（根据不同的大学提供给他们的契约）。那些教授教会法或神学的牧师和修道士有更多的机会可以利用，在作为教师几年之后，就能够选择严格的教会职业。从 13 到 15 世纪，许多主教，甚至红衣主教和教皇，以前都是教师。在 13 世纪有纪录的巴黎神学硕士中，超过 33% 的人后来成为了主教、修道院院长、或红衣主教。在 15 世纪，79 名英国主教中 36 人（占

---

⑨ Bellomo, *saggio*（注释 3），211—215.

⑩ 尽管学位应该是普遍有效的，然而一流的大学特别有意地将来自其他大学的博士拒之门外。另一方面，那些小而新的大学则力求吸引有声望的大学毕业的博士。

46%)曾在牛津或剑桥任教。⑪

在文学院,尽管有一些讲授语法和逻辑的“职业”教师,但其中大部分人是年轻的硕士,这些教师在从教几年,完成他们的义务教职之后,常常继续到高级学院从事他们的研究,这种现象在巴黎和牛津特别突出。

到了中世纪晚期,尤其在文学院,一种新型教师出现,比起高级学院的普通教师来,这些教师占据的是一种较为稳定而较缺少尊严的职位。这就是学舍教师,其最常见于有着众多学舍的大学,诸如巴黎、牛津和剑桥。虽然学舍最初被认为是为穷学生提供的寄宿所,但这些学舍逐渐以愈来愈突出的教学而赢得信任。像“学生宿舍”或者“会堂”这样更小型的机构也有类似的情况发生。这种教学形式开始不过是用于不公开的课程,但后来转变得完整系统,不但向大学里的学生开放,而且还向外来的听众开放,特别 151
是在规模较大的学舍,于是就与学院的演讲形式形成了直接的竞争。这种活动的发展导致这些学舍招聘一批它们自己的付薪教师。巴黎的索邦学舍和纳瓦拉学舍,以及牛津的莫德林学舍(建于1448年)是第一批大规模地发展这种讲授形式的学舍。

教师的报酬

教师的报酬形式和尺度如同他们的职业地位一样是多种多样的。在12世纪巴黎和博洛尼亚的私立学校,根据协议,教师靠学生在讲课之前缴纳的费用生活,这种费用很可能依据个人或集体的原则确定。但是持“科学是上帝赐予的礼物,不能被出售”这种观点的教堂并不赞成实行这种制度。因而传统的教堂学校提供免费的教育,至少在神学方面,教师依靠牧师俸禄的拨款来维持(第三次拉特兰教堂会议通过的教会法18条,1179年)。

在大学中,这个问题同样连续出现。本身是牧师的教师拥有牧师的薪

⑪ R. Avi-Yonah, ‘Career Trends of Parisian Masters of Theology, 1200 – 1320’, *History of Universities*, 6(1986 – 1987), 47 – 64; J. T. Rosenthal, ‘The Training of an Elite Group. English Bishops in the Fifteenth Century’, *Transactions of the American Philosophical Society*, new series, 60:5(1970), 5 – 54.

俸，由于教皇制度支持用这种办法解决该问题，因此，他们不仅享有完全的自由，还可以获得牧师薪俸，他们可以教学赚钱两不误，但这些收入是远远不够的。其中，特别是在年轻的文学硕士中，很多人没有被赐予牧师的薪俸。在南部大学中，法学和医学教师的情况亦是如此。这些教师因此仍要靠学生交纳的学费以及其他的捐助勉强度日。但学生并不乐意交纳这些学费与捐助，尽管当时各个学院的情况不同，但学生缴纳的费用都是屈指可数的。因此从13世纪末开始，学校要求学生在参加考试时必须缴纳高额的费用。

教师们为获得较多的牧师薪俸和征集考试费与捐款而苦苦争斗，这恰好显示了这些资金对于教师的生活是多么重要。关于亚里士多德、圣经和罗马法理论的讨论有助于证明这些实际做法是有道理的，能够使法学家和神学家都承认：知识作为上帝赐予的礼物不能够用金钱来衡量，而教师的劳动（尤其是如果他没有其他来源可依赖的话）应得到一些报酬，然而这样的报酬不应取自穷困的学生，这是能够被理解的。[12]

152 还有一种风险较小的解决方法，即向教师支付薪金（这无论如何也不能排除捐助和考试费的征集）。在当有新大学建立时，这个方法很快就被应用以便保证那些它们希望吸引来的教师们的生活。在那不勒斯（1224）、维切利（1228）和图卢兹（1229）就发生过这种情况。在意大利，支付教师薪水成为惯例，第一个例子在博洛尼亚从1280年持续到1289年；到了1381年，有23位法学博士的工资由自治市支付。的确，通过这种方式，自治市设法扩展在教师聘用上的较大控制权。其他的意大利大学照样仿效。为了尽力吸引博洛尼亚和帕多瓦的著名教师，一些大学（佩鲁贾、佛罗伦斯、帕维亚）在建立之时就为教师提供高薪。在伊比利亚半岛，薪水也成为惯例；卡斯提尔和葡萄牙的国王们为他们建立在萨拉曼卡、瓦拉杜利德和科英布拉的大学里的教师设立了薪水制度。教堂承担了这种行动的费用，这些薪水主要来源于这些国王们为他们自己贮备部分的什一税（tithes）和各

[12] G. Post, K. Giocarinis, and R. Kay, 'The Medieval Heritage of a Humanistic Ideal: "Scientia donum Dei est, unde vendi non potest"', *Traditio*, 11(1955), 195-234.

种其他教会的收入。⑬另一方面,在14世纪阿拉贡建立的大学,诸如莱里达和韦斯卡,教师的薪金由市民负责。

法国在中世纪末期之前(1479—1493,在阿维尼翁),如果除了获得不同程度的成功(奥朗日在1365年,普瓦捷在1431年)并且由市民竭力维持的若干新建大学里的教师之外,⑭几乎没有任何有薪水的教师。在牛津,值得一提的是一种短期的哲学教授席位,它是由一位神学教授格洛斯特公爵于1437年创立的,之后,他又设立了神学教授席位(1497)。然而,应该牢记在心的是,在巴黎和牛津,学舍教师是由雇用他们作为教授席位的学舍支付报酬的。

最后,在帝国,由王公、市民或者私人于14和15世纪创建的大学中,这些奠基人和捐赠人从开始就为教师提供了基本的生活条件。这些学校采取年薪的方式为教师付酬。例如,当时的鲁汶大学就采纳了这种方法,但这在一定程度上也对公共财政形成了压力。因此大学通常宁愿求助于特别为那些数量最多、生活最为贫困的文科硕士们贮备的永久性基金,或者当地教士会中的牧师薪俸(自1443年,在鲁汶有29个牧师薪俸为大学而贮备,相当大地减轻了由市民支付的工资负担)⑮或学舍里的土地(在维也纳、海德堡、莱比锡、罗斯托克、格瑞夫斯沃德等事实就是如此)。苏格兰 153
曾一度打算实行这项计划(圣安德鲁斯、格拉斯哥)。

在每一所大学里,无论多么严谨的报酬模式,似乎总有较大的差异。通常,在高级学院任教的教师似乎比文学院教师明显有较高的收入(牧师薪俸、酬金、考试费和薪水)。但是还涉及到很多其他因素,包括学生的数量和王公或市民的财产(这明显地存在着极大的差异,如同教师的名望一样)。例如,在帕维亚,1387年和1499年之间,有薪水的教师数量依据米兰公爵的财政状况,在从9到大约70的范围内变化,然而在总的支付给若

---

⑬ A. Barcala Muñoz, 'Las Universidades españolas durante la Edad media', *Anuario de estudios medievales*, 15 (1985), 83 - 126.

⑭ 关于奥兰治: F. Gasparri, *La Principauté d'Orange au Moyen Age* (*fin XIIIe-XVe siècle*) (Paris, 1985), 235 - 239. 关于普瓦捷: R. Favreau, *La Ville de Poitiers à la fin du Moyen Age. Une capitale régionale*, vol. II (Poitiers, 1978), 380 - 384.

⑮ J. Paquet, *Salaires et prébendes des professeurs de l'université de Louvain au XVe siècle* (Léopoldville, 1958).

干著名法学家的惊人报酬与支付给语法或逻辑教师的可怜的薪水之间却有着巨大的差异(1 比 50 的比率),其金额大概与支付给约占大学教职工总数的一半的没有特殊技能的工人的总额一样多。[16]在别的地方,这种差异没有如此之大,但仍然很大(科英布拉,根据 1323 年的章程,比率为 1 比 9)。

一项无遗漏的记述记载了教师挣得的来自于非校方提供的收入状况。例如,他们可以通过生日、婚姻或写作来赚取一定的收入,或者他们还靠一些私人的财产等获得一些收入,此外,他们可以把自己的住房租给学生收取租金。最后,在教书的同时,他们能够通过提供高额的法律或医学方面的咨询为生。

总而言之,在中世纪大学至少有两种教学职业可能,还有明显的一整套介于上述两者之间的选择。另一方面,还有年轻教师仅任教几年,一般在被提升之后立即开始。他们通常希望追求在大学之外谋求圣职或希望在政府机构中谋职。这就意味着离开大学之后他们就停止了对母校的兴趣,因为他们毕业时和当他们参加考试时所发过的誓言不可改变地限制他们。因此,作为非教学的博士,他们会到市镇议会就职,同时他们又可能返回任教。没有谁会在任教几年之后做出离开的决定,否则这意味着他们是低劣的教师。确实,由于在年龄上接近自己的学生,尚未因循守旧,实际上他们似乎应该获得真正的成就。因为不太关注他们自己的个人利益,他们无疑对作为一个社会事业机构的大学的各个方面,对大学所能发挥的特殊的宗教的或政治的作用保持着较多的敏感。

154 我们称其为普通教师的那些人,他们无疑是中世纪末特别是新大学里的大多数,有着极大不同的职业生涯。虽然他们放弃所有在大学之外谋求发展的希望是很少见的,但是他们往往要在大学这个地方度过许多年甚至他们的整个一生。因此,1378 至 1429 年间,在奥尔良,人们所熟知的 16 位法学教授中,有 13 位在此从教长达 20 到 40 年。[17]对于这些人,大学不仅是一个交换知识和提升人格的地方,还为他们的整个人生提供了一个框

[16] D. Zanetti, 'A l'université de Pavie au XVe siècle: les salaires des professeurs', *Annales ESC*, 17(1962), 421 - 433

[17] *Universités en France*, 101.

架。由于不易于参与大胆的集体创新和做过激的决定,他们既不准备牺牲他们个人或家庭的利益,也不准备损害他们自己构建的所谓权威人士、经验人士或名人的形象。谦逊的学舍教师和在法学界有威信的博士都力求在大学服务以从中获利。

普通教师的出现明显地减少了教师在地理空间上的流动。应该承认,那些毕业于最好大学的人总设法为他们自己寻找一个好职位。因此,在14和15世纪,从博洛尼亚和帕多瓦毕业的博士几乎遍及所有意大利的新大学,同时这些大学一直在努力地争取这些人才。1378年后,来自巴黎大多的神学或文学硕士在法国南部或在神圣罗马帝国受到欢迎。然而,如果人们更广泛的观察,应该看到教师的聘用在中世纪末期有越来越本地化的趋势。

难道这样的教师必然是低劣、墨守成规的吗?对此问题的正确回答要求人们首先要考察管理他们教学的具体情况。

作为一种职业的教学

大学的章程规定了教师教学职责的细节。教师虽然能够从一所大学到另一所大学,从一个学院到另一个学院变动,但是通常都受到很大的约束。最终,他们把教学变成一个全职的活动,一种真正的职业。如不考虑各个学科的正式而且真实的内容或教学方法,那么最好是去设法衡量一名教师职责的繁重程度。

一名教师的基本职责是"读",即发表他关于由教学大纲详细指定教材的权威讲演。这些讲演在上午进行并且持续一个半至两个小时。教师在准许工作的每一天都必须读,但实际上,如果排除礼拜天和宗教节日,以及 155
安排给庄严的辩论、考试和暑假的天数,一年中几乎不超过130到150个获准日可供阅读。有些硕士要在下午作演讲,因此,那些在临近中午或下午举行的"特别的"、更专门化的或可选择的演讲,通常由特别教师或学士来作。博士还必须组织辩论,辩论一般是在下午进行,教师的责任包括选择主题、主持辩论,并且在随后的几天内,通过他们自己对于所辩论问题的"判定"作陈述,并得出结论。众多辩论的举办方式有相当大的差异,例如,伟大的神学家托马斯·阿奎那平均一周组织两次辩论,[18]但是在其他情况下,特别是在法学院,一般每周不超过一次辩论。这项规定有助于确保普通教学日程不受太多的干扰,因为所有的学士必须参加每一次辩论,这也常常会延误他们自己的演讲。虽然具体情况随教学人员的规模而变化,但每一位硕士往往不对每月、每学期或每年超过一次的辩论个别负责(在博洛尼亚事实便如此)。

为了演讲和辩论,一位教师必须在他自己的书房拥有必备的图书。此外,他还必须投入一定量的时间作准备,因为规则至少在理论上禁止照本宣科,他年复一年地重复同样的过程。最好的教师还可能在教学活动之后把他们的评论编写成文章并把这些文本委托给出版商,出版商会把这些文本在学生和抄写者之中传播。

大学生活包括除了严格教学外的很多义务。例如,定期的和偶然的宗教仪式,召集考试委员会,以及大学、学院、博士协会的集会和会议等。教师可能会有机会拥有许多被选举出任大学管理部门所需要的职务中的某一个,即校长、学监、估价者(大学城里租金和价格的估价者)、财务官和学院院长;即使在博洛尼亚这类学生大学里,也存在博士协会的官员。这些任职的委托契约一般是短期的(最长的为一年),但是普通教师后来再次获得聘任的可能性就大增。在任职期间,大学的官员们必须持续地忙碌,他们必须维持账目和档案,解决许多的日常问题,在所有情况下代表大学。另一方面,这种职务赋予其权威和声望。在巴黎,大学校长处于官员队伍
156 的前例,次于主教。最后,教师经常作为大学的代表应召接受特殊使命(赴向国王或教皇)或参加委员会(为了检查一本可疑的书或巡视一个学舍)。

这些职责对于所有教师不是同等的。对于法律学者和医学博士,阅读是基本职责;而文科硕士因为他们从事教学的对象是较年轻的学生,则是反复地演讲。另一方面,神学硕士很可能总是给予辩论比阅读更多的重要性,实际上他们将大部分阅读都交给了学士,学士的任务是给学生传授解决"有争议问题"的争论所需要的基本知识,依据的是彼得·隆巴德的《格言

---

[18] Glorieux, 'Enseignement au Moyen Age'(注释 3), 127.

集》和《圣经》这两个基础文本。就管理的责任而言,那些特殊人物,包括大学里的较年长或较有影响的人,可能对他们负有特别的责任。

决非所有的教师对履行职责有同样的热忱。严肃是有关个人能力和性情的事,但即使从当代人的视角来看,如果假定所有普通教师都是严肃的将是完全错误的。大学的章程被执行得十分频繁,这无疑表现了教师几乎时常都只“读”了部分的课程计划,诸如:口述他们的课,授予不合格的候选人以学位,缺席,把学士提拔起来顶替他们的位置,戏弄大学的规定。例如,禁止他们努力把缺席限制到一年中一个月也是不可能的,尤其在博洛尼亚,那时许多学生把监视和指责不令人满意的教师作为他们自己的事务。[19]

到了1317年,教皇约翰二十二世开始不断地担心:“许多教师(在法学院),本应该专心于他的教学,却在致力于审判、辩护和其他外面的活动。”[20]正如许多教师的传记所显示的(他们是著名的,也许不具有代表性),这种长期缺席现象在中世纪末似乎变得更糟糕。很多教师忙于向王公或教会服务,或连续访问康斯坦斯或巴塞尔的会议,致使他们长达数月,甚至数年地打乱了教学计划,且带来严重的后果。

如果我们考虑一位博士完成他符合大学规则要求的教学职责的情况,实际就是,我们会问他们所处的具体工作环境究竟如何。

157

学校中的教师

一个教师的基本工作环境是他的学校或者教室(*schola*)。在物质上,它首先由房间组成,虽然有点儿一成不变,但其特点由于各时期保存的大量图像资料而为我们熟悉。它有一把威严的椅子,学生坐的长凳子,有时放置有可以放书本的课桌(经常是为了方便听课,一般不是为了写字),靠墙有几个壁橱,以及在冬天铺着稻草的地板。这些房间通常由教师自费租用。大学本身拥有自己的建筑是后来的事了,如14世纪末的巴黎大学,15世纪30年代的牛津、剑桥、科英布拉、萨拉曼卡、阿维尼翁、普瓦捷等大学。

[19] Bellomo, *Saggio*(注释3),208.

[20] *CUP*, vol. Ⅱ, 200-201, no. 741.

在帝国和东欧的大学，如布拉格、莱比锡和克拉科，演讲课程通常在学舍举行。

但是，学校还有一个人性的和教育的维度。至少在早期，学校有时有点儿像一个由教师和学生组成的“社团”（*societas*），这意味着什么呢？

学生到一所大学必须获得批准才能成为其正式成员，其关键是他应在某一特定教师名下注册，从而成为一学校的成员。他常要有好几天的时间在选择教师上下决心。标准是什么呢？一个人可以申请本国的大学，或者也可以另外选择最著名的大学。尽管如巴黎大学第一部章程所说（1215），“没有教师就没有学生”。实际上所有中世纪大学都被对于那种从一个教师到另一个教师不受控制的学生的“漫游”争斗困绕着。

教师应该指导他允许注册入学的那些学生（如果仅是为了从他们身上获得资金）。在某种程度上他对他们的行为负责，虽然教师起初控制他的学生的权限有可能被大学官员（校长、教长）取代实施。教师的职责就是要确保学生在学习中获得长足的进步，并由他决定（学校章程常给他留下一些余地）什么时候学生，一个在演讲和辩论中长达数年的实际沉默的听众，能够获得“判决”（determination）学士学位，这将在某一天给予他发挥更积极作用的资格，使其发挥一种助教的作用。这些助教将在辩论中提供答案和讲一些特别课程，引导新生入门，为他们下面的主要演讲课程作准备。教师还将在适当时候把“学有所成”的学士推荐去参加硕士资格和“博士学位”的考试。

158 作为人之常情，人与人之间的理智和情感密切联系，是容易理解的，如果一个人把学习过程的持续时间、课程表的繁重性和口试的重要性牢记在心，这就能把学生与他们的教师密切联结起来（即使初学者起初因缺乏直接的约束而有时会不识时务）。某位教师以前的学生们，尤其是如果这位老师随即被提升到高级官职上，就喜欢谈起“我的老师”，并喜欢请求曾经培养和保护过自己的这位老师的关照。

当然，这是一幅有些理想化的图景。实际上，事情经过不会很顺畅，学生们会对他们的教师不满意，认为他有令人忧虑的性格，缺乏能力，或者相反，认为他是一种沉溺于无价值的诡秘的人。这种抗议很少会留下任何踪迹,㉑ 但却能够推测出实际结果会是什么。一些学生会转学,希望在别的什么地方寻找一名更博学的教师,或者相反,寻找一名更加通融的教师。许多学生在迈出这彻底的一步之前迟疑不决,但总是以各种方式宁愿显示对官方教育模式明显地缺乏热情(正如许多教师所做的),上述情况在14和15世纪呈现增长的态势。

尽管不与外界接触,学生也决没有被封闭在他们的学校里。在每一所学校里,无论何时举行辩论,某个学院所有的学士都要依次参加。学校的考试也必须在学院中由所有或部分的教师参加的评审团在场的情况下举行。因此一名教师在学校里不能自由地做他所希望的事,特别是一些章程把他限制在特定的教学计划、课程表和教学方法中。

尽管如此,传统的教学形式似乎对一些人是繁琐而且不恰当的。这就是为什么许多学生,特别是在神学领域里,总是任意地打破它而采用更深刻、更个性化的教学形式,这尤其体现在《格言集》的阅读上面。这还能解释"特别的"或可选择的练习和课程有时令人迷惑的增加,这是由准硕士或学士们有时在暗地里或在假期中增加的,这个成功可以由他们更实际或更现代的待征解释(例如,这一点经常使人文主义者发现如何进入大学的通道)。

在正式的章程中,仅仅模糊的被界定或者甚至被反对的这些"非正式"教学所占的比重无疑一直在上升,特别是在那些最为好奇而且苛求的学生们所关心的地方。即使评估它们的准确意义和真实功效,对于我们几乎是不可能的。然而,它们清晰地呈现出一个新的理智方向。这种同样的趋势可以用来说明在学舍里教学的发展情况,在那里正出现一种分配学生的新制度(以年龄的标准决定他们在特定班级的位置,每一班级有它自己的教师)。在15世纪的德国(莱比锡)和苏格兰的许多大学里也有类似的方式,我们可以看到文科教师通过一种每年循环的制度,来分配教学大纲的各种书本,学生也可以从一名教师向另一名教师转移。这实际上就是学校里学生年复一年早已习惯了的由同样的老师讲授同样课程的严格学习体制,逐 159

㉑ J. Leclercq, 'Lo sviluppo dell'atteggiamento critico degli allievi verso i maestri dal X al XIII secolo', in *Università e società*,主要引自关于13世纪一些巴黎人的辩论(*quodlibeta*)这些辩论可能正好是这种斗争的发泄机会。

步被更富弹性、更加进步的体制所取代的一个过程。

如果人们知道了学生的数量有多少,就会更好地理解一位中世纪的教授对于其学生的地位。显然,学生的数量随着大学的重要程度、教职工队伍的规模和特定的时代环境而变化。在教师数量总是很多的巴黎,15 世纪每个学校平均只有十到二十名学生,在医学校则更少。㉒但是学生数量的总趋势是在增加。在大的学舍里,通常每个教师要教二十到三十名学生。㉓ 一些著名法学家声称他们的阅读课会吸引即使不到几百也有几十名听众,在那些大学里一小部分普通教师设法赢得了一种独占权,他们能够指望拥有稳定的听众,这些听众的数量也许会依据教师的声望,根据不同的学校而变化。㉔

同事之间的关系

如果说上述教师与学生之间的关系具有极大的口传性质,经常使我们困惑,那么教师与其同事的关系则相对了解得更加确凿可靠。有资料可证实当时绝大多数的紧张和冲突情况。有同事间的直接冲突,包括对他们各自学生偷窃的控告(同有关的利益、捐款和考试费联系在一起)。也有不同
160 学院的教师之间的冲突。例如,在巴黎,文学院的成员一向抱怨神学教师对他们的教学施行的监督,在其他场所法学博士的傲慢也受到指责。还有处于不同地位的教师之间的冲突,最著名的是世俗教师与托钵僧两大对立阵营之间的冲突,如在巴黎(特别是在 1250—1239 年和 1387—1403 年),在牛津(1303—1320)和在剑桥(1303—1306)。这后一种冲突部分上是关系到教义的事情,而直接的起因仅仅与共同的身份问题有关。因而,无论是文学教师还是神学教师,这些世俗的教师允许托钵僧学校达到同他们的

㉒ 对于 1400 至 1450 年间巴黎大学的学生数量,这里有 J. Favier 所做的估计,见 *Paris au XVe siècle. 1380 - 1500* (Paris,1974), 69 - 72.

㉓ 在纳瓦拉学舍(巴黎),三个教师分别负责 20 个学生的语法课,30 个学生的逻辑课和 20 个学生的神学课;格瑞夫斯沃德的文科学院的学舍里估计拥有十个教师和 340 个学生(Rashdall, *Universities*, vol. Ⅰ, 511; vol. Ⅱ, 272)。还能举出其他例子的数字。

㉔ 在阿维尼翁,15 世纪法学系平均 4 个普通教师共同负责 200 至 300 个学生(J. Verger, 'Le rôle social de l'université d'Avignon au XVe siècle', *Bibliothèque d'Humanisme et Renaissance*, 33(1971), 489 - 504).

神学校一样的地位,同时,指责这些修道士利用了在大学里他们的存在(为了招聘新成员或赢得大学学位)同时却没有服从大学共同的规则。例如,他们拒绝参与为保护大学自由的罢课,他们未经认可就设立新的教授席位,或者由于他们有自己的预备学习体系,所以鄙视在文学院的预备培训。这些冲突以各种各样的妥协达到了顶点,但却没有其中任何一个冲突曾经对托钵僧在神学教学中所赢得的支配地位造成威胁。㉕最后还有不同来源教师之间的冲突,如在布拉格,捷克与德意志教师之间的世仇,只是到1409年后者被驱逐后才得以了结。㉖

这些严重的职业冲突还混合进了知识的冲突。在14和15世纪欧洲北半部几乎所有的神学院中,伴随着谩骂、责难和排斥大行其道,我们可以看到"古典派"(托马斯主义者、司各脱主义者)和"现代派"(唯名论者)之间的对抗,许多德意志的大学(海德堡、弗莱堡、因戈尔施塔特、图宾根)通过确立两条独立的路径("经由古代"的和"经由现代")解决了这种对抗,于是师生都可以依据选择权对二者进行选择。

最后,大学对政治因素也没有免疫力。在巴黎尤为严重,在那里不同的时期,公正之王菲利普的支持者和教皇博尼菲斯八世的支持者之间,在教会大分裂时期教皇的支持者与议会的支持者之间,以及在百年战争末期阿马尼亚克的支持者和布吉尼翁的支持者之间相互争斗,有时也导致党派 161
之间的排斥。

人们不应据此断定,许多大学都是处于或明或暗的嫉妒或争吵之中。上文提到的较大争论也主要是影响了巴黎和牛津的文学院和神学院。在别的地方,在法学院和医学院以及在中世纪末期建立的较小的大学,其紧张程度似乎就小得多,不可避免的冲突也很快被解决了。而且,凭借教师们之间的相互联系、学生时代形成的友情关系、为保证大学稳定而维护大学的独立性的共同意识和显示抵御外来威胁的团结需要等多种共同的利

㉕ 关于世俗教师和托钵僧之间冲突的情况,就巴黎而言可以参阅 M.-M. Dufeil, *Guillaume de Saint-Amour et la polémique universitaire parisienne, 1250 - 1259* (Paris, 1972);关于牛津:*History of Oxford*, 205 - 208;关于剑桥:A. G. Little, 'The Friars versus the University of Cambridge', *English Historical Review*, 50(1935), 686 - 696.

㉖ F. Šmahel, 'The Kuttenberg Decree and the Withdrawal of the German Schools from Prague in 1409: a Discussion', *History of Universities*, 4 (1984), 153 - 166.

益需求,这样的争吵总是得以减缓。当然,到中世纪末期,特别是由于来自民族国家的压力,这种集体的情感也变得越来越淡漠。㉗但是,教师之间的关系并非必然地相应恶化。注意到为学校的自由而斗争的需要,显然,因循守旧的职业教师以一种名人贤达的社交活动方式取代了最初教师们的旧有团结,借以维护他们共同的利益。

知识和权威:教师的形象

如果我们要理解中世纪的教师,最终我们需要考虑他对于自己所希望突出自己那种身份和地位的感受。由于中世纪的大学教师未曾留下任何自传性的著作,因此要辨别这个形象究竟是什么是不容易的。当教师谈及他们的职能时,总是存在于注释、博学的短文和正式的文本(就职演讲和长篇演说),因而这些资料只能给我们理想化的描写。同样地,大学的章程也仅仅描述了一般的水准。至于与教学没有直接联系的文献,诸如像《纪律的学规》或者各种《新近的研究》一样的教师论文,道德学家的文本("镜子"或"自白者"手册)和讲道等,㉘这些文献可能包含大量关于教师和学者以及他们优劣的暗示,但是他们经常被定位在如此概括的水平,以至于把他们与具体时代的真实状况相联系将是困难的。

然而,这些文献中的许多论文有助于明确中世纪教师(考虑到有关的学科、国家和时期的不同)寻求实现的理想。㉙

162 教师是一名有威信的人,这是个关键问题。被他的同行或教会授予的硕士或博士头衔,不仅仅是从教的职业资格或一个团体的等级,它界定了一种地位、一种尊严和一种次序。它给予它的拥有者获得一种高贵社会地

㉗ J. Verger, 'Université et communauté au Moyen Age', *CRE - Information*, 62(1983), 21 - 44.

㉘ P. Riché, 'Sources pédagogiques et traités d'éducation [au Moyen Age]', in 'Les entrées dans la vie. Initiations et apprentissages', *Annales de l'Est*, 34(special issue)(1982), 15 - 29.

㉙ 特别是 Post, Giocarinis, and Kay, 'Medieval Heritage'(注释 12); J. Leclercq, 'L'idéal du théologien au Moyen Age. Textes Inédits', *Revue des sciences religieuses*, 21(1947), 121 - 148; G. Le Bras, '"Velut splendor firmamenti": le docteur dans le droit de l'Eglise médiévale', in *Mélanges offerts à Etienne Gilson* (Toronto/Paris, 1959), 373 - 388; A. L. Gabriel, 'The Ideal Master of the Mediaeval University', *Catholic Historical Review*, 60(1974), 1 - 40.

位的机会，一种许多大学成员，特别是假如他们是法律学者的话，获得自可比于贵族的社会地位。像贵族一样，博士是“显赫的”；在城市里，他是大人物中的一员。正如 14 世纪一位博洛尼亚伯萨诺的博士西蒙所言，博士比普通的爵士拥有更大的权威；因而他必须被授予优先权，必须享有与他的尊严相一致的特权和豁免权。[30]

然而这个概念并非处处被接受。神学家和道德学家强调骄傲的诱惑，并提醒福音书箴言的听众：“不要让你被称做老师，因为任何一个人都是你的老师。”（马太福音 23.8）这个古代的观念往往包含着传教士的才智与骑士的暴虐之间的对立，但是在中世纪末期被巩固的秩序社会里，每个人都必须坚守在他自己的位置上，从那时起博士们似乎开始渴望被吸收进统治阶层。

硕士或博士所赋予的威信有两个主要方面的意思。首先是知识分子。博士是一名学者，拥有曾被视为至高完美的科学，知识的尊严奠定了其威信的基础。从整体结果来看，硕士们还被聘用来颂扬他们的教规，保护经院神学免遭神秘主义的攻击，以证实他们尽管有异教徒的身份仍对人文学科依赖。正如教会的前辈们所做的，证明法学（它是一门神圣的科学，正如普莱提诺早在 1186 年所宣布的那样）和医学并无什么谋利或机械事务的指控罪责。

博士知识的获得是一劳永逸的吗？应当承认，中世纪的人们对于现代科学进展的观念是无知的。尽管如此，许多文献强调了一名博士应该热忱于他的工作，勤勉于他的教学。无论如何，他应该取得进步或者致力于使他的公式更为接近于真理。正是在这些方面，他不仅可赢得荣誉，获得同代人的尊敬、学生的钦佩和感激，而且也可得到应有的薪水。

然而，一名真正的博士还应该是谦虚的。他愿意在全部知识之源的上帝面前，在仅仅由僧侣制度的教规安排所复制的上帝的宇宙秩序面前谦 163
虚。因而他被警告不要从他自己的知识领域走入歧途，这是一个特别针对文学院哲学家的警告，因为他们试图使他们自己免于神学的控制或的确侵

[30] D. Maffei, ‘Dottori e studenti nel pensiero di Simone da Borsano’, *Studia Gratiana*, 15 (1972), 230 - 247.

犯神学的领域。这个警告应该证明完全必要,曾经有某些文科教师,特别是在13世纪70年代巴黎的大"阿威罗伊主义信徒"危机时期,公开批评这种观念。布拉班特的西热写道:"谦虚是美德吗?不!"通过其学识,一位教师——或一位"哲学家",像文学院的成员称呼他的那样——得到"所有使人容易取得的财物","所有可能的条件中最好的"。在一个根据亚里士多德宇宙论的星体决定论的世界里,唯一的智慧是哲学家的智慧,唯一的自由是由知识提供的自由。在1277年遭到谴责的公式(定论)中,诸如这些主张,具有一种煽动性的因素;然而,它们会有助于表达对于一种知识的"还俗",一种"学者的中立"和一种教师真正的社会和理智的解放的新渴望。㉛

这些观念既不是那个时代有支配力的观念,也不被教会所倡导。据此看来,一名博士的威信不仅是理智上的,而且是道德上的。科学是与它在社会性世界中的用途分不开的,特别是在与教学有关的地方,教师对这些用途负有突出的责任。根特的亨利在论及1277年期间问题时说:"是靠他的行动而不是他的身份使一名博士赢得他的威望的。"㉜

因此,一名硕士将在他的生活和德行方面受到上述严格要求,而且当他进行硕士学位资格考试时,其思想品行也将受到仔细检查。他应该履行所有基督的美德,首先是与其身份相应的那些品德(公正、对同事和学生慈善、热心工作)。而且,应该避免那些直接玷污品行的罪恶(贪财、不检点、虚荣)。其品行的重要性意味着对他所代表的科学的尊敬。

最重要的是,如果我们不考虑这个实际的义务论,一名教师应该意识到他的社会责任。因而,"徒劳的好奇"或"无用的诡秘"对学生是毫无价值的。教义错误将导致严重后果,教师处在辞退的威胁之下,㉝所以教师必须将教义交给他的同事和教会评判、修正。一名神学家应该牢记在心的

㉛ J. Le Goff, 'Quelle conscience l'université médiévale a-t-elle eue d'elle-même?', in J. Le Goff (ed.), *Pour un autre Moyen Age. Temps, travail et culture en Occident: 18 essais* (Paris, 1977), 181 - 197.

㉜ 引自 Leclercq, 'Idéal du théologien' (注释29), 146.

㉝ 事实上很少有能被证实硕士陷入撤销困境的事例;然而值得一提的是,巴黎"唯名论者"Nicholas of Autrecourt 于1346年被剥夺了文学硕士学位(*CUP*, vol. Ⅱ, 576 - 587, no. 1124).

是，他正在培养牧师和传教士，他们的行为将会影响到信徒；一名法律学者 164
应该意识到，他的观点有助于形成“共同观念”，即法律的详尽阐述，因而有助于形成整个社会生活和政治生活。医学硕士有一个更为直接的责任，因为人们承认他们拥有控制他们职业的合法运用和整个公共卫生的权利。

具体地说，这些责任首先由大学本身履行，考试委员会及其他各种委员会，必须定期不定期地评价书店中课本的正统性，或通过关于有时是针对他们的同事或学士中某一个的教学而做出指责的判决。这使得中世纪大学教义史的许多指责和非难，几乎总是源于学院自身内部和少数几个教师与大多数教师之间产生的冲突。

大学中的成员，尤其是在宗教派别大分裂之初，特别热心于在动荡的时期履行他们的社会和政治责任，当他们认为自己有资格提供解决危机的方案，[34]他们时常寻求在国家事务中发挥作用。因此，布拉格大学的教师在 1419 年波希米亚叛乱中发挥了重要作用。[35]同样地，在查理六世的统治下，巴黎大学的教师在推动“王国改革”方面与国王的合作，这为让·热尔松教长在他 1405 年的大演讲中，为他的辩解提供了大量的理由，关于大学如何通过它的四个学院“代表”了人类可获得的知识的全部，在理论和实践两个方面，大学又如何通过从各国各地招收它的成员而作为整个社会的缩影，因而其被作为所有“公共事业”解说员中最优秀的一个。[36]

热尔松问道：“如果它不被付诸应用，科学会有什么价值？…… 一个人不仅为了知识而学习，而且还为了证明和行动而学习。”基于这种政治义务的赞颂，中世纪大学的教师趋于被界定为“知识分子”，但是这只有在人们具体说明它时才是准确的。与现在认为的知识分子标准相比较，他们决不意味着有干涉服务于破坏或甚至仅仅批评既存秩序的意图。除了小部分例外，他们也不是暴力分子，领导叛乱或鼓励流行的 165 异端邪说。作
为知识的承担者，他们相信稳定和完善，其拥有的真理在宇宙万物中得到 165

[34] R. N. Swanson, *Universities, Academics and the Great Schism* (Cambridge, 1979).

[35] H. Kaminsky, 'The University of Prague in the Hussite Revolution: the Role of the Masters', in *Universities in Politics*, 79 – 106.

[36] J. Gerson, *Oeuvres complètes*, ed. P. Glorieux, vol. Ⅶ: 1, *L'Oeuvre française. Sermons et discours* (Paris, 1968), 1137 – 1185.

永久的证实，他们只是渴望在所处时代的无序面前发挥治愈破坏、恢复理想秩序的作用。

当然，只有一流大学（诸如巴黎、牛津或布拉格）的教师曾经真正地发挥过这种作用。但是，甚至在更晚建立的或处于二流地位的大学里，教师们无疑意识到了他们的社会责任在于通过培养有知识的精英人物来保证政府和教会制度运行得尽可能地好，无论当地人们如何，他们作为教师因而感到他们自己归属于精英人物。这并不意味着通过学习妨碍各种社会进步，或者有意地试图打击贫困学生志气。相反，应注意的重要问题是，在这种惯例出现之前，他们便认为使他们的工作适应于现存社会政治秩序的完善是他们职业的正常要求之一。

中世纪教师的社会地位

上面提及的这些文献基本上是由博士自己记载下来的。但是他们同时代的人真正承认他们所宣称的吗？

正式文献一般不吝惜于给博士以荣誉。从大学出现之时开始，教皇们就习惯于把他们描述为“教堂之灯，像天空中星星一样的散发明亮的光辉”。尽管城市人的缄默，国王们并不吝惜给他们荣誉和特权。无论如何，这些官方人物毫无疑问地认识到了大学的功用，因而他们不知疲倦地努力保护和发展它们，有时付出极大的代价，同样地他们也认识到了大学中教师的价值，他们常常监督教师的任命。大学之外敢于对此批评的人极少，他们常常是已醒悟的前任大学成员。例如，吉尔特·格罗特（1340—1384），是低地国家共同生活兄弟姐妹运动的发起人，那是一个受欢迎的福音传道信仰运动，他攻击巴黎硕士们的骄傲和愚蠢（他自己从前是一个巴黎文学硕士）：“这些人破坏了所有的虔诚，取笑普通的人们，欺骗了民众。”[37]正如
166 一些人文主义者严厉的谴责。例如，洛伦佐·瓦拉在帕维亚大学的不幸经历就是这样，在那里他成为敌视他新思想的同事们攻击的对象。但是，直到中世纪末，特别是就社会和政治的精英人物而言，大学和教师似乎基本

---

[37] G. Epiney-Burgard, *Gérard Grote (1340 - 1384) et les débuts de la dévotion moderne* (Wiesbaden, 1970), 31.

上仍享有真正的特权。

然而,我们应该注意到,各种尊敬的称号和慷慨行为增加的现象,恰恰出现在大学的独立被来自国家日益增长的压力迅速侵蚀之时,恰恰出现在后者日益清楚地期望大学不仅能够塑造它所需要的称职而忠实的仆人,而且像一个整体一样,即首先代表他们的教师,支持和赞成它的政治行动之时。

这种变化是如何影响了一定社会阶层上的教师招聘呢?这是一个尚未有过很深入研究的问题,但是似乎教师的招聘与其他对毕业生的招聘并无根本的区别。然而,即使地位较低的贵族时常得到聘用,特别是就法学教师而言,最高贵的社会阶层出身的学生却似乎没有被太多地吸引到教师职业上来。在同等程度下,其他类型的职业,如政府的或者教会的,则好像对他们更合意,无疑更有利可图,更适合于他们的家庭地位。[38] 他们会承认教学职业的声望,但这并不因此就意味着他们渴望从事这一职业。

的确,被招聘的教师似乎主要来自社会下层(威克利夫、热尔松和约翰·胡斯等人就是这种情况)或中间层次的学生中。对这些人而言,他们的财富首先在于他们的智力天资,获得教师职位无疑意味着社会阶层的提高。此外,随着时间发展,教师职位逐渐有了传递给自己的儿子或侄子的倾向。很多特殊的章程,如关于学习过程时间的管理、对考试费的免除或者在博士协会中对数量封闭施加的贬低,在很多大学还涉及到许多方面,尤其是在15世纪,出现了小型的教学家族,以便控制那些无论如何都能更好地巩固他们的威信和收入的教师职位。在1317年,博洛尼亚大法官约翰尼斯·安德烈埃甚至在章程中写道,他的后代永久地享有申请大学带薪教席的优先权。[39]

教师把自己构建成一个等级制度体系的这种倾向,伴随着他们的职业化,都从未导致绝对的封闭;在中世纪,教学工作总是保留有一条提高社会 167

㊳ 在法国南部的大学中情况可能是如此;J. Verger,'Noblesse et savoir: étudiants nobles aux universités d'Avignon, Cahors, Montpellier et Toulouse(fin du XIVe siècle)' in P. Contamine (ed.), *La Noblesse au Moyen Age. XIe – XVe siècles. Essai à la mémoire de Robert Boutruche* (Paris, 1976), 289 – 313,尤其是第311页。

㊴ Bellomo, *Saggio*(注释3),212.

阶层的可能通道。在此时期，职务世袭情况在律师中间日益严重(律师绝大多数是大学毕业生)，因而教师的情况并非是唯一的。但是作为等级制度或次等级制度，他们在整个社会阶层群体中占据什么样的位置呢？目前为止还没有研究在声望、收入和人事关系等方面对教师与其他类型的毕业生(法官、国王的大臣等)进行比较。然而，人们能感觉到他们往往被放置于社会阶层的较低层的末端，即使有一些例外，诸如博洛尼亚伟大的法律学者(13世纪的阿库尔修斯、约翰尼斯·安德烈埃、巴尔托鲁斯·德·萨克费拉托和14世纪的巴尔杜斯·德·乌巴尔迪斯)，这些人是与大学争吵的对象，也是国王俯就欢迎并向之咨询的对象。这个事实还可能有助于这个群体的更新换代。

不管他们自我得意的傲慢，也不管滥用于他们身上的过度荣誉，中世纪大学的教师，由于他们形成了一个与众不同的群体，仅仅在那个时代的社会政治精英人物中拥有一个相当有限的、适度的地位。那些最具有雄心大志的人，如果他们真正想追逐一项闪光的事业，他们或者进入教会(它无疑为毕业生长久地持续提供了最大的可能性)，或者服务于国王，被迫很快放弃大学。当最后的继承人决定放弃教席去寻求一个更有声望和更能获利的职位时，教育世家总是结束得相当迅速。㊵

我们当然不应该仅从社会因素和收入的角度来分析问题。如果说教师有些不满的话，这还因为在教师倦怠的背后存在有一种对于传统大学教学的危机和在大学古老的独立性被削弱时实现大学根本改革之困难的意识。在这种情况下，对选择职业的追求就可能也是对更活泼的文化活动和社会环境的追求。

中世纪就是这样目睹了教师职业在大学里的诞生与再生，即使直到15世纪，很多教学任务仍由临时的教师来承担。然而这一职业一直是难以界定的职业，因为当中世纪结束时它仍是以某种模棱两可的话语做注
168
解。作为一种职业，它的命运是与社会精英人物的构成紧密联系在一起的，那些精英人物却与教师职业保持一定距离。而且，由于所有关于他们智力和道德责任的崇高要求，教学职业事实上已本末倒置。

㊵ 见第8章。

精选文献

Bataillon, L.J. 'Les conditions de travail des maîtres de l'université de Paris au XIII e siècle', *Revue des sciences philosophiques et théologigues*, 67(1983), 417–433.

Bernstein, A.E. 'Magisterium and License: Corporate Autonomy against Papal Authority in the Medieval University of Paris', *Viator*, 9(1978), 291–307.

Gabriel, A.L. 'The Ideal Master of the Mediaeval University', *Catholic Historical Review*, 60(1974), 1–40.

Grandi, R. I *monumenti dei dottori e la scultura a Bologna(1267–1348)*, Bologna, 1982.

Leader, D.R. *A History of the University of Cambridge*, vol. I *The University to 1546*, Cambridge, 1988, 242–263.

Le Bras, G. '"Velut splendor firmamenti": le docteur dans le droit de l'Eglise médiévale', in *Mélanges offerts à Etienne Gilson*, Toronto/Paris, 1959, 373–388.

Leclercq, J. 'L'idéal du théologien au Moyen Age. Textes inédits', *Revue des sciences religieuses*, 21, (1947), 121–148.

Leclercq, J. 'Lo sviluppo dell'attegiamento critico degli allievi verso i maestri dal X al XIII secolo', in *Università e società nei secoli XII–XVI*, *Atti del nono convegno internazionale di studio tenuto a Pistoia nei giorni 20–25 settembre 1979*, Pistoia, 1982, 401–428.

Miethke, J. 'Die Welt der Professoren und Studenten an der Wende vom Mittelalter zur Neuzeit', in K. Andermann (ed.), *Historiographie am Oberrhein im späten Mittelalter und der frühen Neuzeit*, Oberrheinische Studien, 7, Sigmaringen, 1988, 11–33.

Paquet, J. *Salaires et prébendes des professeurs de l'université de Louvain au XVe siècle*, Léopoldville, 1958.

Post, G. 'Masters' Salaries and Student Fees in the Mediaeval Universities', *Speculum*, 7(1932), 161 – 198.

Post, G. 'Parisian Masters as a Corporation, 1200 – 1246', *Speculum*, 9 (1934), 421 – 445.

Post, G., Giocarinis, K., and Kay, R. 'The Medieval Heritage of a Humanistic Ideal: "Scientia donum Dei est, unde vendi non potest"', *Traditio*, 11 (1955), 195 – 234.

Verger, J. 'Les professeurs des universités françaises à la fin du Moyen Age', in J. Le Goff and B. Köpeczi (eds.), *Intellectuels français, intellectuels hongrois, XIIIe – XXe siècles*, Budapest/Paris, 1985, 23 – 39.

Zanetti, D. 'A l' université de Pavie au XVe siècle: les salaires des professeurs', *Annales ESC*, 17(1962), 421 – 433.

第三编 学生

第六章　入　学 171

雷纳·克里斯托夫·施温格斯

在 13 至 15 世纪，如果一个人不在乎路途的遥远和旅途中数不尽的171 艰难险阻，那么他进入大学并成为一名大学生实际上是相对容易的。欧洲大学对入学不做国籍、社会地位、智力和语言的规定。形式上的规定也相对很少，无论如何，它们还没有入学考试的要求。大学甚至没有固定的注册或者开学的日期，一年中的任何一天都是适宜的。对最低入学年龄也没有限制。正如在大学档案馆丰富的档案中所记载的那样，只有在举行入学宣誓而不是在被大学接纳的时候，少数人才会遇到问题。

除了作为一名基督徒不言而喻要接受洗礼之外，唯一的入学标准似乎就是道德品质：这是一种每个人在原则上都能够达到的标准。这种“道德行为”的标准（它也适用于教士、公民或城市行会的成员）包括合法出生的证明，但实际上通常只需要一个人相信自己是合法出生的就行了。这类证明也只有在一个人希望获得学位时才是必需的；在某些大学或者文学院中,只有在授予文科硕士学位时才需要。①从那时起直到现在,最低级别的学位——文学士——的授予和各种类型的考试的要求,都只会影响少数人;对于大多数学生来说,出生的合法性从未成为一个特别关键的问题。

172

大学的入学

如果大学一方面在入学上没有特殊的要求,那么另一方面学生入学也没有特殊的权利。大学接纳每一位希望成为一名附属或者大学成员的人。无论出身或等级、居住地远近、贫富,也无论身体健康还是身患残疾,都不会影响入学。即使是盲人也不会遇到障碍。日后成为法学教授、来自布拉班特的梅赫伦的尼克修斯·德·沃尔达,可能是这方面很特殊的一个例子:他两岁时就双目失明,1459 年进入鲁汶大学,1489 年进入科隆大学;在前一所大学中,他被授予文学硕士学位和一个神学教学许可证,在后一所大学中被授予博士头衔。②

尽管大学法规往往特别努力去控制大学生活的一些最小和最琐碎的细节,但大学的大门一直是对每一位有入学愿望的人敞开的,只要他们有必要的资源。这主要是在讲文学院的情况,但在原则上高级学院也是如此。然而,14 世纪末后,在高级学院中,不管在何地,也不管采用什么方式来准备,文学院的预备学习在实践中已经形成一种制度。

有两个基本原因可以解释大学入学为何如此容易。第一个原因与前近代大学作为一个由个人组成的社团的特殊形式有关,第二个原因则来自中世纪所盛行的普遍的教育制度。

第一个原因是,欧洲大学在其早期历史中经历了很长时期才形成正规的有组织的机构和教育制度,这些机构和制度以及它们的特殊变化在今天的欧洲社会中都能找到。它们主要受到社团法人组织的影响,具有行会、兄弟会、学舍和家庭集体生活的特征。因此,大学后来的历史是逐步制度

---

① Kaufmann, *Deutsche Universitäten*, vol. Ⅱ, 302, 310ff.

② J. Wils(ed.), *Matricule de l'Université de Louvain*, vol. Ⅱ, 1(Brussels, 1946), 67, no. 65; H. Keussen (ed.), *Die Matrikel der Universität Köln*, vol. Ⅱ (Bonn, 1919), 255, no. 68.

化、理性化,最终是大学"去个性化"的历史。虽然历经危机、波动和变革,但这一进程一直持续到当代,既能从欧洲大陆中部、北部和东部的"新欧洲"(younger Europe)中溯源,也能从西北部、西部和南部的"老欧洲"(older Europe)中觅踪(见第八章)。欧洲大陆的不同区域都有自身独特的文化、社会、经济和政治传统。③然而,不同区域的大学却有着这种同样的趋势。

最早的大学是由各色人等组成的流动性很强的社团构成。学生基于一名教师、学者或者学派而组织起来,这构成了整个欧洲大学的生活模式;原则上,不管是基于博洛尼亚大学模式还是基于巴黎大学模式建成的大学,都被认为是围绕大师个人而形成的所有学派或者学校的集合体。事实上,除了教师在家或教室里教学生的绘画之外,还没有其他表现中世纪大学的绘画;在木版书和手稿中的小画像中,有着很多这样的教学场面。在皮斯托亚教堂、在锡耶纳和萨拉曼卡大学古老建筑上的著名浮雕上也能提供同样的图案。大学的印章也能提供大量的正式证据,例如,巴黎大学、牛津大学、维也纳大学,以及爱尔福特大学的印章,都有一位教师和一群围着他的学生的场景。大学的不同形象,例如以一幢主要建筑物作为象征,那是在大学史中较后的阶段才出现的,在 16 世纪中期以前的欧洲大学都很难见到。这种形象的出现反映了大学从一个以单个教师为中心的学生组合转变为一种机构的巨大跨越。

在中世纪,进入一所大学和追求学业,仅仅意味着把个人与教师及其学生联系起来,而与大学的某个特定组成部分无关,不管它是一个系、一个学舍、一个寓所或者一个同乡会。所以,相对于加入一个个人的组织来说,录取和入学的正式要求都是次要的。而前者从早期就是一种义务。据说,早在 1215 年,如果一个人没有一名固定的教师,他就永远不可能成为巴黎大学的学生。在整个中世纪,任何一所遵循巴黎大学模式的欧洲大学都没

---

③ O.G. Oexle, 'Alteuropäische Voraussetzungen des Bildungsbürgertums – Universitäten, Gelehrte und Studierte', in W. Conze and J. Kocka (eds.), *Bildungsbürgertum im 19. Jahrhundert*, vol. I (Stuttgart, 1985), 29 – 78, 49ff.; Schwinges, *Universitätsbesucher*. 有关欧洲教育制度中不平等, 见 P. Moraw, 'Über Entwicklungsunterschiede und Entwicklungsausgleich im deutschen und europäischen Mittelalter, ein Versuch', 见 N. Bestmann(ed.), *Hochfinanz*, *Wirtschaftsräume*, *Innovationen*. *Festschrift für W. von Stromer*, vol. II (Trier, 1987), 607ff.

有偏离这条原则。相比之下，在那些遵循博洛尼亚大学模式建立的法律大学中，学生团体和同乡会的作用更突出。但即使如此，教师也仍然是中心人物。④

174 教师在对非常年幼的学生所进行的学术训练中，自然扮演了一种明确的角色，这些学生处于他的保护、控制和权威之下。大体上，教师和学生之间的关系并不是由一些定量的规范或者纯粹的理智标准加以正式确定。然而，这种关系也不是偶然建立起来的。这些学生是按照当时欧洲社会盛行的传统社会准则联合起来的。在进入大学时，他们也根据地域、朋友、熟人、介绍人和赞助人这些惯例来选择老师。在这种方式中，地域和地方的因素起到支配作用。因此从一开始，评价学生学习能力的任务就交给每一个大学教师，而没有留给作为整体的大学。由于这是一种基本的入学方式，因此，归根结底与教师的关系就成了每个学生被纳入学术共同体唯一的和严格的标准；在中世纪后期，尽管关于入学的规定越来越严格，但这种基本模式仍然保存了下来。

在分析大学入学容易的第二个原因时，应当指出，如果认为入学与某种教育标准、某种水平的实际知识和此前一定程度的智力训练相关，那么这种入学的观念对中世纪大学很难适用。入学不存在任何先决条件。之前的学习既不是先决条件，也不是绝对必需的。拉丁语的掌握确实是必要的，但它是当时的通用语言，也是学校的教学语言。事实上，甚至不能肯定，所有进入大学的学生是否都具备读写的能力。佩皮尼昂大学的章程特别提到了这个问题。⑤

从上述事实可以推断，尽管中世纪的教育制度已经开始分化，尤其是13世纪后的中世纪晚期，但学校和大学之间并没有一种功能上的直接衔

---

④ *CUP*, vol. Ⅰ, 79, no. 20. 在1220年的蒙彼利埃也有相似的情况发生：Fournier (ed.), *Statuts*, vol. Ⅱ, 5; 关于1231年前的牛津大学：S. Gibson (ed.), *Statuta Antiqua Universitatis Oxoniensis* (Oxford, 1931), 82; 1236年之后的剑桥：M.B. Hackett, *The Original Statutes of Cambridge University. The Text and its History* (Cambridge, 1970), 72, 211. 中欧大学的事例：R. C. Schwinges, 'Sozialgeschichtliche Aspekte spätmittelalterlicher Studentenbursen in Deutschland', 见 *Schulen und Studium*, 527－564, 535ff.

⑤ Fournier (ed.), *Statuts*, vol. Ⅱ, 660; § Ⅱ. 5; A. Wendehorst, 'Wer konnte im Mittelalter lesen und schreiben', 见 *Schulen und Studium*, 9－33; J. Coleman, *Medieval Readers and Writers 1350－1400* (New York, 1981).

接。教育水平和教育目标并没有通过一系列前后相继的步骤而形成的阶段向前推进，也不存在秩序井然的教育模式来传递一种标准化的基础知识体系。教育制度中的每一个环节——不管是修道院学校、慈善学校、城市拉丁语学校、教区学校、教授本地方言的学校、私立学校或者是大学——彼此之间都相互独立。从一所学校转到另一所学校，包括从大学转到学校，再 175
从学校回到大学，这都极为平常。如果认为在中世纪就已经出现秩序井然的现代教育制度的萌芽，那就犯了历史性的错误。

事实上，门徒(pupil)和学生(student)这两个术语，很难彼此区分开来，这为大学和学校之间缺乏清晰的界限提供了一个明显的证据。那些进入大学和学校的人都被称为学生(*scholares*)；这个术语主要涉及学生和教师之间特有的关系，主要与教师的地位有关。甚至对那些高级的医学院、法学院和神学院里的高年级学生，它也是适用的。*studens* 和 *studentes* 这些术语更多涉及学习的活动，而不涉及在大学中的特殊身份。因此，在教会的或者城市拉丁学校中的学生可以被称为 *studentes*。这表明，现代意义上的、按照正式确定的标准被录取的"学生"范畴，在中世纪是找不到对应物的。就知识的实质而言，这更为正确。⑥

而且，在教育标准和教育成果方面，一些学校不仅与文学院相匹敌，甚至还超过文学院。这也是学校普遍发展的结果，它迟早(几乎是同时)会导致大学的发展。类似这样的学校，为上大学提供了真正的可供选择的机会。与大学一样，它们的学生中有相当比例的人不是来自本地，甚至不是来自该区域。它们提供与文学院同样的教学科目，并能够满足大多数职业对写作能力的需要。

受近代虔敬运动(*devotio moderna*)精神感召的学校和共同生活兄弟会的讲习班，如荷兰的兹沃勒学校和位于今天比利时的列日的学校，都属于上述类型。同样，属于这一类型的还有位于阿尔萨斯的斯莱茨斯塔特(又名瑟勒斯塔特)的著名的"人文主义学校"和位于图林根的爱尔福特的

⑥ J. A. H. Moran, *The Growth of English Schooling 1340 - 1548* (Princeton, 1985), 64ff.; G. A. von Mülverstedt, *Beiträge zur Kunde des Schulwesens im Mittelalter und über den Begriff scolaris* (Magdeburg, 1875), 尤其是 21ff.; Kaufmann, *Deutsche Universitäten*, vol. Ⅱ, 56f., 268ff., 315.

"学校城"(在1392年大学建立之前,那里的一些学校就已经声名远扬)。属于这一类型的还有其他具有悠久传统的学校,如主教座堂学校和学舍,如英格兰的埃克塞特和温彻斯特,法兰西的兰斯和苏瓦松,或者荷兰的德温特的慈善学校(在中世纪晚期,德温特的教师是杰出的人文主义学者亚历山大·黑吉乌斯,他的学生包括布斯克乌斯、伊拉斯谟、莫米琉斯和马丁
176 努斯·鲁弗斯)。在西班牙,在那些位于萨拉哥萨、瓦伦西亚,以及韦斯卡的学校中,一些教会学校和城市学校享有很高的地位;在整个中世纪,这些学校的地位介于学校和大学之间。从但丁时代开始,很多在意大利中部和北部的学校,既有位于大学城内的,也有位于大学城外的,都有着很高的教学质量。佛罗伦萨很可能只是一个特别著名的中心,曼图亚、米兰、维罗那、乌尔比诺和热那亚与它的地位非常相似。最后,由宗教团体建立的大学馆也提供了一种大学学习的选择,尤其是四个大的修道团,即多明我会、方济各会、奥斯汀修会,以及加尔默修会所兴建的大学馆。⑦

与所有类型的学校相比,大学所拥有的决定性优势是它们的特权地位以及相伴随的举行考试、授予学位和享有教学身份的权利。那些从最优秀的学校毕业的学生(如黑吉乌斯的学生),也能享有同样的特权。一些已经成为教师的人(在13到15世纪,教学决不是一种学术职业,尽管有朝这个方面发展的趋势),通常在学习的最后阶段才注册,其目的是为了获得一个文学士或者文学硕士学位。1485年,一桩拉丁学校的趣事与这个话题有关,这个故事包含了一种贬损的态度,因为一名资深的教师竟然还要竭力去追求学术上的荣誉。⑧但是,即使没有毕业的诱惑——这在1500年左右欧洲西部和中部的大学是非常平常的事情——大学也有足够的吸引力,因为学生在大学要比在寻常的城市学校或者慈善学校里能学到更多的知识,更不用说大学能提供更多的机会和社会交往。

尽管可能在原则上不需要提前接受教育就能上大学,但在实践中情况

---

⑦ 与学校有关的内容,见精选文献。

⑧ W. Schulze, 'Codrus. Lateinische Schulkomödie aus dem Jahre 1485', *Archiv für Literaturgeschichte*, 11 (1882), 328 - 341. 其他的事例: Keussen (ed.), *Matrikel Köln*(注释 2), vol. Ⅰ, 277, no. 17, 285, no. 39; 在英国: N. Orme, 'Education and Learning at a Medieval English Cathedral, Exeter 1380 - 1548', *Journal of Ecclesiastical History*, 32(1981), 265 - 283,特别是 270ff.; Moran, *Growth* (注释 6), 66.

慢慢发生了变化。到12世纪末,市镇已经建立了他们自己的"城市"学校,其目的部分是为了与教会的教育制度相抗衡。这个过程开始于那些"老欧洲"地区,在经济最早得到发展的意大利北部、法国南部和西北部的市镇中,学校的规模和重要性都发生了变化。资料表明,在14世纪和15世纪晚期,学校逐渐扩展到欧洲的其他地区。大约在1500年,宗教改革前夕,几乎在每一个市镇,都能找到教会学校或者"城市"学校,尽管它们的规模非常小。但是,这些学校的制度化程度不及大学。教育的延续依赖个人的 177
影响,更依赖学校和教师的流动。不幸的是,我们所获得的史料不允许我们对这个问题谈论得更多。

当然,对于大学的入学来讲,普通教育的发展具有极为重要的意义。无论在什么地方,这都能够定量地评估到,也就是说,无论在什么地方,学校校址都与学生的来源地区相联系,就像德国大学"生源地"的情况一样。事实都表明,自从14世纪以来,学校已经成为大学入学的"正式"条件。例如,在中世纪晚期,科隆大学中四分之三的学生都受过学校的教育。⑨

不管学生是否满足这种正式的学习要求,文学院的教师都会向这些具有不同民族背景的学生提供各种各样的知识教育。要成为教师身边的团体中的一员,就必须能做基本(即拉丁语)的练习,教师因此要进行个别的辅导。从很早开始,文学院提供的所谓"教育",就是那些要成功加入师生团体所必须的入门基础知识。在一些大学城中,拉丁学校承担了这种教育的功能,但在一些方面仍受到当地教会的监督,例如剑桥、科英布拉(受圣克鲁兹教会的监督)和巴黎(受圣母院的监督);在一些方面也受到大学的监督,如在牛津、萨拉曼卡和维也纳(在圣斯蒂芬大教堂的监督之下)。在维也纳,学校教师本身就隶属于大学。⑩

---

⑨ Schwinges, *Universitätsbesucher*, 330 - 341.与学校发展有关的内容,见精选文献。

⑩ Denifle, *Entstehung*; Rashdall, *Universities*; I. Hajnal, *L'Enseignement de l'écriture aux universités médiévales*, 2nd edn(Budapest, 1959); A. L. Gabriel, 'Preparatory Teaching in the Parisian Colleges during the Fourteenth Century', 见 A. L. Gabriel, *Garlandia. Studies in the History of the Mediaeval University*(Frankfurt-on-Main, 1969), 97 - 124.

注册

尽管希望进入大学的学生和个人可以通过加入以教师为核心的团体而成为大学的一员，但只有在校长授权下完成注册以后，他才能合法地成为特权团体中的一员。只有这样，他才能成为大学的成员。注册，这是大学管理机构最重要的职责之一，也是一种正式赋予合法地位的行为。它包括学生在注册时要宣誓，缴纳依照法令必须缴纳的注册费用，在一个专门
178 的登记簿上登记自己的姓名。这个登记簿既要记录他们的誓词，也要记录每一位注册人所缴纳的费用。为了把这类注册与其他类型的注册(包括教师、学舍或同乡会的注册)相区分，它可以被称做“普通大学的注册”或者“校长的注册”。这个登记簿上记录的信息充分满足了大学入学的正式要求。

这是14世纪末和整个15世纪在“年轻欧洲”的情况，包括从鲁汶到克拉科，从圣安德鲁斯或哥本哈根到维也纳和巴塞尔。在特殊的档案登记簿上注册的过程，反映出一套颇为完整的程序。与此相联系的通过校长进行行政管理的方式，标志着作为一个机构的大学在其发展过程中进入到一个新的阶段。尤其是民族和地方权力逐渐取代了早期的“普遍主义”(在“老欧洲”地区，这种普遍主义长期存在于巴黎大学中)。在“普遍主义时代”，意大利、法国、伊比利亚半岛和英格兰，大学校长从未保管过他们的普通注册簿；但从14世纪早期开始，许多大学的章程规定，注册薄的保存属于校长的职责范围。然而，即使在排他主义时代，甚至到近代早期，他们的后继者也没有这样做。毫无疑问，其原因在于家庭式社团、学舍和同乡会的这些传统组织模式的强烈影响。⑪

在“普遍主义时代”的大学中，尤其是在阿尔卑斯山以北由文学院、神学院和医学院构成的大学，“注册”从一开始就是每一位教师的责任。随着

---

⑪ 对于欧洲大学注册登记名单的考察，见 B. Schmalhaus, *Hochschulmatrikeln. Verzeichnis der Drucke nebst anderen Nachweisen* (Göttingen, 1937); E. Giessler-Wirsig, ‘Universitäts und Hochschulmatrikeln’，见 W. Ribbe and E. Henning (eds.), *Taschenbuch für Familienge-schichtsforschung*, 9 th edn (Neustadt/Aisch, 1980), 141 – 180.

学生人数的增多,在规模较大的文学院中,教师开始登记他们学生的姓名。牛津大学很早(1231年之前)就开始登记学生情况,剑桥大学于1236到1254年间开始;巴黎大学开始的时间稍晚,到1289年教师们才就学生注册做出了一项正式的规定。由于学生数量的不断增加,教师很难知道每一个学生的姓名,这就需要有一个"教师注册登记簿"提供信息,以便教师了解和记录从事特定练习和阅读学生的表现,从而把天才学生与那些只希望享受大学特权的滥竽充数的学生区分开来。⑫

179 因此,与章程的灵活性相适应,教师们自己来确认大学中正式的学者成员。这种情况似乎在中世纪大学中很流行。不久,其他学院的教师也开始编制学生名单,然后再把这些名单交给学院;由此,真正的学院注册先后出现(但很可能是在14世纪中期前后)。⑬可以理解,因为这是私人的而不是官方的大学文件,这些注册簿实际上都没能保存下来。有一部1268年前的亚里士多德逻辑学的摘要集手稿保存至今,它属于剑桥大学的冈维尔和考斯学舍。在这部手稿页边的空白处,一位教师简略地记录下60个姓名,每个姓名都对应一些数字,这些数字很可能是每位在列学生学习过的时间。⑭

在那些只有法学院的大学(尤其是意大利的博洛尼亚大学、帕多瓦大学、帕维亚大学和法兰西的奥尔良大学、安格斯大学),可能从一开始,就是由信守社会习俗的学生同乡会来负责未来成员的登记。在这些大学中,同乡会的负责人发挥了类似其他大学的教师以及后来的校长一样的作用。在这种情况之下,章程中也规定了普通注册,尽管有时这种规定较晚才出

⑫ Oxford: Gibson (ed.), *Statuta* (注释 4), lxxxii, lxxxix, 60f., 82,107, 227. Cambridge: Hackett, *Statutes* (注释 4), 72, 211, 330. Paris: *CUP*, vol.1, 35f., no.561. 关于该问题的讨论,见 J. Paquet, 'L'Immatriculation des étudiants dans les universités médiévales', *Pascua Mediaevalia. Studies for Prof. Dr. J. M. de Smet* (Louvain, 1983), 159 - 171.

⑬ CUP, vol. Ⅰ, 701, § 45, no. 1189; vol. Ⅳ, 703, no. 2671; Fournier (ed.), *Statuts*, vol. Ⅱ, 70, § 36; 83. 参见 Paquet, 'Immatriculation' (注释 12), 161f.

⑭ Hackett, *Statutes* (注释 4), 167.

现。显然,在布拉格和维也纳的大学同时存在这两种类型的注册。⑮这种最古老的注册(在北欧、中欧、东欧,它也是最重要的注册类型)是博洛尼亚大学的德意志同乡会入学注册,这些注册从1289年开始保存。然而,这种同乡会的注册不应当与巴黎大学的注册相混淆,巴黎大学的注册簿只记录特定同乡会的毕业生。⑯

然而,最为重要的(作为一个规则,也是最为完整的)与大学入学和录取有关的记载,能够在普通注册登记簿或者校长登记簿中找到。它们通常只是在中欧的大学中才被完整保存了下来,大约是从14世纪下半叶才开
180 始保存。第一个“新”型的注册登记簿是布拉格大学的文学院、神学院和医学院的入学注册,现已失传,它可能始于1367年前。1372年布拉格的法律大学的注册登记簿保存至今,它可以被认为是欧洲最古老的校长注册登记簿。⑰布拉格的这两所大学都进行了最早的普通注册登记,这一事实很难说是种巧合。事实上,1348年布拉格大学的建立,是欧洲大学历史发展过程中一个具有转折性意义的事件,它标志着大学从普遍性时代向民族国家时代转变。

在中欧,尽管传统的制度和社会构成对大学保持着影响,但是,大学依然受到了与西欧和南欧相同的标准化和集中化的强大压力。维也纳大学从1377年开始、海德堡大学从1386年开始、科隆大学从1388年开始、爱尔福特大学从1392年开始、克拉科大学从1400年开始、莱比锡大学从1409年开始、罗斯托克大学从1419年开始、鲁汶大学从1426年开始(这里只列举了那些较早建立的大学)模仿布拉格大学,保留下大学注册登记

---

⑮ Fournier (ed.), *Statuts*, vol. I, 257, no. 356 (Orléans); 334, § 8 (Angers); F. Doelle, 'Ein Fragment der verlorengegangenen Prager Universitätsmatrikel aus dem 14. Jahrhundert', 见 *Miscellanea F. Ehrle*, vol. Ⅲ, Studi e Testi, 39 (Rome, 1924), 88–102,大概与布拉格的萨克森同乡会有关; P. Uiblein, 'Zur Quellenlage der Geschichte der Wiener Universität im Mittelalter', *Österreich in Geschichte und Literatur*, 7 (1963), 161–166.

⑯ E. Friedländer and C. Malagola (eds.), *Acta Nationis Germanicae Universitatis Bononiensis (1289–1543)* (Berlin, 1887); H. Denifle and E. Châtelain (eds.), *Auctarium Chartularii Universitatis Parisiensis*, 6 vols. (Paris, 1894–1964).

⑰ *Monumenta Historica Universitatis Carolo-Ferdinandeae Pragensis*, vol. Ⅱ, *Album seu Matricula Facultatis Jurisdicae Universitatis Pragensis ab anno Christi 1372 usque ad annum 1418* (Prague, 1834).

簿。最终，在16世纪，集中记录新生的校长注册登记簿已经推广到整个欧洲。现存最古老的注册登记簿很可能保存在意大利，佩鲁贾大学的注册登记簿是这种类型的代表。虽然在1487年就已经下令登记，但直到1511年才开始记载。与该大学总的注册登记相比，佩鲁贾大学的德意志同乡会的注册登记簿更为完整得多；这表明，因为喜爱那种"旧"形式，"新"的形式在很长一段时间内都被忽视了。这是传统社会模式持续影响的结果。⑱

只要在采用这种"新"形式的地方，任何人要进入大学都必须在一个特定的时间内向校长注册，通常是一个月以内。学生可以在一年中的任何一天注册，甚至是在节日期间。⑲ 一般的大学章程（尤其是那些当众宣读的条款）不断强化了这种责任。硕士和博士也被赋予为他们的学生注册的基本责任，而学舍和会堂的负责人只接受已经注册了的学生（他们是真正的大学成员），为他们安排住宿和教学。

这种观念体现在新生的"信息册"中，通常是以对话的形式为那些希望进入大学的人提供简明的介绍。新生要向教师说明他的选择。在确定新生具有明确的学习意向后，教师会要求新生和他一起去见校长并完成注册的 181
程序，此后才会讨论学生的出身、父母、经济状况，以及他的学习兴趣和志向。⑳在鲁汶大学，四个主要学舍的新生通常作为一个群体，在新校长就职时进行注册；注册在2月26日和8月31日举行。

注册是大学的法律或经济利益的产物，更经常是两种利益结合起来的产物。在13世纪，无论是牛津大学、剑桥大学或者巴黎大学，大学的法律利益实质上是一样的，即控制特权的授予和记录那些获得特权的人的姓名，以区别出那些尚未获得特权的人。通过记录学生的姓名、家庭出身和地位、注册入学的年份和日期，就能够轻易地识别出那些需要大学保护和帮助的真正学生，并把他们与滥竽充数的学生区分开来。在波尔多大学和瓦伦斯大学，如果不能做到这点，就像母亲不知道自己儿子的名字一样，是

---

⑱ F. Weigle, *Die Matrikel der Deutschen Nation in Perugia* (Tübingen, 1956), 7, 13ff.

⑲ 与该程序有关的内容，见注册登记表的介绍，例如，海德堡、莱比锡、弗莱堡、鲁汶、科隆和维也纳。

⑳ M. Bernhard, *Goswin Kempgyn de Nussia, Trivita studentium. Eine Einführung in das Universitätsstudium aus dem 15. Jahrhundert* (Munich, 1976), 61.

件很荒唐的事情。[21]

在15世纪,把一个滥竽充数的学生驱逐出去不算什么,但是执行普通注册却很重要。任何人如果不尊重这种注册或者在一些场合嘲笑它,几乎会被视做大逆不道。[22]最后,正是由于这种普通注册,大学才能够履行它"最为神圣的职责",即授予学位和博士学位,同时向那些被认为合适的学生授予执教许可证。

然而,教师的监督或者校长的管理并非必然很顺利或者很彻底。毫不奇怪,博士和硕士的首要事务是"经营事业",尤其当他们在私人的学舍或会堂教学时,很多人完全依靠客人和"听众"的交费谋生。无论在哪里,他们都需要与一所大学建立"私人"的关系来满足自己的利益。他们中的很多人进入大学后,能够享有司法豁免权和免税的权利。他们甚至还能"非正式"地学习和毕业,而无须遵守大学总体上的法律和经济要求。当时一
182 些与大学当局有关系的学生非常轻视他们。如果对比中欧不同大学的校长注册登记簿与院长注册登记簿或者教师注册登记簿,就可以找到这方面的例证。

宣誓和注册费

宣誓,是注册要求的全部法律依据的象征。一般说来,在注册程序中,宣誓是首要的也是最重要的行为。学生不宣誓,校长就会拒绝他注册。正是由于宣誓,师生才超越了家庭的关系,确定了自愿选择与个人社团(即"大学")之间的契约,这与"古老欧洲"其他组合和法人在宣誓的基础上形成社团没有什么差别。学生们向他们的大学宣誓,就像一个新的市民向他的城市宣誓,或者像商人们和手工艺人向他们各自的行会宣誓一样。

自然,在欧洲的不同大学之间,宣誓的形式和内容都有所不同。然而,四种共同特征显然被认为是不可缺少的因素。新生要宣誓服从当时在职

[21] Fournier (ed.), *Statuts*, vol. Ⅲ, 352, § 47 (Bordeaux 1482); 394ff., § 15 (Valence 1490).

[22] Fournier (ed.), *Statuts*, vol. Ⅰ, 492, § 39 (Toulouse 1314); vol. Ⅲ, 103, § 9 (Dole 1424). 相似的案例在1442年的海德堡大学也可以见到, E. Winkelmann (ed.), *Urkundenbuch der Universität Heidelberg*, vol. Ⅰ (Heidelberg, 1886), 145, no. 100.

的校长——在英格兰则向教长宣誓，这种宣誓经常会有守法和诚实的附加内容，即在道德上、法律上、社会上得到许可和受人尊重。学生要宣誓遵守和维护大学已经生效以及在以后颁布的章程。他也要宣誓尽全力来增进大学的福祉，不论其学位、社会地位或者将来可能获得的头衔。最后，他要宣誓，当他遭受不公正待遇时，要放弃任何形式的私人复仇，而维护校方的"公共秩序"，这种"公共秩序"意味着在大学校园内外都维持和平。㉓

在学生进入大学并进行宣誓来履行了职责后，就需要校长履行他的职责，即尽力保护大学团体中每位成员的个人权利和自由，在必要时保护他们不受他人的伤害。大学史中有很多这方面的例证。

不足为奇的是，在14、15世纪的国家领土(National-territorial)时代，很多形式的誓言成为进入大学的个人与国王之间的一种契约。在这个方面，布拉格大学的大学馆也似乎走在前列。所有新生(不仅是波希米亚人)首先要宣誓效忠国王和王国，随后才宣誓服从校长。卡昂大学的情况也类似，首先是向作为疆土统治者的英格兰国王宣誓效忠。同样，在布雷斯高的弗莱堡大学，学生有义务在他们的大学生活中不做可能侮辱奥地利皇室 183
荣誉的事情。不难理解，这种宣誓效忠直接与大学利益相联，因为从1460年起，这所大学已经成为"奥地利前陆"的本土大学。㉔

宣誓以满足宣誓所要求的最低年龄或者法定年龄为先决条件。一般说来，依据民法，年满14岁就能进行宣誓。然而，在中世纪的不同大学，对法定年龄的规定各有不同；在二百年间，范围从图卢兹大学规定的10岁，到莱比锡大学的13岁和牛津大学的16岁不等。㉕因此，那些没有达到最低年龄或法定年龄的学生不能进行宣誓，但他们很多人却能进入那些没有最低入学年龄要求的大学。例如，在罗斯托克大学，这样的学生有时占注

㉓ 事例见 Paquet,'Immatriculation'(注释 12),164f.

㉔ Prague(c.1368):H. Jírecek(ed.), *Codex Juris Bohemici*, vol. Ⅱ:3(Prague, 1889), 277, § 17; 281, § 29. Caen(1457): Fournier(ed.), *Statuts*, vol. Ⅲ,211, § 13. H. Mayer (ed.), *Die Matrikel der Universität Freiburg im Breisgau*, vol. Ⅰ(Freiburg, 1907), 1ff.

㉕ Fournier(ed.), *Statuts*, vol. Ⅰ, 472, § 17(1313); G. Erler (ed.), *Die Matrikel der Universität Leipzig*, vol. Ⅰ(Leipzig 1895), lix(1543 年和 15 世纪); Gibson, *Statuta*(注释 4), 392ff.(1564 - 1565); the statutes of 1581, Gibson(注释 4), 421, 年龄在 12 到 16 岁,在剑桥是 14 岁,但这是后来的文件,见 Hackett, *Statutes* (注释 4), 167n.3.

册学生的三分之一。在科隆大学,在整个15世纪,他们占了全部学生人数的2%—3%。在意大利、西班牙和法国的法律大学中,这些学生也极为常见,然而在那些地方,年轻往往与高贵的社会身份密切相关。㉖ 由于显而易见的法律原因,学生不可能免于宣誓,大学的章程中也没有这类豁免的条款,因此校长在得到未成年人(尽管通常是其父亲、亲戚、老师或者监护人)做出的承诺——即一旦成年就进行宣誓——之后,可以同意延缓未成年人的宣誓。

因此,这些学生大都在14岁或者15岁宣誓。大多数大学新生也是这个年龄。那些模仿巴黎大学模式的、主要是由文学院的学生组成的大学,可以被称为"少年大学"。一般说来,除了那些社会地位高贵的学生,法学
184 院、医学院和神学院的学生,都要比文学院的学生大4到5岁。相比之下,欧洲大陆的高级学院和法律与医科大学都是"成人大学"。例如,在1444到1546年间的奥尔良大学,属于德意志同乡会的新生在入学时几乎都在20岁左右。与现代情况相比,中世纪的学生概念包含了一个范围更为广泛的青年人群体。㉗

然而,事实上注册宣誓似乎并非必不可少。不但可以推迟宣誓,而且出于法律和社会的原因也允许特赦和有限制宣誓。在守法、诚实与服从校长和章程的补充条款中,保留了一些变通的可能性,中世纪的雄辩家不费吹灰之力就能对此做出解释。始于14世纪前半叶的博洛尼亚法律大学的章程规定,只要学生有"正当理由"就能享有正式的例外权利——换句话说,就是需要有正当的豁免理由。以注册"教师注册登记簿"和服从自己的

㉖ A. Hochmeister (ed.), *Die Matrikel der Universität Rostock*, vol. Ⅰ (Rostock/Schwerin, 1899); Keussen(ed.), *Matrikel Köln*(注释 2), vol. Ⅰ, 35* ff.; 193*, table 3; S. Stelling-Michaud, *L'Université de Bologne et la pénétration des droits romain et canonique en Suisse aux XIII e et XIV e siècles* (Geneva, 1955), 82; D. Illmer, 'Die Statuten der Deutschen Nation an der alten Universität Orléans von 1378 bis 1596', *Jus commune*, 6(1977), 10 - 107, 特别是第79页。

㉗ 见第7章,第195 - 202页。与学生的年龄有关的内容,见 Rashdall, *Universities*, vol. Ⅲ, 352ff.; Mayer (ed.), *Matrikel Freiburg* (注释 24), vol. Ⅰ, lxxxviff.; Moran, *Growth* (注释 6), 64ff.; *Universités en France*, 93; R. L. Kagan, *Students and Society in Early Modern Spain* (Baltimore/London, 1974), 32; Illmer, 'Statuten'(注释 26), 79; Cobban, *Medieval Universities*, 351ff..

老师为借口，在剑桥大学早期，学生无需引证任何法律案例就能免于宣誓。㉘事实上，最为重要的理由或许是一些人的利益冲突，这些人同时隶属于两个在法律规定上有所不同的团体。根据14世纪的法律，不能强迫城市的公民和博洛尼亚、佩鲁贾、帕多瓦，以及阿拉贡的莱里达附近区域的公民宣誓。这是因为，虽然他们服从校长的控制，但严格说来，他们不是大学团体的成员，因此，不能够列入校长的注册登记簿。14世纪末期的政治发展改变了这种情况，包括引起注册本身的变化，例如，博洛尼亚大学就建立了一种专门登记簿。

除此之外，还有对宗教团体成员的特别规定。为了能协调他们的宗教义务和对大学的职责，他们可以进行有限制的宣誓；如果事先得到修道院院长或者更高级神职人员的允许，他们也可以进行完整的宣誓。

在大多数的欧洲大学中，无需任何正式的规定，就可以提供这样的豁免。然而，对于高级教士和高级贵族，尤其是对于那些拥有亲王、伯爵或贵族头衔的学生和那些就读于神圣罗马帝国的大学生，也有特别的规定；地方贵族的种类、社会和法律地位，都是明确加以考虑的因素。海德堡大学接受一种荣誉证明，科隆大学有一种特殊的"贵族宣誓"，图宾根大学和巴塞尔大学则往往根据每一位新生的地位来决定宣誓的形式。㉙因此，注册 185
宣誓是随着学生地位的变化而变化的。誓言由于地位的不同而不同，因此，学生和大学成员概念的内涵也在不断变化。新生在入学时并未改变他的地位，他所进入的大学与所处的社会一样不平等。只有在博洛尼亚、帕多瓦、佛罗伦萨，以及佩鲁贾，由意大利律师所形成的上流社会不强调社会地位的差异。因此，除了国王合法的儿子和兄弟，每一个人都要进行宣誓。㉚

㉘ C. Malagola (ed.), *Statuti delle università e dei collegi dello studio Bolognese* (Bologna, 1888), 13; Hackett, *Statutes* (注释 4), 211.

㉙ G. Toepke (ed.), *Die Matrikel der Universität Heidelberg*, vol. I (Heidelberg, 1884), 190 and n.1; Schwinges, *Universitätsbesucher*, 378ff. and n.19.

㉚ H. Denifle, 'Die Statuten der Juristen-Universität Bologna vom J. 1317 – 1347, und deren Verhältnis zu jenen Paduas, Perugias, Florenz', *Archiv für Literatur-und Kirchengeschichte*, 3 (1887), 358; H. Denifle, 'Die Statuten der Juristen-Universität Padua vom Jahre 1331', *Archiv für Literatur-und Kirchengeschichte des Mittelalters*, 6(1892), 410. 也见第7章，第208页.

在学生注册中，经济利益至少与法律上的考虑同样重要。入学的费用明文写在章程中，适用于全体学生，但事实上这些规定主要适用于大多数“中产阶级”的学生，他们忠实地履行了注册的义务；他们的人数、他们交纳的注册费使大学得以生存。他们通常被称为“有钱人”。一般说来，注册费的多少取决于大学每周的维持费用。从长远来看，在大学章程中具体规定的金额自然只能是假定的。

事实上，各个大学的注册费都有所不同，其结果便出现了“昂贵的大学”和“廉价的大学”之分。在神圣罗马帝国境内，罗斯托克大学、格瑞夫斯沃德大学和爱尔福特大学属于前一种类型，而莱比锡、科隆和维也纳可以归入第二种类型。在意大利，帕多瓦和佛罗伦萨属于那种很昂贵的大学，而博洛尼亚和费拉拉属于较廉价的大学。[31]在某些方面，一所大学的社会氛围会受到这种差异的影响。

和宣誓一样，注册费中也包含一种社会因素。根据地位和财源，通常注册费可能会超出或少于所需要的费用，也可能会有波动。许多大学，尤其是那些中欧的大学，章程中都有关于收费的特殊条款。其中规定以地位来收费，不同地位的学生按不同方式交费。根据等级和职务，贵族和教堂或大教堂的高级教士，需要在普通费用之外另加一种特殊的费用。除此之
186 外，各大学都期望学生能提供一笔远远超出普通费用的捐赠。不同阶级付不同的注册费，这使得一些人在大学里能享受特殊的权利。然而，如果已经交纳了所需费用，那么任何人都可以获得那些特权——就像所有学生都来自贵族家庭一样。[32]

因为国家的捐款明显不足，注册费收入成为中世纪大学收入最重要的来源之一。事实上，大学在很大程度上依赖注册费。因此，每所大学都特别关注收费问题。于是，很多大学都不常用“注册”或“登记”，而是用“intitulate”和“intitulation”这两个专门的术语，来确认入学行为中的财政因素。很显然，在博洛尼亚和帕尔马的法律大学，收费问题是如此重要，以至于

---

[31] Schwinges, *Universitätsbesucher*, 424; Rashdall, *Universities*, vol. Ⅰ, 226; vol. Ⅱ, 54.

[32] Schwinges, *Universitätsbesucher*, 348 – 351.

"注册"和"支付登记"这两个术语被当做同义词来使用。[33]只要可能,校长和司库都必须接受用现金支付的注册费,并把它们详细地记录在注册登记簿上,还要特别注明所交费用不足或没有交费的情况。为此,一些由校长保存的注册登记簿就像账簿一样。

一些注册费入了大学的金库,另一些支付给校长及其助理,作为他们在管理宣誓和注册时的薪水。在这种支付制度中,由于校长被允许可以有局部或者完全放弃收费的权力,因而会导致某种独裁因素的产生。然而,由于财政原因,在15世纪,校长们倾向于对每一位新生实行严格的收费标准。

校长可随意支配的权力在两个规模不同的群体中受到限制,这两个群体分别处于学生群体的上层和下层。处于下层的群体是穷学生,他们希望利用教会法对穷人的特殊恩惠来免除注册费。处于另一端的是高高在上的贵族和教士学生、在外国大学获得博士学位的人,还有得到特殊赞助的学生(他们的推荐书使大学获得特权和社会利益),这些人也是免除注册费的人。

自然,这两个群体彼此之间差别很大。对于一个群体而言,大学入学是一种正式的荣誉,但对另一个群体而言却是非常棘手的事情。[34]贫穷不是入学的障碍,但是就缴纳注册费而言,一般说来,并没有特殊的关照。那 187
些在不同场合下负责收注册费的人必须检查学生有无支付能力。比较贫穷的学生被催促着尽可能地履行与注册相关的经济义务。严格说来,只有在好运降临时,他们才会得到允许推迟交纳注册费。

一般说来,大学正式的入学手续的顺序是:宣誓、缴费、登记。正如一开始提到的那样,大学新生如已会写字,他有时会在登记簿上登记自己的姓名。不过,这项工作通常是由大学的校长或者书记员来做。在德国大学中,重要的注册登记簿几乎都由大学职员妥善保存。有关学生的详细信息最初写在纸张上;随后,注册登记簿部分以年代为顺序,部分根据社会地位,转写为普通注册登记簿。例如,科隆大学一份普通入学登记簿(日期为

---

[33] Malagola (ed.), *Statuti* (注释 28), 74; Paquet, 'Immatriculation' (注释 12), 166.

[34] Schwinges, *Universitätsbesucher*, 376.

1478年10月14日)上写着:*Conradus Pijckell de Swefordia, dioecesis Herbipolensis, artes, juravit et solvit*。这个学生名叫康拉德·策尔蒂斯,后来成为一名著名的人文主义学者,他来自属于维尔茨堡主教辖区的施韦因福特附近,出生于1459年,在19岁时进入科隆大学学习文科,他在注册入学时进行宣誓,交付了普通的学费。㉟

注册人数的波动

事实上,由大学校长保存普通注册登记簿的现象揭示出大学关注新生人数的原因或动机。一些大学(如莱比锡、爱尔福特,以及因戈尔施塔特)从成立之初,就开始统计注册学生的人数,因而表达了一种具有历史涵义的集体意识,注册或宣誓建立了一种永久的成员资格和合法关系。其他的大学(如海德堡、爱尔福特、罗斯托克和格瑞夫斯沃德)则从校长的记录中编制出一个注册名单,这很可能与计算注册费的收入有关。由此能够看出学生人数的波动(尤其是入学人数保持不变或者正在减少的情况)。后一种情况往往很严重,有时它可能会威胁大学的整体生存。也许正是这个原188因,在一个特定时期,大学(例如,奥尔良大学和巴黎大学)会编制一个清单。㊱直到现代,入学和注册的学生减少而不是增加,才会引起反应。

从长远来看,中世纪大学学生入学的一个最有意义也最重要的特点是,注册学生的人数持续增加。仅在中欧,从14世纪中期到中世纪晚期,大约有25万人获得了学生身份。保守估算,同一时期整个欧洲大约有75万学生进入了大学。

然而,就这个时期欧洲整体的人口增长看,这些数字必须进行推敲。如果不考虑国家和地区的差异,从1348到1450年间,由于周期性发作的鼠疫,欧洲人口总数迅速减少。此后,人口总数保持稳定;直到15世纪最后25年,人口才开始逐渐增多。因此,在一些时期,大学入学人数的增长

㉟ Keussen(ed.), *Matrikel Köln*(注释2), vol. Ⅱ, 49, no.18.

㊱ Orléans 1412: Fournier (ed.), *Statuts*, vol. Ⅰ, 194ff., no. 263 M. Spirgatis, *Personalverzeichnis der Pariser Universität von 1464* (Leipzig, 1888). 图卢兹大学在1314年意向宣言: Fournier(ed.), *Statuts*, vol. I, 492, § 39.

和人口的增长呈相反的趋势。

在神圣罗马帝国，由于数据来源的特点，能够得到精确的统计数据。从1385到1505年，尽管同时期人口增长率在下降，在神圣罗马帝国境内注册人数的年平均增长率高达1.75%。[37] 从15世纪中期开始，从鲁汶到维也纳，从罗斯托克到巴塞尔，每年都有2500到3000名学生进入帝国境内的大学。在1400到1510年间，波兰的克拉科大学的学生人数也在增长，不过在全部学生中外国学生所占的比例很高，占30%到50%。[38]按中世纪的标准，学生的供给超出了王宫、市镇、学校、法庭和教会的需要。这是德意志或中欧大学制度中第一次"供大于求"的危机。这场危机发生在15世纪80年代以后，在西欧和南欧的大学地区可能也有发生。此外，有一些迹象表明至少在英格兰也爆发了同样的危机。[39] 189

大量学生入学——每年多达3000名新生，与之相应的是每年有6000多名学生[40] ——实质上是中欧大学与"古老欧洲"已经建立的大学之间差距消除的结果。与法国、英格兰、西班牙、葡萄牙以及意大利相比，欧洲中部、东部、北部的大学到相对较晚的时期，才形成一种与上述区域类似的大学生活。它们之间存在着一个100年到200年的时间差。在中世纪晚期，这种差距不仅被消除了，而且就神圣罗马帝国境内的大学而言，在大学的数量——并非必然以同样速度增长——以及学生的总人数两方面，它们与

---

[37] Schwinges, *Universitätsbesucher*, 30ff.; R. C. Schwinges, 'Universitätsbesuch im Reich vom 14. zum 16. Jahrhundert: Wachstum und Konjunkturen', *Geschichte und Gesellschaft*, 10(1984), 5－30, 尤其在14ff."神圣罗马帝国内的注册"是在中世纪保留登记簿的大学注册人数的总和，这些大学包括：维也纳、海德堡、科隆、爱尔福特、莱比锡、鲁汶、罗斯托克、格瑞夫斯沃德、弗莱堡、巴塞尔、因戈尔施塔特和图宾根。

[38] Z. Pauli, B. Ulanowski, and A. Chmiel(eds.), *Album studiosorum universitatis Cracoviensis*, vols. Ⅰ－Ⅱ(Cracow, 1887－1892). 参见 I. Kaniewska, 'Les étudiants de l'Université de Cracovie aux XV e et XVI e siècle (1433－1560)', 见 D. Julia, J. Revel, and R. Chartier(eds.), *Les Universités européennes du XVI e au XVIII e siècle: Histoire sociale des populations étudiantes*, vol. I (Paris, 1986), 113－133.

[39] 参见 G. F. Lytle, 'Patronage Patterns and Oxford Colleges c. 1300－c.1500', 见 L. Stone (ed.), *The University in Society*, vol. Ⅰ (Princeton, 1974), 111－149,尤其是123ff.; T. H. Aston, 'Oxford's Medieval Alumni', *Past and Present*, 74(1977), 3－40, 尤其是第30ff.

[40] 在大学呆上大约两年的学生。

"古老欧洲"的大学已经达到同样的发展阶段。一些至今依然存在并发展成为大规模学术机构的古老大学,在15世纪都经历过学生人数飞速增长的时期。下一次同样规模的大增长直到19世纪和20世纪才再次出现。

然而,中世纪大学并没有统一的发展模式。早在中世纪晚期,欧洲大学就已经呈现出异乎寻常的多样性。大学的规模相差很大。要使用相对可靠和具有可比性的数据来研究所有的欧洲大学,虽然不是不可能,但也是非常困难的。然而下列陈述还是可靠的:[41]按中世纪的标准,大型大学是指最少有1000名学生、每年注册人数至少为400到500名的大学——简言之,是那些对学生具有较大吸引力的大学——这种情况出现在巴黎大学、图卢兹大学、阿维尼翁大学、奥尔良大学、牛津大学、剑桥大学和博洛尼亚大学,也许还有帕多瓦大学和费拉拉大学这样的意大利北部的大学。布拉格有时也存在这种大学,在15世纪后半期的萨拉曼卡、维也纳、爱尔福特、莱比锡、科隆和鲁汶,也曾经存在大型大学。除了这些大型大学外,几乎所有的欧洲国家都有中等规模的大学,这类大学每年的注册人数大约在150到200人,同时还有大量小型大学,这些大学有时一年的注册人数才50人。克拉科、罗斯托克、海德堡、因戈尔施塔特、锡耶纳、佩鲁贾、那不勒
190 斯、蒙彼利埃、安格斯、佩皮尼昂、莱里达,或许 还有里斯本—科英布拉大学,都属于中等规模的大学。格瑞夫斯沃德、美因兹、弗莱堡、巴塞尔、图宾根、卡豪斯、卡昂和罗马城大学都属于小型大学,这类大学在欧洲大学史中的后普遍性领土时代非常活跃。皮亚琴察、帕维亚、佛罗伦萨和比萨可能也属于这一类型,尽管有理由推断它们的规模要稍大一些。毫无疑问,在法国、意大利和西班牙还有许多更小的大学,不过现在还没有足够的史料证明。

苏格兰的圣安德鲁斯大学和格拉斯哥大学、丹麦的哥本哈根大学和瑞典的乌普萨拉大学,以及在佩奇、布达和帕塞尼的匈牙利大学,规模同样也很小;在中世纪,它们从来就没能摆脱消亡的威胁。即使到了16世纪,苏

---

[41] 对于中欧大学,见注释37。见 Schwinges, *Universitätsbesucher*,至于与注册人数分析有关的问题,也可参阅 Cobban, *Medieval Universities*, 121-122; Kagan, *Students and Society*, (注释27), 196ff; *Universités en France*, 80ff; Julia *et al*. (eds.), *Universités européennes* (注释38), 其中的文章对此有进一步说明.

格兰人、斯堪的纳维亚人和匈牙利人都在外国上大学。[42]

在某种程度上,这些规模上的差异,受到大学城作为城市的特性以及它们作为区域中心地位的影响。除了两所英格兰大学之外,所有大型的欧洲大学都位于人口超过一万的中世纪城市。它们都是重要的贸易和手工业中心、商业城市和重要的物品集散地,并处于一个经济和地理网络之中。由于道路和其他交通方式方面的考虑,它们都建在一个理想的地点,容易到达。它们或者是古老的王侯和市政部门建立的地区,或者是被一些区域所环绕,这些区域从 14 世纪开始就牢牢地被政府控制。对于大多数区域性的德意志大学来说,情况确实是这样。在一定程度上,这些假设也适用于一些只具有一般或较小吸引力的大学。一些意大利的大学除外,因为它们的注册人数与大学所在的城市人口无关,例如佛罗伦萨大学。

但是,模式并非一成不变。在欧洲,没有哪一所大学能一直保持学生人数的增长。注册人数更多地受到政治、经济、社会环境的影响,在连续几年之内,注册人数往往在几个百分点之间波动。增长阶段与停滞阶段交替出现,而且绝对数量也经常变化。巴黎、奥尔良和法兰西南部的大学与布拉格大学以及博洛尼亚大学一样,学生人数在 14 世纪和 15 世纪早期达到了最高峰。而从 1431 到 1449 年的巴塞尔会议期间,甚至有人担心巴黎大学会失去它所有的学生。这只是一种看法,因为巴黎大学可能是最大的中世纪大学,1464 年的一份不完整的清单记录了有约 2500 名学生、教师和其他与大学有关的人员。[43]在 14 世纪 80 年代,布拉格大学可能是继巴黎大学之后欧洲最大的大学,但从 1409 年后,它却成了"小型大学";就其对远方学生的吸引力而言,它几乎从中欧的大学格局中完全消失了。在 15 世纪中叶,在经历了近一倍的增长之后,剑桥大学努力使其学生的规模接近牛津大学。在 15 世纪,随着帕多瓦、比萨、锡耶纳和佩鲁贾大学的兴起, 191

[42] Schwinges, *Universitätsbesucher*, 234 – 244; J. M. Anderson, *Early Records of the University of St Andrews* (Edinburgh, 1926); J. Pinborg, 'Danish Students 1450 – 1535 and the University of Copenhagen', *Cahiers de l'Institut du Moyen Age Grec et Latin*, *Université de Copenhague*, 37(1981), 70 – 122,特别是 95ff.; S. Lindroth, *A History of Uppsala University, 1477 – 1977* (Stockholm, 1977), 10; A. L. Gabriel, *The Medieval Universities of Pécs and Pozsony* (Frankfurt, 1969).

[43] Spirgatis, *Personalverzeichnis* (注释 36), 3f.

博洛尼亚大学的光芒越来越黯淡。

总体来说,在15世纪,中欧学生注册的中心变换得很快。它从神圣罗马帝国东南部的维也纳开始,穿越德意志中部——爱尔福特和莱比锡——再到西北部,以至低地国家和莱茵河流域的广阔区域。在这个时期,这些区域在经济上和人口数量上,都是帝国中的重要地区。到中世纪末期,鲁汶和科隆大学的注册人数肯定与剑桥、牛津、萨拉曼卡或巴黎大学的学生人数相当。在这些迁移的背后,是整个欧洲大学制度逐渐巩固的过程,这一过程通常是欧洲大陆大型古老大学的产物。

注册学生人数的涨落并非偶然的现象。它们是对大学外部所发生的重要事件的一种反应,这些事件使大学及其学生与周围社会建立起非常直接的联系。这些事件遵循一种循环的模式。成千上万的学生作出决定要进入大学,要接受注册,这本身就是一种循环的模式。尽管这个过程只能从德国的材料中显示出来,但将这种假说应用于其他大学也是合理的。[44]这种波动是由经济因素决定的,学生人数的增加也与大学的入学模式相关,这种模式也有较短和较长的循环周期。

甚至在学生人数增长背后的循环过程也是变化的,从14到16世纪,这种循环过程在一些不同时段发生了根本性的变化。这种周期性的结构性变化可划分为四个不同时段,每个时段长短不一,都处于一系列发展和停滞阶段的交替之中。在两个增长阶段中,一个是从14世纪晚期(1385
192 年左右)到大约1480年,这可以被称为中欧大学注册人数的“起飞阶段”。还有两个停滞时期,一个是从1430到1450年;另一个是从1480到1505年左右,这一时段带有更多重大危机的特征。这正是导致神圣罗马帝国“供大于求的危机”的阶段。

这几个周期及其在1430年、1450年和1480年这些转折点,构成了大学入学历史时期划分的依据,当然,每所大学并不一定完全遵循普遍的模式,也没有两所大学会在同一个时间迎来注册人数的高峰期。就其区别而言,15世纪后半期存在三种不同的模式,见表6.1。

---

[44] Schwinges, *Universitätsbesucher*, 185－220.

表 6.1 大学入学的历史周期

Ⅰ.7－11 年的周期	Ⅱ.3－5 年的周期	Ⅲ.2－3 年的周期
鲁汶	维也纳	爱尔福特
科隆	弗莱堡	莱比锡
海德堡	罗斯托克	因戈尔施塔特
巴塞尔	格瑞夫斯沃德	
(图宾根)		

这三组模式展示了一个连贯的模式。较长周期(Ⅰ)表示学生人数的波动不太剧烈,这种周期集中在广大的莱茵河流域西部的部分地区,临近神圣罗马帝国的交通动脉,也正是这些地区在中世纪晚期成为学生人数增长的中心。在其他大学中,注册学生的人数变化体现出相当大程度的明显的经济波动;这种波动在中心区域,即德意志的“核心地带”(Ⅲ)最为集中和重要,在较边缘的波罗的海地区和东南部地区(如维也纳Ⅱ),波动在一定程度上较小。图宾根属于边缘地区(Ⅰ),相比之下,更有意义的是弗莱堡的经历;与邻近的巴塞尔相反,弗莱堡不属于莱茵河地区的大学类型,而属于第二种类型,处于哈布斯堡王朝统治下的社会和经济区域之内,这个区域也包括维也纳。

形成大学学生人数不同模式的原因,包括长期的“教育爆炸”和注册的循环模式,而几乎与特定大学的内部生活无关。它们与机构的特性、教学的内容或者大学教师个人的素质也少有联系。就人文主义来看,也是这种
情况,人文主义作为一场思想运动被认为可能会引起大学入学人数的增 193
加。但与之相反的是,在 15 世纪末期,神圣罗马帝国的人文主义学术中心——爱尔福特、巴塞尔、因戈尔施塔特、图宾根和维也纳,注册的人数经历了几次下滑。根据已知的数据,意大利的情况也是如此。㊺

形成这些循环模式的原因来自大学外部,并非由于特殊的事件(如战争、暴乱和瘟疫),而在于农业价格的波动,以及在中世纪的农业社会当中由此造成的各种其他价格的改变。在各种地理环境下,大学入学人数和大

㊺ R. L. Kagan, ‘Universities in Italy 1500－1700’, 见 Julia *et al*. (eds.), *Universités européennes*(注释 38), 155ff.

学所处区域内的市场条件彼此密切相关。一般说来,这是一种负相关。与注册人数增加相对应的是低价格水平的时期,注册人数停滞的阶段与高价格水平处于同一时期。谷物的价格在于收成的好坏,而它又决定了注册的趋势,甚至决定了学生的社会地位。高价格时期,注册人数减少,同时使来自贫困家庭的学生人数超出了正常的预期。然而,谷物价格的长期下跌、中世纪后期所谓的经济萧条,对城市经济来讲却很有利,从长远看来也有助于注册人数的增长。因此,“教育爆炸”的现象一直从 14 世纪延续到 16 世纪。大学入学是一座城市的大事情,[46]所以,城市的“手工业黄金时代”似乎也是大学入学的黄金时代。

精选文献

Bowen, J. *A History of Western Education* vol. Ⅱ, *Civilization of Europe, Sixth to Sixteenth Century*, London, 1975.

Cantarino, V. ‘Mediaeval Spanish Institutions of Learning: a Reappraisal’, *Etudes Islamiques*, 44(1976), 217 – 229.

Engelbrecht, H. *Geschichte des österreichischen Bildungswesens* vol. Ⅰ, *Von den Anfängen bis in die Zeit des Humanismus*, Vienna, 1982.

Enseignement et vie intellectuelle (IXe – XVIe siècles). Actes du 95e Congrès National des Sociétés Savantes Reims 1970, vol. Ⅰ, Paris, 1975.

Frank, I. *Die Bettelordensstudia im Gefüge des spätmittelalterlichen Universitätswesens*, Stuttgart, 1988.

Fried, J. (ed.) *Schulen und Studium im sozialen Wandel des hohen und späten Mittelalters*, Sigmaringen, 1986.

194 Garin, E. *L'educazione in Europa 1400 – 1600*, Rome/Bari, 1957, 3rd edn, Rome, 1967.

Julia, D., Revel, J., and Chartier, R. (eds.) *Les Universités européennes du XVIe au XVIIIe siècle: Histoire sociale des populations étudiantes*, Paris,

[46] 见第 7 章。

2 vols, 1986 – 1989.

Manacorda, G. *Storia della scuola in Italia*, vol. Ⅰ, *Il medioevo*, Palermo, 1913.

Moran, J. A. H. *The Growth of English Schooling 1340 – 1548*, Princeton, 1985.

Moraw, P. 'Über Entwicklungsunterschiede und Entwicklungsausgleich im deutschen und europäischen Mittelalter, ein Versuch', in U. Bestmann (ed.), *Hochfinanz*, *Wirtschaftsräume*, *Innovationen*. *Festschrift für W. von Stromer*, vol. Ⅱ, Trier, 1987, 583 – 622.

Orme, N. *English Schools in the Middle Ages*, London, 1973.

Paré, G., Brunet, A., and Tremblay, P. *La Renaissance du* Ⅻ *e siècle*. *Les écoles et l'enseignement*, Paris/Ottawa, 1933.

Parias, L. H. (ed.) *Histoire générale de l'enseignement et de l'éducation en France*, vol. I, Paris, 1981. 尤其是 M. Rouche 撰写的文章.

Paul, J. *Histoire intellectuelle de l'Occident médiéval*, Paris, 1973.

Piltz, A. *The World of Medieval Learning*, Oxford, 1981.

Post, R. R. *Scholen en onderwijs in Nederland gedurende de Middeleeuwen*, Utrecht, 1954.

Schmid, K. A. *Geschichte der Erziehung vom Anfang bis auf unsere Zeit*, vol. Ⅱ: 1 – 2, Stuttgart, 1889 – 1892; reprint, Aalen, 1970.

Schwinges, R. C. *Deutsche Universitätsbesucher im 14. und 15. Jahrhundert*: *Studien zur Sozialgeschichte des alten Reiches*, Stuttgart, 1986.

Le scuole degli ordini Mendicanti (*secoli XIII – XIV*), Todi, 1978.

Verger, J. 'Universités et écoles médiévales de la fin du Ⅺ e à la fin du ⅩⅤ e siècle', in G. Mialaret and J. Vial (eds.), *Histoire mondiale de l'éducation*, vol. Ⅰ, Paris, 1981, 281 – 309.

Wühr, W. *Das abendländische Bildungswesen im Mittelalter*, Munich, 1950.

195

第七章　学生的教育与生活

雷纳·克里斯托夫·施温格斯

学生:概念与类型

早在八百年前的欧洲大学和欧洲社会,"大学"、"学院"、"博士"、"硕士"、"学生"等诸如此类的概念就已经开始使用了。在漫长的使用过程中,这些概念所蕴涵的意义发生了不小的变化。一般来讲,当我们研究中世纪的现象,特别是研究由个人群体组成的中世纪大学的社会现象时,这些概念现代的含义对于我们来说几乎没有什么帮助。尤其在专述"中世纪学生"这一章中,读者从一开始就要意识到这些我们熟悉的语词其实包含着许多不同的含义,究竟是什么含义完全取决于它所处的时代。因此无论是出于历史事实还是语言形式的原因,在对待像"学者(scholars)"、"登记入学者(enrolled members)"或者"注册入学者(matriculants)"这类语义模糊的词汇时,我们都应当极度地谨慎。为了更好地明晰概念,本章将使用"大学入学者(uninersity attender)”这个术语。

考察欧洲大学教育,人们会惊讶地发现,在所有国家中没有一所大学能够描绘出中世纪学生的总体情况——且不考虑时代背景。仅仅从那些关于大学入学、注册的记载中,就能看出学生这个概念的涵义有多复杂:当时没有什么正规的中等教育,学校和大学互有交叉,而“门徒”与“学生”之间也没有截然的区别。它们都是大学和学校的成员。学生的年龄跨度也很大,有14岁以下的儿童,也有20、30岁的成年人。在注册时根据地位进行“宣誓”和收取“注册费”此类规定,在法律层面上确立了学生与其他普通人的差别,更不用说学生获得的独特社会地位了。[①]

当然,这还不是事情的全部。与今天相比,那时在不同学院或者不同 196
“专科”大学学习的学生,在地位上有着根本的矛盾,特别是在文科或者法律大学里,这种矛盾有时甚至会演变成巨大的混乱。在1372年的布拉格就发生了由此引起的分离(secession)事件。当时,在布拉格学馆这一个机构之下建立了有着不同校长的两所大学:一所由学习文科、神学和医学的学生组成,另一所里则是些学习法律的学生。这种威胁大学发展的状况一直延续到中世纪末,当巴塞尔大学创办时,这种矛盾再次激化,因为在此学习法律的学生拒绝与其他学生合作。之所以产生这种矛盾,根本上是因为在同一所大学中总是存在着相互排斥的两种社会环境。随着现代君主制国家和城市自治政府逐渐成为后普遍时代(post-universal age)大学发展的后盾,这种二元趋势才得以遏制。因此,为了保持过去的风貌,很有必要诉诸一种象征性的行为以及展示一种不同的生活方式。

现代的观念对于我们探究中世纪学生的学习目标同样没有什么帮助。以今天的观点来看,中世纪的大学入学者中有很大一部分都应该算是中途辍学者甚至是学业失败者。迟至1500年,大学都没有采取正式手段来确定任何形式的考试制度。绝大多数人满足于进入大学并成为大学的一员。由大学开启的社会可能性,也并不要求一种基于考试和毕业的特定资格授予制度来对学生进行控制。

在欧洲中世纪大学入学者当中,至少可以发现五种类型的学生。这几

① 参见第6章,第177－186页。

种类型的学生同时存在，构成了一幅大学入学的金字塔形图表，它有着宽广的基座和相对狭小的塔尖。

第一种类型可以在文学院中找到。在绝大多数情况下，这类学生都是年龄在14—16岁之间的年轻人，且一般都是初次进入大学学习，并且都满足了入学所规定的法律和经费条件。根据所有大学入学者的地位分布情况来看，其社会背景以中间阶层居多，但贫富皆有。他们很可能在家乡上过拉丁语学校，至少掌握一些读写的基础知识，也有拉丁语法的基础。他们在自己选择的导师指导下开始一种学校式的生活，加深对文科知识的学习。如果这还不够，他们就还要学习所谓的教学，以使自己不至于落伍。即便这样，他们也都不能算是典型的大学新生。然而，这种想法却没有考虑时代的因素，因为中世纪的学生并不打算在大学里获得所有他们能够获
197 得的知识—— 以至得到医学、神学或者法学博士学位。他们上大学的期限平均为1.8年(这是来自德意志大学的估算)，而实际情况比这个数字更低一些。这类学生在大学里不要求考试，也得不到学术头衔——因此也就没有相应的“校园地位”。在当时的大学里，他们被称为“单纯的学生”。他们常常在新欧洲和阿尔卑斯北部的旧欧洲(见第八章)的设有四个学院的大学里就读，尤其集中在巴黎以及英格兰的大学里。他们常常占到全部入学者的50%或者更多，因此完全可以认为这类学生是中世纪大学学生的主体。

第二类学生也在文学院中。他们上大学初看起来与第一类学生没有什么不同。从年龄、预备教育以及社会背景上看，他们同第一类学生也没有什么显著区别，只不过在他们中间贫困学生的比例日益增大——德意志和中欧大学的数据比较精确。根据这一事实，可以推测出第二类学生代表了那些——尽管比例还很低——希望通过大学及教育提升社会地位的学生。与第一类学生相比，第二类学生希望限制或者——按当时的说法——“确定”(determine)他们的学习，例如，证明他们已经学到的技能。他们学习的目标就是获得“文科学士”学位，他们要在一名选定的导师指导下，学习两年到两年半的“学术课程”，才能获得这个学位。这些学生此时大约有16—19岁。假如运用现代的归类方法，可以把这种毕业过程与现在的中学生通过大学入学前的中学考试相比。在1350—1500年间，欧洲大学中

文科学士的比例大约在20%—40%,因此,第二类学生在大学中与第一类学生一样普遍,是人数仅次于第一类学生的第二大群体。对他们中三分之二的人来说,文科学士是他们在大学中能够获得或者说希望获得的唯一学位。西班牙、法国和英格兰的大多数学舍,都把获得文科学士学位作为成为教师的先决条件。

第三类学生也与文学院相关,但他们学习的目标不仅仅限于文科。这类学生一般都已获得"学士"学位(相当于具备了现代大学的入学资格),再学习2—3年时间,就可以获得文科硕士学位。处在这个学习阶段的学生往往有19—21岁。这类学生的社会背景与第二类学生类似,尽管其中贫困学生的比例与后者相比明显低一些。如果这类学生在获得硕士学位后没有离开大学——在文学院义务教学2年,此举从中世纪开始,随着时间的推移逐渐成为惯例——那么他们就可以继续学习医学、神学、教会法或者民法等高级学院的课程。这类"硕士—学生"在欧洲各地都能找到,不过 198
他们大多在遵循"巴黎大学模式"所建立的大学中。如果仅是进行粗略对照,他们的确与今天的大学一年级学生很相似。与前两种类型的学生人数相比,这类学生要少很多。尽管每所大学这类学生的人数不一样,他们从13到15世纪的人数也不同,但平均算来,他们大约只占大学入学者总数的10%—20%。然而,更重要的是,他们在还是学生的时候,就已经开始教学了,因此,在很多情形中,学生和教授之间不再能清楚地加以区分。硕士—学生(往往是神学专业或许是医学专业的)要给文学院的年轻学员授课,后者就是那些选择他作为教师的第一类或者第二类学生。围绕他组成了他的弟子、他的教室、他的家。这类学生中的许多人仅仅靠带学生来获得支持他们深造的经济来源,他们的下一个目标就是获得某个高级学院的学士学位。有些人更幸运一些,他们还能得到教授津贴、学舍舍长基金、奖学金、牧师薪俸,以及大学或教会的资助金等。这种硕士—学生还能充任一些行政职位:他能出任文学院的院长,如果工作得到特别赞许的话,他能出任甚至还可以当大学的校长。当校长的最好机会在巴黎大学,因为该校的校长都只从文学院中产生。

第四类学生与前三类学生相比有根本的不同。他们在进大学之前,就已经具有一定的身份和地位,并在大学中继续享有这些优越条件。在迈入大学门槛以前，他们就已经是知名人士了，他们要么属于社会高层，要么本人或其家族受人尊敬，要么出身贵族，要么拥有教会财产，要么来自成功的中产家庭。如果他们是贵族家庭的成员或者本人就是贵族的话，他们上大学时还要带上一个家庭随从，家庭随从可以是他们的私人教师，也可以是侍从。就这类学生的社会地位来讲，文学院不是他们适宜的学习场所，他们也不适合医学、神学专业学生所处的学习环境，他们更多地是在更高级的学院或者律师大学学习。这类学生所受的预备教育在某种程度上相当于硕士水平的教育，这种教育是私人教师传授的，而不是在公共学校里获得的——或者他们“在主修课程之外”再学习文科课程，他们不会也不想用考试来证实自己的知识水平。在从文学院毕业之前从事教学工作的行为会影响他们的社会地位。同样，高级学院在颁发学位，甚至博士学位时，也会出现这种情况。学术头衔是否与学生的等级地位相对应，或者说学生能否接受学术头衔——这种情况往往出现在上等贵族身上——都取决于他的社会出身。这类“上流社会学生”并不像普通的硕士—学生那样，需要通过大学学习来提升自己的社会地位。这类学生分布在欧洲各大学中，但数
199 量有很大差别。他们最主要集中在法律大学或者南欧的古老大学的法学院里。到 15 世纪，“上流社会学生”聚集的“国际”中心在博洛尼亚，这些学生来自从葡萄牙到斯堪的纳维亚，从匈牙利到不列颠群岛这些区域。15 世纪以后，帕多瓦、比萨、帕维亚、佩鲁贾、锡耶纳，以及意大利的其他大学，都弥补了学校声望与入学人数之间的差距。博洛尼亚的德意志同乡会注册簿中记载了自 1289 年以来大量有关学生名字和所处阶层的信息，尽管它名为“德意志同乡会”注册簿，但它还登记了几乎所有来自中欧、东欧、北欧的法学学生姓名。上流社会学生主要的集中地还有法兰西南部和西班牙的大学，阿维尼翁、图卢兹、萨拉曼卡和莱里达的法学院的人数就比其文学院的要多。奥尔良的情况也类似。然而，在阿尔卑斯山以北的“新欧洲”情况却大相径庭，在设有四个学院的大学里，文学院学生大约占入学人数的 80%，甚至在大型大学里也是这类学生唱主角。这大概也算是一种比较重要的社会平等。如果能接受地位尊贵的学生入学，这会是非常骄傲的事；当然，这些学生也因此获得了传统的特权。在当时的中欧，比较受欢迎的大学有爱尔福特、巴塞尔、弗莱堡和因戈尔施塔特等，其中后三所大学的

所在地是当时进入意大利的门户。正如硕士—学生是巴黎大学模式的特色一样，上流社会学生也是博洛尼亚大学模式的特色。上流社会学生与硕士—学生在某些方面有共同之处，那就是在他自己选择的大学或学院中，他都有权利发挥与硕士—学生相类似的作用，比如说，如果能得到同行的拥护，他就可能成为校长。而在遵循巴黎大学模式的大学里，上流社会学生即便获得了很高的社会声望，也至多能获得荣誉校长的头衔。

第五类也就是最后一类学生，看起来似乎与现代学生最为相近，因为他们希望能在学习结束之时进行一种考试——有可能的话，他们还想得到博士学位。一般来讲，这类“专修生”在某个高级学院获得“学士”学位之后，还要继续深造，以便获得医学、神学，以及教会法和民法方面的专业资格证书——这种资格是否赋予其在学院中教学的权利还需考证。如果本人愿意或者有余力，他接下来还可以攻读博士学位。像现代的大学生一样，他们的年龄也在20—30岁之间。然而，两者的相同之处也就是这些了。这类学生的人数反映了他们与其他类型学生之间的差异。由于这类学生处在“学生金字塔”的顶端，因此他们在整个学生群体中所占的比例非常小。在阿尔卑斯北部新欧洲的大学里，这类学生人数很少(如在德意志大学仅占入学人数的2%—3%)，他们大多数集中在旧欧洲的古典大学，意大利和法兰西的著名医学院、法学院，以及牛津和剑桥的神学院，在14世纪尤为如此。在意大利的大学里，国外来的专修生确实非常多，他们中 200
的绝大部分和博士研究生来自所谓的德意志国家。他们有个特点，就是都有显赫的社会地位，要么是骑士的后代，要么是城市上层阶级或中上层的阶级成员。对于一个穷学生来说，他必须做出非比寻常的努力，才可能跃升到这个层次，而这种升迁如果没有强大的社会支持，则是不可想象的。中世纪的“专修生”与现代大学生的差异还表现在，他们进入大学学习不是为了以后的发展，相反，他们在入学前或者在大学学习期间，就已经在社会上立足：要么是市政官员，要么在宫廷任职，而最常见的是在教会任职。专业资格和博士学位仅仅是给他们带来荣誉和声望而已。

这五类学生——单纯学生、学士、硕士—学生、上流社会学生和专修生——从来就没有形成过一个完整的系统。实际上总存在一些混合了以上几种类型特征的学生。有一种被称为“一路跳”的学生——几乎无一例外的是法学院和医学院学生，他们不一定是上流社会学生，但他们在不先学习文科课程的情况下，就可要求获得类似硕士的身份。另外，旧欧洲的社会规范也会经常打破上述分类的界限。各种社会纽带、朋友关系、家族关系、裙带关系，以及家庭结构都能影响到学生的地位身份和他们学习的目的。学生的个人能力和从他们教师那里所得到的帮助，都是在这种背景中发挥作用的。比方说，受到庇护的少数人，即使他们并不是一定“阶层”的成员，却也能够享受到特殊待遇。例如，尽管没有参加宣誓，但只要他们自称有学习的能力，并又研习过文科学士学位阶段指定的课程——一般规定他们须达到宣誓所要求的 14 岁——那么，他们就能马上毕业。在这方面的著名例子是菲利普·梅兰克顿。梅兰克顿 12 岁时在他的家乡海德堡学习课程，17 岁时就在图宾根大学获得了文科硕士的学位，他是约翰尼斯·卢希林的侄子，家境优裕，而且家人对他求学都非常支持，但他并没有完整地达到规定的学业年限。在这种情况下，一个人要说明他先前获得的学术荣誉的重要性，都得颇费一番心机。

不过，所有类型的学生都具有以下两个共同特征：第一，他们都是神职人员，这在早期的大学几乎无一例外，但随着时间的推移，先是在旧欧洲的大学，后是在新欧洲的大学，来自神职人员的学生人数逐渐减少。在宗教改革前，也许在整个欧洲，这种学生已经成了少数。这种去神职化，不应该被错误地解释为当时大学或大学教育所开展的世俗化过程。在中世纪晚期比较成熟的大学里，神职人员（*clericus*）一词的涵义是非常含糊的。它
201 仅仅是指正规宗教机构中正式的、合法的人员，仅限于教会范围内；从类型学或者社会史的角度看，这个概念的涵义是发散的、完全不清晰的。它被用来描述一个范畴：广义上是指上至教皇下至教堂守门人——最低级别的神职人员，狭义上是指副助祭以下的较低等级的神职人员。不仅如此，当涉及进入大学学习的神职学生时，还会遇到如何说明其来源的问题。因为至少在 15 世纪中叶以前的欧洲，学生出自神职人员是常见的情况，所以当时负责学生注册的大学校长、学院院长和同乡会的会长，都没花什么精力去系统地登记学生的神职人员身份。因此，统计当时神职人员每年入学的人数没有多少意义。上面所提到的这类学生减少的情况，是经过较长的时间才慢慢显现出来的。大学中的神职人员，不仅在统计数据上，而且在

作为一种生活方式时，都越来越没有多大的意义。这种变化最早可以追溯到中世纪早期，也就是大学发展的初期，当时教会还完全独掌教育权，那时的学者就等同于神职人员。神职人员一词最终成了会书写的人的同义词，这个词也逐渐衍化成为现在的“职员”一词，即法语中的 clerc 和英语中的 clerk。相对地，“俗人(*laicus*)”一词除了具有非教会这一内涵外，还有蒙昧无知的意思。在15世纪末的德意志大学城里，人们一般被区分成三种身份：僧侣、学生和俗人，由此来强调学生介于僧侣与世俗人士的中间地位，当时常用“半僧侣”一词来特指学生，这也是上述现象在语言学上的证明。②

那些已经成为神职人员的所谓的“半僧侣”——依照当时的法律，严格说他们属于较低神职等级，并不因此对教会负有任何义务。当时居士(*clerici uxorari*)——即已婚的神职人员——的出现就能证实这一点，居士在各类学生中都有。居士身份的学生只享有一定的权利，比如说享有一定的法定地位，但在那些获得特许的大学中，如果他们没有终身职位，这些权利与教会给予其生活来源并确保其衣食无忧相比，就显得不那么重要了。但对很多人来说，尤其是对那些硕士—学生(第三类学生)来说，有这样一种身份是不太可能的。因此，上述情况并不意味着当时社会正在进行世俗化。许多大学生是在他们入学之后或者更晚时候，才拥有神职身份的。然而，如果就此认为教会不再是大学的亲密伙伴，甚至与那些进入大学学习的人也没有什么关系，就将会犯一种无视时代因素的错误。尽管不再是教会的一个机构，但大学始终与教会保持着密切的联系。教会一直是中世纪大学生的最大雇主和付薪者，甚至在学生为国王、诸侯、贵族和市政官员服 202
务时也常常如此；这些有权势的人在自己掏腰包之前，都会首先尽可能为那些能在大学毕业后为他们工作的人谋取有薪金的教会职位。到中世纪末，世俗社会与教会仍旧没能截然分离。在这里必须指出的是，那些学生—修道士(大多都来自托钵修会)，他们在13、14世纪的文科和神学大本营(如巴黎、牛津)中十分活跃，在当时占神学专修生主体的这些学生是个特殊的人群。

---

② Rashdall, *Universities*, vol. Ⅲ, 393ff.; Schwinges, *Universitätsbesucher*, 408ff.

中世纪的学生是清一色的男性。大学中根本没有女性的位置，这并不能归究为大学与教会有紧密联系：尽管大学在逐渐世俗化，但在这方面却毫无改变。理论上讲，也有例外的情况，一般是那些有特殊社会背景，有时甚至是与诸侯或者国王关系很近的人。像贵族、资产阶级等这些高贵家庭，尤其是在南欧，基本上都是聘请私人教师，有的甚至是声名显赫的大学学者，来教育他们的子女。通过这种方式，一些妇女在所有学科，甚至在法学方面，都达到了很高的知识水平，因而像那些上流社会学生一样具备了进入大学圈子的能力，这种情况在14、15世纪文艺复兴时期的意大利并不鲜见。如马格达莱娜·本斯纽里，又如诺韦拉·德·安德烈埃——当时富有的博洛尼亚大学知名教授约翰尼斯·安德烈埃之女，她们都曾接受过与其地位相等的教育，后来都成了著名的法学学者。当时还有一位名叫多纳·比阿特丽斯·加林多的拉丁学者，她曾在萨拉曼卡大学附近接受过教育，并从那里被召到信奉天主教的伊莎贝拉宫廷，成为女王的拉丁语教师。③顺便提一句，上述这几个例外都限于欧洲大陆的南部，最终分析得出的结论显然是，当时妇女接受大学教育的时机并未成熟。尽管如此，从法律上讲妇女进入大学是合法的。大学教授的妻子或女仆，学舍或学生宿舍里的女佣、使女、女厨子，她们都被看做是与大学相关的人，就像大学理事、书记、药剂师、纸张制作者或者图书印刷人一样。正因如此，这些妇女也可以像后者一样进入大学，鲁汶大学校长的注册登记簿中就有最为详尽的例子。

来源与社会结构

不管是萨拉曼卡还是博洛尼亚、牛津还是剑桥、克拉科还是海德堡，中
203 世纪的大学都毫无例外地是由个体构成的组织化的群体，是一个“社会的团体”。正因为如此，它们才准确地反映了周遭的社会，它们与当时的社会一样，受到欧洲古老传统规范的影响。尽管从法律意义上讲，大学成员是平等的和共享特权的，但大学同其他任何一种社团一样，如市民团体、行会和教会，这种从法律上消除成员身份差异的平等，并不意味着实际的社会

③ W. Steffen, *Die studentische Autonomie im mittelalterlichen Bologna* (Berne, 1981), 173ff.; Rashdall, *Universities*, vol. Ⅱ, 88.

平等。当时并没有社会整合的迹象,大学并没有脱离社会环境,也没有转变为一个基于共享的"学术活动"而形成的平等的共同体。同社会中的其他团体一样,大学也采用当时盛行的社会和经济分层的标准,这包括在第六章叙述注册人数时提到的经济增长情况。因而,每位学生——与上述的学生类型相对应——在进入大学时,他本人及其家庭都已占据一定的社会等级地位,在大学里他要么保持、维护这种地位,要么就是设法在社会接受的范围内进一步提高这种地位。因此,他们的来源就以一种确定无疑的方式,预先决定了各所大学的社会结构和社会形象。大学中是"单纯学生"的比例较高,还是硕士—学生、上流社会学生的比例较高,都会使大学的声望有所区别——这种区别不仅反映在如前面已经提到的旧欧洲与新欧洲之间的整体差别,还表现在欧洲大学体系中个体学校的差异。

学生来源不仅包含一种社会维度,而且必然包含一种地理维度。而后者基本上取决于一种把大学共同体看做是区域性存在的意识,大学的地方主义在很大程度上受它所在城市的地方主义所支配。正因为地域因素与一个地区的社会、经济和文化生活因素同等重要,所以大学共同体作为一个社会群体,同样会提出进入地区中心的要求,并希望在那里扎下根来。只要新大学遵循了这一规律,它就会成功,并且能长盛不衰。对于找不到正式起源的古老大学,以及具有规范创立基础的新大学,情况都是如此。这种地方主义的内在结构,有时会被误解为狭隘;而实际上它应当被看做是近邻关系,与偏狭的乡土习气无关,倒是与大学周围地区的功能有很大相关。有证据表明,无论是在欧洲的中心还是其边缘地区,这种发挥主导作用的近邻关系在所有大学中都存在。甚至连被称做"国际中心"的、有上百年校史的巴黎大学、阿维尼翁大学和博洛尼亚大学,都是首先录取它们所在地区的学生,而不是在全欧洲招生。学生来源的这种特征自然使每所大学乃至大学里的每个部分——学院、同乡会、学舍、学生寓所——都形成自己的地域认同。甚至在英伦半岛上也是这样,牛津和剑桥都各有各的势力范围。综上所述,尽管在欧洲大学体系所覆盖的广大地域内,会出现频繁的大学更替现象,但却绝少出现一个大学的繁荣是以另一个大学的衰败为代价的情况。

从单纯的地源因素——无论大学位于城镇还是集镇、村庄,是修道院还是城堡领地，到诸如居民人数、经济环境、交通状况、教堂和学校的分布，甚至包括统治、土地所有制的推行情况，以及地方政权的稳定性和持续性等复杂的内容，都会影响大学的入学状况以及学生的地域构成和社会构成。因此，一个富有的地方会促使大学选择它作为其所在地。

204 所有类型的学生基本上都来自城镇——这是有关中欧及德意志国家大学研究最为重要的发现之一。15 世纪末，整个神圣罗马帝国，包括荷兰在内，大约有 4000 个城镇和集镇，其中有一半的城镇可以使其学生到一所或者多所大学就读。结果帝国的大学注册人数极速持续增长，而生源地也越来越集中到城镇。除了乡村人口明显占多数的英格兰外，在其他地方，如波兰、法兰西、卡斯提尔，以及旧欧洲南部的所有古典城镇都是这种情况。城市化与大学教育彼此紧密联系。但也不能就此低估乡村因素对大学招生的影响。可以明确的是，在神圣罗马帝国的大学体系中，"乡村学生"所占比例也自然会出现显著的地区性波动。与市政化进程相似，当时的乡村也出现了集中化过程，在紧邻大学的地区更是如此。

从社会角度，根据一般的大学章程里基本的两极划分法，大学里聚集了来自望族和小家族的人、富家子弟和贫困学生、显贵和平民，其中特别是那些声名显赫、尊贵的、德高望重的名流和社会显要，他们的地位都不简单或者说都不一般。在发生争执时，所有学生，无论贵贱贫富，在章程面前都平等，也都听由校长或者其他负责人处置。当然，学生们也非常清楚，他们身处的大学如同其他社会机构一样，亦是由"差异规则"控制的。对大学成员的身份进行精细而恰当的区分，被看做是大学继续存在的保障之一，因为在当时的社会条件下，没有哪个社会团体可以抛开这些区分规则而生存下去。也就是说，中世纪的大学不仅存在学院和毕业生之间的内部差别，
205 甚至——特别是——在一些公开事务，如在下列大学公共和非公共事务的章程规定中都存在着内部差别：会议、辩论活动、神学论争、教会服务、大学对外展示自己的游行列队的顺序、乃至向教皇请愿的名单排列（这在当时的许多大学里都司空见惯），乃至毕业典礼的次序。对于贵族和资产阶级、教士和当时的俗人所提出的各种要求，大学都是根据他们的身份地位作出相应的反应，1432 年牛津大学就明文规定，一个人所受的待遇应该与其惯

有的名誉相符。④

当然,在游行开始的时候,根据毕业或者社会地位确定的等级位次,就不得不转变为大学成员依次地纵队排列,这要特别小心。对此负有特别责任的大学学监和"礼仪官",要对位次和列队行进的顺序进行监督。可以肯定,在中世纪大学正规的等级结构之中,也存在一些关于个人地位的非正式争辩。一旦大学职员将某人置于不适合的地位,该职员就可能会受到严厉惩罚。在中世纪大学中,在校长之下是上流社会学生和专修生,这两类人在位次上排在博士之前或者至少与博士并列,而博士居于毕业生等级中的顶层;他们之后是硕士—学生以及地位较低的学生——因此,大学也体现了贵族和教会在现实社会中享有的不平等地位;最后,才是学士和单纯学生,从理论上讲他们分布在所有的学院里,而实际上他们更多在文学院学习。总之,大学与外在的世界是交织在一起的,就如维也纳大学的规定所说:"学生的地位如何,或看他的学术等级,或看他的社会地位。"⑤

在所有欧洲大学里,或多或少都能发现划分学生等级的情况。大多数学校对此都有严格的正式条例,它们就像是行政规定——如布拉格大学、维也纳大学、海德堡大学、爱尔福特大学及其学校章程所涵盖的"成员学校"、牛津大学、阿维尼翁大学、图卢兹大学、艾克斯大学、波尔多大学、卡豪斯大学、瓦伦斯大学、多尔大学、奥尔良大学、卡昂大学、科英布拉大学、萨拉曼卡大学、韦斯卡大学,以及佩皮尼昂大学(该校当时还属于阿拉贡大学)。还有许多大学,如巴黎大学、科隆大学及其分出来的鲁汶大学和哥本哈根大学,以及大部分的意大利大学,如博洛尼亚大学、佩鲁贾大学、帕维亚大学,以及佛罗伦萨大学,都对学生等级划分作出了很明确的非正式规定。可见,在阿尔卑斯南北大学都从未忘记对差别作出规定。如果对从14世纪(1313年在图卢兹大学)到中世纪结束(1490年或1513年的瓦伦斯大学)的二百年左右的时间里各大学制订的有关条文进行比较,就会发 206
现那些条文在一段时期内相当稳定——正如各校的章程所希望的那样;

④ Schwinges, *Universitätsbesucher*, 343ff.; S. Gibson(ed.), *Statuta Antiqua Universitatis Oxoniensis* (Oxford, 1931), 239.

⑤ R. Kink, *Geschichte der kaiserlichen Universität zu Wien*, vol. Ⅱ (Vienna, 1854; reprint, Frankfurt-am-Main, 1969), 91, no. 14.

然而随着时间的推移,这些规定有时会变得越来越严格和精确(尽管直到15世纪,一些大学才将这些规定一直以来的执行情况用文字记载下来)。

除了排位次外,另一个等级的外在标志是,视学院和学生的地位不同,大学以及各部门对学生的收费不尽相同。那些贵族、高级神职人员和社会权贵以及愿意付高学费的人,总是在大学中拥有特权。在上课时,高级教士、贵族子弟、富家子弟自然在前排就座。当大学教堂举行会议、仪式、辩论会时或在演讲厅里,前排的位置都是留给那些贵族、显贵和上等人士的。在普罗旺斯的艾克斯大学,就明确将"分别就座的安排"写进了该校1420—1440年的新章程中,理由是让上层人士同无身份无位的人坐在一起是不适宜的。不过那些(城市)资产阶级出身的学生,一直有机会花钱为他们自己买一个贵族的上流身份及其席位。这是由于中世纪的大学从城市化一开始,就注意到大多数资产阶级所具有的经济实力和文化。还有一种可能,就如1372年后的布拉格法律大学一样,通过依次提高不同于贵族席位的普通席位的价格,来获得更高的社会声望。在奥尔良大学精确的历史资料中,人们发现早在1307年该校的章程中就明确规定了席位费的级别:第一排要交10先令,第二排6先令,第三排4先令,之后各排都是2先令,如果某位学生很穷就可以不交,由此可见,穷学生实际上是没有机会坐到前四排座位的。⑥

粗略地讲,中世纪大学的学生群体一般由三个阶层构成:大量富家子弟居于中间阶层,在他们之下的是贫困学生,而在他们之上的是贵族、高级僧侣和其他一些有身份的人。这种"贵族"、"富人"、"贫人"的划分,在整个欧洲都能发现,只不过有时会使用不同的术语来表达,比如说在伊比利亚

207 半岛,与此相应的划分是 *ricos*, *medianos* 和 *pobres*。⑦此外,还有大量从较

---

⑥ Aix:Fournier(ed.), *Statuts*, vol. Ⅲ,12. § 32. Prague: *Monumenta Historica Universitatis Carolo-Ferdinandeae Pragensis*, vol. Ⅱ, *Album seu Matricula Facultatis Juridicae Universitatis Pragensis(1372 - 1418)*(Prague,1834), 162. Orléans: Fournier (ed.), *Statuts*, vol. Ⅰ, 23, § 30.

⑦ C.M. Ajo González de Rapariegos y Sáinz de Zúñiga, *Historia de las Universidades Hispánicas*, vol.Ⅰ, *Medievo y Renacimiento Universitario* (Madrid, 1957), 387(Lisbon - Coimbra).

富到较穷的中间阶层，这反映了下列事实：其一，任何一个社会阶层在社会性上都不是完全同一的；其二，无论在上层还是在下层，都存在着一些中间阶层。除了欧洲南部和北部的划分之外，所有上述的这些划分都必然会受到俗世变化的影响。

对于中世纪的贵族来说，上大学既不是他们理所当然的事，也不是绝对必要的。大学给予的大量特权——尤其对那些有贵族头衔的学生——与他们的人数很不相称。在欧洲大学中，贵族学生都无法占到学生的大多数。而那些在政治上和军事上都非常有势力的世俗贵族，无须拥有大学教育背景。但对于那些僧侣贵族，情况则有所不同，他们是带着其在大教堂和牧师团体里的圣俸来大学学习的，尽管他们只需接受规定的两年期教育，学习基础的文科或者（常常是）法律课程，但这些僧侣贵族的数量相对来说也是很少的。的确，正如人们所预料的那样，在旧欧洲的大学里贵族学生的数量要比在新欧洲的大学里的多一些，最为集中的是在 14 世纪法国宫廷或者天主教廷附近的法律大学，还有意大利和西班牙的大学（萨拉曼卡大学和莱里达大学），但不包括阿维尼翁大学、蒙彼利埃大学、博洛尼亚大学、帕多瓦大学（奥尔良大学也应算上），因为它们是当时各国上流社会学生的中心和欧洲贵族游学的目的地。在神圣罗马帝国，还有波兰、英格兰，直到 15 世纪后半叶现代社会即将到来时，贵族阶层学生的数量才有所增长。这是因为当时整个欧洲的贵族都感到来自资产阶级的激烈竞争——资产阶级在社会生活和经济领域充满自信，他们中越来越多人在学校和大学中接受了良好教育，因此，贵族打算利用此时唯一向他们开放的途径——接受大学教育，着手夺回他们在国家和教会中失去的地盘。同时，为了表明他们不仅有显赫的出身，还有教育和文化，贵族阶层也决定接受大学教育，因为这在所有方式中是较容易实施而又不必放弃他们惯有特权的一种方式。

除了那些出身贵族和高层神职人员家庭的学生外——一般他们都在教皇、国王、诸侯身边工作，或者到大教堂任职——绝大多数的大学生都来自大学附近地区。一个紧密交织的社会地理网络包围着大学，这个网络是由家族关系、同窗关系，以及各种资助机构构成，通常建立在家族关系、朋友关系或者同胞关系基础之上。例如，在中世纪的博洛尼亚大学，兄弟关

208 系、父子关系或者叔侄关系必然会给一些学生带来优越条件，使他们能对“学校各项规章充分了解”。教会和宫廷的上层人士、英格兰议会成员、大学教授、法律学者和从业者、商人、市镇公民（特别是市镇议会的议员）诸如此类家庭出身的学生，都会受到庇护。应当承认，他们到大学读书时往往并没有官职或者头衔，因此“还不算什么人物”，但是，他们的出身和社会关系足以抵消这种缺憾。这些人往往因其“关系众多”而得以免除正常的学费，尽管如此，这部分特殊的学生仍只是冰山一角；家庭结构在极大程度上渗透到整个学生群体中。

要想在学生群体的各个阶层中准确判断出哪一阶层的人数最多，是最为困难的。如果翻阅资料，主要是注册资料，与不属于该阶层的学生来比，就会发现富家子弟所处的中间阶层人数最多。这类学生既没有头衔，也没有官职；既没有客户关系，也不像穷学生那样靠减免学费来读大学。在中世纪保留下来的资料（名人除外）中，很难发现记载有关于他们的家乡、他们父亲或者亲戚的地位和职业这些方面的情况。这个中间阶层只有一个共同点：在他们进入某个大学、某个学院和某个学舍时，他们总是到处交纳各种费用和所需要的礼金。因此，人们干脆把他们称做富家子弟（*divites*）这也就不足为怪了。在当时经济、政治和人口不断变动的时代，无论是地处旧欧洲还是新欧洲的大学，也不管是著名的法学院还是文学院，为了保证学校的继续生存，一直都非常关注吸引足够多的富家子弟到自己的学校就读。在大学中，从单纯学生到专修生都能找到富家子弟的踪影，他们几乎体现了所有大学入学者的特点。当然，他们的生活和学习模式也有自己特色。毕竟他们是真正赋予大学社会和经济意义的群体，因而从根本上保证大学在某个地区继续存在下去。

如同每个学生阶层一样，富家子弟阶层也有形形色色的社会背景。毋庸置疑，学生的分层和学生生源地的社会分层之间几乎没有差别，因为学生注册时都有自己及其家庭的等级。因此，要对学生的阶层进行分析，就应当将视线由大学转移到学生的生源地，在那儿才能够追溯学生的家庭以及他们本人在当地社会环境中的地位。然而，在地区层次上，乃至国家和国际层次上，都缺乏关于大学入学、教育与城镇和乡村中的社会分层之间相互关系的地域性研究。此外，在大多数的欧洲国家中，用于这种研究的相关大学史料也非常有限。所以，对此的研究只能依靠推测了。在神圣罗马帝国，通过比较可以确定这样一个事实：在中世纪后期，特别是在15世纪后半叶，来自大小城镇，在政治和经济上都比较重要的一个阶层——他们在人数上有限，但在总人口中关系重大——有力地推动了大学教育。在科隆、海德堡、维也纳的大学城，这些人是那些有实业背景、掌握一定资本的零售商、推销商，常常还有市镇公民。他们中有很多人上大学，同时，在各方面表现活跃，而且收入较丰厚。与此相比，虽然"手工业者的黄金时代"的确使大量手工业者的子弟进了大学，但这些子弟在学生中所占的比例低于手工业者在总人口中所占的比例。尽管如此，这并不妨碍大多数出身手工业者家庭的学生融入中间阶层的学生圈子中。在许多城镇，从事商业和手工业的人——还有其他高收入的人——对大学教育表现出较大的兴趣。在那些来自手工业家庭的学生中，来自科隆的盔甲工匠家庭、海德堡的制鞋匠家庭和维也纳的锡铁匠家庭的学生情况相似。在神圣罗马帝国，来自乡村家庭的学生也对接受大学教育表现出很大兴趣。

贫困学生构成了大学最底层的一个问题群体，他们没有财产，往往还没有尊贵的姓氏(家族姓氏)，最重要的是没有社会关系，在许多方面都处于弱势，与其他的学生群体也相当疏远，而内部又缺乏凝聚力。中世纪大学不但没有改变这些贫困学生命运的社会责任，反而对他们设置了比其他学生更多的障碍，之所以这样，是因为在1200—1500年这段时间里，社会对贫穷的态度已开始转向负面，崇尚苦行僧的观念已经过时。大学——实际上是校长、司库、会计、博士、硕士或者硕士—学生以及专修生这些靠收取学费和礼金而生活的教育"企业家们"——日益要求：从大学的整体利益角度来评定每个学生的支付情况。只有在此之后，他们才接收贫困学生入学或者授予他证书。布雷斯高的弗赖堡大学保留着一本《费用评估手册》其中就规定控制贫困学生入学。在爱尔福特大学，"谁的学费也不免"这条规定一直被严格执行。⑧当时，也有一些针对穷学生的优惠，如免交学费、开设特别讲座、由教皇为贫困学生颁发博士学位。但这些优惠本身也暗示着穷学生的较低社会地位，这样做充其量也只是给予他们消极的鼓励。总

⑧ H. Weissenborn (ed.), *Acten der Erfurter Universität*, vol. I (Halle, 1881), 12.

210 之,这些优惠实际上只有助于强化贫困学生的边缘地位。而且,大学给贫困学生的奖学金和特殊席位也少得可怜,特别是在中世纪后期。根据中世纪社会团体的传统规则,人们对穷人是没有任何期望的。一个穷人的生计或者贫困学生在大学生宿舍中的床位,不是根据现实的匮乏和实际需求来安排,而往往是看受益者与捐助者之间的社会关系是否紧密,而捐助者必然是一些个人,无论在哪里,他们总是更愿意让自己的亲戚、朋友和同胞受益。在英格兰的众多学舍里,正如拉希德评论的那样,奖学金"都给了那些来自完全有能力支付上学费用的家庭的学生",⑨而在欧洲其他地方,情况也没什么两样。最先打破这种状况的是在15世纪末、16世纪初创建的斯坦道克学舍。神学家约翰·斯坦道克来自梅赫伦,他本人是一位穷鞋匠的儿子,曾在鲁汶大学和巴黎大学就读,对贫困学生的状况非常了解。以他名字命名的第一所学舍于1490年建在巴黎的蒙太古区,另一所随后建在鲁汶。这两所学舍都在章程里明确规定,只录取真正贫穷的学生,不收有钱有势家庭的子弟,这一做法在当时其他任何地方都是不可能的。但是,在信奉鹿特丹的伊拉斯谟理论的人看来,蒙太古学舍只不过是个条件相当恶劣并采用高压管理的地方。⑩尽管如此,在新欧洲和旧欧洲的大学里——至少在阿尔卑斯山北部的大学中,有15%—20%的学生是穷人,但准确的数字还要视经济周期而定。

实际上,贫困学生的入学并不轻易受到外界因素(如战争、瘟疫)的影响,但这些因素不包括物价上涨。在大学里,富家子弟与贫穷学生之间并没有一道明显的分界线,而是存在一道"依据经济周期"而被反复跨越的波动的边界;在注册的时候,他们应该被称为"准富人"或"准穷人"。穷学生往往不喜欢他们家乡附近的大学,而是对规模大,尤其是学费低的、地处交通便利的大城市,而社会声望还不太显赫的大学更加钟情(在神圣罗马帝国有维也纳大学、莱比锡大学、科隆大学和鲁汶大学;巴黎有英德同乡会。)在这些地方,即使在经济危机时期,他们的生活费都仍然相对较低,并且有

⑨ Rashdall, *Universities*, vol. Ⅲ, 412.

⑩ M. Godet, *La Congrégation de Montaigu* (*1490 – 1580*) (Paris, 1912), 31ff., 144. Erasmus: C. Dupille, *Les Enragés du XVe siècle. Les étudiants au Moyen Age* (Paris, 1969), 113ff.

较好的机会找到临时工作或者得到别人的资助。由于家境贫寒，根据当时的社会制度，只有那些充当家庭随从而成功找到引荐人的人，才能够上大学。这种家庭随从的工作——大多在大学内且并非临时性工作——要有庇护人帮助才能获得。熟人、朋友、亲戚，常常还有同乡的推荐，要比“自由市场”更具决定性作用。在大学教师（地位越高越好）家里做家庭随从会获得好处，但同时可能要干相当繁重的工作。然而，至少这种帮助学生上大学的形式是最适合中世纪的。 211

学生团体

虽然中世纪的大学是由许多个人集合而成的群体，但它们之间却没有严格的等级制度。代表学生大学生活不同侧面的学院、同乡会、学舍、学生寓所以及其他群体，都是处在同一组织水平上的相对独立的单位。它们是有着许多重叠部分的分支，像一个有机体的细胞一样连结在一起，这个有机体由个体的博士和硕士组成。

对于上大学的学生来说，最古老同时也最重要的团体当算是“同乡会”。[11]学者们一致认为，同乡会的全盛时期是在1378年天主教会分裂之前的欧洲大学史上的普遍时期，因而必然限定在欧洲西部、南部的旧欧洲大学。大学同乡会一般都有各自的语言、政治和地理界线，但它们绝不是由抱着狭隘民族思想的一群人组成，更不是民族意识形态的代言机构——如“民族”这个词本身所蕴涵的意义。同乡会更像是为学生提供便利的组织，方便他们享受作为大学成员应该享受的利益，甚至使其参与大学的管理。因而，无论在哪里建立，它们都把自己定义为兄弟会、协会、集会、法团或学会；它们成为大学所在城镇中——对大多数学生来讲，这些城镇都是未知的、陌生的环境——非常有生气的团体。它们的意义和重要性因国家及大学不同而呈现很大的差异，这取决于其代表（同乡会会长及其顾问）的影响力，或者所在大学的政治和社会的管理方式（比如选择校长的制度）。同时，也取决于与上述因素直接相关的一个因素——学生群体，同乡会的

[11] Kibre, *Nations*, 137 ff. 见第4章第114－116页和第9章第282－284页.

大部分成员都来自这一特别的群体。在这一方面,旧社会形式和新社会形式之间存在明显差异:在博洛尼亚大学及其他一些法学院中,学校实行非集中管理,上流社会学生和专修生占有绝对优势;在巴黎大学,以文科学士和硕士—学生为主(根本没有单纯学生),他们甚至都不用在同乡会中注册,只需要凭借与一位导师的关系就能加入;而在新大学中,在已经实行了
212 集中管理 的大学中,如布拉格大学、维也纳大学及莱比锡大学,同乡会中所有类型的学生都有,但从比例上看,单纯学生占"正式"成员的绝大多数。因此,在那些同乡会中,单纯学生是关键的社会因素,但他们却未能发挥同等的政治作用,因而只能在同乡会中处于次要的地位。不管怎样,在社团工作方面,每个同乡会或多或少都存在相似的地方:它们都有自己的领导者和管理人、学监、会长、接受捐助者和公证人;它们都有自己的印章、注册制度和预算;它们都关注纪律、有组织的监督和训练课程;它们都有自己的庆典和特别的教会仪式,来歌颂它们自己的守护神;越到中世纪后期,它们越把下列事情视为其最重要的任务:帮助其成员安全地离开家到大学,在他们遇到困难或身患疾病时给予援助,在他们不幸去世时操办隆重的葬礼。

除了同乡会、学舍、会堂和学生宿舍,还有很多不同的完全自由的学生社团,但它们却很少为后人所知。它们中的许多组织从表面上看都像当时常见的商人、手工业者和牧师兄弟会。为数不多的一个例子出自阿维尼翁,在 1441 年,200 多名学生在那里创建了一个名为塞巴斯蒂安兄弟会的社团。在一名修道院院长和由 12 名重要人物组成的顾问委员会的领导下,该组织制定和安排了共同的宗教仪式和队列,培养成员融入到共有、和谐的生活中,在成员贫病时关心照料他们,在成员与外界发生冲突时帮助他们,还有就是,如果需要的话,给已故的成员举行体面的葬礼。这些任务与同乡会的工作基本相同,但该组织不考虑成员的来源地。在别的地方,也形成了一些强调地域因素的学生兄弟会。巴黎大学的"我们亲爱的女士"兄弟会就是其中之一,它是由来自伊普尔的巴黎大学的学生(主要是文科学生)组成,在 1331 年得到官方认可;在巴黎,它与皮卡迪安同乡会有联系。这类团体的特别之处在于,它集合了从一个地方来的多种类型的人,有学生也有非学生身份的人,有在校生也有以前的学生,有教士也有世俗

人士，有男也有女，而且除了具有兄弟会的一般功能外，它还关注对学生给予经济上的帮助。在意大利的大学城里，来自阿尔卑斯山北部的学生、手工业者和商人走到一起，形成了一个以追求共同的宗教信仰和文化以及经济利益为宗旨的协会。因此，在佩鲁贾，从1441年开始就有了关于法德兄弟会文字记载。从15到16世纪，该会是由学生（大多数都是律师）掌管的，后来他们逐渐将兄弟会中其他身份的人驱逐出去。最后，该会中来自两个不同民族的学生也分开了。[12]

在正式的大学及其各学院、校友会和兄弟会这些学生团体下，各类学 213
生还组成了很多小团体，它们常常是在学生们结伴前往大学城的路途中形成，并在到校学习期间继续发展。在中世纪，旅行途中总是充满了危险，结伴而行或者加入各种旅行团体是很常见的事情；但是，由学生组成的这些小团体还是有其特殊性的。在普通注册时，它们都是由大学校长亲自登记，因而受到大学官员很多关注。根据资料，一般认为这些小团体只存在于中欧的大学中，从鲁汶到克拉科，从罗斯托克到维也纳，都有这些小团体。它们在这些地方很常见，其成员占到学生人数15%—30%——还不是按“意大利旅行”情况来估计。[13]这些团体的人员构成情况和人数都不相同。有教师与学生组成的团体，有僧侣组成的团体，有贵族和他们的随从组成的团体，也有由亲戚组成的团体，而大多数的还是面向各自同胞的开放式团体。这些团体往往根据家乡区域来实现亲密的认同，其中包含了所有五种类型的学生。从数量上看，在德意志大学里最常见的是“二人团”，占所有小团体的70%。很明显，无论是在去大学的路途中还是在大学里，无论在宿舍里还是在教师家中学习，这种团体结构都是最为合适的：这类团体结构作为一种中世纪人员流动的基本模式，除在学生中分布很广以

---

⑫ Fournier(ed.), *Statuts*, vol. Ⅱ, 417 - 420, 440ff.: P. Trio, ‘A Medieval Students’ Confraternity at Ypres: the Notre Dame Confraternity of Paris Students’, *History of Universities*, 5(1985), 15 - 53; F. Weigle, *Die Matrikel der deutschen Nation in Perugia (1579 - 1727)* (Tübingen, 1956), 8. 也参见第9章，第285页。

⑬ R. C. Schwinges, ‘Studentische Kleingruppen im späten Mittelalter’, in H. Ludat and R. C. Schwinges(eds.), *Politik - Gesellschaft - Geschichtsschreibung. Giessener Festgabe für Frantisek Graus* (Cologne/Vienna, 1982), 319 - 361. S. Stelling-Michaud, *L'Université de Bologne et la pénétration des droits romain et canonique en Suisse aux XIII e et XIVe siècles* (Geneva, 1955), 82ff.

外,对其他社会群体也有广泛影响,例如熟练工—手工业者。最重要的是,在这些小团体中,每个成员拥有平等的地位(主—仆团体是个例外),这使它们非常稳定。贫穷学生和有钱学生往往都与地位相当的人结伴。

住宿

在很长的一段时期,同乡会和各学院都自称为学舍(*collegium*),这种称呼恰当地反映了它们由个体集合形成团体的特点。从13世纪开始,在大学中还有一种更小的单位与上述这些机构并存,它也使用学舍一词,但组织的形式更为严格(更像一个机构,一个所有类型学生生活的特殊组织形式)。这种机构——与其他机构很不相同——紧邻教堂,一部分甚至模
214 仿教堂的建筑结构,在建筑形式上既像修道院,又像大教堂。学舍的建筑规划——即建筑物以一个中央庭院为中心,形成一组方形建筑群,一般包括一个餐厅、多间起居室和多间卧室、一个厨房和地窖、一座讲堂、一个图书馆和一个小礼拜堂——以其外在形式对中世纪大学(首先是旧欧洲的大学,后来是新欧洲的大学)作为一种机构的自我认识产生了决定性的影响。

最早的学舍之一,著名的巴黎索邦学舍,是由路易九世的牧师、索邦的罗伯特于1257年创建,它用一句格言系统地阐述了未来学舍体系的中心思想:培育(学生的)社会性、集体精神、高尚道德和广博学问——这种阐述暗示了一种以兄弟会为组织形式的学习社团的存在,在其中成员按照一种规范的道德方式来生活。⑭"索邦类型"反对学舍仅为学生提供住宿和校园生活的一些最基本的条件——例如十八学舍在1180年时在圣母院的收容所里为18个"贫穷教士"提供床位,圣翁诺的邦·安方学舍在1208—1209年时也是这种情况,"索邦类型"首先具有以下两方面的新颖之处。

一方面,当时这类机构都拥有土地、财产和固定资产,在中世纪,通过获得捐赠和收取地租,使其财富有了可观的增长。除此之外,它们还有一些特权,例如,有权生产或免税进口诸如面包、肉食、啤酒和葡萄酒之类的

⑭ P. Glorieux, *Les Origines du collège de Sorbon* (Notre Dame, Ind., 1959), 17.

日用品,从而减少了生活开支。学舍成员从中受益匪浅,这相当于获得了一笔奖学金。他们的食宿全部免费,每周还要发一次津贴,时常有人出资为他们缝制夏季、冬季服装或学位服。学舍的成员人数与每个学舍的经济实力是相对应的。从理论上讲,学生在学舍中的时间是有限的,而实际上,学生即便是在同一所学舍中的逗留时间也是非常灵活的。

另一方面,这一类型是当时的一种新的教学管理模式,各学舍制定了各自的章程,学生的绝大部分时间都要用于规定的学习训练活动。虽然学舍在这一方面仍然深受教会模式的影响,但它可以被看做是在教会和修道院教育之外有组织的公共教学的第一个教育场所。首先,这是因为此类教学活动被限定为对外部世界材料的反复练习。在中世纪后期,大学所有学科的课程(尤其是文科和神学)都被引入学舍的学习中。中世纪末,在欧洲的大部分地区,学舍已经占据了支配地位,英格兰和法兰西的情况尤其如此;在1445年,整个巴黎大学就是建在各个学舍的基础之上,牛津和剑桥 215
也同样如此。⑮当时,甚至学舍外的人都来听学舍的课。所有的学院除了组织考试和颁发学位之外,几乎无事可干。这种学舍体制还对教育的其他领域产生了影响,比如,对著名的英格兰温彻斯特公学(建于1382年)和伊顿公学(建于1440年),以及由教皇乌尔班五世(1362—1370)创建的朗格多克文法学校都产生了影响;另外,受到影响的还有西班牙的各种大学以外的学习机构,它们后来从教皇那儿获得种种特权以及颁发博士学位的权利,从而形成了新型的"学舍大学"(college university),最早是在斯古恩匝(1476—1489),而后在阿尔卡拉(1499)和塞维利亚(1502—1505)也相继出现。

学舍的组织构成与大学其他部分的结构,从本质上来说并无什么差别。它们关注自身的特权和章程,自己管理各种内部事务。正如同乡会由会长领导,学院由院长负责,所有的学舍,其成员以及他们的亲戚、仆人和牧师,都要接受一名舍长的领导,舍长本人要严格管理学舍,不仅要向大学管理当局负责、向大学校长或者教区主教负责,还要向由诸侯或市政当局任命的监督者负责,特别要向安排的视察员负责。

---

⑮ Rashdall, *Universities*, vol.I, 519.

学舍很明显被打上了它们所处时代的烙印。这部分要归因于它们的创办者和创办时的条件。学会的捐助人往往是当地的一些大人物:国王和王后,诸侯及其夫人,以及当时的贵族、教皇、红衣主教、主教、大教堂的教士、王室的顾问、市政当局的官员,甚至还有教授。教授用于捐赠的基金一般都是从事一些特殊的兼职工作而获得的,如为教会工作,当私人医生、法律学者或教廷神学家等。相对而言,中产阶级的捐赠基金还比较少见,而且即使在一些捐赠基金中他们捐资不少,他们的名字也被排在一大串皇室或王室人员的名字之后(如1448年创办的剑桥王后学舍)。那些出面为学舍捐赠的人,就其社会地位和人数而言,大都是国家、宫廷或教会中的知名人士。比如巴黎的罗伯特·索邦,他是皇家教士和圣母院的教士。用捐赠人名字命名的学舍还有:博洛尼亚的斯巴格纳学舍是以捐赠人红衣主教吉尔·阿尔沃诺斯的名字命名,此人被认为是建立教会国家(church state)的第二号人物,再如瓦拉杜利德的圣克鲁兹学舍(1479)也是以捐赠人红衣主教佩德罗·冈萨雷斯·德·门多萨的名字命名,此人还是卡斯提尔省的教长。英格兰的高级教士们更是热心捐资办学,所有大型的英格兰学舍都是由曾当过英格兰皇家教长的大主教创建的,其中最早的一个是默顿学舍,它是由罗彻斯特的大主教默顿的沃尔特于1264年建立的。这些例子(至少从
216 地理上看)并非随意挑选出的,因为直到中世纪末,这些由捐赠而创办的学舍在欧洲的西部和南部地区要比在欧洲的其他地区更为常见。

无论捐款的类型和规模,捐助人的动机通常都很相似。尽管到了中世纪后期他们的动机发生了很大的变化,受到了慈善、教育、知识或政治等因素的巨大影响,但两种基本的动机——宗教动机和社会动机——却相对保持不变。第一种是正式的宗教动机,捐助者出于对自身和其家庭灵魂的关注而捐赠。学舍成员作为受益人,有义务为捐助者的灵魂得救而举行祈祷和宗教仪式。与宗教动机紧密联系的是社会动机,它是传统社会生活方式的一部分,而并非出自捐助人内心的社会设计构想。在博洛尼亚的西班牙学舍,即便是地位很高的成员也收受捐赠品,但分配表上用的却全都是贫

困学生的名字。⑯

社会动机带有家族色彩;这自然是世俗捐赠的首要特征,而在神职人员的捐赠中则不太明显。成为学舍成员的机会与创立者家族的地域关系网紧密相关,不管是王室的、教会的、市政当局的或者私人的捐赠都是这样。在大多数情况中,进入学舍的机会一般依次给予:损助者的家人、亲朋好友、与家族有交往的人、出生地或者家乡的居民、同国或同一主教辖区的人。而创办人的捐赠又是通过捐赠的管理者和学舍成员的视察员们来具体运作的,这些人又有自己的家族关系,因而新增了更多的成员。与地域联系紧密的学舍非常多:在巴黎就有达塞斯学舍、德·乌普萨拉(苏塞斯)学舍、萨卡拉学舍、厄索塞斯学舍、隆巴德学舍和阿尔勒芒兹学舍等等。博洛尼亚的西班牙学舍在章程中规定,首先接收卡斯蒂利人,其次是阿拉贡人、葡萄牙人,最后才是意大利人,而如果遇到来申请入学的西班牙人特别多的情况,"外国人"的申请就会不予考虑。牛津的新学舍依据创办人的规定,要特别为来自温彻斯特主教辖区的学生预留入学资格;学舍成员的家庭关系也得到额外的重视,来自某些地区甚至是某些小镇的学生会得到特别的关照。在德意志,医学教授安普罗尼斯·拉廷克在他捐助创建爱尔福特大学泽·赫默斯富特学舍时,就打算只接收来自他家乡科隆地区的学生,首先照顾来自他故乡小镇——下莱茵的莱茵伯格的学生。这个小镇因此成为15世纪后期神圣罗马帝国中几个主要的"大学生小镇"之一,并且名列前茅。与这些广泛存在的社会—地理因素相比较,其他入学标准的重要 217
性就逊色多了。

在欧洲的大学学生当中,学舍成员是享有特权、备受保护的少数派,尽管他们的社会背景不尽相同,也并不是一个封闭的精英集团。学舍创立者的不同背景、捐赠的不同数目、学舍成员不同的社会地位,以及他们所在的不同学院,都是导致这种情况的原因。多数学舍经费有限且规模较小,比较适合单纯学生或攻读学士学位的年轻文科学生就读,也比较符合他们的社会背景。而另外一些学舍则相反,几乎都是面向高级学院的学生,也就

⑯ 参见第118页。B. M. Marti, *The Spanish College at Bologna in the Fourteenth Century* (Philadelphia, 1966), 17ff.

是硕士—学生和专修生，或者只收大学毕业生，这些人至少应具备文科学士学位，如果是非毕业生，除非他有足够的声望或者受过相应的预科教育才可能被接收。在很长的时间里，这类学舍中大多是学习神学和文科神学兼修的学生——他们并不只是在各种修道院中学习。自 14 世纪开始，学舍里学习法学的学生(包括教会法和民法的学生)越来越多，并开始超过文科和神学的学生而占据多数地位。在 14 世纪后半叶，卡豪斯大学的文科学舍在法国南部的“法学集中地”显然很少见，而到了 15 世纪，这些文科学舍都变成了法学舍。国王、诸侯、大臣和教会人士为了巩固其统治基础，逐渐利用他们所捐建的学舍，来培养未来一代的教会和行政机构的法律专家。在这方面，旧欧洲，尤其是牛津大学和欧洲南部的大学走在了前面。然而，这种说法有可能言过其实。法学专业学生大多是专修生和上流社会学生，他们都不需要在学舍中学习。因此，在一所真正的法律大学(如奥尔良大学)里根本没有这种学舍，在意大利和伊比利亚半岛也只有几所这样的学舍；只有到了 16 世纪，随着社会条件的变化，上述情形才有所改变。对医学学者来讲，情况类似，他们中一些人的确能在学舍里学习，但很少有专为他们建立的医学舍——蒙彼利埃是个例外。

神圣罗马帝国的学舍有自己的一条发展道路。在布拉格卡洛林学舍、维也纳杜克尔学舍以及莱比锡的大大小小学舍里学习的学生，在大多数情况下都是硕士—学生和专修生，这点同欧洲其他地方的同类学生一样；一开始，他们被大学创建人招聘到文学院任教，这些创建人——领地统治者、诸侯、市政长官等——也是大多数学舍的创立者。至少有文科硕士学位的学舍成员是摄政教师，因此他们也成为文科学生的授课教授；他们的地位相当于以后的文学院教授，他们领取的奖学金实际上就是他们教学的报
218 酬。在新欧洲的其他地方也能找到这种“德意志模式”的效仿者，在苏格兰、波兰，在瑞典可能也有。这种模式的学舍并没有改变那种传统的、分布很广的模式，即由年长的学生——英格兰学舍中的导师——为年幼的学生教课并给予指导。在德意志模式中，学生产生了教授的效果。

尽管当时迅速建立了一批新学舍，但绝大多数学生——无论哪种类型，也不管是毕业还是没有毕业——都不得不为找到容身之处而奔忙，即使在捐赠基金充裕的巴黎也是如此，在 15 世纪，那里最多只有 15% 的大

学入学者能从学舍成员身份中享有好处。⑰ 基本上,学生寻找容身之所从一开始就只有两种可能性:要么是一个人单独租住或与其他人合租私房;要么就是像当时时兴的那样,在由大学批准或监管的学生宿舍内居住,这种宿舍有好几种不同的流行叫法:寓所、招待所、宿舍、公寓、寄宿舍、学舍、居所等,英语里又称其为会堂或者学生寓所。一般地,学生宿舍都由具有这种工作资格的文科硕士或是具有更高学位的专修生来负责管理。

第一种情况主要出现在西欧和南欧法学学生占主导地位的大学,从奥尔良大学、博洛尼亚大学到萨拉曼卡大学。几乎所有类型的学生都作为房客租住在当地住家、学生宿舍或他们的教授家里。他们要么在自己宿舍或者找其他地方与别人"搭伙"吃饭,要么找人来给他们做饭。在阿尔卑斯山以北,文科和神学占主导地位,因而在有大量年轻文科学生的环境中,私人出租房的房客大都是硕士—学生和专修生,或者学生群体中的"边缘"学生:一方面是来自贵族家庭、富裕的资产阶级家庭或高级教士家庭的高地位学生,他们常常会带上他们的仆人和私人教师一起住;另一方面则是贫穷学生,这些人既付不起房租,也无法靠给人当奴仆来找到住处。并非所有地方都是这样,在维也纳就有特别提供给贫穷学生的陋室,那是一种便宜但很简陋的住房,贫穷学生们都挤在那里。

第二种情况是大学一直所鼓励的,它符合经济考量和社会行为方式:当离开自己的家后,讲同一种语言、有相同背景的学生和导师很自然地就走到一起,住在适合他们的社区里;这一方面满足了学生与导师及其家庭联系的需要,另一方面也符合大学当局以及其他世俗和教会组织监督学生住宿的要求。从 14 世纪开始,出于监督的需要,大学开始对学生住宿制定 219
普遍的要求。比如,大约在 1410 年,牛津大学就要求所有入学者,包括年轻的法学学生,都必须在学舍内或指定的学生宿舍里住宿,在 1420 年这一规定得到了皇室的支持。这样做的目的是希望对"宿舍混乱"现象进行有效的监管,这种现象是指彼此毫不相干的一大群学生未经允许就住在城镇

---

⑰ J. Verger, 'Collegium', in *Lexikon des Mittelalters*, vol. Ⅲ (Munich, 1986), 41. 在牛津和剑桥也有 10%—20%: T. H. Aston, G. D. Duncan, and T. A. R. Evans, 'The Medieval Alumni of the University of Cambridge', *Past and Present*, 86(1980), 14. 在神圣罗马帝国,这个数字还要低 5 个百分点。

里，据说他们白天在睡觉，晚上就到酒馆、妓院里鬼混，从而引发抢劫和谋杀案件。在欧洲大陆北部地区的大学里，也都有类似章程，1410 年维也纳大学开始拒绝接收在外住宿的学生，1452—1457 年间，巴黎大学也开始拒绝所谓的“燕子”学生入学。然而，这些规定都没有得到很好的执行。到了近代，私人寓所越来越有吸引力，甚至在阿尔卑斯以北地区也如此：鲁汶大学的很多学生都是房客，就是一个很好的例子。⑱

就像学舍一样，英格兰牛津大学的会堂和剑桥大学的学生寓所、巴黎的招待所（*hospices*）或宿舍（*paedagogia*），以及神圣罗马帝国的学舍（*bursae*）都成为大学真正的组成部分。对大多数居住在宿舍里的人（*hospites* 或 *bursales*，后者是从德语的学生 *Bursche* 一词演变而来的）来讲，上大学无非就是在地理、社会和思想上与这些地方联系起来。宿舍负责人——由大学任命的宿舍长（rector，*regens*，*conventor*）本人或在其他教师的帮助下，负责为整幢宿舍购买或租赁合适的家具，同时，还要负责食宿以及学术教学。作为回报，他所管理的学生“家庭”每周付给他薪水，他们还要付食宿费和学习费用，这些费用习惯上也按周计算。

共同的生活自然赋予了学生宿舍独特的区域和社会特征。总体而言，这些学生宿舍类似学舍（还在一定程度上类似同乡会），因为后两者都是基于家庭因素、同胞因素以及社会阶层是否相近等因素而组成的。管理者的影响取代了学舍创建者的希望。因而，依据宿舍长的来源，各个学生宿舍要么代表大学生源地中的特殊区域——当然随时间的变化而变化——要么就是与生源地毫不相干。例如，牛津大学的圣艾德蒙德会堂住的都是威尔士学生，罗斯托克大学的霍拉斯伯萨学舍中的大部分房间都是留给挪威人的，海德堡大学的瑞士学舍和克拉科大学的匈牙利学舍——它甚至还不接受所有匈牙利学生入住，而只面向匈牙利某些城镇，特别是塞格德、佩斯
220 和欧芬的学生。⑲ 所有学生宿舍的社会特征虽然也与地区因素紧密相关，

⑱ Gibson (ed.), *Statuta*(注释 4), 208ff., 226ff.; Kink, *Geschichte* (注释 5), 234ff; Rashdall, *Universities*, vol. Ⅱ, 526; E. De Maesschalck, ‘De “goede” en de “eeuwige student”. Tucht en huisvesting te Leuven in de 15e en 16e eeuw’, *Alumni Leuven*, 9: 1(1978), 11-15. 数据参见第 4 章，第 118 页。

⑲ K. Schrauf, *Regestrum Bursae Hungarorum Cracoviensis* (Vienna, 1893), xixff.

但还是主要取决于住宿学生的社会地位和经济情况。不管是学舍、会堂还是招待所,都不是慈善机构,虽然有时候也提供几个免费的床位。那些贫穷学生一般都只能作为仆人入住,通过做仆人来偿付每周的所有或部分费用。人们推测,学生宿舍中公寓比准公寓条件更好、更舒适一些——后者在牛津被称为"斗士营"——或者通俗点地说,就是富人住的地方比穷人更好一些。因此,每周的费用也就有所不同:如果不算那些为穷学生提供免费食宿的地方,在维也纳最便宜的是"两便士会堂"了;而在爱尔福特大学,这个数目大概只够在大的学舍里用一顿正式的午餐。在"两便士会堂"之外,还有"三便士会堂",大概多一个便士,住宿的条件也就要好一级。据推测,许多其他大学城都有类似的学生宿舍的细分。一般来讲,从葡萄牙到英格兰,所有大学都试图控制学生宿舍的租金。

由大学城提供的学生宿舍数量,一方面取决于需求,另一方面取决于制度化程度。因而学生宿舍的多少会随经济情况在不同的年份里变化,其波动程度比起学舍要大得多。所以很难准确统计这类学生宿舍数量。当时多数学生宿舍都非常小,而且存在的时间也非常短,所以在历史资料中没留下什么线索。在巴黎,毫无疑问当时已经有了一种标准的"学校产业",但一直没有关于它的准确数据。在意大利、西班牙以及位于欧洲大学体系边缘的一些国家,情况也相似。这方面的资料在牛津大学发现过,大约在 1313 年,牛津大学记录在案的学生宿舍有 123 处;在 15 世纪上半叶,学生宿舍的数量在 70 处左右,到了 15 世纪下半叶则变成大约 50 处,到 1530 年就只剩下 8 处了。在 15 世纪中期,剑桥大学里还在使用的学生宿舍不超过 17 处。苏格兰的圣安德鲁斯大学只有一处学生宿舍和一所学舍,自 1506 年该大学招生以后,学生不是住在学舍,就是住在学生宿舍。早在 1400 年以前,布拉格大学就有许多学生宿舍,其中 6 处的名字曾被提到过。1413 年,维也纳大学有 29 处宿舍,30 年后仍有 11 处,其中 6 处是供贫穷学生住宿的简易宿舍。巴塞尔大学在 1496 年以前有 7 处宿舍,之后只剩下 4 处了。神圣罗马帝国的其他大学,也记录了学生宿舍的数量变化;然而,似乎只要有其中一半的数量就能满足当时的需要了。

当然,这些数字不能进行直接比较,这不仅因为那些资料记载有待证实,更因为不同的学生宿舍容纳不同人数的学生。为了建立一个公认学生 221

社区，一个主要原则是集中住宿，在维也纳 3—4 名学生住一个房间，而在其他地方一般是 6 名学生住一个房间。人数的上限由宿舍设施和入住学生数量这两方面来决定。由此可以推测，在德意志主要大学的大型学生宿舍可以容纳几百人；大约在 1450 年，294 名和 246 名的文科学生分别住在爱尔福特大学的马修斯和波塔·科利两所学舍的两处学生宿舍里；后一个复杂的宿舍楼有 20 个房间，也就是说每一个房间平均容纳 12 人。大约在同一时间的巴黎，像圣巴尔伯这样的学生宿舍，大约就有 70 个或更多房间可供住宿，这个数目相当于一所大型学舍。在克拉科大学，建于 1454 年的耶路撒冷学舍可以容纳 100 名住宿者。另一方面，15 世纪中期牛津大学的许多学生宿舍，平均只有 18 名文科或法学专业的学生；在同一时期，剑桥大学大约有 11 处文科学生宿舍，一般每处可容纳 25 至 30 名学生，大学的 6 处法学学生宿舍，平均每处可容纳 80 名学生。与在牛津占主流的"单人会堂"不同，剑桥的学生宿舍要大一些，设施更奢华一些，有更多的房间和建筑，不仅如此，也更稳定一些。因此，剑桥的学生宿舍类似于那些欧洲大陆上较大的学舍和宿舍。

15 世纪，在整个欧洲，学生宿舍的数量普遍减少，这在牛津和维也纳表现得非常明显。它们可能经历了一个集中化的过程，许多小型的学舍难以为继，或者被大学舍兼并，或者作为一种社区形式逐渐变得过时。在西欧，随着近代社会的到来，这种集体化过程从总体上有利于学舍或正在形成中的"学舍—大学"。与此相似的是，"学舍—大学"发展起来。研究发现，当时一段时期里出现了前所未有的风潮，大量学生从招待所、会堂、宿舍中搬出，再以顾客的身份进入那些学舍，这些学舍当时已经承担了所有教学事务；而独立的学生宿舍即便未遭兼并，也逐步变成了附属于学舍的住宿地，并由学舍监管。例如，在 15 世纪末以前，牛津默顿学舍就已经有了一组环状分布的学生宿舍群，包括圣约翰斯、圣阿尔邦、科利谢尔、奈特和纳恩学舍；这些学生宿舍通常由高年级学生担任宿舍长，负责管理。在巴黎，教师和学生都陆续离开了位于富阿勒大街上的学生宿舍和学校，而进入最好的三所学舍（当时大约有 18 所学舍），当时（1500 年左右）这些学舍已经在有组织地进行所有科目的教学了。

在中欧的大学里，学舍也是学生宿舍萧条的受益者，而实际上它们还起到了推波助澜的作用。最初,"学舍教授"开办自己的学生宿舍,在一些情况中,这些宿舍在一定程度上融入了整个学舍,构成学舍建筑群的一部分。在这样的学舍宿舍里,住宿的学生要付房租和伙食费,但不必向摄政教师交纳费用。在不同的大学城里,它们的受欢迎程度并不完全一样。由于它们的影响,私人开办的学生宿舍失去了生存空间。这在当时是普遍现象,其他一些会所、寓所和招待所的情况也是如此。在15世纪,各地的私人开办的学生宿舍在与学舍的学生宿舍——多数具有更大规模——竞争中,往往会遭到淘汰,因为它们还要遭遇同行之间的激烈竞争。只有具有较高的社会地位的"专家机构",如文法学校和具有特殊课程和教学方式的人文学者团体,才能够维持他们开办的学生宿舍。当时竞争的情况从禁止诱骗新生住宿的三令五申中就可见一斑,当时常有私人开办的学生宿舍打着便宜的幌子来诱使新生入住,比如在巴塞尔,莱茵河上大学新生乘坐的客轮一靠岸,学生们一下船,各类学生宿舍之间的竞争就开始了。

只在没有学舍参与竞争时,那些私人开办的学生宿舍才能够生存下去,在鲁汶和科隆这两所位于神圣罗马帝国最西边的大学里,这种情况很明显。在这两所大学,开办私人宿舍的业主及其雇员,都被大学聘为"操练员",几乎是代表整个文学院来管理学生。与实际上只提供一些学习课程配套练习的学舍学生宿舍相比,这些私人办的学生宿舍,自15世纪中期就开始试图将文科学生的整个教学过程都放到宿舍中进行,因此,科隆大学校方的4处学生宿舍和鲁汶大学校方的4处学生宿舍在竞争中就日益衰败。这与西欧学舍教育形式的发展非常近似。在鲁汶,学生宿舍在捐赠和学舍的强大影响之下,早在中世纪之前就已经消亡了;而在科隆,校方的学生宿舍在16世纪转变为文法学校,使其在迥然不同的社会环境下,在神圣罗马帝国其他学生宿舍渐渐消亡的时候,在形式上成功地留存下来。在西欧和南欧,学舍—大学的黄金时代已经来临,尽管当时还处于宗教主义时代,神圣罗马帝国的大学及其北面和东面邻国的大学,都开始踏上一条教授型大学的发展道路;那些旧式的文科导师学舍或教授学舍和学生宿舍一起逐渐消失。而到中世纪结束时,拥有资产阶级地位的教授以及拥有转学和择校自由的学生出现了。

223

学生生活

欧洲大学中五种类型的学生似乎都没有什么好名声。从13到15世纪，到处都可以听到对他们相同的抱怨。学生们爱大喊大叫、打架斗殴；爱嫖妓狂欢、唱歌跳舞；爱打牌下棋、沉溺于赌骰子以及其他赌博；总是四处游荡、日夜不分；爱出风头、衣着出格；对居民、行会成员和治安人员进行挑衅；他们还携带甚至使用武器。看来并不是大学和知识吸引了他们，而是充满诱惑、逍遥自在的城市生活让他们乐而忘返。

巴黎大学，在红衣主教雅克·德·维特里(卒于1240年)看来，是一个国际性的恶人议会，是全世界罪恶灵魂的集合地。而巴黎的学生，在这位红衣主教看来，只在冬天时才学习，在夏天里他们就东游西荡。他们没学完过一门功课，却走马灯似地更换老师，他们最低限度地应付一下学业，为的是保住作为学生才有的种种特权。如果非要上课，他们也只愿上教会法这一门课，因为他们可以用这一个小时的时间好好地睡上一觉，但是，即使如此，他们也不会傻到抱着笨重的书本装出学者的样子来。[20]对于主教们的指责，教授们也表示赞同，他们对学生的生活方式和在学业中的表现实在不满意(直到今天也是这样)。奥德弗雷德斯·德·德那里斯(1200—1265)，博洛尼亚著名注释学者之一，就直言不讳地抨击学生的无节制、追求奢华享乐、喜爱锦衣华服、寻求性爱刺激，以及嗜好赌博、跳舞和酗酒。在红衣主教看来，那些不规矩的学生主要是文科的年轻学生、单纯学生和攻读学士学位的学生；另一方面，那些有学问的法律专业的学生，主要是身份较高的上流社会学生和年长的法律专业的学生，他们的表现同那些年轻的文科学生没什么两样。在13、14世纪时，意大利的教授以及律师、文法家等人，一致对懒惰风气提出警告，他们现身说法，用同行的例子作为示范。他们说，当时博洛尼亚的名人阿佐·德·波齐一生正直尽责，他只会在节假日里才生病，甚至死都不死在工作日里。在中世纪晚期，这类批评还掺进了对恶习导致的失败结局的嘲讽：那些滑稽、放纵的家伙——在神圣罗马帝国

⑳ Rashdall, *Universities*, vol. Ⅲ, 439ff.

被称做笨蛋——在大学里虚耗青春，挥霍父亲的钱财，学业上毫无长进，倒是学会了怎么沽酒，最后只能带着羞耻回家。这是巴塞尔大学教会法教授塞巴斯蒂安·布兰特所描述的情形，他在其1494年创作的伟大的社会讽刺诗《傻瓜之船》中，把学生们当做了他的嘲讽对象之一。㉑

如果将所有的这些议论、评价都综合起来，就是一部十足的"耻辱史"。但它未必就比那些讲述某个勤奋学生如何既完成学业又尽到宗教义务，他的大学时光只用在礼拜和学习、吃饭和睡觉上的故事更可信。因为不管是恶习缠身的学生，还是有责任感的学生，大都是那些被训诫故事歪曲了的形象。搜集这方面的文艺作品并不困难，从杰弗里·乔叟(生于1342年)的《坎特伯雷故事集》，到弗朗索瓦·维庸(生于约1465年)的歌谣中，都不难找到有关学生的描述。但对于一名历史学家来说，情况却是很糟糕的。实际上在16世纪以前几乎没有来自学生个人的文字记述，本来对同时代的人来说，学生的行径应该是些奇闻轶事。学生们的信件一般都是以央求父母、叔叔或者庇护人援助的内容为主，满篇都是对生活中不如意的哀叹，一会儿写散文一会儿又写诗歌，但主题永远都是祈求他们能帮忙解决经济问题、购置衣物诸如此类，人们禁不住会推测，这些信是照着几个广泛流传的模子，依葫芦画瓢写出来的。㉒

在那些古老的法律大学——特别是在南欧——以及多数中欧的年轻大学，人们很少认为有必要对学生的行为加以约束。根据有关章程的条款数量来判断，正是在这些学校里，大学生活受到最仔细地监管。但是，并不能就此推论那些中欧大学的学生要比在其他地方的学生更粗野一些。事实上，他们中大多数人都是年龄在14至20岁之间的年轻文科学生和硕士生；而在巴黎大学或者一些英国大学，也没有什么严格的管理措施。还有一个长期存在的问题：尽管其他地方的一些大学长期以来在很大程度上让大学中的传统组织(如同乡会、学院和学舍)对学生进行监管，但神圣罗马帝国的大学从一开始就实行集中管理，学生生活受到约束的程度要大得

㉑ Steffen, *Studentische Autonomie*（注释3），122－126；Sebastian Brant, *Narrenschiff*, ed. F. Zarncke (Leipzig, 1854), cap. 27, 29, 356ff.

㉒ C. H. Haskins, *Studies in Mediaeval Culture* (New York, 1929), 1－35('The Life of Mediaeval Students as Illustrated by Their Letters').

多,而且监管的方式也更加多样。直到1452年巴黎大学改革和1489年牛津大学颁布《学院宪章》(*statuta aularia*)之后,上述两种情况才开始逐渐接近;而欧洲的其他大学仍然没有采取类似巴黎和牛津的方式。与此同时,校长注册制度也在发展,但无一例外地都集中在新欧洲。㉓

225 大学章程建立的各种规范,一般适用于包括神学博士到学文法的新生在内的所有在校注册学生。在中世纪,大学章程没有什么特殊的地方,它并不仅仅与修道院的严厉相关。在当时的社会里,严格的条例和规定无处不在:有行会的规定、有手工业者和学徒的规定、有居民衣着方面的规定、有贵族阶层住宅的规定、有诸侯宫廷的规定,等等——所有这些规定约束了不同群体和不同阶层在日常交往、休闲和聚会中的一言一行。在那些受章程所约束的学舍和学生宿舍中,不仅形成了有关知识、方法和学术生活其他方面的标准,而且还有社会技能和行为方式的规范,这些规章的功能在于帮助整个团体处理好成员之间的关系,同时也处理好与之相比特权较少的外部世界的关系。那些常常是精心制订的戒律和禁令——如果放在现代学术自由的背景来理解,简直就是可怕的高压规定——毫无疑问具有保持稳定的功能。当时,人们普遍关注维护公共和平——最早的文献证据可以在剑桥大学(1236—1254)找到。㉔

根据里斯本—科英布拉、圣安德鲁斯等学舍的章程,正当的行为概括起来包括以下四个方面。首先,避免同任何女性接触,包括校外的女性以及学生宿舍中和学舍里的女性。在一个排外的紧密相连的男性社会中,每个大学城的男性人数都多于女性,因而破坏了性别之间的平衡,并成为矛盾冲突的根源,所以避免接触女性是一条可以理解的禁令。在阿尔卑斯山以北的大学,即使到1500年左右,已婚的博士、硕士和学生仍比较少见。但在欧洲南部他们就较常见了。而且,南部地区的大学章程也反映出对待女性的不同态度。㉕ 第二条禁令是禁止携带武器,特别是在夜间,原则上

㉓ 参见第6章,第179页。

㉔ M.B. Hackett, *The Original Statutes of Cambridge University. The Text and its History* (Cambridge,1979), 211ff. Oxford: Gibson (ed.), *Statuta* (注释4), 81.

㉕ 例如, Fournier (ed.), *Statuts*, vol. Ⅲ, 13ff., §36(Aix 1420 - 1440). 关于中世纪已婚学生和教师,参见第2章。

还包括在大学集会或课堂上(在博洛尼亚以及相关的一些意大利大学中,被称为 *calamitatibus provideri*),以避免在学生中或者学生与居民之间惹出祸端。㉖除了巴黎大学学生同乡会之间的冲突以及城市居民与大学师生持续不断的摩擦外,还有爆发了几起偶然的武装冲突和严重的"学生战争",如1278年在巴黎、1332年在图卢兹、1355年在牛津、1387年在奥尔良、1410—1411年在萨拉曼卡、1422年在海德堡。第三条禁令是禁止穿时髦衣服,特别是不允许穿来炫耀。要求学生衣着朴素简单,穿一种叫"简朴习俗"的学生服装。这种"学术服"是从教士服装逐步演变而来的,款式多种多样,因而即使在一个国家或一个历史时期,这种服装的款式和颜色都是不确定的(参见第四章)。第四条禁令在全欧洲都适用,即禁止在言行上冒犯教授和同学。这样做不仅是为了维护个人的尊严,更是为了避免校园内部的冲突。在布拉格——它被认为是联接欧洲古老大学与年轻大学的桥梁——甚至对说脏话都制定了相关的惩罚,以下这些脏话是当时最常见的:"流氓"、"无赖"、"骗子"——这三句骂人话还不算太难听,因而受到的惩罚也轻些,如果骂"婊子养的"、"杂种"、"恶棍"、"叛徒"等,就会受更重的惩罚。布拉格大学还制定了精确的关于人身攻击的"投掷行为条款",在条款中详细描述各种投掷行为及其意图——没目标地投掷、有目标地投掷、击中、击中并造成伤害——再结合经典的伦理规范,由轻到重地对上述行为进行惩罚;这种条款也被写进一些德意志大学的章程中。㉗ 226

除了这些禁止性的戒律和禁令外,还有五花八门的守则,在不同的大学里,这些守则被强调的程度有所不同,从中反映出不同大学所在地区的学生群体的社会地位。在法国南部、意大利以及伊比利亚半岛的部分地区有关学生管理的主要法律条文中,尤其强调对放纵的"贵族生活方式"的约束,这种生活方式具体表现在:衣着奢华、扈从众多、参与赌博游戏——比如掷骰子——这在佩鲁贾和佛罗伦萨被列为众恶之首,除此之外,还有养

㉖ H. Denifle, 'Die Statuten der Juristenuniversität Bologna vom Jahre 1317 – 1347 und deren Verhältnis zu jenen Paduas, Perugias, Florenz', *Archiv für Literatur-und Kirchengeschichte*, 3(1887), 363, § 71(同样还有佩鲁贾和帕多瓦). U. Gualazzini (ed.), *Corpus Statutorum almi Studii Parmensis*, 2nd edn (Milan, 1978), 151, § 64.

㉗ H. Jírecek (ed.), *Codex Juris Bohemici*, vol. Ⅱ: 3(Prague, 1889), 278ff., § 21.

马、遛狗和圈养猎鹰(在科英布拉和萨拉曼卡,明令禁止除高等贵族外的任何人这样做)。在莱里达,除非确有必要,不允许学生骑马去上课。但同时在意大利,关于武器的禁令却有些宽松:在博洛尼亚、帕多瓦、佩鲁贾和帕尔玛,具有贵族身份的律师在葬礼、游行或者其他一些典礼场合,可以不受这一禁令的约束。㉘在阿尔卑斯山北部的大学里,由于历来是文科和神学
227 的学生占多数,因而另外有一些更为棘手的问题。这些大学需要对数量众多的单纯学生、年轻的普通学生的行为进行约束,他们中的大多数人还没有获得学位就离开了学校。结果大学把大量的时间和精力都花在对学生宿舍的监管上,目的是保证学生在规定的时间里呆在宿舍里,而不是在街头、广场闲逛,或者到他们常去的酒馆以及其他"可疑的地方"游荡。在晚上宵禁的钟声响过之后,学舍、会堂或学生宿舍就会锁门——夏季响钟的时间在晚上 8 点至 10 点之间,冬季在晚上 7 点至 9 点之间,在巴黎和牛津全年都是晚上 9 点——直到早上 5 点或 6 点才开门。

实际上,违反规定的情况经常发生,许多私营学生宿舍的管理人对于学生违纪的事常常是睁一眼闭一眼。但大学在较长的一段时间里,都对此采取了制裁措施,这些措施可能的确也起到了稳定和教育的效果。每一条章程都配备有特定的惩罚条例。大学要求学生反复背诵各种规章,比如当新校长上任的时候,目的是加深学生对于章程和惩处条例的印象。学校当局的告密者、学监以及其他监察人,都负责保障条规在任何地方都得到遵守,并惩罚那些违反规定的人。这些监视人当中,有一种被称做恶毒的"狼"的人,他们的责任是监视学生在宿舍和学舍里使用拉丁文。毫无疑问,这种人并不仅在欧洲中部的大学里才有。对于多数青年人,讲拉丁语是件非常厌烦枯燥的事情,毕竟,即使他们在大学城中生活,也希望能够生活在自己家乡的社会环境里,能够讲母语。在一本 15 世纪晚期关于学生生活简介的读物——海德堡大学的《学生手则》——里记载,学生讲母语达

㉘ A. Gomes da Rocha Mahadil (ed.), *Livro verde da Universidade de Coimbra* (Cartulario do século XV) (Coimbra, 1940), 13. P. U. González de la Calle and A. Huarte y Echenique (eds.), *Constituciones de la Universidad de Salamanca* (1422) (Madrid, 1927), 73ff. Lérida: Liber constitutionum, J. Villanueva, *Viaje Literario a las iglesias de España*, vol. XVI (Madrid, 1851), 230; Denifle, 'Statuten' (注释 26), 363, §71: Gualazzini (ed.), *Corpus* (注释 26), 151, §64.

到几次就会被告发，由此可以看到“狼”们干得多么成功，也就可想而知学生对此是多么气愤了。[29]大学采用的制裁方法是罚款，根据违反章程的次数和严重程度来划分不同的罚款等级；在一些严重的案件里，犯罪人要被监禁起来甚至被“开除”，从而失去重要的大学特权的保护。除了晚期的少数几个案件外，在整个中世纪欧洲大学都没有发现有体罚的情况。罚款是非常有约束力的手段：在哥本哈根、帕多瓦和萨拉曼卡对犯人都是采用朝最“痛”的地方——钱包——打的办法，这样自然让钱本来就不多的大多数学生知道了痛。在巴黎和德意志的大学，从总体上看，似乎那些贫困学生受到的惩罚更严重些，他们比其他学生更经常地被判犯罪，甚至被开除。

学舍及其附属学生宿舍里的生活，可能是最为严格的。不妨研究一下布雷斯高的弗赖堡大学的萨皮恩提尔学舍的规定，该学舍由神学家、奥格斯堡的约翰尼斯·克利尔·冯·魏瑟姆在 1497 年时捐助建立。[30]学舍有 12 名学生，他们来自社会各阶层，共同生活，并由一名专修生作为首领，此人至少是高级学院攻读学士学位的学生。学舍不允许女性到学舍访问学生，哪怕迈进一只脚都不行，除非是洗衣妇或者照顾重病患者的夜间值班护士，即使是这些妇人，也要求她们具有无可指责的品行。学舍成员每周轮换负责伙食：每周都有一个学生负责布置餐桌，包括放置和撤走餐盘，打扫餐厅，据推测他可能还要自己做饭，或同助手一起做。读一下由学舍创办者写的生活告示，就不难看出当时学生们的生活情况了： 228

> 因为智慧并不存在于奢华的国度，也因为我们的厅堂冠名为“智慧之家”，为尊崇上帝而培养明智的人是我等的愿望，而真正的智慧必然远离那些奢侈的宴席和所有肉体的快乐，就像远离淫荡妇人一样。

在每天的午餐和晚餐，每人有一份半磅的肉，和一些根茎类蔬菜、卷心菜、豆子布丁或其他蔬菜，进餐时一般还有酒。而烤肉只有在较大的宗教

---

[29] *Manuale* in F. Zarncke, *Die deutschen Universitäten im Mittelalter* (Leipzig, 1857), 28ff.

[30] H. Beckmann, *Johannes Kerer*, *Statuta Collegii Sapientiae 1497*, facsimile (Lindau/Constance, 1957).

节日、新生入学或者学舍创办人及其兄弟的诞辰年庆上才能吃到。私取定额供给的特制食品是被明令禁止的，厨房和学生的房间都处在监视之下。已经获得了学位的学生，可免于餐桌值日之责。所有的学生都在同一个寝室中睡觉，当然这个寝室也被分隔成若干个小间，任何人都不能擅自进入别人的房间；房间里一般没有取暖设备；在睡觉时，灯是保持不熄的；值周的人打扫寝室中的公共部分，而每个小间则由各人打扫，"以使灵魂不沾染灰尘"。对灵魂的关注，是有关学生日常起居的规定中最为关键的内容，这一点从其他方面也可以看出来。每日都要做弥撒，每周有一次布道，而且学生至少要在每次宗教节日时做一次忏悔。有关学生身体健康方面的规定，看起来却相当简略。当然，在德意志境内外较小的捐助学舍中，萨皮恩提尔学舍所接受的捐助款额算是比较充裕的。它拥有实际的土地和固定资产，有自己的礼拜堂和图书馆，有简单的家具但却有很多值钱的厨具和餐具——其中一部分甚至还是银器，这些东西都得到了学舍负责人的精心保管。像其他地方一样，该学舍的纪律非常严格：对于违反纪律的人有相应的惩戒措施，尤其是对于那些破坏学舍安宁的人（包括弹奏乐器、打牌、
229 掷骰子，而弹奏翼琴和下象棋是得到允许的）。同样会受到惩罚的行为还有：为某种淫邪目的外出，出言不逊或有挑衅行为，如犯有后一种言行，必须在当日内对受害方作出赔偿。情况严重时，比如涉及到是否将犯事的学生暂时或永久开除，要由大学的校长来做决定，而在其他的情况下，都是由学舍舍长来实施惩罚，惩罚的形式是一天或几天不给饭吃，尤其是不给酒喝。如此这般的惩罚，在大家都用餐时更让人难以忍受。在弗莱堡与其他地方一样，最重要的训谕是要求学生必须上课和告诫学生应获得学位。

由于有空闲时间和节假日，这使得教书的艰辛与学习的不易变得可以忍受。一般认为，在这方面各大学甚至各学院之间都存在着巨大的差异，各校各学院都有自己的日历。之所以制作校历，是因为大学要对一年的工作作出一个基本安排，另外也要确定在假期、星期日和节假日里要上的课——主要是特殊讲座和复习练习（但萨拉曼卡大学从不在星期日排课）。正是到15世纪，一些学校有了确定每学年时间安排（以10月1日为始）的"学期安排手册"：从10月之初到来年的6月底被称做大学期，从7月到9

月底被称为小学期。另外一种是将一年划分成半年学期、三月学期或者等长的四个学期(如牛津大学),学年中间有圣诞节、复活节、降灵节等节日,还有两个月的“大假期”——从圣彼得和圣保罗复活节(6 月 29 日)至米迦勒节(9 月 29 日),这中间各院系的安排又有所差别。在这些节假日里,许多人都要带着钱和食物返乡探亲。

除了法定的星期日和节假日之外,还有很多没有安排课程的日子,学生们可以在这些日子里放松一下——由于章程的限制,学生平日的生活少有轻松的机会。在博洛尼亚,有人取笑道,各种各样的假期算起来几乎超过了上课的天数。每当各学院、同乡会、兄弟会或特殊大学区的守护神的周年纪念日,学生都要举行盛大庆典、宗教仪式、游行以及各种娱乐活动来加以庆祝。对多数文科学生来说,尤其有趣的是圣尼古拉斯节,过节时有游行表演、游戏竞赛项目——比如巴黎的主教竞赛,牛津的圣诞节国王竞赛——以及各种哑剧表演。在 1381 年,阿拉贡王朝的佩皮尼昂当局感到有必要禁止当时在文科学生中显然已经形成传统的一些做法(在莱里达也是如此):在圣尼古拉斯节和受欢迎的圣凯瑟琳节、圣厄拉利尔节,学生们装扮成犹太人、撒拉逊人和妇女讨价还价,并四处游荡,这些行为会让人觉得是对被模仿对象的伤害和羞辱。㉛这些“闲暇活动”还包括嘉年华会、五月节以及“到大自然中去”的游览活动等,估计同乡会、学舍和学生宿舍,以及学生小团体内部都有许多活动——从苏格兰大学在“初雪节”举行斗鸡活动,到博洛尼亚每月一次的聚餐。毫无疑问,在假日里,各种被章程禁止和限制的东西也就冒了出来,有“酒、女人和歌曲”,在街头、宿舍和酒馆,学生们打打闹闹、演奏音乐,他们跟居民发生争执,四处闲逛,跳舞、下棋、赌博,还举行球赛、击剑比赛、马上比武和打猎等活动——当然,所有这些都因学生年龄和阶层的不同而异。大学所在地人们习以为常的社会秩序,也会影响到学生们在休闲时间和节日的活动,其影响程度可以通过博洛尼亚的“雪节”可见一斑:首先是准许法学院社会地位较高的学生为当地居民滚制雪球,为自己的晚宴换些钱、酒或食物,之后才能轮到普通的医学院和文

230

㉛ Fournier (ed.), *Statuts*, vol. Ⅱ, 674, § 35; Villanueva, *Viaje*(注释 28), 231; Ajo González de Rapariegos y Sáinz de Zúñiga, *Historia* (注释 7), 246.

学院学生这样做。[32]

为欢迎一年级学生——他们被称为新手——加入老生团体而举行的庆祝活动,不择时期地一遍遍重复,在这个例行的程序中包含着各种各样的恶作剧,从某种程度上讲近乎虐待,喝酒的花销自然是由新生来出。[33]除了意大利的法律大学集中之地外,这种习俗在整个欧洲自古就有之,尽管各地存在细微的差别。在西欧,从法国南部到不列颠群岛——关于西班牙我们只知道那里曾有过这种习俗——有各种形式的"入伙洗礼"仪式,在这类仪式中离不开水和拷打。即使在上层社会圈子里——比如在普罗旺斯的艾克斯——也有入伙拷打这种形式,虽然通过贵妇出面恳求可以得到宽大处理。在其他地方,新生要被押到"学生老大"面前听训,在被清水洗去不成熟的污点之前,他们必须在老生面前表现得谦卑,随时听候差遣(在阿维尼翁和巴黎就是这样)。而在中欧,特别是在神圣罗马帝国,有一套比较成熟的"去角术",借此让新生中的"野兽"被驯服成"文明的学生动物"。早在1400年左右——直至现代社会初期,"去角"程序都是德意志学术仪式中不可缺少的部分——"去角"过程常会引起混乱。从14世纪开始——较
231 早是在法国,较迟在神圣罗马帝国——各大学中的立法权威就开始规范这种"新生过关"的事情,以避免无节制的恶作剧、敲诈勒索、胁迫,特别是抢劫的发生,但他们并不能完全禁止此类事情。从中世纪学生和教授群体的特征来观察,尤其是在文科、神学师生集中的地方,有无良好的秩序,关键要看学士生、硕士生或专修生的表现,以及那些"勉强算学生的人"的表现——换言之,他们常常是此类事件的主角。

学习

从萨拉曼卡到哥本哈根,所有学生都会遵从校方关于上课和获得学位的忠告。在中世纪欧洲大学及其四个学院中,没有任何东西比教学内容及

[32] Steffen, *Studentische Autonomie*(注释3),122ff.

[33] 源自法语 *bec jaune*(德语 *Gelbschnabel*);*CUP*, vol. Ⅱ, 523 ff. (Paris, 1342); Fournier (ed.), *Statuts*, vol. I, 121 - 126(Orléans 1366 - 1368); vol. Ⅱ, 238 (Montpellier 1465); vol. Ⅱ, 440(Avignon c.1450): vol. Ⅲ, 12ff. (Aix 1420 - 1440). 由拉希德总结,见 *Universities*, vol. Ⅲ, 376 - 385.

其形式更规范、更能经受时间考验并保持稳定不变。[34] 的确,教学有不同的重点,比如“三艺”和“四艺”的文科教学计划就不一样——这是因为缺乏足够的师资,并不是所有大学的学生都能像牛津大学的学生那样,有幸学完所有科目;再比如,哲学中的论辩,论辩者采用的是传统方式还是新方式,出发点是唯实论或者唯名论,其重点也就会大不一样。文艺复兴时的佛罗伦萨、博洛尼亚或帕多瓦等大学的语法教学,同阿尔卑斯北部的格瑞夫斯沃德、乌普萨拉、阿伯丁相比,有质的不同。但是,无论哪所大学,都采用最初的方式来教授和学习基督教经典文献,亚里士多德、欧几里德和托勒密的著作,教会法和民法方面的书籍,希波克拉底与盖伦的著作及其系统化的全集、摘要、注释和评注,这种情况随处可见。

当然,以上是指14世纪发展较成熟的大学,这些大学的各学院都已经把它们的教学大纲写进了章程。那些可能存在于从11至13世纪的早期欧洲大学的经院理性主义的思想和方法的潜在的活力,此时已被禁锢在一个几乎永久不变的教条框架之中。不管哪个层次的学生,都得不到“科学性”的教育,而是被灌输一种由公认权威的著述和评注堆积而成的知识传统。获取、吸收这些知识并内化为自己永久的思想,就成了教师和学生的任务。

教师的“学术个性”并不重要,重要的是教学内容和传授方式。在这样一个教学体系中,教师是可以相互替代的——对于那些“全面”的文科学生尤其如此,他们不像法学院、神学院、医学院学生以及人文主义诗人,能发展成为著书立说的某方面专家。在每个学年开始的时候,各学院的教师们都要把传统知识和有关评注分配一下,然后制成小册子或讲义,讲义后面附一张学生的花名册,花名册上的名单要么是经过挑选后确定的,要么是由抽签确定的,要么是简单根据每个学生已上课的时数来确定的。因而,在新旧欧洲的大学里,都必须事先确定哪位教师教哪些课、授课顺序、每天课时安排、多少课酬。从理论上讲,每位教师都可能因自己的课上座率高以及卖自己写的书而有所收益,但实际上首领们和“管理教师们”总是保证他们的书具有首选权。这里的关键因素是书的分类排序——所有学院都 232

[34] 参见第四部分:“学习”(第10章—第13章)。

这么做——是根据它们在教学大纲中的重要性来决定的，书被划分成了普通和重要两类。随着时间的推移，这种划分就同教师的课酬和地位联系起来，更有甚者，直到15世纪都还给本科生介绍特殊的教材。

各个大学的每个学院都采用两种相互紧密联系的方式，即讲座（和辩论），来给学生传授教学内容。在讲座上，教师把自己认为经典的内容朗读出来，并逐段讲解。听众则根据他们的记录和笔记，来理解讲座的内容。为减少开支，也有口述课文让学生手抄的，但讲座的主要任务主要还是讲解。根据书的重要程度，讲座也可以区分为普通讲座和特殊讲座；一般来说，这两种等级的讲座都被分隔开，在上下午各上一种。讲座的功能在于让学生熟悉教学内容，并确保这些内容一代一代传下去，而辩论则是让学生运用所学的知识。在辩论中，经院哲学是基础。教师和学生一起寻求如何解决哲学、神学和医学中有争议的问题或是两种法律中有争议的案件。原则上，对于文科学生以及其他学院的学生来讲，有三种类型的辩论。一种是普通辩论，这是每周一次的大辩论课，在一些小型大学里，这种课很可能全院学生都要上。由一位教师主持，并提出供辩论的问题，其他教师则与学士一起参与争论，相互辩驳，而那些初学者，即单纯学生们，可能只是洗耳恭听；如果有必要，主持辩论的教师就会以指导者的身份介入争论，并在最后通过他权威的分析，总结（或决定）关于问题解决方法的正方和反方
233 观点。第二种是一年进行一到两次的自由辩论，在这种辩论中，学生们公开运用经院哲学的方法来解决他们自由选择的问题。在早期的大学——也就是说13世纪的巴黎大学——这种形式的争论能够自由地对当时的难点问题，甚至是微妙的宗教和政治问题发表看法，而到了中世纪晚期，自由辩论的影响逐渐减弱，甚至成了无聊的形式主义的东西。于是，就有了后世广为人知的最可笑的一个辩题：在针尖上能够站多少个天使。第三种类型的辩论，是让学生受益匪浅的，不管是对单纯学生、学士学生，还是对于他们的教师、硕士—学生以及专修生都是如此。这类以所学内容的练习和复习为主，一般是在下午（有时也在晚上）的讲座之后，以一位教师所带的学生为小圈子，在教师的房间或者学生宿舍里进行，师生们一起记忆教学的内容，切磋适宜于学校课堂的辨识和争论的技巧。在研讨中，师生们要引用权威的话、各种评注，以及其他合理依据，并且使用的都是学术拉丁

语。这种集体的智力训练形式，很可能是中世纪大学对于欧洲教育最具创造性的贡献。

在上述的教学活动中，不要高估书面资料使用的范围和程度。一方面，“口头语言能力”自然是教育的目标之一：目的就是要在广泛的场合——其中有的场合超越了大学的范围，如法庭、行政机关、教堂，如布道——应用所教的内容和进行辩论。而另一方面，并不是每个学生都买得起昂贵的讲义和法律书籍。即使在进入现代社会后，先进的印刷技术带来了书籍的普及，但对于法律专业、医学专业、神学专业的学生，更不用说众多的文科专业学生，依然存在着购买能力上的巨大差别。造成差别的主要因素是学生年龄和地位上的差异。在13、14世纪博洛尼亚大学读书的瑞士学生——他们大多数是上流社会学生，在进入大学以前就已经是社会名流了——据说在大学学习结束时，平均每人能拥有10—30份手稿。[35]从与他们地位相当的学生的情况来看，这个数字可能具有普遍性，直到中世纪最末一个世纪，在博洛尼亚和相关的法律大学以及巴黎大学和奥尔良大学，情况更加如此，它们都已经有了一套由大学的书商来运作的书籍翻印和发行制度，这些人也发行重印的教材。即便有了这个体系，印一本法律手稿也需要10—15个月，价格也很昂贵，根据质量不同，定价在20—60磅 234
博洛尼亚便士不等。绝大多数的学生，也包括法学专业的学生，只有很少的文字材料，一般地可能只有几本包括讲座讲义誊本、教材摘录和个人笔记在内的“学习课本”。13世纪的大学还没有公共图书馆。大学图书馆在14、15世纪才开始在旧欧洲和新欧洲相继出现；出现较早的是学舍的图书馆，这些图书馆的基本藏书，大多来源于学舍创办人的个人收藏。比较著名的例子有：巴黎索邦学舍图书馆、牛津的默顿和新学舍图书馆和爱尔福特的安普罗尼安纳姆学舍（又名泽·赫默斯富特学舍）图书馆。

没有按照获取学位所规定的常规课程学习的少数学生，都是在规范的教学大纲系统指导下才取得成功的。文科的学习或者学制正常需要4—5年时间，其中大约一半时间开学士课程，另一半时间开硕士课程。每一部分都需要对学生应该掌握的知识与技能予以说明，并提供学生参加必修的

---

[35] Stelling-Michaud, *Université de Bologne*（注释13），100－114.

讲座和辩论次数的证明。在多数情况下,这些都是任课教师在给学生的鉴定书中要写明的内容;如果学生要转学的话,则在一份由原大学的校长缄封的、正式的学习证书中加以说明。在学习的第一阶段,拉丁语法和逻辑学著作,以及亚里士多德的《物理学》都是必读书目;在第二阶段,学生就要学习"哲学家"的著名论著,另外还要学习物理、形而上学、伦理学、政治学——如果有师资——还要学习数学、天文学和音乐。第二阶段结束时,假如一切都是按章程行事,假如学位的申请人确实是大学的注册学生,并且已经交付了所有费用,那么他就会得到允许参加学位考试。学院挑选一些教师作为主考老师来主持考试,学生在自己的教师面前得到"确认",,从而获得文科学士学位。至此,对于大多数学生来讲,课程已经学完,他们的大学生活也结束了;只有一小部分的学生还要更进一步去获得一个更高级的学位——文科执教学位,要获得此学位,一般须经由教长同意,这一学位既是对学生文科学术训练水平的反映,同时也确定了学位获得者取得教授本专业课程的执教许可证的资格。新教师要当着全院教师的面试讲,这被称为教师准入仪式,它只是由学生变成教师这一过程的结束仪式,在仪式上,新教师还要被授予教师的四角帽,这是获得在教室里的主讲地位的象征。根据章程的规定,新教师的年龄应当在 20 至 21 岁,由于每个新教师由学生到教师这个过程的年限不同,这一规定自然只是一个方针而已。

根据大学规模,学士学生在一年中有 2—4 次考试,而硕士一学生常常
235 只有一次考试。在每个考试日里,参加考试的学生 被集中在一块,考试结束后,每个人会因他本人"考试质量"得到某一名次。这些考试结果——记录在学院的成绩册或者院长的工作簿中——并非全是甚至不是主要由学生在考试中的实际表现来决定的。考试名列前茅的学生不一定是当年最好的学生;名次的排列顺序——它当然能够反映某个学生在学术等级当中的位置——是由学生的年龄、注册入学的时间、学习年限、庇护人以及学生本人及家庭的地位决定的。即便在杰出的大学,在授予学位时,它们也会出于社会原因而特别关注地位尊贵的学生:贵族和教职持有者会得到优先考虑。事实上,在当时,学生绝对都能通过考试。从德国的资料可以看出,由于考试表现太糟而遭淘汰的学生是极其少见的:当时 "不及格"是用来

谴责学生不道德的行为。[36]

高级学院中的学位顺序与文学院一样:学士学位、执教许可证、硕士学位或博士学位,两者唯一的区别是,在高级学院中,从一个学位到下一个学位所需的时间更长,因此,硕士—学生和专修生(上流社会学生除外)年龄都比较大。换言之,越高级的学位,对年资要求越高。法学专业和医学专业的学生,都要在获得专业学位之前学习6—8年,而神学专业的学生甚至需要15年,他们不到35岁是休想获得博士学位的。但这些例子并不是说当时的标准就是这样,获得学位所需的时间一般会因学生所处社会、经济环境的不同而有所增减。

生活与学习的费用

对于所有学生来说,上大学都是比较花钱的,但是支付学习和生活费用的压力,却因大学所在城市的消费水平不同而不同。大多数学生都得满足两个方面的需要,即实际的学习费用和生活开支。只有那些攻读学位的学生,随着学位的升级而不断增加费用,这些费用包括入学费、考试费,按惯例还有用在毕业典礼和庆祝仪式上的巨大开销。学习费用包括长期性支出和一次性支出。典型的一次性支出是注册费。根据大学的要求,学生在注册时要交三种不同的费用:一种是校长收的普通注册费,一种是学院注册费,如果大学有同乡会就还要交同乡会注册费。这些钱主要是用来支 236
付大学及其部门进行学生登记和入学工作所需的费用。除此之外,许多大学私下还有一种所谓的新人费,这是一种在一年级学生加入学生群体时,由老生向其收取的“进校费”,这项费用是没有上限的。即使各大学试图通过校规来明令禁止老生向新生滥施权威和进行虐待,也仍不能禁绝这项收费。

在长期性支出当中,主要是博士生和硕士生攻读学位的课程费用。这些固定的支出——包括入学费和学费——在很长的一段时期里,即使在经济不断变动的情况下,也长期保持相对不变,这些费用的多少都与学生在

[36] Schwinges, *Universitätsbesucher*, 355ff.

大学内外的地位紧密相关。研究生比本科生交费多，富人比穷人交费多。比如，里斯本—科英布拉学舍根据国王胡安一世于1392年颁布的法令，法学专业的有钱学生每次听讲座需向主讲教授交纳40镑，“中间阶层的学生”要交20镑，穷学生则只交10镑。[37]国王下令，其他大学可由学校当局自行做出相应规定：穷学生的经济负担被减轻了，但没有哪所大学——极个别的例子除外——会完全免除穷学生的这些费用。另外的长期性支出相对来说与学生的身份地位关系不大，包括购买教材和参考书、羊皮纸、纸张和墨水、羽毛笔和小折刀的费用，以及生活中用于购物、保管和租赁等费用。学生们经常还会花钱向别人借教材来誊写（或者让别人誊写教材，那么就还要支付公共的或私人的抄写员一笔费用）。在一般的学习费用之外，开取学习文件和各种证明书都要花钱，还有给学监的费用，以及用于某些特殊场合的开销，比如说参加大学庆典、大学特使的盛装游行，或者被列入教皇祈祷活动的花名册。

学生生活费的支出项目包括：伙食费，住宿费，购买衣服、鞋子、床单的费用，衣物送洗修补的费用，为使生活更舒适而产生的费用（洗澡、理发、看病），用于燃料和灯烛的费用，往返学校的旅费，邮资，各种各样休闲活动的费用，支付罚款的费用，据推测不少人还要付借贷的利息。在所有的开支中，伙食费和借贷支出常常都会因为各种缘由而被诈取。因此从很早开始，大学就在寻求规范租赁和借贷行为的办法。在旧欧洲的律师集中地，较早地建立了（法学）学生和市民住房委员会，最早是1228年在维切利，而后是在那不勒斯、萨拉曼卡、莱里达、奥尔良；在博洛尼亚1317/1347年的法规中，根据负责确定房租的委员会的意见，确定了每年或每半年房租租金，并且规定三年内租金保持不变，这一租金定额成为整个南欧地区遵循
237 的标准。在巴黎、牛津以及剑桥，教师们和市民共同来确定适合学生的住房租金。而另一方面，新欧洲实行集中管理的大学，从一开始就把关注的重点放在建造学生集体宿舍上，学生宿舍的收费也是由大学当局来规定和

[37] Ajo González de Rapariegos y Sáinz de Zúñiga, *Historia*（注释7），387.

控制的。[38]有关借贷和典当行业的条款,都是根据大学的利益来加以规范和认可的,在那些大型的"国际性"大学城,如博洛尼亚、帕多瓦和巴黎,更是如此。博洛尼亚和帕多瓦的章程都要求每年重新挑选一些合适的商人和放贷人,他们通过正式的和受控制的渠道,接收学生存款,并根据担保向学生提供贷款。除此之外,教授们有时也贷款给自己的学生——事实证明这不失为一项非常成功的副业。尽管如此,一般来说,对于需要短期信贷(以法学专业的瑞士学生为例,他们的借贷期平均为3—4个月)的学生,在他们得到家长通过信使或者银行送来的救急钱以前,贷款利息(利率可高达20%)的负担不能太高,这一直是一个受人关注的问题。在牛津,从1240年开始,就出现了几个放贷的钱庄(只有在1293至1323年期间达到5个),从那里学生们可以预先得到凭他们现在的身份不可能拥有的钱;大约到1375年,这类放贷钱庄达到了16个,1500年左右则已经有20个。巴黎也有一个组织化的借贷系统。经挑选出的市民在向大学宣誓后成为所谓的"大信使",他们可以通过同乡会体系,向有信用资质的学生提供贷款。以下事实可以充分说明学生贷款的需求:高卢同乡会一度雇请了164个"大信使",英德同乡会雇了60个,诺曼同乡会雇了16个,皮卡第同乡会则雇了14个。[39]

所有这些费用都会视主观需要和实际可能性以及学生对于陌生环境适应性等因素而定,还要根据大大小小的大学城的物价水平——物价水平本身又是影响经济周期的因素之一——的变动而变化。虽然许多学生可以从家里得到除了马夫和马匹之外的其他支持,但其他学生却会遇到很多

---

[38] Denifle, 'Statuten' (注释 26), 346 - 355, § 64 - 74; González de la Calle and Huarte y Echenique (eds.), *Constitutiones* (注释 28), 74ff., § 25; Villanueva, *Viage* (注释 28), 231; K. A. Schmid (ed.), *Geschichte der Erziehung*, vol. Ⅱ: 1 (Stuttgart, 1892), 510ff; D. Illmer, 'Die Rechtsschule von Orléans und ihre deutschen Studenten im späten Mittelalter', in *Schulen und Studium*, 423; *CUP*, vol. I, 597ff., no. 511; Gibson (ed.), *Statuta* (注释 4), 71; Hackett, *Original Statutes* (注释 24), 317.

[39] Denifle, 'Statuten' (注释 26), 283ff., § 21 with Padua; Stelling-Michaud, *Université de Bologne* (注释 13), 92; A. Budinszky, *Die Universität Paris und die Fremden an derselben im Mittelalter* (Berlin, 1876; reprint, Aalen, 1970), 42; Schmid (ed.), *Geschichte* (注释 38), vol. Ⅱ: 1, 528; J. I. Catto, 'Citizens, Scholars and Masters', in *History of Oxford*, 172.

238 问题。所谓的欧洲"标准学生"是为数众多来自南部中等家庭学生和来自北部富裕家庭学生的总称,这些人一般的确都能够承担大学中的各项开支,但他们在生活中都比较节俭。在神圣罗马帝国中的文学院和神学院,学生每年开销很少,最重要的开销是用于食宿的费用,据统计,在1368至1500年间,每人每年的食宿费也就是12弗罗林* 多一点,后来增加到20弗罗林以上。这两个数字勾勒出"官方"划定的穷人与富人的界限,由于莱茵弗罗林的购买力下降,尤其在15世纪下半叶,这一界限从最初的12弗罗林(如在佩鲁贾、维也纳、海德堡、科隆等地)上升到16弗罗林(如1478年时的图宾根),最终增加到20弗罗林(如1500年时的鲁汶)。凡是收入低于上述这些水平的人——不将其私人物品、衣物和书籍考虑在内——都可以被认定为穷人。对于许多准穷人或准富人,还有一定的照顾幅度:比如海德堡的狄俄尼索斯学舍就规定,在那里住宿的学生,如果年收入增加到12弗罗林以上还可以继续住宿,而当年收入突破20弗罗林就必须离开。[40]这个基数——大约相当于当时属于"中低阶层"的城市手工业者、服务人员一年的收入——基本上可以让一名学生在德意志大学里度日,生活好坏要取决于大学的消费水平如何。无论如何,20弗罗林的数额都被大家认为是个较低的标准,因为当时文科的贵族学生,以及那些来自资产阶级家庭的有钱学生,每年的零用钱至少都是50弗罗林。[41]

著名的巴塞尔书商阿默巴赫观察到,在巴黎也有类似的例子,他让自己的两个儿子到巴黎去学习文科,1501至1506年期间在一所学舍做付费旁听生。在头三年,他每年给他们每人50弗罗林作零用,而后来决定减少到21弗罗林,最多也就是27弗罗林。从当时的巴黎是一个国际性城市这个角度看,学生可能需要较多的钱,但他给的钱仍然是不合适的(给多了)。因为在15世纪和16世纪早期,一位来自异乡的普通巴黎文科学生一年所有开销加起来估计也就是75里夫**,合大约45弗罗林,其中,12至36里

---

* *florin*,中世纪的一种金币——译者。

[40] E. Winkelmann (ed.), *Urkundenbuch der Universität Heidelberg*, vol. I (Heidelberg, 1886), 167, no.111.

[41] E. De Maesschalck, 'De criteria van de armoede aan de middeleeuwse universiteit te Leuven', *Revue belge de philologie et d'histoire*, 58(1980), 337–354.

** *livres*,古时法国1磅白银的价值单位——译者。

夫用在了与学习有关的方面,50里夫用于学舍食宿的费用。那些同父母住在一起的巴黎学生,开支更少,只有外地学生的三分之一。在牛津,13世纪生活费用的低限大概已在每年2镑至2.5镑左右:那些放贷的人只肯把钱借给至少保证年收入为2英镑的人。学舍每年正常向学生发放的贷款,也参照同样的标准。从1264年起,默顿学舍开始给每位学生补助2英镑(不包括住宿费);1266年贝列尔学舍给每人补助2英镑5先令,而到了1340年,除给学生2英镑7先令6便士补助外,还提供免费住宿。到中世纪末,随着购买力的增强,生活费的低限很可能提高了大约1英镑。在新学舍,学生们如果一年的预算开支超过了5个银币(相当于3英镑6先令8便士),就不得不离开。大约在1424年,默顿学舍在3个学期,也就是9个月,不包括假期,共发给学生2英镑5先令6便士,到15世纪末,这个数目增加到2英镑12先令6便士。相应地,全年发给学生的补助是3英镑8便士或者3英镑10先令。如果浏览一下学舍的记账单,就可以发现这些钱已经足以支付牛津的本科生在校期间的所有费用,包括学费以及餐饮、纸张、墨水、蜡烛、衣服、鞋子的花费,甚至假期回家的旅费等。众所周知,那些拿补助的学生都是与学舍创建人有家族关系的人,因而他们可能要比其他学生的待遇好一些。[42] 239

在高级学院或大学中的硕士一学生和专修生——一般年龄都较大——开销自然要比上述基准数字要大一些。他们的学费要高一些,特别是还要交攻读学位的相关费用。与文科学生不同,神学、医学和法学专业学生的实际开支,与欧洲大学体系中学生的总体开支相比明显不同:这些学生的开支在不同的地区也有些出入,更不用说拿欧洲南部和北部相比,拿意大利、伊比利亚半岛、米迪以及奥尔良的“富裕”大学与欧洲中部那些较穷的大学相比了。然而,现有的资料只有某个大学或地区某些方面局部情况的片断,缺乏“普遍性”。即使在意大利境内,对于阿尔卑斯山外的法学

---

[42] Schmid (ed.), *Geschichte* (注释 38), vol. Ⅱ: 1,523ff.; L. W. B. Brockliss, 'Patterns of Attendance at the University of Paris, 1400–1800', *Historical Journal*, 21(1978), 529ff.: Catto, 'Citizens'(注释 39), 171; J. M. Fletcher and C. A. Upton, 'The Cost of Undergraduate Study at Oxford in the Fifteenth Century: the Evidence of Merton College "Founder's Kin"', *History of Education*, 14 (1985), 1–20.

专业学生来说,博洛尼亚是最昂贵的大学城。上流社会学生中的"穷"学生大都就读地位高的西班牙高级学舍,按照该院的有关章程,只有年收入总计不超过50个博洛尼亚弗罗林金币(相当于75里拉)的学生,才允许进入该院学习。其实,在13、14世纪时,100里拉就足够连续20—50天的食宿,剩下的还能用做其他杂七杂八的花费和支付学费。别的杂费至少包括:申请博士学位、考试、庆典所需的费用,送给主考官和博士以及学监、服务人员、公证人的礼物(礼金和手套)所需要的费用。这笔不菲的杂费,可能正是导致博洛尼亚大学在15世纪注册人数下降的一个重要原因,这倒使其他意大利大学生源情况有所改观。不少学生只在博洛尼亚大学上课,而到别的地方拿博士学位,比如在费拉拉、锡耶纳、佩鲁贾、帕维亚、帕多瓦等大学,在这些大学获得学位的费用要低得多。㊸

240 对于中世纪学生经济来源的途径,我们知之甚少。㊹首要的来源——全部或部分——应该是父母和亲戚,做传教士的叔叔资助侄子上学已经成为当时的惯例。除此之外,学生还有其他一些经济来源。能提供这种经济来源的人,往往都是那些与他们父母有各种关系的人,这种情况在经济发展水平、主要产业以及物价水平都不尽相同的欧洲各个大学地区都存在,而对大多数学生来说,他们只与其中在学术界有显赫地位的人加强联系。在这些人当中,特别是前文已经提过学舍的创建人,由于他们在学舍中的地位,他们可以为众多亲朋好友的子弟提供足够多的奖学金。在教会供职的人员,从普通的圣坛管理员到重要的大教堂主教,成为资助学生的另一途径。大学自身也主动拉近与教会的关系,尤其是像在阿维尼翁教廷附近的法国大学,它们恳请教皇授予大学在册的教职人员圣俸。因而,很难把那些神职教员的学者角色,与他们作为教会机构在册人员的角色截然分

㊸ J. Paquet, 'Coût des études, pauvreté et labeur: fonctions et métiers d'étudiants au Moyen Age', *History of Universities*, 2 (1982), 17, with n.4(有关学生个人的文章); G. Pardi, *Lo studio di Ferrara nei secoli XV e XVI* (Ferrara, 1903), 206ff; Stelling-Michaud, *Université de Bologne*(注释13),88ff.; Steffen, *Studentische Autonomie*(注释3), 185ff., 202ff.

㊹ 特别参见 Paquet, 'Coût des études'(注释43),15-52, and P. Trio, 'Financing of University Students in the Middle Ages: A New Orientation', *History of Universities*, 4 (1984),1-24.

开，教会发给他们的圣俸，在一些情况下是终身的薪资，即便他们留在大学期间并没有去神职要求的地方任职。在这里，天主教会具备了双重身份，它既是授圣职者，又是雇主。神父、教堂的神甫和高级教士往往在上完大学之后，又会回到教会任职（或者继续享有他们的圣俸）。只有到了15世纪的下半叶，欧洲的教会人员才开始逐步走向职业化，同时大学教员申请神职的做法几乎完全被废止，因而情况也就逐渐变化：终身神职的获得逐渐以接受大学教育为先决条件。另外的资助方式还有宗教性捐助、遗嘱以及用以资助一个或几个学生的遗产等，但很难对它们进行研究，也难以估计它们的影响程度。按照传统规范，首先是亲戚和同胞能从这些恩惠中受益。这类在西欧被称做“飞来之财”的捐赠——被称为“飞来之财”是因为它们与学舍或其他机构没有关系，早在13世纪头十年的巴黎就有学生得到过。在捐助者当中，教会的高层人士人数最多，紧接着就是富裕的市民、商人、寡妇和教授。在这方面，旧欧洲自然是领先的，而新欧洲来自私人捐赠的著名基金，只有到了近代社会的开端，特别是在宗教改革之后，才开始出现。至于类似兄弟会这样的为学生提供资助的组织，尤其是王室和政府 241 采取的资助措施，在新旧欧洲的运作情况与私人捐赠的情况一样。西欧各国和西班牙的国王、政府以及贵族也从13世纪开始就对学生进行资助，资助的范围甚至超出了他们自己创建的学舍，而神圣罗马帝国在这方面则落在了后面。落后的一个主要原因是两者在制定相关法规以及确立国家地位方面不同。在马克西米利安一世统治之前，神圣罗马帝国（或罗马—德意志帝国）根本没有帝国创建大学的先例。大学都是由地方领主建立的，但他们对那些可以马上供职的毕业生的兴趣比对在校学生的要大。也有极少的几个例外，如近代化程度相对高一些的荷兰和普鲁士的德意志统治区，在那时就已经系统地为合乎条件的年轻人提供资助。

最后，所有类型的学生还会通过工作——大多数是教学和其他服务性工作——来贴补部分开支。那些本科生、硕士—学生和专修生，他们一方面在正规大学里从事教学工作，有偿地为本专业低年级学生解答问题，而另一方面，他们自己也在另外一些学校任教，在富人家里当家庭教师，在学舍和学生宿舍里做辅导教师，或者利用他们通过学习而获得的伴读和教学能力，为那些四处游学的富家子弟充当陪读。可以让穷学生们挣钱的工作很多,而且五花八门。他们可以做书记员和秘书,也可以抄讲义和教科书,还可以为教授、校长、院长、学舍舍长和其他大学官员当家庭随从,充当教会高级僧侣、贵族或家境优裕的同学的仆人,做服务性工作,当看门人,在学舍和学生宿舍里做厨子、厨房杂工和服务生,到镇上的教堂做圣坛助手或在唱诗班唱歌,做街头歌手(如在巴黎的邦·安芬区、维也纳的拉汀巴芬区),在贸易行和商店打零工,卖点土特产(比如他们家乡的食品,从理论上说,他们从家乡捎带的东西,只有用于本人消费时才是免税品),最后——但绝不仅止于此——还可以做乞丐。当然,在欧洲的大学城中,服务性的市场并不总是相同。这实际上取决于大学的类型,取决于当地的法律或者人文—神学氛围,取决于城市的规模以及当地在经济上的重要性。因此,在那些贵族和富有的资产阶级子弟经常就读的大学,主要是在欧洲南部从奥尔良、博洛尼亚直到萨拉曼卡的大学,私人服务而不是学生宿舍中的服务的市场,理所当然要比阿尔卑斯北部的学舍或有学生宿舍的大学里的更大。

很显然,上述中世纪学生在现实中并不存在。依据学生们不同的地域
242 和社会来源,我们能区分出不同类型的学生。更准确地说:中世纪的大学比以往不少有关中世纪大学史的著作所认为的要更不民主。下一章将对这些不同类型学生的就业方向进行研究。

精选文献

也参见第四章精选文献

Aston, T. H. 'Oxford's Medieval Alumni', *Past and Present*, 74(1977), 3-40.

Aston, T. H., Duncan, G. D., and Evans, T. A. R. 'The Medieval Alumni of the University of Cambridge', *Past and Present*, 86(1980), 9-86.

Boiraud, H. *Contribution à l'étude historique des congés et des vacances scolaires en France du Moyen Age à 1914*, Paris, 1971.

Brizzi, G. P. 'I collegi per borsisti e lo studio Bolognese. Caratteri ed evoluzione di un'istituzione educativo-assistenzialo fra XIII e XVIII secolo',

Studi e memorie per la storia dell'università di Bologna, new series, 4(1984).

Cabanes, D. *Moeurs intimes du passé, vol. IV, La Vie d'étudiant*, Paris, 1949.

Di Fazio, C. *Collegi Universitari Italiani*, Rome, 1975.

Dulieu, L. *La Médecine à Montpellier, vol. I, Le Moyen Age*, Avignon, 1975.

Dunlop, A. I. 'Scottish Student Life in the Fifteenth Century', *Scottish Historical Review*, 26(1947), 47–63.

Dupille, C. *Les Enragés du XVe siècle. Les étudiants au Moyen Age*, Paris, 1969.

Fletcher, J. M. *The Liber Taxatorum of Poor Students at the University of Freiburg im Breisgau*, Notre Dame, Ind., 1969.

Gabriel, A. L. 'The College System in the 14th Century Universities', in F. L. Utley(ed.), *The Forward Movement of the 14th Century*, Columbus, Ohio, 1961, 79–124.

Gabriel, A. L. 'Motivations of the Founders of Medieval Colleges', in P. Wilpert (ed.), *Beiträge zum Berufsbewusstsein des mittelalterlichen Menschen*, Berlin, 1964, 61–72.

García Mercadal, J. *Estudiantes, Sophistas y Picaros*, Buenos Aires, 1954.

Hajnal, I. *L'Enseignement de l'écriture aux universités médiévales*, 2nd edn, Budapest, 1959.

Hargreaves-Mawdsley, W. N. *A History of Academic Dress in Europe until the End of the Eighteenth Century*, Oxford, 1963.

Haskins, C. H. *Studies in Mediaeval Culture*, New York, 1929. ('The University of Paris in the Sermons of the Thirteenth Century', 36–71; 'The Life of Mediaeval Students as Illustrated by Their Letters',1–35.)

Kagan, R. L. *Students and Society in Early Modern Spain*, Baltimore, 1974.

Kibre, P. *The Nations in the Medieval Universities*, Cambridge, Mass., 1948.

Kiene, M. 'Die Grundlagen der europäischen Universitätsbaukunst', *Zeitschrift für Kunstgeschichte*, 46(1983),63–114.

Kuhn, W. *Die Studenten der Universität Tübingen zwischen 1477 und 1534*, 2 vols., Göppingen, 1971.

Lytle, G. F. 'Oxford Students and English Society c. 1300–c.1510', Ph. D. dissertation, Princeton, 1975.

Müller, R. A. *Universität und Adel. Eine soziostrukturelle Studie zur Geschichte der bayerischen Landesuniversität Ingolstadt 1472–1648*, Berlin, 1974.

243 Paquet, J. 'Coût des études, pauvreté et labeur: fonctions et métiers d'étudiants au Moyen Age', *History of Universities*, 2(1982), 15–52.

Paquet, J. 'Recherches sur l'universitaire "Pauvre" au Moyen Age', *Revue belge de philologie et d'histoire*, 56(1978), 301–353.

Paulsen. F. 'Organisation und Lebensordnung der deutschen Universitäten im Mittelalter', *Historische Zeitschrift*, 45(1881), 385–440.

Post, G. 'Master's Salaries and Student Fees' in the Mediaeval Universities', *Speculum*. 7(1932),161–198.

Rait, R. S. *Life in the Medieval University*, Cambridge, 1912.

Reynier. G. *La Vie universitaire dans l'ancienne Espagne*, Paris/Toulouse, 1902.

de Ridder-Symoens, H. 'Adel en universiteiten in de zestiende eeuw.

Humanistisch ideaal of bittere noodzaak', *Tijdschrift voor Geschiedenis*, 93(1980),410－432.

de Ridder-Symoens, H. 'L'aristocratisation des universités au XVI siècle', in *Les Grandes Réformes des universités européennes du XVI au XXe siècle*. Zeszyty Naukowe Uniwersytetu Jagiellonskiego DCCLXI, Prace Historyczne, Z. 79, Warsaw/Cracow, 1985, 37－64.

Rosenthal,J. T. 'The Universities and the Medieval English Nobility', *History of Education Quarterly*, 9(1969),415－437.

Rückbrod,K. *Universität und Kollegium*, *Baugeschichte und Bautyp*, Darmstadt, 1977.

Samaran,Ch. 'La vie estudiantine à Paris au Moyen Age', in *Aspects de l'université de Paris*, Paris, 1949, 103－132.

Schulze, F. and Ssymank, P. *Das deutsche Studententum von den ältesten Zeiten bis zur Gegenwart*, 2nd edn, Leipzig, 1910.

Schwinges, R. C. *Deutsche Universitätsbesucher im 14. und 15. Jahrhundert. Studien zur Sozialgeschichte des alten Reiches*, Stuttgart, 1986.

Schwinges. R. C. 'Migration und Austausch: Studentenwanderungen im deutschen Reich des späten Mittelalters', in G. Jaritz and A. Müller (eds.), *Migration in der Feudalgesellschaft*, Frankfurt-am-Main/New York, 1988,141－155.

Schwinges, R. C. 'Sozialgeschichtliche Aspekte spätmittelalterlicher Studentenbursen in Deutschland', in J. Fried(ed.), *Schulen und Studium im sozialen Wandel des hohen und späten Mittelalters*, Sigmaringen, 1986, 527－564.

Seifert. A. 'Die Universitätkollegien—Eine historisch-typologische Übersicht', *Lebensbilder deutscher Stiftungen*, 3(1974), 355－372.

Trio,P. 'Financing of University Students in the Middle Ages: a New

Orientation'. *History of Universities*, 4(1984), 1-24.

Verger. J. 'Prosopographie et cursus universitaires', in N. Bulst and J.-P. Genet(eds.), *Medieval Lives and the Historian*, Kalamazoo, 1986, 313-332.

Wieruszowski, H. *The Medieval University: Masters, Students, Learning*, Princeton, N. J., 1966.

第八章　大学毕业生的职业生涯 244

彼得·莫拉夫

大学与社会的互动

大学是通过那些进入和离开大学的人在社会中得以定位的。"大学"一词对它的成员来说是指一个社会团体。在当代,这种社会定位的本质很难明晰,尽管现代工业社团和现代大学被认为越来越具有相似性。对于12到15世纪这一漫长时期里存在的、各种各样的社会团体和大学来说,这一问题就更难解决。对早期大学历史的各个方面我们都知道一些。我们知道那个时期欧洲出现了多少大学,但有谁能知道那时存在多少不同的社会团体,以及有多少当地和地区的精英参加这些社会团体呢?

这也是完整的中世纪欧洲社会史和社会史综合理论匮乏的原因。①对于中世纪大学的毕业生在社会中的角色问题,可能只有假定的和简单的答案,而且这些答案也只是在有限的领域内适用。不过,当前的研究现状使我们能确定某些一致的特征,特别是大学在当时社会中出现的非常重要的一些特点:大多数人都只有最低限度的自由和流动,绝大多数社会秩序虽然是等级制的,但很少是静止不变或者封闭的,在这种社会秩序中,法律只具有最低限度的稳定性;人口、经济和社会聚集在一些中心,即城市;教会和国家之间逐渐的分离;重视教育和文化;一些特殊代理群体为上述以及其他需要的社会功能服务。

245 针对早期这种混乱的实际情况,只有接受某些重点,揭示出某些具体的方面,确立一些在一定程度上是假设的并需要进一步研究的解释原则,才能清晰地描述大学及其成员的社会资料。

虽然欧洲各部分的地理和历史存在差异,经济的波动也是非共时性的,还存在着危机、发展的中断和迟滞,但是只要采用一些预设,其社会史还是可以被认为是一个相对来说进步的过程。毫无疑问,这同时也是一个差异性和复杂性日益发展的过程,也即是广义的"现代化"过程。

因为欧洲在地理和历史上的多样性,如果用这种相对单一的方式去理解其社会史,就需要一种模型,这一模型要能够解释在转型时期每个地区之间的差异。这样一个模型看起来是可能存在的。②这种模型始于对旧欧洲和新欧洲的区分。旧欧洲,一方面包括意大利和法国南部,可能还包括西班牙的一部分;另一方面,还包括法兰西北部和莱茵河以西的神圣罗马帝国疆域,以及英格兰。在一定程度上,旧欧洲是古罗马的直接继承者,例如,在其城市文化和封建化程度相对较低的教会中依然能够看到古罗马留下来的烙印和影响。而新欧洲——包括中欧、东欧和北欧——通过艰难的

① 例如,参看,R. Fossier, *Histoire sociale de l'Occident médiéval*(Paris,1970);*Handbuch der europäischen Wirtschafts- und Sozialgeschichte*, vol. II, ed. J. A. van Houtte(Stuttgart, 1980), vol. Ⅲ, ed. H. Kellenbenz (Stuttgart,1986); O. Brunner, *Neue Wege der Verfassungsund Sozialgeschichte*, 2nd edn(Göttingen,1968).

② P. Moraw, 'Über Entwicklungsunterschiede und Entwicklungsausgleich im deutschen und europäischen Mittelalter', in U. Bestmann(ed.), *Hochfinanz*, *Wirtschaftsräume*, *Innovationen. Festschrift für W. von Stromer*, vol. Ⅱ(Trier,1987),583-622.

均等化过程来吸收这一传统，但这个过程是被延误的，并且在中世纪从未完成过。

在大学时代之前和之中，教会对于在大学社会史中重要的群体和相关事务来说，都是文化和社会方面的基本依据和首要基础。纵观整个中世纪，大学的体系是荫庇在教会之下的。而城市，随着其社会和经济的发展、复杂化、劳动分工、流动性和资源积累，很快就决定性地成为大学及其毕业生的历史与社会发展的环境和要素。

大学和社会的互动也可以进行定量分析。但不幸的是，在 14 世纪末以前，几乎没有确切的统计数据，即便有这些数据，它们也只是欧洲局部地区的。而且只有从 14 世纪末起，我们才能够估计与长时期学生人数增长的整体印象相联系的经济状况及其周期性波动。在所有大学生中毕业生的比例大致上是提高了，但是总人口中毕业生和非毕业生的比例在这一时期的任何时段都是不确定的。无论如何，学生中只有少数人能毕业，而毕业的人中也只有一部分能够取得职业上的成功。

当时的人从未进行过社会发展的整体分析，甚至也没有去分析这一发展的基本方面。在大学建立和发展时，人们一般并不存有改变社会状况的自觉意识。更重要的考虑是给社团及其领导者带来“名望”上、经济上、行政上以及实际的利益。许多由大学成员引起的社会变化，必须被视为一种由许多不同方面带来的无意识的“派生物”。因此，我们在提及“劳动力市场”以及它的供给与需求时，应该保持慎重，而且只能谈论具体的例子。 246

进入大学，甚或毕业，并不能使学生自动地获得尊敬，也不会被认为是一种促进职业发展的新条件。传统的出身和财产对那些新进者来说是一种强大的阻力。大学毕业对那些有着这样或那样条件的人来说，只不过是另一项条件而已。在一系列的条件中，这种条件所发挥的作用与其他条件的作用是有很大差异的，它取决于毕业生的出身或财产条件。新进者只能逐步地获得立足之地，从而在传统环境中确立自己的地位，甚或是创造全新的环境，这种确立地位的实践过程很少留下可以辨识的线索。然而，我们仍然能够得出中世纪结束之前有关部分毕业生的专门论断。

大学及其组成部分所面临的一个矛盾，是在根本没有社会自治的背景下,试图要求许多具体方面的自治,更不用说社会权势了。实际上,为了维持它们的地位,大学努力顺应整个地区的环境。学生们带来了个人背景中的社会规则,并试图维护和发展他们特殊的地位。无论是就业前还是就业后,无论是在大学内部还是大学的外界,统治性的规则主庇护、特权和遗产。一个家庭的财富被用于实现某种预期目的。在各个大学、学院和学习各种课程的花费都有相当的差别,而就业就是要证明这种投资是值得的。大学和学院的地位差别影响了它们所颁发学位的社会价值。在新欧洲,无论如何,毕业所带来的社会威望随着时间的推移而逐渐消减,这主要是因为毕业生的数量越来越多。区域性大学结构的逐渐收缩,不仅导致四个学院相对的均等化,还带来了其他深远影响。所有这些使得毕业的概念更接近现代的观念——学业成就的证明。然而,在当时,各种形式的"毕业"的重要意义是获得一个步入社会的起点。

尽管如何,大学还是享有一定的自治,甚至还有一种内在的动力,这种动力又能适时地成为一种社会因素。大学的生命力已经简单但又明确地
247 说明了这点;大学逐渐确立了在最初无法想象的新的社会角色。大学体系的相对自治主要是由那些在毕业后继续在大学中任职因而发挥了毕业基本功能的人带来的。大学自治同样还从空间结构上得到确认,这一空间结构围绕学舍或大学的所在地而发展起来,并通过一些特定的课程开始影响职业。中世纪的大学已经能把这种自治作为杰出的成就,并逐渐使其与区域环境融合,所有这些都对职业产生了潜移默化的影响。

在意大利和法国的开端
(到1200年左右的12世纪)

在大学史早期,尤其在大学的史前时期,要确定离开大学的人的社会地位非常困难。我们所说的"毕业"仅仅只是作为一种未充分发展的状态而存在。许多描写涉及的仅仅是大学成员的一个小群体,甚至是单一的个人。最多还描述了这些人居住的环境:城镇、教堂和旧欧洲的宫廷。在11世纪,居领先地位的大学已经由意大利北部城镇建立起来。它们比同时代的其他社团更大,更繁荣和更有"贵族气派",在政治和经济方面更活跃,在

社会方面更具流动性和多样化，世俗化更有效，并且对教育和文化更有兴趣。正是在此地而不是在欧洲其他地方，第一次出现了独立的、能读写的世俗人士，他们的数量以令人惊奇的速度增加。这也与早期的理性主义以及法律和“现代”宪法形式的发展相联系。除此之外，在当地还逐步形成了律师、公证人和内科医生的职业。

博洛尼亚的法学院是法律学者的集中地。自 11 世纪后半期开始，这些法学院就各自独立存在，在 1180 年后它们联合成“大学”。它们使得像法律专家这类在社会生活中占据越来越重要地位的群体的出现成为可能。为了发展自治和与邻近社团进行竞争，各社团需要这样的专家来强化内部管理和建立法律体系。在早期，上述的一般观点已得到应用：这是一个引入一些新事物的问题。当时主要看重的是律师或法官所享有的高社会等级和贵族式地位，而法律知识的利用在最初被看做是次要的、第二位的。在皇帝亨利五世之前，来自博洛尼亚的两位法律专家在 1116 年就拥有这样的地位。在 12 世纪中，随着司法实践的发展，作为一种城市居民职业的法律工作出现了。与之相关的是那些世俗人士，他们应该被置于人数稳定 248
增长会读写的城镇世俗人士的背景中去考察。法律职位在当时逐渐向那些在法学院受过专业训练的人开放，而在此之前却是由那些精通习惯法的人所占据。在 12 世纪后半期，与这种现象相联系的是宪政和社会的变化，从贵族转变为市长的宪政。市长代替旧的贵族家庭成为一个城市的首脑，任期一年。虽然市长自己也有贵族血统，但他们首先是职业管理者，并曾在博洛尼亚研习过法律。他们与同样经过一些法律训练的法官、公证人和秘书组成的小团体一起，从一个城市到另一个城市。与出身地位相比，这种专家资格变得越来越重要。而且，他们也得到了更多的职位。应该强调的不仅是这种发展的速度，还有其偶发性的特征。只有通过这种限定，我们才可以说，当时当地第一次出现了经过学术性训练的阶层。与同一时期巴黎的情况相比，在博洛尼亚，富裕人士一般学习法学，并为了一种集中于社团的切实的职业利益而很快开业实践。

法律毕业生从很早开始就在一个或者两个法庭工作，开始是在托斯卡纳伯爵夫人的法庭（1100 年之前），继而是在皇帝的法庭（1112 年）。12 世纪中期以后的第一次高潮出现在腓特烈一世时期（1155 年后）。教士也在博洛尼亚学习，特别是学习教会法。在法律学校学习的教士、副主教和主教越来越多。自 1153 年，一个教会法学者开始领导教皇的臣宰。著名的教皇英诺森三世(1198—1216)就是博洛尼亚的学生。最后，除了所有受雇于社会的工作之外，我们还能了解到早期博洛尼亚知识分子的形象——在巴黎也是如此，虽然数量上更少——他们是社会性和职业性模糊的“边缘人”。在博洛尼亚文科的培养意味着一种不严格的职业性教育的附属物，它起源于 11 世纪。文科硕士，特别是学文法和书写的，经常也是训练有素的公证人，他们是中世纪意大利最广泛的准法律职业阶层。③

巴黎，一个非常发达和特殊的城市社会，是 12、13 世纪旧欧洲北部大学早期历史的中心。虽然巴黎的大学与城市有着大量的私人联系，但是它与意大利北部的大学还是有着根本性的差异。尽管周边城市有相当大的
249 规模 以及许多方面的重要性，但它也只是大学社会生活一种不可缺少的土壤，而不是影响大学发展的因素。在最广泛的意义上，教会的背景更为重要。从 12 世纪 40 年代起，在巴黎学习过的人在教会法庭、红衣主教团体以及教廷中都表现卓越。由英诺森三世任命的红衣主教中有六分之一的人、由格列高利九世(1227—1241)任命的有二分之一的人，都在巴黎学习过或者是教过书。④

作为一种社会因素的巴黎大学的出现几乎是无法探源的。只能通过分析硕士群体的史料来评价其社会影响。从一开始，活跃的硕士在许多方面与意大利法学学生相似，而与年轻的文科学生不同。在这里，我们必须切记基本的两分法，这对于评价受巴黎大学传统影响的大学非常重要。正如第五章提到的，它们同时履行现今学舍(对大多数学生来说)的和现今大学(对少数学生来说)的职能。作为文科教师，硕士同样也可以是一个高级

---

③ J. Fried, *Die Entstehung des Juristenstandes im 12. Jahrhundert* (Cologne, 1974); M. Bellomo, *Saggio sull'università nell'età del diritto comune* (Catania, 1979); *I ceti dirigenti dell'età comunale nei secoli XII e XIII* (Pisa, 1982); P. Classen, 'Richterstand und Rechtswissenschaft in italienischen Kommunen des 12. Jahrhunderts', in P. Classen, *Studium und Gesellschaft im Mittelalter*, ed. J. Fried (Stuttgart, 1983), 27–126.

④ P. Weimar (ed.), *Die Renaissance der Wissenschaften im 12. Jahrhundert* (Zürich/Munich, 1981); P. Classen, 'Die Hohen Schulen und die Gesellschaft im 12. Jahrhundert', in Classen, *Studium und Gesellschaft* (注释 3), 1–26; J. W. Baldwin, *Masters, Princes, and Merchants*, 2 vols. (Princeton, 1970).

学院里的学生。对于1200年左右及以前的巴黎大学和其他学校中的硕士们,我们所知甚少。可以确定的是,硕士的职业生涯比法学学生更具不确定性和流动性,至少与意大利城市里的法学学生相比是如此。但是我们不知道硕士的社会来源。在大多数情况下,我们甚至不能确切知道他们是在哪里学习的。关于他们工作最恰当的假设是,硕士积极参与到法国和英格兰国王或者两国红衣主教的法庭生活中,他们的人数有稳步的增长,比如,在当时出现的"公务员"(official)职位。对于法兰西,这种增长的一个可能分期是:1140—1180年开始出现增长的迹象,1180－1220的趋势逐渐显露增长,1220年以后进入显著增长阶段。主教中的硕士比例也证实了这一变化:在路易七世时期(1137—1180)皇家主教中有3%是硕士,在菲利普二世时期(1180—1223)这个比例是20%——而当时英格兰的比例已经达到30%——在路易九世时期(1226—1270)是41%。平均而言,英格兰国王雇用的硕士至少是法国国王雇用的两倍。⑤正如后文将会解释的那样,早在1200年前的一个世纪就有文献记录英格兰行政机关的领先地位,1250年以前,其他国家都难以弥合在这方面的差距。神圣罗马帝国境内的列日主教辖区(包括帝国城市亚琛),也是旧欧洲的一部分,其硕士的情况也符合上述时间段的划分。有三十多个12世纪时"硕士"的资料能被查 250
找到,而1170年以后几乎所有硕士的资料都能找到。他们受雇于亚琛和列日的教会,或者成为一些重要的世俗领主的随从。⑥在下文中,我们还会讨论当时在莱茵河以东的新欧洲蓬勃发展均等化过程的程度。

最后,若不考虑我们对1200年左右大多数没有毕业的巴黎学生的生活和职业所知甚少这一事实,任何对硕士的解释就不可能是完整的。对此,我们应该设定更宽泛的社会范围和个体状况的无限多样性。

---

⑤ J. W. Baldwin, 'Studium et Regnum. The Penetration of University Personnel into the French and English Administration at the Turn of the Twelfth and Thirteenth Centuries', *Revue des études islamiques*, 44(1976), 199－215.

⑥ C. Renardy, *Le Monde des maîtres universitaires du diocèse de Liège 1140－1350* (Paris, 1979); C. Renardy, *Les Maîtres universitaires dans le diocèse de Liège. Répertoire biographique 1140－1350* (Paris, 1981).

在英格兰、伊比利亚半岛和新欧洲的开端

牛津大学(1214年之前)仅比巴黎大学晚建立几年,而且在许多方面与后者非常相似,譬如在学科领域方面。毋庸惊奇,在安茹王朝的君主政体下,大学所处的国家和教会的环境十分相似,只是英格兰较少直接卷入罗马教廷的事务。然而,与意大利或法国相比,牛津大学发展起潜在的与它们相匹敌的学校活动,晚了关键性的一个世纪,很明显不会早于1185年。英格兰学生和教师的职业为此提供了最好的注脚。[⑦]1190年之前,那些获得教会和宫廷要职的人、著述重要著作的人、甚至仅仅要当中小学教师的人,都要在欧洲大陆花很长一段时间学习,特别是在巴黎和博洛尼亚。但外国学生是不到英格兰去的。另一方面,我们发现1200年左右巴黎的硕士有许多英格兰人,我们对他们的情况了解不多。只知道在12世纪的后半期,英格兰学者组成了一个松散的团体,1200年后不久,这一团体转变成为巴黎的"英格兰同乡会"。尽管英格兰的君主政体更为现代,而且在皇家教士、受过良好教育的专家集团的形成过程中吸纳精英,尽管受过良好教育的世俗人士已经能在皇家法院积极而独立地修习法律,尽管皇家随从的文学和文化修养受到高度的关注,但英格兰人还是会去欧洲大陆学习。哪怕并不存在能够对高等教育承担责任的城市环境,但在大学建立这一方面,英格兰仍被看做是旧欧洲的一部分。一所重要的大学在牛津建立,即使牛津城无论如何想象都比不上巴黎或者博洛尼亚。

251 至于伊比利亚半岛,对卡斯提尔王国的帕伦西亚大学(1180?—1243/1263)的确切信息我们还知之甚少。因此,我们只强调在意大利和法国出现的西班牙和葡萄牙学生大部分是或将成为教士。[⑧]

当我们从旧欧洲转向新欧洲,就整体而言,可以设想把新欧洲划分为两部分。一部分是在经济和社会上深受莱茵河地区(旧欧洲的一部分)所

---

⑦ G. Stollberg, *Die soziale Stellung der intellektuellen Oberschicht im England des 12. Jahrhunderts* (Lübeck, 1973); Baldwin, 'Studium et regnum'(注释 5),199 – 215;J. Dunbabin, 'Careers and Vocations', in *History of Oxford*, 565 – 605.

⑧ J. Veríssimo Serrão, *Les Portugais à l'Université de Montpellier* (Paris, 1971); A. García y García, *Iglesia*, *Sociedad e Derecho*(Salamanca,1985).

支配的欧洲大陆的中部，这一部分向西欧开放，并在一定程度上与西欧发展水平相当。另一部分是东欧和北欧的边陲，那里的发展仍然迟缓：从人口密度、城市环境以及教会和国家的上层建筑这些指标都能说明。这种状况不利于新知识的产生。除此之外，以中欧传统的奥托人和萨利人的教育体系的立场来看，新知识更偏离了这一传统。然而，新知识实际上还是被接受了。不过，从更广泛的意义上，这并不是普遍的需求；因此，对它的接受仍然是个人决定的结果，其依赖的背景是学生和教师的经常性流动。

将在巴黎的英格兰人的情况与在那里的德意志人、丹麦人或者匈牙利人相比时，我们会发现他们之间有着典型的差异。在那些后来因他们的职业而出众的(因而我们能了解其中的一些人)访学学生中，来自欧洲边缘地区的学生人数明显较少。来自边缘地区的学生比来自欧洲中部的学生到得更晚，来自较远地区的学生比起家庭较近的学生更不容易取得成功。另一方面，就我们了解的情况，从较远地区来的学生的社会等级要高于学生的平均水平。这很自然，因为享有出身和财产的优势，他们才能坚持学习，甚至在困难的环境中也能继续下去，而不至失败告退。一场长达一个世纪的教育体系的新风从西到东、从南到北吹遍了欧洲。对于任何一个没有特别权势的人来说，要抵制这一趋势是并不容易的。甚至在两个世纪后，布拉格法律大学中东部的两个同乡会依然明显比西部的两个同乡会更贵族化。换句话说，我们会发现，越往欧洲西部，社会就越现代。对于一些缺少出身和财产优势的人来说，西部比东部有更多的机会。而且这种差异是明显的。我们已经提到 1200 年左右一些知名的巴黎硕士。我们知道其中 42 个人的来源地，16 个是英格兰人，只有一个来自新欧洲，是丹麦人。当然这不是偶然的，那个丹麦人是这些人中出身最为高贵的。在由英格兰索尔兹伯里的约翰(卒于 1180 年)举例提到的 7 位可认定的教师中，只有一位不是来自旧欧洲。⑨ 252

⑨ P. Riché, 'Jean de Salisbury et le monde scolaire du Ⅻe siècle', in M. Wilks (ed.), *The World of John of Salisbury* (Oxford, 1984), 39 – 61.

在新欧洲，我们对德意志的情况最了解。[10]几乎在同时（在1153到1156年间），大学人士成为罗马教廷、英格兰和神圣罗马帝国法庭的领导角色；在他们中间，只有达塞尔的瑞那德是贵族（显然是受教育最少的），他是帝国的教长。如果以拥有多少西欧模式的硕士来衡量，帝国法院与教廷法院相比并不落后，甚至在数量上还领先于法兰西法院。巴巴罗萨腓特烈一世（1123—1190）时帝国法院的硕士人数已经达到后来奥古斯都菲利普二世（1165—1223）时的数量。12世纪40年代有关德意志主教辖区的资料说明当时德意志有着与西欧一样的发展趋势。但与新的教育机构的差距更远了，硕士头衔的涵义——是意味着学术研究，还是只是对主教座堂或牧师会教堂学者的一种老派尊称——就越不确定。

但是，学习并没有成为一种促进职业发展的有效动力，甚至也没有成为"职业群体"建立的一个因素。我们已经证实，在1002到1197年间德意志的红衣主教中，只有4%的人到国外的教育中心学习过（全部646人中有25人），其中有15人在12世纪去巴黎学习了一段时间。到了13世纪，这一群体中的大多数人还不会书写，贵族身份和庇护人的影响力比求学经历更重要。如果考虑12世纪新欧洲的社会状况，包含大学学习的成功职业生涯的归宿只能是教会职位。如果这对于德意志是一种现实的情况，那么这在欧洲大陆的东部和北部就更为普遍，而且人数更少。

伴随着基督教的引入（11世纪到13世纪早期），北欧国家不得不建立一支受过良好教育的高级神职人员队伍。1079年，教皇格列高利七世向挪威和丹麦国王提议：选送一些出身高贵的青年到罗马教廷学习教会法。12世纪后半期，巴黎是挪威人的教育中心，在一定程度上它也是丹麦和冰岛高级神职人员的教育中心。实际上，自1000年基督教传入冰岛后，该地
253 就对学习和教育表现出极大的兴趣。瑞典和芬兰追随同样的模式，但与欧洲中部的国家相比，分别落后了一个世纪和两个世纪。[11]

---

⑩ J. Ehlers, 'Verfassungs- und sozialgeschichtliche Studien zum Bildungsgang Erzbischof Adalberts II. von Mainz', *Rheinische Vierteljahrsblätter*, 42(1978), 161 – 184; R. M. Herkenrath, 'Studien zum Magistertitel in der frühen Stauferzeit', *Mitteilungen des Instituts für Oesterreichische Geschichtsforschung*, 87(1979), 3 – 35.

⑪ S. Bagge, 'Nordic Students at Foreign Universities until 1660', *Scandinavian Journal of History*, 9(1984), 1 – 29.

普遍时代(1200—1380)

1200—1380 年的普遍时代是由于天主教会的存在和影响而形成的。即使当大学的发展道路开始缓慢地被引向外界、离开教会的庇护、甚至在意大利北部和法国南部的市立大学在很大程度上回避教会,大学也首先和在根本上是神职人员的机构。除意大利的大学之外,其他欧洲大学的成员大部分都是教士。根据欧洲的发展标准判断,某个地区的社会发展越晚,那么这种情况就越明显。大学的普遍时代结束于 1378 年的西欧天主教内部的大分裂——罗马教廷和阿维尼翁教廷的分裂,大学随之处于地区性权力的控制之下。直到那时才能粗略地估算中世纪各地的大学生增长的数量,并且与参与教会管理的学生人数增长相比较。在阿维尼翁教廷(1309—1378)的 134 个红衣主教中,66 个是大学毕业生。总体来说,以下事实能够说明不同专业的社会地位:在 66 个红衣主教中,71%毕业于法律专业,28%毕业于神学专业,1%毕业于文科专业。[12]

无论在何地、处于何种地位,在 13 和 14 世纪出现的教派,一般而言都强调法律专家的作用。宗教会议体制、财政以及地方教会组织和教廷之间的事务处理都是导致这一普遍趋势的因素,它们还导致了对大学毕业生需求的增长。阿维尼翁成为大学展示社会性成就的一个主要中心,同时也是建立个人联系和人际关系网的最重要的焦点之一。结交一名教廷中的显贵成为毕业生就业的捷径。

然而,当从渴望就业的个人角度来看,我们就必须做出一个冷静的评价。与当时负有责任的领导者和今天的历史学家相比,他们对到底有多少类似他们的人在巴黎或博洛尼亚求学并没有什么概念,也不了解他们职业的就业市场状况。在大学里,学生可能来自广泛的社会阶层,来自非常广
阔的地域,但是这不能被误以为实现了某种理想。恰恰相反,它意味着不 254
确定性和无法预测的风险。但是,个人需要的是某种可预见性,而这只存在于局部区域中。

---

[12] B. Guillemain, *La Cour pontificale d'Avignon 1309 – 1376. Etude d'une société* (Paris, 1962), 277 – 356.

因此,这种对区域性的强调已经成为普遍时代一个普遍的特征。所有大学的学生来源区与这种区域性的本质是相吻合的;实际上,对"同乡会"的依附反映了这种对区域性依赖的需求。如果我们把这一时期大学的学习和就业与在全欧洲范围内完全自由的流动联系起来,那就会完全误解它们的本质。长期与自己所属地区失去联系的人,是没有根基的,并会产生社交上的障碍。考虑到教堂、法院和城市可提供的要职的相对稀少——意大利北部可能是个例外,如果不假设这种对能提供非学术性条件的(一般是中等)家乡社会的依赖是首要和基本的因素,那么我们所描绘的早期大学的图景将会是非常昏暗的。这种依赖的程度,既可以通过大学学习得以积极缓和,也会因为失败而根本没有改变。进入大学而没能毕业被认为是很正常的,因此,"失败"的观念是很不清晰的。不管在学习成功还是不成功的例子中,就业机会都是在个人的家庭背景中来寻找的。核心的职位,当时表现为超区域性的(教廷或皇家法院里的职位),与次要的职位一样受到特定群体的控制,并因此而被地方化。

选择一所特殊大学并不被认为是一种优势,因为在选择过程中,职业通常才是决定性的因素。到这一时期结束时,在新欧洲,一度具有"普遍性"的唯一一所大学——布拉格大学——的数据能够证实这一论断。许多学者从欧洲大陆落后的地方到达该大学,其中一些人来自很远的地方。尽管都使用拉丁语,但几乎没有一个学生来自德语地区之外的旧欧洲。那是因为这样的学生已经拥有了自己的社会地位。

最后,大学和社会之间广泛的互动可以通过大学自身内部的职业发展来说明。(大学教师的情况已在第五章中进行了考察。)但是教会、世俗君主和自治市为其自身目的也需要教授的服务。与教学相比,教授从事这种服务的程度充分证实了大学整体的社会价值。显然,教会和宫廷是更强大的一方,于是教授开始有了第二或"暗地里的"职业,最成功的人就完全脱离大学。在13世纪,这些社会发展中最重要的环节确立起来,即毕业生不再仅仅是大学教师的补充。这个决策即使在今天也具有重要意义,通过这
255 种方式,大部分大学毕业生进入社会并被社会接受,另一些毕业生则留在大学里。这一为全欧洲所接受的措施只能由教会使之形成。有机会去获得一种几乎完全或在一定程度上独立于出身和财产的条件,无论在何地都

是重要的，在欠发达社会的现代化过程中尤为重要。

旧欧洲的普遍时代

在13、14世纪，意大利北部的城市社会是欧洲最发达的。强大的扩张力量在此地发挥着作用。但最晚到1350年，像其他地方一样，这种扩张力量的运作骤然而止。我们有各种各样的细节描述，但缺少有代表性的统计数据，因此在这里只能尝试描绘出总体发展的简明轮廓。[13]

首先，除了考查通常的社会阶级，还应该注意依赖于“市场机制”的一些因素。在意大利，贵族和平民之间的流动比其他任何地方都强。失去了自己大部分资源的贵族与富有的资产阶级市民阶层妥协，这种情况使资产阶级体会到法院的作用。相对于当时的法律实践领域，大学所掌管的知识和文化也起到了差不多相同的帮助作用。在13世纪的自治市，对执业律师制定了最低标准，但并没有规定毕业所需的最短学习时间。仅仅在两个世纪以后，法国也出现了同样的情况。在作为政治和行政管理生活一部分的修辞和书写这样的文化领域，意大利的大学比欧洲其他地方在更大程度上依赖于城市。一个发达的教育体系为文科毕业生提供更多的机会，他们不仅仅能当一名教师，还可以成为王室或者城镇各级行政官员的秘书。内科医生以从业者、学者和城市精英集团成员的面貌出现。因此，在意大利比在别处更适合使用“职业”一词。

用欧洲南部的观念来看待13、14世纪的法国是富有启发性的，特别是如果先不考虑财富的因素，而仅强调法学者的历史性重要角色时，更是如此；他们执行君主的政策，从而有助于建立起强大的、扩张性的和统一的君主政体。然而，在这一阶段开始时，应该强调欧洲北部和南部的差别以及后者与意大利北部的联系。地中海地区西北部，包括加泰罗尼亚，是一个发展相对统一的地区，后来的证据表明该地区通过贸易、交通和法律体系 256

[13] C. Lefebvre, ‘Juges et savants en Europe(13e – 16e s.)’, *Ephemerides iuris canonici*, 22(1966), 76 – 202; 23(1967), 9 – 61; T. Pesenti Marangon, ‘Università, giudici e notai a Padova nei primi anni de dominio Ezzeliniano (1237 – 1241)’, *Quaderni per la storia dell’Università di Padova*, 12(1979), 1 – 61; W. M. Bowsky, *A Medieval Italian Commune. Siena under the Nine, 1287 – 1355* (Berkeley, 1981).

而成为一个城市化和世俗化程度较高的地区。随着执政官体系、公证人制度甚至法学在法国南部传播，意大利的影响可以一步一步展现出来。博洛尼亚对法律文化的影响自12世纪就已开始。许多从法国南部来的人在那里学习，他们中的大多数都返回家乡去谋求职业。因为到博洛尼亚交通便利，所以在1260—1270年以前米迪都还没有建立起有效的法律教育机构——在图卢兹还要晚上一代人的时间，在蒙彼利埃则早于官方大学机构的建立(1229、1289)。当时的法律领域几乎完全是一派意大利风格，甚至在私人领域也有成文法。

至此我们才第一次有可能得到关于学术职业生涯更精确的了解。1280到1320年间在南部的5个司法总管辖区法院中，189名法学者获得任命并开始为皇室服务，其中131名被任命为法官，58名被任命为辩护律师和检察官，189人中有54人具有博士头衔。[14]这些数字甚至在一个世纪以后的新欧洲也被认为是不可想象的。在地方城镇里为公私雇主工作是正常现象。人们并不热切希望成为皇家随从来为皇家服务：因为它报酬很低，而且仅仅是短期工作。在巴黎为国王或议会工作的法学家不超过10到11人。在皇室之外的法学家至少是以正式专家的方式创造了一种法律氛围，使得君主政体的活动处于持续的监督之下。因此，皇室不得不招募足够多的、素质优良的法学家，以避免在议会上浪费时间。因为国王的对手也雇用辩护律师。雇用律师的城市也越来越多，从14世纪开始，法国南方行政官中的法学家越来越多，但蒙彼利埃除外。因此，新的法律文化在“形式”和人员方面得以传播，为其他同僚提供更多的就业机会。甚至贵族家庭的后代也有成为博士的，尽管大多数博士属于资产阶级。他们中的大多数人一直都只关注完成大学学业后要回哪个地区的问题。当然，其中也有例外，比如蒙彼利埃的罗马法教授纪尧姆·德·诺加雷，以及著名的雷厉风行的皇家大臣皮埃尔·弗洛特。在家乡，人们怀有升迁为贵族的希望。就像里昂职业生涯的例子所展现的，投资大量的金钱是必要的，而且也是

[14] J. R. Strayer, *Les Gens de justice du Languedoc sous Philippe le Bel* (Toulouse, 1970), 20ff.

家庭首先关注的。没有钱,很难成功。⑮

在逐渐获得政治优势的北部地区,我们掌握了关于皇家法院和教会情况的文献记载。从南部和北部(更多人)来的法学者都在为皇家服务。然而,在1285年以后,随着法王菲利普四世执政时期的到来,主要是在奥尔良受过训练的来自法兰西北部的法学者在议会、公共会计事务所和各级行政部门工作。⑯与欧洲其他地方一样,较之一直为每一个统治者所依赖的骑士贵族,皇家法院中法学者只是少数。然而,有些职位只有他们才能胜任,并且这样的职位越来越多。经过奥古斯都菲利普二世和路易九世(1214—1270)时期的初步发展,法学都随处可见。1300年左右,法律职业步入成熟期。起源于代表国王或领主执法的大法官裁判所和法王派驻南方省份的司法总管辖区法院的法律职业开始出现。法律职业在社会群体中的自我招募更新成为一种司空见惯的现象。大约从1280年起,在佛兰德斯的伯爵中出现了法学者,他们是特别危险的封臣,在20或40年前,那里的行政官有可能是法学者。⑰

在教皇约翰二十二世(1316—1334)时期,法兰西教会的整个状况可以通过圣俸系统来考察。⑱在阿尔卑斯以北的欧洲大陆,法国拥有众多受人尊敬的人才,这充分显示了法国的学术优势地位。在教皇安插到法国和勃良第教会的16 773个神职人员中,有4879个被认为是大学毕业生。领圣俸的共14 000人,其中约有4000人是大学毕业生。其中有超过一半的人,即2836个教士,曾学习过法学。我们还发现一个令人震惊的数字,在

---

⑮ *Universités en France*, 95－108;J. Verger, 'Les rapports entre universités italiennes et universités françaises méridionales (ⅫⅡe-ⅩⅤe siècles); in *Università e società*, 145－172; A. Gouron, Le rôle social des juristes dans les villes méridionales au Moyen Age', *Annales de la Faculté des Lettres et Sceinces Humaines de Nice*, 9－10(1969), 55－67; R. Fedou, *Les Hommes de loi lyonnais à la fin du Moyen Age. Etude sur les origines de la classe de robe*(Lyon,1964).

⑯ R. Cazelles, *Société politique, noblesse et couronne sous Jean le Bon et Charles V*(Geneva,1982);R. Cazelles, 'Une chancellerie priviligiée: celle de Philippe VI de Valois', *Bibliothèque de l'Ecole des Chartes*,124(1966),355－381.

⑰ B. Guenée, *Tribunaux et gens de justice dans le bailliage de Senlis à la fin du Moyen Age (vers 1380－vers 1550)* (Strasburg,1963);J. Gilissen, 'Les légistes en Flandre aux XIIIe et XIVe siècles', *Bulletin de la Commission royale des anciennes lois et ordonnances de Belgique*,15(1939),117－231.

⑱ L. Caillet, *La Papauté d'Avignon et l'église de France*(Paris,1975). 见注释12.

学习法学的人当中有1255人具有民法博士学位和职业资格证书，另外还有252人拥有教会法的学位，有329人同时拥有这两个学科的学位。最后，有556人在一个以上学院学习过并毕业，另有403人是各个年级的法学学生。教士中还有381人为文科学者，359人为内科医生，305人为神学家。只有442人大学没有毕业。长期以来最典型的例子是的座堂圣职团，其与王室有联系。[19]从1272到1412年，在其850名教士中，有48%是硕士或拥有更高学历。在1200年以前，这个比例是15%，在1200至1220年间上升到22%，自1240到1280年及此后直到1378年，分别达到了45%和43%。在1378年以后，比例是65.5%。160名教士是法学者，其中110人
258 是博士或具有开业资格。教士中有贵族血统的不超过15%，其余的大多数人在广义上并不是真正的资产阶级，而是——为了适应与皇室和教皇都有联系的教会——资产阶级教会官员系统的成员。这类统计数字主要用来解释一般的社会环境，因此仍需添加另一小部分已知的数据，大国的情况也是如此。如果将所有知名的法国健康专家（严格意义上的内科医生，以及理发师和外科医师）的名字按时间顺序排列，就会发现他们的人数从12世纪前半期到15世纪后半期出现非常清晰的增长，当然增长的速度有所不同。增长最快的时期是13世纪后半期，而14世纪增长最慢。12世纪前半期与15世纪后半期的人数之比是1:5。[20]

对于那些比法学者和内科医生获利更少的职业，除了零星的记载之外，我们很难获得其他信息。例如，当我们试图去明确文科硕士的情况时，困难就来了，他们的人数并不比其他文科人士少。即使在一个发达的时代，“普通”硕士发现自己很难依靠教学职位上的圣俸来成为永久性的大学雇员。当前国家（pre-state）大学全面衰落时，这个方面的情况就很有意义。首先，世俗和教会的庇护人有义务为与其关系密切的个人提供资助，因此就几乎没有为硕士的“自由事业”留下任何资金支持。普通的文科硕士，如果他们没能得到足够的教会圣俸，就经常不得不从事学校教师之类地位不高的职业的工作。尽管神学硕士有更好的机会获得教会高级职位或者有

---

⑲ H. Millet, *Les Chanoines du chapitre cathédral de Laon 1272 – 1412*(Rome, 1982).

⑳ D. Jacquart, *Le Milieu médical en France du XII e au XVe siècle*(Geneva, 1981).

较多捐赠的教授职位,但他们也面临着法学者的竞争。最幸运的是那些属于托钵僧团的人和在各自教派里占据高位的人。㉑

伊比利亚半岛在大学历史的普遍时代显得消极多于积极。最有价值的输入来自萨拉曼卡大学(1218—1219)和里斯本—科英布拉大学(1288—1289)。然而,尤其是在13世纪,迁徙到意大利和法国南部以及巴黎,甚至是牛津(到巴黎和牛律学习神学,在大分裂之前该地区都没有神学教育的机构)去学习,似乎更为重要。总之,这些情况对学习教会法的学生而言是真实的。尽管伊比利亚的大学追随博洛尼亚模式,但是那里没有与意大利类似的城市环境,也没有任何早期世俗化色彩,相反君主政体占据了支配地位,并且教会势力盛行。不过,在卡斯提尔,两所同时由国王和城镇提供资助和保护的大学——萨拉曼卡和瓦拉杜利德,训练了为数不少(虽然不及在法国或英格兰受训的人数)的律师(*letrados*)、文科硕士和法律毕业生,他们相继在皇家、教会、市政机构和特别法庭中任职。然而,在"封建"结构仍然在该地区占据主导地位的情况下,律师群体虽然在14世纪的历史进程中变得越来越重要,但也从未真正获得自治;许多毕业生成为了贵族的随从。㉒属于神圣罗马帝国的国家,情况也是如此。 259

1216至1499年间,在英格兰的红衣主教中,有57%在牛津学习,另外有10%在剑桥学习。几个世纪以来,这个数字不断增长。因此到15世纪,进入两所大学中任一所大学学习的红衣主教的比例已经上升至91%;在亨利三世(1207—1272)时期,这个比例是51%,在爱德华三世(1326—1377)时期是70%。学习神学与学习法学的比例,刚开始时非常高,后来虽然有所下降,但仍保持较高水平,即在40%左右。据非常粗略的估计,这一时期五分之一的牛津学生进入了高级学院。就整体情况而言,毕业生不仅遵循传统方式进入主教座堂和教区圣职团,而且通过获得国际性的高级学位成为教区的教士,这都毫不奇怪。1280到1317年间,在一些教区

㉑ T. Schmidt, 'Pariser Magister des 14. Jahrhunderts und ihre Pfründen', *Francia*, 14 (1987), 103-138; J. Verger, 'Pour une histoire de la maîtrise-ès-arts au Moyen Age: quelques jalons', *Médiévales: Langue, Textes, Histoire*, 13(1987), 117-130.

㉒ A. Rucquoi, 'Sociétés urbaines et universités en Castille au Moyen Age', in D. Poirion (ed.), *Milieux universitaires et mentalité urbaine au Moyen Age* (Paris, 1987), 103-117.

中，此类毕业生所占比例最高达到26%，最低的也有7%。[23]

再一次强调，我们在世俗领域，也就是指为国王服务的法官和其他公务人员方面，没有可供比较的统计数据。正如在13世纪的法国，"办事员"(clerks)群体中教士和世俗人士之间界限的消除就是一个重要的因素。实际上，这一因素加速了社会的世俗化。[24]正如人们所期待的那样，当时出现了真正朝"现代"方向发展的趋势。例如，在所有毕业生中，学习文科的人越来越难取得成功。虽然事实上人们仍然是在远离大学的习惯法领域里从事法律职业，但进入各类行政管理层的最有效方式是在大学学习民法或者教会法。

260

新欧洲的普遍时代

在新欧洲，仅在大学历史普遍时代的最后阶段才出现了一所大学。这对1348年以前的时代意味着什么？此后又有什么改变呢？

尽管地区性差异较大，中欧还是被看做一个整体。13至15世纪，当中部地区在一定程度上达到西欧(而不是南欧)的人口和城市化水平，当教士对文化的垄断开始被打破时，在中世纪大学历史上就出现了一个重要的加速发展和均等化进程。对这一进程的编年史，我们仍然没有足够的认识。但无论怎样，作为历史发展的常态，这一过程的特征是：在达到顶点时快速协调，而后从强度和性质来看，逐渐放缓速度向前发展。新欧洲学习和职业之间的分野比旧欧洲的更清晰。在新欧洲，社会流动性较低；通常不是获得新资源，而是对已有的资源进行再分配。已在意大利北部城市大范围存在，并且向学术"竞争性社会"方向发展的决定性改变，直到15世纪后期依然没有在这里出现。

㉓ T. H. Aston, 'Oxford's Medieval Alumni', *Past and Present*, 74(1977), 3-40; T. H. Aston, G. D. Duncan, and T. A. R. Evans, 'The Medieval Alumni of the University of Cambridge', *Past and Present*, 86(1980), 9-87; R. B. Dobson, 'Recent Prosopographical Research in Late Medieval English History: University Graduates, Durham Monks, and York Canons', in N. Bulst and J. P. Genet (eds.), *Medieval Lives and the Historian. Studies in Medieval Prosopography*(Kalamazoo, 1986), 181-200.

㉔ 参见 J. R. Strayer, 'The Laicization of French and English Society in the Thirteenth Century', *Speculum*, 15(1940), 76-86.

虽然在新欧洲有了许多准大学的机构，它们主要是13世纪前半期努力的结果，但新欧洲的学生依然到旧欧洲中心去学习，其原因是该地区的教育机构不能使其毕业。对那些以后要占据领导职位的人来说，国外的学习经验尤为重要，特别是对德意志人。不幸的是，我们只对"上层阶级"，包括那些有着成功职业生涯的人，或多或少有一些了解。在13和14世纪，他们可能总共有数千人。1300年左右，在博洛尼亚大学里的德意志学生总数一般都超过200人。[25]然而，从一开始也有穷学生去旧欧洲求学，他们经常是充当有权势人的随从，几乎不可能单独前往。即使是在德意志，即使存在大学，也主要是一种城市现象。在一定程度上，大学学习是伴随成功的职业生涯而来的，对当时的德意志人来说，这仍是一种贵族的特权。只有在莱茵河低地地区情况才有些不同，那里的行为模式是旧欧洲的一部分，而且，在许多地方，很难区分低等的贵族阶层和早期的城市领导群体。只有在14世纪后期，我们才发现，随着许多资产阶级的参与以及世俗化的 261
开始，社会发生了一些重大的变化。

首批成功学生的第二个特征是他们与教会的联系。与旧欧洲的情况相反，在这里，教会法是政治和高级管理的主要课程。直到15世纪，除了莱茵河低地地区，罗马法一直是一门奢侈的学科，直到神圣罗马帝国皇帝最终允许德意志人学习它，而不再专属于他的意大利属国（在萨利安和斯陶分时期就已如此）。社会精英通常是在拥有牧师职位或者获得圣俸之后才开始追寻他们的学习生涯。在一些中心城市，如博洛尼亚、帕多瓦、奥尔良，这往往导致一种高人一等的优越感，甚至是傲慢的态度。因此在德意志，发展的趋势是强调而不是忽视传统的差异。大多数主教座堂和牧师会教堂中的圣俸都给了西欧和南欧，因为在这方面北欧和东欧所能提供的极为稀少。一名贵族学生或者法学者依然属于他所处贵族社会中的少数派；这个社会一直通过地区性的家族联盟来填充职位。贵族血统使得学业有可能成功，但是学业有成并不是贵族阶级的典型标志，甚至直到1350年，

---

[25] S. Stelling-Michaud, *L'Université de Bologne et la pénétration des droits romain et canonique en Suisse aux XIII e et XIV e siècles* (Geneva, 1955); A. I. Pini, ' "Discere turba volens". Studenti e vita studentesca a Bologna dalle origini dello Studio alla metà del trecento', *Studi e Memorie per la Storia dell'Università di Bologna*, new series, 7(1988), 62 – 69.

还有许多贵族教士，只有一定的阅读能力，而不会书写。教区牧师会对待学习的态度很大程度上依赖于所在地区和社会的环境状况。而在15世纪，这种情况突然发生了变化。当时在布莱斯劳(1341—1417)和布列瑟依(1300—1400)的主教座堂圣职团中分别有29%和21%的教士是学生，而这个比率此后上升极快，例如，在布列瑟依达到60%。[26]

贵族学生的第三个特征是当大众进入文学院学习成为可能时，它依然显著地扮演着少数派的角色。即使在15世纪，在所有德国大学中，不到3%的学生会设法去获得高级学院的学位。从14世纪开始，以此种方式成为一名大学毕业生，会给某些具有贵族血统或者城市富裕阶层背景的人带来好处。换句话说，“富人”和“穷人”之间的划分能从大学的不同学院中非常清楚地反映出来。法学是一门社会精英学习的科学，就是对教会里的精英们来说也是如此，在德意志，这些高级精英分子依然是很“封建的”。文学院和神学院是中间阶层和较贫穷阶级的据点，特别是那些尽力改变自己社会地位的人——虽然他们中大多数到不了真正重要的职位。在阿尔卑斯以北，医学院之所以是所有高级学院中规模最小的(见第二章)，并且比其他学院地位低，是因为在所有毕业生中，医学博士在中世纪社会中得到
262 的是最低的认可。医学博士，或者内科医生，人数很少，而且来自中间阶层或者手工业者阶层(经常是外科医师的儿子)。医学教育和医学职业经常与特定的家庭相联系。[27]

至于此时新欧洲的法学者在国王和诸侯法庭里的情况，我们对此的了解要比旧欧洲的多一些。相比而言，他们人数较少，学位稍低，社会关系更为老式一些。然而，正如在欧洲大陆西部和南部清楚表现出的一样，旧欧洲也明显存在一种不可抗拒的趋势：法学者逐渐控制了所有的高级管理事务，伴随这种过程，其职业可能性的范围不断扩大。从国王鲁道夫一世时期(1273—1291)到皇帝腓特烈三世(1440—1493)时期，为统治者服务的法

---

[26] L. Santifaller, *Das Brixner Domkapitel in seiner persönlichen Zusammensetzung im Mittelalter*, 2 vols. (Innsbruck, 1924 – 1925)，尤其是第一卷114页及其后。

[27] E. T. Nauck, 'Die Zahl der Medizinstudenten deutscher Hochschulen im 14. – 18 Jahrhundert', *Sudhoffs Archiv für die Geschichte der Medizin und der Naturwissenschaften*, 38 (1954), 175 – 186; Schwinges, *Universitätsbesucher*, 468 – 470.

学者数量增加了6倍——总共达到230人。神圣罗马帝国的诸侯为了迎接他们所面临的挑战和适应国家发展的需要，建立了与之相适应的法律职员队伍（从1250—1440年差不多有700人）。帝国的西部和南部如往常一样，从中得到了好处。㉘

尽管法学者的社会背景具有相对的同质性，但从神圣罗马帝国整体来说，法律职业没有统一的招聘模式。招聘具有地方性，根据各地统治中心的情况来决定。直到15世纪，国外求学经历一直是一种具有较高社会价值的条件，而且除了莱茵河以西地区，意大利显然是游学的首选之地。1370年前后，法律学者开始以德意志大学里的求学经历为基础来获得职位。结果，拥有城市背景的人变得越来越重要。

虽然1348年建立于布拉格的大学在两代人之后就关闭了，但它对于高等教育和新欧洲社会之间的关系来说非常重要。经过一个或多个世纪不可弥补的积重难返，那里几乎没有职业存在的可能性，即使是进入较低层次的现代社会的可能性也极为有限。布拉格永远成不了巴黎或博洛尼亚，也不可能超过维也纳或者海德堡。布拉格的这些大学及其"后裔"是由当局引入的，就像布拉格的大学自身一样；无论在哪个阶段它们都没有什么发展。因为它们的贫穷，它们服从于法治和社会统一的压力，继而服从于领地封建主崇尚的"合理化"的压力。校长注册簿是大学社会史最重要的史料，因为它能使我们用统计数字来代替猜测，其本身也是贫困环境的 263
一个产物。已发现的最古老的注册簿是布拉格法律大学（1372—1418）的注册簿，这并不是偶然的。

布拉格的社会环境可以被视为游学时期两阶段学习模式的延续和发展。考察和对比3563名登记注册的法学专业学生，他们的人数至少是文科学生的5倍，其中绝大部分人甚至没有获得过最低的学位。因此大学入学的含义是非常不同的。社会现代化进程（我们会在后面讨论）的第一个标志是在14世纪末开始出现的，例如，在波希米亚有相当多的人致力于文

㉘ P. Moraw, 'Gelehrte Juristen im Dienst der deutschen Könige des späten Mittelalters (1273－1493)', in R. Schnur (ed.), *Die Rolle der Juristen bei der Entstehung des modernen Staates* (Berlin, 1986), 77－147; I. Männl, 'Die gelehrten Juristen im Dienst der deutschen Fürsten im späten Mittelalter(1250－1440)', dissertation, Giessen, 1986.

科和神学的学习。然而，在教会和行政部门中，合适的职位似乎太少了。大学的危机在1400年后胡斯派的置疑中达到了顶点，这也与硕士或文学士人数过多有关，因为他们希望能延长他们在大学的学习时间。[29]

布拉格大学为未来的领导者提供了经验，在此之前，为了自身利益，中欧统治者借鉴的是南欧和西欧的经验。但是，布拉格这种“国际化”角色只关乎新欧洲，并且是以一种非常严格的方式。斯堪的纳维亚人很快从巴黎转向了布拉格，在布拉格的大学解散之后，他们中大多数又转到莱比锡（从1409年开始）和罗斯托克（从1419年开始），于是欧洲的一部分地区得以重新定位。同样的模式也适用于其他东欧国家，如波兰和匈牙利。学生中来自波兰的人最多。由于重要的市民群体通常来自德意志地区，所以波兰和匈牙利的，可能还包括瑞典的学生更容易到德意志去求学。[30]在此以后，我们能够在斯堪的纳维亚发现德意志学生的主要社会贡献——首先是在丹麦，然后是在瑞典和挪威，最后是在芬兰。去意大利学习仍然非常重要，因为去那里的学生都来自高级社会阶层，他们随后有可能获得高级职位，大多数是教会中的职位。

从14世纪开始，北欧几乎所有的红衣主教以及大约一半的主教座堂和教区圣职团的教士都上过学，包括那些来自芬兰的教士。直到宗教改革之前，所有北欧国家受过教育的教士数目持续上升。而来自于上层社会的世俗大学毕业生可以在国王的机构中开始职业生涯。在挪威的皇家行政人员中，受过教育的、既非贵族又无神职的人比瑞典或丹麦的多。丹麦和
264 瑞典两国的贵族都更富裕 和更有特权，他们的教育更多地符合中欧贵族教育的一般模式。[31]总之，对于到国外大学读了几年书后回家的富裕学生来说，是有充分的就业机会。然而，至于学术教育推动社会流动的程度，还很难知晓。

---

[29] P. Moraw, ‘Die Universität Prag im Mittelalter’, in *Die Universität zu Prag* (Munich, 1986), 9 - 134.

[30] G. Bonis, ‘La pénétration du droit romain dans les pays slaves et hongrois’, *Recueil de Mémoires et Travaux publié par la Société d'Histoire du Droit et des Institutions des Anciens Pays de Droit Ecrit*, 6(1967), 75 - 83.

[31] Bagge, ‘Nordic Students’(注释 11), 8 - 13; H. Holma and A. Maliniema, *Les Etudiants finlandais au moyen âge* (Helsinki, 1937), 13 - 15.

旧欧洲的国家—领土时代(1380—1500)

欧洲大学史的第三阶段可以被描述为一个集中化的阶段,也即强化和收缩阶段,如同当时的其他发展过程一样。作为发展停顿标志的具体事件——1378年西欧天主教内部的大分裂——既表明普遍主义教会的没落,又标志着个体国家的成长。同等重要的是,当人口总数急剧减少时,大学学生的数目有了相对、有时甚至是绝对的增长。从1450年左右开始,学生的数量又一次从人口的普遍增长中得到补充。当时的学生总数已达到几十万,即便是在15世纪一些古老大学(阿维尼翁、蒙彼利埃)的困难时期也是如此,大学生不再是1200年前后的那种小群体了。

这一阶段的意大利北部城市,依然是中世纪大学四种主要背景中最为现代的,但对它们我们也只能勾勒出模糊的轮廓。任何下结论的尝试都是冒失的。然而,我们还是可以将1500年左右存在的大约12所意大利大学视为一个体系,学生在其中可以从一所大学到另一所大学学习。另一个事实是,这些大学也逐渐被纳入国家服务体系中。同时,在整个15世纪,这些大学中人员的社会流动依然相当活跃。

通过比较其中的法学者和受过教育的内科医生的发展情况,我们发现佛罗伦萨的一些特点代表了这些大学的特色所在,佛罗伦萨是最主要也是最具吸引力的社会形式。[32]法学者和内科医生都是重要的群体(前者从1380到1530年有163名成员,后者从1350到1450年有150名成员),有着非常不同的社会模式。有关他们的传记资料很翔实,比之前提到的所有群体的传记资料都丰富,以此为基础可以证明前面假定的一个普遍特征,即职业生涯并不仅仅依赖学业。职业和学习两者都是长期和广泛的社会关系的一部分,而社会关系必须围绕着家庭命运这个中心来理解。学习的 265
决定和学科的选择,经常是由那些在学习阶段之后还继续影响职业生涯的因素决定的,它们并不是标志着一个新开始的自主选择。

对佛罗伦萨的贵族群体和已经成功提升了社会地位的人来说,学习一

---

[32] L. Martines, *Lawyers and Statecraft in Renaissance Florence*(Princeton,1985).

段时间法律首先是家族成功发展的结果，在经历数代人的打拼之后，该是巩固地位的时候了：儿子或孙子应该学习法学。这一模式让我们回想起阿尔卑斯以北有能力的上层中产阶级商人，以及他们在更传统的环境中确立自己地位的努力，他们利用“老式”的土地所有制和贵族等级制来达成其目标。这些法学者从事的职业，并不是我们熟悉的为在现代社会中生存而斗争的那种职业。在佛罗伦萨法学者中只有第三类群体逐渐采取这种积极的模式，因为这些人，不得不补偿他们的外国背景；但是他们本来也有令人尊重的地位，否则，他们根本没有成功的机会。为了成功，努力工作是必不可少的。这里没有值得讨论的第四类群体。毫不惊奇，考虑到国内和国外环境复杂性的增加，该地区根据个体的成就从这些亚群体中招募人员，就业机会从第一类到第三类群体成比例地减少，这些法学者在佛罗伦萨是作为政治领导人为公众服务，而且他们在数量上给人留下深刻印象。米兰和威尼斯也有相似的进程，尽管那里的政治环境更为敏感。甚至像皮斯托亚这样的小城镇，法学者也占据了越来越多的职位。[33]除佛罗伦萨的情况外，我们很难对这类精英有如此清晰的了解。

相反，在亚诺成为一名内科医生则更具“现代”意义，同时也更具不确定性，前途也更为黯淡，更不要说在传染病大规模流行时这一职业的危险性了。这可能就是为什么这一群体中来自于农村地区和境外的人占绝大部分的主要原因；这也就是医学博士社会发展史中较多动荡局面的原因。即使在学医的佛罗伦萨人中，他们的人数也越来越少，从家庭史的角度看，学习医学和随后的职业生涯，只是通向第二级医疗机构、小商贩、公证人，甚至是工匠（但是很少——可以确定的只有3例）的第一步，通常也是唯一的一步。有3名医学博士来自贵族阶层，而有15人是通过学医而提升了社会地位，医学学习花费很大，相应的经济回报也很大。医生职业比法律职业更具商业性。医生职业没有强大的传统，从家庭关系中获得的帮助甚
266 少，与法学者相比，对后代的传统影响也更少。正如在3个例子中所显示的，当一个医学博士进入有政治影响的群体中时，他的个人成就并不亚于50个做出相似举动的法学者。

---

[33] D. Herlihy, *Medieval and Renaissance Pistoia* (New Haven/London, 1967).

即便我们更多地了解法国的情况,我们也依然需要通过调查来提供注解,尽管这种调查只能涉及可能的趋势而不是精确的数量。㉞当时法国大学的一个基本特征是地区化,15 世纪建立的 8 所大学就诞生在这样一个独特的过程中(总体而言,它们的规模依然相对较小)。这种地区化过程甚至影响到巴黎,而且在更广泛的意义上,也影响到了大学的"消费者",甚至是皇室机构。法国的法学院几乎发展为专门的职业培训学院和带有浓厚世俗化色彩的教育机构。这里所用的"职业"一词并不是指直接应用所学知识,而是指法律思维的普遍训练,甚至更多的是指同行中人的社会化过程。无论怎样,大学与送自己子弟入学的家庭建立起非常稳固的联系,这种联系甚至会导致大学社会结构的改变。法律学习体系所需要的昂贵费用意味着法律职业几乎完全局限于富裕家庭。在进入法学院学习之前,学生还必须在学校或家中接受昂贵的私人预备教育。这种教育远非是向所有人开放的巴黎传统的"普通"文科教育,而按照当时(可能更早)社会成功的观点来判断,后者已被证明是不明确的和无效的。而且,法国从未建立第二个巴黎大学。我们也仍不清楚文学院的规模究竟有多大,它应该算是高级哲学学校,还是与学校类似的初学者的训练场所?甚至处于较高社会地位的律师职业也充满了不确定性,令人惊奇的是,在同一时段求学的法国法学学生(估计总共有 3000 到 3300 人)在短短几年(1393/1394—1403)里改变了他们的比例:在总数没有变化的情况下,由原来三分之二多数来自南部,变成了三分之二多数来自北部。这可能表明了社会生活的波动性,这种波动性可能在社会中广泛存在。

对于教会法的学习者来说,教会仍是最主要的雇主。然而罗马法的毕业生享有更大的名望;甚至在教会中,他们也经常能占据最高职位。但显然一般还是国王、重要的诸侯(如勃艮第公爵、布列塔尼公爵、普罗旺斯子

㉞ 除参考注释 15-17 外:J. Favier, 'Les légistes et le gouvernement de Philippe le Bel', *Journal des Savants*(1969),92-108; J. Verger, 'Sul ruolo sociale delle università: La Francia tra Medioevo e Rinascimento', *Quaderni storici*,23(1973),313-358; A. Gouron, 'Le recrutement des juristes dans les universités méridionales à la fin du XIVe siècle: Pays de canonistes et pays de civilistes?', in *Universities in the Late Middle Ages*,524-548; A. Rigaudière, 'Hiérarchie socioprofessionnelle et gestion municipale dans les villes du midi français au bas Moyen Age', *Revue historique*, 269(1983), 25-68.

267 爵)或者城市利用他们的能力为己服务。与意大利和法国南部相比,欧洲北部国家律师的世俗化和法学者的发展明显是迟滞的,直到 14 世纪后半期才出现。再一次强调,这一发展有两方面作用:一方面,鼓舞了后来者的雄心,他们希望能在社会中脱颖而出;另一方面,更加巩固了显贵家族和第二等级家族之间的联合。里昂、普瓦捷或者更小城镇的例子表明,虽然它们的发展晚于佛罗伦萨,但它们取得了更大的成功。这可能是因为在君主政体控制之下人们很少有什么政治要求,以及更拘谨的政治氛围。无论怎样,在重要的城市中,在较早期的开端之后,大致在 1430 年和 1456—1460 年间,法学者成功地跻身世俗社会中的顾问和议员阶层。从表面看,这可以说与他们拥有博士学位和资格证书的优势有关。然而,这不仅仅意味着旧贵族阶级的瓦解,也意味着迄今为止都很重要的律师群体获得了新的合法性。其结果导致了城市社会的转型。与此同时,神职人员中的毕业生比例也很高,特别是在主教座堂圣职团中;许多教会法律师既为国家也为教会服务。15 世纪高卢主义的扩张和教廷干涉的减少,一直都没有阻止毕业生从事有俸圣职;他们仍然人数众多并且是不可或缺的。[35]

在 15 世纪,君主政体力量的发展也依赖于各个重要的社会群体,并受到变化无常的政治命运的严重阻碍。然而,社会因素是最难控制的。虽然每个统治者都要倚仗法学者的专业知识和技能的支持,但后者只能对暂时的变化作出反应,而不会真正去开创一个新起点。巴黎议会——皇家最高法院——和法院之外的核心行政机构,它们各自由一百余人组成,按欧洲标准来看,这些人的社会来源很广泛。议会(我们有从 1345 到 1450 年间 678 名成员的详细资料)毫无疑问是一个更紧密的群体。可能除了教廷以外,这个议会具有一种逐渐集中化的社会形式,它拥有的法律专家比欧洲其他任何地方都多。毕业生的数据显示出预料中的增长,但是一般认为,尤其在此处更有理由认为,在 1350 年左右,拥有一个学位已经是一种普遍的作法。15 世纪后半期,在家族中接替职位的做法也同样存在于议会成员群体中,作为一种广泛流传的常见做法,这很少会引致不满。然而,世袭

[35] H. Millet, 'Quels furent les bénéficiaires de la soustraction d'obédience de 1398 dans les chapitres cathédraux français?', in Bulst and Genet (eds.), *Medieval Lives* (注释 23), 123–137.

职位并不意味着应该放弃学习法律，因为学习已经成为家族的一项传统。

在由 27 名司库和 12 名执事组成的队伍中，在法律方面具有一定能力的人明显比所提供的职位要少，各有 2 到 3 名。虽然法学者的人数可能增加，但几乎都是在 1500 年以后。15 世纪末，就像巴黎北部桑利斯的小裁判所的例子中所显示的，不仅仅是特别法庭里的两三名皇家法官，就连律师甚至仅仅是代理人，也越来越多地由大学毕业生充任。

从 1434 年开始，法国出现了 5 个新的省议会。这使得律师在行政官员和法官集团中建立永久性的地位成为可能，这些律师中获得博士学位和持有开业资格证书的人也越来越多。在许多情况下，这条道路只向富裕阶层和贵族阶层开放。然而，所有这些职位都不具有最高的决策权。具有这种权力的职位仍然只授予贵族大臣，直到 15 世纪，这些贵族大臣几乎都不认为法律学习应该成为他们接受教育的一部分。因而皇家议会中的法学者一直以来就非常少。

1450 年可以被视为早期停滞和后期发展之间的粗略界限。自此之后，我们才能说受过法律教育的重要社会阶层开始独立于教会。下一步是确立资格和条件来控制法律“职业”的准入，这是逻辑发展的必然，但在 1500 年之前仅仅是试探性的行为。律师是在 1490 年，司库和执事是在 1499 年。这并不是创建全新的制度，而是以书面的形式把惯例确定下来。相应地，可能也是由于供给过多，毕业生的重要价值在一定程度上下降了。在其他国家也发现了同样的情况，持有开业资格证书的人和博士此时开始占据先前认为不适合他们的职位。这一转变依然对文科毕业生影响更大。然而除了一些个案，我们仍然不了解 1450 年前后的硕士和巴黎规模较大学院的学生从事何种职业。只知道一些文科硕士成了代理人，另一些人成了中小学教师，还有很多人成了城镇里的低级教士。

15 世纪，英格兰大学史的主要特征几乎没有什么变化。最有意思的一点是，根据估算在 1400 年以前有 2000 人在牛津和剑桥学习，在 1450 年左右这一数字上升到大约 3000 人，由此可见，学生人数占总人口比例是非常高的，肯定比法国的高，更超过中欧。然而，英格兰的大学比法国或者意大利大学“更古老”的原因是其与教会的关系紧密。这里再一次强调，我们必须谨记神职人员和世俗民众之间的界线是逐渐模糊的，这种情况并没有因宗教改革而产生大的改变。

269 牛津新学舍(建立于1379年)的注册簿使我们能够为中世纪的英格兰提供一份原始的"统计"资料。通过分析学生(总数是937人,身份不明者除外)背景,可以发现该学舍的学生来源比大学平均水平更"保守":从1380到1500年,63.2%的学生来自农村地区;他们中的大多数来自"小佃户"的家庭。只有21.8%的学生是城市居民,他们中的七分之一来自城市"贵族"阶层。上等阶级(包括这一群体中的国家官员)的比例总计是12.5%。只有6人从更严格意义上是贵族,只有2人是来自较低阶层。一个非常显著的事实是,"小佃户"中有45%以租种学舍的土地为生。[36]对大学成员中2040人(其中42.5%的人身份不明或较早死亡)的职业生涯进行的研究证明,教会职位具有压倒性的优势地位,从1451至1500年间也是如此:39%的人成为教区牧师,超过5%的教士进入教会法庭和管理层,另外2.5%则身兼教士和世俗官员、法官三种职位,最后7.5%从事其他的神职工作,只有2.5%的人是完全在世俗社会中任职(行政人员、法官、教师)。如果考察1380到1520年间该学舍的资料(44%的人身份不明或者早夭),在这段时间更长、更缺乏一致性的时段中,至少46%的人进入教会任职,只有5.5%的人进入世俗社会。[37]

如同旧欧洲其他地方一样,在英格兰,民法和教会法从1460年左右起逐渐吸引了越来越多的学生,但两者都主要是为教会服务。与高度城市化的意大利北部地区相比,英格兰世俗社会的力量可能更软弱一些。在这样的环境中,英格兰有俸圣职体系甚至比在德意志更重要。具有处置权的相关人士态度的变动,对于英格兰大学来说是很关键的——这种情况与地中海地区的普遍情况大不相同。神职活动在很大程度上与世俗活动相重叠。"中世纪"的英格兰为毕业生和其他具有资格的人员竞争主教座堂圣职团

---

[36] G. F. Lytle, 'The Social Origins of Oxford Students in the Late Middle Ages: New College, 约1380－约1510', in *Universities in the Late Middle Ages*, 426－454.

[37] 除参考注释23外: J. T. Rosenthal, 'The Fifteenth-Century Episcopate: Careers and Bequests', in D. Baker(ed.), *Sanctity and Secularity*(Oxford, 1973), 117－127; R. N. Swanson, 'Universities, Graduates and Benefices in Later Mediaeval England', *Past and Present*, 106 (1985), 28－61; R. N. Swanson, 'Learning and Living: University Study and Clerical Careers in Later Medieval England', *History of Universities*, 6(1986－1987), 81－103.

和大教区之外的神职，提供了平等的机会。当然，这也是社会流动性持续较高的一个表现，甚至主教阶层也是如此；另一方面，官僚集团也不缺乏"自我招募"。至于穷人的就业机会，我们没有确切信息。[38]然而在巴黎联合起来的英德"同乡会"中穷学生的比例非常高（在1425—1494年为17.6%），这种情况可能不仅仅存在于欧洲大陆。总之，虽然我们对英格兰大学社会史所知甚少，但其在欧洲大学整体图景中的独特地位是非常明确的。

在1500年前，西班牙学生的职业生涯并没有出现最重要的整体变化。[39]在一个经济迅速发展的阶段，"现代的"君主政体比此前更需要优秀的行政官员。拥有学术头衔的高级官员的数量因此稳步上升，在费迪南德和伊莎贝尔（1474—1516）统治时期这个比例达到了11.7%。律师从14世纪后期开始出现。而新的培养基地是国家大学，它首要促进法学教育。在卡斯提尔王国，萨拉曼卡和瓦拉杜利德大学训练的律师一直都能得到教会的高级职位——在15世纪，他们人数几乎占瓦拉杜利德教士总数的一半——以及皇家官员职位。从有着意大利和法国南部社区特征的加泰罗尼亚首府巴塞罗那的情况，我们可以看到从14世纪后期开始，法学者大量参与市政和私人的事务，并产生了重要的影响。[40]

新欧洲的国家—领土时代

在1348和1505年间，德意志大学生的总数达到200 000人。这是第

---

[38] N. Orme, 'Schoolmasters, 1309 – 1509', in C. H. Clough(ed.), *Profession, Vocation, and Culture in Later Medieval England* (Liverpool, 1982), 218 – 241; R. S. Gottfried, *Doctors and Medicine in Medieval England, 1340 – 1530* (Princeton, 1986).

[39] R. L. Kagan, *Lawsuits and Litigants in Castile 1500 – 1700* (Raleigh, 1981); W. D. Phillips Jr, 'University Graduates in Castilian Royal Service in the Fifteenth Century', in *Estudios en homenaje a Don Claudio Sánchez Albornoz en sus* 90 *años* (Buenos Aires, 1986), vol. IV, 475 – 490; M. Lunenfeld, *Keepers of the City. The Corregidores of Isabel I of Castile* (*1474 – 1504*) (Cambridge, 1987), 73 – 106.

[40] Rucquoi, 'Sociétés urbaines', （注释22）; C. Carrère, 'Refus d'une création universitaire et niveaux de culture à Barcelone: hypothèses d'explication', *Moyen Age*, 85(1979), 245 – 273; J. S. Amelang, 'Barristers and Judges in Early Modern Barcelona: The Rise of a Legal Elite', *American Historical Review*, 89(1984), 1264 – 1284.

一个也是仅有的一个以可靠全面测算为基础的数据。对于1380年以前的一代学生人数,我们仅需要扣除数千人。据估计,1470—1480年间学生数量是1390—1400年间的五倍;在该阶段后期,每一年都有2500名新学生。在1480年左右,人数基本就稳定在这个水平上。在1500年,德意志的总人口据粗略估计大约有1500万或者更多。这两个数据之间的比例从定量
271 方面证明了此前从不精确的数据中得出的结论:中欧的"学生密度"比起西欧的要低很多,但同时期的人口总数出现了下降和停滞(在1348年到1450—1470年之间),这一差距在最后还是缩小了。这也是15所新大学成立的结果(均在1506年前建立)。㊶

神圣罗马帝国的整体情况,确实也能说明欧洲大陆的北部和东部的情况,只是后者的发展相当迟缓,并且从数量上看规模很小。与前一阶段相比,北欧出现了一些根本性的变化。因为挪威国王和他的官员已经迁至丹麦,能提供给挪威贵族和中产阶级的皇家职业机会就大大减少。对大多数中产阶级出身的挪威学生来说,此后只有教会能够提供舒适职位了。贫困的贵族对高等教育几乎丧失兴趣。而在丹麦,来自贵族或中产阶级上层的学生数量持续增长。在北欧国家联盟时期,集权化和官僚化程度的加深,产生了对受过教育的管理者(律师)的需求。15世纪以后,世俗人士在中央和地方政府中逐渐取代了教士。芬兰的瑞典语地区追随瑞典的教育模式。主教座堂和牧师众教堂中充斥着受过良好教育的贵族。然而,与瑞典相比,芬兰的精英一直坚持到巴黎访学,没有像他们的瑞典同乡一样那么频繁地去德意志大学访学。㊷

欧洲大陆上的旧欧洲(巴黎例外)和新欧洲部分之间的一个重要差异是后者文科学生的比例较高,可能高达75%—80%。在中欧,法学学生数量增长了,就算没有增加,至少也有1400人。布拉格法律大学(1409—1417)的危机和解散成为退步的标志。而同时,在1400年左右及以前,法国的法学专业学生有3000人,但德意志,甚至是在布拉格的"春天"

㊶ Schwinges, *Universitätsbesucher*, *passim*; P. Moraw, 'Aspekte und Dimensionen älterer deutscher Universitätsgeschichte', in P. Moraw, and V. Press(eds.), *Academia Gissensis* (Marburg, 1982), 1-43.

㊷ Bagge, 'Nordic Students' (注释 11), 13-17.

(1380—1390)，也仅能达到这一数字的10%—20%。

德意志学术职业机会的另一个基本情况是，在领土国家的影响下，在设有四个学院的大学中，各个学院的地位有所下降。除个别例外，新大学都是小而穷的。它们植根于邻近地区，并且大多缺乏丰厚的捐赠和基金。与巴黎和博洛尼亚模式相比，这里出现了一种新的、混合的第三种欧洲大学模式，并对学生的职业生涯有着与前两者不同的影响。因此，仍然要将贵 272
族和富裕学生与极为缺乏经济来源的文科学生明确区分开来。这两类学生的就业机会差别很大。前一种类型的学生早在他们所读的大学出现以前就得到了德意志社会的承认；他们人数相对较少，倾向于学习法律。在15世纪，如果他们愿意的话，还可以去国外游学。而第二类学生的主要去处是小城镇，去乡村的也不罕见。他们主要来自中产阶级和工匠阶层。大多数都回到自己的故乡，因为他们很看重与家乡的联系。他们显然特别容易受到1480年以后的供给过剩危机的影响。[43]

从个体角度来看，与较穷的学生相比，境况较好的学生较少受到家乡地区发展水平的影响，这从他们的地位和人数上都有体现。布拉本特的情况在帝国中可能是最具现代性的——无论从贵族和奥尔良“精英分子”的法律学习，还是从他们参与家乡社区和国家决策的情况来看都是如此。在奥尔良——以及在新成立的设有四个学院的大学之外——的布拉本特学生(从1444年开始)只有20%来自贵族家庭，大多数来自于富裕的资产阶级家庭，特别是大城市的资产阶级家庭。学生们刚开始的行为模式是贵族化的，但从长期看，这种贵族化方式被融入到一种“现代的”、城市的生活风格之中。这种情况在中世纪后期非常普遍：学生社会史的进程一直没有被打断，并延续至16和17世纪。以现代的眼光来看，布拉本特方式培养出一个相当划一的“法学者官员”群体，他们有着良好的背景，并逐渐通过他们的专家知识和职业成就获得从业资格。[44]纽伦堡和奥格斯堡大致相同的影响在德意志南部也能发现，在帕维亚，他们的人数更少，并且所处的环境也更“封建”。如果我们把目光投向16世纪，就会发现在1472年开始招生

[43] Schwinges, *Universitätsbesucher*, *passim*.

[44] H. de Ridder-Symoens, ‘Brabanders aan de rechtsuniversiteit van Orleans (1444 - 1546). Een socioprofessionele studie’, *Bijdragen tot de Geschiedenis*, 609(1978), 195 - 347.

的因戈尔施塔特"贵族"大学的发展过程中也存在同样的情况。㊺

我们应该从教会背景中去解释当时发生这些最重要变化的原因。虽然与西欧相比在时间上明显滞后，但在各地，甚至是整个主教教区都出现
273 了学生人数的增长，较晚的罗斯基勒主教座堂圣职团的情况就能清楚地说明这点。㊻到 1430 年，有 55% 的罗斯基勒教士都曾是学生；而到 1493 年，这一比例是 76.1%。但在这些学生中只有很少一部分是毕业生，并且在 15 世纪早期法学学生的比例也急剧下降，这毫无疑问是由于布拉格法律大学的倒闭所引起的。这表明，在欧洲的边缘地区，学习的联系网络是多么的脆弱。1418 年以后，宗教会议通过决议鼓励教士学习，并或多或少取得了成功。然而，一个更重要的变化往往不容易被观察到：即从获得教士职位后再去学习转变为为获得圣俸而去学习。在第二种更具"现代性"的情况中，首先提供的是一种通过各人表现来获得从业资格的机会。在新欧洲，直到 15 世纪才开始出现这种变化。

甚至在 15 世纪，新欧洲的学习和职业生涯仍然主要与教会相关。但是，毫无疑问，一种世俗化的趋势已经比 13 世纪时的南欧，甚至是西欧更明显。一般而言，在 15 世纪后半期，就最具现代性的职业来看，世俗权威取得了领导权。在莱茵河低地地区，世俗化进行得最早，也最为彻底。该地有一些法律的、世俗的、行政的和司法的"职业通道"，人们能够通过适当的学习来选择自己要从事的职业。为了说明在该国行政和司法体系中最早成功的世俗法律学者们，我们要再次提到布拉本特的情况，但与佛兰德斯相比，它还是晚了半个世纪才出现。在 15 世纪第二个 25 年，布拉本特的瑞德审判法院的成员中，40% 是大学毕业生；在之后的 50 年这一比例几

㊺ R. A. Müller, *Universität und Adel. Eine soziostrukturelle Studie zur Geschichte der bayerischen Landesuniversität Ingolstadt, 1472 – 1648* (Berlin, 1974). A. Sottili, 'La Natio Germanica dell'università di Pavia nella storia dell'Umanesimo', in *Universities in the Late Middle Ages*, 347 – 364.

㊻ E. Mornet, 'Préliminaires à une prosopographie du haut clergé scandinave: le chapitre cathédral de Roskilde 1367 – 1493', in Bulst and Genet (eds.), *Medieval Lives* (注释 23), 159 – 162.

乎上升到70%。[47]大学生开始进入到城市的行政管理部门任职，最后上升至决策层。涉及到最后阶段时，我们必须特别谨慎，因为既存的寡头政治统治——他们大多数是在经济活动中接受教育——试图使法学家与自己的事务保持一段安全的距离。在这种情况下，只有当统治家族将其子弟送到大学学习时，情况才会有所变化，但这需要一个较长的时期。在德意志，纽伦堡很早(从1366年起)就开始雇用具有博士学位的法学者，这一举动并非偶然，但当地统治者在几个世纪里都使法学者与参议会保持距离。在西北欧，如安特卫普和鲁汶，统治者的态度更为开放；1431和1451年法学者在此地首次成为世俗的助理法官，法律素质很快成为了一个基本的要求。在吕贝克的审判法院出现的第一位大学毕业的法学者是在1460年就职的，在汉堡是1465年；1484年，在科隆参议会中出现了第一位博士。这种发展的总体趋势持续到16世纪。15世纪的安特卫普和鲁汶，其市政管理的主要职位有四分之三是由大学毕业的法学者担任的，而到16世纪这些职位则完全是他们的了。对于神圣罗马帝国来说，这种态度是非常现代的。[48] 274

地中海地区从14世纪开始，欧洲其他地区从15—16世纪开始，医学博士在社会中变得更为重要。1348—1350年的大瘟疫不仅刺激了医学院的发展，尤其推动了医疗咨询领域的发展，而且逐渐促使城市议会任命医学博士为城镇的内科医生。在此之前，医学博士主要为社会高层或高级医

---

[47] H. de Ridder-Symoens, 'Milieu social, études universitaires et carrière des conseillers au Conseil de Brabant, 1430－1600', in *Recht en Instellingen in de Oude Nederlanden tijdens de Middeleeuwen en de Nieuwe Tijd, Liber Amicorum J. Buntinx*(Louvain,1981), 257－301. H. de Ridder-Symoens, 'Internationalismus versus Nationalismus an Universitäten um 1500 nach zumeist südniederländischen Quellen', in F. Seibt and W. Eberhard (eds.), *Europa 1500* (Stuttgart,1987),397－414.

[48] F. W. Ellinger, 'Die Juristen der Reichsstadt Nürnberg vom 15. bis 17. Jahrhundert', in *Reichsstadt Nürnberg, Altdorf und Hersbruck* (Nuremberg, 1954), 130ff. H. de Ridder-Symoens, 'De universitaire vorming van de Brabantse stadsmagistraat en stadsfunktionarissen. Leuven en Antwerpen, 1430－1580', *Varia Historica Brabantica*, 6－7(1978), 21－126; K. Wriedt, 'Das gelehrte Personal in der Verwaltung und Diplomatie der Hansestädte', *Hansische Geschichtsblätter*, 96(1978), 15－37; B. Moeller, H. Patze, and K. Stackmann(eds.), *Studien zum städtischen Bildungswesen des späten Mittelalters und der frühen Neuzeit* (Göttingen, 1983).

院服务，或者在大城市里开业、为富裕市民提供服务。中世纪的大多数人都从未到从大学毕业的医生那里看过病。理发师—外科医生或者江湖郎中是他们仅有的医疗援助者。[49]

要想对德意志和整个新欧洲较低等级学生的职业生涯以及人数超过30 000的德意志贫困学生的情况进行清晰的描述，还很困难。对一所大学的学生情况进行研究能够提供一个相当有用的典型，但我们只能对于1477年在图宾根建立的大学进行个案研究。[50]在当时，这一大学在德意志大学体系里排名第九，每年大约有100名新学生。到1534年，进入该大学的学生总数是5800名。我们能搜集到其中28%的人的职业情况。在这些资料比较可靠的1627名学生中，不少于1097人进入教会任职；314人获得行政管理或法律方面的职位，110人在该校或者与学校紧密相关的职业工作。还有33人担任内科医生，23人担任教师，13人成为公证人或者
275 律师。还有相当一些人从事最广泛意义上的书籍贸易和在军队中任职。因为高级学院发展缓慢，这里反映出来的是文科学生的情况，就如新欧洲的普遍情况一样，因此，在很大程度上，这种情况体现了中等和较低水平的社会生活。毕业生的比例在教会、行政机构及法律从业人员中最高。已有的家庭地位和新获得资格的结合至今也无法解开。尽管存在种种地方观念，但图宾根仍然兴起了革新的潮流。这一重要趋势胜利的一个标志是：罗马法发展成为"公民"职业的基础，在1500年左右，这种职业明显成为最受尊敬的职业。

更多的细节表明，这种情况在整个中欧都是相当典型的。一个基本的事实是：虽然有很多人从大学回来，但并没有给他们本地的城镇社会生活带来什么能觉察到的变化。这点在大学城镇里表现最明显，对大多数人来说，大学是基础性的教育机构而不是社会机构。虽然，为了获得文科学士

---

[49] A. W. Russel(ed.), *The Town and State Physician in Europe from the Middle Ages to the Enlightenment* (Wolfenbüttel, 1981).

[50] W. Kuhn, *Die Studenten der Universität Tübingen zwischen 1477 und 1534*, 2 vols. (Göppingen, 1971). 可供比较的数据在 F. Smahel, 'L'université de Prague de 1433 à 1622: recrutement géographique, carrières et mobilité sociale des étudiants gradués', in D. Julia, J. Revel, and R. Chartier(eds.), *Les Universités européennes du XVIe au XVIIIe siècle. Histoire sociale des populations étudiantes*, vol. I(Paris, 1986), 65–88.

学位，贫穷学生会比一般人更为勤奋，但在此后，甚或是他们硕士毕业后，他们实际上依然没有进一步发展的可能性；从这点看，在中欧地区还是非常明显地存在着一个阻止社会发展的障碍，这一事实有助于解释很多情况。从这个角度看，上述两种不同类型的大学生实际上有着相似的境遇。来自工匠阶层的学生——在中世纪后期许多学生的社会背景都是工匠——在任何地方都很难谋到除低级教士和抄写员以外的职位。小城镇里“殷实”家庭是许多学生的典型社会背景，但这种背景在大城市或者远离家乡时几乎没有什么价值。对于许多贵族子女来说，学习并不能改变他们的生活方向，对工匠的子女来说也是如此。他们仍是原来的样子，就像他们父辈一样，以生而俱来而不是学习获得的资格来确定自己的地位。说句风凉话，通过这种方式得到的不过是智力生活的丰富而已？并非全然如此！这个世界已被以下事实所改变：几乎每一个人都有可能遇到读过大学的人，因而至少能瞥见文化世界的一丝光芒，或者至少在某种程度上感受到文化的力量。这样大学就与日常生活更紧密地联系在了一起。这也是一个社会事实。

在德意志，学习成为一种大众现象，并引起社会和文化状况的相应转变，如果没有这一转变，宗教改革以及其他事件都是不可想象的，但至今我们仍无法确定这一转变发生的准确时间。在1470年，发生了一些具有决定性意义的事件。当然，这些事件肯定不是偶然的，而是与一个历史发展过程相联，还伴随着经济的总体变化，从一个长时期的停滞期到一个开启了“长长的”16世纪的新的高速增长期。随着学生数量的增多，一个时代开 276
始了，政府对社会实施更多的控制，社会各阶级各自封闭起来。由读过大学的人组成的脆弱的社会团体没有能力去破坏这种状况，只能去适应它。毫无疑问，在这个世纪最后25年里存在的供给压力，只会使争夺既有职位的斗争越来越激烈，而没有别的释放压力的途径；较高学位的持有者对能够拥有以前由较低学位持有者从事的职位而感到满意。与此同时，随着教皇势力的消减，分配圣俸的权力也发生了变化。这可能对德意志大学学生的“雇用体系”产生了重要影响。一个紊乱的社会系统，通过痛苦和无意识的自我调适，试图——像以前的每一代一样——付出代价达到某种平衡。但从那些大学学生和毕业生的最强有力的证据来看，这需要花费很长的一段时间。

在克拉科大学重建(1400)后,以及苏格兰从1412年起建立大学后,波兰和苏格兰成了在新欧洲除德意志外仅存的能够为其子民提供高等教育而无需去国外求学的国家。然而,由于意大利、法国和德意志大学的吸引力,这两地的大学仍然只是一种补充。瑞典和丹麦的大学创办太晚、规模太小因而没有什么显著的影响,而挪威和芬兰则没有大学。需要再次强调的是,职业生涯的社会背景与早期的情况极为相似,例如在德意志。大学学生和毕业生人数少,教会一直是他们重要的雇主,而且世俗化发生得较晚。例如,匈牙利在16世纪前都没有开始世俗化进程。但总的来说,"现代化"的总体方向仍然是一致的。[51]

第一次尝试将中世纪时期欧洲大学的社会史理解为那些大学入学者的历史和一个或多或少整合在一起的过程,这必定会留下很多无法解答的问题。因此,即使得出最简要的结论也会显得自相矛盾,这并不足为奇。大学诞生于社会罅隙中,结构非常脆弱,但尽管如此,它依然生存了下来,并且成为社会领袖们所珍视的众多社会现象之一。这本身就是一个令人
277 诧异的事实。大学的产物,包括毕业生和未能毕业的学生,在这样脆弱的结构中出现,被迫进入多样的社会,用他们新的资格来反抗社会传统的资格,并且不无成功。大学的教育和训练过程,从整体来看,是无计划和无方向的,只是在一些部分得到引导,并且最后被工具化了。很多大学只是种种个人意图的派生物。然而,即使大学只为了适应外部社会的规则而进行自我调适,并欣然接受了周围社会发生的变化,它也还是确切无疑地有助于中世纪社会走向现代化。这是个动员(mobilization)的问题而不是流动(mobility)的问题——换句话说,这更像是在不同方向摇摆游移而非一往

---

[51] A. Kubinyi, 'Städtische Bürger und Universitätsstudien in Ungarn am Ende des Mittelalters', in E. Maschke and J. Sydow (eds.), *Stadt und Universität im Mittelalter und in der früheren Neuzeit* (Sigmaringen, 1977), 161 – 165; J. Durkan and J. Kirk, *The University of Glasgow 1451 – 1577* (Glasgow, 1977); J. Pinborg, ' Danish Students 1450 – 1535 and the University of Copenhagen', *Université de Copenhague*, *Cahiers de l'Institut du Moyen Age grec et latin*, 37 (1981), 70 – 122; I. Kaniewska, 'Les étudiants de l'université de Cracovie aux XVe et XVIe siècles (1433 – 1560)', in Julia, Revel, and Chartier (eds.), *Universités européennes* (注释 50), 113 – 133.

直前地前进。

不过,仅仅以大学资格为基础而实现的地位迅速提升是少见的。从社会各界的立场来看,大学的影响是稳定体系而不是动摇甚或破坏体系;它们所带来的变化使"封建的"或公共的社会有能力适应和生存下去。因此,当法学者成为一种新的专家力量,他们上升至第二或第三重要地位便是合理的。这有利于稳定最重要的职位,使之继续建立在出身或者财富和权势的基础上。大学毕业主要只是能获得职位的众多资格之一。拥有各种最多资格的年轻人有望获得最大的成功。同时,只有从长期的观点来看,我们才能明白,所有这些只是迈出了将成就原则作为决定因素这个现代目标道路上的第一步。

精选文献

Autrand, F. *Naissance d'un grand corps de l'Etat: les gens du Parlement de Paris 1345 – 1454*, Paris, 1981.

Autrand, F. (ed.) *Prosopographie et genèse de l'Etat moderne*, Paris, 1986.

Baldwin, J. W. *Masters, Princes, and Merchants*, 2 vols., Princeton, 1970.

Bartier, J. *Légistes et gens de finances au 15e siècle. Les counseillers des Ducs de Bourgogne sous Philippe le Bon et Charles le Téméraire*, Brussels, 1955 – 1957.

Benvenuti, A. and Cardini, F. (eds.) *Storia della società italiana, parte seconda*, vols. VI and VII, Milan, 1982, 1986.

Bullough, V. L. 'Achievement, Professionalization, and the University', in J. IJsewijn and J. Paquet (eds.), *Universities in the Late Middle Ages*, Louvain, 1978, 497 – 510.

Bullough, V. L. *The Development of Medicine as a Profession*, New York, 1966.

Bulst, N. and Genet, J.-P. (eds.) *Medieval Lives and the Historian. Studies in Medieval Prosopography*, Kalamazoo, 1986.

Burke,P. *The Italian Renaissance: Culture and Society in Italy, 1420 – 1540*, Cambridge/ Oxford, 1987.

van Caenegem, R. C. *Judges, Legislators, and Professors*, Cambridge, 1987.

278 Cazelles,R. *La Société politique et la crise de la royauté sous Philippe de Valois*, Paris, 1958.

I ceti dirigenti nella Toscana del Quattrocento, Monte Oriolo, 1987.

Classen, P. *Studium und Gesellschaft im Mittelalter*, ed. J. Fried, Stuttgart, 1983.

Clough,C. (ed.) *Profession, Vocation and Culture in Later Medieval England*, Liverpool, 1981.

Dotzauer,W. 'Deutsche in westeuropäischen Hochschul- und Handelsstädten, vornehmlich in Frankreich, bis zum Ende des alten Reiches', *Geschichtliche Landeskunde*, 5:2(1969), 89 – 159.

Dotzauer,W. 'Deutsches Studium in Italien unter besonderer Berücksichtigung der Universität Bologna', *Geschichtliche Landeskunde*, 14(1976), 84 – 130.

Ehbrecht,W. (ed.) *Städtische Führungsgruppen und Gemeinde in der werdenden Neuzeit*, Cologne/Vienna, 1980.

Fried,J. *Die Entstehung des Juristenstandes im 12. Jahrhundert*, Cologne, 1974.

Fried. J. (ed.) *Schulen und Studium im sozialen Wandel des hohen und späten Mittelalters*, Sigmaringen, 1986.

García y García, A. *Iglesia, Sociedad y Derecho*, Salamanca, 1985.

Gottfried,R. S. *Doctors and Medicine in Medieval England 1340 – 1530*, Princeton, 1986.

Gouron,A. *La Science de droit dans le Midi de la France au Moyen Age*, London, 1984.

Hattenhauer,H. *Geschichte des Beamtentums*, Handbuch des öffentlichen Dienstes, 1, Cologne, 1980.

Jacquart, D. *Le Milieu médical en France du XIIe au XVe siècle*, Geneva, 1981.

Kagan, R. L. *Students and Society in Early Modern Spain*, Baltimore/London, 1974.

Lytle, G. F. 'Oxford Students and English Society, c. 1300 – c. 1510', Ph. D., Princeton, 1975.

Martines, L. *The Social World of the Florentine Humanists 1390 – 1460*, London, 1963.

Meuthen, F. *Die alte Universität*, Kölner Universitätsgeschichte 1, Cologne/ Vienna, 1988.

Moraw, P. 'Organisation und Funktion von Verwaltung im ausgehenden Mittelalter (*ca*. 1300 – 1500)'. in K. G. A. Jeserich, H. Pohl, and G.-C. von Unruh (eds.), *Deutsche Verwaltungsgeschichte*, vol. I, Stuttgart, 1983, 21 – 65.

Peset, M. 'Universidades Españolas y Universidades Europeas', *Ius comune*, 12 (1984), 71 – 89.

Poirion, D. (ed.) *Milieux universitaires et mentalité urbaine au Moyen Age*, Paris, 1987.

de Ridder-Symoens, H. *Tot nut of onnut van't algemeen. De functie van de universiteit in de middeleeuwen*, Inaugural Lecture, Vrije University, Amsterdam, 1987.

de Ridder-Symoens, H. 'Possibilités de carrière et de mobilité sociale des intellectuelsuniversitaires au moyen âge', in N. Bulst and J.-P. Genet (eds.), *Medieval Lives and the Historian. Studies in Medieval Prosopography*, Kalamazoo, 1986, 343 – 356.

Schilling, H. and Diederiks, H. (eds.) *Bürgerliche Eliten in den Niederlanden und in Nordwestdeutschland*, Cologne/ Vienna, 1985.

Schnur, R. (ed.) *Die Rolle der Juristen bei der Entstehung des modernen Staates*, Berlin, 1986.

Schuchard, C. *Die Deutschen an der päpstlichen Kurie im späten Mittelalter*

(*1378 – 1447*), Tübingen, 1987.

279 *Storia della cultura veneta*, vol. Ⅲ:1, Vicenza, 1980.

Ullmann, W. *The Growth of Papal Government in the Middle Ages*, London, 1955.

Université et cité: à la recherche du passé—Town and Gown: the University in search of its origins, CRE—*Information*, new series, 62 (1983).

Verger, J. 'L'histoire sociale des universités à la fin du Moyen Age: problèmes, sources, méthodes (à propos des universités du Midi de la France)', in S. Hoyer and W. Fläschendräger (eds.), *Die Geschichte der Universitäten und ihre Erforschung*, Leipzig, 1984, 37 – 53.

Verger, J. 'Les universités médiévales: intérêt et limites d'une histoire quantitative. Notes à propos d'une enquête sur les universités du Midi de la France à la fin du Moyen Age', in D. Julia, J. Revel, and R. Chartier (eds.), *Les Universités européennes du XVIe au XⅧe siècle. Histoire Sociale des populations étudiantes*, vol. Ⅱ, Paris, 1989, 9 – 24.

280

第九章 流 动

希尔德·德·里德－西蒙斯

中世纪对旅行的热衷

中世纪的人喜欢旅行。他们不在乎道路稀少，在只能靠步行或骑马、乘船或坐马车情况下也依然乐此不疲。现在看来，旅行者像一支无所不在的大军挤满了欧洲中世纪的道路。商人和朝圣者从一个城镇到另一个城镇。尤其是朝圣者，他们成千上万，虔诚地去圣地耶路撒冷、罗马或孔波斯特拉的圣雅各大教堂或家乡附近的圣地朝圣。在中世纪的朝圣路上从不缺少基督徒，也不缺少旅店、饭馆、客栈、小酒馆、收容处和避难所。

直到18世纪末，另一种类型的朝圣者或旅行者也是欧洲道路上一道常见的风景。他们是大学的学生和教授。他们的朝圣旅程并不是去基督或圣徒的墓地，而是到大学城，找寻他们渴望的学识、朋友和闲暇。

在传统文学中，中世纪学生被描述为无纪律、无原则、狂放不羁、暴力、无拘无束的人,整日沉迷于酒、妇女和歌曲。但是在这些人当中也有真正的学生、不同文化的追寻者和中世纪知识阶层的成员;他们对他们所处的、存在有各色居于社会边缘的粗俗者、教会的放荡者、下流的人、骗子、小丑、歌手和假冒学生的社会采取批判的态度。任何对游历学生进行的研究必须分清《布兰诗歌》* 的创作者和演唱者以及致力于学业和大学学位的学生这两者间的区别,而后者正是本章所关注的。

欧洲的"游学"(academic pilgrimage)概念值得好好界定一下。我们认为这是一种学生和教师为了学习目的在欧洲一国或者多国进行的旅行。
281 直到 17 世纪,所有大学的课程和学位都是一样的,并都以拉丁文教学。因此一个学生可以在一所通常是最近的大学开始他的学习,然后到另一所或几所大学继续他的学业。

在 12 和 13 世纪,当欧洲的大学还没有那么多并且分布也不广的时候,那些渴望接受高等教育的"快乐的少数人"不得不离开家乡长途跋涉到他们所选择(这选择还是相当有限的)的学馆去。至 1500 年左右,几乎欧洲每个领地都拥有自己的高等教育中心,而且它们的教学方式、教授科目、授予的学位都非常相似。自此以后,在一个学生进入他自己国家的几个学馆的过程中,人们必须区分所谓的外部流动——学生到外国去——和内部流动。但对西班牙和法国来说,则没有这个困难。到中世纪末,那里有许多大学,而且这两个国家政治上和领地间的结合是非常稳固的,因此内部流动的表述是恰当的。但是在不列颠,英格兰、苏格兰、爱尔兰和威尔士的学生之间有着很大的差异,因此内部流动这个术语很难被认为是适当的。意大利和神圣罗马帝国的情况就更加复杂了,从 14 世纪开始,那里的地方统治者们就在领地内建立大学为专制的官僚体制培养官员。实际上,在他们独立领地之间的旅行到底是内部流动还是外部流动会因为观点的不同而不同。我们认为,根据欧洲的情况,神圣罗马帝国范围内的"游学"是内部流动而不是外部流动。我们有关学生流动的信息主要来源于大学学生的花名册,包括辍学的学生,也包括最认真勤奋的学生,他们的博士学位是对他们长年学习的奖赏。我们没有特别关注游历的教师的情况,部分是因

* 13 世纪修道院内的神秘诗稿——译者。

为第五章已经述及他们了。

12 世纪的大学还没有“游学”。此前很早，教师和学者们往往到著名的学术中心任教，如修道院或者主教学校（这些学校中最重要的都位于卢瓦尔河和摩泽尔、沙特尔、列昂、兰斯、巴黎和列日之间的区域），或者是位于基督教世界边缘的更专业化的中心，如在萨勒诺的医学校或托莱多的翻译学校，这个翻译学校是把阿拉伯的科学和学术译介到基督教世界的主要中心之一。他们的教师吸引了欧洲各地的学生——德意志、不列颠，还有意大利。10 世纪奥里亚克的热尔贝是一个早期的著名例子，他后来成为教皇西尔维斯特二世。因为他对奥里亚克圣加路尔修道院的教育不满，于公元 967 年陪同巴塞罗纳伯爵前往加泰罗尼亚的维奇，在那里学习了当时在西方几乎无人知晓的算术、几何、天文学和音乐（即四艺）等科目。后来他来到罗马，居于皇帝奥托一世的宫廷中，并在兰斯继续他的逻辑研究，在 282
他开始教会的政治生涯前，已经在那里成为了一名声名显赫的教授。

教士的流动——那个时期所有的知识分子都是教士——侵蚀了欧洲修道院固定居住地的理念，但是 12 世纪文艺复兴中的知识分子的热情并没有关注到这件事。12 世纪的知识分子没有意识到必须有特定的学校和课程，他们自由地选择科目和教师（在阿贝拉尔和他来自索尔兹伯里的学生约翰的自传中生动地描述了这种教师和学者国际化的世界），从欧洲四处汇合来的学生促成了最早的大学在巴黎和博洛尼亚的兴起。

同乡会、学舍和兄弟会

在外国，有时是在敌对的城市里，孤独的学生组成联合体，它们的成员说相同的语言或者有共同的旨趣。作为一个团体，他们能更好地照顾自己，并且能更轻松地面对长期旅居国外的困难。他们共同租用房子，在教堂或小酒馆里聚会庆祝他们的民族节日，并且还在大学城市和他们的故乡之间建立邮政服务以便与家人保持联系，顺利收到家中所寄的钱、信件和包裹。在巴黎，雅克·德·维特里，一名曾在巴黎大学学习过神学的著名牧师，罗列出 12 个同乡会迥异的特征和习俗，尤其是他们的恶行。这个著名的伦理学者声称，大学的外国学生对造成拉丁区的道德败坏、酗酒、荒淫玩乐负有责任。

> 英国人是酗酒的懦夫，法国人很自傲，但同时又很柔弱，没有男子汉气概；德国人爱争吵并且满嘴脏话，诺曼人爱慕虚荣并且傲慢，自高自大，来自普瓦图的人是不可靠的且贪婪吝啬，勃艮第人野蛮愚蠢，布列塔尼人轻浮而善变，伦巴第族人贪婪、黑心并且恶毒，罗马人邪恶堕落且粗暴，西西里岛人专横而残忍，布拉本特人是贼，佛来芒人则是道德败坏者！①

这些事实上的联合体很快成为公众认同的团体。它们以“同乡会”的名义成为古老大学的主要支柱；中世纪大学的组织是以同乡会为基础的(见第四章)。②

283 学生同乡会结合的首要因素是母语，其次是出生地、文化圈 或共同的历史。像博洛尼亚和帕多瓦一类的大学，其学生有稳定的来源，相当严格地遵循这一原则并形成了 12 个以上的同乡会，与这些同乡会对应的地区和省份基本上覆盖了全欧洲，包括阿尔卑斯山以北和以南的地区。其他意大利大学不得不用较少的同乡会覆盖更广袤的地理区域(因此也更随意)；比如说佩鲁贾学馆有 3 个阿尔卑斯山以北的同乡会：法国、德国和加泰罗尼亚，还有 4 个阿尔卑斯山以南的同乡会：罗马、托斯卡纳、安科纳和西西里。这些大学在组织结构上更近似巴黎大学及它的模仿者(布拉格大学、莱比锡大学、维也纳大学和鲁汶大学)，它们都只有 4 个同乡会，而且这些聚集区往往不切实际或者彼此之间矛盾重重。在巴黎只有入学情况良好的文学院有同乡会。法兰西同乡会由来自巴黎周边地区、法兰西南部、伊比利亚半岛、意大利、希腊以及小亚细亚的教师和学生组成。诺曼同乡会则从教区行省鲁昂吸收成员，皮卡第同乡会的成员则来自法兰西东北部和延伸至默兹河流域的低地国家，英—德同乡会则是欧洲所有其他国家学生

① Jacobus de Vitry, *Historia occidentalis*. 7, *de statu Parisiensis civitatis*, ed. J. F. Hinnebusch (Fribourg, 1972), 92 (Latin)；英译本：D. C. Munro, *Translations and Reprints*, vol. Ⅱ: 3(University of Pennsylvania, Philadelphia, n. d.), 19 - 20.

② 整体的考察见：Kibre, *Nations*.

的混合体。每个同乡会都有来自特殊区域的“省份”成员，正是因为这种混合体的存在，使得在大学——这个名义上是国际性但又不是全体共有的机构——里有了永不停息的冲突和“民族主义”的摩擦。很难说大学里的同乡会在多大程度上能帮助学生形成共同的身份和“民族主义”感悟，但是很明显，同胞之间的亲近感以及民族主义的高涨具有政治上的影响力。中世纪晚期政治效忠比语言或伦理上的效忠更强大，正如勃艮第人和阿马格尼克人在百年战争后期所表现的那样。在1470年，400名勃艮第低地国家的学生被命令离开巴黎大学，尽管他们只是德意志或皮卡第同乡会成员。③S.斯代林·马绍写道，15世纪以来，各联邦以及各行各业在大学内的长期接触培养了瑞士的民族感情。④15世纪第一个十年，布拉格大学是捷克的民族主义和胡斯政治信念的温床。来自波希米亚、摩拉维亚和匈牙利的学生组成了波希米亚同乡会，它包括捷克人和有德意志背景的学生。其他学生，即所谓额外之人(*extranei*)，主要来自神圣罗马帝国，形成了巴伐利亚、撒克逊和波兰同乡会(非常松散的划分)。处理捷克和波希米亚的德意志地区之间的对抗成为布拉格学生同乡会的主要事情。波希米亚同乡 284 会要求在大学议会中占有3个席位，而其他3个同乡会只能有1个席位。1409年库那·候若颁布命令同意了波希米亚同乡会的要求。德国人拒绝接受这个决定，于是离开了布拉格并在莱比锡以布拉格大学为模型建立了一所新大学。⑤此时，正如下面将要描述的，对同乡会的依附失去了其主要的意义，因为大学招生区域化了。新的海德堡大学(1385)和科隆大学(1388)不再采取同乡会制度。

但是，苏格兰尊重这种传统。圣安德鲁斯大学(建于1411年)、格拉斯哥大学(建于1451年)和阿伯丁大学(建于1495年)在文学院中保留了4个同乡会并以苏格兰的区域划分命名——这很符合逻辑，因为在18世纪苏格兰启蒙运动前这些大学并不招收外国学生(见第二卷第十章)。一般

③ J. Verger, ‘The University of Paris at the End of the Hundred Years’ War’, in *Universities in Politics*, 47 - 78.

④ S. Stelling-Michaud, ‘La Suisse et les universités européennes du XIIIe au XIVe siècle’, *Revue universitaire suisse* (Sept. 1938), 160.

⑤ S. Schumann, ‘Die“nationes” an den Universitäten Prag, Leipzig und Wien. Ein Beitrag zur älteren Universitätsgeschichte’, Ph.D., Berlin, 1974.

来说，大学同乡会的名字是大学生源区域的一种标识。与苏格兰相似，西班牙大学——按照博洛尼亚大学模式建立——的同乡会也是根据伊比利亚半岛的地区的地名命名的，这些大学的学生基本都来自这个半岛。牛津和剑桥是个特例：在那里，同乡会的划分比起其他地方来显得更随意，但是实际上没有任何意义，因为94％以上的学生是英国人。特伦特河把英国人分成北方人和南方人，苏格兰人必须注册为北方人，而爱尔兰人、威尔士人和欧洲大陆的学生注册为南方人。两个同乡会之间的“国籍”之争如此强烈，以至于早在13世纪末就被大学当局剥夺了所有权利和功能。

进入学舍的外国学生允许保留特别地区、省份或主教辖区的固有身份。在所有学舍，首先是对贫穷的学生设置入学限制，但是后来，入学的富裕学生也反对缴费。13世纪，罗马教皇主动将“君士坦丁堡学舍”建在巴黎，接收从希腊或小亚细亚国家来的20岁或更年轻的学生，将他们训练成为向自己国家的异教徒传播福音的传教士。这种“国立”大学大多兴盛于16和17世纪的宗教改革和反宗教改革时期，但是在中世纪欧洲的大学里几乎没有来自拜占庭或土耳其控制地区的学生。而在意大利的学馆，有一些这样的学生，特别是在帕多瓦大学，因为其是威尼斯共和国的大学，而威尼斯共和国与拜占庭和土耳其之间的贸易非常繁荣，所以来自那里的学生多一些。

在巴黎，德意志人、瑞典人、丹麦人、苏格兰人、伦巴第人和其他国家的人都有自己的学舍。中世纪只有西班牙人、阿维尼翁人和从利摩日及图尔
285 主教教区来的穷学生 在博洛尼亚有自己的学舍，在意大利其他大学城市他们也一样少见。15世纪社会变革和地区化导致了学舍的衰败。

由特殊国家公民组成的兄弟会是一种鲜为人知、不普遍的学生团体形式。13世纪末巴黎大学教士和学生的兄弟会被称为“杜埃圣母兄弟会”，这个团体由巴黎大学中来自杜埃的学生和校友组成，它的形成是为了支持同地区来的年轻学生的学习和在来自杜埃的巴黎大学校友之间建立永久联系。到了15世纪，这个兄弟会成了文学团体。1331年，在伊普尔草拟了巴黎大学和其他大学关于校友会这类团体的章程。1330—1600年的成员名单显示：兄弟会中有5名成员在巴黎学习（1330—1450年间）、2名成员在科隆学习（1400—1450年间）、1名成员在奥尔良学习（1330—1400年

间)、1名成员在蒙彼利埃学习(1400—1450年间)、22名成员在鲁汶学习(1425—1600年间)。⑥ 兄弟会的建立是为了支持伊普尔本地人在外学习,但是当第一所地区性的大学建立后,这个团体就失去了这个功能,仅仅成为一个伊普尔的学术团体。

从国际主义到地区主义

14世纪末,人们对地方性大学或邻近大学的偏爱越来越普遍,而到15世纪更加突出,那时每个国家、政治或教会实体都试图建立学馆,以使它们的市民能在本地而不是国外学习。他们通过这种方式监督市民的精神和意识形态训练,阻止资金外流以避免伤害本地的商人和手工业者。

通过颁布实行以剥夺公共职务的惩罚禁止学生进入国外大学的法律的政策取得了成功。1224年腓特烈二世建立了那不勒斯学馆,为了确保这所学馆的生存,他禁止国民转入其他学馆。在1361、1392和1412年采取的类似保护措施使得帕维亚大学受益,1407和1468年相似的措施也保护了帕多瓦大学。为了振兴正在衰败的艾克斯学馆,整个15世纪,普罗旺斯的伯爵们都试图迫使他的子民在那里学习并在那里获得学位。丹麦要
求本国国民至少在新近建立的哥本哈根大学(1498和1522年)⑦学习两年 286
后才可到国外学习。因为政治和宗教的原因,这些规定在近代越来越普遍。

对贫穷学生的困境抱以冷漠的态度,这在15世纪非常普遍,这妨碍了他们的学术流动(见第七章)。那时的学生基本上都是世俗人士,大学也逐渐成为贵族的机构。游吟诗人、流浪者或社会中无亲无友的人从大众舆论中获得同情甚至理解的时代已经一去不返了。贫穷的学生呆在家中,或者

---

⑥ G. Espinas, *Les Origines de l'association*, vol. I, *Les Origines du droit d'association dans les villes de l'Artois et de la Flandre Française jusqu'au début du XVIe siècle*(Lille, 1942), 590–599; P. Trio, 'A Medieval Students' Confraternity at Ypres: the Notre Dame Confraternity of Paris Students', *History of Universities*, 5(1985), 15–53,参见第7章,第211–213页。

⑦ d'Irsay, *Histoire des universités*, vol. I, 201–202, 220, 238; Rashdall, *Universities*, vol. II, 21, 23, 189; Denifle, *Entstehung*, 71; E. Mornet, 'Le voyage d'études des jeunes nobles danois du XIV e siècle à la Réforme', *Journal des Savants*(1983), 299.

通过内部流动到花费较少的学习中心去，这些地方能由学舍提供捐赠和奖学金，例如在科隆、维也纳、莱比锡和鲁汶。“游学”只对幸福的少数人、知识分子的后人和财经精英保留。迟至16世纪，有25%的神圣罗马帝国学生(9%是贫穷学生)至少在两所大学求过学，这是很重要的。第二所通常是另一个神圣罗马帝国受欢迎的学馆。⑧

大学存在的第一个世纪，统治者鼓励不富裕的人经受危险和疲惫去远方的大学获得全面的智力和职业训练，为在教会或国家获得可敬的、有利可图的职业做准备。当来自社会上层的学生——世俗和教会的——数量不断扩大时，这种鼓励越来越少了。但是，贫穷学生仍然能够通过为富裕的同学提供服务而在国外生活下去，并在国外的学习过程中一直跟随着他。这种方式在近代“大旅行”时代尤其普遍(见第二卷第十章)。

13世纪的学生在大学选择上没有很多的机会。高等教育中心很少而且相距很远，并且相当专门化。学习教会法和民法，博洛尼亚大学是最好的选择，然后是意大利、西班牙、蒙彼利埃或奥尔良的其他一些学校。著名医学院仅仅存在于博洛尼亚、帕多瓦、蒙彼利埃和巴黎。文科和神学就理论上说可选择的面是很宽的，但是实际上最好的学院是在巴黎和牛津。关于12、13世纪大学入学的情况我们缺乏全面的研究，因此很难说哪一所大学更受欢迎。但还是有一个有关这方面的例子，是C.雷纳迪对列日教区1140—1350年间情况所做的统计。⑨名单上700名来自列日的大学生中只
287 有85人能确认他们所进入的大学；50人去了巴黎(25人学习文科、15人学习神学、6人学习教会法、4人学习医学)，14人去了博洛尼亚(9人学习民法或教会法、1人学习文科和医学、4人情况不明)，7人去了奥尔良(民法)，6人去了蒙彼利埃(3人学习民法和教会法、1人学习医学、2人情况不明)，5人去了阿维尼翁(3人学习神学、2人民法和教会法)，3人去了图卢兹(学习民法和教会法)，1人去了安格斯(学习法律)。少数可用的资料证

⑧ Schwinges, *Universitätsbesucher*, 463 - 464; E. Schubert, 'Motive und Probleme deutscher Universitätsgründungen des 15. Jahrhunderts', in P. Baumgart and N. Hammerstein (eds.), *Beiträge zu Problemen deutscher Universitätsgrundungen der frühen Neuzeit* (Nendeln, 1978), 29, 34.

⑨ C. Renardy, *Le Monde des maîtres universitaires du diocèse de Liège 1140 - 1350. Recherches sur sa composition et ses activités* (Paris, 1979), 175, 182.

实:12、13 世纪,来自瑞士沃州的知识分子进入了巴黎大学和博洛尼亚大学。1300 年后他们偏爱更近、交通更便利的法国法学院,如奥尔良、蒙彼利埃和阿维尼翁的法学院。⑩

14、15 世纪伴随着新大学的成立,大学招生也越来越地方化,因此,外部流动在 15 世纪实际上已趋向停滞。只在意大利人文主义的影响下,游学才重新流行起来。这一时期已有的统计数字表明,中世纪晚期四分之三的学生愿意到地方性大学,通常是到离家乡最近的大学。其余的人,尤其是英格兰人、西班牙人、法国人、意大利人和更小范围的德意志人,他们的求学之旅几乎只限于本国大学。正如我们接下来会看到的,较小国家的情况不尽相同。真正横穿欧洲进行游历的学者几乎没有,大多数年轻人渴望在拥有国际声望的大学里继续他们的学业和学习他们自己的学校没有开设的学科。

例如,14 世纪初在法国注册的博士有 301 名;其中 57.8%的人在巴黎学习过,35.2%的人在蒙彼利埃求过学,2.7%的人在其他法国医学院学习,4.3%的人在国外学习。15 世纪末,436 名毕业的医生中,蒙彼利埃校友只占 16.3%,巴黎毕业的占 47.5%,其他法国大学毕业的占 27.6%,国外大学毕业的占 8.5%。巴黎,甚至包括蒙彼利埃都失去了卡昂、图卢兹、阿维尼翁、佩皮尼昂、卡豪斯、安格斯、多尔、南特、普瓦捷、波尔多和布格斯的生源基础。国外大学的毕业生几乎都是外国人,他们完成学业后在法国开业。邻近的鲁汶大学是被访学频率最高的外国大学(17 名毕业生);其次是萨勒诺和博洛尼亚大学,各自有 10 个毕业生,意大利其他大学只有少数的毕业生。⑪弗里霍夫确认了在 1350 年前求学的 5 个格尔德兰的聚特芬镇居民学习的大学,有 3 人在巴黎学习,1 人在博洛尼亚学习,1 人在蒙彼利埃学习。1350 至 1399 年间,可确认的大学生数量升到了 18 人,其中 8 人到巴黎,1 人到博洛尼亚;其他的选择了离他们家乡较近的新兴的德国 288

⑩ J.-D. Morerod, 'Le Pays de Vaud et les Universités aux XIIe et XIIIe siècles', in A. Paravicini Bagliani (ed.), *Ecoles et vie intellectuelle à Lausanne au moyen âge* (Lausanne, 1987), 27-52, 63-71.

⑪ D. Jacquart, *Le Milieu médical en France du XIIe au XVe siècle. En annexe second supplément au 'Dictionnaire' d'Ernest Wickersheimer* (Geneva, 1981), 75-76, 365-366.

大学：布拉格（1 人）、爱尔福特（2 人）、海德堡（3 人）、科隆（3 人）。15 世纪，来自聚特芬的学生明确地表明他们偏爱德语国家，偏爱文学院（比如142 名大学生中有 132 个有这种倾向）。聚特芬有 4 名学生在鲁汶大学注册，1 人进入博洛尼亚大学，1 人进入奥尔良大学，4 人进入巴黎大学；这些都是少数几个由聚特芬镇培养的医生和律师。⑫这种情形与来自弗兰科尼亚选侯国施韦因福特大学毕业生培养模式十分类似。那里的第一个大学生出现在 1395 年。在 15 世纪，除了少数例外（2 名帕多瓦的学生和 3 名克拉科的学生），所有施韦因福特的学生都选择了德意志的大学，并偏爱离他们家乡最近的大学：爱尔福特（占 247 名大学生中的 35%）、莱比锡（30.8%）、维也纳（17%）。在 16 世纪他们中的一些人去了博洛尼亚和费拉拉的大学，以及到新的人文主义者大学，如维腾堡，但没有人去法国的大学。⑬

到 15 世纪，当大学在欧洲如雨后春笋般兴盛起来时，出现了很多选择国外大学的理由：首先，开设的科目和大学的声望；其次是地理因素，如距离或者交通的便利，还有区域间的经济联系、政治上的吸引力（大学所提供的奖学金、政治及王朝的关系）。有些大学兴盛一时，不是因为它们是著名的学术中心或因为它们的教学质量，而是因为外部的原因。阿维尼翁大学是一个值得注意的例子。

阿维尼翁大学吸引了许多国家的学生，其政治与宗教上的优势远大于学生的学术热情。尽管罗马教廷大学具有相当的吸引力，但只要教皇还在阿维尼翁，阿维尼翁大学就会得到教皇的关照，僧侣学生涌入大学满怀希望得到教廷圣职的美差，这些因素都促进了阿维尼翁大学的繁荣。不幸的是，最早的花名册只能追溯到 1378 年，即"第二次巴比伦囚禁"的最后一年和 1378—1417 年天主教大分裂第一年。1378 年，天主教世界分裂为两个敌对的阵营，一个支持罗马的教皇乌尔班六世，另一个支持在阿维尼翁的

---

⑫ W. Frijhoff, 'Le rôle des études universitaires dans une société locale: la ville de Zutphen en Gueldre du moyen âge au début du XIXe siècle. Premier bilan d'une recherche', in *Actes de la VIème session scientifique internationale*, *Cracovie mai 1987*, Zeszyty Naukowe Uniwersytetu Jagiellońskiego, Prace Historyczne(Cracow, in press).

⑬ M. Mahr, 'Bildungs-und Sozialstruktur der Reichstadt Schweinfurt', dissertation, Würzburg, 1978, 217 - 222.

教皇克莱门特七世，国家或大学也分成了两个阵营；法国、西班牙和苏格兰无条件地支持在阿维尼翁的教皇；意大利、神圣罗马帝国、英格兰和斯堪的纳维亚国家不遗余力地支持罗马的教皇。一些国家——葡萄牙、冰岛、西西里岛和帝国的一些教区摇摆不定。而康斯坦茨和巴塞尔的大公会议因为引入由国家投票而不是教区投票的方法，使得敌对状况更加糟糕。1378—1379 年和 1393—1394 年的阿维尼翁大学名单中的学生来自神圣罗马帝国西部边界的 194 个法语教区和伊比利亚半岛，但是几乎没有来自宣称效忠罗马教皇教区的学生。⑭大分裂结束时，阿维尼翁失去了它在国际上的吸引力，它的大学变成了训练地方律师的中心，像那个时候法国南部的其他大学一样。 289

尽管如此，大分裂给欧洲大学带来了严重后果，欧洲大学被迫调整航向以适应它们所处教区的政策。巴黎是受教会分裂影响最大的受害者之一。法兰西和诺曼底的同乡会，还有 3 个高级学院支持克莱门特七世，而英—德同乡会和皮卡第同乡会的大部分成员选择了教皇乌尔班六世。德意志同乡会内的争论是如此的激烈，以至于 1383 年它的教师和学生离开巴黎前往德意志的布拉格大学、维也纳大学、海德堡大学、爱尔福特大学和科隆大学；其中包括英格汉的马西琉斯和朗根施泰因的亨利这样的名士，他们让海德堡和维也纳大学在那个时代获得了显赫声望(见第 436 页)。很少有德意志和斯堪的纳维亚的学者前往其他法国大学或去乌尔班的意大利大学，相反，他们进入逐渐遍布帝国的德意志大学。不过，由于这些学校一般只教文科、教会法和神学，那些想接受第一流民法和医学教育的学生在离他们家乡最近的大学完成基础学习之后仍然需要到国外——意大利，1417 年以后是法国——游学。

以 15 世纪条顿骑士团的法学学生为例，44 人中有 22 人在帝国境内的大学学习，大多数在莱比锡和维也纳，27 或 28 人在意大利(博洛尼亚 11 人、帕多瓦 7 人、佩鲁贾 4 人、罗马 4 人、锡耶纳 1 或 2 人)，1 人在奥尔良。

---

⑭ J. Verger, ‘L'université d'Avignon au temps de Clément VII’, in *Genèse et débuts du Grand Schisme d'Occident* (Paris, 1978), 4 - 5.

他们同时既是骑士团的代表，又承担着外交任务。⑮ 但是，几乎所有来自日耳曼地区的天主教加尔默罗会的修士，大部分都是文科或神学学生，只进入帝国的学馆(1281—1555 年间，在注册的 3349 名学生中，2364 人进入
290
维也纳、科隆、鲁汶、特里尔和美因兹的大学)。大分裂开始后，他们不再进入法国大学，之后也没有重返。意大利神学院在阿尔卑斯山以北的学生中并不受欢迎。⑯

神圣罗马帝国

尽管如此，神圣罗马帝国的臣民依然是中世纪和近代最伟大的游学者。帝国第一所大学建立前，想成为大学生就只能离开自己的国家，别无选择。1155 年的《安全居住法》(见第三章)反映了德意志皇帝希望罗马法专家为帝国服务的愿望。从 12 世纪末直到 17 世纪后半期，帝国国民非常喜欢到意大利去。在中世纪，博洛尼亚是他们的第一选择，其后是帕多瓦，15 世纪时是费拉拉和帕维亚；而比萨和锡耶纳直到 16 世纪后半期才真正受欢迎。德国学生进入这些大学主要是为了学习民法、教会法和医学(德国大学在文科和神学方面更加专业化，一些学校在教会法方面比较出色)。我们将在下面看到，英国学生在 12 和 13 世纪成群结队的前往巴黎；但是 15 世纪在英—德同乡会中，德国人开始取代英国人的地位。1347 年，在布拉格建立了帝国的第一所大学，但是游学的模式最初并没有多大改变，直到大分裂之前依然如此。新建立的德意志大学受到不很富裕或更愿呆在家中的学生们的欢迎，因为对想要到大学学习的他们来说，到国外游学不切实际。博洛尼亚大学的数字证明了这一点。1289—1499 年在博洛尼亚有 3230 名法学学生是德意志同乡会的注册成员；在 1300 年以前他们的平均人数是每年 45 人，14 世纪尤其是 15 世纪每年的平均人数降到 10 人以

---

⑮ H. Boockmann, 'Die Rechtsstudenten des deutschen Ordens', in *Festschrift H. Heimpel*, vol. Ⅱ (Göttingen, 1972), 364 - 365. 注册的总人数要高于学生的总人数，这是因为一些学生不止上一所大学。

⑯ F.-B. Lickteig, *The German Carmelites at the Medieval Universities* (Rome, 1981), 416 - 417.

下,16世纪初这个数字上升到大约30人。⑰这些数字与巴黎文学院中的英—德或德意志同乡会的数字大致相同。1333—1494年间大约3300名德意志同乡会成员参加了巴黎文学院的考试。根据M.塔纳克的细心研究,⑱1333—1452年间有1806名学士加入了这个团体;其中1116人(61.8%)是神圣罗马帝国的臣民,其中42%来自科隆教省(1116人中的759人,他们中的四分之一来自乌得勒支教区)。来自苏格兰的有229人(占12.6%),丹麦—瑞典省79人(占4.3%),波希米亚省18人,匈牙利省11人,波兰省4人。这些数据以及J.韦尔热和布若克里斯从其他统计中得出的数据显示,15世纪的巴黎大学并不是特别地国际化,那时候只有12%的教会法学士来自法国以外的教区。⑲ 291

外国人将奥尔良的法学院看做是巴黎大学的民法学院。两个城市联系密切,奥尔良大学的许多学生都曾在巴黎学习,他们没有必要学习大学所有的课程。奥尔良的德意志同乡会吸引了相当多的年轻贵族,其中许多世俗背景的人力图在地区或中央政府获得职务。1444—1499年间此同乡会有225名成员,其中大多数来自于传统的低地国家,1500—1546年间成员数量增长到了1040人,其中德意志人所占的比例也有所增加。⑳在安格斯和普瓦捷的罗马法学院、蒙彼利埃的教会法和医学院、阿维尼翁教会法和民法学院、多尔的勃艮第人的(后为哈布斯堡)大学也吸引了一些德意志人,而法国其他大学只是偶尔地吸引德意志人。

1370年以来,来自瑞士各州的大多数学生进入神圣罗马帝国境内的大学学习,尤其是维也纳、海德堡和爱尔福特的大学。15世纪许多瑞士学

⑰ A. Luschin von Ebengreuth, 'Vorläufige Mitteilungen über die Geschichte deutscher Rechtshörer in Italien', *Sitzungsberichte der Wiener Akademie der Wissenschaften, Phil.-Hist. Klasse*, 127(1892), 19-21.

⑱ M. Tanaka, 'La nation anglo-allemande de l'université de Paris à la fin du moyen âge', thesis, Paris, 1983, 30ff.

⑲ J. Verger, 'Le recrutement géographique des universitiés françaises au début du XVe siècle d'après les suppliques de 1403', *Mélanges d'Archéologie et d'Histoire publiés par l'Ecole Française de Rome*, 82(1970), 895; L. W. Brockliss, 'Patterns of Attendance at the University of Paris 1400-1800', *Historical Journal*, 3(1978), 527.

⑳ H. de Ridder-Symoens, 'Les origines géographique et sociale des étudiants de la nation germanique de l'ancienne université d'Orléans(1444-1546). Aperçu général', in *Universities in the Late Middle Ages*, 455-474.

生也进入克拉科大学，因为那个时候的东瑞士，尤其是圣加仑市，与波兰有着密切的贸易关系。来自瑞士法语区的学生仍然大量地进入法国大学。直到14世纪中期，博洛尼亚在民法教学方面一直享有垄断地位；接下来是巴黎，然后是蒙彼利埃，1460年后由巴塞尔取而代之。斯代林·马绍注意到，1370—1470年，1488名瑞士学生进入外国大学其中400人进入巴塞尔大学。1470—1525年在巴塞尔大学的瑞士学生有1100人，而在其他大学的有1900人。[21]

北欧国家与东欧

斯堪的纳维亚国家、冰岛、爱尔兰和苏格兰的学生直到中世纪末都不
292 得不到国外接受大学教育，因为他们本国没有学馆。即使国内有大学，也留不住年轻人。在大多数情况下，他们只对本国的文学院——在16世纪前是唯一有效的学院——的普通训练比较满意。这些国家，特别是北欧的历史学家，翔实地研究了前人的游学情况。[22]

北欧国家从11世纪早期（丹麦、冰岛和挪威）到12世纪中期（瑞典在12世纪早期，芬兰在12世纪中期）先后皈依基督教，新建立的教会，为了灵魂的救赎工作，需要学习过罗马法的高级教士来管理教会以及建立教育体系。1219年教皇霍诺留斯三世鼓励他们到国外学习。他们的游学主要分为两个阶段：第一阶段从1200到1350年，第二阶段从1350到1530年，即宗教改革开始的时期。

在第一阶段，巴黎大学以及博洛尼亚大学吸引了绝大部分的学生，四分之三的学生去了巴黎，四分之一的学生去了博洛尼亚。14世纪的记录记载了128名在巴黎学习的学生名字，在博洛尼亚有36人。在13世纪，来自斯堪的纳维亚国家的学生也去牛津和剑桥学习，但是此后一直到17世纪他们都没有再去过。这会让人误以为斯堪的纳维亚国家的学者很少

---

[21] Stelling-Michaud, 'Suisse et universités'（注释 4），148 - 160.

[22] S. Bagge, 'Nordic Students at Foreign Universities until 1660', *Scandinavian Journal of History*, 9(1983), 287 - 318; J. Pinborg, 'Danish Students 1450 - 1535 and the University of Copenhagen', *Cahiers de l'Institut du moyen âge grec et latin de l'université de Copenhague*, 37(1981), 74 - 81.

到国外学习。斯堪的纳维亚国家人烟稀少，并且那些学者都是教会的精英——主教、教士以及为国王服务的教士——几乎无一例外来自富裕或贵族阶层。

神圣罗马帝国的大学建立之后，他们的游学形式发生了很大的变化。建于1348年的布拉格大学取代了巴黎大学，而建于1409年的莱比锡大学又取代了布拉格大学，斯堪的纳维亚人追随德意志人成群结队地从布拉格到莱比锡。从1419年起，因为距离更近，罗斯托克大学成为最受欢迎的大学，然后是建于1456年的格瑞夫斯沃德大学和建于1388年的科隆大学。罗斯托克和格瑞夫斯沃德大学在汉萨同盟中的重要性将在下面(第301页)详细论述。奥尔良在训练民法专门人才方面取代了博洛尼亚，北欧的学生也几乎不再去巴黎。建于1477年的乌普萨拉大学和建于1479年的哥本哈根大学，对北欧学生已有的游学习惯几乎没有什么影响；这两个学校可能迎合了较低阶级对学术训练需求的增长，因为当时对大学毕业生的需求，不管是世俗的还是教会的，都远远超过了供给。社会精英们继续选择在国外学习。我们没有当时乌普萨拉和哥本哈根大学注册学生的数据， 293
但有1350—1530年间在国外大学的学生人数的信息。丹麦有2146名学生在国外学习，瑞典724人，挪威219人，芬兰97人。斯堪的纳维亚人去国外大学学习人数的众多和重要性表现在以下方面：几乎所有北欧教区的主教都是从国外大学毕业的，他们往往从巴黎，要不就是从博洛尼亚学习过。主教座堂圣职团半数以上的教士至少是文科硕士，在14世纪后半叶以前他们都是从巴黎毕业的，之后都是毕业于德意志东北部的学校。这些校友有助于将欧洲文化传播到斯堪的纳维亚国家，他们中的法学者将罗马教会法传入北欧的教会和国家。

东欧的大学生面临着相似的学术困境，并以与北欧学生同样的方式克服它。直到1364年克拉科大学建立，那时并不很兴盛的布拉格大学是距立陶宛、波兰和匈牙利最近的大学。直到17世纪，除了在很短的几个时期(1389—约1450年在布达佩斯的布达大学，1367—约1400年在佩奇大学和1465—约1492年在布拉迪斯拉发的帕塞尼大学)，匈牙利人和立陶宛人都是前往国外大学取得学位。年轻的东欧人像苏格兰人、北欧人和德意志人一样是热切的游学者。布拉格、克拉科或其他暂时性的学习中心，都不能将满怀雄心的学生留在他们自己的国家。现存资料表明，整个中世纪，在博洛尼亚、帕多瓦和巴黎大学中，来自这些国家的学生人数都很稳定，尽管他们人数较少，而且他们中很多都是孤立的个体。在博洛尼亚和帕多瓦有波希米亚人、匈牙利人和波兰人的同乡会；在巴黎，英—德同乡会中包括几个省份，其中一个就是上德意志。在14世纪，一些波希米亚人甚至穿过英吉利海峡前往牛津学习哲学和神学。“1367年通过的布拉格章程反映出牛津大学在波希米亚大学中享有的崇高声望，章程规定口述给学生的教材只能是由著名的布拉格大学、巴黎大学或牛津大学教师编写的著作。”[23]威克利夫著作的责难和对诺那德运动的镇压，断绝了布拉格和牛津间的联系。到15世纪末，更多东欧人前往巴黎和意大利求学。到1500年，在巴黎学习的匈牙利人，为了保持与他们家庭的联系，雇用了7名信使。但当时大多数的匈牙利学生只是到维也纳大学和克拉科大学。令人
294 惊奇的是，匈牙利学生中很少有人毕业，库比尼认为[24]，中世纪匈牙利的公共机构，甚至教会对大学毕业生的需求都很少。法学从业资格证书和博士学位主要是获得更重要职务的基础。大学教育被认为是为城市资产阶级后代所提供的智力训练，这种训练是学习外语、建立社会关系和培养集体忠诚的手段。库比尼认为，这就是为什么匈牙利大学直到匈牙利当局青睐大学毕业生时才能存在的原因。

在波兰，年轻人在去国外学习之前，会先到克拉科或邻近大学学习。他们人数很少，因为直到16世纪，在波兰的公共机构中都没有真正的职业化进展(见第八章)。

大不列颠

苏格兰人以伟大的旅行者而闻名。外交家、慈善家、传教士和朝圣者、商人、手工业者及学生，都想去欧洲大陆。

---

[23] R. F. Young, ‘Bohemian Scholars and Students at the English Universities from 1347 to 1750’, *English Historical Review*, 38(1923), 72.

[24] A. Kubinyi, ‘Städische Bürger und Universitätsstudien in Ungarn am Ende des Mittelalters’, in E. Maschke and J. Sydow (eds.), *Stadt und Universität im Mittelalter und in der früheren Neuzeit* (Sigmaringen, 1977), 161–165.

听，正如谚语所说
苏格兰人，像老鼠和虱子一样；
踏遍世界各个角落
我猜，你都将发现他们。㉕

瓦特博士发现，在1150—1410年间，当第一所苏格兰大学在圣安德鲁斯建立时，苏格兰大约有1100名大学毕业生。㉖因为现存资料不完整，这些数据显然少于真正的数目。国家大学的建立，并没有减少苏格兰人的游学，甚至似乎起了相反的作用。苏格兰人去的最多的是巴黎大学（1340—1410年有260人）、奥尔良大学（60人）和阿维尼翁大学（34人）。像斯堪的纳维亚人一样，在巴黎大学成立之初，苏格兰学生就去那里求学。"埃尔德盟约"加强了法国和苏格兰之间的联系，这项和平互助条约是为了反对两国共同的敌人——英格兰，该条约于1295年签署，并在1560年前进行了多次修改。苏格兰学生不惜任何代价避免去牛津和剑桥——在那里的苏格兰学生不超过学生人数的1%——因此他们不得不穿越海峡。他们选择去巴黎学习文科、神学及教会法，选择去奥尔良学习教会法和民法。苏格兰人曾于1325年在巴黎建立了学舍，但是这个学舍远远不能满足他 295
们日益增加的人员数量。而他们也成立了英—德同乡会分会，但这仍不能为他们提供舒适的住地。据英—德同乡会年表记载：

（苏格兰）学生犯下的丑闻几乎都是因为他们居无定所所造成的。苏格兰学生缺少足够的寄宿学舍，因此他们会从一个教师的房子搬到另一教师的房子，而明显放松了学术纪律。因此在1469年，一些苏格

㉕ 引自 A. I. Dunlop, *Scots Abroad in the Fifteenth Century*, Historical Association Pamphlet, 124(London,1942), 3；英译本根据法文本 *Description de la ville d'Amsterdam*, *etc*. (Amsterdam,1666),25.

㉖ D.E.R. Watt, *A Biographical Dictionary of Scottish Graduates to A. D. 1410* (Oxford,1977).

兰的教师被授权遴选一名监察员去考查那些学生的品行。[27]

当英格兰人1411年占领巴黎时,在巴黎的苏格兰人先后成群结队地离开巴黎。1466—1500年间,英—德同乡会的注册簿中大约有350名文科考试的候选人。[28]在奥尔良,苏格兰人有自己的同乡会;少数英格兰学生加入德意志同乡会。由于15世纪早期的政治局势变动,苏格兰同乡会衰败了。如上所述,由教皇的存在而给阿维尼翁学馆带来的发展没能持续下去。

百年战争给苏格兰人的高卢之旅带来巨大变化。当1411年巴黎陷入英格兰人手中时,苏格兰人离开巴黎前往科隆,从1425年后他们到了鲁汶大学,直到宗教改革爆发,他们都在这些大学求学。在科隆大学,1400—1449年有91名苏格兰学生注册,1450—1499年则有257名注册;在鲁汶大学,1426—1484年有160名苏格兰学生注册,1485—1527年则有182名。[29]他们之所以选择这些大学是有经济上的原因的;在欧洲大陆,最重要的苏格兰商业银行位于布鲁日,这个城市允许苏格兰商人将免税物品运送给在巴黎、鲁汶或科隆学习的子女、近亲和朋友。[30]从13世纪开始,在博洛尼亚和帕多瓦就有英格兰同乡会,但是在中世纪的意大利几乎没有苏格兰的学者。尽管英格兰对法国的征服将一些苏格兰人驱赶到更南边的地方,
296 但直到16世纪,那里的苏格兰人并没有增加多少。在博洛尼亚大学、帕多瓦大学、帕维亚大学和费拉拉大学中世纪的档案中,只发现了数十名苏格

[27] D. E. R. Watt, 'Scottish Student Life Abroad in the Fourteenth Century', *Scottish Historical Review*, 59(1980),7.

[28] J.-B. Coissac, 'Les étudiants écossais à l'université de Paris', *Revue internationale de l'enseignement*, 71(1917),26－27.

[29] J. H. Baxter, 'Scottish Students at Louvain University 1425－1484', *Scottish Historical Review*, 25(1928),327－334;A. Schillings, *Matricule de l'Université de Louvain ,Ⅲ. 1485－1527,* 2 vols. (Brussels, 1958, 1962), vol. II, tables, s. v.; H. Keussen, *Die Matrikel der Universität Köln* (Cologne, 1928, 1919, 1931), vol. Ⅲ, tables, s. v.; Schwinges, *Universitätsbesucher*,236－238.

[30] '*excepto eo quod predicti mercatores poterunt mittere suis filiis aut parentibus et amicis studentibus in universitatibus Parisiensi, Coloniensi et Lovaniensi*', d. d. 1－4－1470 n. s.: L. Gilliodts-Van Severen, *Inventaire des archives de la ville de Bruges. Section première. Inventaire des Chartes*, vol. I(Bruges,1876),39.

兰人的名字。[31]值得注意的是，从14世纪开始，尤其是在15世纪，许多苏格兰人留在了欧洲大陆，成为教师或各级神职人员。弗里斯兰省毕业生像苏格兰毕业生一样，其数量与国家人口的比例不协调，而本国城市经济又比较落后，因此他们一旦获得大学学位后就不得不在国外谋求职业。

爱尔兰人对大学教育鲜有兴趣。在整个中世纪，从巴黎大学的档案中只记有30名来自爱尔兰的学生，欧洲大陆的其他大学几乎没有爱尔兰学生的名字。萨默斯确认，13世纪牛津有47名来自爱尔兰的学生，14世纪有57人，15世纪有83人，这些学生中大多数有盎格鲁—诺曼血统。[32]很少有爱尔兰人去欧洲游学。

整个中世纪，英格兰学生主要在牛津大学和剑桥大学学习，但是在1200年前后，大量英格兰学生在法国的学校学习。直到1215年，巴黎38%的文科硕士都来自英格兰；[33]此后，由于政治原因，他们的数量急剧下降，从而导致英格兰同乡会不得不改名为英—德同乡会，再继而改为德意志同乡会。在中世纪，神圣罗马帝国的大学对英格兰和爱尔兰学生几乎没有吸引力，在神圣罗马帝国各类大学的英格兰和爱尔兰学生不超过12人。前往意大利的英格兰学生也为数不多，13世纪只有20人，14世纪有55人，15世纪有125人，1500—1525年间有55人。[34]不过，这些意大利大学的英格兰校友都有着非凡的才干。在早期，他们（威廉·格雷、罗伯特·弗莱明、托马斯·利纳克尔、威廉·格罗辛、威廉·莉莉、约翰·科利特和卡思伯特·滕斯托尔）将意大利人文主义和希腊语教学引入英格兰。欧洲其他国家，如葡萄牙、波兰和低地国家也有类似的情况，这些国家中一些意大利大学的毕业生在15世纪将人文主义引入本国。

同样，欧洲大陆学生对英格兰的大学兴趣也不大。牛津和剑桥中只有

---

[31] R. J. Mitchell, 'Scottish Law Students in Italy in the Later Middle Ages', *Juridical Review*, 49(1937), 19–24.

[32] M. H. Somers, 'Irish Scholars in the Universities of Paris and Oxford before 1500', Ph. D., City University of New York, 1979.

[33] J. W. Baldwin, 'Masters of Paris from 1179 to 1215. A Social Perspective', in *Renaissance and Renewal*, 148–151.

[34] G.B. Parks, *The English Traveller to Italy*, vol. I, *The Middle Ages (to 1525)* (Rome, 1954), 423–427.

2%的学生来自大陆，只有4%来自威尔士、爱尔兰和苏格兰。大多数外国学生是修习神学学位的托钵僧团成员。这个僧团的政策是将僧侣作为学生安置到欧洲的一些大学城里，在那些地方他们有自己的修道院或大学。

伊比利亚半岛

在12、13世纪，因为托莱多翻译学校的存在，英格兰和西班牙知识界保持着密切的联系，在那里的英格兰人，像巴斯的阿德拉德、切斯特的罗伯特、萨勒谢尔的阿尔弗雷德和迈克尔·斯科特，都非常活跃，但是伊比利亚的学校和西北部欧洲的学校之间在知识和学术上的联系没能持续下来。很少有西班牙人或葡萄牙人去巴黎以外的地方，在巴黎他们加入法兰西同乡会；在德语国家大学的学生名单中，西班牙人或葡萄牙人不超过5人。虽然西班牙不缺乏以博洛尼亚为原型的民法和教会法大学馆，西班牙人——大多是加泰罗尼亚人——和葡萄牙人，持续前往法国南部的大学（阿维尼翁、图卢兹、蒙彼利埃）求学，并把这个阶段的学习作为去意大利的一个步骤。博洛尼亚是伊比利亚半岛外最重要的大学城——因而于1364年在该地建立了一个为外国学生所设的学舍，即西班牙学舍（现仍存在），该学舍成为15、16世纪许多西班牙大学学舍的模型。锡耶纳也吸引了葡萄牙人。1500年左右，其他的意大利学校也很受西班牙人和葡萄牙人的欢迎。现存数据表明，在1500年前，数百名伊比利亚学生进入意大利大学，大约100名伊比利亚学生进入法兰西的学校。仅在13世纪，博洛尼亚就有100多种有关加泰罗尼亚的资料。[35]当然，西班牙和葡萄牙大学之间也有着密切的联系。萨拉曼卡大学在中世纪有许多葡萄牙学生，因此它几乎

---

[35] R. Kagan, *Students and Society in Early Modern Spain* (Baltimore/London, 1975), 63, 65; J. B. Pérez, 'La Tradición española en Bolonia', *Revista de Archivos, Bibliotecas y Museos*, 3rd series, 33(1929), 174 - 184; J. Miret y Sans, 'Escolares catalans al estudi de Bolonia en là XIIIe centuria', *Boletin de la real Academia de Buenas Letras de Barcelona*, 59(1915), 154; V. Rau, 'Studenti ed eruditi portoghesi in Italia nel secolo XV', *Estudos italianos em Portugal*, 36 (1973), 7 - 73; M. Peset, 'Estudiantes hispanos en las Universidades francesas, siglo XIV', in *Estudios dedicados a Juan Peset Aleixandre*, vol. III (Valencia, 1982), 273 - 294.

可以被看做是一所葡萄牙大学。[36]

除了加泰罗尼亚人和巴斯克人,几乎没有居住在比利牛斯山以东的大学生进入西班牙的大学。

298

意大利和法国

意大利人比西班牙人更愿意呆在国内。但是正如本章所描述的,意大利的学校吸引了众多的年轻学者。内部的学生流动很频繁。阿尔卑斯山成为一道界线,它即便不是政治边界也是学术的分界。西西里人主要聚集在博洛尼亚和帕多瓦,1434(1444)年卡塔尼亚大学的建立几乎没有影响到他们在那里的数量。现存资料记载:1400—1442年在博洛尼亚有53名西西里学生,1434—1499年有68名,同期在帕多瓦的有101和109人。[37]在阿尔卑斯山以北的边疆地区、巴塞尔、因戈尔施塔特和地中海地区的一些大学里,很少发现意大利学生。威尼斯共和国强迫它的学生到帕多瓦学习,除非他们愿意前往阿尔卑斯山以北的地方;但这并不能刺激威尼斯年青人去国外。[38]许多意大利的游历学者属于宗教团体。在14世纪后期以前,想修神学学位的一般教士和世俗教士别无选择,只能穿越阿尔卑斯山,他们很自然被著名教师阿尔贝图斯·马格努斯和托马斯·阿奎那吸引到巴黎。

相反地,在15世纪,意大利教师却是阿尔卑斯山以北大学所极力寻求的。当然,如果没有欧洲各地成千上万的学生和学者到意大利去,15、16世纪人文主义的传播是不可能的。人文主义的追随者通过各种方法将新文化引入自己的国家。他们提供诱人的条件来吸引意大利人文学者——尽管他们在意大利算二流的,但在其他地方却是一流的——在他们的大学

---

[36] M. Peset, *Interrelaciones entre las universidades españolas y portuguesas en los primeros siglos de su historia*(Coimbra,1983).

[37] N. Rodolico, 'Siciliani nello studio di Bologna nel medio evo', *Archivio Storico Siciliano*, new series, 20(1895), 89 - 228; F. Marletta, 'I Siciliani nello Studio di Padova nel Quattrocento', *Archivio Storico per la Sicilia*, 2 - 3(1936 - 1937), 147 - 211.

[38] R.E.Ohl, 'The Univeristy of Padua, 1405 - 1509: an International Community of Students and Professors', Ph.D., University of Pennsylvania, 1980, 39, 53.

执教，如萨拉曼卡、莱里达、克拉科、巴黎、奥尔良和法国南部的大学，还有牛津和剑桥、爱尔福特、莱比锡、斯特拉斯堡、巴塞尔、鲁汶和维也纳。[39]

意大利和法国南部的学术联系能追溯到非常早的时期。12 世纪，一些在博洛尼亚受过教育的意大利法学者曾在法国南部的大学工作和教学。在 13 世纪，主要是学生从法国南部汇集到博洛尼亚，阿尔卑斯山以北的两个同乡会——普罗旺斯和加斯科涅/奥弗涅都很欢迎他们前来。在 15 世纪，意大利普遍对法国南部的学者和法国人失去了吸引力，因为基督教大
299 分裂阻碍了法国与意大利知识中心的联系。而且法语国家联盟及随后政府管理力量与王室司法力量的发展，鼓励并实际上敦促未来的官员在当地大学取得学位。只是在 15 世纪最后几年和 16 世纪前半叶，意大利人文主义者再一次使意大利之旅流行起来（这个全欧洲的现象见第二卷第十章）。

来自法国中部和北部的学生，对游学没有特殊的爱好。如果他们确实想到国外学习，他们通常选择一个不太远的学馆，对于香槟地区的人，他们选择科隆，而从低地国家边缘地区来的学生则选择鲁汶。年轻的法国学者也会因为偶然的原因而到国外学习——大批法国学生来到帕维亚，这是因为 16 世纪初法国对米兰公国拥有政治影响，也是因为帕维亚是意大利领土内为来自里维埃拉的旅行者所建的第一所大学。两国间的王朝关系也暂时影响了学生的流动——大量的西班牙学生在 16 世纪前半期前往鲁汶，这不仅仅是因为鲁汶在伊拉斯谟建议下成功地于 1517 年创立了人文主义三语学舍（拉丁语、希腊语和希伯来语）。美男子菲利普和查理五世联手改善低地国家、西班牙和葡萄牙之间的关系（1426—1485 年仅有 5 名伊比利亚学生在鲁汶注册，但在 1486—1527 年有 46 人，1527—1559 年有 180 人），[40]但是王朝间学生的交流不是相互的，几乎没有来自低地国家的哈布斯堡臣民会冒险穿越比利牛斯山去求学。被所有勃艮第人看做是“他

---

[39] 在以下文章中有很多例子：R. Weiss, ‘Italian Humanism in Western Europe 1460 – 1520’, in F. J. Jacobs (ed.), *Italian Renaissance Studies* (London, 1960), 69 – 93.

[40] H. de Ridder-Symoens, ‘Internationalismus versus Nationalismus an Universitäten um 1500 nach zumeist südniederländischen Quellen’, in F. Seibt and W. Eberhardt (eds.), *Europa 1500* (Munich, 1986), 408.

们的"大学的多尔学馆，吸引了更多的学生，并且经常成为去往意大利的过渡大学。

旅行条件

游学非常依赖道路状况。当11、12世纪国际贸易再次兴盛的时候，欧洲形成了一个道路网。道路的路面比较坚实，有时铺以碎石，在最繁忙的渡口上建造了桥梁。㊶尽管如此，直到18世纪，质量糟糕的道路、桥梁，条件恶劣的旅店和蹩脚的交通工具，对旅行者来说依然是一个大问题。绿林强盗、兵痞、妓女、流浪汉和坏天气及其他自然灾害，都增加了旅行的危险性。在人口稠密的地区，旅行者每晚到达的城镇或村庄都能提供充足的食 300
宿——教皇统治时期的阿维尼翁有60家提供床铺的旅馆。中世纪欧洲人员往来最频繁的大学都位于人口稠密和交通便利的地方。旅行者一天可步行30—40公里(20—25英里)，骑马一天可走50—60公里(30—40英里)，信使一天能走100公里(60英里)。

交通状况最好的是通往罗马的路，这些路虽在中世纪早期被废弃，但在国际贸易复兴时期又被修复了。㊷一些意大利大学由欧瑞兰路(Aurelian)、埃美兰路(Aemilian)和佛莱明兰路(Flaminian)连接起来。为了到意大利，一个旅行者可能要经过法国或循着"荷兰路"或德意志的"商路"。对英格兰人和居住在些尔德河以西的欧洲大陆人来说，最佳的路线(军事上许可的话)是从巴黎到第戎，然后到洛桑和塞尼峰山或大圣伯纳德山隘，继而沿着埃美兰路到帕维亚或博洛尼亚。另一条较佳的路线是从巴黎到奥尔良(法国修建的第一条公路)，然后到里昂，接着旅行者可以继续前往塞尼峰山或沿着罗纳河流域到阿维尼翁，然后沿着海岸走，之后在热那亚进入欧瑞兰路到比萨、锡耶纳或罗马。因为波河可以最远航行至与威尼斯运

㊶ 关于中世纪旅行方面的资料非常丰富。比如：N. Ohler, *Reisen im Mittelalter* (Munich /Zurich, 1986); A. Newton (ed.), *Travel and Travellers of the Middle Ages* (London, 1968); M. N. Boyer, 'Travel in Medieval France (1300 – 1450)' Ph. D., Columbia Univeristy, 1958.

㊷ W. Götz, *Die Verkehrswege im Altertum und Mittelalter. Die Verkehrswege im Dienst des Welthandels* (Stuttgart, 1888; reprint, Amsterdam, 1969).

河相连的费拉拉，所以学生可以轻松地跟随法国游历者到达帕多瓦和费拉拉。理查德·居伊尔福德爵士是一名英国朝圣者，他在 1506 年的日记中记载，从拉伊（英国海岸线上离黑斯廷斯不远的地方）到威尼斯，他花了 37 天：26 天走陆路、6 天水路、5 天休息。经过德意志的旅途也得花差不多的时间，根据理查德·托金顿，一名到耶路撒冷的朝圣者在 1517 年的记载，他到达威尼斯花了 38.5 天（23 天陆路、8 天水路、7.5 天休息）[43]。通过圣哥达山隘到埃美兰路和米兰之前，要经由莱茵河到达鲁汶、科隆、海德堡、斯特拉斯堡和巴塞尔。更向东的威尼斯商路穿越勃伦纳山口与汉萨的道路相连。

汉萨同盟通过修建和维护同盟成员城镇之间的道路，极大地改善了道路系统。[44]北海和波罗的海及内陆水路交通非常重要。船闸和相关设施，以及在自然水路间修建人工运河，都有利于河流的通航。当时没有专门的客运船只，旅行者必须面对舟楫劳顿。尽管如此，乘船旅行也有好处，最起
301 码它比步行省力，比颠簸的马车要舒服，而且相当便宜。在地势平坦的国家旅行，顺流而下相对较快。许多学生经由汉萨同盟的商路到达他们的学校。从伦敦到布鲁日，他们可以跟随商队沿着莱茵河到巴塞尔（如上所述），或者向东经法兰克福和勃伦纳山口，然后径直去帕多瓦和费拉拉。即使在夏天，穿越阿尔卑斯山也是很费力的。佩罗·塔法，一名葡萄牙朝圣者在 1438 年写道：

> 第二天我来到阿尔卑斯山圣哥达山隘脚下。时值八月末，雪在高温下融化，这使得穿越变得十分危险。一头识途的公牛拽着一根长绳走在前面。绳子系住拖车，乘客坐在拖车上，用缰绳牵着自己的马。用这种办法，如果有任何意外发生的话，只有牛处在危险当中。[45]

---

[43] Parks, *English Traveller*（注释 34），495 – 501.

[44] F. Bruns and H. Weczerka, *Hansische Handelsstrassen*, 2 vols., vol. I, Text, vol. Ⅱ, Atlas (Cologne/Graz, 1962)，图 A 和 B；P. Dollinger, *The German Hansa* (London, 1970).

[45] 引自 M. Rowling, *Everyday Life of Medieval Travellers* (London/New York, 1971), 38.

从科隆出发有许多路直接通往罗斯托克、莱比锡、爱尔福特、布拉格或者克拉科。北方人可以顺着易北河到莱比锡或者布拉格,或者取道斯特拉尔松或但泽到克拉科。建于1419年的罗斯托克大学被称为是汉萨同盟的唯一一所大学。它的学生几乎全部来自于汉萨同盟地区——波罗的海和斯堪的纳维亚国家及低地国家。建于1456年的格瑞夫斯沃德大学特别受斯堪的纳维亚人的欢迎,但是在程度上不及汉萨联盟城市西部学生对罗斯托克的欢迎程度,这些学生在15世纪曾一度占该校注册学生人数的四分之一。

前往意大利或西班牙的学生可能跟随上流社会显贵——君主、贵族、教会显要人物或外交家——的随从队伍,或者加入商团,或者与前往罗马、耶路撒冷或者冈斯特拉的圣地亚哥大教堂的朝圣者结伴而行。穿越法国,前往基督教国家西部边缘的圣地冈斯特拉的圣地亚哥大教堂有4条著名的路线,途经巴黎、奥尔良、布鲁日、普瓦捷、波尔多和卡豪斯等大学城。从15世纪开始,旅行指南开始流行,它主要是为朝圣者所写,当然对学生来说也很有用。有证据表明,学生为了安全和舒适而结伴旅行:大学注册记录表明,来自同一城市或地区的许多学生在同一时间去大学注册。其他的学生在旅途中也加入这些团体。大学的信使采用相同的路线,而来自没有信使服务之地的学生则求助于商人、同学或来访的同胞。从13世纪开始,在既是繁荣的商贸中心也是大学所在地的城市里学习的年轻人,通过设立在欧洲大的商贸中心的银行及其分支机构来汇送钱款。

旅行者不仅要面对旅途的危险,还要面对关税、捐税和其他赋税,以及勒索。几个世纪前,皇帝腓特烈一世试图在他的《安全居住法》中取缔此类赋税,此后的最高统治者们以各种方式赋予许多特权来保护外国学生。甚至在政治紧张或军事行动的时候,从皇帝腓特烈一世开始的统治者,都保护游历的学生和他们的信使,许以特权保障他们在战时能安全穿越边界,并免除他们所携带的衣物和食品的关税。但是,有时候学生在穿越敌对国家时会被囚禁或受到骚扰,当他们所居留的国家与其故国处于战争状态时,他们甚至还会被驱逐出境。1419年,法国摄政王查理授予蒙彼利埃的勃艮第同乡会成员安全通行的权利,这些人是他对手勃艮第公爵的臣民,他允许他们安全而正当地居留在蒙彼利埃大学,并不因为他们是勃艮第人

302

或其他敌对国家的人而有任何额外要求。[46]这个先例没有阻止国王路易十一世在1470年将400名学生驱逐出巴黎,那是因为这些学生是勃艮第公爵、血腥查理的臣民。1524年奥尔良的德意志同乡会的会长在《会长手册》中记载:他自己和来自费尔松的威廉·古普劳斯在卢瓦尔河谷古堡区被吕纳堡公爵投入监狱,这位公爵是弗朗西斯一世的盟友,他们发动了反对国王查理五世的战争。这个会长补充道,尽管他的前任要求他不要提及,但他还是要记载这件事情作为对他同事的警告,提醒他们在战时要小心,并且在军事行动期间没有必要就不要离开奥尔良城。[47]

与外国货币相关的其他特权,以及特别重要的免除财产充公的特权,在任何地方都有。免除财产充公意味着在国外死去的学生其财产不会被当地的领主没收或充公,而会返还给他的继承人。如果没有人继承,它将会被变卖,所得款项用于雇用祈祷者来超渡亡灵或者用于慈善目的。

这些特权以及与司法或控制房租、食物价格相关的更普遍的特权(见第四章),使游历学生能够生存下去。拉丁语作为通用的语言,以及统一的学习计划和考试体系,使游历学生能够从一个大学到另一个大学继续学
303 业,并且保证他们的学位在整个基督教国家里得到承认。除了学术知识,他们还将大量的新经验、新观点和新政治原则和观念带回家乡。而且——这一点也很重要——他们还带回了手稿及后来的印刷品。他们渐渐熟悉他们以前所不知道的新学校风雅的表达方式、生存环境、风俗、生活方式和饮食习惯。因为大多数游学者都是他们国家的精英并且后来身居高位,所以他们能够很好地应用和宣传他们的新知识。事实上,游学的意义远远超出了游学学生人数本身。

精选文献

Aston, T. H. 'Oxford's Medieval Alumni', *Past and Present*, 74(1977), 3

[46] Fournier(ed.), *Statuts*, vol. II, 183, 引自 M. Waxin, *Statut de l'étudiant étranger dans son développement historique*(Amiens, 1939), 67-68.

[47] C. M. Ridderikhoff and H. de Ridder-Symoens(eds.), *Premier Livre des Procurateurs de la nation germanique de l'ancienne Université d'Orléans 1444 - 1546. Première partie: Texte des rapports des procurateurs* (Leiden, 1971), 263-264.

-40.

Aston, T. H., Duncan, G. D., and Evans, T. A. R. 'The Medieval Alumni of the University of Cambridge', *Past and Present*, 86 (1980), 9-86.

Boyce, G. *The English - German Nation in the University of Paris during the Middle Ages*, Bruges, 1927.

Budinsky, A. *Die Universität Paris und die Fremden an derselben im Mittelalter*, Berlin, 1876; reprint, Aalen, 1970.

Dotzauer, W. 'Deutsche in westeuropäischen Hochschul-und Handelsstädten, vornehmlich in Frankreich, bis zum Ende des alten Reiches. Nation, Bruderschaft, Landmannschaft', *Festschrift L. Petry, Geschichtliche Landeskunde*, 5(1969), 89-159.

Dotzauer, W. 'Deutsches Studium und deutsche Studenten an europäischen Hochschulen (Frankreich, Italien) und die nachfolgende Tätigkeit in Stadt, Kirche und Territorium in Deutschland', in E. Maschke and J. Sydow (eds.), *Stadt und Universität im Mittelalter und in der frühen Neuzeit*, Sigmaringen, 1977, 112-141.

Kibre, P., *The Nations in the Mediaeval Universities*, Cambridge, Mass., 1948.

Miethke, J. 'Die Studenten', in R. Schultz (ed.), 'Unterwegssein im Spätmittelalter', *Zeitschrift für Historische Forschung*, (special issue) (1985), 49-70.

Pini, A. I. '"Discere turba volens". Studenti e vita studentesca a Bologna dalle origini dello studio alla metà del trecento', in G. P. Brizzi and A. I. Pini (eds.), *Studenti e Università degli studenti del XII al XIX secolo*, Bologna, 1988, 45-136.

Schwinges, R. C. 'Zur Prosopographie studentischer Reisegruppen im fünfzehnten Jahrhundert', in N. Bulst and J. P. Genet (eds.), *Medieval Lives and the Historian. Studies in Medieval Prosopography*, Kalamazoo, 1986, 333-341.

Simák, J. V. 'Studenti z Cech, Moravy a Slezska na nemeck ch universitách v

XV.-XVIII. st.' (Students of Bohemia, Moravia, and Silesia at the German Universities in the Fifteenth – Eighteenth Century), *Časopis Ceského Musea*, 79 (1905), 290 – 297; 80 (1906), 300 – 305, 510 – 539.

Trombetti Budriesi, A. L. 'L'esame di Laurea presso lo studio bolognese, Laureati in diritto civile nel secolo XV', in G. P. Brizzi and A. I. Pini (eds.), *Studenti e Università degli studenti del XII al XIX secolo*, Bologna, 1988, 137 – 191.

Verger, J. 'Géographie universitaire et mobilité étudiante au moyen âge:
304 quelques remarques', in A. Paravicini Bagliani (ed.), *Ecoles et vie intellectuelle à Lausanne au moyen âge*, Lausanne, 1987, 9 – 24.

Veríssimo Serrão, J. *Les Portugais à l'Université de Toulouse, XIIIe-XVIIe siècles*, Memórias e documentos para a história luso-francesa, 5, Paris, 1970.

Veríssimo Serrão, J. *Les Portugais à l'Université de Montpellier, XIIe-XVIIe siècles*, Memórias e documentos para a história luso-francesa, 8, Paris, 1971.

Veríssimo Serrão, J. *Portugueses no Estudo de Salamanca*, vol. I, *1250 – 1550*, Lisbon, 1962.

Waxin, M. *Statut de l'étudiant étranger dans son développement historique*, Amiens, 1939.

第四编 学术

307

第十章 文学院*

1. 三艺与三种哲学

戈登·莱夫

中世纪教育中的自由学科**

中世纪大学赋予了从古代继承下来的知识等级观念以制度形式。柏拉图(《理想国》第二篇、第三篇、第七篇)和亚里士多德(《政治学》第七篇、第八篇)都描述了一种基本的教育,它包括初步的文法、文学、音乐和算术的基本训练,并为数学,最终为哲学(它的目标是知识的最高目的——

* The Faculty of Arts,也有"人文学院"、"艺学院"、"文学部"、"文学系"等译法——译者。

** Liberal arts,也有"文科"、"艺科"、"自由七艺"等译法——译者。

智慧)的高级研习做准备。正如词义所示,自由学科是自由民的学科,而非奴隶的学科。自由学科是预备教育的观点,也体现在古罗马的教育中,在那里,它们直接的实际目的是为接受法律和公共生活方面的训练做准备。
308 接着,它又为中世纪所继承。圣·奥古斯丁将其加以改造,以适应掌握《圣经》意义的基督教目标。因为《圣经》是基督教的智慧宝库,其基础是对上帝的信奉和爱戴。到 12 世纪大学出现时,作为世俗知识的终极目标——神学,已经与法律和医学方面更实用的目的联系起来了。

因此,在许多重要方面自由学科都有别于高级学科。首先,除了共同的预备功能外,它们是一个没有任何一致性的异质群体。从古代开始,它们就被划分为文法、修辞和逻辑(三艺或达致智慧的三种途径)这三种言语学科,以及算术、几何、天文和音乐(四艺或四种达致智慧的途径)四种数学学科。虽然自由学科的观念常常还保留着(如在牛津),但到 13 世纪中期,它们与自由学科的课程内容就不再一致了,并且被其他分类,尤其是被自然的、道德的和形而上学的这三种哲学分类所补充或取代,然而原有的三艺或四艺的划分并未包含这三种哲学。①

其次,由于自由学科的异质性,在三艺和四艺的内部以及两类学科之间的发展不均衡。概括地说,直到 13 世纪 30 年代,对三艺的研究才超过了四艺,巴黎的情况尤其如此。与此同时,在巴黎和牛津这两个最重要的北方大学里,三艺内部的文法和逻辑学在很大程度上取代了修辞学,修辞学变成了文法的从属物,而文法本身也开始在很大程度上为逻辑思维所支配。在阿尔卑斯山南部,尤其是在博洛尼亚大学和帕多瓦大学,修辞学居于支配地位;并且在 13 世纪前期的博洛尼亚大学它一度几乎是自主的。

再次,自由学科中的侧重点不同,这主要是由文学院和高级学院之间的关系引起的。这里,我们可以对北方和南方的大学加以区分。在 14 世纪中期以前,巴黎大学,在较小的程度上也包括牛津大学和剑桥大学,它们都是神学大学;除了主教座堂学校和托钵僧团学校,它们实际上垄断了神学教学,这种垄断似乎一直由教皇忠实地维护着,并且在很长一段时间里,

---

① 关于自由学科,见精选文献。关于三种哲学的历史,见 J. A. Weisheipl, 'The Classification of the Sciences in Medieval Thought', *Mediaeval Studies*, 27(1965), 54 - 90.

教皇拒绝批准其他大学开办神学院。在14世纪以前,像进入其他高级学院一样,要进入神学院一般必须先通过文学院的学习(被准许在自己的学校学习自由学科的托钵僧除外),因为这两个学院之间有着密切的联系。在三所北方大学,尤其是在巴黎大学,自由学科课程带有非常强的哲学性, 309 逻辑学是旧三艺中的支配性学科,三种哲学在不同程度上补充了旧四艺,实用的和形而上学的哲学在巴黎比在牛津更受重视,后者更强调自然哲学。

在南部的法国、意大利和西班牙,法学拥有最高地位,医学是另一门重要学科;在博洛尼亚和帕多瓦,自由学科居于从属地位,并不必然具有预备作用。自由学科课程也相应地有了更多的实用性,如修辞学成为法学的主要辅助学科,而逻辑学和自然科学则被认为是医学研究的工具,因为其在文法、逻辑和形而上学方面缺乏独立的思考领域。这虽然并未阻挡文学和科学学科的发展,却限制了自由学科在大学内部的自治。在博洛尼亚和帕多瓦学生大学(在那里,法学学科的学生占有优势),这种情况甚至被制度化了。在13世纪的大部分时间和14世纪,法科学生大学的校长们一直要求对新建立的文科和医科学生大学以及教师协会实施司法管辖。经过长期的斗争,后者才得以在14世纪时行使自治权。

北方和南方大学不同发展的结果是,南方大学的文学院从来没有达到可与巴黎和牛津比肩的地位;在巴黎和牛津,文学院无论在数量上还是在权利上都是主导因素,并且它们拥有最年轻且最有活力的成员。另一方面,直到14世纪后半期,在诸如博洛尼亚、帕多瓦和萨拉曼卡之类的大学里,缺乏神学院或神学教授,这意味着在文学院中的自然学科(特别是与三种哲学相关的自然学科)与神学和圣经研究中涉及的基督教预定思想之间,相对缺乏一些张力。而在别的地方我们将看到,在巴黎大学这个13—14世纪无可争议的神学研究中心,这些张力是最大的。

南方和北方大学中自由学科之间的差异源于不同的教育传统。在阿尔卑斯山以北,直到11世纪,教育几乎完全是在早期修道院学校和主教座堂学校的宗教框架内,并沿着圣·奥古斯丁《基督教教义大全》中所规定的路线发展的:即它包括非宗教知识和自然知识的获得,并以之服务于基督教为目的。结果就是认为自由学科直接从属于神学,就像用世俗智慧的理

性服务于发现圣经中的基督教智慧一样。如果从实际的方面看，通常意味
310 着那些初步的文学和数理知识比满足功利稍微多一些内容，这些知识是履行修道生活和神职人员的责任所需要的，因此，它也意味着需要在较广泛的背景下思考自由学科。从希腊和罗马的知识分类系统延续中可以发现这种情况，这种分类经由波依休斯、卡西多拉斯和塞维利亚的伊西多尔，传到了中世纪；而13世纪三种哲学的划分是它的一个结果。②

在8世纪末和9世纪初阿尔昆领导下查理曼的教育改革中，自由学科和神学之间的联系被赋予了制度性的基础：这使得修道院和主教座堂有责任提供教育理解《圣经》，并且间接地培养能够管理新帝国的教士阶层。③直到12世纪中期，这些学校一直是高等教育和学习的中心，并一直存在到中世纪末期。虽然在知识方面，大学是高等教育的标志，但在数量方面，大学仅是学馆网络的一部分，迟至1400年，也只有约40所大学。因此，在阿尔卑斯山脉和比利牛斯山的南部和北部，其他类型的教育机构先于大学出现并与之共存，它们不仅也像文法学校和私人教师那样为学生进入大学作预备教育，而且还像主教座堂学校和其他不同教团的学习场所一样为大学教育提供补充。

意大利的学校、教师和大学与其他地方的不同之处在于，它们保留了罗马教育的世俗性和市民性。④修辞学在自由学科中占支配地位，并为法律和公共生活的某种职业作准备，而且修辞学的教学掌握在城市学校和修辞学教师的手中，这些教师也讲授其他几门自由学科的主要内容，特别是文法和逻辑，并把它们作为修辞学的基础。在10和11世纪，当城市开始复兴和扩展时，市民活动的范围也开始扩大，这既与法律的复兴和公证技术的发展有关，也和医学作为一门学科和一种职业出现有关。正如已经提到的那样，与此相伴随的是神学成为宗教团体独占的禁区。

从13和14世纪在意大利出现的独特的识字文化中可以看到，意大利

---

② Weisheipl, 'Classification', (注释1), 55－56.

③ F. L. Ganshof, *The Carolingian and Frankish Monarchy* (London, 1971), 20, 28－29; H. R. Loyn and J. Percival, *The Reign of Charlemagne* (London, 1975), 63－64.

④ 关于古典教育的历史：H. I. Marrou, *Histoire de l'Education dans l'Antiquité* (Paris, 1948; 由 G. Lamb 译成英文, New York, 1956); J. Bowen, *A History of Western Education*, Vol. I, *The Ancient World* (London, 1972).

的世俗性和市民性是特殊的，但自由学科的非神学倾向也同样出现在西班牙的大学中，如萨拉曼卡和瓦拉杜利德大学，尽管它们仍处于宗教权威之下；同样的情况也出现在法国南部的大学，如蒙彼利埃大学。即使是原本为了巩固对异教徒的新胜利而由教皇颁令于1229年在图卢兹建立的大学，在一个世纪之后的1335年也被教皇本尼迪克十二世禁止学生从神学院毕业；1413年，约翰二十三世向阿维尼翁大学授予豁免权，该校才有一名神学教师。⑤禁止在巴黎以及牛津和剑桥之外讲授神学的命令，在14世纪60年代之前一直有效，以保护巴黎对神学教学的垄断——在那里，通过教皇定期的干预，神学被忠诚地保护着，以反对被认为具有颠覆企图的学说，这些学说产生于文学院对异教徒著作的研究。与神学紧密联系的结果是，直到14世纪中期左右，巴黎大学、牛津大学和剑桥大学的自由学科一直在一个不同于其他任何一所大学的环境中发展着。正如11和12世纪那样，在那些远离神学控制的大学中，自由学科持续保持了自主的发展，成了居于支配地位的学科。

然而，所有这些差异都源于一个共同的知识体系。除了特殊的处理方式和组织模式，这个共同的知识体系提供了在中世纪被普遍接受的教育和学习的基础。这个体系的出现可分为两个阶段，如上所述，第一阶段是或多或少地从古代的教育理论和实践中直接继承而来的，它以自由学科为基础，被分为三艺和四艺两种类型。第二个阶段是把基本上来源于希腊和阿拉伯的，到那时为止尚不为中世纪的西欧所知晓的几乎全新的一套哲学、医学和科学著作翻译成拉丁文。这个翻译运动从11世纪中期开始，在12世纪后期达到高潮，并持续到13世纪。这个新的知识体系改变了既存的知识形态，已有的大学是它的直接接受者。正如在医学上的变化一样，它从根本上改变了自由学科的内容，扩大了它的结构，这两个学科主要是受到了新增知识的影响；而且它还向基督教关于世界和人的本质的许多基本概念发起了挑战，相应地也涉及到要重新界定与哲学(尤其是三种哲学)有关的基督教信条，从原则上来说，这些哲学是亚里士多德的，它经过了阿拉伯人的理解，并由他们传播开来。因此基督教的思想家面对着一个初看起

⑤ Rashdall, *Universities*, vol. Ⅱ, 166 - 167, 176.

来让人困惑的吸收任务，这项任务大部分是在大学的不同学院完成的，至于自由学科和神学，则占据了从13世纪30年代这一百年到14世纪30年这一百年之间的大部分时间。

312

早期阶段

在第一个阶段，希腊和阿拉伯文化资源缺少一种独立的本体，这是由于中世纪从西罗马帝国继承了以拉丁语为基础的文化造成的。这种文化不仅被限定在一种语言——这总体上反映了14世纪末期以前整个中世纪的真实状况——而且还被限定为那种语言所能得到的资源。公元6世纪，罗马帝国从西欧和中欧消亡以后，自由学科的手册和百科全书以及重要的拉丁语作家和诗人的作品，成为主要的文化基础。⑥法律除外，它是罗马帝国留给中世纪和欧洲文化的主要知识遗产，但直到11世纪以后它才开始产生影响。这种文化主要是一种优秀的识字文化，修辞学成为自由学科中最有影响的科目，文法和逻辑次之。四艺中的各学科根本没有任何第一手的知识，在罗马教育中也是如此。从一开始，人们就总是通过手册和要略的通俗版本研究四艺，这种做法来自当时的希腊世界，给它们的内容注入了进步的因素；由于贪图便利和肤浅地理解，这样的版本一个接一个地出现。正是在这种狭隘和片面的基础上，自由学科被传递到了中世纪，并且随着版本的增加，一直延续到11和12世纪，直到这时，他们才第一次接触到以前并不知晓的希腊科学和哲学世界。它们在时间上要早，并得到了庞大的伊斯兰科学和哲学体系的极大丰富。新旧文化要素的结合为自由学科提供了基础。我们现在必须要考察它的组成要素。

首先是文法，在自由学科中文法往往被认为是预备性的学习科目，它提供了其他表达科目所依赖的语言形式知识。事实上，文法除了包括逻辑

---

⑥ 有关这些发展的简略考察见：D. L. Wagner，'The Seven Liberal Arts and Classical Scholarship'，in D. L. Wagner(ed.)，*The Seven Liberal Arts in the Middle Ages* (Bloomington, Ind.，1984)，10－22；R. R. Bolgar，*The Classical Heritage and Its Beneficiaries* (Cambridge, 1954)，chs. 1 and 3.

和修辞的因素外，还扩展到了文学。[7]因此，它与三艺中的其他科目相互联系，而不只是一个孤立的附属品。在12世纪之前，主要的教材是两种初级读本，即多纳图斯的《初级文法》、《高级文法》和普利西安的《文法汇编》。这两种读本分别著于4和6世纪，它们总结了古典文法，作为初级和高级教科书，它们实际上也构成了中世纪文法的一部分；在维勒迪约的亚历山大和波休纳的埃伯哈德的新诗体文法于12世纪末和13世纪初出现之后， 313
它们仍继续被用做教科书，并进入到文学院的课程中，特别是多纳图斯的《初级文法》，整个中世纪一直在使用。无论是多纳图斯和普利西安的文法，还是后来很受欢迎的诗体文法，都代表了与言语和句法的各部分有关的文学语法或实用文法。多纳图斯的两本书论述了前者，《初级文法》是描述性的，而《高级文法》则更优美，其中的第三篇（常取其第一个词而称为《非拉丁语》）还提及了各种比喻。在牛津大学和剑桥大学，它开始被作为独立的教科书使用。普利西安共十八篇的《文法汇编》的后两篇也同样如此，后两篇即人们熟知的《普利西安初级文法》或《语序论》，从主题来看，它论述的是句法，在这个标题下，它们得到了单独而详细的说明，正如前十六篇以《普利西安高级文法》的标题得以论述一样。

与多纳图斯的两部书相比，普利西安的著作内容丰富得多；它的写作地点是君士坦丁堡——幸存的东罗马帝国的首都，其文化属于希腊文化。因此，普利西安比他西欧的同行们更容易接触到更丰富的文化传统，尽管普利西安也参考过他们的著作，包括多纳图斯的著作。他还把古典（拉丁）文本作为例证，使《文法汇编》一书成为古典资源的宝库，尤其是有关维吉尔的文献（其地位无疑因普利西安对《安尼伊特》前十二行诗进行的独立文法研究而进一步提高）。在牛津大学，至少在正式规定上，普利西安的著作似乎比多纳图斯的使用的时间要长，一直持续到16世纪。其中的原因也许是人们一惯坚持用语义学方法去分析文法，根据它们的意义去分析言语的各个部分，如名词表示物质和质量，动词表示行动或受动。他的方法是基于所谓的阿波洛尼厄斯的文法，这种文法认为简单的元素合并成较复杂

---

⑦　概要和书目见：J. F. Huntsman, 'Grammar', in Wagner (ed.), *Seven Liberal Arts*（注释6），59－95；J. J. Murphy, *Rhetoric in the Middle Ages* (Berkeley, 1974).

的元素，由字母联合组成音节开始，接下来音节组成词，词再组成句子，句子的含义取决于组成它的词的含义。

这有助于形成一种哲学的或者更严格地说是逻辑学的文法研究方法，它指向了文法的普遍特征，特别是语义的分析。[⑧]这种方法始于11世纪中期，在12世纪后半期，彼得·赫里亚斯和西班牙的彼得（不要与13世纪的逻辑学家彼得勒斯·希斯帕纳斯混淆，他于1276年成为教皇约翰二十一世）使之成为一个单独的研究领域。虽然亚里士多德《范畴篇》和《解释篇》中所谓的"旧逻辑"，指出了文法和逻辑之间的紧密联系，但是文法的发展是内在的。唯名论逻辑学的同步发展也是如此，它也可以追溯到11世纪，
314 并且同样关注词的意义，特别是对不确定的或者同类属词，像"any"和"not"之类在命题中不能单独存在的词。因此，它们各自形成的时间都早于亚里士多德的《新逻辑》、《分析前篇》、《分析后篇》、《论主题》和《论反驳》在12世纪的重新发现。这些著作除了《论反驳》，像其他新翻译的亚里士多德著作一样，只是在13世纪才得到了系统的研究。它们对文法的主要影响是通过《分析后篇》、《论灵魂》（《论动物》）和《形而上学》实现的，并且推动了一种新型的推理文法的产生，这主要发生在大约1270至1300年间巴黎大学的文学院中。这种文法的主要因素是不同词义模式的系统化，这些词义可使字词进入到像一种关于字词形式的普遍语法之类的系统中。[⑨]它与唯名论逻辑学有密切关系，并且把中世纪对文法的逻辑处理推到极致。

接下来谈逻辑学，虽然波依休斯翻译了亚里士多德逻辑学的全部主要著作，亚里士多德的逻辑学著作还是被分为旧逻辑和新逻辑，因为除《分析后篇》外，在12世纪之前，人们一直了解的只有所谓"旧逻辑"的那些著作。除了亚里士多德的《范畴篇》和《解释篇》，旧逻辑还包括：波依休斯翻译的3世纪新柏拉图主义者波菲利关于《范畴篇》的《导言》、波依休斯对这些著作的评论（有两篇评论是针对《范畴篇》和波菲利的、一篇关于西塞罗《论主

---

⑧ S. Ebbesen, 'Ancient Scholastic Logic', in N. Kretzmann, A. Kenny, and J. Pinborg (eds.), *The Cambridge History of Later Medieval Philosophy* (Cambridge, 1982), 110.

⑨ J. Pinborg, 'Speculative Grammar', in Kretzmann, Kenny, and Pinborg (eds.), *Cambridge Medieval Philosophy* (注释 8), 254 – 269.

题》的评论，以及波依休斯本人关于分类、范畴和假设的三段论法以及主题(《论不同主题》)的论文。

在11和12世纪，《论不同主题》这本著作在激发对辩证推理的新兴趣上，具有重要意义；只是到13世纪才逐渐被亚里士多德的《论主题》所取代，而关于波菲利的评论则引发了有关全称命题的争论，即有关全称性(例如动物或人)的独立存在或非独立存在的争论。在12世纪20年代前，波依休斯对亚里士多德其他逻辑学著作的翻译一直不为人所知，但就在那时，这些著作成了“新逻辑”的基础。这些著作在12世纪被重新翻译，威尼斯的詹姆斯最早翻译了《分析后篇》，他随后成为亚里士多德著作最重要的译者，他还翻译了《论反驳》。他的译文全部译自希腊文，大约完成于1125至1150年间。[10]直到12世纪中期，亚里士多德还只是以他的逻辑学著作而闻名于西欧。这些著作因此都被归入逻辑学的范畴，亚里士多德被认为是纯正的逻辑学家；而到13世纪前25年，当他几乎全部的哲学著作公布 315
于世的时候，他才成为一个具有深远影响的人。尽管他的《物理学》、《形而上学》和《论动物》在1150年之前已由威尼斯的詹姆斯译出，然而直到13世纪初，它们才开始产生影响。在12世纪的大部分时间里，亚里士多德被看做是一个逻辑学家。柏拉图凭借的是遗存下来的哈尔基狄关于《蒂迈欧篇》评论的前半部分，而波依休斯凭借的是其《哲学的慰藉》和其他神学和逻辑学著作始终是主要的哲学家。正如我们随后要讨论的那样，在13世纪，亚里士多德主要的哲学著作被引进了文学院，从而极大地改造了文科课程。

至于逻辑学，我们能够断定的是，和文法一样，直到13世纪，其发展在很大程度上都是内发的，而且主要从通过波依休斯流传下来的现存文本中获得的。新逻辑，加上重要的非亚里士多德主义的斯多葛派和盖伦的学说，特别是那些包含在所谓的亚历山大关于《论反驳》、《分析后篇》评论中的因素，由威尼斯的詹姆斯翻译(被误认为是2世纪的评论家阿弗罗迪西亚斯的亚历山大所作)，在这些因素的影响下，[11]逻辑学的发展与文法的发

⑩ B. Dod, ‘Aristoteles Latinus’, in Kretzmann, Kenny, and Pinborg (eds.), *Cambridge Medieval Philosophy*(注释8), 54-55, and table of translations 74-75.

⑪ Ebbesen, ‘Ancient Scholastic Logic’, (注释8), 108-110.

展形成了鲜明的对比,它的衍生物扩展到了亚里士多德和唯名论逻辑学的每一个方面,并产生了新的形式,从而对三种哲学和神学产生了直接的影响。

三艺中的第三门学科——修辞学,保留了最多的内在特点;除了它在实际的文字书写中的应用,在《听写法》和《文书法》中,以及在13世纪的《布道法》中的应用外,它没有经历与推理文法和逻辑学相似的内在发展。修辞学从一开始就处于西塞罗的支配之下,他直接通过他的早期作品《论创新》,及其对法庭辩论的强调,从而为修辞学提供了一个合法的基础;从9世纪起,又间接地通过伪西塞罗之作《论风格》,及其对修饰风格的强调,使得这种支配延续下来了。⑫尽管在12世纪,《论风格》的流行有逐渐挑战《论创新》之势,但是后者仍保持了无可争议的修辞学原理之源的地位,抵制着13世纪上半叶邦孔帕尼·第·西格纳以三段体取代西塞罗五段体的企图。⑬正是在13世纪的博洛尼亚,在被作为一门独立技能的《文书法》取代之前,《听写法》一度成为一门独立的学科。

修辞学在自由学科的各个科目中从未成为一个独立学科,直到15世纪它在意大利获得了完全的独立。在中世纪,修辞学是自由学科中最异乎
316 寻常的,这是因为罗马时代滋养它的那种公共生活条件和法庭的重要性不复存在,而且决不会再恢复到古典的或后中世纪的形式。因此,在中世纪早期,修辞学逐渐从属于书写文化和文法;在意大利,从11世纪开始,作为法律的辅助,它逐渐把其影响扩展到书信写作以及后来的布道。

早期的基督教教父们包括圣奥古斯丁所接受的修辞学训练,以及圣奥古斯丁在《基督教教义大全》中所认识到的修辞学在宣讲基督智慧的布道活动中的必要性,无疑有助于确保修辞学在阿尔卑斯山以北地区保存下来。13和14世纪的新托钵僧团对此给以了最充分的佐证。但是,值得注意的是,在阿尔卑斯山以北,由于托钵僧在巴黎大学、牛津大学和其他大学中的重要地位,争论对修辞学的地位没有任何影响,对于13世纪中期亚里士多德《修辞学》的翻译也没有影响。修辞学仍然是三艺中另外两门的辅

---

⑫ M. Carmago, 'Rhetoric',有书目 in Wagner (ed.), *Seven Liberal Arts*(注释 6),97-124; Murphy, *Rhetoric* (注释 7).

⑬ Murphy, *Rhetoric* (注释 7).

助学科，在新诗体文法中与文法相重叠或像波依休斯在关于主题的论文中所做的那样，从属于辩证法。在牛津大学，修辞学教学是用一整套教材；而在巴黎大学，修辞学的学习被限制在第四册和最后一册，并且在罗马教皇的使节库尔松的罗伯特于 1215 年制定的第一部章程中做了规定，与四艺和哲学一起被贬低到公共假日学习的一类科目。虽然西塞罗一直是必读的，而且在 12 世纪，听写在奥尔良和图尔斯兴盛起来并在北欧和意大利被广泛用来满足法律和行政管理的需要，但是正是在意大利，听写法得到了长足的发展。在意大利，到 13 世纪中期，听写法进入了一个具有创造性的时期，修辞学日益成为公众课程。考虑到 13 和 14 世纪逻辑学意义深远的发展，以及文法和修辞学的有限发展，可以说三艺的主要组成部分到 12 世纪中期在没有外来添加物的情况下就已各适其位，并且在 13 世纪初就以这样的形式进入了文学院的课程。此外，音乐也成为一门学术科目，波依休斯关于音乐的论述（《论音乐》）和马提努斯·卡佩拉著作中论音乐的部分是其主要的内容来源。⑭

翻译运动的影响

13 世纪改造文科课程的翻译运动始于 10 世纪的西班牙，在那里，奥里亚克的热尔贝，即未来的教皇西尔维斯特二世（999—1003），最早开始把
阿拉伯数字和天文学知识介绍到西欧。他早期曾在加泰罗尼亚学习，在那 317
里掌握了这些阿拉伯知识。⑮然而，只是在 12 世纪穆斯林重新征服西班牙以后，西班牙才成为阿拉伯文本的主要来源。另一个主要地区是意大利南部，尤其是卡西诺修道院和萨莱诺，西西里地区和君士坦丁堡。前者是阿拉伯、希腊和拉丁文化的交汇处，阿拉伯和希腊医学著作（包括盖伦的著

---

⑭ T.C.Karp, 'Music', 有目录 in Wagner (ed.), *Seven Liberal Arts*（注释 6），169－217.

⑮ 最早的研究是由 C. H. Haskins 所作，*Studies in Mediaeval Science*（Cambridge, Mass., 1924; 2nd edn, 1927; reprint, New York, 1960）；C. H. Haskins, *The Renaissance of the Twelfth Century*（Cambridge, Mass, 1927; reprint, New York, 1957），278－302. 最近的权威版本是由 M.T. d'Alverny 所作，'Translations and Translators', in *Renaissance and Renewal*, 421－462. 关于阿拉伯人的贡献：G. Beaujouan, 'The Transformation of the Quadrivium', in *Renaissance and Renewal*, 463－468.

作)的最早翻译是在那里完成的。从广义上说,西班牙是阿拉伯文翻译的主要中心;君士坦丁堡和意大利是希腊著作翻译的中心,而西西里则是兼有阿拉伯和希腊著作的翻译。与以前长期持有的观点相反,翻译运动的时间顺序并非是先阿拉伯后希腊,它们是同时进行的;并且,就亚里士多德著作的翻译而言,[16]其最早的译著是由威尼斯的詹姆斯在 1125 至 1150 年之间直接从希腊文翻译的。这些译著包括新逻辑,《物理学》、《论灵魂》,《形而上学》的一部分(至第四卷,第四章),以及一些篇幅较短的生物学论文。在 12 世纪,译自希腊文的亚里士多德的其他作品,包括几乎完整的《形而上学》(除第十一卷外)译作(在 13 世纪中期以前它仍不为人知晓),还有《论出生与死亡》,《尼各马科伦理学》的第二、三卷(这是已知的亚里士多德两部伦理学著作中的一部,不包括取自《论好运》文集中《幸福伦理学》一章,其翻译的时间是 13 世纪),以及詹姆斯曾经译过的一些著作的重译。在西班牙,到 12 世纪晚期,克雷莫纳的热拉尔——他是那个世纪最多产的阿拉伯文翻译家,在 1187 年之前也翻译了《分析后篇》、《物理学》和《论出生与死亡》,以及新发现的亚里士多德的作品《陨星》和《天国》,后两部著作得到了广泛传播。

至 12 世纪末,亚里士多德作品的主要部分都已被译成拉丁文,其中大部分译自希腊文,在余下的未被翻译的作品中,《伦理学》约在 1246 至 1247 年之间由罗伯特·格罗斯泰特完全译出。而后,在 1250 至 1260 年间,大约是由莫尔贝克的威廉对格罗斯泰特的修订版本进行了重新修订;在 13 世纪中期的数十年间,莫尔贝克的威廉对几乎所有译自希腊文的亚里士多德著作的译本进行了修订。他还于 1260 年前后首次翻译了《政治学》,于 1278 年译出了《诗论》。前一本书对其后的政治学理论的发展意义
318 重大;而后者则一直到 15 世纪才产生影响。威廉还翻译了一些亚里士多德文献的早期希腊评注者的作品,如西里西亚的辛普利修对《范畴篇》的评注,约翰·菲罗帕纳斯和提密斯提斯对《论灵魂》的评注,这具有一定的意义,但是也许其中最重要的是普罗克洛斯的《神学要素》,这是一部于 12 世纪由克雷莫纳的热拉尔译自经过修订的阿拉伯文概要,它和《原因之书》一

⑯ 一个综合调查:Dod,'Aristoteles Latinus'(注释 10),45—79.

样在13世纪成为广为人知的文献。在13世纪的前半期，这部著作通常被归于亚里士多德并成为巴黎大学文学院的指定读本。在13世纪，很多人对此书做了诠解，包括托马斯·阿奎那（他确信它是莫尔贝克的威廉的译作）、布拉班特的西热，他是巴黎大学文学院哲学学科自治的主要领导者，曾一度是阿奎那的对手。《原因之书》的影响及其全部衍生物，包括它对阿奎那的影响，以及它在把亚里士多德思想与一种完全不同的新柏拉图主义的联系上所起的作用，仍有待于研究。

《原因之书》只是亚里士多德与非亚里士多德著作（其中许多来自阿拉伯和不同的文化起源）早期关系的一个最为惊人的事例。必须注意的是，在那时，亚里士多德的著作只是一个非常宽泛、庞杂的文本集合体中的一种成分（虽然在相当长的时间它是一种决定性的成分）。它们不仅包括大量非亚里士多德的希波克拉底和盖伦的医学、托勒密和阿拉伯的天文学和阿拉伯的数学，还把阿尔－法拉比、阿维森纳、伊本·加比罗尔以及迈蒙尼德斯作品中独立的哲学体系呈现给了基督教的西欧。这里仅提及最为著名的一些人，他们在不同程度上是对柏拉图主义和亚里士多德主义的调合，因此影响到对亚里士多德自身体系的解释。这种调合无疑有助于说明接受亚里士多德思想的迟缓性，尤其是在巴黎。[17]尽管阿维森纳的哲学著作与他的逻辑学著作是并行的，在13世纪30年代的文学院就被阅读，然而阿维森纳的形而上学、宇宙论和心理学的影响则更为明显，特别是对于那些毕业于文学院的人的影响，他们把哲学问题纳入他们的神学评注之中，这种做法在13世纪非常普遍。

阿威罗伊（伊本·路西德）是亚里士多德著作最为卓越的评注者，其影响甚至更为突出，特别是在13世纪60年代至70年代的巴黎大学文学院中。13世纪20年代至30年代，他对亚里士多德著作的一系列评注就在西西里被翻译，译者可能是迈克尔·斯科特；通常，就像亚里士多德的《形而上学》那样，总是伴随着对受到评注的文本的翻译。阿威罗伊遣责那些仅仅 319
出于接受的目的，向西欧提供阿拉伯译本并根据阿拉伯哲学术语解释亚里士多德的前人（特别是阿维森纳），决心恢复真实的亚里士多德。由于阿威

⑰ 关于主要的阶段：F. van Steenberghen, *Aristotle in the West* (Louvain, 1955).

罗伊全面而娴熟的处理，他的作品可以被当做权威，就像亚里士多德的主要哲学在13世纪后期和14世纪被当做权威授受一样；在所有拉丁文的评注者中，无人可与阿威罗伊比肩，当然，在13世纪后期之前，情况并不是这样。但由于著作中的非基督教暗示（这些暗示出自在文学院中教授的可疑学说并通过翻译普遍应用于希腊和阿拉伯哲学），他遭到了抵制，并在13世纪70年代的巴黎遭到责难。但是，这只是出于神学对这些著作做出的一种极端反应；对于这些著作的重要性，当时只认识了一小部分。大部分新的复杂的知识和哲学概念被逐渐吸收进自由学科，这种情况主要出现在巴黎大学和牛津大学的文学院中。接下来我们就来讨论这个问题。

吸收期（13世纪）

13世纪文学院的历史主要是逐渐拓宽课程和研究及著述的范围，以适应新知识的发展。[18]对亚里士多德哲学的逐渐吸收、对亚里士多德著作与这些著作的阿拉伯文译本和评注（其中包括一些亚里士多德著作的伪作，例如《原因之书》）进行的区分，仅仅是这个过程中的一部分；这个过程还扩展到了整个非亚里士多德科学。亚里士多德所做的工作就是用共同的词汇构造一个共同的理论框架，提出了科学就是一种有组织的知识体系的概念，这个体系是一种有着不证自明的原理、结论，并且是一种以形式和质料的形而上学为基础的综合的自然哲学和宇宙哲学，由此产生了一种关于存在的定性的和非数学的概念，这取代了12世纪占优势的基于数量的柏拉图主义者蒂迈欧的宇宙哲学，并决定了随后的自然科学的发展。与此同时，亚里士多德提供了实在的知识，并为每一个经过证明的知识分支提供了框架。没有一个人能够做得比他更多，他对中世纪中期和后期知识生活的影响随处可见，就像此前他对伊斯兰世界的影响一样。即使如此，在亚里士多德知识体系之外，还有很多知识有效地保存了下来，包括四艺各科，更不用说医学了；正如我们所看到的那样，在三艺中，文法和修辞学有
320 别的来源，逻辑学的许多方面的形成都是独立的，其发展在很大程度上可

[18] E. Gilson, *History of Christian Philosophy in the Middle Ages* (London, 1955), especially 250ff.

归因于斯多葛学派和其他非亚里士多德学者的影响，诸如通过波依休斯传播的波菲利的影响。⑲

至于文学院，我们必须区分两种对新知识的正式反应，一方面是在教会当局和在课程指定科目中的反应，另一方面是实际在进行的研究和著述。这种区别尤其适用于作为自由学科和神学重镇的巴黎大学。在那里，对新知识的一系列正式反应的开端是在1210年的森斯会议上，这次会议特别禁止公开或私下讲授亚里士多德的自然哲学著作；也许是过于关注阿维森纳，也查禁了他对亚里士多德的评注。⑳1215年罗马教皇的使节库尔松的罗伯特在对文学院所作的有关规定中重申这项禁令；㉑在1228年㉒和1231年㉓教皇格列高利九世再次提及它。但是到后来，在悬而未决的审查和那些著作中的错误被全部清除之后，这些著作立即被用于教学。在巴黎大学文学院课程中学习它们的最早证据，来自于当时一个佚名学生关于考题和阅读书目的笔记，按其重要性，书目的排列顺序是逻辑学、文法和伦理学，其中以逻辑学最为重要，但不知这是否就是学习它们的信号。㉔课程还包括形而上学和自然哲学，但作为非考试科目，其中所提及的书籍有亚里士多德的《形而上学》(《原因之书》被当做该书的第三部分)、《物理学》和其他关于自然哲学的著作、《伦理学》的前三篇、欧几里得的《几何原理》及托勒密的《天文学大成》；所有这些新知识，与波依休斯的《哲学的安慰》和代表早期实践哲学和自然哲学的《蒂迈欧篇》一起都被加入到自由学科里。它还包括了一个以波依休斯的理性的、自然的和道德的三部分为划分依据的哲学导论，尽管这种改变不是新的，却显示出需要一个容纳新知识的更广泛系统的意识。

---

⑲ 例子见 Ebbesen，'Ancient Scholastic Logic'(注释 8)，124－127.

⑳ *CUP*，vol. Ⅰ，70，no. 11.

㉑ *CUP*，vol. Ⅰ，78，no. 20.

㉒ *CUP*，vol. Ⅰ，114－115，no. 59.

㉓ *CUP*，vol. Ⅰ，136—139，no. 79.

㉔ 被记述在 M. Grabmann，*Mittelalterliches Geistesleben*，vol. Ⅱ (Munich，1936)，183－199. 在默顿学院图书馆的14世纪早期的哲学文本目录中，发现了一个世纪以后牛津的一个相同的案例，其有85个记载，远远超出了文科院系所规定的书本的数量。J. Fletcher，'The Faculty of Arts'，in *History of Oxford*，376；P. Kibre，'The "Quadrivium" in the Thirteenth Century Universities'，in P. Kibre，*Studies in Medieval Science*(London，1984)，175－191.

人们或许可以把这个自然哲学的简要附录当做是无关紧要的标记，或许把它当做自然哲学在13世纪30年代的巴黎大学立足的根据，但无可争
321 议的是，这个指南表明人们曾经读过和研究过它。这一点在同时期的欧塞尔的威廉、教长菲利普以及奥韦涅的威廉等神学院教师的作品中，都得到了佐证；他们都谈到了亚里士多德的一些自然哲学著作以及阿维森纳，在奥韦涅的威廉的作品中涉及的内容尤为广泛。在神学著作中包含哲学是牛津大学和巴黎大学的特征。世俗的神学教师(他们并不是宗教团体的成员)在文学院中学习哲学。作为神学课程的两大组成部分之一，对《格言集》的神学评注成为形而上学和道德哲学的主要存身之处；文学院与神学的联系非常紧密，特别是在巴黎大学。

从1210年森斯会议颁布禁令的方式中可以看出这种联系。这个会议由科贝伊的彼得主持，他在12世纪最后数十年内一直是巴黎大学的神学和教会法教师。他的几位继任者也一直担任这种角色。著名的斯蒂芬·腾皮尔，作为巴黎的主教，他对1270年和1277年的两次对异教学说的谴责负有责任。同样的情况也出现在牛津大学，一些前牛津大学和巴黎大学神学院的教师，例如罗伯特·基尔沃比于1277年、约翰·佩克汉姆于1284年分别以坎特伯雷大主教的身份在较小程度上重复了同样的行为。但是，应当注意到，1210年、1215年、1228年和1231年的禁令仅适用于巴黎大学；在牛津大学，对亚里士多德和其他新文本的公开研究并未受到干涉；在1229年由教皇格列高利九世建立的图卢兹大学，这种研究因其吸引力而得到积极的推行。㉕

13世纪中期之前，在巴黎大学和牛津大学，对这些文本以及自由学科整体学习的开始时间是含糊不清的。在1215年库尔松的罗伯特为巴黎大学制订的最初章程中，规定的文本被限制在旧逻辑、新逻辑和所有普利西安的文法。多纳图斯的第三篇也在可选之列。如上所述，不明确的四艺科目(这个术语在巴黎仅被使用过一次)是为公共假期保留的(如果那时没有什么别的可教或可辩论的内容)，还有波依休斯的《论主题》的第四篇和亚里士多德《伦理学》的已知部分。连同所实施的对自然哲学学习的禁令，这

㉕ *CUP*, vol. I,129－131,no.72.

些早期正式课程狭窄的内容范围和保守的特性或许反映了13世纪早期巴黎大学(牛津大学也一样)新知识的不成熟状态。

1252年巴黎大学英—德同乡会的教学大纲得以保留下来;㉖唯一添加的内容便是亚里士多德的《论灵魂》。我们不应该太过关注这个内容的出现,因为那时自然哲学著作的汇编已经广为人知,并得到传阅。然而,《论灵魂》也许是13世纪60年代和70年代文学院中神学和哲学之间争论的最重要的唯一根源,这个争论在1270年和1277年的谴责中达到了顶点,因为它来自阿威罗伊关于文本的“大评注”(即逐行评注),它提出了所有人都有相同的智力,这或许是所有争论中最激烈的一个。 322

三年后(即1255年),随着新课程在整个文学院的传播,巴黎大学出现了正式的变化,这种变化是教学大纲总体改革的一部分,这个改革是为了改变因过于匆忙阅读课文而造成的准备不足的状况。㉗实际上,所有亚里士多德的关于自然哲学的主要著作,连同他的形而上学著作和一些亚里士多德的伪作(在它们之中有《原因之书》),现在都被纳入这一套教科书中,并且对它们的学习被整合出一个严格的时间表。这标志着巴黎大学对新知识的最终接受,即使只容许几周的学习。相比之下,正如它最初在库尔松的规定中被限制的那样,修辞学仍被局限在波依休斯的《论主题》,但是现在前三篇代替了唯一的第四篇。从13世纪后半期开始,对亚里士多德的研究从地下状态中走了出来,而且文本的数量激增。

上述情况同样也发生在牛津大学,那里没有像巴黎大学那样受自然哲学禁令的影响。幸存下来最早的教学大纲(1268)表现了一种类似的状况,即包括少量已确认为是亚里士多德的哲学著作或13世纪早期关于它们的评注。最为著名的是由约翰·布兰多所作的对《论灵魂》的评注。他是一位文科教师,大约1205年先在巴黎大学任教,后于1207至1209年在牛津大学任教,这本评注还引用了阿格里尔和阿维森纳的阿拉伯文作品,特别是罗伯特·格罗斯泰特对《分析后篇》的评注(包括格罗斯泰特科学证明的理

㉖ *CUP*, vol. I, 227–228, no. 201.

㉗ *CUP*, vol. I, 277–278, no. 246.

论)。[28]连同他关于光学的其他著作,格罗斯泰特促进了一种富有灵感的数学科学传统在牛津的开创,并在14世纪得到了最充分的发展。如上所述,在格罗斯泰特的广博学术活动中,包括对亚里士多德《尼各马科伦理学》最早的完整翻译,还有圣经学和神学方面的著作,这些著作与其说接近13世纪出现的思辨态度,还不如说更接近于12世纪的评注精神。[29]这种被格罗斯泰特认为是自然哲学和道德哲学侍从的精神扩展到了自由学科中。这种传统被格罗斯泰特的弟子们保持着,特别是罗杰·培根,他超越了格罗斯泰特和几乎所有他同时代的人,把数学置于逻辑学之上的首要位置,做为神学理解和学习所有知识的条件。[30]

323 从作为牛津大学圣芳济会的最早教师,以及1214年可能是牛津首任教长的格罗斯泰特,到在牛津度过其生命最后十年的培根,存在着一条贯穿13世纪延续不断的线索,它有助于使牛津大学形成它独特的自然科学研究方法,同时惠及古老四艺的所有学科以及物理学和宇宙哲学。相应地,逻辑学更强调术语的上下文意义和含义,而不是它们的纯粹形式特征,而在巴黎大学后者是关注的焦点,保持以自由学科的较为抽象的、纯思辨为特征。[31] 一般而言,逻辑学在文学院总是最强势的学科;在牛津大学,它的主要伴生物是自然哲学,与它有广泛联系的是数学和天文学,而不是道德哲学、心理学和形而上学,而这些学科在巴黎大学居于支配地位。

这些区别在这两所大学的正式课程中得到了印证。在巴黎大学,现存的涉及1350年前的数学和天文学的唯一线索,在盎格鲁—日耳曼同乡会*关于宣誓的有关章程中。但其中即没有确定数学用书,也没有规定具体的课程内容,但规定如果听了一百个小时的数学课,就能免修所指定的天文学课程著作——萨克罗博斯科的约翰的《天体》。[32]因而它们只被当做

㉘ A.C. Crombie, *Robert Grosseteste and the Origins of Experimental Science* (Oxford, 1953).

㉙ J. McEvoy, *The Philosophy of Robert Grosseteste* (Oxford, 1982).

㉚ Kibre, ' "Quadrivium" ' (注释24), 177 - 179.

㉛ 关于13世纪牛津大学的科学和逻辑学的相关章节,见 J. A. Weisheipl and O. Lewry in *History of Oxford*.

* 原文如此,此前用的是"英—德同乡会",见原文第321页——译者。

㉜ *CUP*, vol. Ⅱ, 678, no. 1185.

是替代品。在1407年之前，牛津大学没有人提到亚里士多德的《形而上学》一书。[33]另一方面，在1350年之前，它就非常关注数学和天文学。1340年的规章明确指定了萨克罗博斯科的约翰的三篇论文、欧几里德的《几何原理》和波依休斯的《算术》，再加上亚里士多德的著作（包括《政治学》）以及其他公认的权威，如多纳图斯和普利西安的著作。[34]几乎一个世纪以后，到1431年，托勒密的著作——现在通常叫做《天文学大成》和13世纪无名氏的《行星理论》，[35]以及阿尔哈森的光学论文（他的著作在12世纪由阿拉伯文翻译过来），还有13世纪波兰科学家威特罗的著作，都已被增列其中。[36]威特罗的名字对于独特的牛津科学传统是有特殊意义的，因为他是格罗斯泰特和培根在光的特性和效果方面研究的直接继承人。

然而，就像巴黎的牛津的章程没有表现出巴黎当时不同的关注点或文 324
科分支学科不同的发展一样，牛津的章程中也没有表现出这种传统，因为它们规定的是课程的正式要求，因此，仅仅关注获得学士或硕士资格所需的那些教材的教与学。相应地，它们公布的是最低标准，远未达到足够大的范围，[37]正如我们在无名氏所作的巴黎大学文学院课程指南中所看到的那样。在这些指定的著作中，有欧几里德的《几何原理》和托勒密的《天文学大成》，它们在13世纪尚未在巴黎大学正式出现，两个世纪后才在牛津大学正式出现。但是那些章程本身有时意味着附加文本的存在，既有选修性的，如巴黎英—德同乡会的同类章程中列出的波依休斯的《哲学的安慰》，也有替代性的，如一百个小时的数学讲座可替代萨克罗博斯科的《天体》。而牛津大学的章程是为那些无需参加辩论，从而花费额外时间听更多课程的人制定的。[38]

然而，首先，文学院自身拥有各种资源，如大量的教科书、论文、评注以

[33] S. Gibson (ed.), *Statuta Antiqua Universitatis Oxoniensis* (Oxford, 1931), 193.

[34] Gibson (ed.), *Statuta* (注释33), 33－34.

[35] 至于中世纪天文学发展的描述，见：O. Pedersen, 'The Corpus Astronomicum and the Traditions of Medieval Latin Astronomy', *Colloquia Copernicana*, 3(1975), 57－96.

[36] Gibson (ed.), *Statuta* (注释33), 234－235.

[37] A. C. Crombie, *Medieval and Early Modern Science*, vol. I, (New York, 1959), 99－111.

[38] Gibson, (ed.), *Statuta* (注释33), 26, 34.

及从各种水平的自由学科课程中产生的有争议的问题和大部分未编辑的成千上万的手稿。它们从13世纪早期开始零星出现，到13世纪末已汇聚成流，并延续到15世纪，一度成为吸收翻译运动所带来的新的希腊—阿拉伯作品，并对这些作品作出不同反应的手段。由此，作为学习和解释的工具，文学在很大程度上塑造了自由学科随后的发展，正如在高级学院中它们的对应部分塑造了其科目一样。由于文学院在初学者所在的学院中占支配地位，因此它产生的大部分结果具有最基础的性质，尤其是在逻辑学、四艺科目和自然哲学这些主要焦点方面，新入学者都缺乏预先的基本训练。但是这也是学习更高级学科的出发点，这个出发点在13世纪后半期更趋于成型与丰富，并在14世纪得到最充分的发展。这种进步的典型例子可以通过萨克罗博斯科的著作和通常与这些课程相联系的基础课本在天文学和数学中所起的作用中找到。

在其他学科中也存在着可资比较的演变，虽然不像天文学的演变那样
325 清晰明了。与逻辑学不同，天文学是小学科，它新获得的数学特征把它与亚里士多德物理学支配的宇宙论区分开来，这种宇宙论使得每一个没有数学知识的人也能够对其评头论足。所有主要学科共有的特征是，一套文本和权威的逐渐成型，以及不同的观点和学说派别的增加，这种不同不仅应出现在大学内部，而且应出现在大学之间，正如我们所提到的巴黎大学和牛津大学的情况那样。在两所大学的诸多分歧中，对待非亚里士多德知识的不同态度较为明显，从它们对萨克罗博斯科和格罗斯泰特截然不同的反应中看到这一点。巴黎大学，在流行的亚里士多德文本（这是由文学院1250年制定的）中，是找不到萨克罗博斯科的名字的，但在巴黎大学内外，他的影响都很大；牛津大学，通过其开创的独特的科学传统，格罗斯泰特使自己的名字和影响在生前非常显著，在身后更是显赫。正是从这样个体的和群体的不同反应开始，作为知识的另一类分支，自由学科才得以演进。

学习过程

这种演进恰好是与文学院中学习过程相联系的。学士和硕士学位是

其主要组成部分,它们各自有单独的要求。没有证据显示对进入一所文学院有任何的正式要求,但我们也推测为了完成学习过程,需要有基本熟练的拉丁文应用能力,并了解一些数理知识。在巴黎大学,1215 年库尔松的罗伯特制订的章程规定硕士毕业的最低年龄为 20 岁;1252 年盎格鲁—日耳曼同乡会的章程重申了这条规定,并且规定修业年限为 6 年,入学的最低年龄为 14 或 15 岁。后一个规定可能延续了相当长的时期,但是修业的年限可以依据个人情况而变化,并允许有一年时间的伸缩。在牛津大学,标准的修业年限一般似乎是 7 年,并且在整个中世纪都是如此,尽管在几乎所有别的地方都出现了修业年限减少的趋势。

在巴黎大学,第一个关于学士学位的正式规定出现在 1252 年英—德同乡会的章程中。[39]牛津大学的此类规定可以追溯到此后不久,[40]尽管硕士与学士之间的区别在这些规定之前就已存在,并且在 1215 年库尔松的罗伯特制定的巴黎大学章程中已被确认。[41]在这两所大学中,学士的资格须经过四年学习之后方可获得,前两年用来听课和参加辩论,后两年还要 326
在一名导师的监督下参与辩论,学生必须选修这个导师的文科课程,而且他还可能住在这个导师的家里;与意大利的学生大学相反,意大利的教师有自己的社团或行会,因而是独立的。

讲座和辩论是两种正式的教学和训练方式,尽管还有一些非正式的方式,如复习课和个别指导,以及中世纪晚期在会堂和学舍中可能日益增多的其他正式模式。[42]

文学院的讲座,同其他学院一样,都是基于指定的课本。它们被划分为硕士讲座(普通讲座)和学士讲座(粗略讲座)。普通讲座更加细致和更具分析性。它们包括硕士首先阅读要讲的课文并阐释它,其次思考任何值得注意的要点,最后,如果有必要,还可提出任何产生于这个文本且不偏离

---

[39] *CUP*, vol. I, 227 – 232, nos. 201, 202.

[40] Gibson (ed.), *Statuta* (注释 33), 25.

[41] G. Leff, *Paris and Oxford Universities in the Thirteenth and Fourteenth Centuries* (New York, 1968), 147.

[42] Fletcher, 'Faculty of Arts' (注释 24), 378.

文本主题的问题。[43] 粗略讲座接近于释义，是普通讲座的补充（粗略讲座往往被安排在早上固定的时间），并且是作为见习教师的学士自我培训的一部分；它们也许还会作为特别讲座由硕士主持，作为扩展课本范围的一种方式。

硕士和学士还有相应的辩论，在辩论中会争论一些问题，反方和正方依次提出反对意见和答复，并以最后的观点或结论而告终，而这似乎总是硕士的特权，除了学士考试或四旬斋期间的争论。辩论本身有两种，基于逻辑学和基于数学学科或来自于三种哲学的学科——这是与符号知识相反的真实知识的分支；但在实际上，尤其是在牛津大学，往往是基于自然哲学。

在巴黎大学和牛津大学，攻读学士学位的学生除了每天必须聆听他们自己导师的普通讲座之外，还必须参加每周一次的辩论；并且在大约两年之后，他们自己也要参与辩论。在这两所大学中，还包括对逻辑争论中的异议和问题作出答辩的义务。在英一德同乡会章程中，完成第一个任务需要二年，完成第二个任务需要一年；在牛津大学，在能进行“问题答辩”（*responsion*）之前，必须要花整整一年的时间进行逻辑辩论，那是因为这两种论辩不能同时进行；而在巴黎大学，它们似乎能够同时进行，在那里并没有
327 这样的规定。但另一方面，在牛津大学，逻辑辩论中的回答问题也可以由花费更长的时间听讲座（包括《分析后篇》的讲座）来替代。[44]

然而，问题答辩是不可能免除的，为了获得进入最终考核的资格，在某个时间必须进行（这个时间根据不同时期而有所变化）。人们对答辩的确切性质和地位仍存有争议。在牛津大学，答辩问题时要用答辩者这个称号，正如诡辩家的称号是给在三年级时进行逻辑答辩的那些人的那样，这个称号通常用来描述第四年或最后一年的大学本科生。[45]在牛津大学，学士在他们最终考核的练习期间也可能参加辩论；在巴黎，如果要进行最终考核，这个练习则会从一个四旬斋拼读到下一个；再迟一些时候，为了获得

[43] Gibson, (ed). *Statuta* (注释 33), 236，提供了自 1431 年以来的记录，更为简洁地提供了 1407 年或之前的记录。

[44] Gibson (ed.), *Statuta* (注释 33), 26.

[45] Gibson (ed.), *Statuta* (注释 33), lxxxix.

在下一个四旬斋进行最终考核的资格，他们还要在圣诞节前参加硕士辩论并当众回答问题。[46]同时，在牛津，问题答辩有自己的通过仪式，包括宣誓和答辩费用的支付，在所有的学位授予过程中都是如此。但是，这种仪式是否一直拥有独立的地位[47]或代表学士身份的授予[48]还不清楚。显而易见的是，这种答辩充当了一种准许进入最终考核程序的初步考试，而且那些被准许者一旦通过最终考核就会被认为是学士，他们要求在文学院中讲授一些书籍的申请会被准许，这也是一个学士的主要职责之一。而且在牛津，在最终考核时，他们似乎已经履行了这个职责。[49]

在牛津，是否获准进入最终考核，由文学院指定的四名摄政教师在四旬斋到来前做出决定；它意味着进入课程的第二阶段和高级部分，即为硕士学位做准备。候选人必须发誓他们要参加所有规定的讲座和辩论，并参与必要的练习，包括问题答辩；考虑到会存在偏袒情况，宣誓还要由硕士和学士作证。那些取得许可的学生必须在四旬斋期间的每个下午参与逻辑学辩论，除了星期五(那是安排给文法课的)。辩论是为硕士学位做准备的，并且只有少数人参加，这些人都是完成第一部分课程之后仍留在文学院的；正如他们的名称所示，仲裁人要发挥教师的作用，决定或解决争论的问题，这涉及到对问题(这是由反方——另一位学士或学生回答的)的最初辩驳。

在第五年完成了最终考核之后，学士要用那一年剩下的时间和随后的 328
两年参加硕士和学士的辩论，并在下午粗略地讲授由他的老师指定的课本(两种逻辑学和一种自然哲学著作，都是从亚里士多德有关自然的著作中选出来的)。相应的辩论也围绕着逻辑学和自然哲学进行，尽管在牛津大学的章程中有一处提及了自由——对辩论的论题——提问，[50]但还没有任何迹象表明确有其事；而神学院的情况则与之相反，在那里，它们有独立的文献。在七年结束时——或者，对于那些没有进行最终考核的人是八年

---

[46] Rashdall, *Universities*, vol. I, no. 4, 452，引用 CUP, vol. I, 530 – 532, no. 461.

[47] Gibson (ed.), *Statuta* (注释 33), lxxxix.

[48] Fletcher, 'Faculty of Arts' (注释 24), 380 – 381.

[49] Gibson (ed.), *Statuta Antiqua* (注释 33), 28.

[50] Gibson (ed.), *Statuta*, 32.

——学士由他的老师推荐给教长以获得硕士学位证书。这使得相当多的老师对候选人的道德、学习和考试成绩进行一系列更仔细复杂的考察；除了规定酬金和他保证完成所有必需课程的宣誓(包括粗略讲座)，学士还必须在文学院承担开普通讲座并在随后两年主持辩论的义务，这是一项针对文学院庞大的人数和变化无常的成员所做的特别规定。

成功的候选人这时会获得硕士学位证书并在硕士学位授予仪式上正式地被承认为一名硕士，在这个仪式上，他要邀请所有的摄政老师参加。仪式分为两个阶段：第一阶段是在某一天的晚祷时间，要举行演讲，还有一场庄重的辩论。在辩论中，候选硕士要向主持的教师做出一般性的答辩。第二阶段是在第二天，届时候选人佩带职衔的象征标志并且以他的新身份行事，首先发表一个简短的就职演讲，然后主持一个辩论，其间要争论两个问题，记录问题并且对各个问题提出异议，最后评判它们。[51]由此，他就完成了他首次身为教师的演讲和辩论活动。然后，他就完全成为文学院的成员。

中世纪后期的发展

文学院的各种成果反映了对作为评注、问题和论文的主要来源的逻辑学和物理学的重视。逻辑学总是处于支配地位，但在 14 和 15 世纪，自然哲学的地位逐渐上升。对于这两门学科而言，14 世纪的前三分之二时间
329 是它们在整个中世纪发展的顶点，它们各自的发展方向都是从牛津大学到巴黎大学，与推理文法的其他主要活动不同，文法的进展大体到 1300 年以后就停止了(尽管它在随后五十年间的巴黎大学仍然很有影响)。在逻辑学中，论题的范围从早期固有的悖论、术语的本质特性和非自足的术语(它们经常被合并在一起)，扩展到后来的义务和结论(条件命题)的论题，还有对亚里士多德新逻辑的吸收(如三段论、证明和谬误)，其中最后一项，

---

[51] J.A. Weisheipl, 'The Curriculum of the Faculty of Arts at Oxford in the Early Fourteenth Century', *Mediaeval Studies*, 26(1964), 164 – 165；又见 J. A. Weisheipl, 'Developments in the Arts Curriculum at Oxford in the Early Fourteenth Century', *Mediaeval Studies*, 28 (1966), 151 – 175.

与程式命题和未来可能的事件(主要与有关上帝知识的神学问题有联系)一起,在14和15世纪日益受到关注。上述这些不同领域既被分别处理又被整合到更为普遍的逻辑学著作中,通常是作为导言和教科书,例如由舍伍德的威廉和彼得勒斯·希斯帕纳斯(教皇约翰二十一世)在13世纪完成的著作,彼得勒斯·希斯帕纳斯是中世纪最为流行的逻辑学教科书的作者,他的著作完全不同于近一个世纪后奥卡姆的威廉和伯利的沃尔特的著作。这两类著作之间的差异表明,作为13世纪的概要中主要的非亚里士多德成分的早期固有的术语逻辑学,是如何超越了亚里士多德,并在14世纪前期扩展为包括命题的逻辑学。[52]

自然哲学的内在发展始于14世纪前期的牛津大学,这种发展是格罗斯泰特和他学生们的数学与科学传统的延续。在14世纪的第二和第三个25年里,它与所谓的牛津计算者(*calculator*)们有密切联系,主要是在默顿学舍。它的开端是托马斯·布拉德沃丁的著作《均衡论》,此人试图凭借一种新的数学工具,把亚里士多德关于运动物体速率的观念发展为与运动力成正比、与中间阻力成反比的观点。布拉德沃丁的例子激发了默顿人把运动物体在速度上的各种不同的运动和变化系统阐述成数学法则,[53]以及去测量物理特性强度的变化,诸如物体的冷热和它们发生变化的起初和最终状况。随着逻辑学的发展,他们从亚里士多德物理学的定义中找到了出发点(这些定义主要包含在亚里士多德的《物理学》中),并且第一次以一个定性的公式进行定量的解释。为了这个目标,14世纪50年代,奥雷姆的尼古拉斯在巴黎发明了一种图解计算方法,他是巴黎大学文学院的逻辑学家和自然学家群体中的一位杰出成员。在14世纪的40年代至60年代间,他成功运用了牛津计算者们的绝大多数概念。牛津计算者的奠基人约翰· 330
比里当是从14世纪20年代至少到50年代末这三十多年间文学院的领导人物,他是最早运用唯名论逻辑学的牛津逻辑学家,并对此做出了重要贡献。在他的原动力理论中,他还对晚近复苏的关于强力运动或抛射运动的解释下了一个持久的定义,认为它是由一种压力引起的,而不是像亚里士

[52] 关于那些发展参见 Kretzmann, Kenny, and Pinborg (eds.), *Cambridge Medieval Philosophy* (注释8),第4和第5部分。

[53] M. Clagett, *The Science of Mechanics in the Middle Ages* (Madison, 1961).

多德所认为的那样由其所穿过的空气的一些因素引起的——亚里士多德的观点经过奥雷姆的尼古拉斯和他在巴黎的同事的修正而被人们所接受。

默顿人和巴黎的学者们共同创造了一系列数学方法和力学术语,其中一些在16世纪被伽利略和他的同时代人所运用。尽管仍受亚里士多德定性分类的影响,尽管中世纪的后继者们缺乏经验的应用,但也已朝着以测量和计算为基础的物理学迈出了第一步。在14和15世纪,逻辑学家和自然哲学家的影响通过意大利和西班牙的文学院和北欧的新建大学得以扩展;在当时,文学院的一些最杰出的成员前往这些新建大学,他们中的萨克森的阿尔伯特和英格汉的马西琉斯担任了维也纳大学和海德堡大学的首任校长。

除了关于逻辑学和自然哲学的论文、问题和评注之外,他们在逻辑和计算活动中采用的最普遍的形式之一是诡辩术,即关于有疑问的陈述或悖论的独立的逻辑质疑,通常包括一种非自足的词汇诸如"此外"、"开始"、"结束",它们均能够被逻辑和数学地加以处理。[54]由于逻辑的主题辩论要求所有本科学生必须参加,他们选择固定文本的自由只能使诡辩术成为辩论物理学问题(诸如热、冷或颜色的物理特性的最初和最后的变化)时最普遍使用的工具。诡辩术文献所产生的丰富成果或许是中世纪最后两个世纪文学院主要的理智和学术变化趋势的最为完整的记录,对这些原始资料的研究才刚刚开始。但是,它们仍然是占支配地位的逻辑问题。[55]正如一些成熟学者的著作——例如默顿学者海蒂斯伯雷的威廉,在大约1335年为第一年学习逻辑学的新生写的用以解释诡辩术的《规则》一书——显示了中世纪晚期文学院的另一个特征:即以自由学科为职业的趋势,尽管写作这些著作的人(例如海蒂斯伯雷的威廉和奥雷姆的尼古拉斯)大多毕业于神学院。持续追求自由学科的能力——尽管在前几个世纪没有先例可
331 寻——在某些方面可能要归因于巴黎、牛津和剑桥的自治学舍的建立;在两个英国大学的某些学舍(例如默顿学舍、新学舍、国王学舍等)都对自由

---

[54] N. Kretzmann, 'Syncategoremata, exponibilia, sophismata', in Kretzmann, Kenny, and Pinborg (eds.), *Cambridge Medieval Philosophy* (注释 8), 211 - 253.

[55] E. D. Sylla, 'The Oxford Calculators', in Kretzmann, Kenny, and Pinborg (eds.), *Cambridge Medieval Philosophy* (注释 8), 540 - 563.

学科的学习做出了规定。在 14 和 15 世纪的意大利，自由学科被吸收到人文学者的教育计划中，并在 15 世纪末和 16 世纪初向北扩展到巴黎和剑桥以及其他大学。

逻辑学和自然哲学的独特发展之外，还有广泛的与之相联系的教义和哲学问题的发展。关于这方面，在 14 世纪的前三分之一时间里有一个可以察觉的变化，这种变化也发端于牛津大学和与牛津大学有关系的人，并且在 14 世纪 30 年代传至巴黎。然而，尽管这些主要领域——形而上学、道德哲学、宇宙论、心理学、认识论——都属于自由学科，但由于它们与神学的紧密联系，对它们的安排并不限于文学院。它们不仅是任何神学观点不可分离的成分，也被收入《格言集》的评注中——《格言集》是神学院的标准神学教科书（见本书第十三章"神学院"），而且也包含在许多其他种类的著作中。神学家（特别是那些在各自宗教场所研究自由学科的宗教团体成员）在整个 13、14 世纪和 15 世纪都处在这些领域发展的最前列。因此，把哲学问题从神学问题中分离出来是人为的；并且，很多是实质性的问题（例如，存在的本质、世界的永恒、天体的力量、自由意志、通过内心启示获得的知识与通过感觉得到的抽象概念的关系，以及肉体与灵魂的关系），都是 13 世纪 70 年代巴黎大学和牛津大学的文学院争论的中心，由于它们的神学含义，这些争论随后导致了对可疑教义的谴责（见第十三章）。

发生在 14 世纪的转变远离了那些广泛的哲学观点而转向一种更严格的认识论观点，由更严格限定的证据和证明的观念来界定，并且由于在研究知识和实际运用中以形而上学的方法代替逻辑和哲学的方法而与唯名论和自然哲学的联系更为紧密。伴随着对在本性和皈依、拯救过程的偶然性的新强调，导致了哲学和神学在诸如美德、自由意志以及人类活动与上帝的全能、先知、宿命之间的关系以及与信仰有关的自然知识的范围等问题上有比较大的重叠。尽管由于两位曾在牛津大学学习的圣芳济会修士邓斯·司各脱（卒于 1308 年）和奥卡姆的威廉（卒于 1349 年）的努力，其中许多理论得到了传播，但是直到 15 世纪初期，他们背离传统的观念才开始 332
与新旧两条道路（"经由古代"和"经由现代"）发生联系，然后成为一个范围广泛的学派的一部分。[56]14世纪以缺少学派为标志，有的只是不同的个体从不同的组合中形成复杂的学说：唯名论拒绝普遍性，如人性；而逻辑唯名论拒绝术语所代表的不同意义；反对把亚里士多德十大范畴的规定解释为独立的实体或仅仅是对个别存在状况的描述；反对把认识论的问题确定为直接通过分类或通过想象对客体的认识。所有这些问题都不能由已划定"流派"的思想家群体以同样的方式一致地做出回答，这尤其适用于对两种唯名论（*Nominalism* 和 *Terminism*）的划分。到14世纪40年代，虽然有来自推理文法保守的支持者的反对（这些反对表现在1339至1341年间文学院有关新逻辑学理论的一系列公告中[57]），但在牛津大学和巴黎大学，日益增多的思想家大部分都是逻辑唯名论者，而比里当和伯利的沃尔特不是。

因此没有必要去做一个唯名论者或逻辑唯名论者，也没有必要成为计算家。例如布拉德沃丁，他是一位保守的神学家，根本不相信是奥卡姆引导了自然科学的新发展。他自己的那种对概念忽略不计的立场，完全不同于计算家通过想象中的实验得到的概念增殖，也不同于比里当的原动力理论（这种理论包括对压力补充概念的引入，超越了奥卡姆把运动简化为移动物体的概念，并与他对亚里士多德的十大范畴，而不是质料和实在的否定相一致）。在神学方面也有类似差异，包括自由意志、皈依、善恶和宿命，以及上帝给予中间者的赦免权（见第十三章）。

只是到14世纪后期，奥卡姆的追随者或唯名论者逐渐认同了新方法，并在15世纪初反对形形色色的托马斯主义、司各脱主义和阿尔伯特主义等学派的旧方法（或唯实论）。因此，在旧方法和新方法之间的区分，实际上就是神学、哲学与逻辑的区分，不仅包括它们基于自己的权威解决逻辑学和自然哲学问题的不同方法，而且还包括不同的观点。在某些大学里，如海德堡和因戈尔施塔特，这种划分割裂了文学院的完整性；[58]在大部
333 分阿尔卑斯山以南及以北的大学中，为这些不同的观点设立了不同的教

---

[56] W. J. Courtenay, 'Antiqui and Moderni in Late Medieval Thought', *Journal of the History of Ideas*, 48(1987), 3–10.

[57] W. J. Courtenay and K. H. Tachau, 'Ockham, Ockhamists and the English–German Nation at Paris, 1339–1341', *History of Universities*, 2(1982), 53–96.

[58] Rashdall, *Universities*, vol. Ⅱ, 253–254, 277.

席，这个过程一直持续到 16 世纪。只有在英格兰，在牛津和剑桥没有这样的划分，并且唯实论——主要是司各脱主义的学说，从未受到挑战。[59]

文学院与大学

在不同类型的大学里，文学院的组织结构和作用是不一样的。在较古老巴黎和牛津这样的北方大学还有剑桥大学，文学院占据着主导地位。与这些大学的其他机构和学院一样，它是一个教师的组织。但只是在巴黎大学，才有确定的学院结构。在那里，每个学院事实上是大学这个大社团中的一个法人团体，它有自己的议事会、选举产生的领导人、官员、章程、印章、金库、学校、聚会场所和守护圣徒。这些特征在文学院的四个同乡会中得到再现，作为最大的而且最具异质性的一个学院，文学院被分化了。四个同乡会分别是法兰西同乡会、诺曼同乡会、皮卡第同乡会和英格兰同乡会(后来为英—德同乡会)。这些同乡会都没有严格地与其名称相对应：法兰西同乡会包括意大利和西班牙的学生，英—德同乡会包括大不列颠诸岛的一部分、德意志帝国、东欧和斯堪的纳维亚的学生。这些同乡会是文学院的基本组成单位，教学、辩论、考试、取得许可证都是在同乡会中进行的，并得到被认可的摄政教师的指导，摄政教师管理同乡会，而学生则进入他们所在的学校。同乡会的责任是监督学校、每年聘任教师、确定他们的薪水(薪水从主要收入——学费中支付)，各个同乡会在各自商议之后共同决定课程和科目的组织。每个同乡会由一名会长领导，他是从教师中轮流选举出来的，通常任期为一个月，并由其他官员辅助，处理各种事务，包括财政、章程遵守情况和维持纪律。来自四个同乡会的四位会长轮流当选校长作为文学院的领导，他的任期为六周(后来改为三个月)，并且主持议事会。校长与会长一起控制议事会并组成学院的审议机构。在 13 世纪中期，校长成为整个大学的领导人，虽然也有来自高级学院的反对。[60]

文学院的领导权与大学领导权合并的现象为巴黎大学所独有，这起因

---

[59] D. R. Leader, 'Philosophy at Oxford and Cambridge in the Fifteenth Century', *History of Universities*, 4(1984), 25 – 46.

[60] Leff, *Paris and Oxford Universities* (注释 41), 51 – 67.

334 于13世纪初教师反对由教长担任大学领导人。从此,教长的权力被削减,只限于向通过相关学院考试的候选人颁发许可证。另一方面,在牛津和剑桥却从来没有这样的斗争,教长被认可为大学的领袖,并从大学的教师中产生。在其他大多数的大学中,在意大利、法国南部和西班牙的大学以及14和15世纪在北欧新建的大学中,虽然校长是领袖,但却不代表文学院。其他大学的同乡会也没有巴黎大学同乡会那样的法律地位。在牛津大学,尽管它非正式地以南北划分为基础并指定了两名会长(这是除校长之外的重要职位),但大学一直拒绝承认早期对南方人和北方人的划分。[61]正如在剑桥大学那样,这两名会长是整个牛津大学的代表。因此,这两所英国大学就缺乏巴黎大学那样的联邦因素,正如它们没有巴黎大学那样的规模和国际性一样。尽管如此,这三所大学的权力结构(以及人数)都非常有利于文学院。在巴黎大学,四张多数票(即每个同乡会各一票)对高级学院的三票这样的局面在大议事会中一直保持不变。牛津大学规定,任何多数票必须有文学院作为一个整体包括在内,而且各学院还有自己独立的教职员会议,能使它在大学全体会议召开之前开会并决定政策。此外还有高级学院的成员,其毕业于文学院并继续被他们遵守文学院规章的誓言所束缚。巴黎大学这种守誓义务逐渐扩展到它毕业生所到达的任何国家,[62]而在牛津大学,文学院是其他学院的起源和开端的观点从未遭到挑战。[63]

文学院在巴黎、牛津和剑桥的优势在其他地方是没有的。在那些中世纪后期新建的北方大学(如苏格兰大学和一些较小的德意志大学)中,文学院虽然占据最大的部分,但经常受到高级学院的排斥。因为随着世俗统治的出现北方大学比三所古老大学更直接地处于地方政权的控制之下,而那三所大学或多或少是独立形成的,尤其是巴黎大学,更多地归功于教皇的认可,尽管这在15世纪的大分裂之后也不再具有原来的重要价值了。

这种世俗当局的控制伴随着中世纪晚期的第二次发展、付薪教师制
335 度的兴起(它始于13和14世纪的意大利大学并且被北欧新建的大学所采纳)。支付酬金的办法避免了对摄政教师的需要,1452年之后,摄政教师

---

[61] M. B. Hackett, 'The University as a Corporate Body', in *History of Oxford*, 65－67.

[62] Rashdall, *Universities*, vol. I, 328－329; in *CUP*, vol. I, 586－588, no. 501.

[63] Hackett, 'University as Corporate Body'(注释61), 66.

也不再是巴黎所必需的了。[64]因此,无论在内部还是在外部,学院的教师都不再有与以前一样的自治。

学院的作用在其他两个方面被进一步缩减。一个是文科课程修业年限几乎普遍的缩短,从六或七年减至四年,并且在14世纪后期有时为三年。另一个是作为教学场所的学舍的重要性持续增长,这是以牺牲学院(在巴黎大学则是同乡会)的教学为代价的。[65]三所古老的北方大学也同样如此。在15世纪结束之前,仅在牛津和巴黎还有不领薪水的摄政教师,并且文科课程仍需学习七年时间,而那里的学舍提供充分的教学。在巴黎,学舍的讲座被大学认可并由学院安排。在牛津和剑桥,学舍是独立的组织,因此拥有较大的自治权,当时学舍的教学正在扩展到本科阶段。在16世纪,这三所大学中的学舍事实上取代了较古老的作为教学中心的学院。在新建的北方大学中,学舍是一个学校整体的组成部分,虽然它们在南欧的大学中从未有过同等的重要性。

精选文献

另参见第十章第二部分的精选文献

Benson, R. B. and Constable, G. (eds.) *Renaissance and Renewal in the Twelfth Century*, Cambridge, Mass., 1982, and Oxford, 1985.

Clagett, M. *The Science of Mechanics in the Middle Ages*, Madison, 1961.

Courtenay, W. J. '*Antiqui* and *Moderni* in Late Medieval Thought', *Journal of the History of Ideas*, 48(1987), 3-10.

Courtenay, W. J. and Tachau, K. H. 'Ockham, Ockhamists, and the English-German Nation at Paris, 1339-1341', *History of Universities*, 2(1982), 53-96.

Crombie, A. C. *Medieval and Early Modern Science*, 2 vols., New York, 1959.

Crombie, A. C. *Robert Grosseteste and the Origins of Experimental Science*

---

[64] Rashdall, *Universities*, vol. I, 447; in *CUP*, vol. IV, 733, no. 2690.

[65] 一般的说明:Cobban, *Medieval Universities*, ch. 6.

1100 – 1700, 2nd edn, Oxford, 1961.

Emden, A. B. 'Northerners and Southerners in the Organisation of the University', in *Oxford Studies Presented to Daniel Callus*, Oxford, 1963, 1 – 30.

Gibson, M. (ed.) *Boethius: his Life, Thought and Influence*, Oxford, 1981.

Gibson, S. (ed.) *Statuta Antiqua Universitatis Oxoniensis*, Oxford, 1931.

Gilson, E. *History of Christian Philosophy in the Middle Ages*, London, 1955.

336 Haskins, C. H. *Studies in the History of Medieval Science*, 1st edn, Cambridge, Mass., 1924; 2nd edn, Cambridge, Mass., 1927; reprint, New York, 1960.

Hudson, A. and Wilks, M. (eds.) *From Ockham to Wyclif*, Oxford, 1987.

Kibre, P. *Studies in Medieval Science*, London, 1984.

Koch, J. (ed.) *Artes liberales von der antiken Bildung zur Wissenschaft des Mittelalters*, Studien und Texte zur Geistesgeschichte des Mittelalters, 5, Leiden/Cologne, 1959.

Koch, J. (ed.) *Arts libéraux et philosophie au Moyen Age. Actes du IVe Congrès internationale de philosophie médiévale 1967*, Montreal/Paris, 1969.

Kretzmann, N., Kenny, A., and Pinborg, J. (eds.) *The Cambridge History of Later Medieval Philosophy*, Cambridge, 1982.

Leader, D. L. 'Philosophy at Oxford and Cambridge in the Fifteenth Century', *History of Universities*, 4(1984), 25 – 46.

Leff, G., *Paris and Oxford Universities in the Thirteenth and Fourteenth Centuries*, New York, 1968.

Murphy, J. J. *Rhetoric in the Middle Ages*, Berkeley, 1974.

van Steenberghen, F. *Aristotle in the West*, Louvain, 1955.

Verger, J. 'Remarques sur l'enseignement des arts dans les universités du Midi à la fin du Moyen Age', *Annales du Midi*, 91(1979), 355 – 381.

Wagner, D. L. (ed.) *The Seven Liberal Arts in the Middle Ages*, Bloomington, Ind., 1984.

Weisheipl, J. A. 'The Classification of the Sciences in Medieval Thought', *Mediaeval Studies*, 27(1965), 54 – 90.

Weisheipl, J. A. 'The Place of the Liberal Arts in the University "Curriculum" during the XIVth and XVth Centuries', in J. Koch (ed.), *Arts libéraux et philosophie au Moyen Age. Actes du IVe Congrès internationale de philosophie médiévale*, Montreal/Paris, 1969, 209 – 213.

Weisheipl, J. A. 'The Structure of the Arts Faculty in the Mediaeval University', *British Journal of Educational Studies*, 19(1971), 263 – 271.

Weisheipl, J. A. 'Developments in the Arts Curriculum at Oxford in the Early Fourteenth Century', *Mediaeval Studies*, 28(1966), 151 – 175.

337 2.四　艺

约翰·诺思

大学学问的来源

中世纪大学最明显的目的之一，是为精英分子提供服务社会所需的知识和技能，无论以教会的角色还是世俗的角色。当我们考察大学神学硕士的职业生涯时，发现这个目的完全实现了，并且神学态度无疑在整体上影响了对知识的态度。这种中世纪知识的一般范式是一种遗传，警惕地把外来之物和误解加以净化，然后评注和传授。然而，这种范式更适合三艺这种"表述的艺术"，而不适合四艺。甚至在文科课程的初级水平上，某些迹象显示数学、音乐、几何和天文的教学并不严格。也许这是以下事实的一个结果，即作为较高级的学科，四艺是由学校里较有经验的教师负责的。当然这似乎经常依靠个体的创造——正如我们后面将要提及的，在巴黎，数学课的教学主要是在宗教节日进行——并且我们从很多个人的作品中了解，他们经常被发现的兴奋所感染，不仅包括新文本的发现，而且还有详细说明那些文本内容的新方法的发现。换句话说，有了"研究"的成分，它就与教学有所区别了。有时它是从原始文本的纯粹精神中获得的。更多的时候它被那个时代的理性约定严重限制着，这些约定起源于逻辑学和修辞学并支配着大学的评注和辩论，同时，它也受益于这些约定。

像三艺课程一样，四艺课程也是直接从古希腊哲学中衍生，由普林尼和瓦罗承继下来的。

338 除去建筑学和医学，瓦罗的九种艺术变成了中世纪的自由七艺学科。马提努斯·卡佩拉（盛年在410—439年）在他的《莫丘里和语言学的联姻》一书中最终将自由七艺的划分奉为正典。塞维利亚的伊西多尔（卒于636年）的《词源学》一书二十篇中的前三篇论及了七种自由学科，并且赫拉巴纽斯·莫鲁斯和比德都用结构比较的方式对其做了编纂。

一方面，中世纪希腊文和希伯来文的百科全书不如拉丁文的与欧洲大学传统的关系紧密。另一方面，百科全书产生于伊斯兰世界，它根源于讲古希腊语的亚历山大城的科学传统，并成为那种传统的中心。从组织上看，各种科学是根据亚里士多德的哲学组织的，并伴随新柏拉图主义重组。在伊斯兰百科全书最杰出的传统作者中我们知道的有阿尔－金迪，他在9世纪研究了几乎所有的古希腊科学，阿维森纳(伊本·西那)，在11世纪有他的医药大典，以及阿威罗伊(伊本·路西德)("评注家")，在12世纪有他关于亚里士多德的为数众多的评注。当这些著作最终为西欧吸收时，它们往往是被充填到拉丁文百科全书的目录中去，因为围绕拉丁文百科全书的学派已经形成。

关于中世纪晚期，我们或多或少知道使用的是什么教科书，这基本上是从大学的章程中得知的。然而不幸的是，只是仅在课程上发生了许多重大变化之后这些章程才出台，这与来自阿拉伯的翻译作品的影响有显著的联系。哈斯金斯曾给我们开列出一个较早的目录，从12世纪末开始，这样的目录似乎预设了一些事情，如四个学院的大学组织。该目录按七种文科的顺序安排，并包括医学、民法和宗教法、神学的专业性学习安排。这个目录也许要归功于亚历山大·尼卡姆。①

尼卡姆(1157—1217)是那些以古老、通俗和不加批判的百科全书的方式推动自然科学的人士之一，他的著作是《论自然规律》一书。在那本书中我们发现他提到了阿拉伯和希伯来的作者。当我们现在了解这些作者时，我们往往要利用这些参考书，利用诸如"欧洲人首次提到用于航海的磁性罗盘"之类的文本，并且忽视了一个令人悲哀的事实：我们不能如实地声称在它们中发现了一个自足的科学学科的根源。尼卡姆的正确所在就是其他这类作者的正确所在。例如，我们有坎汀姆的托马斯(1201—约1280)的《论自然规律》，广为流行并被大量翻译的巴托洛梅乌斯·安格里克斯(盛年在1220—1250)的《论所有权》，博韦的文森特(约1190—1264)的《五月 339

① 关于这个书目和几种规章的参考书(Paris 1255，1270，etc.，Oxford 1267，and later Naples，Salerno，Bologna，and Montpellier)：C. H. Haskins，*Studies in the History of Medieval Science* (Cambridge，Mass.，1927)，ch.18.

的景象》，一本在14世纪前二十五年中得到了增补的著作，以及布鲁内托·拉蒂尼的法兰西百科全书——《生命宝藏》(1260—1267)。它们的持续传播——时间超过了中世纪——是毫无疑问的，但是除了它们外在的形式和书志学偶然存目，它们不再反映大学的实践。它们表面上是系统的，但是却没有帮助任何一种四艺科学真正系统地发展。由于这些著作的这种状况，我们必须把目光放在别处。

亚历山大·尼卡姆亲自帮助我们从较早的巴黎时代走出来(在圣阿尔邦接受教育之后，他到了巴黎学习)。他说，波依休斯被应用于数学和音乐，欧几里德应用于几何学。②欧几里德的《几何原理》早在12世纪就被巴思的阿德拉特翻译过来。它还被卡林西亚的赫尔曼翻译，后来克雷莫纳的热拉尔也翻译了它。至于天文学，尼卡姆提到了托勒密的《大典》，以及由阿弗尔努斯(卒于861年后)所做的托勒密简明导论。但很难说“圣典”是意指托勒密的《天文学集成》，还是针对托勒密的天文表(解释性原理)。③权威的《天文学集成》通过克雷莫纳的热拉尔于1175年从阿拉伯文翻译为拉丁文而在西欧变得广为人知了，虽然少有人知的另一个拉丁文版本可能在此前20年已在西西里岛从希腊文翻译了过来。④阿弗尔努斯的一部著作(据悉它有多种书名，⑤但是我们把它称做《原理》)曾在同一世纪内被翻译两次，第一次于1135年由斯佩恩的约翰翻译，第二次于1175年前由克雷莫纳的热拉尔翻译。除了开始的一章，它以托勒密的《天文学集成》为基础，论及了世界上的各种历法。阿弗尔努斯的《原理》甚至比它的原型对中世纪的直接影响还要大，那是因为《原理》是学生们能够——尽管有困难——理解的一种文摘。在13世纪它大部分而不是整个地被萨克罗博斯科

② P. Glorieux, *La Faculté des Arts et ses maîtres au XIII e siècle* (Paris, 1971), 33.

③ 还有第三种可能性：一部名为“托勒密和毕达哥拉斯”的书以后期手抄本的形式得以保存下来(*incipit* ‘*Inventum Ptolomei*...’；见 MS Budapest 59, 14c., fols. 19 v - 20).

④ 西西里岛人翻译的准确情况最近成为一个激烈争论的主题。R. Lemay, 见 *La Diffusione delle scienze islamiche nel medio evo Europeo* (*Convegno Internazionale*) (Rome, 1987), 399 - 535，对 Haskins 的争论，*Studies* (note 1), 53 - 54, that Hermann of Carinthia 负有责任(c. 1150).

⑤ 典型的是 *De scientia astrorum* (John of Seville) 和 *De aggregationibus scientie stellarum* (Gerard of Cremona).

的约翰的《论天体》所取代,然而后来的著作在很大程度上仍归功于它。⑥

我们可以通过北欧的情况得到整个中世纪文科学生四艺课程的材料。它的内容后来被补充和修改的情况,我们会在适当的时候加以解释。然而,从伊比利亚半岛的角度看,到目前为止我们所提供的这幅图景似乎是扭曲的,因为当别处修道院教授四艺时只不过意味着算盘、教会历法、圣歌 340
的练习,以及一点实用的几何学时,那里已经确立了亚里士多德自然哲学和希腊与阿拉伯的数学及天文学的学术性。

西班牙第一部从阿拉伯文翻译成拉丁文的作品是在加泰罗尼亚边境地区完成的,约在 10 世纪中期,是莫扎拉布从西班牙的穆斯林地区迁徙到加泰罗尼亚地区的一个结果。当然有来自欧洲其他地方的学者,他们意识到自己科学文化的相对缺乏:见证这种情况的有前往西班牙的著名访问者,如奥里亚克的热尔贝(后来的西尔维斯特教皇二世,约 945—1003 年),蒂沃利的柏拉图(活跃于巴塞罗纳,盛年在 1134—1145 年),巴思的阿德拉特(盛年在 1116—1142 年),卡林西亚的赫尔曼(盛年在 1140—1150 年),凯顿的罗伯特(赫尔曼的朋友和文学合作者),以及布鲁日的鲁道夫(赫尔曼的门徒)。

举他们之中的两个人来证明变化的风格就足矣。要确定热尔贝在他的加泰罗尼亚中心维奇获得多少穆斯林科学知识是不容易的:他似乎懂得如何使用一种不同于旧罗马的算盘,以及如何构造一种环形球体和一种日晷,以及一种天体观测仪,但在他的著作中并不明显。但是返回之后,他仍保持着与翻译家罗贝特的通信。另一方面,阿德拉特则做着他自己的阿拉伯文翻译,尤其显著的成果就是阿尔-赫瓦里兹米的天文表,由科尔多瓦的天文学家阿尔-迈里提(卒于约 1007 年)校订。必须承认,他对西班牙访问的证据只是间接的,但是他提到了对叙利亚和南意大利的访问,鉴于他对科尔多瓦天文表的接受,其间曾访问西班牙不是不可能的。⑦他的欧几里德《几何原理》的译作是第一部有影响力的拉丁文的版本,它是以阿尔

---

⑥ 见第 348 页.

⑦ J. D. North, *Horoscopes and History* (London, 1986), 96 - 107.

-哈杰·伊本·优素福·伊本·马特(9 世纪)的阿拉伯文版为基础的。⑧ 阿德拉特为未来的亨利二世撰写了一篇关于天体观测仪的优美论文(约 1149 年),但这本书是在英格兰完成的。

作为一个学习中心,伊比利亚半岛的声誉吸引了其他地方的人,而且伊比利亚的学术甚至通过个人得到广泛传播。例如通过犹太学者亚伯拉罕·伊本·艾兹拉(约 1089—1164 年)的旅行,他最远到过伦敦。12 世纪的这种活动先于西班牙任何一所大学馆的建立。(萨拉曼卡的大学馆由利昂的阿方索九世创办于 1218 年,同样的机构由他的儿子于 1254 年在塞维利亚建立)。12 世纪的翻译作品是在许多地方完成的——巴塞罗纳、塔拉萨纳、塞戈维亚、利昂、潘普洛纳,以及比利牛斯山之外的图卢兹、贝齐埃尔、
341 纳博恩、蒙彼利埃、马赛,等等。后来,在托莱多达到了某种卓越的程度,克雷莫纳的热拉尔,所有翻译家中最为刻苦不懈者,显然是被托勒密著作的魅力吸引到了托莱多。⑨

在所有此类工作中,犹太学者起到了重要的作用。举一个例子:犹太人亚伯拉罕·巴尔·赫亚(萨瓦索达,盛年在 1136 年)在蒂沃利的柏拉图翻译活动中充当了中介者。此次翻译活动除了翻译成希伯来文,以及基于阿拉伯文模式的希伯来文著作外,还有用希伯来文写成的阿拉伯手稿。在西班牙普遍使用的大多数著作都有希伯来文的版本,特别是在 13 和 14 世纪的法兰西南部,并且在整个中世纪,在欧洲其他地方,犹太学者和基督教大学之间存在着一种适度的双向思想交流。⑩

然而,与来自阿拉伯的译著相比,欧洲大学的科学课程更多地应归功于西班牙。阿威罗伊,杰出的科尔多瓦自然哲学家,是欧洲中世纪晚期亚里士多德哲学的代表,并没有直接对文学院的入门课程产生太多的影响。

---

⑧ 关于西班牙活动的一般描述:J. Vernet, *Ce que la culture doit aux Arabes d'Espagne* (Paris,1985). 例如,关于欧几里德这本最重要论著的不同译本之间复杂的相互关系,见同前注中的图式,133 页。

⑨ 关于西班牙翻译高潮的简短而详细的说明,J. Millás, 'Translations of Oriental Scientific Works (至 13 世纪末)', 见 G. S. Metraux and F. Crouzet (eds.), *The Evolution of Science* (London,1963). 关于一个广泛的文化研究: Vernet, *Ce que la culture* (注释 8),尤其是第 3-9 章。

⑩ 关于对犹太人贡献的最新研究:B. R. Goldstein, *Theory and Observation in Ancient and Medieval Astronomy* (London,1985),尤其是第 20-24 章。

然而，许多其他的伊比利亚作者对于即将到来的教育大发展具有重要意义：阿尔－赫瓦里兹米论数学（附有几节关于什么是代数）主要著作的西班牙文译本和它的阿拉伯文修订本，出现了一系列的版本供大学使用长达三个世纪甚至更长时间；在普通分数的教学方面，有印度—阿拉伯的数字系统和在天文学中使用的六十进位法。这是萨克罗博斯科的《十进位法》所代表的传统——13世纪及以后指定的一个主要文本。

包含天文表收集的欧洲科学学术的另一重要文本通常与阿尔扎切尔（卒于约1087年）的名字联系在一起。这些托莱多天文表，经克雷莫纳的热拉尔翻译并且用一些基督教的素材加以补充，轰动了欧洲。大约1340年，它们在欧洲的各中心城市（马赛、巴黎、伦敦等）以各种修订版形式发行，甚至被译成了希腊文。[11]由阿尔扎切尔为这些天文表所写的标准为较好的学生提供了学习三角学和天文学的一个重要理论来源，虽然它们对于最好的学生来说是不够的——因为标准仅通过强记背诵来教授，而不是从最初的原理开始。阿尔扎切尔，像他周围的许多其他人一样，投入大量的时间去研究天文学仪器，特别是新的天体观测仪，以及被称做赤道仪的仪 342
器，用于测量行星的位置。

13世纪的最后25年里，在利昂和卡斯提尔的智慧之王阿方索十世的支持下，加之穆斯林和犹太学者的帮助，一套新的甚至更重要的天文表被制作出来。为它们而写的准则使用的是卡斯提尔的方言，这也许能够部分地解释在此著作被拉丁传统接受之时已经过了数十年这样的事实。当这最终发生的时候，这个版本广受欢迎——它印于1483年——是萨克森的约翰（约1327）的著作。然而他的书并非是第一个拉丁文版本：他的同行巴黎人约翰尼斯·德·马勒和利尼埃的约翰于1321年和1322年还发表了另外的版本，并且他们随后还提供了改进的可选版本。这套天文表几乎在同一时间经由巴黎传到了英格兰。我们发现它早期与格拉斯哥、北安普顿和伦敦相联系，并且在牛津以重要的方式得到了发展，正如我们后边将要看到的。在第一次成文之后，这些著作沉睡在西班牙之外的拉丁语世界长

---

[11] G.J. Toomer, 'A Survey of the Toledan Tables', *Osiris*, 15 (1968), 1－174; J. M. Millás, *Estudios sobre Azarquiel* (Madrid/Granada, 1943－1950).

达半个世纪，为何会如此，我们仍未明白其中的奥秘。⑫

当然，西班牙并不是古希腊和阿拉伯知识进入欧洲学校的唯一窗口。我们已经提及作为一个翻译起源地的西西里。到了比萨的莱昂纳多（费波那契，约 1170—1240 后）时期，他是那个时代最伟大的欧洲数学家，并成为腓特烈二世的皇家数学家，其在北非和地中海世界广为游历，以一种非常直接的方式汲取了穆斯林的知识。然而即便是他也依然与西班牙有着重要联系——例如，与托莱多的犹太学者茹达斯·本·萨洛蒙·科恩的接触，以及通过巴思的阿德拉特、凯顿的罗伯特以及克雷莫纳的热拉尔的译作了解学术。费波那契是一位具有历史意义的孤独人物，较之他的同辈人过于伟大而不能被欣赏。⑬他们觉察到了他的天才，但是赞誉却给予皇家星相学家迈克尔·斯科特——但丁认为他合适的位置是在地狱。然而，不应该被忽视的是，如此多的人学习四艺的动机无疑是基于占星术的作用。星相学是一个信仰体系，同时在现实的意义上是相当“理性的”，需要一套完整的
343 数学训练以熟练掌握它。学者们根据天的结构预测 个人的、君主的、民族的、气候等的运程，他们所凭借的规则明显含有武断的因素，人们接受了它们并据以行动，这要求非常精确的天文计算，以确定天空的准确状态。毫无疑问，西班牙是星相学教育及其所需要的相关数学教育的卓越中心，正是这种感觉促使如此多的学者穿越比利牛斯山。

音乐

在大学产生之前的一段时期，四艺分科之一的音乐——凭借它在基督教礼拜仪式中的重要性——处于非常重要的地位。后来的布鲁内托·拉蒂尼说，它是第二个数学科学，“它服务以使我们喜悦和得幸于上帝的帮助”：

---

⑫ 关于其历史的一般研究，以及它们的英国境遇：J. D. North, ‘The Alfonsine Tables in England’，见 Y. Maeyama and W. G. Saltzer (eds.), *Prismata* (Hildesheim, 1977), 269 - 301. 关于萨克森的约翰的版本：E. Poulle, *Les Tables alphonsines, avec les canons de Jean de Saxe* (Paris, 1984). 后来印行的版本——迟至 1641 年(Madrid)最后版—— 有 Santritter 或 Gaurico 的经典. 关于阿方索天文学的很有用的材料：J. Samsó (ed.) *De astronomia Alphonsi regis* (*Proceedings of a Berkeley symposium on Alfonsine astronomy, 1985*) (Barcelona, 1987).

⑬ K. Vógel, ‘Fibonacci’，见 C. C. Gillispie (ed.), *Dictionary of Scientific Biography*, vol. IV (New York, 1971), 604 - 613.

它提供了——毕达哥拉斯的余荫——一种精神完善的手段，波依休斯强烈地坚持这一点。当然，它有实际的一面——声乐的和器乐的——但在学校的环境中一种强烈的理论成分占据了主导地位，主要是基于单弦琴的理论，几乎所有关于音乐的重要著作都由此开始（甚至实践性的音乐也可以以一种严格的分析性方式来教授，虽然通过实践了解的事情本质并不比来自书本理论的少）。关于这一主题的中世纪文献远远超过了百部，但其中最为重要的仍是波依休斯对古代传统的综合——《论音乐原理》。[14]

波依休斯在这部著作中传承毕达哥拉斯的音乐理论，那是他《数学》的一部真正的续篇，基于数学的，几何学的，以及数字 6、8、9 和 12 之间的和谐比例。他用现在似乎更让人困惑的专业术语，把似乎对他最为重要的数字关系作了整理，有人认为这完全没有必要。当字母的使用取代数学比例时，音乐的乐谱逐渐演进和改善，这是经过一些学者诸如菲利普·德·维特里和纪尧姆·德·马绍努力的结果。音乐上所取得的最大进步是在所教的一些与大教堂或主教座堂相联系的主题方面，例如巴黎圣母院的唱诗班、圣维克多或圣珍妮芙的修道院。雷奥宁和佩罗坦都是唱诗班教师。[15]在欧洲也许没有别的大学城能像巴黎 344 那样提供这样的机会——尽管萨拉 344
曼卡提供音乐方面的学位——并且有人怀疑在别的地方波依休斯的教学是一件相对枯燥的和理论上的事情，关注于比率的记忆，并从音乐不仅是乐器的而且（依照波依休斯）也是万物和人自身这样的事实中获得安慰。人性音乐的概念涉及心灵与肉体功能的预定和谐，宇宙音乐的概念，以及宇宙的每一部分应有它自己的乐调，将会提醒学生天文学中蕴藏着愉悦。

在每一所把音乐作为文科课程一部分的大学里，波依休斯似乎总是处于教学的核心，并延续了整个中世纪，无论在哪里音乐都是课程的一部分。在牛津早期的历史中音乐的地位有些含糊，但是波依休斯的地位于 1431 年被确定，并在伊利莎白女王 1564—1565 年颁布的章程中也有一席之地。

---

[14] *Patrologia Latina*, vol. LXIII (Paris, 1847; reprint, Turnhout, 1977). 关于更多的参考文献见：Glorieux *Faculté des Arts*，（注释 2），35.

[15] J. Smits van Waesberghe, *Musikerziehung: Lehre und Theorie der Musik im Mittelalter* (Leipzig, 1969). 关于 Boethius：M. Gibson (ed.), *Boethius: his Life, Thought and Influence* (Oxford, 1981).

此后他在牛津的章程中一直存留到19世纪。⑯鉴于该学科包括的数学成分，在天文学或数学方面的著名人物会对音乐有所贡献也就不足为奇，反之却不成立。例如巴黎人约翰尼斯·德·马勒(Johannes de Muris)就写过关于天文学和音乐方面特别重要的著作，而艾维善(别名奥丁顿)的沃尔特(Walter of Evesham or Odington)，他可能在牛津，确实因为他的音乐而更著名，但没有对天文学做出有意义的贡献。

算术

对于算术，大多数章程——以及，在无法获得它们的地方，传记中的证据与许多留传下来的无数手稿——使我们清楚一点：波依休斯的著作(《论算术原理》)还是年轻文科学生汲取的主要养分，欧几里德《几何原理》中包括的大量算术经常只是一种补充。使用的其他著作，还有维勒迪约的亚历山大的《量的计算》(关于潜在的历法计算原理)和我们前面提到过的萨克罗博斯科的《十进制》。这是巴黎人的实践，在已知最早的牛津的章程要求(14世纪早期)中，在确定"计算"和"十进制"方面，牛津可能也追随之。⑰其他的文本，可确定的有：那里使用过由牛津的托马斯·布拉德沃丁(约1290—1349，或者是西蒙·布莱顿?)所做的波依休斯的摘要，并且根据它在
345 慕尼黑、爱尔福特、伯尔尼和维也纳的手抄本，还可以发现一些中欧的大学也在使用它。⑱人们的确可以从典型的文科课程中拿出几乎任何一本课本，通过搜索手稿目录，发现大量关于该课本的各种摘要和评注。这些评注不但证实了一种教学方式，而且证明一些学生学习我们看来极为简单的材料时存在着内在的困难，例如简单的加法、减法、乘法和除法的规则。

为了减轻学习算术的苦涩，并提供实例，人们发明了一种被称做"里思

⑯ J. Caldwell, 'Music in the Faculty of Arts', in J. McConica (ed.), *The History of the University of Oxford*, vol. Ⅲ (Oxford, 1986), 201－212.

⑰ 见 Glorieux, *Faculté des Arts* (注释 2). 关于牛津见：J. A. Weisheipl, 'Curriculum of the Faculty of Arts at Oxford in the early Fourteenth Century', *Medieval Studies*, 26 (1964), 161, 170.

⑱ L. Thorndike and P. A. Kibre, *Catalogue of Incipits of Mediaeval Scientific Writings in Latin*, The Mediaeval Academy of America (London, 1963), cols. 641, 783, 1175, 1401.

莫马恰"(*rithmomachia*)的算术游戏。它是一种跳棋,棋子的数目以挑选的奇数和整数来计。在讨论中的数字是小于10的数字的简单二次函数,可能大到289和361(2n+1的平方,n=8或9)。这个游戏的规则有着悠久的历史,它如此复杂,足以使人怀疑朴实的波依休斯是否不喜欢这个游戏。[19]在天文学和计算法方面,文科学生还有其他的游戏和教学辅助手段。"手指计算法",由手指关节代表着历法字母和数字,无疑是几乎每个学生都熟悉的技巧。在音乐中也有相似的手法系统,并且有一些一直留存至今;但是,在牧师的生活中,历法尤其重要,特别是要用它来安排复活节这一基督教历史上最重大事件的庆祝。

从某种程度上说,历法的规则很简单,只要它们背后的天文学是一致的,就取决于计算的循环。不幸的是,正是天文因素让更加敏锐的学者有了关注的理由,由此出现了反复改革的尝试。但直至1582年教皇格列高利的改革才得以成功。令人疑惑的是,是否众多普通的文科学生也意识到这个问题或者关心它,然而,罗伯特·格罗斯泰特(约1170—1253)和罗杰·培根(约1219—约1292),在西方科学史上他们两人的名字意义重大,认为这个问题是一个严肃的问题。当培根为数学科学唱赞歌,并称它们是为基督教辩护的一个潜在武器时,他正思考着它们在地理学上的用途——地点的纬度和经度的传教价值,以及十个部落和反基督者所在的地方——而不仅仅是历法上的用途。在别的事情中,他害怕犹太人的嘲笑,因为犹太人似乎在逾越节的计算上要比他的同宗信仰者更为精确。[20]

几何

346

这种实际的考虑绝没有远离自由学科课程的任何部分。看一下布鲁内托·拉蒂尼关于几何学的论述:

---

⑲ G. Beaujouan, 'L'enseignement du quadrivium', in *Settimane di studio del Centro italiano di studi sull'alto medioevo*, vol. XIX (Spoleto, 1972), 679 – 723.

⑳ M. A. Hoskin, and O. Pedersen (eds.), *Gregorian Reform of the Calendar. Proceedings of the Vatican Conference to Commemorate its 400th Anniversary, 1582 – 1982* (Vatican City, 1983). 目前有关历法的特别有价值的一部著作是 C. Wordsworth, *The Ancient Kalendar of the University of Oxford* (Oxford, 1903 – 1904).

由此我们知道了事物在长度、宽度和高度上的大小和比例；正是科学使智慧的古代人——通过他们的几何学专门知识——能够发现天体和地球的大小，以及它们之间的距离，未提及其他比例，而这正是奇迹之源。㉑

前提是几何学被当做制订天文表的标准：规则的重演比科学的逻辑结构得到了更多的关注，由此那些规则被置于首要位置。欧几里德的《几何原理》是公认的最佳教材。学生能学到什么程度在某种意义上依据的是文科课程的学时年限，它的波动幅度非常大；但在学时年限较长的牛津，也仅仅是在形式上要求前六篇。㉒可获得的译著有，如已经提到的由巴思的阿德拉特、卡林西亚的赫尔曼，以及克雷莫纳的热拉尔所译的版本。其他的"理论"几何学著作是一本借波依休斯之名所作的《几何原理》评注、欧几里德的《定量与格》（如培根告诉我们的），以及约旦·奈莫拉里乌斯的《论三角形》。

在"实用"几何学方面，我们发现了各种各样的风格。理论与实际之间的区别可以追溯到柏拉图和亚里士多德，但是在 12 和 13 世纪它不仅仅是分类修辞学。有充分的证据表明，很多人研究欧几里德是为了研究《天文学集成》——如凯顿的罗伯特所言，"它是我们研究的根本目标"。㉓取自布鲁内托·拉蒂尼的引言听起来好像附和了圣维克多的休斯（卒于 1141 年）的《大纲提要》，它的从属部分有《平面测量法》、《测高法》和《立体测量法》。在任何这样的标题之下，关于某种象限仪的一篇论文，都能够得到详细说明。早期最著名的论述也许是《象限仪论文》（12 世纪？），属于罗伯特斯·

㉑ Glorieux, *Faculté des Arts*（注释 2），36，从此书我还获得关于这个课程的进一步的信息。

㉒ Weisheipl, 'Curriculum'（注释 17），171.

㉓ Burnett，见 *Diffusione delle scienze*（注释 4），25n. 45.

安格里克斯或者蒙彼利埃的约翰尼斯·安格里克斯。[24]它描述了一个小的、手控的,通常由黄铜制成并刻有尺度的象限仪,有一个滑动标尺能够在其上移动。目测象限仪本身的瞄准器能获得天体和建筑体的高度,并做可能的时间计算。

通常实用的几何学其他文本,还有关于静力学(例如,约旦的《论重量》)和那些关于光学的文本。光学是非常有意义的,因为它不仅是在中世纪取得进步的——这是四艺中每一分支学科的事实——一门学科,而且是这种进步被运用到教学上的一门学科,就我们所知道的范围内,这在别处很少成为事实。欧几里德、托勒密和伊本·阿尔-海塞姆对光的反射与折射的研究在13世纪之前的西欧尚不为人所知,百科全书式的传统(亚历山大·尼卡姆、巴斯罗马斯·安格里克斯,等等)是一种可怜的替代品,如它所做的那样,从一些著作家如柏拉图、普林尼、圣奥古斯丁和哈尔基狄那里抽取一些给人印象深刻的材料。然而,这个完整的主题通过罗伯特·格罗斯泰特保存下来,他拥有可以利用的欧几里德的《光学》和《反射光学》、亚里士多德的《气象学》、阿尔-金迪的《论观测》,还可能有托勒密的《光学》。[25]

光学涉及到一般的形而上学和物理学问题,诸如传输模式,"种类的增加",等等,并带有几何学的问题,如折射与反射、颜色、视觉和彩虹的几何学问题。格罗斯泰特考虑了所有这些问题。他在一些方面被光学所困扰,这些方面对于他的整个哲学是有重要意义的。他的短文《论光或形式的起源》是他晚年的一项成果,其科学争论方式是值得记忆的,它把整个物质世界解释为由于光的活动。尽管不直接干涉那些研究四艺的人,但是这位牛津首位教长的整个形而上学的观点或多或少的占据了那些把光学更平常的方面教给学生的人的思想。格罗斯泰特对随后的几代人的影响都非常

[24] S.K. Victor, *Practical Geometry in the High Middle Ages: 'Artis cuiuslibet consummatio' and 'Pratike de geometrie'* (Philadelphia, 1979), 22-23; F. Maddison, 'Early Astronomical and Mathematical Instruments. A Brief Summary of Sources and Modern Studies', *History of Science*, 2(1963), 17-50.

[25] A.C. Crombie, *Robert Grosseteste and the Origins of Experimental Science, 1100-1700* (Oxford, 1961); R.W. Southern, *Robert Grosseteste: the Growth of an English Mind in Medieval Europe* (Oxford, 1986). 许多基础的光学著作的摘录可发现于 E. Grant, *A Source Book in Medieval Science* (Cambridge, 1974).

大，尤其是通过他与牛津圣方济会修士们的联系，对于他们，他是第一个讲师。他虔诚的追随着是罗杰·培根，但总的来说是通过圣方济会修士他才有了如此强大的欧洲影响力，这使他的著作不仅仅具有共同的兴趣。并且他受到了他的神学，尤其是他的创世神学的驱使。

令人遗憾的是格罗斯泰特无法获得伊本·阿尔海塞姆的杰作《光学》，
348 其在13世纪早期 或12世纪末期被译出。罗杰·培根以及另外两位其著作最广泛地被作为大学教材使用的作者约翰·佩克汉姆（约1230—1292）和西里西亚学者威特罗（约1235—1274后），的确获得了这部书，加上阿维森纳的几本有用的著作和托勒密的《光学》，这三种著作的出现很大程度上是13世纪大学学术的成果：他们三人在不同时间到过巴黎。培根和佩克汉姆还到过牛津，两人都是圣方济会修士，因而不可避免地受格罗斯泰特的奥古斯丁主义的影响。培根进入这个教团（约1257）时大约四十岁，而佩克汉姆，一个具有高度职业自觉性的人，于1271—1272年间成为牛津圣方济会的讲师，并从成为这个教团的地方教会的成员开始，成为教庭的神学导师，最终成为坎特伯雷的大主教。

资源不断得到积累。例如我们可以说威特罗的主要的光学文本《透视法》，肯定是写于1270年之后，因为它利用了莫尔贝克的威廉关于亚历山大的希罗的《反射光学》的译著，记载的日期是1269年的最后一天。格罗斯泰特、培根、佩克汉姆和威特罗全都推进了13世纪的光学的发展，不但如此，他们也几乎耗尽了中世纪对光的研究能力。一个难以解释的奇怪事实是：14世纪，对数学方面知识的增长，再也没有做出多少贡献，由佩克汉姆和威特罗写的书继续在大学中使用，直至完全进入17世纪。他们的著作对整个欧洲的影响是巨大的，诸如奥雷姆的尼古拉斯、雷吉奥蒙塔努斯、莱昂纳多·达·芬奇、弗朗切斯科·莫罗利科、托马斯·哈里奥特、约翰尼斯·开普勒和勒内·笛卡尔，这些人都明显地参考过这些著作——而这七个人对后期的光学发展史来说意义重大。

天文

一种过于简单化的亚里士多德的纲要——行星围绕中心天体运行，而地月天体就是这个中心要素——处于中世纪宇宙哲学教学的核心。尽管托勒密的《天文学集成》置于课程后面,但难得被使用,而由诸如已经提及的阿弗尔努斯等人所做的文摘所代替,或者由以《论天体》为通用题名的几种衍生著作中的某些部分所代替。在这些著作之中,萨克罗博斯科的最为著名,尽管另一部格罗斯泰特的著作和一部更有野心的无名氏《天文学集成节略》也在可选之列。萨克罗博斯科的著作,一直使用到17世纪,是中世纪所有教科书中使用最广泛的一种,并且难以明白为什么,除非它缓慢的速度和大量经典文学的装饰品被认为是美德。那本著作论及了天体天文学和一些相应的地理学。由于它的朴实,它成了译注的对象,好像几乎成了一种神圣的文本。中世纪最有名的例子也许是罗伯特斯·安格里克斯(1271年)的著作,基于高明的克里斯托弗·克拉维斯(1537—1612)写的一 349 本关于它的评注,在后来的版本中累积到近800页。[26]有几百本得以留下来的手抄本,在遍及整个欧洲的各个图书馆中被发现。有三十五本威尼斯的印刷品,其他的来自博洛尼亚、米兰、阿维尼翁、第戎、鲁汶、美因河上的法兰克福、克拉科、维也纳、奥格斯堡和安特卫普。如果有人谈及欧洲经验,萨克罗博斯科一定是其中一部分。

萨克罗博斯科的长篇著作《计算》在一些大学中(例如在牛津)被置于天文学之下,而非算术之下。它得到了广泛传播,尽管不及《论天体》,但也和那种似乎未被使用过的本国语著作不同。他的两本著作——尽管它们存在着陈旧的特征——由菲利普·梅兰克顿改进,努力使其成为改组后的维腾堡大学的教科书(很多其他路德教派大学受到了梅兰克顿的强烈影响)。[27]格罗斯泰特的《计算》在13世纪还被当做萨克罗博斯科著作的替换物,但是很快就让位于萨克罗博斯科的著作。

《论天体》几乎没有涉及行星的运动,而且有可能在13世纪晚期之前很少有文科毕业生了解这个题目,然而那恰恰是中世纪天文学的精华所在。我们已经知道托勒丹和阿方索亚天文表的标准如何能够表达出有关

㉖ L. Thorndike, *The Sphere of Sacrobosco and its Commentators* (Chicago/London, 1949).关于萨克罗博斯科和他的 *oeuvre*,参见综合的 O. Pedersen, 'In Quest of Sacrobosco', *Journal of the History of Astronomy*, 16(1985), 175-221.

㉗ Pedersen, 'Sacrobosco'(注释 26), 184.

这个主题的一点点信息，即使信息暗含在计算常规之中。为填补这一明显的缺陷，在《行星理论》标题之下产生了一类著作。塞维利亚的约翰翻译的阿弗尔努斯的著作就属于这个题目，另一部 12 世纪由赫里福德的罗杰的著作也是一样，但是无须怀疑，这些同名著作中最广泛传播的教科书是一种用“轨道离心率或许是偏离主题之矛”的话开篇的书。[28]

无名氏著《原理》一书的前五章论述太阳、月亮、月亮的交点，以及比地球离太阳更远的和在地球与太阳之间的行星的经度上的运动。它们对托勒密天动说的非正圆运行和等径运行做了充分的说明，为所谓的等式完成补充方程。未有记载说托勒密天动说——在某种程度是前托勒密的天动说组成了《天文学集成》。在某种意义上，《原理》为西方天文学做了托勒密“大作”的译著未能轻易做到的事情：它提供了一套相当稳定的、没有歧义的天文学词汇。在该书后面的一些章节中，作者的论述是不肯定的，有些技巧上的误解，后来受到皮尔巴赫和雷吉奥蒙塔努斯的批评。就给出的数
350 字参数而言，其资料贫乏得出奇，无论是几何学的还是运动学的，这些都暗含在（原则上能够推论出）读者使用的所有天文学表中。《原理》的真正价值是：当计算行星的位置，第八个天体的运动（用我们的话说，分二点的岁差），或者无论什么时，它给出了对学生所关注事物的一种理解。[29]它并未给出关于行星理论曾是或能够以什么方式发展的真正的理解。它在大学里存在时间比取代它的哥白尼学说体系更久。它是欧洲大学保守性的一个可悲的方面，很多大学 17 世纪的手册简单地把它与别的理论并肩而置，好像它们具有同等价值。在需要观察记录和简化的意义上，天文学可能是四艺中从未能以真正实践的方式来处理的学科。许多学生一定以这种或那种形式使用过象限仪，这样无所不在的仪器样本天体观测仪——一些专注的学者可能专为他们自己的用途所做的——无疑被首先运用于告知时间，在那些社会智力水准较低的地方，人们也许会使用一种简单轻便的圆筒刻度盘，或一种巨大的刻度盘；但是有人怀疑这样的仪器更经常地

---

[28] 关于《行星理论》类型的文献的更多细节参见：O. Pedersen，‘The origins of the Theorica Planetarum’，*Journal of the History of Astronomy*，12(1981)，113－123.

[29] 用于计算经度的方法的要点的一个提纲参见 J. D. North，*Richard of Wallingford*，vol. Ⅲ (Oxford，1976)，appendix 29.

被用于教学目的。就像我们经常发现,亚里士多德宇宙形象的圆环形球体的缩微,被用做大学学习的象征符号。

另外一种天文学上的仪器是赤道仪,它是为了单纯的计算用途。从它最简单的外观形态看,是一套在圆盘上的分等级刻度,其能够模拟托勒密天文学球体的运动,并大为缩减了这方面冗长乏味的托勒密计算。其他被制造的赤道仪在直观上缺少明显的原理,而其中最为精巧的,记录在沃林福德的理查德(约 1292—1336)的《阿尔比恩》(1327),可能远远超越了普通文科学生的理解。尽管如此,它传遍了欧洲,我们在诸如巴黎、维也纳、爱尔福特和因戈尔施塔特此类大学中的手稿资料中发现了关于它的介绍。㉚

教科书的传播

举《阿尔比恩》作为一种新观念的典型案例:它传遍了欧洲,但是精确地描述它是如何传播的是一个重要却又难以确信回答的问题。《阿尔比恩》的手抄本仅是由游历的大学学者抄录的,还是理查德的本笃会亲属 351
(1327 年他在牛津获得神学学士之后成为圣阿尔邦大修道院的院长。)?修道院的欧洲与大学的欧洲之间的共生关系是一个还有待于我们深入了解的课题。

1399 年维也纳大学的讲座目录上出现的许多科学著作中有布拉德沃丁的《比例法》——大概是《运动速度比论集》。今天在克拉科的杰吉隆尼安图书馆,这一著作的抄本至少有三种,其中之一是由某个叫桑迪沃基斯·德·蔡切尔的人抄写的,但是没有任何关于这本书是如何从牛津辗转而来的线索。人们只能猜测这本书最早是由一位在牛津或巴黎学过这本书的教师带到这里的,但是教科书和观念的传递不一定总是这么简单。

这一点还能从下一个例子中看到,克拉科的大学馆是 1364 年按照博洛尼亚模式建立起来的。现在发现克拉科有几种手稿与巴黎和牛津大学有紧密的关联。㉛但人们似乎从未从大学迁移的角度研究过它们。其中一

㉚ North, *Richard of Wallingford* (注释 29), vol. II 127 - 287 *passim*.

㉛ 在杰吉隆尼安(Jagiellonian)图书馆。我使用 G. Rosinska, *Scientific Writing and Astronomical Tables in Cracow* (Wroclaw, 1984),这里用'R'表示.

本(R.82)是明确地有“《奥古斯丁信徒论三角》,巴黎讲师”签字字样的星相学汇编。记载了1436年(R.1383)通过观察“巴黎圆环”而获得的恒星坐标图表。而在佩鲁贾的学馆中,莱切尼兹的约翰尼斯·萨莫拉在1453年抄写了一份14世纪巴黎教师利尼埃的约翰的论文《赤道仪》,三年之后他在克拉科完成了第二个抄本。一些天文表的手抄本在它们的诞生地巴黎或牛津之外的地方并未被严格地使用(有关王室天文表、太阳的高度、日月蚀),而其他地方有重新计算它们的表,如克拉科、布拉格或别的地方(例如R. 1306,有格拉伯特沃的尼古拉斯所做的笔记)。当为了天文学的目标跨越城市,主要是大学之间空间的距离时,人们可以感受到知识团体的意义,之所以如此是因为一个地方的天文学家可以利用另一个地方同行的计算和观测数据。有着蒙斯特堡的亨利的附注的一份克拉科的手稿(R. 1562),就把巴黎与维也纳、托伦和马尔堡联系在了一起。

这些知识流动情况仍不甚明了,因此要做出准确的判断是不可能的:那是未标明国土边界的自然之域,许多确切的事实尚需去发现。例如,就阿方索亚的天文表而论,过去认为,出现于14和15世纪的各种牛津版本
352 都是以前就已发现的版本的相对不重要的改编本,只是为地理位置而作了修订,而很少作具有重要意义的方法上的修改。现在我们知道这是错误的。㉜

㉜ 大约十年前,我表明了有两种写于牛津的非常重要的修订本,一本由一个不知名的天文学者作于1348年,可能名为贝特库姆(Batecombe),另一本大约在1442年由约翰·基林沃斯(John Killingworth),默顿学舍的教授所作。几年内教授J.多布茹斯基(J. Dobrzycki)发现了1348年的天文表,仅被描述为‘*tabulae Anglicanae*’,在克拉科——以及在一份西里西亚的手稿(15世纪),和一份来自布拉格的手稿(14世纪)中都有发现。然后我回忆起兹沃勒的亨利·阿尔诺(Henry Arnaut of Zwolle),一个15世纪的巴黎教师是如何查阅‘*tabulae Anglicanae*’的;也许这些都是1348年天文表。教授戈尔兹坦(B. R. Goldstein)(见他的 *Theory and Observation*(注释10)),致力于犹太人的天文学著作,后来发现了1348年牛津天文表的犹太版本,由曼图亚的莫迪凯·芬奇(Mordecai Finzi of Mantua),一个15世纪的学者完成,芬奇提及了一份拉丁手稿1360年的注释者,和一个在曼图亚帮助过他的不知名的基督徒。在皮科·德拉·米兰多拉(Pico della Mirandola)的 *Disputationes adversus astrologiam* 中有对‘*Oxonienses tabulae*’和安杰勃斯·马图努斯(Angelus Mantuanus)的介绍。那些天文表在智力性上非常严格,就如人们所期望的那样——超越普通文科学生所达到的——我们还发现它们令人吃惊的大扩散部分是因为大学,但也有其他原因。十年前没有任何人在意它们,而今天在整个欧洲对它们的重视都被看到。人们禁不住想知道还有多少相似的事例。

文本情境中的四艺

我们从正式文件中收集到的关于这种课程的信息资料明显地遗漏了许多应涉及的有关如占星术、泥土占卜，甚至魔术的主题。即使它们没有立即迎合许多文科学生的热望，也一定会被描述。一些大学——14世纪的奥尔良也许便是恰当的例子——由于占卜的危险形式而获得一种声誉，然而有大量的占星术论不能恰当地归在那个主题之下，并且其或多或少作为天文学的延伸而得到广泛的研究。[33] 证据是以教科书和手稿形式呈现的。在尚存的手稿当中，诸如阿布马莎和阿卡比提特斯等占星术作者所做的论文的抄本数量巨大，虽然它们没有达到《行星理论》文献的数量。（泥土占卜和魔术比占星术更为缺乏）一种或两种极重要的且费解的占星术观念无论如何会在包含有关天体观测仪的书中并成为课程得以传播，但是其只有在那种联系中才偶然地被明确提到。（第一篇用英国本国语所写的关 353
于天体观测仪的论文是由诗人杰弗里·乔叟为他年仅十岁的儿子所做，大约在1393年左右。[34]）

无论何地，音乐总是被有教养的神职人员用作祈祷仪式的一部分，无论何地，在大教堂中占星术的意象总在望远镜中和钟的罗盘刻度中得见，无论何地——随着对狄奥尼西奥斯和亚里士多德的宇宙论的调和——但丁的作品总是被阅读，无论何地，国王们总在精选的星形夜空下携同他们的妻子欣赏音乐，在所有这些事例中四艺的影响是显而易见的。在杰弗里·乔叟的《坎特伯雷故事集》——实际上是在"磨坊主的传说"中——有一个年轻的牛津学者尼古拉斯，在他的床头有一个装有托勒密《天文学集成》抄本的书架、一个天体观测仪、一套供算术计算的奥格里姆石头和一件音

---

[33] 关于魔术的文本传说，见 D. Pingree, 'The Diffusion of Arabic Magical Texts in Western Europe', in *Diffusione delle scienze*（注释4），57－102. 奥尔良的声誉似乎依赖于"富兰克林的传说"中乔叟对它的介绍，且在那里的大学记载里明显不被支持。见 D. Mackay Quynn, 'The medieval extracurriculum: the Orléans example', *Mississippi Quarterly*, 10:3(1957), cols. 120－134; cols. 129－134 有关魔术。

[34] 在法国有一个本地语版本，由 Pèlerin de Prusse 所作，在乔叟的作品之前，但不完整：J. D. North, *Chaucer's Universe* (Oxford, 1988).

乐仪器、一件萨泰里琴。那个书架完全成了四艺的象征，包括了几何学、天文学、算术和音乐（我们能够破例通融，在《天文学集成》中出现几何学）。奥格里姆石头（用做算盘表）和萨泰里琴使我们想到了四艺的实用方面。它们还使我们想到了不同学习类型的相对成本问题。神经质的罗杰·培根苦涩地抱怨说他自己的大笔钱被迫花费在他的实验上了。不过，在更为世俗的层次上，有多少学天文的学生能够购买得起一件天文观测仪，或者一个环形球体，或者甚至可以获得做成这些器物的金属物？奥格里姆石头是非常便宜的，萨泰里琴可能容易获得，但书该怎么办？我们可以确信在一百个人中难有一人拥有一本《天文学集成》的抄本，而且尼古拉斯的"磨坊主的传说"对于学生也十分不寻常。

第十一章关于医学教育的介绍将强调天文学的实用价值，正如帕多瓦和博洛尼亚大学的实践所显示的，占星术的教学是由医学这个科目的教学需求所激发的。（中世纪的观念是上天影响疾病的发展，而且只能通过那些能够计算它们的运动的人，上天才能被作为盟友以治愈疾病。）那些医科学生当然就成为了专业精英。在第十一章中还提及了切科·德·阿斯科利提供的占星术对于医科学生的价值的解释，以及在这两门学科上都成为真正专家的学者的典型例子，如乔万尼·德·东迪；但是它也提醒了我们，医学占星术并未被限制在大学环境之内。人们想象，大学为其围墙之外的世界设定了标准，但是人们不应该对大学的标准太过自以为是，或对墙外者太过轻视。再以乔叟为例：他没有受过大学教育，然而在他那个时代的英格兰不会有超过一打的大学人士能够企及他在天文学计算方面的专业知识。我们并不充分了解他的传记只称自己为一个自修成功之人，然而对我们来说能像了解乔叟一样了解的学者很少，对他们的了解不及对乔叟了解的十分之一。我们仍然对《选择物》之于大学教育知之甚少以至不能确定其对于文科课程的真正价值。

354

莱昂纳多·达·芬奇的例子是研究那种相互影响的另一个值得探究的案例。威尼斯的保罗和托马斯·德·比奥（红衣主教凯塔那斯）主张亚里士多德的物理学并且把逻辑学深深地嵌入由奥卡姆之徒、巴黎人和牛津人带来的传统之中，但是科学的根源中也有来自手工艺的传统。莱昂纳多首先是一个实践者，但是他醉心于对于理论有重要意义的无限丰富的脉络——

举个简单的例子，他使公众注意到实践几何学的种类，后来塔尔塔利亚使之变得具有学术上的价值。

考虑到经常被认为威胁了运用天文学那些人灵魂的占星术宿命论成分，人们猜想在诸如博洛尼亚、帕多瓦和萨拉曼卡（直至14世纪后半期）等大学中，神学院或神学教授的缺席至少意味着在文学院中相应缺少一种紧张的状态。在巴黎这种紧张状态可能是最强烈的。其次是在牛津和剑桥，以及所有一流的神学大学中。这种紧张状态会影响数理科学的发展吗？比如，它们会妨碍学者们探索有很多异教文献的学科吗？托马斯·布拉德沃丁，莫顿舍自然哲学的老前辈，还是论意志自由的作家，却把自然科学撇在一边而转向了神学；还有沃林福德的理查德，他是那个世纪最好的英国天文学者和数学家，曾说后悔自己把时间浪费在那些学科上而忽略了神学。也许这些内疚之情是有代表性的，但是它们在博洛尼亚和帕多瓦会较为少见吗？也许它们充当了一种障碍，只有为之献身的几个人才会跨越它。

许多教团与四艺学习相联系的情况仍然需要进一步的了解。例如，我们知道博洛尼亚（1364）、萨拉曼卡（1411）、和图卢兹（1360）在建立神学院过程中，几乎全部是从教团中挑选毕业生。由于托钵修士和僧侣是在他们自己住所的围墙之内接受文科方面的初步训练，而不一定是在大学里，因而人们会假设鼓励神学将会削弱文学院是一种必然的结果。例如在实用的文科中——无论是在南欧还是北欧，这些僧侣从外界进入大学时，带来什么类型的专门技能，走时又带走了些什么？沃林福德的理查德就是一个本笃会修士的例子，他设法将大学的推理天文学与他的修道院的不动产相结合，并制成一台以前从未见过的昂贵复杂的天文钟，在16世纪之前的任何年代中罕有能与之相匹敌的。

人们不应该忽视这样一个事实，即在整个中世纪，一部好的，甚至是原 355
创的、品质上乘的科学著作一直都是创作于大学之外的。甚至在大学城中，不同教团经常试图将它们的学生与学术世界的诱惑相隔绝，因而发展出许多明显带有私人色彩的观念。从对牛津各个学舍和其他寓所的成员所著的科学著作的分析来看，很显然，默顿学舍——正如所预料的——获得了最高的分值，那些未知的联系也就随之而来，但是之后是圣方济修会、加尔默罗修会和本笃会在任何其他学舍之前。[35]这是由科学著作评判的——只关乎合理性标准。(靠随意的科学的参考书做出的评判——透镜的所有权、天体观测仪的用途、书籍的借用,等等——结果几乎是相同的。)相似的现象可以在其他大学中被发现吗?在不同时期不同学科中不同教团的强和弱又是什么样子?例如,为什么在14世纪早期,至少在牛津科学发展的最关键时期,在牛津多明我修会人数超过圣方济修会和加尔默罗修会时,它在精确科学方面的成果却如此的少?(在一些时段内他们的成员数量之比是100:75:45),这个问题的答案的一部分——但仅仅是一部分——一定是格罗斯泰特,这个圣芳济会的讲师的影响和培根的遗产。牛津的科学偏见与巴黎"神学和辩证法的领地"正相反,在那里数学似乎不是必须定时教授的学科。在巴黎,这导致年轻的教师在他们的家中讲授课程,由于存着一种对诡秘的阿威罗伊学说的恐惧,结果这种做法不得不由官方控制。[36]因此,在1276年,就许多规则以控制不公开的会议,部分是起源于阿威罗伊学说。在宗教节日里私授的教学传统至少可以追溯到1215年章程,在其中修辞学、四艺和伦理学受到的待遇是相同的。[37]后来也因为学舍自有图书馆和奖学金,这种传统加强了学舍的掌控能力。在巴黎杰维斯硕士学舍,法兰西王国查理五世于1378年设立了两种奖学金,特别用来鼓励学习占星术。这是在别处正在发生的事情的一种征兆:在许多大学中——博洛尼亚、萨拉曼卡和克拉科是主要的例子——数学逐渐成为占星术的辅助学科了,而且四艺看起来开始明显地不均衡了。[38]

克拉科有一种浓厚的天文学传统——早在1394年就开始设立该学科
356 的独立教席—— 但在当地和维也纳,神学院和高级学院的相对薄弱无疑为解释为什么它们赢得了科学工作培育上的声誉提供了一些途径。在维

---

[35] J.D.North, '1348 and All That: Science in Late Medieval Oxford',见 J.L.Berggren and B.R.Goldstein (eds.), *From Ancient Omens to Statistical Mechanics* (Copenhagen 1987), 155-165.

[36] G.Beaujouan, 'Motives and Opportunities for Science in the Medieval Universities',见 A.C.Crombie (ed.), *Scientific Change* (London,1963),219-236.

[37] S.C.Ferruolo, 'The Paris Statutes of 1215 Reconsidered', *History of Universities*, 5 (1985),1-14.

[38] Beaujouan, 'Motives and Opportunities'(注释 36),223.

也纳,有一种因为那里有四位著名教师而产生的错觉:朗根施泰因的亨利(1340—1397)、格蒙登的约翰(约1380—1442)、皮尔巴赫的乔治(1423—1461)和雷吉奥蒙塔努斯(1436—1476)。有人指出,除格蒙登的约翰外,这些人中没有一个与文学院的教学有关系,而且经调查在那段时期由维也纳的教师经常开设的天文学讲座数量(1390—1460)很少,且水平也确实不高。老教科书继续使用,尽管有关于新主题的一套读物(诸如《阿尔比恩》,由格蒙顿的约翰重新编辑)。[39]讲座的保守倾向和基于一些个人研究基础之上的科学声望的独立性今天当然难以知晓了。

诸如波依休斯和萨克罗博斯科的著作之类的书长期使用已被证实,从这一事实中,人们可能会猜测,在四艺中的教科书的写作是不景气的。即使忽略已产生的大量评注,这也并不完全正确。其中最著名的例子之一是由皮尔巴赫的乔治所作的完整的《行星理论》文本。它的产生背景是这样的:红衣主教贝萨利昂要求皮尔巴赫写一本《天文学集成》的摘录,摘录完成大约一半他就去世了,当时他还不足三十八岁。他在维也纳的助手,雷吉奥蒙塔努斯,在意大利完成了这本摘录。《新行星理论》这本书,正是欧洲各大学所需要的,它是由某个后来了解《天文学集成》的人所作的权威文本,一本用很好的画像加以插图说明的书,因为印刷机能够比普通的职业作者或描绘者更能精确地再生如此多的画像。从它第一个印刷版出现(1473)到17世纪中期之间,至少有五十六种这种"新行星理论"的版本出现,很多印刷物还包括萨克罗博斯科关于天体的论述。可以肯定地说,在这段时期,除了带有强烈感情钟情于最初文本的人,几乎每一个重要的天文学家都受惠于它。它是人文学者的创造性和一个在中世纪大学传统中完整受训的人的天文学知识相结合的成果。皮尔巴赫不了解希腊,但雷吉奥蒙塔努斯了解。依据雷吉奥蒙塔努斯的说法,皮尔巴赫把《天文学集成》"好像逐字地"放在他的记忆里。我们要再一次强调《天文学集成》未被广泛阅读这一点:在1500年之前有七种托勒密的《地理学》的印刷版本,但是在1515年之前没有一个《天文学集成》的版本。

---

[39] C. Kren, 'Astronomical Teaching at the Late Medieval University of Vienna', *History of Universities*, 3(1983), 15 - 30. 关于格蒙登的约翰的《阿尔比恩》参见 North, *Richard of Wallingford*(注释29) vol. II, 130 - 248.

357 我们不了解皮尔巴赫的旅行路线，但是当他二十几岁时他到过德国、法国和意大利，在帕多瓦作讲座，并且那里和博洛尼亚都向他提供大学教师职位。他有点像那些今天设法在大学 里工作却从校外的民法事务中赚钱的大学教师。回到维也纳并且成为皇帝腓特烈三世的宫廷星相师后，皮尔巴赫继续履行在维也纳大学的一些责任：奇怪的是，这些任务似乎主要属人文学科（例如，他在不同的年份的讲座涉及维吉尔、朱韦内尔，以及霍勒斯）。[40]

维也纳的例子证明了在三艺部分（第十章第一部分）所形成的观点，即在考察文学院时我们必须仔细区分官方态度与实际上所学所写之间的不同。选择种种"官方的"态度和反应也许是值得考虑的。例如，占星术，处在来自三种或更多的不同方向的压力之下。有一些人——尤其是牧师——他们不信任异教社团，因而有些学者就发动对占星术基本前提的科学攻击。尽管他们的动机大多数情况下是出于道德上或神学上的，但他们并未真正依据任何具体的神学观点。人们发现在古代世界和中世纪都有两种攻击。然而第三种攻击或多或少为中世纪大学的情境所特有，并且是一种关于自由意志和未来可能事件的争论的混合物。这种争论常常来自于神学家和哲学家的"官方"团体，但是毕竟他们是仅仅在维护大多数人认为有必要维护的东西，即一种对个人行动要自我负责。虽然以某种方式或全部方式进行的攻击贯穿其历史的绝大部分，被批判的占星术在中世纪似乎持续稳定地日益流行普及，并以不变的方向进入 17 世纪。做粗略的概括是危险的，但是为了简洁的缘故，可以说意大利的学者似乎以放任的态度探索着更加危险的、个体化的各种占星术，尤其是在反宗教改革之前：巴黎人则比较迟疑。15 世纪之前的英国人把他们的大多数时间花费在气象问题的预言上，但在以后的年代里失去的时间得到了补偿。在德国大学里，占星术似乎变得越来越强，特别是 14 世纪中期以后。

有一种占星术似乎在每一个地方都被实践过，而且实际上是不受指责的，那就是与历史事件，尤其是与宗教教派的兴衰密切相关的占星术。像

---

[40] C. D. Hellman and N. M. Swerdlow, 'Peurbach, Georg', in C. C. Gillispie (ed.), *Dictionary of Scientific Biography*, vol. XV (New York, 1978), 473 - 479.

气象学一样，这是有价值的大学要素。大学人士没有垄断占星术——如此想象将会犯一个错误。它们确实提供了它的骨干，但是正在被复制的文本和正在被学习的教义并没有把我们引向深层的根源处，占星术真正的实践情况只能够通过尽可能多的材料来做出准确地判断，尤其是天宫图那类材料——无论用于算命、选拔，或者别的什么。举一个例子，我们有 16 世纪中期 29 幅维腾堡学生的算命天宫图，被用在最近的一项旨在决定准许入学的年龄的研究中，这对于正在研究的那段时期非同寻常。此类算命天宫图在某种程度上就是那个时代的学生缩影。[41]从 12 世纪开始至 17 世纪那段时期，个人天宫图的数量急速发展给我们揭示了其目的是极其严肃的。的确，它们告诉我们的要远远多于任何大学章程或神学辩论。 358

精选文献

也参见第十章第一部分的精选文献

Beaujouan, G. 'L'enseignement du quadrivium', in *Settimane di studio del Centro italiano di studi sull'alto medioevo*, vol. XIX, Spoleto, 1972, 639 – 723.

Coyne, G. V., Hoskin, M. A., and Pedersen, O. (eds.) *Gregorian Reform of the Calendar. Proceedings of the Vatican Conference to Commemorate its 400th Anniversary, 1582 – 1982*, Vatican City, 1983.

Crombie, A. C. *Robert Grosseteste and the Origins of Experimental Science, 1100 – 1700*, 2nd edn, Oxford, 1961.

La Diffusione delle scienze islamiche nel medio evo Europeo, Convegno Internazionale, Rome 1984, Academia Nazionale dei Lincei, Rome, 1987.

Gibson, M. (ed.) *Boethius: his Life, Thought, and Influence*, Oxford, 1981.

Glorieux, P. *La Faculté des arts et ses maîtres au XIIIe siècle*, Paris, 1971.

Goldstein, B. R. *Theory and Observation in Ancient and Medieval Astronomy*, London, 1985.

---

[41] M. Gingerich and O. Gingerich, 'Matriculation Ages in Sixteenth Century Wittenberg', *History of Universities*, 6 (1986 – 1987), 135 – 137.

Grant, E. *A Source Book in Medieval Science*, Cambridge, Mass., 1974.

Haskins, C. H. *Studies in the History of Medieval Science*, 1st edn, Cambridge, Mass., 1924; 2nd edn, Cambridge, Mass., 1927; reprint, New York, 1960.

Kretzmann, N., Kenny, A. and Pinborg, J. (eds.) *The Cambridge History of Later Medieval Philosophy: From the Rediscovery of Aristotle to the Disintegration of Scholasticism, 1100 – 1600*, Cambridge, 1982.

Lindberg, D. C. (ed.) *Science in the Middle Ages*, Chicago/London, 1978.

Maddison, F. 'Early Astronomical and Mathematical Instruments. A Brief Summary of Sources and Modern Studies', *History of Science*, 2(1963), 17 – 50.

Millás, J. M. *Estudios sobre Azarquiel*, Madrid/Granada, 1943 – 1950.

Millás, J. M. 'Translations of Oriental Scientific Works (to the End of the Thirteenth Century)', in G. S. Metraux and F. Crouzet (eds.), *The Evolution of Science*, London, 1963.

North, J. D. '1348 and All That: Science in Late Medieval Oxford', in J. L. Berggren and B. R. Goldstein (eds.), *From Ancient Omens to Statistical*
359 *Mechanics. Essays in the Exact Sciences Presented to Asger Aaboe*, Copenhagen, 1987, 155 – 165; reprinted in J. D. North, *Stars, Minds and Fate*, London, 1989, 361 – 371.

North, J. D. *Chaucer's Universe*, Oxford, 1988.

North, J. D. *Horoscopes and History*, London, 1986.

Poulle, E. *Les Tables alphonsines, avec les canons de Jean de Saxe*, Paris, 1984.

Samsó, J. (ed.) *De astronomia Alphonsi regis. Proceedings of a Berkeley Symposium on Alfonsine Astronomy, 1985*, Barcelona, 1987.

Smits van Waesberghe, J. *Musikerziehung: Lehre und Theorie der Musik im Mittelalter*, Leipzig, 1969.

Southern, E. W. *Robert Grosseteste: the Growth of an English Mind in Medieval Europe*, Oxford, 1986.

Thorndike, L. and Kibre, P. A. *Catalogue of Incipits of Mediaeval Scientific*

Writings in Latin, London, 1963.

Vernet, J. *Ce que la culture doit aux Arabes d'Espagne*, Paris, 1985 (tr. from *La Cultura hispanoárabe en Oriente y Occidente*, Barcelona, 1978.)

Victor, S. K. *Practical Geometry in the High Middle Ages. 'Artis cuiuslibet consummatio' and 'Pratike de geometrie'*, Philadelphia, 1979.

Weisheipl, J. A. 'Curriculum of the Faculty of Arts at Oxford in the early Fourteenth Century', *Mediaeval Studies*, 26 (1964), 143 – 185.

Weisheipl, J. A. 'Development in the Arts Curriculum at Oxford in the Early Fourteenth Century'; *Mediaeval Studies*, 28(1966), 151 – 175.

Wordsworth, C. *The Ancient Kalendar of the University of Oxford*, Oxford, 1903 – 1904.

360 # 第十一章　医学院

南茜·斯雷斯

中世纪大学医学教育的背景

大学医学院的建立提供了一种独特的职业和知识构成类型，并塑造出新型的医学精英人才。然而，在西欧的中世纪大学中接受教育的人，他们学习和实践医学的内容既不是大学社会环境的新生事物，也不是大学独有的财富。接受过大学医学教育的学者（physicians）的医术是一种基于伊斯兰世界和古代经典医学之上的知识分子的事业，这种医术也是一种活动，它与同时代数量众多的内科和外科方面实践的医生们的医术有许多联系，这些实践医生们在大学之外接受医学知识并形成他们自己的医术。

知识分子为大学医学的兴起做了准备，至于中世纪中后期学术其他方面的发展基础，是由对希腊和阿拉伯文本的翻译提供的，这种翻译活动在11世纪后期突然激增。对于医学而言，发展的结果不仅仅包括获得了大量古代的医学遗产，而且在同时代的医学作品中增加了较多的理论成分，医学的这种发展趋势伴随着一种不断增加的压力，要求强调医学和自然哲学之间的联系，而且在医学话语中辩证法的作用也不断增强。随着人们对新翻译作品的接受，出现了普遍的知识复兴，结果是书籍在数量方面激增，各种拉丁语医学著作的种类不断增加，有评注、为实践提供建议的作品，以及外科方面的专著书籍或者给个别案例或情况提供建议的作品。

12、13 世纪的经济、人口状况以及西欧城市的发展也是大学能够成功地建立医学学科的基本条件，这些因素也正是普遍性大学运动形成的基础。更特别的是，学院医学成长并繁荣于这样一种背景之下：提供拉丁语识 361
字教学的学校成倍增长；各种各样的医治者在激增，这些医治者在实施其医术技巧时通常索取报酬；自愿并且有能力介入医学领域的现象扩大到社会各个阶层。这样的例证，不仅仅通过著名外科医生、博学多才的医学者得到君主、贵族和高级教士如主教等的支持帮助而体现出来，而且体现在市政当局保留内科或者外科从业者，以及从事这类谋生之计(或者部分生计)的如同理发医师、药剂师、草药师、助产士，以及一些聪明的男男女女。然而，贯穿着整个中世纪学院医学的文化背景和宗教一直包含影响很大的历史传统，这种传统常常和宗教慈善机构或者超自然力量的介入干涉联系在一起，而且传统的那种必要性和急切性至少使得对灵魂的治疗远比对身体的治疗为先。①

整个 13 到 15 世纪以及此后，本章叙述的对象，大学教育训练出来的医学者，是那些进行具体实践治疗的医生中的一小部分。从 12 到 15 世纪之间的几百年中，迄今为止所知道的活跃在法国境内的医学从业者，除外科医生和理发医师之外，总数超过了 4000 人，而在大学里学习过的医学的则不足 2000 人(没有必要必须从大学获得医学博士学位)。佛罗伦萨的情况也类似，据推测在那儿与博洛尼亚差不多，只是确保本地有足够接受过大学教育的医学从业者。②“黑死病”之后的那个世纪，依据那十年时间的

---

① 有关宗教对身体和医学的态度：J. Agrimi and C. Crisciani, *Medicina del corpo e medicina dell'anima: Note sul sapere dal medico fino all'inizio del secolo XIII* (Milan, 1978).

② K. Park, *Doctors and Medicine in Early Renaissance Florence* (Princeton, N. J., 1985); D. Jacquart, *Le Milieu médical en France du XII e au XV e siècle* (Paris, 1981).

情况来看，佛罗伦萨的医学从业者或者外科医生大约有三分之一到一半多一点儿可能接受过一些大学教育。在大学教育训练出来的医学者中间，那些在医学院执教的人，其主要实践活动也非常少。举例来说，在中世纪的法国，有将近2000名从业者上过大学，其中有417名为摄政教师或者教授。③

因此，在大学里学习过的医学者面临着不断的竞争，既有来自非大学教育训练的外科医生和医学从业者方面的压力，也有来自另外一些人的，他们提供各式各样精神上、灵魂上的或者超自然的医疗手段来解除肉体上的痛苦与折磨——后一种施治者的范围包括已经死去的圣徒。④而且，从
362 13到15世纪，那些没有接受过大学教育的内科和外科方面的从业者决不是没有知识的庸医或者经验主义者，或者是没有文化的乡村郎中。毋庸置疑，也有许多那样的医生。但也有许多人，如那些进行内科或者外科方面治疗目的是为了谋生（或者部分为了谋生）的医治者与那些非正式的、偶然地帮助邻居、家族和朋友的医疗者之间，这个界限就很难清楚地划分和定义，他们当中也有许多人既进行医学方面实践训练，也给许多其他下层行业的患者或者手工业者进行小型的外科手术。⑤这些缺少医学实践的人们可能不能和医学学位持有者相提并论，他们毕竟是不同类型的群体（对于他们来说，接受过大学教育的医生的医疗费用、社会地位以及知识分子权利问题，都是一些无法逾越的障碍）。

但是，上文所概述的最适度的内科或者外科医疗活动方式和大学渊博的医学学术知识之间，存在一个广阔的中间区域。后者包括把外科手术作为一门熟练而系统的技能或职业手艺的外科手术从业者，也包括有文化的（在某些情况下是懂拉丁语文化）外科医生和内科医生。在13、14和15世纪，大学的医学学生和教授们最重要的特性是与大学圈子之外的一些内科

③ Jacquart, *Milieu médical*, 第363页，图表1:1；第364页，图表2；Park, *Doctors and Medicine*, 75.

④ 例子参考 E. C. Gordon, 'Child Health in the Middle Ages as Seen in the Miracles of Five English Saints. AD 1150 – 1220', *Bulletin of the History of Medicine*, 60(1986), 502 – 522.

⑤ M. Pelling, 'Occupational Diversity: Barbersurgeons and the Trades of Norwich', *Bulletin of the History of Medicine*, 56(1982), 484 – 511（参考16世纪内容）.

和外科医生分享医学知识——包括古代的书本、近来的书籍(在中世纪拉丁语版本和通过本国语翻译的作品成倍增长)和传统医学中值得注意的学问知识,以及组成或者参加的专业协会(以行会和城市医学协会的形式)的知识。13 和 14 世纪在西班牙、意大利和普罗旺斯的犹太人社团中许多从业者积累下丰富的医学知识,他们吸收了许多古典医学和伊斯兰世界的医学营养,同样也从大学的医学知识中汲取养分。⑥ 因此尽管如此,就资源和社会地位而论,接受过大学教育的医学者作为一个整体总是居于医学职业的上层,⑦内科和外科从业者在大学之外形成一个群体,其中也不乏有许多人曾经获得过大量的教育、经济和社会资源。那些从业者在许多方面训练有素、配备良好,为了争取富裕的,甚至是贵族的或者王室的患者,与接受过大学教育的医学者展开竞争。

在当时的一份评论中,详细说明了一些大学医学院提供的医学教育的某些方面与那些没有经过大学教育训练却有文化的内科医生和外科医生们,以及社会范围涉及非常广泛的那些亲自进行医疗活动的医生们所拥有 363
的那种医学知识之间相同的部分。"外科医生及医学大师"居伊·德·肖利亚克在其写于 1363 年的书中回顾了由盖伦所描述的古代医学派别,居伊自己认为,在他那个时代,愿意接受从事外科事业的人至少可以分成五种。居伊根据技术方面的观点差异将前三种简单划分为 12 和 13 世纪不同外科医学作者的追随者和信徒(所有这些人都用拉丁语写作),并根据能否正确治疗外伤而加以区分。正如读者将要看到的(见原文第 381 页),在居伊那个时代,就他所分成的三种范畴之内的那些人,其中有一些人能够在南欧的一些大学里接受教育,但是被划归同一范畴类型之内的其他一些人,虽然被列入有文化的外科医生之内,但是他们没有接受过大学教育训练。这种依据外科医学观点的区分方法,事实上有点类似于盖伦使用的术语

---

⑥ J. Shatzmiller, 'Livres médicaux et éducation médicale: à propos d'un contrat de Marseille en 1316', *Mediaeval Studies*, 42 (1980), 463 – 470; B. Richler, 'Manuscripts of Avicenna's Kanon in Hebrew Translation; a Revised and Up-to-date List', *Koroth*, 8(1982), 145* – 168*,列表中包括主要的阿拉伯医学著作中世纪希伯来语译著 106 部手稿;Jacquart, *Milieu médical*(注释 2), 380, 确定了 331 位犹太内科医生和 57 位外科医生。

⑦ 例如,Park, *Doctors and Medicine*(注释 2), 152 – 158.

“派别”的意义(尽管这些差异在盖伦头脑中有其哲学基础)。然而,居伊的第四、五种范畴显示了社会和职业方面的差异,同样也有观念上的差异:第四种存在于德国军人身上,德国军人把他们的信心置于这种思想之上——上帝授予话语(咒语)、植物和石头以力量,从而使用魔法以及医生来治疗战争创伤;在第五种范畴内,居伊安排的是妇女和未受过教育的人,依据他的观点,他们只不过祈求上帝和圣徒庇护而已。⑧

而且,在这个时期,考虑到在治疗的有效性方面,这些拥有医学学位的人也并不总是比那些各式各样的竞争对手更为成功可靠(虽然情况颠倒过来同样也不可能)。似乎可能的是,许多治疗方法或多或少对于各种各样的从业者都是普遍适用的。拿一件具体医疗实践的事情来看,互相之间合作或者提供方便的措施是不可避免的。举例来说,在一些城市,不同类型不同范围的从业者通过同一医学行会组织联系在一起。⑨ 而且,受过大学教育的医学者不能摆脱来自医学教授或者教师之外那些裁判性的评估或者指责,事实上也许他们更有可能成为它们的目标。有一些指责的根据是他们只关心身体而不关心人的灵魂,以及知识分子的狂妄自负或者贪婪诸如此类的道德堕落。⑩

364 前文所述也许可以解释,他们为何不原谅那些受过大学教育、强调他们自己学问的特殊性和优越性并对其他类型的从业者不断地表示出敌对

---

⑧ 引用的居伊评论来自 G. de Chauliac, *La Grande Chirurgie*, ed. E. Nicaise (Paris, 1890), 15-16.

⑨ 佛罗伦萨类似的情况: Park, *Doctors and Medicine*(注释 2), 第 1 章。

⑩ 举例来说, F. Petrarca, *Invectiva contra medicum*: *Testo latino e volgarizzamento di Ser Domenico Silvestri*, ed. P. G. Ricci (Rome, 1950). 不管怎样,以前有一段很长的传统。而且,神学家和把神学大全之类提供给忏悔者的那些作者们,对涉及到道德方面的医疗问题,一直争论不休。这些问题包括,考虑到道德责任要维持适度水平的职业收入,收费欺诈的罪恶和可耻(一旦协议涉及到任何已经确定下来的索取费用合法性问题,而这本身就是一件争议较多的事情),有义务和责任免费为穷人治疗。详细的资料和引文参考: D. W. Amundsen, ‘Casuistry and Professional Obligations: the Regulation of Physicians by the Court of Conscience in the Late Middle Ages’, Parts Ⅰ and Ⅱ, *Transactions and Studies of the College of Physicians of Philadelphia*, 3(1981), 22-39, 93-112. 除此之外,宗教法律直接针对世俗医生规定了某些责任和义务。这些都包含在 1215 年第四届拉特兰会议(the fourth Lateran Council of 1215)宗教法律第 22 款中,其规定随后收入《教令集》(*Decretales*):规定医疗从业者在提供治疗之前,要求患者叫来一位牧师,而且禁止他们使用任何恢复身体健康的措施——如果涉及到原罪方面,例如在斋戒日食用肉食,或者违禁的性生活(引文和讨论出处同上,第 96-97 页)。

和蔑视的医生们。

在这种背景和压力之下,欧洲大学的医学院在13到15世纪之间所形成的制度上和知识上的特征继续影响着医学教育,一直到现代社会早期。这些显著特征并不都是积极的因素。大学医学院为培养医学精英人才做出了巨大的贡献,这种医学精英有时候表现得非常傲慢自负、自私自利,大学医学院同时也贬低了其他医疗师的价值,特别是犹太和女性医师的社会价值[11]。一些医学史学家也许没有必要去精心阐述简单而庞杂、又难以检验的基础性生理学理论,或那些混乱而又深奥的药理学专业术语。

但是,中世纪医学学术的积极成就是实实在在的。包括建立永久性学术机构提供正规医学教育;坚持把人类生理、健康和疾病作为理性探究目标的合法性和地位;创造了一种丰富、多样、复杂的医学文化文献;技术词汇的精心锤炼;生理学争论主题的确认和认同(通常在古代的作者中存在着差异和不一致),直到哈维时代一直是人们关注的焦点;营造了一种环境,它使得公开解剖尸体这样大胆的革新合法化。

医学院的起源、分布与组织

1500年之前,虽然在多数大学中都有医学院,但是医学学术教育中心的数量一直很少。从那些医学教育中心建立的时间先后顺序和地理位置的分布情况来看,最显著的事实是萨勒诺的早期兴衰(11世纪末到13世
纪早期),随后出现了三所著名的学馆:博洛尼亚、蒙彼利埃和巴黎。第四 365
所是帕多瓦,从13世纪起成为"医学研究的故乡",在15世纪其规模日益扩大,重要性日益增长。[12]1500年之前,这些医学院(以当时的声望、吸引来自遥远地区的学生的能力、医学著作的产出、众多著名的医学教师的出现,以及获得医学学位毕业生的数量来衡量)没有面临任何挑战。在16世纪,

---

[11] J. Agrimi and C. Crisciani, 'Medici e "vetulae" dal Duecento al Quattrocento: Problemi di una ricerca', in *Cultura popolare e cultura dotta nel seicento. Atti del Convegno di Studio di Genova, 23 – 25 novembre 1982* (Milan, 1983), 144 – 159.

[12] N. G. Siraisi, *Arts and Sciences at Padua* (Toronto, 1973), ch. 5; T. Pesenti, *Professori e promotori di medicina nello studio di Padova dal 1405 al 1509: Repertorio bio-bibliografico* (Padua/Trieste, 1984).

另外有一些学馆类型的中世纪组织机构因为医学教学出色而声名鹊起，甚至扬名外地。但是在早期，它们并不是医学研究学习的主要场所，这种情况很普遍。如萨拉曼卡，13 世纪以来就是一所重要的大学；至于地区性的教育中心，图宾根那时候规模很小，后经不断努力，到 15 世纪末期才得以确立。⑬

各个医学院之间的主要差异是在人数、声誉和学院地位方面而不是在于课程。在课程方面，它们有共同的渊源，希腊和伊斯兰世界的医学知识，以及亚里士多德的自然哲学，它保证了整个欧洲很高的统一性，但是不同的医学院在知识、职业和组织上的氛围有着极大的不同。在所有这些方面，15 世纪在普瓦捷教学的四名身份低贱的医生的经验肯定不同于同一时间帕多瓦大学数目超过 125 名的教授（包括一批著名的医学作者）和医学学位候选人的经验。⑭而且，那些规模较大的著名医学院资料信息也更充裕，也更吸引历史学家的关注。因而，尽管存在一批有价值的医学院研究，但也主要是着眼于当地比较重要的医学院，⑮所以我们对于主要医学学习中心之外的中世纪大学的医学教育相对来说所知甚少。虽然将来对
366 较小学院的研究也可能描绘一幅医学学术教育和接受过大学教育的医生们职业的完整图景，但是对医学教学的目标、方法和局限性的最佳了解，只能从对最成功学院的考察中获得。虽然这并非是绝对的，但将成为下文阐述的主要内容。

---

⑬ 萨拉曼卡的资料参考：G. Beaujouan, *Manuscrits scientifiques médiévaux de l'université de Salamanque et de ses 'Colegios Mayores'*, Bibliothèque de l'Ecole des Hautes Etudes Hispaniques, 32 (Bordeaux, 1962), 3, 59–60. 图宾根的资料参考：W. Kuhn, *Die Studenten der Universität Tübingen zwischen 1477 und 1534*, 2 vols. (Göppingen, 1971); G. Fichtner, 'Padova e Tübingen: La formazione medica nei secoli XVI e XVII', *Acta medicae historiae patavina*, 19(1972–1973), 43–62.

⑭ R. Favreau, 'L'université de Poitiers et la société poitevine à la fin du Moyen Age', in *Universities in the Late Middle Ages*, 578, no. 71; 580, no. 102; 582, nos. 120 and 121; Pesenti, *Professori* (注释 12). *passim*.

⑮ 例子选自 F. M. Getz, 'Medicine at Medieval Oxford', in J. I. Catto(ed.), *The History of the University of Oxford*, vol. II, *Late Medieval Oxford* (Oxford, in press); M. Fuiano, *Maestri di medicina e filosofia a Napoli nel Quattrocento* (Naples, 1973); faculty of Turin: I. Naso, *Medici e strutture sanitarie nella società tardo-medievale: Il Piemonte dei secoli XIV e XV* (Milan, 1982), 111–122.

在某种意义上来说，萨勒诺并不属于主要的中世纪大学医学院讨论范围：直到其在医学教育中心的优势地位结束之后，它才形成正式的大学组织。然而，从 11 世纪末到 13 世纪初，中世纪大学医学教学的显著特征在萨勒诺已经成形。[16]

到 11 世纪的时候，萨勒诺已经是医学从业者聚集的场所（显然既有男性也有女性），并通过非正规的、口语化的、实际演示的教学方式来教授他们的继承者。在萨勒诺的医学教育中，对学院式和书本导向的强调是多种因素共同影响的结果。毫无疑问，中世纪早期拉丁语医学著作的获得和使用起了一定的作用。这些资料不是微不足道或者无关紧要的，应该强调的是在西欧仍旧保留着中世纪早期的医学知识，不管如何掐头去尾或者形式怎么简单，却继承着古代古典医学的一些内容和教育性成分。[17]其次，萨勒诺的地理位置条件以及意大利半岛南部的中世纪早期历史给知识分子提供了许多与希腊语世界和阿拉伯语世界接触的机会。在萨勒诺的教士之中，大主教阿方努斯（卒于 1095 年）积极加入到希腊医学知识的改造活动中。康斯坦丁诺斯·阿弗里卡纳斯（卒于 1087 年）进行了医学翻译工作，他是蒙特卡西诺修道院附近的一位修道士，较早地提供了一个接触穆斯林作者的医学教本的途径。

除了写下各式各样的医学实践指南之外，12 世纪和 13 世纪初期萨勒诺的著者收集整理短小论文文集（随后形成著名的作品《文集》），这些论文直接解说希波克拉底和盖伦医学的基础知识，并把这些作为基本的课程内容，通过对这些文本的评议形成医学教学实践。这些文集在 12 世纪被合在一起（后来又增添了其他的论文），包括两部希波克拉底论文集，即《格言》和《预后学》，一部盖伦医学论文集，它的书名有许多种叫法——《医艺》、《医术》、《医技》《小技》——一篇阿拉伯语导言，介绍了盖伦医学在西方拉丁语地区的著名作品约翰提修斯的《诊断学入门》，一部分主要介绍了

[16] P. O. Kristeller, *Studi sulla Scuola medica salernitana* (Naples, 1986).

[17] A. Beccaria, *I codici di medicina del periodo presalernitana* (Rome, 1956); A. Beccaria, 'Sulle trace di un antico canone latino di Ippocrate e Galeno', Part I, *Italia medioevale e umanistica*, 1 (1959), 1 – 56; Part Ⅱ, ibid., 4 (1961), 1 – 75; Part Ⅲ, ibid., 14 (1971), 1 – 23.

367 中世纪医生的诊断手段,即诊脉和观察尿液。

萨勒诺也注重医学和自然哲学的联系,萨勒诺的教师们也包括在最早反映亚里士多德影响的拉丁语作者之内,著名的“萨勒诺难题”就混合着医学和普通自然科学的主题。⑱

萨勒诺人、犹太人和阿拉伯人的影响力,在不同时代不同时期都被历史学家信手拈来当做蒙彼利埃医学早期发展的资料来源。⑲科贝伊的吉尔斯(约 1140—约 1224),出生在法国北部,在萨勒诺学习过,在蒙彼利埃度过人生大部分时间(他与那儿的教师展开了激烈的争论)。他在生命的晚期从事医学教学,并担任巴黎皇家医学者的职务,他与萨勒诺的医学界和蒙彼利埃的学校保持着私人联系,并成为后人常谈起的一个例子。⑳不管怎样,一般来说,萨勒诺医学和阿拉伯医学传播到蒙彼利埃教师之中的证据是他们研究过那些手稿作品。另外一点前面已经指出,虽然犹太医学从业者在中世纪欧洲医学发展过程中起着显著的重要作用,但是一旦这种发展形成组织制度形式时,在蒙彼利埃和其他地方的犹太医学社团的成员总是从医学院教学职业中被排挤出去。

大约到 12 世纪中期,蒙彼利埃作为一个医学教学活动的中心似乎已非常著名。到 12 世纪末期,蒙彼利埃一直进行着内科医学的教学活动。1220 年,蒙彼利埃的教师和学生已经组成了一所大学,并在 1220 年接受了教皇特使颁布授予的一系列章程。现存最早的一本医学教科书的解说手稿由一位蒙彼利埃的教师所写,内容是对约翰提修斯的医学著作《诊断学入门》的系统评注(包括《文集》之中的一部作品),作者是温切斯特的亨

---

⑱ R. M. Thomson, ' "Liber Marii de elementis": The Work of a Hitherto Unknown Salernitan Master?' *Viator*, 3 (1972), 179 - 189; Marius, *On the Elements*, ed. and trans. R. C. Dales (Philadelphia, 1973); A. Birkenmajer, 'Le rôle joué par les médicins et les naturalistes dans la réception d'Aristote au XIIe et XIIIe siècles', in A. Birkenmajer, *Etudes d'histoire des sciences et de la philosophie du Moyen Age*. Studie Copernicana 1 (Wroclaw/Warsaw/Cracow, 1970), 73 - 87; B. Lawn (ed.) *The Prose Salernitan Questions* (London, 1979).

⑲ L. Dulieu, *La Médicine à Montpellier*, vol. Ⅰ, *Le Moyen Age* (n. p., n. d. [1976]) 提供了简史,详细描述医学院的文献资料存在于 *Cartulaire de l'Université de Montpellier*…, vol. Ⅰ, *1181 - 1400* (Montpellier, 1890).

⑳ 他本人事业的总结以及其目录参考:E. Wickersheimer, *Dictionnaire biographique des médicins en France au moyen âge*, vol. Ⅰ (Paris, 1936), 196 - 197, and its *Supplément*, ed. D. Jacquart (Geneva, 1979), 90 - 91.

利，他活跃在1239到1240年间。1289年教皇的一纸特许状承认蒙彼利埃是一所大学馆，从此在这儿便可以获取教会法、民法、文科和医学方面"到各地执教"的资格证书[21]。

如同医学在蒙彼利埃的发展一样，大约同一时期医学开始作为一门学科出现在巴黎。亚历山大·尼卡姆保留下来一份在巴黎大学读过的医学书目单，他大约从1175到1182年一直在巴黎大学学习。[22]在组织化的医学院中进行最早的医学教学可以追溯到1213年，那些在学校章程中规定供攻读巴黎大学医学资格证书的候选人必读的书目，大约发布于1270到1274年间。[23] 368

业已证实在13世纪前20年，在博洛尼亚已经出现了内科医生、外科医生和医学学生。在13世纪后半期，在博洛尼亚进行医疗实践的外科医生曾写有几篇著名的论述外科术的拉丁语论文，但是迄今为止仍然不知道他们的姓名，他们也不是在组织化的医学院从事公开医学教学的教师。医学教师和学生们组织成学院式团体可能发生在13世纪60年代。第一个医学学位的公开授予时间是1268年，由一组教授进行考试检查。大约在1274到1288年间，市政管理者把税收以及其他方面的特权延伸到医学院教师和学生身上。[24]在博洛尼亚，帕多瓦以及其他不太出名的医学学习中心——这些医学中心大约从13世纪中期在意大利北方成倍地增加——医学院的传播发展完全是连续的，因此把所有特征归咎于这些医学院中的任何一所，也许并不明智。然而，萨勒诺的医学教师与博洛尼亚的医学教师

---

[21] *Cartulaire*（注释19），180－183，doc. 2；210－213，doc. 20. M. R. McVaugh，'An Early Discussion of Medicinal Degrees at Montpellier by Henry of Winchester'，*Bulletin of the History of Medicine*，49(1975)，57－71.

[22] C. H. Haskins，'A List of Text-books from the Close of the Twelfth Century'，in C. H. Haskins，*Studies in the History of Mediaeval Science*，2nd edn(Cambridge，Mass.，1927)，356－376，第374－375页附有医学书籍一览表。亚历山大·尼卡姆停留在巴黎的时间参考 R. W. Hunt，*The Schools and the Cloister*：*the Life and Writings of Alexander Nequam*（*1156－1217*），由 M·吉布森(M. Gibson)编辑和修订(Oxford，1984).

[23] Jacquart，*Milieu médical*（注释2），68；*CUP*，vol. I，517，no. 416；D. Jacquart，'La réception du *Canon* d'Avicenne：Comparaison entre Montpellier et Paris au XIII e et XIV e siècles'，in *Histoire de l'école médicale de Montpellier*. *Actes du 110e Congrès National des Sociétés Savantes*（*Montpellier*，*1985*），vol. II（Paris，1985），69－77.

[24] N. G. Siraisi，*Taddeo Alderotti and His Pupils*（Princeton，N.J.，1981），13－24.

们之间，在观念方面确实存在差异（如关于对伤口的正确治疗）。

哲学研究在意大利学校中的普遍增长，自然刺激了意大利北部学院医学中哲学和亚里士多德学说的发展（在某种程度上，如我们所看到的，这一点已经在萨勒诺的医学发展中出现），然而在早期医学院的情境中，这样的兴趣爱好在某种程度上已经在当地各种因素和来自巴黎的因素影响下养成了。无论如何，最值得一提的是彼得勒斯·希斯帕纳斯（教皇约翰二十一世，卒于 1277 年），他是一位重要的逻辑学家，又是一位医学作者，在巴黎学习结束后，他于 1245 至 1250 年在锡耶纳大学教授医学。几乎差不多同等著名的人物阿巴诺的彼得（卒于 1316 年）在巴黎停留多年之后重新返回帕多瓦大学讲授医学、哲学和占星学。也许尤为重要的是阿巴诺的彼得综合了他在巴黎大学多年研究的成果，又很明显地把讲授那些学科的心得体会，融进一部作品之中，这部作品对意大利学院产生的巨大影响长达数个
369 世纪之久，他的大作就是《调整哲学家与医学者之间的差异》。㉕

随着学术组织机构其他方面制度化的发展，巴黎、蒙彼利埃、博洛尼亚的医学院组织就各不相同了。在巴黎大学，医学院由一组从事教学工作的教师们组成。在蒙彼利埃大学，独立的医学大学在 13 世纪似乎既包括教师又包括学生。㉖博洛尼亚大学医学院的组织安排类似于帕多瓦和南欧的其他一些学馆，由一个博士协会和一个学生大学组成，其中每一组织都包含文科和医学。博士协会是一个社团，成员数量限制严格，仅仅局限于博洛尼亚市民，既包括学馆之内的高级医学教授，也包括城镇中的从事医疗实践工作的医生们。相比之下，文科和医学的大学是一个学生社团，这些学生都不是土生土长的博洛尼亚人。

㉕ 亚里士多德哲学在意大利的发展：P. Marangon，*Alle origini dell'Aristotelismo padovano*（*sec*. XII - XIII）(Padua，1973). 关于彼得勒斯·希斯帕纳斯(Petrus Hispanus)这位医学作者及其影响的资料参考：Jacquart(ed.)（注释 20），232 - 236；E. Paschetto，*Pietro d'Abano*，*medico e filosofo*（Florence，1984）.参考阿巴诺的彼得(Peter of Abano)的自传，手稿目录和著作(*Conciliator differentiarum philosophorum et precipue medicorum*).

㉖ '. . . *de communi consensu et consilio*. . . *Universitatis medicorum*，*tam doctorum quam discipulorum*，*Montispessulani*. . . ,' In *Cartulaire*（注释 19），181，doc. 2，medical statutes (1220).

社会与经济状况

如果不考虑它们内部组织机构的差异,巴黎、蒙彼利埃和博洛尼亚医学院的医学教授群体代表着医学行业的顶峰水平。虽然这些医学精英的社会出身通常比那些获得同等成就的律师或者神学家的出身要逊色许多,但是在一些较大的医学教育中心,那些高级的医学教授也是富有的市民。他们出身的或者建立的家庭中包括其他成功的医疗从业者或者医学教授。他们的收入基本上来自于医疗实践(特别是富人的赞助),较少的一部分来源于学生的学费,也有来自于社会公众组织机构的资助,包括在某些情况下基督教教会的资助。㉗

在意大利,在大学里从事医学教学是一种职业,这种职业基本上是由已婚的世俗人士占据,在早期曾经出现过一部分由公众付薪水的教授职位。在博洛尼亚大学,1305 年在公众支付薪水的花名册上出现了一位医学教授。在 1324 年,一位实践医学教授接受了市政的薪水。在科隆大学以 370
及欧洲北部的其他一些新大学里,在同一时间或者在大学建立后不久,如同支付薪水给其他学科的教授一样,也开始给医学教授提供薪水。㉘如同在其他学院一样,在医学院,地方市政府或领地统治者提供带薪水的教授职位,他们倾向于强化教授们与学馆外权威机构的联系,强化那些权威机构对学术社团的控制。在博洛尼亚大学,医学教授们是博洛尼亚市民阶级不可分割的一部分,在不同时代不同时期,市民阶级要么控制自治政府的管理,要么对市政议会产生着巨大影响。在医学方面,较高级的医学教学职位保留给博洛尼亚市民,医学博士协会谨慎地保护着他们的特权(他们也立法设立一些条款,偏向于支持他们成员的亲戚加入到协会之中)。非

㉗ 举例来说,大多数文件资料中保留着医学教师的纪录,参考:A. Moreira de Sá (ed.), *Chartularium universitatis portugalensis* (*1288 – 1537*), vols. Ⅰ – Ⅷ(Lisbon, 1966 – 1981), 要求或者授予俸薪, 参考 vol. Ⅰ, 151, doc. 134 (1345); vol. Ⅱ, 80 – 82, docs. 663 – 664 (1415): vol. Ⅱ, 125 – 126, doc. 689(1418); vol. Ⅱ, 154 – 156, docs. 713 – 715(1418);以及其他类似的资料.

㉘ Siraisi, *Alderotti*(注释 24),21, 以及从其中引用的目录;Rashdall, *Universities*, vol. Ⅱ, 255 – 256, 282.

博洛尼亚生源的毕业生从博洛尼亚大学医学院毕业之后，必须宣誓不参加在早晨举行的重要讲座或者“普通”讲座。㉙在地方领地诸侯或者贵族的统治之下，医学院与王公宫廷之间的联系慢慢地发展起来，因为一位医生私下里要想护理一位王公人物，他必须占有一个教授席位。举例来说，费拉拉的学馆在15世纪末期和16世纪初期能很快发展成为一个医学人文主义中心，王公贵族的赞助可能起到了一个相当重要的作用。在16世纪早期，只有当教授职位和皇室医生的职位联系到一起的时候，才可能给阿伯丁大学提供这个职位。㉚

一些主要的医学院不仅在社会公共领域占据着重要的位置，而且在学术团体内部也是这样。他们被公共权威部门（王室、贵族、基督教会或者市政当局）看做医学水平的担保人、医疗信息的资源、值得信赖的从业者的人才库。这样，在巴黎、蒙彼利埃以及其他一些地方，医学院获得了一些权利，而且有责任举办考试和颁发许可证，给本城之中所有合格的从业者授予职业资格。㉛在博洛尼亚，1214年就有一位外科医生的名字出现在市政当局支付薪水的名单上，对博洛尼亚市民进行内科或者外科方面的治疗在学院医学组织出现之前就已经有了公开的规定。但是，正规的医学院组织
371 出现之后不久，出自学馆的医学教授们被要求为城市权威部门提供与法律规定有关的医学方面的专家建议。14世纪最初的10年，要求这些教授

㉙ C. Malagola (ed.), *Statuti delle Università e dei Collegi dello Studio bolognese* (Bologna, 1880), 430 - 432, 466(1378年教师协会法规条例).

㉚ G. Pardi, *Lo studio di Ferrara nei secoli XV e e XVI e* (Ferrara, 1903), 85, 参考16世纪30至50年代，注意主要的医学教授与公爵府邸之间的亲密关系。R. French, ‘Medical Teaching in Aberdeen: From the Foundation of the University to the Middle of the Seventeenth Century’, *History of Universities*, 3(1983), 127 - 128.

㉛ P. Kibre, ‘The Faculty of Medicine at Paris, Charlatanism and Unlicensed Medical Practice in the Later Middle Ages’, *Bulletin of the History of Medicine*, 27 (1953), 1 - 20 *Cartulaire* (注释 19), 185 - 186, doc. 4 (1239); 234 - 235, doc. 33(1316).

做的公共服务偶尔也包括进行尸体解剖。[32]政府管理权威机构要求医学院提供专家建议最著名的例证，无疑就是1348年政府恳求巴黎医学院提供一份"黑死病"原因的调查报告，并且国王菲利普六世亲自过问此事。[33]

医学教育中心的医学学生主要来自周边地区，但也有来自欧洲各地的。以1350年之前已在列日主教辖区活动的大学为例，他们都是学医的，并且都是前往巴黎、博洛尼亚和蒙彼利埃。[34]而且，14和15世纪在德国土地上建立起来的大学并没有明显缩小或者削弱博洛尼亚大学和帕多瓦大学吸引德国医学学生的能力。如果说有什么影响的话，德国和欧洲东部大学的建立也许扩大了人才来源的范围——意大利的医学院能够从更大范围内吸纳学生。雄心壮志的医学学生现在能够在本地区完成文科方面必要预备学业以及医学学习的前期预备功课(费用低廉)，之后穿越阿尔卑斯山到那些有名望的学院中学习，完成最后阶段的医学教育并获得毕业证书。[35]

一些医学学生们(如同一些教师一样)至少部分地由基督教会的薪俸供养，那些接受过大学教育的医学从业者中有很大一部分人很明显地是世俗教士阶层的成员，特别在欧洲的北部地区，这一点更加明显。[36] 也许有必要清楚地陈述这一点：教士(神职的)医学从业者、教授和学生并不与基督教教会法律相抵触。1163年公布的宗教法律仅仅禁止僧侣们和正规教

---

[32] M. Sarti and M. Fattorini, *De claris archigymnassii bononiensis professoribus*, ed. C. Malagola, vol. Ⅱ (Bologna, 1888 – 1896), 214 – 215; L. Munster, 'La medicina legale in Bologna dai suoi albori fino alla fine del secolo XIV', *Bollettino dell'Accademia Medica Pistoiese Filippo Pacini*, 26 (1955), 257 – 271; L. Munster, 'Alcuni episodi sconosciuti o poco noti sulla vita e sull' attività di Bartolomeo da Varignana', *Castalia*: *Rivista di storia della medicina*, 10 (1954), 207 – 215.

[33] A. M. Campbell, *The Black Death and Men of Learning*(New York, 1966; 1931年原始版本的摹本), 14 – 17.

[34] C. Renardy, *Le Monde des Maîtres universitaires du diocèse de Liège 1140 – 1350* (Paris, 1979), 182.

[35] 15世纪大部分时期在帕多瓦大学授予阿尔卑斯山脉以北的学生学位占总数的30% – 40%：R. Ohl, 'The University of Padua 1405 – 1509: an International Community of Students and Professors', Ph. D., University of Pennsylvania, 1980, 59 – 61.

[36] 法国方面参考：Jacquart, *Milieu médical*(注释2), 380, 表15表明342位医学教师和学生的社会身份能够确定，其中128位已经结婚，13位是正式教士，201位是世俗教士。这些统计数据包括蒙彼利埃医学院，其中有许多已经结婚的俗人。

士离开他们的宗教社团,为了在世俗的医学院里学习研究医学而出外旅行(1219年关于革除宗教义务的命令支持世俗医学研究学习的范围扩大到
372
某些其他范围类型的教士中间)。类似那样的医学知识和医学实践活动从来也没对教士禁止过,在这些地区,医学专家不加考虑地就可以担任高级别的有成就的教士职业(在这一点上,彼得勒斯·希斯帕纳斯就是一个著名的例子)。无论如何,1298年讨论的教会法部分被取消、部分被修改,以适应宗教团体成员的合理要求,即在离开所在的社团组织之前可以允许他们学习医学。㊲

大多数有声誉的医学学院训练出来的医学从业者在整个欧洲都能够找到他们的职位。卢卡的硕士帕纳修斯就提供了一个很好的案例。在他的故乡,硕士帕纳修斯轻易地获得了成功。他很可能在博洛尼亚医学院接受过医学教育,在其年轻时,他就成为其同胞、主教和外科医学作家的多明我派修士西奥多里克·卢卡的私人医生。他也参加一些学院医学的讨论活动,他的一个观点随后就被著名的医学评论家真蒂莱·达·弗里诺(卒于1348年)加以引用。不管怎样,在英格兰的帕纳修斯很能够说明这种体面的但不十分突出的履历纪录:他有着报酬丰厚的职位,从1317直到1340年死亡为止,他是家庭医生、家务总管和国王爱德华二世和爱德华三世的放贷人。㊳在14世纪后期和15世纪,新成立的一些大学医学院给那些巴黎、蒙彼利埃和意大利学馆中的北欧毕业生提供了回自己家乡进行教学的机会。

现在很难完全获得从13到15世纪在巴黎、蒙彼利埃和博洛尼亚进行医学教学和研究学习医学的总人数的详细资料。然而,很明显医学院中的人口变化不时地受到各种因素的影响,例如人口统计趋势、当地或者区域性政治危机、著名教师的吸引力等,这些因素的影响以及他们之间的相互作用,无论是数量上还是质量上都不是单一的或明显的。

㊲ 引文和讨论内容参考:D. W. Amundsen, 'Medieval Canon Law on Medical and Surgical Practice by the Clergy', *Bulletin of the History of Medicine*, 52(1978年), 22-44.

㊳ Sarti and Fattorini, *De professoribus* (注释32), 235(will of Theodoric of Lucca); Gentile da Foligno, *Questiones et tractatus extravagantes*...(Venice, 1520), question 46, fol. 63r; C. H. Talbot and E. A. Hammond, *The Medical Practitioners in Medieval England: a Biographical Register* (London, 1965), 234-237.

然而,通过与同一学馆内的其他学院和其他学馆相同学院的比较,对于不同时期这些医学院学生的相对规模,人们还是形成了某些共识。通过考查在法国1500年之前的1681位从业者的情况就可以了解哪些大学接纳了他们:1008位到了巴黎,376位到了蒙彼利埃,297位到了其他的学校。在法国,14世纪后半期和15世纪前半期,大学中医学学生的数量似乎达到了顶峰,这一事实意味着,应谨慎对待黑死病对医学职业产生了影响的普遍观点。在1419到1434年间,博洛尼亚授予了65个内科医学学位和1个外科医学学位(没有必要依据这个统计数据推断那所学院中世纪 373
其他时期的情况)。相比之下,都灵大学(成立于1404年)在1426到1462年之间仅仅授予了13个医学(内科)学位,然而图宾根大学在从1477年建立之日起到1534年这一段时期内,共授予了35个医学(内科)博士学位。㊴

这些数据清楚地表明,即使在蒙彼利埃或者博洛尼亚这种以医学教育而著名的学校中,在某一个时期学习医学的学生数量也不是很多。仍然值得强调的是医学学生中获得医学学位的比率可能一直很高。完整的医学课程学习需要四年或者五年时间,但是客观情况也必须允许那些人——而且明显人数众多——在毕业之前放弃他们的医学课程学习或者到另外的学校中去完成学业。由于对此感兴趣的其他学院学生或者教师前来听讲的缘故,参加医学讲座的人数也许会多很多。

考虑到教学教师的数量和课程的分布排列,类似的不确定的事情还很多。例如,13世纪和14世纪上半期在博洛尼亚大学从事教学的大批医学教师的名字,从他们的作品手稿中,从分散的大学文件和其他的记录中可以自然地了解到。但是对教学职位的情况和提供课程及其分布状况的系统纪录,仅仅是在引入正式的花名册的做法之后或每一学年的课程和教师一览表出现之后,才开始出现。这种一览表的公开发布也是在14世纪后

㊴ Jacquart, *Milieu médical*(注释 2), 364, 表格 3; 365, 表格 4. C. Piana, ' Lauree in arti e medicina conferite a Bologna negli anni 1419 - 1434', in C. Piana, *Nuove ricerche sulle Università di Bologna e di Parma* (Florence, 1966), 110 - 174; Kuhn, *Studenten der Universität Tübingen* (注释 13), 35; Naso, *Medici e strutture sanitarie* (注释 15),114.

半期才开始的，但是在15世纪之前，也有零星分散的例子。[40]甚至在花名册公开发布形成惯例之后，除一览表记录的教师在正规的医学课程中公开地讲授课本内容之外，似乎不时地有其他人私下里、非正式地、简要地讲授内科医学和外科医学。

1500年之前欧洲最大的医学学生和教师的社团组织（在规模上也许史无前例）也许应该是15世纪中期帕多瓦大学的师生组织。在帕多瓦大学，授予医学学位的数量从1407年的4个到1434年的8个，1450年达到9个（外科医学占2个）。在某一年医学方面授予8个或者9个学位意味着一个医学学生社团组织约有100人左右。这种估计大概可以得到证实，众所周知，1457年帕多瓦大学所有学院的学生总数是800人，在1450年
374 当授予9个 内科和外科医学学位的时候，学位总数量是93个。[41]

如果对比的不是学生或者获得学位的数量，而是对医学学习做出的贡献，那么就得从另外一种角度来审视大学医学教育主要中心的相对地位。从总体上来看，自从大学教育培养医生以来，医学院对于中世纪后期涌现的医学方面大批手稿和作品做出了重要的贡献，特别是医学教授们，与其他的内科或者外科从业者写出来的作品相比，很自然，他们的贡献远远超过了后者。蒙彼利埃培养出来的从业者明显少于巴黎大学，但是蒙彼利埃却有一个规模较大人数众多的医学作者群体。[42]从整体上考虑，意大利北部学院的内科医学作者，在数量上可能超过了来自蒙彼利埃的作者们。无论如何，假如有人使用在大学中被广泛研究学习的希波克拉底著作的评注作品，即《格言》、《预后学》和《摄生论》作为衡量尺度，那么这就是一个实例。况且，大约在1300年世纪之交的那段时期，蒙彼利埃的作者是那些评论者之中最富有创造活力的一部分，然而意大利医学作者的作品产出现象

---

[40] The Bologna *rotuli* are edited in U. Dallari (ed.), *I rotuli dei lettori e artisti dello Studio Bolognese dal 1384 al 1799*, 3 vols. (Bologna, 1889).

[41] Ohl, *University of Padua*（注释 35），46；G. Zonta and G. Bronto (eds.), *Acta graduum academicorum gymnasii patavini ab anno 1406 ad annum 1450*, 2nd edn (Padua, 1970), vol. Ⅰ, 3–4, 312–328; vol. Ⅱ, 312–334.

[42] Jacquart, *Milieu médical*（注释 2），390，表 28.

一直持续到14世纪后期和15世纪。㊸

医学院与其他学院的关系

然而,学馆之间的另一差异在于医学院与其他学院之间的关系。和法学院的关系主要涉及到制度化组织以及欧洲南部学馆间的竞争行为(参阅第十二章)。在巴黎和欧洲北部其他的学馆间,神学院的出现促进了一些学者在医学和神学方面的混合学习,㊹除此之外,似乎只是通过神学院对文学院的影响这一途径间接地影响着医学的发展。有时候事实也表明,意大利北部的学馆在医学院形成的那些年代中,由于神学院的缺失,使得文科与哲学不受约束地发展,特别是发展了与医学的紧密联系,这种发展趋势也在这些学科内部养成一些独特的方式态度和兴趣。

毋庸置疑,医学院和文学院的关系最为重要。这种关系不同于医学院与其他高级学院的关系,它与医学学习的内容以及组织制度的背景有关, 375
有时候情况也许会恰恰相反,即医学领域的观念或者信息不时地为哲学辩论所吸收。

大学医学写作者不断地重申那些很有价值的真理,宣称所有自由学科和自然哲学对于医学学习来说都是必要的。㊺这种信念和历史的习惯与习俗融合在一起,形成了一种安排——把文科与医学联合在一所单一大学和一个博士学舍里面,如博洛尼亚大学、帕多瓦大学和其他地方的大学。在蒙彼利埃,1240年的大学章程中有一条明确的规定,鼓励一位医学学生具备文科方面某些能力和知识,1309年教皇训令也产生了很大的影响。已经精通文科知识的学生们,比起那些缺乏这种预备的学生,可能在更短的时间内完成医学学业。㊻

㊸ 基于对13世纪到15世纪著名作者作品评论的考察:P. Kibre, *Hippocrates latinus: Repertorium of Hippocratic Writings in the Latin Middle Ages* (New York, 1985).

㊹ Jacquart, *Milieu médical* (注释2), 393, 表32.

㊺ 例如,Peter of Abano, *Conciliator* (Padua, 1985; 1565年威尼斯版本的摹本再版), fols. 3v-4r; C.B. Schmitt, 'Aristotle Among the Physicians', in A. Wear, R.K. French, and I.M. Lonie(ed.) *The Medical Renaissance of the Sixteenth Century*(Cambridge, 1985), 1-15.

㊻ *Cartulaire*(注释19),187, doc. 5: 357, doc. 68, 51章.

而且，在拉丁语以及逻辑、占星学、自然哲学方面的一些能力要求，也是大学里面进行医学教育之前的预备实践。学习医学的权威著作要求有拉丁语读写能力。反复重申这种宣言的实质是在当时理性推理和确信自然科学的背景之下，把医学看做是理性的并能够提供某些专门的知识，这种知识要求有进行逻辑推演的能力。人们普遍地相信那些恒星影响着人类的健康和疾病。考虑到自然哲学对于一个自然实体即人体的解释，自然哲学方面的知识对医学来说是中肯的。[47]进而，在一些主要的学馆中，医学不仅仅在巴黎，而且在博洛尼亚和帕多瓦，在作为文科和哲学高级教学的中心繁荣了起来。

毫无疑问，那些主要的医学写作者，特别是那些写出大量评注的医学作者，他们在逻辑、占星学、自然哲学方面接受过广泛的教育训练。他们之中有一部分——阿巴诺的彼得(卒于约 1316 年)就是一个著名的例子——对于这些学科方面的要求等同于在其他学院中的那些同事们对此的要求，他们在哲学问题上明显有着浓厚的兴趣。其他的一些人，他们对待哲学上的争议避而不谈或者很平淡，只不过在他们的作品中显示出广泛地了解亚里士多德的《自然之书》，显示出有能力处理三段论推理。[48]

376 当我们转而注视主要学馆的医学教师们的教学事业时，类似的景象出现了。1378 年，在“博洛尼亚文科和医学博士协会”医学分会的章程起草过程中，涉及到了 14 位教师，据记载其中有 7 位获得有哲学和医学学位，5 位教授过逻辑、自然哲学和医学。事实上，在意大利的学馆中，普遍的职业模式是在教授文科的同时研究医学。而且，明显的事实是，意大利学馆中的医学毕业生，相当多的人也获得了文科的学业。以此方式，1419 到 1434 年间博洛尼亚大学有 65 位医学毕业生，在他们医学专业毕业时有 31 位已经获得了文科学位，其中 2 位毕业时同时获得文科和医学学科的学

---

[47] P. Kibre, ‘Arts and Medicine in the Universities of the Later Middle Ages’, in *Universities in the Late Middle Ages*, 213 - 227.

[48] N. G. Siraisi, ‘Pietro d’Abano and Taddeo Alderotti: Two Models of Medical Culture’, *Medioevo*, 2 (1985), 139 - 162.

位。㊾

通常情况是，那些个体要么总是习惯性地从同一所机构中获得他们的文科和医学学位，要么是在学馆中形成了一所大学和一个文科与医学学科的教师学舍，文科和医学学科的研究结合在了一起。相反的情况是，学生们常常从一所学馆转移到另外一所学馆，在14世纪初的博洛尼亚和15世纪的帕多瓦，学生们在哲学派别方面有自己的选择权利，这非常重要也非常有名。㊿但是，这些学习中心的医学院和文学院在吸引学生和提供师资方面，明显是互相支持的。特别是占星学教学方面的规定，很可能得到了医学学科的学生在这个学科上教育需求的鼓励。这样，关于萨克罗博斯科的《天体》讲座，《天体》是一本宇宙学方面的基础教材，前言是占星学对医学研究的价值证明，[51]14世纪20年代由著名的(但是不走运的)占星学家切科·德·阿斯科利在博洛尼亚开始举办讲座。

更多的证据资料也说明了这个事实，接受过大学教育的医生们在研究学习文科的知识，事实是他们之中许多人写作的内容是文科方面的而不是医学方面的，他们通常作为普通的(不是绝对地纯医学方面)顾问服务于统治者或者贵族，或者与文学家或者人文主义作者联系在一起。著名的例子是蒙彼利埃医学教师维拉诺瓦的阿那德(卒于1311年)，他写了大量的关于神灵和基督教会革新方面的作品，在政治上服务于阿拉贡王朝，同时在医学方面能力也很强。乔万尼·德·东迪，帕多瓦大学的一名医学教授，是一个著名的天文钟设计者和建造者，是彼特拉克的朋友和通信者；迈克尔·萨沃纳罗拉(1466年之后去世)，曾任帕多瓦大学医学教授，是一位人文主义著作的作者，其作品称颂城市以及城市中那些优秀的市民们，他后来成为一位医生和教育顾问，先是列奥内罗的教育顾问，之后又是费拉拉的统 377

㊾ Malagola (ed.), *Statuti*(注释29), 425, 448; Piana, 'Lauree in arti e medicina'(注释39). 一些北欧作者的作品也反映了一种类似的模式，例如，布鲁日的巴托洛梅乌斯(Bartholomaeus of Bruges)，(关于此人的资料参考注释20, Jacquart(ed.), *Supplément*(注释20), 38).

㊿ A. Poppi (ed.), *Scienza e filosofia all'università di Padova nel Quattrocento* (Padua/Trieste, 1983).

[51] Cecco d'Ascoli, proem to *In spheram mundi enarratio*, in L. Thorndike, *The Sphere of Sacrobosco and Its Commentators*(Chicago, 1949), 344-346.

治者博尔索·德·埃斯坦的教育顾问。[52]

总而言之,接受了大学教育的医学精英的身份暗示着他们在文科方面曾经接受过大量的准备训练。不过,在文科方面有一个适当的基础并对其抱有最低限度的兴趣,这可能是其他接受了大学教育的医学从业者所具有的特征。举例来说,据推测,那些在德国一所小型大学里接受了完整教育的人们,仅仅上过一门文科课程,而且所教的也只是面向年轻学生的初级水平。毋庸置疑,许多接受了大学教育的从业者学习哲学或者文科仅仅是为了满足医学职业所必需的最低程度的知识要求,一旦他们的大学教育结束,他们对这些学科的兴趣也就随之结束。

医学课程和学习内容

医学院在所有大学馆中建立起来的时候,来源于希腊和伊斯兰世界,用来进行医学研究学习的拉丁语医学教材文集的数量已经很多了。各种各样的中世纪早期翻译作品,以及上文提到过的康斯坦丁诺斯·阿弗里卡纳斯的译著,到 12 世纪又增加了不少,从阿拉伯语翻译过来的医学书籍由克雷莫纳的热拉尔以及他的"圈子"创作出来,希腊语医学作品则由比萨的布格迪奥翻译过来。因此,超过 40 篇论文的拉丁语版本以希波克拉底之名流传,并且盖伦以及迪奥斯克里德斯的《医学资料》贡献了大量的材料。[53]来自伊斯兰世界的主要著作(很大程度上是盖伦依需要所作)也包括在内,除阿维森纳的《医典》之外,另外还有一部哈里·阿巴斯和拉西斯编著

---

[52] Arnald's career is summarized in M. R. McVaugh (ed.), *Arnaldi de Villanova opera medica omnia*, vol. Ⅱ, *Aphorismi de gradibus* (Granada/Barcelona, 1975), 76 – 77. F. Petrarca, *Seniles*, book Ⅻ: Pesenti, *Professori e promotori* (注释 12), 186 – 196, provides a bio-bibliography of Michele Savonarola.

[53] Kibre, *Hippocrates latinus*(注释 43),其中虽然包含伪作,但是没做区分,也没有出版中世纪盖伦拉丁文手稿完整的列表,但有很多信息存在于 R. J. Durling, 'Corrigenda and Addenda to Diels' Galenica', parts 1 and 2, *Traditio*, 23 (1967), 463 – 476, and 37 (1981), 461 – 476, and in index entries s. v. Galen in L. Thorndike and P. Kibre, *A Catalogue of Incipits of Medieval Scientific Writings in Latin*, 2 nd edn. (Cambridge, Mass., 1963). J. M. Riddle, 'Dioscorides', in P. O. Kristeller and F. E. Cranz (eds.), *Catalogus translationum et commentariorum: Medieval and Renaissance Latin Translations and Commentaries*, vol. Ⅳ (Washington, DC, 1980), 1 – 143.

378

的百科全书式医学著作，以及阿布克斯论外科医学的一部著作。[54]

列入课程的有希波克拉底和盖伦的著作材料，包括希波克拉底的古代论文和盖伦大量真实可信的著作。盖伦另外一部重要的文集《实用医学》在14世纪初期，被直接从希腊语翻译成拉丁语。我们确信，在接近这个世纪末期的时候，医学人文主义者的努力开启了古代医学著作翻译活动的新阶段。但是，中世纪时期希波克拉底和盖伦的拉丁语著作是不完整的，特别是盖伦解剖学的主要文集（例如，解剖学方面的著作《论解剖术》最早被翻译成拉丁语是在16世纪），他们的作品后来受到伪作的影响，有的变得低劣，例如传说希波克拉底有医学占星学方面的作品。而且，医学学生学习古代的医学思想和理念，只是部分地直接阅读古代那些长篇巨著。高度缩略的论文或格言式文集，以及概略手册，在其中仍起着较大作用，并以阿拉伯医学百科全书为准。阿拉伯医学著作很有价值，不仅由于这些著作综合了古代医学，而且它们对于治疗法和草本药理学都做出了很大的贡献。然而，“阿拉伯—拉丁语”翻译，既有阿拉伯版本的希腊原著作品，也有阿拉伯原著作品，考虑到对药理学方面词汇术语的理解，有时候会出现一些问题，这些问题有一部分通过多卷本医学词汇辨析的汇编校订解决了。[55]

虽然博学多才的医学作者熟悉上文提到的所有范围内的著作资料，但是也有其他例外情况，而且上文所述的所有著作并不都是学馆中举行正规讲座的教本。在蒙彼利埃和博洛尼亚，正式规定的医学讲座书籍一览表显示，一门学科课程相关著作都收在《文集》中，这样的文集表达了教育的客观需求，它简要介绍了本学科的基本知识概念。据此表反映，有多达12部盖伦的长篇著作，或者更多，其中自选部分有阿拉伯作者的作品，突出的有

---

[54] H. Schipperges, ‘Die Assimilation der arabischen Medizin durch das lateinische Mittelalter’, *Sudhoffs Archiv für Geschichte der Medizin und der Naturwissenschaften*, 3 (special issue) (1964).

[55] G. Beaujouan, ‘Fautes et obscurités dans les traductions médicales du Moyen Age’, *Revue de synthèse*, 3 rd series, 89 (1968), 145 – 152; D. Goltz, ‘Studien zur Geschichte der Mineralnamen in Pharmazie, Chemie und Medizin von den Anfängen bis Paracelsus’, *Sudhoffs Archiv für Geschichte der Medizin und der Naturwissenschaften*, 14 (special issue)(1972), 323 – 333.

阿拉伯人阿维森纳。[56] 讲座的循环安排并没有出现人们所想的由易到难、由低到高的顺序，而是依据所讲的著作情况进行，因此某些书籍在功能上仍然起着基本教材的作用。下面这些是常用的教材，盖伦医学方面的著名手册《医技》、《小技》或者《医术》，希波克拉底的《箴言》，以及《医典》的一部分。在正常情况下《医典》部分是用做大学讲座的教科书的，它包含生理学大纲（第一册第一部分）、论热病论文（第四册第一部分）、疾病和治疗法的
379 基本原理（第一册第四部分）和关于从头到脚的各种疾病（第三册）。拉西斯论疾病的作品也被频繁地作为讲座的基本教材。[57]

对《医术》、《箴言》和《医典》进行阐述，由此成为中世纪后期医学教师们的一项重要任务，它解释了这些著作的评注普遍流行的理由，尽管很难评判此类评注在多大程度上类似于原始讲义。评注的传统内容揭示出，大学在 1300 年前后半个世纪之内频繁举办时间较长的讲座，内容比较集中在章程指定的盖伦著作，但自此之后逐渐减少下来。然而从其他著作中的引证类型来看，上述这些著作仍被继续学习使用着。

最新的例证表明，规定的著作名单和讲座仅仅告诉我们中世纪学院医学教育的一部分。除指定的公开讲座和其他实践练习之外，教师们挑选出“特别的”讲座来加以补充（那些“特别的”讲义内容与教师们选择的著作有关），或者通过私下教学和学习的方式来补充。而且，先前的和现存的信息资料揭示出，在相互冷漠有时候甚至敌对的大学医学教师和学生社团之间有另一种类型的关系：一个从业者和一位年轻的同事之间的关系，这位同事或者朋友可能是他老师的学生、助手、学徒或者潜在的继承人。在博洛尼亚，外科医生卢卡的乌戈（约 1214 年）把他的外科手术技巧传授给精心挑选出来的少数几个年轻的亲戚和学徒。在蒙彼利埃，古老的规章中提到一所医学大学（1220）要求每一位学生选择一位教师，并规定企图引诱一位

---

[56] *Cartulaire*（注释 29），220，doc. 25（1309）；347 - 348，doc. 68，sections 20 and 21（1340）；Malagola（ed.），*Statuti*（注释 29），274 - 277（1405）. Siraisi，*Alderotti*（注释 24），96 - 106，表明 1405 年法规之中列出的著作名单的大多数，13 世纪后期和 14 世纪早期在博洛尼亚大学已经被使用着。

[57] 这里和以下关于不同医学作品注解分布的评论基于 Thorndike 和 Kibre 所列的手稿名单：*Catalogue of Incipits*（注释 53）.

学者离开教师行业的行为要受到处罚。[58]

医学课程的时间长短不一:蒙彼利埃1240年的章程中规定,一位普通的不是非常优秀的文科学生经过三年半时间的学习,离开蒙彼利埃大学经过6个月的实践实习之后可以获得医学学士身份;1309年教皇训令规定,以前不熟悉文科方面知识的学生(对于这些学生来说他们应该学习5年时间),完成整个医学学习需要6年时间,并把实践时间延长至8个月或者2个夏季。在博洛尼亚,1405年发布的文学院和医学院章程规定,哲学和占星学需要学习3年时间,药理以及内科医学(即讲义涉及到著作中疾病和治疗法的详细要点[59])规定为学习4年时间。所有这些科目都包含在章程中一个简单的"红字标题"下面,据推测它们被视做适合于医学学生的规定。毫无疑问,至少在不同学科中有一些课程能够同时进行。如同其他的学科一样,医学毕业要求也包括听规定著作的讲座,参加辩论活动,成功的 380
通过答辩。

各门课程之间相互协调配合,目的是训练从业者,大学医学教育公认的目标就是医学实践。所有大学医学教师教育学生都要进行实践,况且大多数教授本身就是身体力行的实践者——他们的治疗非常成功,常常获得高额报酬。然而不用怀疑,一些主要的医学教授们做的实践工作大部分是咨询性质的,那些受过大学教育的医生们能够实际去做,但是他们倾向于以某些方式自然地介入其中做一些辅助性的工作,这也是真实的事情。但是对于世俗医生来说,包括大学教授在内,进行某种医疗实践工作是由他们经济上的必要性决定的,因为医疗实践是他们有利可图的合法收入来源。塔代奥·阿德罗提(卒于1295年),博洛尼亚大学最著名的医学教授之一,就坦率地承认,他暂时放下他所喜爱的《实际治疗法集要》评议的写作工作,主要是他的意志所驱使,目标很明确,仅仅为了赚取现实的物质财富。术语"实际治疗"给人以特别的启示意义,正如同塔代奥·阿德罗提认真仔细地在实践或者说关于实践的知识和操作或者说实际治疗法之间所

---

[58] Siraisi, *Alderotti* (注释 24), 14–15; *Cartulaire* (注释 19), 181–182, doc. 2.

[59] *Cartulaire* (注释 19), 187, doc. 5(1240); 220, doc. 25(1309); Malagola(ed.), *Statuti*(注释 29), 274–277.

进行的区分。[60] 在学馆环境中的大量医学作品里，出现最多的话题就是食疗法（或者说养生法）、症候征兆、疾病、药物治疗法（主要是药物治疗和放血法或者刺络法）。

而且，大学进行的实践医学方面的教育训练，不仅涉及疾病类型、治疗方法等课本知识的学习，而且包括毕业之前要求花费一定时间进行医学实践的规定和机会（这一点已经提到过，医学实践是1240年蒙彼利埃的必修课程），研究学习描述个别案例的会诊文集，当一位高级教授或者医疗从业者出诊时要随同。还有一点也很清楚，中世纪大学医学学生们要参与人体解剖实验的演示。在博洛尼亚，1316年开始公开进行人体解剖。在蒙彼利埃，1340年章程中规定，一年或者两年必须指导学生进行一次人体解剖。除官方规定的不多的几次人体解剖之外，偶尔也会出现私下里偷偷摸摸的人体解剖实验。[61] 在大学医学教育过程中，进行人体解剖的目的是让学生熟悉人体内部器官的解剖结构，而不是为了去教导学生如何进行人体解剖（尽管至少14世纪学生们实际上私下里进行过一次人体解剖）或者如何实施外科手术。

在许多不同的大学里面，外科医学的地位有所不同。这一点众所周知，外科医生在巴黎大学被排斥在医学院之外，在巴黎外科医生和内科医生之间关系的明显特征就是互相对抗与诋毁。亨利·德·蒙德维尔（1316年之后去世）是一位为法国皇家宫廷服务的学识渊博的外科医生，曾经在
381 巴黎从事过教学，但不是在大学之内的医学院。亨利也是一位作者，他用拉丁语写了一本关于外科医学方面的书，虽然在书中他把大多数成果归于自己对学院中那些医学作者的研究，但是书中对那些学究式的医生表示了不屑之意，如同轻视那些无知的外科医生一样。亨利对于前者的态度在他如下评论中得到概括：上帝本人就频繁地扮做外科医生（当上帝从亚当身上取出肋骨创造夏娃的时候，当耶稣取出泥土涂抹一位盲人双眼的时候），但是《圣经》里决没有记载上帝从事过具有明显医学实践特征的活动，触摸

---

[60] Siraisi, *Alderotti*（注释24），27－39，121－122，参考书目也得以引用。

[61] *Cartulaire*（注释19），334，doc.68，section 13. Siraisi, *Alderotti*（注释24），110－113，总结了博洛尼亚早期人体解剖的历史，并提供了书目。

脉搏或者检查尿液。[62]然而亨利本人却在蒙彼利埃大学,和他的医学学生们一起,具体进行研究学习和举办讲座(没有必要总是在大学里面公开进行)。

正如同居伊·德·肖利亚克,这位中世纪最著名的拉丁语外科医学著作作者所解释的,外科(医学)掉进了盖伦所界定的“治疗”范围内,成了内科(医学)的三个工具之一(其他两个是药物治疗和饮食调理)。这种公式化表述决不是居伊或者外科医生独有的,因为一模一样的所谓的医学三个工具一览表也被各式各样的学院医学(内科)作者提出来。居伊自称“医学教师”,据推测他毕业于蒙彼利埃大学(内科)医学院,同时也研究学习外科医学方面的书籍。他把自己写的关于外科医学方面的著作题献给蒙彼利埃、巴黎和博洛尼亚——三大医学学习中心的医生们——以及阿维尼翁教廷的医生们,在那儿他成就了自己的事业。他写的这本书名声卓越,不但有类似于盖伦派的医学学识同时又超越了许多同时代大学医学作者的作品(他是第一批广泛使用盖伦冗长详细的解剖生理学的人之一,其作品冠以标题《实用医学》),他宣称外科医学本身就是一门科学——“好像一个人说手工操作也是一门科学”。这种宣称是大胆的,因为术语“科学”通常留给了那些用三段论进行逻辑证明的学科。[63]

在博洛尼亚和意大利其他的学馆中,外科医学专业也授予一小部分学位。而且,对外科医学课程中将要学习的课程书目也写进了1405年博洛尼亚文科与医学大学的章程之中;其中包括13世纪意大利制作的一本拉丁语外科医学手册和一些学院作者所著的对应部分——盖伦所写的一部著作,阿维森纳《医典》的一部分,拉西斯的一部著作。[64]除此之外,还有学院作者们对外科医学著作写的各种评论,例如,迪诺·德尔·加尔布(卒于1327年,博洛尼亚大学以及其他大学的医学教授)就《医典》如何处理头骨

---

[62] J. L. Pagel (ed.), *Die Chirurgie des Heinrich von Mondeville* (*Hermondaville*) (Berlin, 1892), 79 – 80.

[63] de Chauliac, *La Grande Chirurgie* (注释 8), 4 – 8; M. S. Ogden, 'The Galenic Works Cited in Guy de Chauliac's "chirurgia magna"', *Journal of the History of Medicine and Allied Sciences*, 29(1973), 24 – 33.

[64] Malagola (ed.), *Statuti* (注释 29), 247 – 248.

382 破裂的部分写下的评议。[65] 就所涉及到的这些书籍来看，获得大学学位的外科医生所读的材料和学院之外的那些有 文化修养的同行们的阅读材料大概没有非常大的差异。在大学环境之下，外科医学提供多少实践训练目前还不知道。外科医生治疗骨折、伤口、溃疡以及皮肤疾病，使用的是药物治疗以及外科手术。

不过在大学内，医学基本上被归到对自然世界知识的研究这一范围之内，并通过研究学习权威读本和揭示权威读本内涵来了解医学。因此，讲座和辩论是医学教学的核心内容，其他学院的一些学科，特别是自然哲学，被用来进行教学，既出现在"理论"课程中也出现在"实践"课程中，直到大学医学课程开始分化为止。虽然 13 到 15 世纪的学院医学著作表明，引入自然哲学中的一些思辨性内容仅限于某些主题，但是在大量展示、阐述学院医学的场合，经院派的亚里士多德主义影响着演讲讨论的组织状况。在大学的讲座上，本质上论述实践性主题的书籍，会通过质疑、提出反对理由等方式，进行完全学究式的分析，例如，迪诺·德尔·加尔布对《医典》外科医学部分写下的评议就反映了这一点。[66] 这种合成的医学烦琐哲学同中世纪自然哲学一样属于知识分子涉猎的范围，其中分析、比较、对照、文本内容协调一致是正常的工作任务，得出结论的正规方法和途径是通过三段论进行逻辑证明。

而且，大学环境中重实效的因素强有力地影响着教师和学生，强调医学学习这些方面与自然哲学并行或联系起来。那个时代的知识分子优先考虑的一些事情，保证了对这样一种强调的最强大支持，这种支持在高级学问领域占有一席之地，从此以后，医学在大学学院的等级制度中赢得了受人尊敬的地位。大学的医生们在其实践过程中，通过吸引人们的注意力，使得人们来学习他们写的医学学习书籍。他们拥有了对医学理论的解释权力，这使得他们区别于其他的医学从业者，他们也希望以此能够获得社会地位和经济上的优势。

想要简明扼要地概括学院医学的实际教学情况并不容易。从本质上

---

[65] *Expositio super Ⅲ, Ⅳ et parte V Fen Avicenne* (Ferrara, 1489)；以及其他一些早期的版本。

[66] 见本章注释 65。

看，传递给学生的知识内容通常是被简化了的盖伦学说，在这种意义上，传递给学生的知识剪裁掉了盖伦学说那种好争论的知识背景、对古代医学知识的宽容和对人体解剖和临床诊断的细节内容的关注，而后来的作者们通过增加药理学、努力系统化和理论复杂化使学院医学教学变得非常精细。

一个核心的概念是“质”（质性或者中世纪生理学上的“质”），它是“热、
湿、冷、干燥”各种基本性质的平衡物，既在人体内部特别是其心情情绪（血 383
液、两种胆汁和黏液）中，又在用来治疗的各种物质里面。作为一种生理学理论，“质”本身非常精细微妙，因为不仅各个物种，而且人类每个个体，甚至是身体的各个部分都被认为有其自身的“质”。而且“质”同时被想象为人类个体的一种基本特性（医学界的人士讨论它是否等同于哲学家们所说的某一物质形式），并且随着性别、年龄、气候和养生法（食物疗法）的差异而变化。疾病现象一般归因于 *solutio continuitatis*，其意义本质上是外伤和（情感方面的）内伤，或者归因于天性的不均衡状态。“合理的”治疗就包括决定药物（内服药）和患者之间各种性质的平衡。分配到各种医药（主要是草本药物）中的“质”，要么取决于明显的特性（胡椒的刺激性），要么取决于传统惯例，而且他们认为，各种性质的强度随着物质的变化而变化。维拉诺瓦的阿那德理解领会了基于这种最新观念组合药物的疑难处，根据其性质强度等级设计了一种准数学体系，用来合成药物，这种等级取决于各种构成要素（原料组成部分），其中每一种构成要素又有其自身性质的强度等级。[67]其他博学多才的医生们似乎依靠其知觉和惯例来确定“性质”或病人与药物性质的强度。此外，有观念认为，某种物质的药用价值取决于“具体形状”，而某些特别的物种具有无法辨认的特性，这对于那些难以运用性质理论的情况，提供了一种方便的解释。而且，作为药物使用的大多数物质的属性（例如，麻醉剂和泻药），医生们在实践中对此已经非常熟悉，无论什么样的理论解释都能被吸收采纳。

第二种基本概念是各种天体对人间（尘世）万事的影响，包括健康和疾病。医疗占星术渗透到了中世纪后期医学的各个方面，并不局限于大学环

---

[67] 这是 *Aphorismi de gradibus* 的主题：见 McVaugh (ed.), *Arnaldi de Villanova*（注释 52）.

境中。但是在14和15世纪，医学院与占星学的发展紧密地联系在一起。[68]然而，在大学医学教授之中，爱好天体（恒星）研究的，在研究的方向和程度方面差异都很大。一些人对整个学科关注很少；一些人只有在进行理论方面的解释或者医疗实践开处方时，才利用占星学资料，但是他们对这门学科的发展并没有做出贡献；而其他一些人则创作了医学占星学著
384 作，例如两篇对希波克拉底伪作的评注。一小部分人——那些最博学多才的人——在更综合的背景下写下占星学文章或对占星学、天文学做出贡献。后一类群体中包括阿巴诺的彼得，他在天文学和占星学方面写有专著，还有一篇讨论第八行星运动的论文；以及乔万尼·德·东迪，前文提到过，他是一个著名的天文钟的设计者和建造者。[69]

学院医学的知识活动是这样错综复杂又要求苛刻。在中世纪的科学背景之下，吸收理解古代和伊斯兰世界医学与生物学方面的思想和著作的努力，是一种值得尊敬的贡献。而且，引进经院的辩论方法，使之与医学研究渗透协调带来了一种有益的结果，使学识渊博的医生们清楚地明白古代作者的矛盾之处（最显著的矛盾就在盖伦和亚里士多德之间）。但是经院医学如同经院自然哲学一样受到了批评，不仅仅因为它把磨练辩论技巧当做最高目的，而且因为其在理论与经验材料之间仅提供了细微的联系。然而，很难观察到博学多才的医生们如何生成不同于当时亚里士多德主义自然哲学家的理论与经验相连的体系，但是他们却共同分享着科学知识的本质，以及达到本质的方法。而且，他们的医学实践经验可能会使医学教授比那些研究哲学的同事们更加家喻户晓，因为后者要考虑经验主义和具体情况。当然，学识渊博的医生们神志非常清醒，他们觉察到医学作为学问和职业的双重本质，并且把大量的讨论用来研究这两方面间的模糊关

[68] G. Zanier, 'Ricerche sull'occultismo a Padova nel secolo XV', in Poppi (ed.), *Scienza e filosofia*（注释 50），345 – 372；也参见 M. Markowski, 'Astronomie an der Krakauer Universität im XV. Jahrhundert', in *Universities in the Late Middle Ages*, 266.

[69] 详细资料参考 Paschetto, *Pietro d'Abano*（注释 25）；S. A. Bedini and F. R. Maddison, *Mechanical Universe: the Astrarium of Giovanni Dondi* (Philadelphia, 1966).

系。⑩ 在这个范围,他们的实际治疗行动能够被知晓(关于中世纪医疗实践,有大量描述性文学作品,但并不总是正确反映实际情况),至少他们的理论部分地指导了他们的医疗实践。而且,一些例子说明,理论性的结论经常因为实践经验而受到批评或修改。⑪

上文所指出的特征可能在各个主要的医学教育中心都差不多。例如,近来的研究表明,通过对使用阿维森纳《医典》某部分作为医学教科书以及对其态度的考察发现,从13世纪到14世纪初期,蒙彼利埃的教学比巴黎的教学更"实际"或更"希波克拉底化"。⑫而且,虽然医学教学中一些重要的新发展变化并不局限于某一所大学内,但是大致在同一时期影响着主要 385
的医学教育中心。举例来说,阿维森纳的《医典》是中世纪最有影响力的医学教科书之一,1187年由阿拉伯语翻译成拉丁语。但是这本教科书被引入巴黎大学的时间大约是1230年,引入蒙彼利埃大学大约在1240年。⑬类似的情况是,在1300年前后十年,在博洛尼亚大学和蒙彼利埃大学同时爆发了直接研究盖伦著作的热潮。⑭

正如上述例子所揭示的,医学院的形成时期从13世纪中期一直延续到14世纪初期。此后不久,欧洲爆发了一场"黑死病",黑死病夺走了许多学识渊博的医生的生命,正如它夺走无数其他人的生命一样,其中包括著名的医学评论家真蒂莱·达·弗里诺,并诞生了医学著作的一种新类型:有关瘟疫的论文。而且也使既有的佛罗伦萨家族中的成员们难以步入医学领域,由此却给那些处于相对劣势社会背景的"新人"开辟了发展的机会。⑮ 但是,到14世纪中期,学术医学院是如此稳固,以至于黑死病这样

⑩ 通常在"医学是艺术还是科学"这样的问题下面,在一般的专著或者评注文章的开始部分频繁地加以讨论。经院医学作者常用的解决方式就是,医学在某种意义上来说既是艺术又是科学。

⑪ 这个问题已经由M.R.McVaugh解决了(见精选文献)。

⑫ Jacquart, 'Réception du *Canon*'(注释23).

⑬ Jacquart, 'Réception du *Canon*'(注释23), 69, 73. L.G.Ballester, 'Arnau de Vilanova (约1240–1311) y la reforma de los estudios médicos en Montpellier (1309): El Hipócrates latino y la introducción del nuevo Galeno', *Dynamis*, 2 (1982), 101–104.

⑭ Ballester, 'Arnau de Vilanova' (注释73), 97–158; Siraisi, *Alderotti* (注释24), 100–105.

⑮ Campbell, *Black Death* (注释33), 6–33, 列举了写于1348–1350年之间有关瘟疫的论文,Park, *Doctors and Medicine* (注释2), 150–151(以及其他各处)。

史无前例的医学大灾难都没有损害其组织地位，也没有使它们的教学失效。相反，在14世纪末期和15世纪初期，出现了一些著名的经院医学评注家——贾科莫·达·弗里(卒于1414年)、乌戈·本兹(卒于1439年)、雅克·德斯帕尔(卒于1458年)。[76]而且，最近对中世纪后期各国各地区的医学作品，以及对那些从业者所写的书籍资料进行的研究显示，拉丁语学术医学影响的不断增长，是在医学从业者身上——而不是在大学里受教育的人身上。[77] 因此，学校医学在塑造科学思维方面，在处理古代科学文本的方法态度方面，以及在中世纪的医疗实践上发挥了重要的作用。

精选文献

Agrimi, J. and Crisciani, *C. Medicina del corpo e medicina dell'anima. Note sul sapere del medico fino all'inizo del secolo XIII. Episteme*, Milan, 1976.

Amundsen, D.W. 'Casuistry and Professional Obligations: the Regulation of Physicians by the Court of Conscience in the Late Middle Ages', Parts Ⅰ, Ⅱ, *Transactions and Studies of the College of Physicians of Philadelphia*, 3 (1981), 22 - 39, 93 - 112.

Bullough, V.L. *The Development of Medicine as a Profession: the Contribution of the Medieval University to Modern Medicine*, Basle/New York, 1966.

Campbell, A.M. *The Black Death and Men of Learning*, New York, 1931; reprint, 1966.

Dulieu, L. *La Médecine à Montpellier*, vol. Ⅰ, *Le Moyen Age*, Avignon,

---

[76] On Giacomo and Ugo: Pesenti, *Professori e promotori* (注释 12), 53 - 58, 103 - 112, 书目得以引用; D. Jacquart, 'Le regard d'un médicin sur son temps: J. Despars (1380? - 1458)', *Bibliothèque de l'Ecole des Chartes*, 138 (1980), 35 - 86.

[77] 例如，F.M. Getz, 'Gilbertus Anglicus Anglicized', *Medical History*, 26(1982), 436 - 442; L.E. Voigts, 'Editing Middle English Medical Texts: Needs and Issues', in T.H. Levere(ed.), *Editing Texts in the History of Science and Medicine* (New York/London, 1982), 39 - 66；虽然作者强调指出学院的医生们不参与医学实践活动，但是 A. Delva, *Vrouwengeneeskunde in Vlaanderen tijdens de late middeleeuwen* (Bruges, 1983)，第203 - 206页提到，佛兰德斯语的 *Trotula* 与拉丁语文本的联系据推测仍然出现在学术界。

1975.

Fuiano, M. *Maestri di medicina e filosofia a Napoli nel Quattrocento*, Naples, 1973.

Garcio Ballester, L. 'Arnau de Vilanova (*c*.1240 – 1311) y la reforma de los estudios médicos en Montpellier (1309): El Hipócrates latino y la introducción del nuevo Galeno', *Dynamis*, 2 (1982), 97 – 158.

Getz, F.M. 'Medicine at Medieval Oxford', in J.I. Catto (ed.), *The History of the University of Oxford*, vol. II, *Late Medieval Oxford*, Oxford, in press.

Jacquart, D. *Le Milieu médical en France du XII e au XV e siècle*, Paris, 1981.

Jacquart, D. 'La question disputée dans les facultés de médecine', in B.C. Bàzan, J.F. Wippel, G. Fransen, and D. Jacquart, *Les Questions disputées et les questions quodlibétiques dans les facultés de théologie, de droit et de médecine*, Typologie des sources du Moyen Age occidental, ed. L. Génicot, fasc.44 – 45, Turnhout, 1985.

Jacquart, D. 'La réception du *Canon* d'Avicenne: Comparaison entre Montpellier et Paris au XIII e et XIVe siècles', in *Histoire de l'école médicale de Montpellier. Actes du 110e Congrès National des Sociétés Savantes tenu à Montpellier en 1985*, vol. II Paris, 1985, 69 – 77.

Kibre, P. 'The Faculty of Medicine at Paris, Charlatanism and Unlicensed Medical Practices in the Later Middle Ages', *Bulletin of the History of Medicine*, 27(1953), 1 – 20.

Kibre, P. *Hippocrates latinus: Repertorium of Hippocratic Writings in the Latin Middle Ages*, New York, 1985.

Kristeller, P.O. *Studi sulla Scuola medica salernitana*, Naples, 1986.

McVaugh, M.R. 'The Development of Medieval Pharmaceutical Theory', in M. R. McVaugh (ed.), *Arnaldi de Villanova Opera medica omnia*, vol. II, *Aphorismi de gradibus*, Granada/Barcelona, 1975.

McVaugh, M.R. 'The Two Faces of a Medical Career: Jordanus de Turre of

Montpellier', in E. Grant and J. E. Murdoch (eds.), *Mathematics and Its Applications to Science and Natural Philosophy in the Middle Ages*, Cambridge, 1987.

Ottosson, P.-G. *Scholastic Medicine and Philosophy*, Naples, 1984.

Park, K. *Doctors and Medicine in Early Renaissance Florence*, Princeton, N.J., 1985.

Paschetto, E. *Pietro d'Abano, medico e filosofo*, Florence, 1984.

Pesenti, T. *Professori e promotori di medicina nello Studio di Padova dal 1405 al 1509: Repertorio bio-bibliografico*, Padua/Trieste, 1984.

Premuda, L. 'Le conquiste metodologiche e tecno-operative della medicina nella scuola padovana del sec. XV', in A. Poppi (ed.), *Scienza e filosofia all'Università di Padova nel Quattrocento*, Padua/Trieste, 1983.

387 Schipperges, H. 'Die Assimilation der arabischen Medizin durch das lateinische Mittelalter', Sudhoffs Archiv für Geschichte der Medizin und der Naturwissenschaften, (special issue)(1964).

Siraisi, N. G. *Medieval and Early Renaissance Medicine: An Introduction to Knowledge and Practice*, Chicago, 1990.

Siraisi, N. G. *Taddeo Alderotti and His Pupils: Two Generations of Italian Medical Learning*, Princeton, N.J., 1981.

第十二章　法学院

安东尼奥·加西亚·Y.加西亚

法学院的起源与早期历史

11世纪末期出现了博洛尼亚法律学校，那时它可能是私立的世俗机构。它的法学院在欧洲首屈一指，直到古老王朝结束前，始终是其他法学院的原型和楷模。在11和12世纪，博洛尼亚也许是一座不超过10 000人的城市，但是它不仅出现了学馆，并且因为学馆的出现而呈现出一种独特的特征。教会和世俗力量都讨好学馆，但它没有与其中任何一个结盟，并因此赢得了两者的帮助。 388

众所周知，"安全居住"的特权，是皇帝巴巴罗萨腓特烈一世授予给学馆的，这种特权是世俗皇家对博洛尼亚大学感兴趣的有力证明。虽然它明确地把此特权赋予了前来意大利学习的学生们（他们中绝大多数前来学习民法和教会法），但是也含蓄地给予了博洛尼亚大学一种独立方式并支持它反对自治市(comune)或者市政当局。① 另一方面,教皇把支持学生作为一种对自治市施加间接影响的方法,从而在亲教廷派和保皇党之间的世代争斗中,暗中影响德国皇帝对意大利的政策。这就是 1217 年教会诏令的目的,教皇霍诺留斯三世在此诏令中支持学生反对自治市。博洛尼亚大学宗教科目的教学,例如从格拉蒂安时代开始的教会法教学,使得教皇们关注此地的教义实施,就是说他们对这里的教师和学生感兴趣。1219 年,霍诺留斯三世批准博洛尼亚大教堂副主教有权授予到各地教学的权利,并因此使大学依赖于罗马教廷。②

389 在模仿博洛尼亚大学建立的意大利法学院中,最出色的有帕多瓦、帕维亚、佩鲁贾和锡耶纳的法律学院。在某些特定时期,无论其教学质量如何,意大利的法学院一直吸引着大批的外国学生。这些学者把博洛尼亚模式传播到意大利内外。实际上,一般来说,法学院都模仿了博洛尼亚的模式,但有时候也会果断地加以改造以适应当地情况。③从这种意义上,我们可以说在中世纪存在着不同的法律学派。

法国主要的法学院有蒙彼利埃法学院(它的形成主要归功于博洛尼亚法学家匹亚西提诺在此教学)、奥尔良的法学院、图卢兹的法学院,以及阿维尼翁的法学院。巴黎大学只在教会法方面享有很高的声望,因为教皇霍

① 参考第 3 章(P. Nardi)。

② G. Cencetti, 'Sulle origini dello Studio di Bologna', *Rivista storica italiana*, series 3, 5 (1940), 248 - 258; G. Cencetti, 'Studium fuit Bononiae', *Studi medievali*, 7 (1966), 781 - 833; G. Cencetti, 'L'Università di Bologna ai tempi di Accursio', in G. Rossi (ed.), *Atti del Convegno internazionale di studi accursiani*, vol. Ⅰ (Milan, 1968), 55 - 70.

③ 关于博洛尼亚模式在欧洲的传播参考:M. Fournier, *Histoire de la science du droit en France*, vol. Ⅲ, *Les Universités françaises et l'enseignement du droit en France au moyen âge* (Paris, 1892; reprint, Aalen, 1970); *Ius romanum medii aevi*, ed. under the supervision of the Société d'Histoire des Droits de l'Antiquité, part I (Milan, 1961), 其中每一个国家都有一本或者多本分册; R. Feenstra, 'Influence de l'enseignement du droit romain sur les nations étrangères', in *Actes du congrès sur l'ancienne université d'Orléans* (*XIII e - XVIII e siècles*) (Orléans, 1962), 45 - 62; A. Gouron, *La Science du droit dans le midi de la France au moyen âge* (London, 1984); H. Coing, 'Die juristische Fakultät und ihr Lehrprogramm', in H. Coing (ed.), *Handbuch der Quellen und Literatur der neueren europäischen Privatrechtsge-schichte*, vol. Ⅰ, *Mittelaltre* (*1100 - 1500*) (Munich, 1973), 39 - 128; S. Kuttner, 'The Revival of Jurisprudence', in *Renaissance and Renewal*, 299 - 323.

诺留斯三世在1219年禁止在巴黎大学教授民法[教皇诏令(*Super specula*)]。④11世纪以后,继意大利的法学院之后,法国的法学院也吸引着来自欧洲各地的学者。伊比利亚半岛主要的法学院有萨拉曼卡、莱里达、科英布拉—里斯本,它们之中没有一所接收半岛之外的学生。1367年在博洛尼亚建立的"圣克莱门特西班牙学舍",对于西班牙和葡萄牙来说是一件标志性事件,从建立之时到1500年,大约有600名西班牙和葡萄牙学者来到这儿学习,其中大部分是法学学生。在英格兰依旧另有一整套根深蒂固的法律体系,这个事实深深地影响着英格兰的法律教学及其对罗马法律的态度。因而伦敦的法律学校(四法学院)并不能归于成熟的法学院这一级别,教授罗马法遭到禁止,因为那里实行的是习惯法。虽然牛津建立了法学院,一所是民法学院,一所是教会法学院,但是人们一直认为,民法只不过是教会法的一种必要补充,而且牛津公开宣称的目的就是训练优秀合格的教会学家。除了巴黎,苏格兰或者欧洲其他地方并不限制罗马法的教学。苏格兰的圣安德鲁斯法学院、格拉斯哥法学院和阿伯丁法学院建立在15 390 世纪,但是随着苏格兰人继续前往欧洲大陆学习法律,200年之后这些法学院都衰落了。最后,教会法也是中世纪神圣罗马帝国法律教学的主要科目。主要的法学院有布拉格、维也纳、海德堡、科隆、爱尔富特、莱比锡、维尔茨堡、罗斯托克、格瑞夫斯沃德、弗赖堡、因戈尔施塔特、特里尔、图宾根、美因兹、鲁汶和巴塞尔;除前两所之外,其余的都是14世纪后期或者15世纪建立的。这些法学院吸引着斯堪的纳维亚半岛(中世纪没有有影响的法学院)、低地国家,以及东欧地区(例如波兰和匈牙利)的学者们。

帕多瓦法学校比博洛尼亚更注意伦巴第法和意大利城市的当地法规。法国北部使用的是习惯法,法国南部使用的是成文法,结果法国的法学家表现出来一种倾向,要么学习习惯法,要么学习成文法。因此在奥尔良,人们不太欣赏13世纪博洛尼亚法学家阿库尔修斯写的《标准注释》,但对当地习惯法却非常感兴趣。在西班牙,由于采用卡斯蒂利亚语为标准西班牙

④ A. Potthast, *Bibliotheca historica medii aevi. Wegweiser durch die Geschichtswerke des europäischen Mittelalters bis 1500* (Berlin, 1896; reprint, 1954), 539–540, no. 6165 (*Decretals of Gregory* IX 5.5.5). 参见 S. Kuttner, 'Papst Honorius Ⅲ. und das Studium des Zivilrechts', in *Festschrift für Martin Wolf* (Tübingen, 1952), 79–101.

语,作为文化思想交流的一般媒介,因此在阿方索十世(或者称为“智者阿方索”)时期(1254—1284)出现了一系列本国语法律作品。

博洛尼亚的教会法教学很快就传播到了其他国家。盎格鲁—诺曼和莱茵河流域学派是它的旁支,学派中较多的修辞风格主要发源于巴黎大学蒸蒸日上的两个学院:文学院和神学院。学派中的教会法教师逐渐使用有力促进博洛尼亚学校发展的教皇教令集。13 世纪 60 年代在法国北部和莱茵河地区出现了这个学派的教会法学课本,在欧洲其他地方,几乎没有再值得一提的其他教会法学派。⑤

法律文本的评注模式可以分为三大学派:注释派(glossators)、后注释派(post-glossators)或者意大利传统(*mos italicus*),以及法国传统(*mos gallicus*)。

在中世纪盛期,注释派的典型方法是使用完整的查士丁尼法律全集,而不是其中的片断或选集,他们关注法律书籍的文字,逐字逐句地注释。这并不是说他们对法律的意义不感兴趣,有时与考订所做的相反,理解原文的文字或注释,仅仅是他们的起点而不是目的。他们的目标是文本的意
391 义和立法者的意图,随着岁月流转,注释文献逐渐转向关注法律的意义。正如下面所指出的,这种注释文献开始仅仅在行间或页边空白处注释说明语句的含义,发展到后来,就变成对整部法律文集作广泛而连续的批判性注释,其目的不仅仅是努力捕捉每一句话的含义,还要理解文本的意义和立法者的意图。

在对各式各样民法和教会法文集的无数注释中,每一文集中的《标准注释》和《注释大全》由于其大众化和长达数个世纪的广泛使用而备受世人瞩目。《标准注释》主要是阿库尔修斯(卒于 1263 年)所作,包括对《民法大

---

⑤ 关于法律学派参考:H. Kantorowicz, *Rechtshistorische Schriften*, ed. H. Coing, and G. Immel (Karlsruhe, 1970); D. Maffei, 'Qualche postilla alle ricerche di E. M. Meijers sulle scuole di Orléans, Tolosa e Montpellier', *Tijdschrift voor Rechtsgeschiedenis*, 36(1968), 387-400; A. García y García, 'Aspectos de la universidad portuguesa medieval', in *Universities in the Late Middle Ages*, 133-147; E. Cortese, 'Scienza di giudici e scienza di professori tra XII e XIII secolo', in *Legge, giudici, giuristi. Atti del Convegno tenuto a Cagliari nei giorni 18-21 Maggio 1981* (Milan, 1982), 93-148; H. Schlosser, 'Rechtsgewalt und Rechtsbildung im ausgehenden Mittelalter', *Zeitschrift der Savigny Stiftung für Rechtsgeschichte, Germ. Abt.*, 100 (1983), 53-74.

全》的注释,大约有96 000条;约翰尼斯·陶托尼克斯(1216)注释格拉蒂安的《教会法汇要》,1238到1245年间巴托洛梅乌斯·布里西尔西斯对此稍微进行过改动,伯特尼的伯纳德(别名帕蒙斯,卒于1263年)注释了格列高利九世的教令集,约翰尼斯·安德烈埃和其他的作者注释了《民法大全》部分剩余文集。其他各式各样的法律文集也有《标准注释》,虽然这些不能作为《大全》的一部分,通常却是根据《大全》编辑或者与它有紧密的联系:例如雅克布·哥伦比1227－1240年间对伦巴底法的注释、卡洛·德·托克对《封建法书》的注释,以及奥多弗雷多对《1183年康斯坦斯和约》的注释。

通过西班牙和意大利对阿拉伯文化的翻译,通过十字军东征带来的与希腊的直接联系,欧洲发现了亚里士多德的著作,这个发现把一些新方法引入了其他知识分支当中,《民法大全》和《教会法大全》的"后注释派"或评注学派(commentators)使用的就是这些新方法。法学家使用的这些方法包括通过一种辩证的程序探索法律的含义。对于注释派来说,权威就是标准,对于后注释派来说,权威就是理性——在学习法律的过程中,理性意味着更高的自由。这种辩证式的或经院主义的方法也被应用到哲学和神学上。

这个学派中最重要的人物是意大利人奇诺·达·皮斯托亚、巴尔托鲁斯·德·萨克费拉托,以及巴尔杜斯·德·乌巴尔迪斯,阿尔卑斯山以北的法国教师雅克·德·瑞维吉内和皮埃尔·德·贝尔沛切。对于这些人或者其他不可胜数的作者而言,法律作品的类型不是注释而是论文,这种详尽的专题论文能够针对一个特定的主题,或者是整部法律文集的评论,甚至是针对整个《民法大全》或者《教会法大全》进行评论。从整体上来看,他们的工作奠定了一个法律体系,但这个体系在这些注释者的著作中是很分散的体现的。后注释派或者评论派中最主要的教会法学者是苏萨的亨利(红衣主教霍斯廷斯)、特拉尼的戈弗雷多、纪尧姆·杜兰德、约翰尼斯·安德烈埃和尼科洛·戴·图德希奇(阿巴斯·帕诺米塔)。

注释派和后注释派对历史或者哲学同样一无所知,他们试图通过扩充 392
古老法律文本的意义,使之符合中世纪社会状况来弥补这个缺陷。

后注释派的方法是人所共知的意大利模式,在14和15世纪的意大利得到广泛使用。法国模式是对法律人文主义学派的称呼,他们在研究法律书籍时采用了哲学和历史的方法。这个学派在意大利兴起时,代表人物有彼特拉克、卡马尔多利的安布罗斯、菲尔弗、马费奥·维吉奥、洛伦佐·瓦拉、安杰洛·波利齐亚诺、卢多维科·波洛尼尼以及其他人，但是，推动这个学派达到鼎盛的人物是法国的安德烈亚斯·阿西亚特斯和雅克·居雅斯。这些著者认为罗马法不是静止不动的，而是采用了哲学和历史方面的研究方法。塔拉戈纳的大主教安东尼奥·奥古斯丁，是教会法方面最杰出的评论者。在荷兰，法国模式是最有影响力的；在神圣罗马帝国，直到 17 世纪末和 18 世纪的理性主义者运动兴起时，最常见的一直是意大利模式；在西班牙的萨拉曼卡，在对中世纪哲学和神学思想，特别是对托马斯主义著作的兴趣再次出现时，使用的既有法国模式也有意大利模式，但主要是后者。然而，19 世纪的历史学家过高地评价了法律人文主义者在中世纪末期和现代早期法律知识发展过程中的重要性，从而不恰当地贬低了意大利模式的作用。

普遍特征

大学法学院使用的教学语言是拉丁文，但是从 13 世纪开始，主要的法律著作都是用本国语撰写的。使用拉丁语和本国语进行法律教学和写作并不相互冲突，它们彼此激励并达到相互依赖的程度，如法律学家用本国语写成的作品在大学中被学习，也许还会在大学里被当做教材。举例来说，阿方索十世的《七篇法典》就是用标准的西班牙语写成的，对它的评论使用的则是拉丁文或西班牙语。

教士和世俗人士不了解拉丁文，常常成为把法律书籍和评论翻译成本国语言的一个理由。这样的翻译作品能自由传播，直接用本国语言写成的著作也是如此，如阿方索十世时期的情况就是这样。当时翻译的作品包括《法律大全》(包括民法和教会法)中的许多作品，14 世纪意大利法学家巴尔托鲁斯·德·萨克费拉托的评论著作，13 世纪法国法学家内沃·德·蒙托邦的评论著作，以及许多教会法文本和评论。

中世纪的教学和大部分的写作使用一些法律文本(在所有大学都是如
393 此)，这些文本基本上都来自《民法大全》和《教会法大全》。还要加上对德国皇帝宪法的评论，这出现在《民法大全》的旧版本中，如第十次校勘版本，以及其他单独的文本最后汇编到《大全》(包括民法和教会法)中,例如有《旧本汇编》、教皇英诺森四世的文集,以及大量单独的教皇教令或书信。这些法律文本及其评论以"罗马教会法"之名流行于世,这个名称意味着这种法典原则上被认为是整个中世纪基督教世界里是有效的,尽管同时还存在着大量的世俗法规和地区性规章制度。由于很少有例外情况,直到17世纪欧洲大学里教授的唯一法律就是"罗马教会法",并且被推崇为能让法学家们有能力解释其他任何法律体系,特别是王国、地方教会或其他社会组织的法律。

"罗马教会法"成为那个时代基督教世界的潮流,这就是我们今天所称的欧洲普通法。在广阔的基督教世界,从波兰到葡萄牙,从斯堪的纳维亚到西西里,教师、学生和书籍自由交流,吸引还是排斥的理由仅仅只是教材、教师或学院的声誉以及法律上的供求。来自欧洲各个王国的教授和学生们自由地从一个学术中心迁移到另外一个学术中心,吸引他们的只是学术中心的声誉,而阻止他们的只会是经济上的困窘。

法律文献资料

中世纪大学基本的法律学习研究材料是《教会法大全》和《民法大全》。前者包括有12世纪中期格拉蒂安的《教会法汇要》,囊括教会出现千年以来的法规;格列高利九世的教令集,或者1234年的《附编》;教皇博尼菲斯八世(1298)的《第六册》;教皇克莱门特教令集(包括从1305年开始教皇克莱门特五世的法规和1311—1312年"维也纳会议"的法规);教皇约翰二十二世1317年认可通过的教会法汇编本;《教皇圣言汇编》(1325);《圣言集》以及中世纪其他教皇的法规也被收集在1500年和1503年在巴黎出版的《教会法大全》中。因此,教会法学家关注的既有几个世纪以来一直实行的古老法规,也有12到15世纪的法规。

民法学校教授的罗马法从公元6世纪早期查士丁尼法律全集开始,其中包含大量的古老法典。中世纪法学家把全集分成《学说汇纂》、《法典》、《法学阶梯》,以及《新律》四部分。《学说汇纂》又分成三部分:《旧学说汇纂》(从第1卷到第24卷2分册)、《补遗》(从第25卷起到第38卷)、《新学

394 说汇纂》(到第50卷的其余部分)。他们把查士丁尼《法典》分成《法典》1至9卷和《散卷》10至12卷，有时也用《散卷》的名称来表示《三书》、《法学阶梯》和《新律》。《新律》是一部134位皇帝的法规汇编，在6世纪时候用拉丁文记述，后来做了一点儿改动，11世纪以后在西方广为人知，称其为《真本》。中世纪的注释派法学家们把《新律》的97卷分为九卷本的文集，使这部法规以“新面貌”出现。许多概要部分以及《新律》要点根据主题被插入到中世纪出版的查士丁尼《法典》中。正如以上所述，中世纪时期通过把各种各样的《封建法书》添加到查士丁尼法规汇编中，丰富了《民法大全》的内容。

法律作品类型和术语问题

了解法律作品类型中使用的专用术语是非常有益的，专业术语标示着内容。⑥ 这里介绍一些标题：序文、主题、方法、开端、前言、序言、词条、绪论、概述。很难找到与它们同义的现代词汇，因为这些术语不再包含中世纪时期所包含的专门含义。无论是谁写的或者出于什么原因写的，所有这些术语都在法律著作或其他供读者阅读的作品之前进行解释，与修辞规则、使用的方法和阐述目标保持一致。所有这些都使用拉丁语来表示特定的意思，例如拉丁语 *nomen*（名称）、*materia*（主题）、*intentio*（目的）、*utilitas*（用处）或者 *finis*（目的）。习惯上也要确定作品所属的哲学分支，哲学在此处被认为包含逻辑、物理学和伦理学，以及作为伦理学一部分的法律。

395 然而上述术语是针对一部完整的作品来说的，“前言”或“导言”与各个

---

⑥ M. Ascheri and E. Brizio, *Index repetitionum iuris canonici et civilis*, Quaderni di informatica e bene culturali, 8 (Siena, 1985); F. Martino, *Richerche sull'opera di Guido de Suzzara. Le Supleciones* (Catania, 1981); L. Fowler-Magerl, *Ordo iudiciorum vel ordo iudiciarius, Begriff und Literaturgattung*, Ius commune, 19 (Frankfurt-on-Main, 1984); G. Fransen, 'Les questions disputées dans les facultés de droit' in B. C. Bazàn, J. F. Wippel, G. Fransen, and D. Jacquart, *Les Questions disputées et les questions quodlibétiques dans les facultés de théologie, de droit et de médecine*. Typologie des sources du moyen âge occidental, 44 – 45 (Turnhout, 1985), 225 – 277; G. Fransen, 'Les gloses des canonistes et des civilistes', in *Les Genres littéraires dans les sources théologiques et philosophiques médiévales* (Louvain-la-Neuve, 1982), 133 – 149; A. Bernal Palacios, *La Concordia utriusque iuris de Pascipoverus* (Valencia, 1980), 39 – 53, 此作品提供了有关这种文学风格的文献信息。

标题都有关——法律内容被分配到这些标题之下——并试图解释文本内容的含义,与其他标题的关系,及每个标题之下的主题构成和分类。它们会给出一些标题中的主题或整个法律文集的大纲,称之为总结或小结。这样的文本要么是插入到法律教材或者注解之内,要么自成体系。

介绍性的术语有很多,下面介绍一些仍然保留的主要类型的名称。

概要是每一部法律、法规或者章节的前言,概述其内容。

注释是对法律文本中词语的评注,通常较短。从时间上来看,最早的是"独立注释",短的注释解释晦涩语句的含义,指出与其他法律条规的互相关联,或用"注意"一词开头来指出文本的重点内容,这种情况被称之为点注。另外,它们也许还表示文本中存在的争论。人们喜欢用论注来称呼为数众多的大量连续的注释作品,这一类注释试图针对一部完整的法律文本进行逐字逐句的评注。

讲义用来指称一位教授创作的论注。

随着时间的推移,当每种法律文集众多论注中的一种开始获得权威性,其风格被称为基本注释。而所有其他的版本称之为特别注释。

小结是对法律文本作简明系统的评注,没有论注中逐字逐句的注解;评论有时候也用来指小结。

分辨或分类,一种起源于逻辑的风格类型,基本上是对包含在思想、事实、词语或者法律文本中的概念的所有含义加以确定。

大纲、宣称、一般、单一、方法都是类似的一种类型风格变体,但是并不等同,这些包含在对法律基本原则的表述中,引用法律文本中的段落篇章,支持或反对法律原则。对可能的支持或者反对进行比较,是中世纪法庭和经院主义推理的典型特征。12 世纪末期以后,宣称又被称为方法。它们通常用"对比区别"的方式来解决。一种法律问疑(下文将叙述)被用来论述法律资料之间的矛盾。

死结来源于亚里士多德派的谬误,在 12 世纪后期和 13 世纪早期,当 396
法学家们把它作为一种新类型使用来注解或辩证论证时,吸引了逻辑学家的注意。这也许与那个时代发生的辩证方法改革有关。

一般性的法律原则被称之为大纲或者一般。当被用于某一类案件的时候,他们就被称之为具体,当它们被用到某一单个案件的时候就被称之为单一。

点注，第 395 页所提到的，在一部法律文本中用来指出大纲与特定对象相关之处，一般以大纲一词开始，随后是对象的称谓。

法律问疑阐明解释或者思考一部法律文本之中的矛盾，企图使它们协调一致，通常以问题的形式出现，并以拉丁词 Quare(为什么)开头。这种类型的问题因而又被称为“法律问疑为什么”，并以单行本的方式出现。有时问疑会暗含在前面提到过的方法之中。

实际问题对于一些学者来说就是著名的争议问题，它们不是来自法律本身而是来自事实或者具体事例(一个犯罪事实的构成要素决定适用什么类型的法律)。犯罪事例能够从真实生活中挖掘出来，也能凭空想象出来。为了教导，处理这些问题的方式之一是争论——在一位教师的引导下在两个学生之间进行的一场辩论，这位教师宛如在法庭之上做出判决。这种实践活动又被称之为课堂问疑或论争，他们以举办当天是星期几来命名这个活动——星期三举办就命名为 *mercuriales*；星期五举办就叫 *veneriales*；星期六就叫 *sabbatinae*，依此类推。

建议或专家观点。当法官处理案件需要专家观点的时候，这些术语就出现于法律程序行为中。提意见的目的是解决法官考虑法律案件审理时提出的疑问，在这种情况之下，对反对一方的异议作一个回复。它们也被称之为意见或反应。建议也可由非官方的法学家给出，那就是说，不仅仅是法官而且在诉讼中急于了解法律对他会如何判决的一方，也会咨询法学家。

法律案件审理的规则分散在整个查士丁尼的法律文集中。因此，12 世纪的法学家们汇编了一本手册称之为基本指南，指南对于案件审理的每一部分从头到尾给出系统而有条理的描述。教会法学家们向那些法学家们学习，以格拉蒂安的《教会法汇要》为基础，完成了他们自己的基本指南，甚至某些方面做得更好。基本指南的一部分被大规模地改编并翻译成本国语言。

缩写本是从法律文集中挑选出的一些内容，在文字上加以改写或做一些变动，依据缩写目的删除不相关的其他部分。选编顺序有变化的文本称
397 之为 改写本。简写本是从一部法律文集中挑选内容，但是没有逐字改编，由简写者根据个人思想和文本内容重新起草而成。

索引、图表、辨析、词汇表、辞典、大全、总括、汇编,对于学习研究法律资料和偶尔研究法律文字类型风格非常有帮助。它们在形式和风格上随着作者意图变化而有很大差异,但是通常按照概念的字母顺序排列。它们的对象也许是一部法律文本,或者是一位著名作者的某部作品。

对照本、比较读本是对照民法和教会法,指出类似之处,并努力协调两者之间的差异;或者根据类似的想法对教会法和《圣经》进行比较;或者努力去寻找格拉蒂安的《教会法汇要》和教皇格列高利九世《教令集》之间的一致之处。偶尔也会收集不同论注之间不一致的地方。

笔记、报告、附录、补编等是对学生们在讲座或辩论中抄写的笔记或抄本的称呼。报告人引用法律文本的语句,附录中包含其他人对原著的增添内容,当一位教授在课堂上使用另一位著者的文本内容并添加他认为合适的知识时,其结果就是补编。

在博洛尼亚、帕多瓦、佩鲁贾和其他一些大学的文学院中,有一个专为教授公证人的技能而设的讲席。书写技能是天主教学校或者其他非大学中心的技能手册(一种手写的便于阅览的手册)的一种发展。这种类型中最著名的作品是用意大利语写的。

"忏悔大全"、"案例大全"、"德行大全"、"道德指南"、"宗族事务手册"、"实践手册"等,是用来命名教会法规规则和忏悔圣典道德标准之类文集的标题,按字母顺序系统地排列。这种文献特别是从1215年第四次拉特兰会议开始多了起来,会议决议第21章要求坦诚忏悔,每年领取一次圣餐。这种类型作品有的使用本国语,有的使用拉丁语。最主要的本国语言作品是马丁·佩雷(1316)写的《忏悔书》。1215年第四次拉特兰会议决议的第51章重新唤醒了人们对宗族事务的浓厚兴趣,其中包含了计算血亲关系和姻亲关系的图表以及准则。"实践手册"用于处理法律案件中的司法程序,它们分门别类,为每一种可能的法律行为提供法律规则。⑦

---

⑦ A. García y García, 'Glosas de Juan Teutónico, Vicente Hispano y Dámaso Húngaro a los "arbores consanguinitatis et affinitatis"', *Zeitschrift der Savigny Stiftung für Rechtsgeschichte*, *Kan. Abt.*, 58 (1982), 153–185.

法律教学方式

直到人文主义者的出现,法律教学都是通过辩论的方式进行的,基本上没有涉及历史和哲学。⑧民法教师,某些范围内的教会法教师教授的法律文本,其起源可回溯到几个世纪之前,但在中世纪的社会仍被视为有效,尽管应用的时候存在着种种困难,而民法被认为是教会法的辅助和补充,尽管它们之间确实存在着差异。

为了使法律文本的每一部分都能在课堂上得到讲解,人们引入了一种要点(*puncta*)体系——把一本法律书分成若干部分,并规定每部分要讲解的时间,规定哪些部分属于基础讲座——由一名硕士阅读并进行讲解,哪些部分属于具体讲座——由一名学士阅读并进行讲解。最早的开展要点讲解的学院可以追溯到 1252 年的博洛尼亚法学院。⑨其他重要的开展要点讲解的学院包括博洛尼亚法学院(1317—1347)、图卢兹法学院(15 世纪之前)和博洛尼亚法学院(14 世纪中期)。⑩

据苏萨的亨利(红衣主教霍斯廷斯,约 1253 年)所述,⑪讲述一部法律文本的讲座由下面几个部分组成:(1)文本概述;(2)朗读文本,解释难点;

---

⑧ M. Fournier, 'Méthodes de l'enseignement du droit du moyen âge à nos jours', *Annales d'histoire des facultés de droit et de science juridique*, 2 (1985), 11 – 152; G. Le Bras, '"Velut splendor firmamenti"; le docteur dans le droit de l'Eglise médiévale', *Mélanges offerts à Etienne Gilson* (Toronto/Paris, 1959), 373 – 388; A. García y García, *Estudios sobre la canonística portuguesa medieval*, Publicacions de la Fundación Universitaria Española Monografías, 29 (Madrid, 1972), 17 – 65; G. Fransen and D. Maffei, 'Harangues universitaires du XIV siècle', *Studi senesi*, 83 (1981), 7 – 22.

⑨ D. Maffei, 'Un trattato di Bonacurso degli Elisei e i più antichi statuti dello Studio di Bologna nel manoscritto 22 della Robbins Collection', *Bulletin of Medieval Canon Law*, new series, 5 (1975), 73 – 111 (especially 91, n. 80).

⑩ B. Kurtscheid, 'De utriusque iuris studio saec. XIII', in *Acta Congressus Iuridici Internationalis*, vol. II (Rome, 1935), 309 – 342; A. García y García, 'El decretista Fernando Alvarez de Albornoz y la fundación del Colegio de España', in *El Cardenal Albornoz y el Colegio de España*, vol. II, Studia Albornotiana, 12 (Bologna, 1972), 131ff., 145 – 150, 154 – 157; G. Rabotti, 'Elenco descrittivo di codici del Decretum in archivi et biblioteche italiane e straniere', *Studia Gratiana*, 7 (1959), 78ff.

⑪ Henricus de Segusia (Card. Hostiensis), *Summa aurea* lib. 5, tit. (Augustae Taurinorum, 1579), 291.

(3)展示与其他法律文本相似的内容;(4)引用反对观点,一般通过分辨(第395页的定义)方法揭示它们;(5)叙述和解释法律文本阅读过程中产生的问题;(6)指出重点——阅读法律文本时涉及到的最有价值的主题或相关思想。

在辩论或者问题辩论方面,博洛尼亚大学的实践被其他大学仿效,但根据本地情况有所变化。在博洛尼亚,辩论在春季和夏季举行,基本上是对从现实生活或者法庭中随意挑选出来的一个法律话题进行公开讨论。399
在博洛尼亚,只有大学的博士才被允许举行这些辩论活动,但是是公开的,也允许每个听众提出反对意见,提出反对意见者又被称为反对者。

在博洛尼亚大学,从课程开始直到圣诞节一直有学术演讲。所有带薪教授,从最年轻的教师开始,都有义务和责任进行学术讲演。在其他地方,例如在萨拉曼卡大学,是大学教授的博士必须连续举行20年的学术演讲。在博洛尼亚大学也有另外一种类型的学术演讲,它的内容是对每天所教材料的复习或者总结。⑫

至于考试和学位,博洛尼亚大学并没有对每门课程举行单独的考试。博洛尼亚大学授予的头衔不是博士就是硕士,后来称之为"桂冠"(*laurea*),所有学习和考试都是为此头衔做准备。博洛尼亚大学的章程规定用5门课程去"读"一个"主题"(法律书籍的一部分),用6门课程"读"完一部完整的法律著作。在教会法方面,要求4年"读"一个主题,5年"读"完一部完整的著作。获取学士头衔没有考试,但是学生以学士身份一年教授完一本书之后,他们才被认为有资格参加获得许可证的考试。起初,博士学位考试可能只有一次,但是不久之后就有了两次考试,第一次考试由教授委员会举行,第二次考试由"博士协会"举行。第一次考试通过后授予教学许可证,它也是一次实质性的考试,能真正反映出候选人的知识水平和能力。第二次考试,是惯例习俗,只不过是一种仪式——授予博士学位的典礼——但是没有它就不能授予博士称号。在许可证考试过程中,候选人必须阐述两个题目,教会法专业学生的题目选自《教会法汇要》和教令集,民法

⑫ Juan Alfonso de Benavente, *Ars et doctrina studendi et docendi*, ed. B. Alonso Rodríguez, Bibliotheca Salmanticensis, vol. Ⅱ (Salamanca, 1972), 93.

专业学生的题目选自《旧学说汇纂》和查士丁尼《法典》,要回答提问。通常博士学位授予仪式在同一年举行,也有在许可证考试几天之后就举行的。

上文提到的"博士协会"在博洛尼亚大学有两个,一个是教会法的,一个是民法的,但是有些成员同时参加两个协会。每位成员并不一定要在大学教学,但实际上他们通常是列入活动名单的教授。这些博士协会的起源不是十分清楚,但是第一次提到它们是在13世纪后半期。这里有一组数
400 据:民法博士协会有16名成员,教会法博士协会有12名成员。另外还有3名临时成员。杰出人士被允许以特别成员或额外成员的身份加入协会。他们由一位资深成员管理事务,此人在《秘书手册》中记录会议情况,现在《秘书手册》成为一份非常有历史价值的资料。除了举行许可证和博士学位的考试,协会也对各种各样的申请书给出意见。尽管他们保守、讲裙带关系和搞形式主义,但是他们的声誉完整无损地延续了几个世纪。事实上,他们的委托人包括葡萄牙和英格兰的国王们,以及其他有能力支付他们高昂费用的显贵。⑬

学生与学者

通常来说,对于在法学院接受训练的学者总数、学者在法学院中的分布情况、他们的地理出身和社会渊源、他们的平均年龄、他们以前的学习状况、他们在本国和国外学习的比例、学者获取学位的比例和毕业生法律职业前景等等情况,缺乏能完整描绘状况的统计数据。尽管如此,我们仍然了解到,在15世纪后半期,在德意志大学学习的学者有6000到7000人,其中大多数在文学院。下一个重要数据是关于民法和教会法的学生的,在15世纪后半期,他们大约有1000人(占学者总数的15.3%)。1386到1540年,在莱比锡大学共有504名学生,爱尔福特有427名学生,科隆有388名学生,海德堡有219名学生,图宾根有161名学生,弗赖堡有147名

⑬ A. Pérez Martín, 'Los colegios de doctores de Bolonia y su relación con España', *Anuario de Historia del Derecho Español*, 48 (1978), 5 – 90; C. Piana, *Il 'Liber Secretus iuris caesarei' dell'Università di Bologna*, 1(Milan, 1984), 1* – 109*; 2 (Milan, 1989), 3* – 33*.

学生。1389 年,科隆大学入学学生达到 759 名,其中 156 名(20.5%)是法学学生。在 15 世纪,莱比锡大学平均有 100 名法学学生,爱尔福特大学的数量在 80 到 350 名之间。[14]一般认为博洛尼亚大学在 13 世纪有 500 到 1000 名学者;1269 年多达 1464 人。1339 年,佩鲁贾大学有 119 名法律学生。[15]

在每一个学院里,学者的数量情况比较好掌握。在 15 世纪萨拉曼卡大学的市长学舍(*colegios mayores*),章程规定的名额有 76 个;其中 27 个(36%)留给教会法学生,22 个(29%)留给神学家,12 个(16%)留给法学学生,教会法或者民法均可,2 个(2.6%)留给民法学生,2 个(2.6%)留给医学学生。这种主导趋势得到了"大分裂"期间萨拉曼卡大学的学生名单以及其他大学注册表的证实:1381 年萨拉曼卡大学的一份 331 名学生的名单显示,有 166 名教会法学生(50.1%),63 名学生学科不定(19%),66 名 401
文法学生(19.9%),20 名民法学生(6%),12 名逻辑学学生(3.6%),文科的 2 名(0.6%),神学 1 名(0.3%),音乐 1 名(0.3%)。[16]中世纪的最后 300 年中,英格兰纪录有15 000名学生,4614 名在高级学院——法学院学习(2359 名或者 51.1%)、神学院(2104 名或者 45.6%)、医学院(其余的 151 名或者 3.2%)。[17]1368 到 1500 年间,博洛尼亚的西班牙学舍的 598 名学者中,学习教会法的有 120 人(20%),神学 61 人(10.2%),医学 35 人(5.8%),民法 2 人(0.3%)。[18]把章程中规定的保留给一个学院的名额重新分派给其他学院的情况比较普遍,通过这种方式,许多学习神学的名额转移给了民法。保留给教会法的名额数量很大,但并不奇怪,因为很多学者是教士。

---

⑭ Schwinges, *Universitätsbesucher*.

⑮ S. Stelling-Michaud, *L'Université de Bologne et la pénétration des droits romain et canonique en Suisse aux XIIIe et XIVe siècles* (Geneva, 1955).

⑯ A. M. Carabias Torres, *Colegios Mayores: Centros de poder*, vols. Ⅰ－Ⅲ, Acta Salmanticensia, Historia de la Universidad, 46 (Salamanca, 1986), vol. Ⅱ, 247－285, 490.

⑰ T. H. Aston, 'Oxford's Medieval Alumni', *Past and Present*, 74 (1977 年), 6－10, 22－23; T. H. Aston, G. D. Duncan, and T. A. R. Evans, 'The Medieval Alumni of the University of Cambridge', *Past and Present*, 86(1980), 35, 74－75.

⑱ A. Pérez Martín, 'Collegiales de S. Clemente de los Españoles en Bolonia (1368－1500)', *Salmanticensis*, 20(1973), 69－84.

学生在地理和国别上的来源随着政治、经济和文化条件的变化而变化:由于罗马法律在苏格兰比在英格兰得到更广泛的认可,因此在某些外国大学学习民法的苏格兰人超过了英格兰人。从现有的伊比利亚半岛的资料来看,在博洛尼亚大学,来自伊比利亚半岛东部(臣服于阿拉贡王朝的地区)的学者数量远远超过来自半岛西部(葡萄牙和西班牙)的学者数量。[19] 整个中世纪,在意大利的大学和伊比利亚半岛上主要的大学里,人数最多、规模最大的学院是法学院,部分原因是因为那里是最罗马化的国家,但是主要是因为据说那里神学院和文学院的建立和兴旺要晚于巴黎和牛津。在法国,主要的法学院是在安格斯大学、蒙彼利埃大学和奥尔良大学,其中奥尔良大学没有其他的学院。在巴黎大学、牛津大学和神圣罗马帝国的大学里,神学院吸引的学生数量远远大于法学院。

教会法学院的学生往往比民法学院多,主要原因是在大学里学习法律的教士多于世俗学生(教皇禁止教士学习民法的法令对一些教士产生了影响,但是非常轻微)。而且,一般来说,教士在教会中获得职位的机会比在世俗机构中要大(并非总是如此),因此他们能够到国外学习民法而不会失掉教会的圣俸,他们有权不受在教区居住的规定的限制。世俗人士通过剃
402 度,也有可能获得教会的少量圣俸,即使他们以后也许会放弃教士事业,但是教士们,特别是主要教团的教士们,总是比那些世俗人士有更多更好的机会获得圣俸。

然而,在一些大学里,民法学院比教会法学院更重要,因此在博洛尼亚大学最初的几十年里,教会法的教学模仿的是民法教学。到中世纪末期,在一些大学里,民法和教会法之间学生数量的差距在慢慢地缩小,但是在其他大学,教会法的学生仍然占大多数。不管怎样,在中世纪,难以想象一个精通教会法的人不懂民法,反之亦然。每一个学院都提供两方面的训练,除此之外许多学生在各自独立的学院中既学习民法又学习教会法。在这种情况之下,考虑到已经在一所学院学习过另外一所学院所教科目,他们会选择一些时间较短的课程来学习。

法律学生的社会来源主要是宗教教团、教会分会、救治灵魂的教士、中

---

⑲ 参考第9章(H. de Ridder-Symoens)。

产阶级以及上流社会人士。1265到1300年间,博洛尼亚大学德国"同乡会"220名学者中,151名是基督教教会的教徒,32位世俗人士,34位无法确定身份,3位还俗的基督教教徒。当然,他们的数量随着时间和地点的不同而发生变化,但是大学的记录显示,这种情况是一般趋势。[20]

依据斯代林·马绍的观点,博洛尼亚大学学者的平均年龄在23—30岁之间。当然,也有一些学生的年龄超出了这个界限,例如,西班牙学舍中一位葡萄牙学生仅仅15岁,同时另一位40岁。

通常,大学章程对入学以前的学业要求规定得并不是很清楚。在博洛尼亚大学,没有特别明确的规定。在萨拉曼卡大学和其他的大学中,候选人必须精通文法。[21]在里斯本—科英布拉大学,候选人要求至少是一位文法学者或逻辑学者。[22]大量的法律学家传记和上述的统计数据显示,法律学生以前在文学院学习过,但是这类人总是比之前在一些不属于大学级别的机构里学习过的人要少。

大学的学生,除少数人有自己的方式外,通常通过获得某种类型的教会圣俸来支持学业。所有学院中的学者都有资格获得这些圣俸,但是从目前了解到的许多申请人的记录资料来看,大多数和最高的圣俸受益者是法学者。有固定居留地并享有圣俸的教士,总能够得到7年的时间去大学学习,这一点已由博尼菲斯八世的教令得到证实。[23] 403

保留下来的法律学生毕业人数的纪录表明,他们的比例很低。甚至从博洛尼亚的"西班牙学舍"598名学者这么一组精选出来的人的情况来看也是如此,民法专业只有3人获得许可证,教会法25人,神学1人;文学院和医学院共47人获得硕士学位,神学院25人;获得博士学位的民法7人,教会法51人——共有159位毕业生出现在记录中,占总数598人的26.5%。如同所有统计数据,特别是历史统计数据一样,这些数据并不能不加分析地轻易接受,由于那些可获得的信息资料不是十分的详尽,一些学者

[20] Stelling-Michaud(注释15);参考第8章(P. Moraw)。

[21] V. Beltrán de Heredia, *Bulario de la Universidad de Salamanca, 1219 - 1549*, vol. Ⅱ (Salamanca, 1966), 187, N. 647. 15.

[22] A. Moreira de Sà (ed.), *Chartularium Universitatis Portugalensis, 1288 - 1537*, vol. Ⅳ, *1288 - 1377* (Lisbon, 1970), 15 - 19, no. 949.

[23] *Liber Sextus*, 1. 6. 34.

不是在这所大学毕业的,但是通过了某位教皇的特许也算是了,或者他根本就是在其他大学里毕业的;㉔许多其他人开始变得很不幸,因为他们忽略了自己的学习。

提供给法律毕业生的机会相当多。少部分杰出的有影响的精英在他们学习过的大学或者其他大学教学——12 世纪末 13 世纪初,博洛尼亚大学的外国教授的数量之多给人留下了深刻印象。但是大多数法律学生毕业之后占据了国家或教会重要的管理职位。在教会里,包括他们的职位可能是教皇、主教、教廷官员或者主教教区的官员,或者圣职团的成员,低一级是修道院或者其他宗教团体的成员(现存的绝大多数中世纪法律手稿属于或者曾经属于教会)。类似的情况也发生在世俗的管理部门。法律毕业生,包括教士和世俗人士,占据着各种各样权威部门的职位,从帝国或者王国的高等法院大法官到低级的职位。在教会和公共事务上,法律界的人控制着经济也掌握着管理职位。法学家们的法律训练给自己提供了一个出人头地走向社会上层的机会,他们通过结交权贵占据重要职位,如果他们是世俗人士的话,则通过与上层人士通婚达到目的。

在 12 和 13 世纪只有一部分大学教授是教士。14 世纪的记载提到更多的世俗教授,15 世纪基本上是一个世俗化的进程。在中世纪没有女性学生或者法律从业者。为了叙述完整,应该加上这一点,在一些地位较低的学习中心,例如修道院、教堂、市政学校或者托钵僧教团的学校,也从事法律学科的教学。在所有上述中心场所,都是由一位教授讲授法律。学馆——它们之中有的甚至可以等同于大学馆——在欧洲遍地开花但却没有获得大学的社会地位,这既是由于它们本身对此没有明确要求,也是因为它们认为这样做是徒劳的。公证人学校进行法律教学,这些学校也未能成
404 为大学学院的一部分。有时候,国王的委员会创作法律著作,例如西班牙阿方索十世或法国宫廷资助的作品;这些法律教师或法学著作的作者大多

㉔ García y García, *Estudios*(注释 8), 54.

数都是在大学里接受过教育的。[25]

法律、教会与社会

法律对西方政治理论和实践的影响是一个重要而令人感兴趣的主题。在中世纪早期,西方国家处于重新陷入野蛮落后状态的边缘。使正义战胜强权首先是教会的任务,其次是帝国和王国的任务。在这个过程中,12世纪罗马法的重新发掘和研究学习以及几乎同时教会法的诞生给予它们很大的帮助。特别是在12和13世纪,中世纪教会和国家的法规章程以及政体管理遵循了一个主要由法学家设计的模式,他们从亚里士多德政治学著作的重新发现中受益匪浅。这个模式是权威主义的,主要吸收和借鉴了罗马帝国的法律,并且使中世纪的法律孕育了现代民主制度的萌芽。法人团体——教士会、宗教教团,特别是托钵僧团体——在教会范围内通过投票以一种学院式民主的方式确定更正确、更好和更多数人的意愿。中世纪延续了一些罗马制度和基本信条,赋予它们更民主的内容:例如,在罗马法律中,"对每个人产生影响的必须征得每个人的同意"这个规则属于私法领域,而中世纪的法律(特别是教会法),甚至把它应用到政治和宪法上。

14世纪后期和15世纪早期"大分裂"之后的大公会议主义(conciliarism)* 在12世纪就已深深植根于教会法学家的思想中,并有了先例。它的建立是为了教会,间接地为了国家,它们的原则(例如有限君主制)被17世纪的思想家们接纳吸收,并影响着现代思想。16世纪的新教和天主教改革(以中世纪神学理论的转向为基础)成为绝对君主制坚定的支持者和

---

[25] C. Lefevbre, 'Juges et savants en Europe (13e – 16e siècle)', *Ephemerides iuris canonici*, 22 (1966), 76 – 202; 23 (1967), 9 – 61; M. Bellomo (ed.), *Scuola, diritto e società nel mezzogiorno medievale d'Italia*, 特别是 D. Maffei 的文章(9 – 29), E. Cortese (31 – 134), and A. Romano (237 – 258); G. Santini, ' "Legis doctores et sapientes civitatis" di età preirneraria', *Archivio giuridico*, 169, 6th series, 38 (1965), 114 – 171; E. Cortese, 'Intorno agli antichi *iudices* toscani e ai caratteri di un ceto medievale', in *Scritti in memoria di Domenico Barillaro* (Milan, 1982); J. Sànchez Herrero, 'Centros de enseñanza y estudiantes de Sevilla durante los siglos XIII al XV', in *En la España medieval: Estudios dedicados al Prof. D. Angel Ferrari Núñez*, vol. IV (Madrid, 1984), 875 – 898.

* 大公会议主义是天主教内部一些人所提出的理论,认为大公会议权威高于教皇,必要时可以废黜教皇——译者。

坚实的基础。来源于罗马的法制传统,来源于希腊的亚里士多德传统和基405 督教思想一起为西方社会 建立了一种与无论是“伊斯兰文化”、“印加文化”、“阿茨特克文化”、“中国文化”还是“日本文化”等以往任何文化都不同的模式,并且是与以上文化模式都不可调和的模式。另外一方面,在不同的水平上,在整个中世纪都有其支持者的帝国宣言,敦促着各王国应该以某种方式服从于帝国。不仅仅是国王们,就是中世纪大部分的法学家也从未接受这一点,并且在实践上,教会支持反帝国的观点。所以在某种程度上,法律是对绝对权力的限制,而无论这种权力是世俗世界的还是基督教世界的,而且法律在教会与帝国之间,宗教权力与世俗权力之间创造了一种比较缓和的关系。[26]

12 和 13 世纪教会和国家内部管理上的变化对教会学(ecclesiology),即教会的神学思想也产生了深远的影响。教会法学家的思想强烈地影响着教会学,影响着教会对待圣典仪式和牧师职责的态度。圣典仪式从教会法学家那里得到的关注至少与从神学家那里得到的同样多。在教会牧师的职责,即对信徒精神指引的规范方面,中世纪的教会法比神学本身更为积极热忱。[27]在教会学方面,中世纪的教会法学家从 12 世纪开始就强调拒绝承认教皇拥有绝对权力的主张,他们努力去协调教皇的神授权利和基督教社会的权利之间的关系,他们坚持这样的观点:没有任何一种神授权利,比如教皇自己的权利,不是基督赋予的。到 14 世纪后期和 15 世纪初期的大公会议主义时期,这些思想获得新生。它们被扩大深化的程度如此之大,以至于许多人开始把普通基督教会议会的权威看得比教皇更高。这样一种受到某些神学家的坚决拥护,也受到一些人拒绝的教会法理论,持续而深刻地发挥着影响,甚至影响到现代教会学。[28]

---

[26] B. Tierney, *Religion, Law and the Growth of Constitutional Though, 1150 - 1650* (Cambridge, 1982), 包含引用书目。

[27] P. Anciaux, *La théologie du Sacrement de Pénitence au XII siècle* (Louvain, 1949); J. M. Soto Rábanos, 'Derecho canónico y praxis pastoral en la España bajomedieval', in *Proceedings of the Sixth International Congress of Medieval Canon Law, Berkeley, California, 28 July - 2 August 1980*, Monumenta iuris canonici, Series C, Subsidia 7 (Vatican City, 1985), 595 - 617.

[28] K. Pennington, *Pope and Bishops. The Papal Monarchy in the Twelfth and Thirteenth Centuries* (Pennsylvania, 1984) 包含引用书目。

众所周知,贯穿基督教历史的有两大思想流派,一派把人文学科作为教士训练的一部分,另外一派则反对这样做。前者的主要人物是圣·奥古斯丁,后者的主要人物则是圣·杰罗姆。毫无疑问,这样的区分是过于简单化,但是两大阵营中的追随者都曾提到这两位教父。扩大这种众所周知的争论太容易了,但没有必要。本文要解释的是为什么在12世纪中期,格拉蒂安的《教会法汇要》会把基督教世界第一个千年内所有的最有权威的最重要的法律文本融合到一起,而其中一些法律文本不可避免地是互相矛盾的。格拉蒂安把它们并列起来是为了协调它们之间潜在的自相矛盾,这反映在其著作原来的题目"教会法矛盾的协调"的精神中。教会的教父们和教会第一个千年的作者们,在此基础上写下了接受或反对、赞扬或辱骂他们那个时代的人文主义的文本。格拉蒂安运用辩证法协调这些文本里互相矛盾的说法,使他的后继者们以一种比较的思维和负责任的态度来对此进行思考。中世纪的教会法学家们认为,与同时代的其他一些学科的学者相比较,人文学者更不得人缘,他们在没有考虑教士是否适于去学习人文学科的情况下就在那些哲学家们中间进行对异端分子的搜捕或者进行莫须有的迫害。例如,把戈捷·德·圣·维克多、彼得·阿贝拉尔、彼得·隆巴德、普瓦捷的彼得、吉尔伯特·德·拉·伯雷称为"四座迷宫"或者"法国的人身牛头怪物"。圣彼得·达米安断言,文法的第一位教授是"魔王撒旦",当他讲授到"亚当"的时候,把名词"上帝"一词的词尾,变换成复数形式。兰弗朗克、圣安瑟伦和圣伯纳德对人的理性也提出了类似的尖锐批评。然而,教会法学家们基本上不必为其他的人文学科课程担忧烦恼,法律学家也同样如此,一些实践人文主义者除外,例如奇诺·达·皮斯托亚,作为诗人,与作为法律学家一样杰出,他和但丁·阿利吉耶里、克莱门特·桑切斯既保持着良好的友谊关系并受到他们的尊敬,克莱门特·桑切斯是一位教会法方面的多产作家,也是15世纪西班牙最伟大的文学作者之一。[29]不管怎样,教会法学家对于人文学科的矛盾心理反映在13世纪格拉蒂安的《教会法汇要》法语版的导言中。 406

[29] A. García y García, *Iglesia*, *Sociedad y Derecho*, vol. I, Bibliotheca Salmanticensis Estudios, 74 (Salamanca, 1985), 143–167.

至于法律与文学的关系，在原始社会里，法律、宗教和文学是合而为一的。只是到后来，它们各自分化出来成为独立的实体，甚至到中世纪后期，《萨克森明镜》这部习惯法辞书仍然坚称上帝就是法律。[30]那么，在中世纪诗歌中高声称颂服从上帝、皇帝或者国王，就不足为奇了。从总体上来看，法律不仅仅是真实的法律而且是合乎自然的产物；法律、神法、理性、秩序、永恒法则，自然而然地都足以令神学家感兴趣，这一点能清楚地从圣·奥古斯丁的《论公民》和托马斯·阿奎那的《神学大全》中显示出来。人们在处理人类事务方面，也把法律当做上帝意志的表达。在律师和文人中间有许多教士，他们当中有一些是文学和法律两方面的专家，就像赫塔的大祭师胡安·鲁伊斯一样[31]。另一个更著名的例子是但丁。[32] 所以，毋需惊讶的是，在中世纪甚至以后，许多法学院紧紧跟随在神学院后面，甚或领先于神学院。

407 有人认为文学是法律的奴婢，但同时也有人把法律当做文学的奴婢。文人从法典之中汲取灵感，借用法律术语，模仿法律的结构关系，探索和研究文学文本的方法激发了探索研究法律文本方法的灵感，反之亦然，无论拉丁语文本或几乎所有的本国语言的文本——中古英语、德语、冰岛语、法语和普罗旺斯语、西班牙语（西班牙古语卡斯蒂利亚语、加泰罗尼亚语、葡萄牙语和加里西亚语）、意大利语，等等。

总而言之，以上就是中世纪法学院的组织和知识水平及其对它们所处时代的潜在影响。

精选文献

Alford, J.A. and Seniff, D.P. *Literature and Law in the Middle Ages*, A

---

[30] G. Kisch, 'Biblical Spirit in Medieval German Law', *Speculum*, 14(1939), 38 - 55.

[31] H.A. Kelly, *Canon Law and the Archpriest of Hita*, Medieval and Renaissance Texts and Studies, 27(New York, 1984).

[32] G. Zanetti, 'Le dottrine giuspubblicistiche delle *Questiones de iuris subtilitatibus* e il pensiero politico di Dante', *Proceedings of the Fourth International Congress of Medieval Canon Law, Toronto, 21 - 25 August 1972*, Monumenta iuris canonici, Series C, Subsidia 5 (Vatican City, 1976), 351 - 382, 包括引用书目。

Bibliography of Scholarship, New York/London, 1984.

Burmeister, K. *Das Studium der Rechte im Zeitalter des Humanismus im deutschen Reichsbereich*, Wiesbaden, 1974.

Calasso, F. *Medio Evo del Diritto*, vol. I, *Le fonti*, Milan, 1954.

Coing, H. (ed.) *Handbuch der Quellen und Literatur der neueren europäischen Privatrechtsgeschichte*, vol. I, *Mittelalter, 1100 – 1500*, Munich, 1973.

Cortese, E. 'Scienza di giudici e scienze di professori tra XII e XIII secolo', in *Legge, giudici, giuristi. Atti del Convegno tenuto a Cagliari nei giorni 18 – 21 Maggio 1981, Milan*, 1982, 93 – 148.

Feenstra, R. 'L'enseignement du droit à Orléans. Etat des recherches menées depuis Meijers', *Bulletin de la Société archéologique et historique de l'Orléannais*, new series, 9(1985), 13 – 29.

Fournier, M., *Histoire de la science du droit en France*, vol. III (only volume published), *Les Universités françaises et l'enseignement du droit en France au moyen âge*, Paris, 1892; reprint, Aalen, 1970.

García y García, A. 'Los estudios jurídicos en la Universidad medieval', in *Lex Ecclesiae. Estudios en honor del profesor Dr. Marcelino Cabreros de Anta, Bibliotheca Salmanticensis*, vol. I, Salamanca, 1972, 143 – 169; republished in A. García y García, *Estudios sobre la canonística portuguesa medieval*, Publicaciones de la Fundación Universitaria Española, Monografías 29, Madrid, 1976, 17 – 65.

García y García, A. *Iglesia, Sociedad y Derecho*, vol. I, Bibliotheca Salmanticensis, Estudios 74, Salamanca, 1985.

Gouron, A. *La Science du droit dans le Midi de la France au Moyen Age*, Variorum Reprints, London, 1984.

Grundmann, H. 'Sacerdotium, Regnum, Studium', *Archiv für Kulturgeschichte*, 34 (1952), 3 – 21.

van Hove, A. *Prolegomena ad Codicem iuris canonici*, 2nd edn, Malines/Rome, 1945.

Ius Romanum Medii Aevi, 5 vols., Milan, 1961–1968.

Koschaker, P. *Europa und das römische Recht*, 4th edn, Berlin, 1966.

408 Kuttner, S. *The History of Ideas and Doctrines of Canon Law in the Middle Ages*, London, 1980.

Kuttner, S. *Medieval Councils, Decretals, and Collections of Canon Law*, London, 1980.

Kuttner, S. *Repertorium der Kanonistik. Prodromus Corporis glossarum*, Studi e Testi, 71, Vatican City, 1937; reprint, 1983.

Le Bras, G., Lefebvre, H., and Rambaud, J. *L'Age classique, 1140–1378. Sources et théorie du droit*, Histoire du droit et des institutions de l'Eglise en Occident, 7, Paris, 1965.

Maffei, D. 'Dottori e e studenti nel pensiero di Simone da Borsano', *Studia Gratiana*, 15(1972), 229–249.

Maffei, D. *Gli inizi dell'umanesimo giuridico*, Milan, 1956–1960.

Meijers, E. M. *Etudes d'histoire du droit*, ed. R. Feenstra and H. F. W. Fischer, vols. Ⅰ, Ⅲ, Ⅳ, Leiden, 1956–1966.

Ourliac, P. and Giles, H. *La Période postclassique, 1378–1500*, vol. Ⅰ, *La Problématique de l'époque. Les sources*, Histoire du droit et des institutions de l'Eglise en Occident, 13, Paris, 1971.

Pérez Martín, A. 'Los colegios de doctores de Bolonia y su relación con España', *Anuario de Historia del Derecho Espanol*, 48(1978), 5–90.

Pérez Martín, A. (ed.) *España y Europa, un pasado jurídico común. Actas del I simposio Internacional del Instituto de Derecho Común. Murcia 26–28 Marzo 1985*, Murcia, 1986.

Savigny, F. C. *Geschichte der römischen Rechts im Mittelalter*, 7 vols., 2 nd edn, Heidelberg, 1834–1851; reprint, Bad Homburg, 1961.

von Schulte, J. F. *Die Geschichte der Quellen und Literatur des canonischen Rechtes von Gratian bis auf die Gegenwart*, vols. Ⅰ–Ⅱ, Stuttgart, 1875–1877; reprint, Graz, 1956.

Stelling-Michaud, S. *Les Juristes suisses à Bologne, 1255–1330. Notices bi-*

ographiques et regestes des actes bolonais. Travaux d'Humanisme et Renaissance, 38, Geneva, 1960.

Stelling-Michaud, S. *L'Université de Bologne et la pénétration des droits romain et canonique en Suisse aux* ⅩⅢ*e et XIVe siècles*, Travaux d'Humanisme et Renaissance, 17, Geneva, 1955.

Troje, H.E. 'Die Literatur des gemeinen Rechts unter den Einfluss des Humanismus', in H. Coing (ed.), *Handbuch der Quellen und Literatur der neueren europäischen Privatrechtsgeschichte*, vol. Ⅱ, Munich, 1977, 615–795.

409 第十三章　神学院

莫妮卡·奥斯陶洛什

从《圣经》解释到经院神学

中世纪大学教学的主要特征之一，就是一系列固定教材趋于稳定化，例如，文学院使用亚里士多德的著作，法学院使用查士丁尼的法典，医学院使用盖伦的著作。神学院的权威教材就是《圣经》，但是其教义缺乏连贯性，单独把它作为一种教材并不合适。它需要阐释，从基督教诞生时期开始，神学本质上就是对圣经的解释，因而神学又被称为“圣经解释学”。①

自从古代以来，这种解释《圣经》的活动就一直由教会的教父们和修道

① 在大学兴起之前学校中的神学发展情况资料主要来源于 G. Paré, A. Brunet, and P. Tremblay, *La Renaissance du Ⅻ e siècle. Les écoles et l'enseignement* (Paris/Ottawa, 1933); J. De Ghellinck, *Le Mouvement théologique du Ⅻ e siècle* (Bruges/Brussels, 1948; reprint, 1969).

院中的僧侣们进行着,修道院也成为大学兴起之前的学习中心。对中世纪圣经解释而言,最重要的基督教早期经典著作是圣·奥古斯丁的《基督教教义大全》。第一卷到第三卷的内容包括解释《圣经》的通例和规则。第四卷是一篇论文,论述如何依据前三卷确定的方法论述教义、进行布道。圣·奥古斯丁证明,异教的或者非基督教的自由艺术和道德训诫的基础恰恰是那些布施基督教教义的教父们。这种思想观点要求世俗学问至少是以合适的方式为基督教的发展服务,但仅仅只有像圣·奥古斯丁这样一个学习过罗马修辞学并在年轻时阅读过维吉尔和西塞罗著作的人才这样想。

公元 6 世纪,蛮族人的大肆入侵使西欧的古代文化仅剩下几个散落的遗址,波依休斯(卒于 524 年)不仅仅保留了一些希腊和罗马的文化遗产,
而且把它们汇编成著作,这对后来的神学产生了很大的影响。波依休斯通 410
过翻译和评注亚里士多德的逻辑学著作,养成了一种兴趣和爱好,这不仅仅记录在他自己的哲学作品中,而且反映在他《神学散论》一书中。然而直到 11 世纪特别是 12 世纪,逻辑学进入信仰领域才有一些真正的追随者。通常把奥里亚克的热尔贝(约 1003 年)即后来的教皇西尔维斯特二世当做这场运动的发起者,教皇西尔维斯特二世在《论理性及其使用》中重点强调了定义和分类的重要性。

对于在神学中使用逻辑学也有反对者,常被提到的例证是彼得·达米安(卒于 1072 年)。他在其论文《论全能》中批评那些用哲学的必要性和不可能性概念来论证上帝的力量,由此否定上帝的全能的人。这个问题的本质是关注信仰规约和条例的可和解性,诸如上帝的全能与理性之间的调和,这在后来成为中世纪神学院的中心论题。

坎特伯雷的安瑟伦(卒于 1109 年)是第一个企图综合理性和信仰的人。安瑟伦的《见证信仰的知识》一书奠定了他的"经院哲学之父"的地位。在信仰的证明上,他更多地是基于理性而不是权威。

此时,主教座堂学校变得比修道院更为重要。世俗学生和教师不受任何稳定居留规则的约束,依据他们在知识上的偏好,从一个城镇迁往另一个城镇。像拉昂的安瑟伦(卒于 1117 年)那样出名的教师,甚至把意大利、德国以及英格兰的学生都吸引了过来。这不断提高了教师个人的威望,这

种发展趋势明显地反映在教学方法的改进上。②拉昂派最重要的成果就是《基本注释》,它采用行间注和页边注的方法对《圣经》进行了系统地注解。在书中,除了传统的教父论述资料之外,还更多地引用了当时教师们的论述,因此让后者获得了著作者这一地位。他们的教学活动得到认可并且成为权威,这是早期经院主义哲学最重要的特征。③

教师们的这种新作用显而易见地体现在把质疑,一种已经被拉昂的安瑟伦实践过的方法,引入到圣经注解中。④在 12 世纪,质疑方法的频繁使
411 用反映了研究圣经的态度发生了变化:传统的解释一直是揭示圣经文本中隐藏着的不同含义——文字或历史上的、寓意的、隐喻的或道德上的、类推的或末世学的含义——注解被局限于圣经文本的边缘;通过把质疑方法引入注解,教师们以逻辑的方式把圣经当做神学讨论的起点。

在神学方面,彼得·阿贝拉尔(卒于 1142 年)的著作《是与否》被认为是神学转向的宣言书,彼得·阿贝拉尔是拉昂的安瑟伦瞧不起的学生。在这部著作的序言中,阿贝拉尔承认《圣经》以及教父们的论述有时是自相矛盾的,并声称解释这些矛盾的方法依赖于这样的假设:讨论问题的作者们从来不打诳语。事实上,《圣经》的绝对真理和教父们的评论资料,使探究那些显而易见的矛盾背后的原因所做的调查研究,更富有挑战意义。《圣经》是不能质疑的,它是理性探究的起点,依据阿贝拉尔的观点,理性探究是智慧的关键所在。

在《圣经》注解中运用质疑方法是经院主义神学发展过程中具有决定性意义的一步。另外一项重要变革是收集《格言》,这是《神学大全》的起源,在这个过程中不同种类的论题得以系统化地呈现。⑤拉昂学校通过汇

② 这种教学方法改进方面的叙述参考: B. Smalley, *The Study of the Bible in the Middle Ages*(Oxford, 1983), 49 - 77.

③ A. M. Landgraf, *Introduction à l'histoire de la littérature théologique de la scolastique naissante* (Montreal/Paris , 1973), 24 - 25.

④ 这种教学方法的起源和文字风格参考: B. C. Bazàn, 'Les questions disputées, principalement dans les facultés de théologie', in B. C. Bazàn, J. F. Wippel, G. Fransen, and D. Jacquart, *Les Questions disputées et les questions quodlibétiques dans les facultés de théologie , de droit et de médecine* , Typologie des sources du Moyen Age occidental, ed. L. Genicot, fasc. 44 - 45(Turnhout, 1985), 25 - 40.

⑤ Landgraf, *Introduction*(注释 3), 44 - 47, 50 - 54.

编当时的教师们和教父们的格言再次证明了它处于领先地位，编辑的文集中也包括质疑部分。

最早的神学知识大全之一是彼得·阿贝拉尔的《神学理论》，据说彼得·阿贝拉尔是用神学一词代替传统称谓圣经解释学和圣经教义的奠基者。在同一时代，另外一部影响广泛的把教义进行系统化的著作是圣维克多的休斯（卒于1142年）写的《基督信仰神圣论》。在沙特尔学校的普瓦捷的吉尔伯特，是拉昂的安瑟伦的另一个学生，他认识到文科的重要性，并把文科当做学习神学的准备。吉尔伯特也熟悉波依休斯，波依休斯的作品在沙特尔学校受到高度的崇拜，与沙特尔学校的其他神学研究者一样，吉尔伯特也把语法和修辞知识应用到神学上。吉尔伯特是第一批企图把神学结构精确化（或者说科学化）的人物之一，他在对波依休斯的《论三位一体》进行注解的过程中，采用了“学科”一词。在神学中，他坚持信仰先于理性；然而，在其他学科中，信仰紧跟着理性。⑥虽然神学理性化遇到了传统神学家如克莱福的伯纳德（卒于1153年）的强烈反对，但是企图把经院主义神学带回到修道院时期的努力是徒劳的。

大约在12世纪中期，在宗教法律和神学中兴起了编纂知识大典的热潮。在神学方面，这场运动的集大成者是彼得·隆巴德（卒于1160年）的 412
《格言大全》，该书围绕下述重要教义论题以问题形式系统性地展开：上帝和三位一体（第一卷）、创世纪（第二卷）、美德与化身（第三卷）、圣典和最后的大审判（第四卷）。《格言大全》几乎立刻成为各学校研究注解的对象，而且1215年拉特兰会议把它作为学校的教材。这部汇编作品在很长一段时期内获得了持久的声誉，这是因为作品本身并不新奇，相对来说比较正统，完全包括当时讨论的主要问题，而且作者对于那些困难的问题也无意给出最终的解决途径。这样发展到12世纪中期，许多学校都把神学作为一门与其他学科相关的独立学科进行教授。教师们使用了新的教学方法，他们以一种辩证的方式提出问题，通过理性的争论来解决问题。虽然《圣经》仍然是毋庸置疑的权威，但是为了弥补《圣经》缺乏系统性的不足，现在开始

⑥ N. M. Häring(ed.), *Expositio in Boecii Librum secundum De Trinitate*, vol. Ⅰ: 7–9, Studies and Texts, 13(Toronto, 1966), 164.

出现了另外一种标准教材与《圣经》一起使用，这就是彼得·隆巴德的《格言大全》。

到12世纪末期，相对于其他学校而言，巴黎大学拥有更多比较著名的神学教师。在那些产生较大影响和多产的神学研究者中，有普瓦捷的彼得（卒于1205年）、克雷莫纳的帕里伯斯提纽斯（卒于1210年）、里尔的艾伦（卒于1202—1203年）、领唱人彼得（卒于1197年），最主要的人物是斯蒂芬·兰顿（卒于1228年）。在巴黎圣母院天主教学校中形成了一个由教师和学生组成的法团组织，随之开始了一场反对主教和教长，争取自治的斗争，结果导致1215年罗马教皇的使节库尔松的罗伯特（卒于1219年）代表教皇第一次正式颁布巴黎大学的章程，确认了教师的权利和特权。⑦教师们在斗争过程中得到了教皇英诺森三世（1160—1216）的支持，但是教师们为了得到教皇的保护，不得不以放弃一部分学术自由为代价。从此之后，教师们继续他们的神学研究时就不能完全保持思想上的独立，而且他们必须要参加教皇和基督教会反对异端的斗争。

然而在这场权力斗争过程中，教师们和基督教会权威双方并不代表完全独立的派别。事实上，在巴黎教授神学的教师常常会在教会中获得一个较高的职位。⑧在上面提到的五位神学研究者中，只有里尔的艾伦没有从事宗教事业。领唱人彼得成为图尔奈地区杰出的主教，普瓦捷的彼得和克雷莫纳的帕里伯斯提纽斯两人成为巴黎的教长，斯蒂芬·兰顿在成为一名
413 红衣主教之后在坎特伯雷大主教的职位上度过余生。教皇英诺森三世和他的使节库尔松的罗伯特一起在巴黎学习过，同时他们又是神学教师。授予巴黎大学第一个章程的行为表明，他们不仅仅是基督教世界的领导人物，而且也是出自大学的学生。

库尔松的罗伯特不但更正了反对教士研究法律和医学的早期禁令，而且鼓励他们研究神学。教皇英诺森三世的继承人霍诺留斯三世（1216—

---

⑦ *CUP*, vol. Ⅰ, 78 - 80, no. 20; G. Post, 'Parisian Masters as a Corporation 1200 - 1246', *Speculum*, 9(1934), 421 - 425; S. C. Ferruolo, 'The Paris Statutes of 1215 Reconsidered', *History of Universities*, 5(1985), 1 - 14.

⑧ J. W. Baldwin, 'Masters at Paris from 1179 to 1215: a Social Perspective', *in Renaissance and Renewal*, 151.

1227年在位),通过禁止在巴黎大学教授罗马法(1219),进一步削弱了法律的研究。虽然人们一直在争论他做出这个决定的动机,但是显而易见的结果是,巴黎大学在神学方面占有优势地位的同时,博洛尼亚大学依然是法律研究学习的中心。⑨教皇对巴黎大学的神学实施控制的另外一条途径就是限制教授职位的数量。在1207年,教皇英诺森三世设定的教授职位最多是8个,但是在1218年教皇霍诺留斯三世对此规定提出了异议,到1230年教授职位数量增加到12个。⑩

捍卫教义纯洁的任务落在了曾经做过教师的人身上:1210—1215年间,库尔松的罗伯特和科贝伊的彼得(卒于1222年)公开发表言论,批评在巴黎教授亚里士多德的自然哲学,而这两个人都是前神学教师。斯蒂芬·腾皮尔(卒于1279年)在1270和1277年也对此进行谴责,他不仅仅是一位教师而且还在此后成为一位教长。

然而直到1228年,才有一位神学教师当上巴黎主教。同年,奥韦涅的威廉(卒于1249年)被教皇格列高利九世(1227—1241年在位)从一位执事提升为主教。这个提升和禁止与巴黎大学教授自然哲学事件碰巧发生在同一时期,很有可能是教皇意识到,在教义出现动摇的时刻提升一位神学研究者担任主教职位是获得优势的一种明智选择,他能够领悟并准确地判断出亚里士多德的物理学与基督教信仰之间的协调一致。

在巴黎大学,神学院一开始就与主教和教长紧密地联系在一起。牛津则不同,它没有主教座堂学校,林肯地区的主教和学者们的联系不是很紧密,也就不能像他的巴黎同僚那样拥有对学者的权力。在1254年之前,教皇没有干涉牛津大学的任何事务。1254年教皇英诺森四世(1243—1254年在位)承认教师们在其真理探求领域享有特权。⑪而巴黎教师早在1215年就确认他们的特权处于教皇保护之下。因此巴黎神学院要对教廷的教义负责,神学教师的教学受到严格监督,如有必要的话,从1210年起,就通

---

⑨ J. W. Baldwin, *Masters, Princes and Merchants. The Social Views of Peter the Chanter and his Circle*, vol. Ⅰ (Princeton, 1970), 86ff.

⑩ *CUP*, vol. Ⅰ, 65, no.5; 85, no. 27.

⑪ 罗马教廷和牛津大学的关系参考 C. H. Lawrence, 'The University in State and Church', in *History of Oxford*, 102–103.

过批评和指责的方式对教学加以修正。相反，牛津在教义方面享有更多的自由，在1277年之前没有发现任何教会干涉牛津大学教学的蛛丝马迹。教皇也没有任何限制牛津神学教授职位数量的企图。

整个14世纪，巴黎和牛津是最重要的神学院。除14世纪初期的几十年之外，巴黎在神学上一直保持着领先地位。1350年之前，两个神学教学中心之间一直相互影响，主要方式是英国学生前往巴黎学习。比较典型的事件是罗伯特·普伦（卒于1146年），第一位著名的英国神学家，他在巴黎大学教学长达5年。另一位著名的神学教师亚历山大·尼卡姆（卒于1217年）也在那里学习过。⑫1193—1204年间英王和法王之间的战争阻止了英国的学生到巴黎学习，神学学习和研究在牛津兴盛了起来。然而，这种趋势在1209—1214年间牛津教师驱散期间被打断了。许多教师到有着深厚神学传统的巴黎去了，但从此次学者迁徙中获得最大利益的教育中心是剑桥，在那里一所新的大学作为分离的结果在1209年建立起来了。

托钵僧与神学院：合作与冲突

直到14世纪，只有巴黎、牛津和剑桥有权授予神学学位，但是神学决不仅仅只在这些大学中得以教授。托钵修会的“学馆”是这些大学最重要的替代机构，它们主要在意大利以及德国、法国之间，充当国际性神学院的角色。

多明我会的传教牧师、方济各会修士，从13世纪中期开始还加上加尔默罗会修士以及奥斯汀的修士都是托钵僧。他们不是一定要呆在修道院中，而是居住在能够促使他们致力于研究学习的市镇里。所有托钵僧以类似的方式安排他们的学习，在某种程度上传教牧师为这种学习组织提供了一种模式。⑬

多明我会成立于1216年，主要是为了同异端邪说作斗争，宣扬正统教义，研究学习达到这种目的的最重要途径。它最早的章程规定，每一所修

---

⑫ R.W. Southern, 'From Schools to University', in *History of Oxford*, 6-7.

⑬ 多明我会的教育制度参考：W.A.Hinnebusch, *The History of the Dominican Order*, vol. Ⅱ (New York, 1973).

道院都应该有自己的教师,并要求这些教师必须经过四年的神学学习,这条规定把每一所修道院都变成了学校。[14]除修道院学校之外还有教区学校,最高级别的教学是在"大学馆"中进行,多明我会的机构面向所有地区的学生开放。

修士们在巴黎、牛津和剑桥建立学校,在那儿他们不仅能够从当地大学的神学院中获益,而且能够为修会招募教师和学生。除英格兰的加尔默罗修会之外,每一个托钵僧修会,在这些大学城中都有一个"大学馆"。但是如果认为修会学校是独立于大学神学院的,那就错了。事实上,最早两位在巴黎的多明我会学馆圣雅克[15]教授神学的教师都是世俗人士:圣阿尔邦的约翰在修士的支持者霍诺留斯三世的要求下于1220年左右开始教学。他在1225年左右被圣吉尔斯的约翰(盛名于1230—1235年)所接替。

圣雅克的教师能明显感觉到他们的地位完全不同于大学教师的地位,例如,巴黎大学的教师在1229年离开大学进行罢教的时候,圣吉尔斯的约翰拒绝加入他们的行列。多明我会修士克雷莫纳的罗兰(卒于约1259年)甚至在这次大驱逐两个月之后就"就职"为一位教师,由此成为圣雅克神学方面的第一位多明我会教师。有可能圣吉尔斯的约翰感觉到他的地位有点儿尴尬,于是在1230年进行了一场布道活动,以一种特别的方式加入了修会。另一方面,所有的多明我会教师都自动属于大学教师社团组织。1230年,该校的12个神学教授职位中有2个由传教牧师担任。这种合作也扩展到学生中,因为非多明我会的学生也能参加圣雅克举办的讲座。

巴黎的多明我会和方济各会的学校从驱逐世俗教师的事件中获益匪浅,而且对大学也产生了一定影响。小兄弟会即方济各会[16]的学校因赫尔斯的亚历山大改宗一举成名。赫尔斯的亚历山大是一位著名的大学教师,他在方济各会的教席由他的学生,拉罗谢尔的约翰、奥多·里戈(卒于1275年)、梅利顿的威廉(卒于约1257—1260年间)、圣·博纳旺蒂尔(又称费登

---

⑭ M.W. Sheehan, 'The Religious Orders 1220 - 1370', in *History of Oxford*, 198.

⑮ 在巴黎的多明我会学校参考:Hinnebusch, *History*(注释13), 37 - 39; J. A. Weisheipl, *Friar Thomas d'Aquino, His Life, Thought and Works*(Oxford,1974), 54 - 67.

⑯ 论及巴黎方济各会的学馆参考:J. Moorman, *A History of the Franciscan Order*(Oxford, 1968), 131 - 133.

萨的约翰,卒于 1274 年)继承,他们都是优秀的学者。在牛津,[17]当罗伯特·培根(卒于 1248 年),一位世俗教师,于 1229—1230 年间加入多明我会时,传教牧师才有了他们的第一位教师,由此多明我会的学校被并入了大学。方济各会也遵循了这种模式,只不过他们的教师是罗伯特·格罗斯泰
416 特(卒于 1253 年)。罗伯特·格罗斯泰特也许是 1230—1235 年间在托钵修会讲学的所有世俗教师中最重要的一位。[18]而且,有三个世俗教师继承了罗伯特·格罗斯泰特的事业,直到 1247 年这所学校才有了方济各会本派的教师。就这样,在巴黎和牛津,大学给修会学校提供了首批教师。但是不久之后,修士们就开始从本修会的成员中招募教师。他们不仅仅等同于世俗教师,而且培养出了杰出的神学家,这些神学家又吸引着年轻学生加入修会。

13 世纪中期,巴黎和牛津的世俗教师反对托钵僧的特权地位。由于教皇教令的支持,1255 年巴黎的修士们获得了暂时的胜利。1269—1271 年间,多明我会的托马斯·阿奎那(卒于 1274 年)和世俗学者阿布维尔的热拉尔(卒于 1272 年),在巴黎大学的课堂上就那些引起争议的问题展开了辩论。争议的主题之一是青少年加入修会的问题:世俗学者担心招收的新信徒都是文学院的年轻学生。其他争论,例如福音所宣扬的贫穷和精神完美的作用等,对大学的生活没有直接的影响。[19]

如同巴黎大学一样,同一时期在牛津也发生了一场论战,但是论战的内容却与巴黎大学迥然不同。[20]修士们所在的宗教教团不允许他们在文学

---

⑰ 关于牛津的托钵僧学校参考:Sheehan,'Religious orders'(注释 14),193 - 224;J. I. Catto,'Theology and Theologians 1220 - 1320',in *History of Oxford*,471 - 517;W. J. Courtenay,*Schools and Scholars in Fourteenth-Century England*(Princeton,1987),56 - 77.

⑱ 关于牛津的罗伯特·格罗斯泰特和少数派参考:A. G. Little,'The Franciscan School at Oxford in the Thirteenth Century',*Archivum Franciscanum Historicum*,19(1926),803 - 874;D. Knowles,*The Religious Orders in England*,vol. Ⅰ(Cambridge,1948),205 - 216;Sheehan,'Religious Orders'(注释 14),197 - 198;R. W. Southern,*Robert Grosseteste:the Growth of an English Mind in Medieval Europe*(Oxford/New York,1986).

⑲ 关于巴黎大学的论战参考:Rashdall,*Universities*,vol. Ⅰ,370 - 397;Weisheipl,*Friar Thomas d'Aquino*(注释 15),80 - 92,263 - 272;M. M. Dufeil,*Guillaume de Saint-Amour et la polémique universitaire Parisienne 1250 - 1259*(Paris,1972).

⑳ 牛津相反的情况参考:Rashdall,*Universities*,vol. Ⅲ,70 - 74;Sheehan,'Religious Orders'(注释 14),204 - 208.

院研究学习，在 1253 年大学做出决定：要成为一位神学教师，首先必须是一位文科的教师。这种方式非常有效阻止了修士们仅从神学学科毕业。对于任何一位教师候选人来说，如果他不能够在文科方面获得学位，那么也就不会给他任何恩惠。非常有趣的是，这项决定做出时，恰逢方济各会的学校不再需要世俗教师，他们的教学活动持续到 1247 年，此时方济各会建成了一所他们自己的学校，以与世俗教师的教学相抗衡。所以，这项决定是由一名方济各会申请神学学位的候选人，约克的托马斯（卒于约 1260 年）引起的，对此，无须感到奇怪。方济各会站在自己的立场上，在 1279 和 1292 年的全体修士会上做出决定，在方济各会的学校中不允许世俗学生参加哲学讲座，这进一步扩大了它们与大学之间的鸿沟。[21]

1311 和 1314 年，当传教牧师向教皇求助，抱怨世俗教师以不同的方 417
式威胁着他们的神学教学活动时，这场斗争进一步加剧了。正如在巴黎，大学教师反对修士们在年轻学生中招收信徒一样。1365 年，大学教师试图阻止修士们接收 18 岁以下的青少年，但结果却是徒劳的。

在蒙彼利埃和博洛尼亚那样的大学里，修士们的"大学馆"在得到正式认可之前的很长一段时期，承担的是大学神学院的功能。在爱尔福特和科隆，在大学建立之前 100 多年，已经有一些重要的修会"大学馆"存在了。在意大利的那不勒斯、佛罗伦萨、比萨、博洛尼亚、帕多瓦、佩鲁贾和其他的城镇中，修士们实际上垄断着当地的神学教学。由于他们具有巨大的流动性，修士们在各式各样的"学馆"和大学之间的交流方面起着非常重要的作用。

课程

对于巴黎大学神学院学习的组织情况，仅仅只保留下来很少一部分原始资料。[22]仅存的一些 13 世纪的章程（1215），只记录了神学研究者的只言

[21] M. Biehl, 'Documenta-Statuta generalia ordinis edita in capitulis generalibus celebratis Narbonae...', *Archivum Franciscanum Historicum*, 34 (1941), 76.

[22] 综合性总结成果最权威的仍然是 P. Glorieux, 'L'enseignement au Moyen Age. Techniques et méthodes en usage à la Faculté de théologie de Paris au XIIIe siècle', *Archives d'histoire doctrinale et littéraire du Moyen Age*, 43(1968), 65-186.

片语。之后幸存下来的1335—1387年间发布的章程集中的那些汇编资料则反映了已经存在的实际情形。在1389年之后不久,又汇编了一部包含更多内容的章程集,其中一部分重复了以前的旧法规,除此之外还增加了一些在任何已有的早期资料中没有发现过的新内容。㉓但是,与巴黎大学神学院直接相关的贫乏的信息资料,可以参考其他大学的一些章程资料来加以补充,如博洛尼亚大学的章程(1364)、㉔图卢兹大学的章程(1366)、㉕海德堡大学的章程(1386)、㉖维也纳大学的章程(1389)㉗和科隆大学的章程(1393)。㉘这些大学神学院的建立都模仿了巴黎大学的神学院,它们的章程——有时候这些章程比它们的“母大学”规定的更详细和系统——对某些教学实践活动有着更详尽的描述和说明,而这些活动在巴黎人的文件中只是简单地提及或者间接地涉及到。

前文提及牛津大学在1253年所作的决定:一个人只有担任过文科的
418 教师,才有可能成为一位神学教师。这在世俗教师和托钵僧之间诱发了一场斗争冲突,或者说是斗争冲突的征兆。在巴黎大学的章程中就没有提到有这么一条规定,原因可能是教皇支持巴黎的宗教教团。㉙

神学教材只有《圣经》和彼得·隆巴德的《格言大全》。另一方面,1228年多明我会的章程规定,那些被送往大学馆学习的学生每人至少应该随身携带3本神学方面的书籍:彼得·科曼斯特的《神学历史》、《格言大全》和一

㉓ *CUP*, vol. Ⅰ, 78 - 80, no. 20; vol. Ⅱ, 691 - 693, no. 1188; vol. Ⅱ, 697 - 703, no. 1189; vol. Ⅲ, 143 - 144, no. 1319; vol. Ⅲ, 441 - 442, no. 1534.

㉔ F. Ehrle, *I più antichi statuti della facoltà teologica dell'università di Bologna* (Bologna, 1932).

㉕ Fournier(ed.), *Statuts*, vol. Ⅰ, 611 - 617, no. 670.

㉖ E. Winkelmann, *Urkundenbuch der Universität Heidelberg*, vol. Ⅰ (Heidelberg, 1886), 20 - 23, no. 20.

㉗ R. Kink, *Geschichte der Universität Wien*, vol. Ⅱ (Vienna, 1854), 93 - 127.

㉘ F. I. von Bianco, *Die alte Universität Köln und die späteren Gelehrten-Schulen dieser Stadt* (Cologne, 1855), 参考 Kölner Universitätsgeschichte, vol. Ⅰ: E. Meuthen, Die Alte Universität, (Cologne, 1988), 141 - 149.

㉙ 根据 W. J. Courtenay, 'The Bible in the Fourteenth Century: Some Observations', *Church History*, 54(1985), 181. 宗教教团成员的地位在巴黎大学进一步得到加强,这通过教皇对巴黎大学的影响力能够加以说明,教皇明显偏袒宗教教团。

本《圣经》注解本。[30]在他们自己讲课之前,每一位学生必须要听讲《圣经》和《格言大全》这两门科目达到规定的年限(在巴黎从5年到7年不等)。这种被动型的听授期结束之后,学生们开始作为一名讲授者讲解《圣经》的《旧约全书》和《新约全书》。此后,学生作为一名圣经或基本教义学士,在两年时间内举行一系列较高级的讲座讲解《圣经》。在讲授《格言大全》之前,学士们必须作为答辩方参与一场辩论。[31]巴黎大学1387和1389年的章程宣布,每一位毕业班的学生可以请求以答辩来代替所要求的《圣经》的两门科目的学习。这表明了在那个时候,富有思辨性的神学已经超过了对《圣经》本身的研究学习,而这种思辨性的神学发源于上述的辩论活动。[32]

那些被允许讲授《格言大全》的成员被称为格言学士(*baccalarii Sententiarii*)。而且要求举行一种仪式来开始他们的讲座——如博洛尼亚大学章程规定——整个学院全体出席。举行仪式的学士,公开承诺信奉正统神学,宣称他本人将不会拥护任何反对教会教学的行为,接着就开始一场简短的布道。作为一名格言学士,他不仅仅肩负宣扬教义的责任,而且对于教义也要有高水平的独到见解。博洛尼亚大学章程解释道:那些讲授《格言大全》的学士有时候会批判其他学士的陈述,但是即使在那种白热化的辩论中使用这样的攻击方式,他们也不会显示出任何非正统的内容,即使出现了那种情况他们也会立刻退回来。然而,不允许学士对教师的教学提出质疑。

学士完成《格言大全》的讲座后,就成为一名合成学士(*baccalarius formatus*),这个阶段是4年,一个时期后(1389)减少为3年。在这段时间内,要求他本人参加神学院举办的活动,并参与一次集会、一次教师就职辩论、一次在索邦学舍举行的辩论和一次在大斋期举办的辩论,问题可以由任何人提出,主题不限。[33]神学院的教学方法不仅仅包括讲座和辩论,而且有布道说教。布道说教是学生活动的顶点,允许对全体成员进行布道活动 419

---

[30] *CUP*, vol. Ⅰ, 112, no. 57.

[31] Bazàn, 'Questions disputées' (注释 4), 54.

[32] 参考约翰·热尔松(John Gerson)在14世纪90年代对回归《圣经》研究学习的呼吁;B. Smalley, 'The Bible in the Medieval Schools', in G. W. Lampe(ed.), *The Cambridge History of the Bible*, vol. Ⅱ (Cambridge, 1969), 208.

[33] 对于不同种类和风格辩论活动参考:Bazàn, 'Questions disputées' (注释 4).

的人必须是一位合成学士。

训练期结束之后（世俗人士是16年，1335年对于巴黎的修士是13年，1389年分别是14年和12年），学士要为获取许可证和硕士学位作最后的准备。硕士毕业的最小年龄是35岁，在维也纳大学和科隆大学是30岁。任何持有许可证的人都必须加入修会。博洛尼亚大学章程规定，新教师开始教学之前必须公开宣誓：首先，他要宣誓效忠于教皇、服从教皇；其次，他要发誓在学院中捍卫正统神学。虽然教师必须要授课、主持辩论、进行布道，但是巴黎的章程对于他们讲座的内容以及进行辩论和布道的次数却没有规定。博洛尼亚大学的章程再一次帮助揭示了详细情况：教师主持辩论活动的次数取决于参与学生的人数，那些学生参加辩论活动是为了满足申请神学学位所需的要求。

在牛津大学，1313年编制的章程显得非常简明扼要。[34]当已是文科硕士的那些世俗学生们，在听授7年神学之后，开始准备讲授《格言大全》。那些缺少文科学位的人（托钵僧）必须要在文学院学习8年哲学，并听授神学9年，之后才能讲授《格言大全》。

从整体上来看，牛津紧随着巴黎，开设同样的课程，其中一个重要的分歧就是牛津的学生在开始讲授《圣经》之前就开始讲授《格言大全》。[35]然而，有可能是牛津在紧随巴黎的时候一开始就是把《圣经》讲座放在《格言大全》之前的，直到1311—1314年间，在以教长和世俗教师为一方，以传教牧师为另一方的双方之间，发生了一场激烈的斗争冲突后，学习的顺序才发生了改变。在这个时候，在牛津出现了一个强大的反多明我会的派别，
420 它宣称只有那些讲授过《格言大全》的人才有资格讲授《圣经》。[36]多明我会对此的答复是，这是不合理的。因为正常的学习顺序是从解释《圣经》开

㉞ S. Gibson (ed.), *Statuta antiqua universitatis Oxoniensis* (Oxford, 1931), 48–53. 有关法规条例的日期参考：G. Pollard, 'The Oxford Statute Book of the University', *Bodleian Library Record*, 8 (1967–1972), 69–91.

㉟ A. G. Little and F. Pelster, *Oxford Theology and Theologians c. AD 1282–1302*, Publications of Oxford Historical Society, 96 (Oxford, 1934), 26, n. 3; Smalley, *Study* (注释 2), 276 n. 2; Courtenay, *Schools and Scholars* (注释 17), 43.

㊱ H. Rashdall, 'The Friar Preachers versus the University', in M. Burrows (ed.), *Collectanea*, 2nd series, vol. XVI (Oxford, 1890), 223.

始,然后才可以探讨《格言大全》讲座中那些较高水平的疑难问题。他们也宣称这种顺序的改变将会阻止那些有能力讲授《圣经》的人,而不是那些有能力讲授《格言大全》的人进行研究和学习,而且牛津应该紧随着巴黎的实践,在学习《格言大全》之前,开设两个系列的《圣经》讲座。[37]

情况似乎是多明我会的修士们对花一年的时间在纯思辨性的神学上没有多少动力,他们为了履行其布道的目的必须要学习《圣经》。另一方面,世俗的神学研究者基本上没有为那些牧师布道的因素所打动。在这场利益之争中(这只是当时众多的利益冲突之一),教长和教师们是获胜的一方,结果再一次证明牛津的修士们并不像他们那些在巴黎的同行们那样处于一个不受挑战的位置。

最后需要指出的是,神学院中不同的教学方法——讲座、辩论、布道说教——产生了不同风格的神学作品:圣经注解、《格言大全》注解、辩论问题以及道德启示。[38]

巴黎和牛津的神学与哲学

在13世纪,巴黎的神学家们不能够忽视亚里士多德的著作和他的那些阿拉伯注释者的作品,从12世纪的第二个25年开始,这些作品陆续被翻译成拉丁文。亚里士多德的自然哲学对基督教创世神学发起了挑战,但亚里士多德对科学的定义至少在某种程度上能应用于神学。

1210年,基督教会在巴黎查禁了亚里士多德的《自然论》,这是两种世界观之间第一次正式的碰撞,但指责基本上是指向贝内的阿马尔里克(卒

---

[37] Rashdall, 'Friar preachers'(注释36), 218.

[38] 教师的目录清单和13世纪以来的评注目录参考: C. Spicq, *Esquisse d'une histoire de l'exégèse latine au Moyen Age*(Paris, 1944). 评注作品目录的保留清单参考: F. Stegmüller, *Repertorium biblicum medii aevi*, vols. Ⅰ－Ⅶ (Madrid, 1949－1961). 有关《格言大全》目录的保留清单参考: F. Stegmüller, *Repertorium Commentariorum in Sententias Petri Lombardi* (Würzburg, 1947);对这部经典作品加以补充的是 V. Doucet, *Archivum Franciscanum Historicum* 47(1954), 88－170,和 J. Van Dyk, *Franciscan Studies*, 39(1979), 255－315. 关于有争议的比较混杂的问题参考: Bazàn, 'Questions disputées'(注释4). 关于大学道德启示参考: J. B. Schneyer, *Repertorium der lateinischen Sermones des Mittelalters für die Zeit von 1150－1350*, Beiträge zur Geschichte der Philosophie und Theologie des Mittelalters, 43:6(Münster, 1975).

于约 1207 年)及其追随者所宣扬的异端邪说泛神论,反对迪南的戴维(卒
421 于 1206—1210 年之间)的教学,因为戴维非常熟悉亚里士多德的自然哲学学说。就在焚毁戴维著作的命令发布之后,紧接着教会又颁布文件,禁止公开或者私下讲授亚里士多德的自然哲学著作及其评注。[39]这一时期后,文献记载宣判了 9 个异教徒,他们是阿马尔里克的忠实追随者,文件言词激烈,结尾是"我们知道,由于这些人的过错,即使对于一些博学的人来说,许多书籍也受到禁阅"。[40]在 1215 年章程中,对亚里士多德的形而上学和自然哲学著作的禁令,依然与戴维的教学以及阿马尔里克联系在一起。[41]

只有 1228 年的一份文件,记载了限制研究学习自然哲学这个单一的目的。这出现在一封教皇格列高利九世发出的信中,信中雄辩有力地给出了一份精心策划起草的官方文件,为未来的发展提供指导方针。矛头直接指向神学摄政教师,这一事实表明,初期的禁令不是很有效,亚里士多德的自然哲学甚至渗透到神学院中。教皇格列高利九世控诉神学被哲学控制,而哲学应该是神学谦恭的奴仆才对,指责哲学理论玷污了神学。他说,神学研究者应该摆脱教父们制定的利用哲学来研究学习《圣经》这一要求的限制和束缚。试图以自然理性来支持信仰,只会削弱信仰,自然因为认识才信,而信仰是因为信才能认识。最后,教皇要求教师教授纯粹的神学,不掺杂任何能引起变化的世俗自然科学因素。[42]这种强迫性的劝告表明,如果没有其他情况,自然哲学学说甚至在 1210 年和 1215 年之后也依然被那些神学研究者使用。教皇的这封信给神学研究者留下的深刻印象也许可以从多明我会在巴黎的第一位教师克雷莫纳的罗兰(1229—1230 年间)的一段评论中得到反映,他说有关外部意义的那种微妙的争议是属于哲学家的事,对此神学研究学习者必需要避开,免得被称之为内科医生。[43]

---

[39] *CUP*, vol. Ⅰ, 70, no.11.

[40] *CUP*, vol. Ⅰ, 71 - 72, no. 12.

[41] *CUP*, vol. Ⅰ, 78 - 80, no. 20.

[42] *CUP*, vol. Ⅰ, 114 - 116, no. 59.

[43] D.A.Callus, 'The Function of the Philosopher in Thirteenth-century Oxford', in P. Wilpert(ed.), *Beiträge zur Berufsbewusstsein des mittelalterlichen Menschen*, Miscellanea Mediaevalia, 3(Berlin, 1964), 157 - 158.

教皇的担忧在许多神学研究者中引起了共鸣。欧塞尔的威廉(卒于1231年),是巴黎大学第一位使用亚里士多德《自然论》的神学家,1220年之前他在其作品《圣徒简论》中公开声明,信仰信条是不能够借助于人类理性来证明的。[44]这说明了不是亚里士多德《自然论》本身引起了人们的争议,而是它在神学中的使用,甚至是滥用造成了这些问题。

在1229年的斗争中,那些罢课的教师离开了巴黎,亨利三世就邀请这些教师到英格兰,他们可以在英格兰的任何地方从事教学活动。[45]在那儿对亚里士多德《自然论》没有任何限制,图卢兹大学的一封邀请信公开说,任何一位希望去深入探索自然智慧的人都可以聆听在巴黎已被禁止的亚里士多德《自然论》的讲座。[46]不管奥韦涅的威廉的期望是什么,格列高利九世明显地受到挫折,在1229年的一封信中,教皇谴责巴黎这位主教制造了分裂并导致教师离开巴黎。[47]在1231年教皇的教谕《知识之父》中,他确认了1215年授予教师的特权,并且重申了对《自然论》的禁令,但是语气比较缓和:"直到他们经过考验,经过对每一种错误怀疑的洗礼之后。"他也重申了1228年对神学研究学习者的告诫,不要把自己当做哲学家四处招摇,而是要讨论和争论那些借助神学经典书籍以及教父们的作品就可以得到解决的问题。[48]一个星期之后,格列高利九世宽恕了那些教师和学者,他们曾因为使用《自然论》而遭到指控,[49]几乎与此同时,教皇任命了一个神学委员会,欧塞尔的威廉就是其中的一名委员,这个神学委员会的目的和任务就是审查受到怀疑的书籍,并且指出其中的错误。[50]这种审查措施从来没有实施过,原因可能是神学委员会当年成立不久后威廉就去世了。 422

关于在神学中使用亚里士多德自然哲学学说的争论,在巴黎大学一系

[44] J. Ribaillier(ed.), *Magistri Guillelmi Altissiodorensis Summa Aurea*, *Liber Primus*, Spicilegium Bonaventurianum, 16(Paris/Grottaferrata, 1980), 15.

[45] *CUP*, vol. Ⅰ, 119, no. 64.

[46] *CUP*, vol. Ⅰ, 129, no. 72.

[47] 见 p. 413 和 *CUP*, vol. Ⅰ, 125-127, no. 69.

[48] *CUP*, vol. Ⅰ, 136-139, no. 79.

[49] *CUP*, vol. Ⅰ, 143, no. 86.

[50] *CUP*, vol. Ⅰ, 143-144, 87.

列的布道集会上得到了反映。[51]这些布道活动发生在1231年的元月,多明我会的教师圣吉尔斯的约翰尖锐地批评那些宁可选择在大学中度过漫长职业生涯,却不愿做更丰富多彩的工作的人:"当他们走进神学的时候,他们几乎没有向他们的科学告别(即哲学),这一点在某些人身上表现得非常明显,他们在神学研究学习中不能抛开亚里士多德,他们总是把烂铜,也就是那些哲学的问题和观点捡起来,而扔掉了珍贵的黄金。"[52]多明我会的另一位教师在另一次布道集会上抱怨那些在神学中使用哲学语言的人:"研究形而上学的人却总是谈论神学方面的知识内容。"[53]

在13世纪30年代,一些神学家,像教长菲利普(卒于1236年)、奥韦涅的威廉、克雷莫纳的罗兰在他们的著作里引用亚里士多德的学说,但是都是在奥古斯丁的框架之内。直到13世纪40年代,经过阿维森纳(卒于1037年)、阿威罗伊(卒于1198年)的评注解释以及阿拉伯的形而上学,亚里士多德的学说才渗透到神学之中。1247年,教皇的使节沙特奥若克的奥多(卒于1273年)放逐了文科的教师约翰·布里斯坎,因为他教授了错误
423 的知识内容,把逻辑和神学混合了起来。教皇的使节对在一场辩论中,逻辑学家以一种神学家的姿态和方式进行辩论,而神学家们却以一种哲学家的姿态和方式进行辩论,感到很不满。他总结道,教师们应该安分于教父们设立的科学(sciences)与学院(faculties)之间的古老限制。[54]

在那一年(1247年),阿尔贝图斯·马格努斯(卒于1280年)担任了一个多明我会的教职。第二年,也就是1248年,当科隆成立"大学馆"之时,他开始实施一项计划,即对所有已知的亚里士多德的著作进行评注,目的是让拉丁语读者能利用它们。阿尔贝图斯·马格努斯认为,基督教教会的教父们是神学方面的权威,亚里士多德是自然哲学方面的权威,但是如果认为亚里士多德在自然哲学方面没有错误那也是不对的。通过区分神学和哲学的不同适用范围,阿尔贝图斯·马格努斯提出世俗科学的自治,不再

---

[51] M.-M. Davy, *Les Sermons universitaires parisiens de 1230 – 1231. Contribution à l'histoire de la prédication médiévale* (Paris,1931).

[52] Davy, *Sermons*,(注释 51), 292.

[53] Davy, *Sermons*,(注释 51), 341.

[54] *CUP*, vol. Ⅰ, 206 – 208, no.176.

把世俗科学看做仅是神学王后的奴婢。另一方面，阿尔贝图斯·马格努斯不赞成用极端做法（例如教皇的使节奥多写的信）反对在神学中使用哲学的观点，这种做法来自于人类本身的无知，就如同没有理性的动物亵渎了事物，而自身却对此一无所知一样。[55]

另外一个企图澄清神学和哲学之间关系的人是托马斯·阿奎那，他以一种新的方式来界定神学，以便把神学和亚里士多德的科学观念揉和统一起来。自从赫尔斯的亚历山大在他自己对彼得·隆巴德的《格言大全》评注的序言中关注神学的知识地位问题之后，每一个人在自己对彼得·隆巴德的《格言大全》做出评议和注解的时候，都必须要考虑一个问题：神学究竟是否是一门科学。通过把神学定义为一门科学，一门从亚里士多德派的观点出发的科学（即使它并不完全符合一门科学的所有规定条件），托马斯·阿奎那突破了传统并与传统断绝开来，这是自从圣·奥古斯丁把圣经解释学或者说神学定义为智慧以来从未发生过的变化。如同其他的科学学科有着自己的原则一样，托马斯·阿奎那宣称，神学也有其自身的信条。[56]通过把神学和哲学的不同分支当做不同的科学学科，哲学获得了完全的自治。[57]一方面，把神学定义为一门科学加强了其权威性：假如一本神学知识大全中的所有知识都是从信条中推导出来的，或者至少与信条一致，那么其教义不仅仅是正统的，而且从科学意义上来看也是正确无疑的。另一方
面，把哲学从神学中解放出来，使得在文学院进行的仅仅依据科学原理的 424
推理成为了可能，即使得出的结论不符合正统观点。

确切地说，发生在13世纪60年代后期的事情是，那时的许多教师，像布拉班特的西热（卒于约1284年）以及达西亚的波依休斯（卒于约1284年）都受到阿威罗伊的一部关于亚里士多德学说读物的影响，他们得出的

---

[55] Albertus Magnus, *De somno et vigilia*, ed. S. C. A. Borgnet, Opera Omnia, 9 (Paris, 1890); E. A. Synan, 'Albertus Magnus and the Sciences', in J. A. Weisheipl (ed.), *Albertus Magnus and the Sciences. Commemorative Essays 1980* (Toronto, 1980), 10 – 11; M.-D. Chenu, *La Théologie comme science au XIII siècle* (Paris, 1957), 29 n. 4.

[56] Chenu, *Théologie comme science*（注释 55）, 64 – 71.

[57] J. Pinborg, 'Diskussionen um die Wissenschaftstheorie an der Artistenfakultät', in P. Wilpert (ed.), *Die Auseinandersetzungen an der Pariser Universität im XIII. Jahrhundert*, Miscellanea Mediaevalia, 10 (Berlin, 1976), 240.

结论从哲学方面来看是可以接受的,但是却违背了基督教信仰,也即违背了:世界是永恒的;人世间发生的事情受到天体运动的影响;仅仅只有一种人类思维能力;没有自由意志或者自由选择;灵魂被肉体所毁坏,灵魂不能承受惩罚。这些结论在1270年被巴黎主教,斯蒂芬·腾皮尔在其13条条款中加以诅咒和抨击。[58]

因此,文学院的成员们意识到,科学自治并不等同于宗教自由。1272年,"逻辑和自然科学"的教师联合发布的文献声明:他们学院的成员不能讨论纯神学范畴的问题,例如三位一体或者神灵化身。假如一个问题既涉及到信仰又涉及到哲学,就应该依据信仰来裁决。如果教师讲授的一篇深奥文章或一个有争议的问题中看起来有与信仰相矛盾的论点,他应该宣布它们完全错误,或停止阅读那篇文章,或引用争议的出处。[59]直到15世纪,文学院的教师在开始教学之前必须宣誓遵守这些章程。14世纪巴黎大学文学院的教师约翰·比里当(卒于1358年)受到一些神学研究者的指控,理由是他讨论神学问题。约翰·比里当抱怨说,他不可能解决那些与信仰发生冲突矛盾的有问题的论点,除非允许他制造出问题。[60]

在巴黎,这种猜疑的气氛似乎变得越来越浓,因为1276年的一份章程中,教师们做出了如下决定,由于在秘密的集会上已经讲授过那些受到谴责的教义,因此再不允许任何人私下里举办讲座,但文法和逻辑学例外,因为这两门学科不可能出现颠覆性的教学内容。其他所有的讲座必须在公开场所举行,人人可以对所讲授的内容如实地做出评价报告。[61]尽管有这种预防措施,然而仅仅4个月之后,教皇约翰二十一世(1276—1277,这位教皇曾经在巴黎大学接受过文科教育,而且是《逻辑学》一书的作者,这部著作后来成为本学科的标准教材)就写信给巴黎主教斯蒂芬·腾皮尔,质询他有人报告在巴黎有再次出现某些错误的倾向,要求主教对这些错误做出调查,它们是谁教的?在哪儿教的?[62]主教所做的远远超过了教皇的要求。

---

[58] *CUP*, vol. Ⅰ, 486 - 487, no.432.

[59] *CUP*, vol. Ⅰ, 499 - 500, no. 441; P. Wilpert, 'Boethius von Dacien-die Autonomie der Philosophen', in Wilpert(ed.), *Beiträge*(注释 43), 136 - 137.

[60] E. Grant, *A Source Book in Medieval Science*, (Cambridge, Mass., 1974), 50 - 51.

[61] *CUP*, vol. Ⅰ, 538 - 539, no.468.

[62] *CUP*, vol. Ⅰ, 541 - 542, no. 471.

1277年3月7日，主教发布了一张清单，上面列有219个指控。[63]他宣布，这些错误是由文学院的成员造成的，他们已经超过了对学院的限制性规定。主教指控他们依据哲学而不是依据信仰讨论问题，宛如出现了两个互相对立的真理。不管怎样，西热以及波依休斯至少被历史学家当做腾皮尔主教攻击的两个目标，近来学界已经分析得很清楚，主教控告他们的是坚持一种“双重真理论”。[64]

219条指控由一个委员会起草，这个委员会由16位神学家组成[其中根特的亨利(卒于1293年)是一位新奥古斯丁信徒]。他们在一个月时间内集中精力搜集调查资料，主要是讲座课程安排表中的条文或者教师们发布文献的残片。结果就是把这些指控汇总到一起，很明显，这些汇总资料没有任何系统性可言，这受到巴黎主教的责备。甚至同时代的神学家，例如方丹的戈弗雷(卒于约1306年)和罗马的吉尔斯(卒于1316年)，也认为有时候主教的谴责前后不一致，而且那些被诅咒的论点或观点中有一部分事实上完全是正统的教义。[65]

这些被指控的文献内容重复了1270年的材料，其中许多内容反映出亚里士多德学说对自然的阐释限制了上帝的权力和人的自由意志。[66]其中许多文章直接指向神学自身，[67]而有一些文章则否认神学是一门科学，因为确信只产生于自身的已知原则，而不会源于权威。[68]文学院中持这种观点的人明显是反对托马斯·阿奎那给予神学科学地位的做法。另一方面，托马斯·阿奎那的一些教义也变成了指控的目标，这表明主教的行动不是

---

[63] *CUP*, vol. Ⅰ, 543 - 558, no. 473; R. Hissette, *Enquête sur les 219 articles condamnés à Paris le 7 mars 1277* (Louvain/Paris, 1977).

[64] F. Van Steenberghen, *Introduction à l' étude de la philosophie médiévale*, Philosophes médiévaux, 18(Louvain,1974), 557 - 563; Wilpert, ‘Boethius von Dacien’(注释 59), 149 - 152.

[65] J.F. Wippel , ‘The Condemnations of 1270 and 1277 at Paris’, *Journal of Medieval and Renaissance Studies*, 7(1977), 195 - 196.

[66] P.Duhem, *Le Système du monde*. *Histoire des doctrines cosmologiques de Platon à Copernic*, vol. Ⅵ (Paris, 1954),20 - 69; vol. Ⅷ (Paris, 1958),7 - 120; E. Grant, ‘The Condemnation of 1277, God's Absolute Power, and Physical Thought in the Late Middle Ages’, *Viator*, 10(1979), 211 - 244.

[67] *CUP*, vol. Ⅰ, 543 - 558, no. 473, arts. 152, 153, 175.

[68] *CUP*, vol. Ⅰ, 543 - 558, no. 473, arts. 37, 150, 151.

只针对文学院的成员，而是保守主义的一次反对的表现，是新奥古斯丁神学家对激进的亚里士多德主义者的反对，而不论它发生在文学院中还是神学家内部。[69]

因此，这种界限的划分并不是存在于文学院和神学院之间，而是存在于这两类学院的保守派和激进派之间。这也表明了文学院 1272 年的章程
426 是保守主义多数派的杰作，他们是布拉班特的西热所属的激进派团体的对手。导致 1277 年大指控的那场争论关注的基本上是哲学和神学共同的领域，在其中理性的对象也就是信仰的对象。两类学院中的激进派都主张，哲学应该探索所有能通过理性获得的事实——“理性”——和信仰、信条无关。保守派坚持认为，信仰启示真理，真理也是哲学的探索对象，哲学家们在对问题做出决定的时候应该与信仰保持协调一致，而不是避开信仰问题。[70]

在亚里士多德学说走进神学到大指控(1240—1270)的几十年间，神学活动比较多地集中在理性与信仰之间的关系探讨上。这促进和养成了人们对形而上学方面的兴趣爱好，这种兴趣爱好成为亚里士多德哲学与基督教天启学说之间的一座桥梁。[71]发展的结果就是阿尔贝图斯·马格努斯、博纳旺蒂尔车和托马斯·阿奎那的神学学说的大综合。

第一位在神学中应用自然哲学的英格兰神学家是亚历山大·尼卡姆，1200 年前的几年，他在牛津讲授神学。[72]这是牛津将《圣经》与科学学习交织在一起这一悠久传统的开端。在 13 世纪 20 年代后期，罗伯特·格罗斯泰特在他的哲学论著《论光明》中，综合了《圣经·旧约》的第一卷《创世纪》、亚里士多德的《神圣论》和阿拉伯世界的新柏拉图主义。在这部哲学著作中，实在之基础被认为是数学，上帝被描绘成为一位富有创造力的数学

---

[69] Wippel, ‘Condemnations’ (注释 65), 184.

[70] Wilpert, ‘Boethius von Dacien’(注释 59),139.

[71] E. A. Moody, ‘Empiricism and Metaphysics in Medieval Philosophy’, in E. A. Moody, *Studies in Medieval Philosophy, Science, and Logic* (*Collected Papers 1933 – 1969*) (Berkeley, 1975), 287 – 304.

[72] R. W. Hunt, *The Schools and the Cloister. The Life and Writings of Alexander Nequam (1157 – 1216)*, ed. M. Gibson (Oxford, 1984).

家。[73]也有其他的例子反映出神学和哲学之间的和谐关系，例如在多明我会的辛顿的西蒙(盛名于1250—1260年)以及方济各会的托马斯·多金(盛名于1260—1265年)的作品中，为了阐明《圣经》的原义，他们引入了光学以及其他的自然科学。[74]

在牛津，在神学中应用哲学和逻辑从来没有引起任何权威的负面反应，在牛津的章程中也没有针对哲学的禁令。另一方面，在《圣经》与思辨神学之间存在着紧张关系。在巴黎，《圣经》讲座集中在道德教育方面，而把有争议的神学问题留给了《格言大全》讲座；在牛津，像罗伯特·格罗斯泰特、辛顿的西蒙和托马斯·多金这样的神学家，则把有争议的神学问题作为他们《圣经》讲座的一部分内容，罗伯特·格罗斯泰特把神学与《圣经》学习等同起来。多明我会的理查德·费舍埃克(卒于1248年)和罗伯特·基尔沃比(卒于1279年)，以及方济各会的理查德·鲁弗斯(盛名于1250—1255 427年)，都是牛津最早对《格言大全》进行注解的同时代的神学家，他们追随巴黎人的实践，提倡把思辨神学与《圣经》学习分离开。但是应该指出的是，神学的这两个领域并不是严格地保持着分离状态，《格言大全》确定为思辨神学的一本教材并不妨碍神学研究者继续在他们的《圣经》评注中进行质疑。[75]

把《格言大全》作为一本教材引入到牛津的神学学习大纲中，这种行为在13世纪60年代遭到方济各会的罗杰·培根(卒于约1292年)的强烈反对。他抱怨说，今天的神学研究者在《格言大全》讲座中体现了他们所有的骄傲自负，而在许多地方，例如博洛尼亚，却允许在那种情况下进行质疑。假如培根是正确的，而且在《圣经》课上也不允许提出质疑，那么《格言大全》讲座肯定更有声望，因为这些讲座给教师们提供了一个机会，即在神学讨论以及神学辩论过程中去展示他们的聪明才智。[76]此后不久，牛津一份章程表明，罗杰·培根也许夸大了事实，但是他的叙述也有一定的真实性：

---

[73] J. McEvoy, *The philosophy of Robert Grosseteste*(Oxford, 1982), 149 – 180.

[74] Catto, ‘Theology and Theologians’(注释 17), 493 – 494.

[75] Smalley, *Study*(注释 2),275 – 280; Catto ‘Theology and theologians’(注释 17), 492 – 494.

[76] Little, ‘Franciscan School’ (注释 18), 809

培根的声明中宣称，那些讲授《圣经》的人，不会引入质疑的方法，而只是引入"文献法"，换句话说就是问题产生于文本本身，产生于"原文"，结果必然直接和讲授的《圣经》篇章有关。[77]

1277年大指控之后的几十年，把巴黎和牛津的神学院分别对待是不可能的。

巴黎的神学领袖人物，罗马的吉尔斯、根特的亨利和方丹的戈弗雷，他们都比较关心哲学问题，例如形式的单一性与多重性、要素与实在之间的关系，以及物质与形式之间的关系。[78]1277年大指控的阴影明显地笼罩在根特的亨利的《圣经》讲座上，他的讲座被比做"步行穿过一个错误展览会"。[79]

从1265到1280年这一段时间，与巴黎形成鲜明的对照，牛津几乎没有出现任何神学活动的迹象，但是1277年之后，一些形而上学的争论也被一些学者从巴黎带到了牛津，例如罗伯特·基尔沃比、约翰·佩克汉姆(卒于1292年)和罗杰·马斯顿(卒于约1303年)。由于在牛津这些讨论和争议都是由那些有过巴黎生活经历的学者们进行的，所以讨论的目标常常是瞄准巴黎大学的神学家而不是他们牛津大学的同事们。[80]

428 1277年3月18日，就在巴黎大指控发布之后仅仅11天，罗伯特·基尔沃比，这位坎特伯雷的大主教，也公开指控了30个错误，其中4个错误有关文法、10个有关逻辑、16个有关自然哲学。[81]在巴黎219条指控条款中有一部分被用来直接反对托马斯·阿奎那的个别教义，但是牛津的指控中多达三分之一的条款与托马斯·阿奎那坚持的一个教义有联系，那就是形式的单一性。基尔沃比断言，对其中错误的谴责，得到了牛津所有教师的一致同意和认可。这表明了这个指控并不是直接反对牛津的某个派别，而是一场中心在巴黎的争论。值得指出的是，在巴黎，形式单一性这一教义从来没有受到教廷官方的指责，更不会在这方面由斯蒂芬·腾皮尔采取

---

[77] 参考注释34.

[78] J.F. Wippel, *The Metaphysical Thought of Godfrey of Fontaines. A Study in Late Thirteenth-Century Philosophy* (Washington, DC, 1981).

[79] Smalley, 'Bible in Medieval Schools'(注释32), 212.

[80] Catto, 'Theology and Theologians'(注释17), 496－498.

[81] *CUP*, vol. Ⅰ, 558－560, no. 474.

什么措施了。[82]在牛津,这个问题自从13世纪40年代以来就在讨论,但是直到1277年之后,才根据教派来划分其中的观点,结果是多明我会提倡形式的单一性,方济各会提倡形式的多重性。[83]

罗伯特·基尔沃比大主教的公开谴责中止了牛津教义的和平局势。1278年,英格兰方济各会威廉·德·拉·马雷(盛名于1275年)在托马斯·阿奎那的作品中发现了一系列错误,并列出了一张错误清单,并在1280年以《矫正》为名公开出版。1282年,方济各会全体圣堂参事会上公开宣布,未经威廉·德·拉·马雷的校正,方济各会的任何成员不得复制或者转抄托马斯·阿奎那的《神学大全》。

巴黎和牛津的谴责,以及威廉·德·拉·马雷对托马斯·阿奎那教义的攻击,自然而然地导致了多明我会的抵制。首先是出现了一系列的《矫正之矫正》,或者如同他们自己称呼的《矫正之堕落》,这是在1282到1285年间由英格兰和法国的多明我会写的。[84]第二次抵制活动发生在1286年,那一年多明我会的最高参事会决定,由于托马斯·阿奎那的教义有受到搁置的威胁,应该加以传播和保护。[85]在1286年的12月份,在世俗教师反对托钵僧特殊权利的这一微妙而复杂的争议时刻,分歧进一步加剧了。[86]紧接着第二年,奥古斯汀教派的最高参事会也做出反应,宣布由他们本修会的成员,罗马的吉尔斯(埃吉迪厄斯)所著的现存的以及以后的著作都应该得到奥古斯汀教派全体教师和学生的保护,吉尔斯虽然在1278到1285年间曾经被巴黎的神学院驱逐过,但是他本人是忠贞不渝地为教皇效力的。[87]

神学内部不同思想学派的发展——托马斯主义和埃吉迪厄斯主义——是对那种在巴黎和牛津有着广泛影响的批评与反对的氛围产生的一 429
种防卫行为。这种知识界的环境导致的一种结果就是,神学讨论不再呈现

[82] *CUP*, vol. Ⅰ, 624-626, no. 517.

[83] Catto, 'Theology and theologians'(注释17), 497-498.

[84] P. Glorieux, ' "Pro et contra Thomam". Un survol de cinquante années', *Studia Anselmiana*, 63(1974), 255-287; M. D. Jordan, 'The Controversy of the "correctoria" and the Limits of Metaphysics', *Seculum*, 57(1982), 292-314.

[85] *CUP*, vol. Ⅱ, 6, no. 536.

[86] Wippel, *Metaphysical Thought*(注释78), xic.

[87] *CUP*, vol. Ⅰ, 633-634, no. 522; vol. Ⅱ, 12, no. 542.

出一种广泛的综合，而是集中体现在比较零碎的一系列神学内容矫正方面，在其中，著作原文一点一点地被批评，使用的方式是质疑和自由辩论（指在大斋期举办的辩论，问题可以由任何人提出，主题不限）。问题的自由辩论大约在1230年左右出现在巴黎的神学院，到13世纪70年代这种方式在巴黎就变得非常盛行，这个时期也是教义斗争冲突的时代，这几乎就是一种巧合。据推测，在70年代的牛津，它们被方济各会的约翰·佩克汉姆介绍进来，他是那些把巴黎的论战带到英格兰的神学家之一。[88]

从约翰·佩克汉姆写的一系列书信中可以更好地了解13世纪80年代的（神学）气氛，约翰·佩克汉姆是当时的坎特伯雷大主教，他在1284年正式认可了前任大主教的谴责声明。[89]在第一封发给牛津大学教长和摄政教师的信中，他为自己进行辩护，驳斥多明我会的指控行为，多明我会指控他们的教团已经受到侵犯。根据约翰·佩克汉姆大主教的说法，多明我教派把托马斯·阿奎那的观点称为“他们修会的观点”，他们中的一些人公开宣称，他们的教学比同时代任何其他修会的教学更加真实可信。在1285年的另外一封信中，[90]佩克汉姆大主教写道，两个修会的教学或者讲学（例如多明我会和方济各会）基本上在每一个观点上都是互相对立的。其中之一（显而易见是多明我会）拒绝了基督教教会教父们的讲学，几乎完全依赖于那些哲学家。同年，在发给林肯地区主教的信中，约翰·佩克汉姆大主教的奥古斯丁主义观点也表现得非常清楚，在信中他坚持道，只要哲学是神学神秘主义的奴仆，他就不喜欢学习哲学，但是他反对用那种俗气的新奇事物或者体验来反对哲学真理（例如哲学真理是神学的奴婢），尽管它们在20多年以前就被引入到神学领域（约1265年）。[91]

但是，认为这些及后来的托马斯主义者像他们的老师那样就是亚里士多德派，那将会是错误的。大多数托马斯主义者，例如奥福德的罗伯特（卒于约1300年）、埃尔韦·内德莱克（卒于1323年），他们首先是托马斯·阿奎

---

[88] Catto, ‘Theology and Theologians’（注释17），478.

[89] *CUP*, vol. Ⅰ, 624 – 626, 626 – 627, 634 – 635, nos. 517, 518, 523.

[90] *CUP*, vol. Ⅰ, 626 – 627, no. 518.

[91] *CUP*, vol. Ⅰ, 634 – 635, no. 523.

那作品最热忱、最忠诚的捍卫者,坚决反对像根特的亨利那样的批评。[92]在对 1290—1293 年间牛津大学的布道说教进行研究之后,人们发现,其中没有一处提到托马斯·阿奎那那些引起人们争议的教义或者禁止托马斯·阿奎那的教义。[93]一种可能的解释是,那时候在大学中发生的危机以及争议是以自由辩论的方式而不是以布道说教的形式进行的。

13 世纪 80 年代,牛津开始首次作为一个神学讨论的中心与巴黎平起平坐,而且其地位继续上升,直到 14 世纪前半期确立其优势地位。在当时 430
的牛津大学,主要的活跃者是方济各会,方济各会比多明我会更具活力,他们紧紧地与教廷或者说官方的托马斯主义信条联系在一起。在牛津那批杰出的方济各会修士中,首屈一指的人物就是邓·司各脱(卒于 1308 年),他把巴黎教师根特的亨利的著作当做他的出发点。邓·司各脱是第一个对巴黎产生深远影响的牛津大学教师,此后不久,巴黎的神学就由邓·司各脱的学生控制着。[94]

从 14 世纪 30 年代开始,百年战争中断了巴黎大学与牛津大学学者之间的交流。在此期间,巴黎大学的学者缺乏一种创新性,这被归咎为约翰二十二世(1316—1334)的保守主义。[95]另一方面,在阿维尼翁的教皇似乎无力约束巴黎的教师们。他在 1317 年的一封信里斥责巴黎的教师们正在受着哲学的蒙蔽,指责他们醉心于哲学的问题和哲学的细微之处。[96]在 1331—1332 年间,教皇那种乐观幻想的观点和看法引起了广泛的争议,导致了一场争端,在这场争端中,巴黎教师们普遍一致的反对,最终导致教皇被迫作出让步。[97]

---

[92] Glorieux, '"Pro et contra Thomam"'(注释 84).

[93] B. Smalley, 'Oxford University Sermons 1290 – 1293', in J. J. G. Alexander and M. T. Gibson (eds.), *Medieval Learning and Literature. Essays presented to Richard W. Hunt* (Oxford, 1976), 316 – 325.

[94] Catto, 'Theology and Theologians'(注释 17), 505; C. Bérubé, 'La première école scotiste', in Z. Kaluza and P. Vignaux (eds.), *Preuve et raisons à l'université de Paris. Logique, ontologie et théologie au XIV siècle* (Paris, 1984), 9 – 24.

[95] W. J. Courtenay, 'The Role of English Thought in the Transformation of University Education in the Late Middle Ages', in J. M. Kittelson and P. J. Transue(eds.), *Rebirth, Reform and Resilience. Universities in Transition 1300 – 1700* (Columbus, Ohio, 1984), 119.

[96] *CUP*, vol. Ⅱ, 200 – 201, no. 741.

[97] *CUP*, vol. Ⅱ, 414 – 442, nos. 970 – 987.

在牛津大学,1320年之后知识分子生活的显著特征就是缺乏任何类别的思想流派。[98]在以前的几十年里,方济各会一直抵制多明我会的教学活动,特别是有关托马斯·阿奎那的教学讲座,方济各会也没有把自己与本修会任何教义领袖捆绑在一起。这种情况养成了一种重要的开放性的社会态度,使某些事情的实现有了可能,像奥卡姆的威廉(卒于1349年)那样的一些人有选择地使用方济各会先驱者的著作——首先是邓·司各脱——或者世俗教师们的作品。威廉在他论逻辑的著作里常常会谈到一些物理学问题,这成为下一代新型牛津学者团体,特别是被称之为"牛津计算家"的团体,有时候也被称之为默顿人的一个标准程序。[99]无论他们属于默顿学舍与否,当那批学者成为神学院学生的时候,他们运用的方法就是他们以前应用于逻辑和物理学方面的方法。那些神学问题,也就是彼得·隆巴德已系统地提出来的问题,使这些学生——到这个阶段他们都已是资深的
431 哲学家——面临着一系列新的挑战。他们利用在文学院中发展形成的语言分析方法来探索研究这些问题。[100]

需要指出的一点是,[101]这些分析性语言——常常与测量评估联系起来——应用的主要范围是那个时代神学上的中心问题:意志、合理性、恩典、美德、报应、原罪,也就是神人关系中的那些可预见的、易变化的成分。这个事实可以很好地说明在神学背景之下继续进行哲学探索达到的程度,14世纪《格言大全》注解评议的一部分内容,作为自然哲学的论文被传递了下来。[102]

根据时间顺序,牛津大学这种独特的神学(后来在欧洲大陆号称为"英格兰人的")发展的结果就是多明我会在牛津大学的失败,1313年在反多明我会的教长哈克莱的亨利(卒于1317年)带领之下又形成的新章程规

[98] Courtenay, *Schools and Scholars*(注释17), 190–192.

[99] E.D. Sylla, 'The Oxford Calculators', in N. Kretzmann, A. Kenny, and J. Pinborg (eds.), *The Cambridge History of Later Medieval Philosophy*(Cambridge, 1982), 540–563.

[100] J.E. Murdoch, 'From Social to Intellectual Factors: an Aspect of the Unitary Character of Later Medieval Learning', in J.E. Murdoch and E.D. Sylla(eds.), *The Cultural Context of Medieval Learning* (Dordrecht/Boston, 1975), 271–348.

[101] Murdoch, 'Social to intellectual factors' (注释100), 291.

[102] Murdoch, 'Social to intellectual factors' (注释100), 276.

定,《格言大全》的讲座应该先于《圣经》的讲座。[103]这有可能是牛津大学教师们的兴趣在于文学院教学的方法和内容上,并导致了课程方面的变化(如果在 1313 年已发生了变化,法典编纂的就不仅仅是现有的实践内容),但是,也同样有可能是规则本身的问题,使哲学探索在神学院中再次成为可能,来偏袒着牛津大学神学的发展。无论那样的联系是否存在,事实是多明我会严重地受到那些规则的影响,在新"逻辑"神学和新"自然"神学的发展演变过程中,多明我会似乎没有起到任何重要的作用。

在 1340—1345 年间,巴黎大学在神学方面再次赢得了卓越的声誉,进入到一个富有创造力的时期,其特征是思想学派的缺乏,正如同 20 年前的牛津一样。巴黎大学和牛津大学学者之间的交流,已经为百年战争所中断,但是通过德国、东欧和意大利的托钵僧学生间接地得以恢复,这些学生维系着巴黎和牛津之间的消息传递。例如,英格兰的神学家前往托钵僧在博洛尼亚的学馆,许多方济各会的学生从阿西尼被派往博洛尼亚,意大利其他的修道院派人前往牛津。在 14 世纪上半期与英格兰有着密切联系的德国教育中心是爱尔福特和科隆。[104]

巴黎大学和牛津大学之间这种间接联系的一个例子是奥斯汀会的修士里米尼的格列高利(卒于 1358 年),1343 年他到巴黎大学学习《格言大全》之前,曾经在意大利和英格兰学习过,在博洛尼亚和意大利的其他城市也从事过教学活动。随着格列高利的到来,巴黎神学迎来了一个新时代,巴黎神学不再由方济各会和多明我会统治,而是由奥斯汀会的修士和西多 432
会僧侣控制着。1335 年,教皇授予他们在巴黎、牛津、图卢兹和蒙彼利埃的学校以"大学馆"的称号,并特别规定巴黎应该成为声誉最好的学习中心。[105]在 14 世纪,西多会僧侣和奥斯汀会的修士们在知识理论上紧密地联系在一起。[106]格列高利给巴黎介绍和引进了一种神学,这种神学在牛津从 14 世纪 30、40 年代就开始发展了。

---

[103] 参见注释 34. 也参见第 419－420 页.

[104] Courtenay, *Schools and Scholars* (注释 17), 163.

[105] *CUP*, vol. Ⅱ, 448－450, no. 992.

[106] D. Trapp, 'Augustinian Theology of the 14th Century. Notes on Editions, Marginalia, Opinions and Book-lore', *Augustiniana*, 6(1956), 251.

数学和逻辑入侵神学领域在牛津得到普遍接受，数学和自然哲学在牛津从没有在神学中被正式禁止过，但在巴黎却遭到了抵制和反对，那里有着悠久的禁止神学哲学化的历史传统。在1344和1345年就已经出现了一些征兆，那时候多明我会和奥古斯丁会的圣堂参事会，都谴责天父教义是“不可思议的教义”，[107]它们引用了《希伯来书》(《圣经·新约》)13章第9节中的内容，攻击的目标可能是“英格兰神学”，因此通过里米尼的格列高利，英格兰神学在巴黎找到了发展的道路。权威势力觉察到了这种危险的严重性，克莱门特六世(1342—1352)在1346年写给巴黎教师和学生们的一封信中说明了这种危险性。[108]他抱怨说，哲学家们忙于从事“超越教义的复杂事情”，据说在某些其他大学里讲授外来的诡辩式的教义，[109] 而且他们也坚持相信一些奇怪的观念。教皇继续说道，更糟糕的事情是，许多神学研究者不是关心学习《圣经》，[110]而是纠缠在哲学问题、不重要的辩论、令人怀疑的观点，以及各式各样的奇怪的教学活动上。自从1228年格列高利九世警告那些神学研究者要抵制自然哲学渗透进神学以来，[111] 此后的教廷法令再也没有达到那样的威慑力量。

1346年的那封信并未收到预期效果，第二年，奥斯汀会的修士奥尔维耶托的胡格里诺(卒于1373年)就公开谴责从米尔古的约翰(盛名于1344—1347年)以及其他人的作品中收集来的50篇文章。[112]其中有8篇断言基督作为人有犯错误和说谎的可能性，其他的文章中包括一些值得人类
433 称赞的行为以及不值得人类敬佩的行为，而且还宣称，正如同上帝是正义行为的造物主一样，上帝同时又是原罪的缔造者。关于神学哲学化方面则

---

[107] *CUP*, vol. Ⅱ, 550, no. 1091; A. Zumkeller, ‘Die Augustinerschule des Mittelalters: Vertreter und Philosophisch-Theologische Lehre’, *Analecta Augustiniana*, 27 (1964), 170.

[108] *CUP*, vol. Ⅱ, 587–589, no. 1125.

[109] Sylla在‘Oxford Calculators’(注释99), 545, 中表明，与“牛津计算器”有关的大部分作品都涉及到人文学院中哲学的辩论活动。

[110] 这一点可以通过巴黎大学1340年之后《圣经》注解活动的衰落得到证实：J. Verger, ‘L’exégèse de l’université’, in P. Riché and G. Lobrichon (eds.), *Le Moyen Age et la Bible* (Paris, 1984), 224.

[111] *CUP*, vol. Ⅰ, 114–116, no. 59.《圣经》引注“多种多样的奇怪的信条”也被教皇格列高利九世加以引用，但参考了自然哲学相关内容。

[112] *CUP*, vol. Ⅱ, 610–613, no. 1147.

什么也没有说,这可能是因为他意识到利用圣公会的微妙内容会导致受到异端邪说这样的指控。

教皇和保守主义神学家的抵制似乎没有像 1277 年大指控那样有效果。只有西多会僧侣彼得·塞方给人留下了一点印象,他在 1348—1349 年间曾经与奥尔维耶托的胡格里诺一起学习《格言大全》。他为在神学中使用微妙内容进行了辩护,[113]他宣称那种对在神学中使用逻辑的做法提出批评只是由于无知,一种会产生错误的无知。[114]罗马的吉尔斯对斯蒂芬·腾皮尔 1277 年大指控声明的批评,已经导致了他被巴黎神学院驱逐,而且在这个时候,教会权威在教义事务方面不再起决定性的作用。

1350 年之后,牛津神学出现了衰落,部分归因于黑死病。但约翰·威克利夫(卒于 1384 年)除外,他关于"圣餐"的非正统观点于 1382 年在大学中受到公开谴责,从 1350 到 1500 年,牛津几乎没有再出现任何有名的神学家。[115]

巴黎—牛津垄断地位的终结

1347 年是神学院历史上的里程碑,不仅仅是因为在巴黎大学发生了教义大辩论,而且因为实际上由巴黎大学和牛津大学垄断的最高水平、最高级别的神学教育,在此之后开始随着布拉格大学神学院的建立而走向分散化。这是德国的第一所大学,虽然托钵僧团体此前已在布拉格建立了许多学校。

在意大利也出现了许多类似的情况,意大利神学教育或多或少被遗留给了托钵僧团体。到 14 世纪中期,意大利建立起一大批本土化的神学院,其中有许多神学院仅仅是在原来神学学校基础上换了个新的称呼,例如比

---

[113] 参考:Trapp, 'Augustinian Theology' (注释 106), 187.

[114] 参考:J. E. Murdoch, '"Subtilitates Anglicanae" in Fourteenth-century Paris: John of Mirecourt and Peter Ceffons', in M. P. Cosman and B. Chandler (eds.), *Machaut's World. Science and Art in the Fourteenth Century*, Annals of the New York Academy of Sciences, 314 (New York, 1978), 64, 80 n. 78.

[115] Courtenay, *Schools and Scholars* (注释 17), 359 - 365; J. A. Robson, *Wyclif and the Oxford Schools* (Cambridge, 1961).

萨、佩鲁贾、博洛尼亚和帕多瓦。在身份地位方面，这种从大学馆到大学的变化似乎对于现实生活中的神学影响不大，在博洛尼亚，从 1364 到 1500 年这段时期，447 位神学教师中仅仅只有 24 位教师是世俗人士，其余的主要是托钵修士。[116]

434 博洛尼亚的神学院特别令人感兴趣，因为它的建立反映了 14 世纪 40 年代晚期震动巴黎的大辩论事件。1364 年，曾在 1347 年的大指控事件中起着积极的推动作用的奥斯汀会的修士奥尔维耶托的胡格里诺，他以巴黎神学院的组织为模式，在博洛尼亚起草了神学院的章程，并附有一张巴黎指控的条款清单。[117]

1347 年谴责的主要目标是在诡辩性质的辩论中精妙和方法的过度使用，这种方法发源于文学院。奥尔维耶托的胡格里诺不仅仅通过附录谴责论点清单对这种滥用进行警告，而且还在章程中反对这种滥用。在这里，他禁止以一种晦涩的非正统的话语方式使用那些被明确指出是“各式各样奇怪的教义”，因为那些诡辩性质的方法和没有任何结果的质疑会导致对正常轨道的脱离。[118]奥尔维耶托的胡格里诺断言，不仅仅那些明显反对真理的人们正在背离正统，而且那些反复吟诵着赞美诗的人也在这样做，话语掩饰了那些来自异邦的新奇东西，结果那些更没有文化知识的人坚持认为他们就是优秀的，然而他们所说的精妙不过是无知罢了。[119]在教师们改正他们的教学之前，那样的错误罪行肯定会被恭顺地加以赞扬。[120]

当巴黎大学在 1366 年接受新章程之时，[121]也就是博洛尼亚的新章程实施两年之后，在巴黎的章程汇编中第一次出现了这样的规定，即在学习《格言大全》时，禁止使用或讨论哲学或者逻辑。假如内容本身要求使用逻辑或者哲学，或者为了解决某个问题客观上有这种必要性，可以例外。显然，在《格言大全》的讲座上对神学内容进行纯逻辑问题讨论的诱惑比在《圣经》讲座上要大。值得指出的是，哲学方法本身并没有被禁止，被谴责

---

[116] Rashdall, *Universities*, vol. Ⅰ, 252.

[117] 章程的版本，参考注释 24。

[118] Ehrle, *I più antichi statuti* (注释 24), 20.

[119] Ehrle, *I più antichi statuti* (注释 24), 48.

[120] Ehrle, *I più antichi statuti* (注释 24), 50 - 51.

[121] *CUP*, vol. Ⅲ, 143 - 144. no. 1319.

的是其为了自身理由而哲学化。同年图卢兹大学的章程重复了这样的禁令，1389年的巴黎大学章程汇编中也是如此，[122]但是这两者的所有汇编都是重复与神学院相关的每一件事情，而这些都包含在1366年巴黎章程条例中，所以并没有迹象表明出现了新的危机。维也纳大学的章程依据和参考巴黎的惯例不断地做着变化，它也规定那些《圣经》讲座或者《格言大全》讲座不必讨论哲学或者逻辑问题，但是当需要解释的神学问题出现困惑要求那样做的时候，可以使用逻辑、哲学和其他的文科知识。[123] 科隆大学的章程中也做出了同样的规定。[124]

虽然1347年之后巴黎—牛津大学的垄断地位被打破了，但是那些较古老的神学院仍然享有特殊的地位，博洛尼亚大学1364年的章程规定，在另外一所大学学习过《格言大全》的学士，不会被博洛尼亚大学自动地接受进来做进一步的学习，除非他是在巴黎大学、牛津大学或者剑桥大学学习过。[125] 435

1350到1365年间，关于巴黎神学的情况几乎没有任何资料留下来。一个重要的信息是，留下了3本神学学生的笔记，早期被认为是法里斯加的约翰所记，但是近来又被认为是斯蒂芬·高迪特[126]所记。笔记所表明的问题和争议主要关注未来的可能、预定论，以及决定论，它们反映了14世纪后半期神学家中间不断增长的趋势，即“依据其他人”来学习阅读“二手资料的《格言大全》”。

从1365年到西欧天主教大分裂时期，巴黎的神学院一直由德国的学者支配着。[127]一个例外是法国人艾里的彼得（卒于1420年），一位享有盛誉的唯名论者，约翰·热尔松（卒于1429年）的老师，巴黎大学的教长。在那

---

[122] 参见注释25和*CUP*, vol. Ⅱ, 697－703, no. 1189.

[123] 参见注释27。

[124] 参见注释28。

[125] Ehrle, *I più antichi statuti*（注释24），32－33.

[126] P. Glorieux, 'Jean de Falisca: la formation d'un maître en théologie au XIVe siècle', *Archives d'Histoire Doctrinale et Littéraire du Moyen Age*, 33(1966), 23－104; Z. Kaluza, *Thomas de Cracovie. Contribution à l'histoire du collège de Sorbonne* (Wroclaw, 1978), 60－108.

[127] W. J. Courtenay, *Adam Wodeham: an Introduction to his Life and Writings* (Leiden, 1978), 140.

些年中，神学活动的主要领域之一，就是把逻辑应用到“三位一体论”中。[128]

大分裂与神学院

由于1378到1418年的大分裂将基督教教会世界一分为二，牛津—巴黎的垄断地位被打破了。在1379年，巴黎神学院中的绝大部分成员投票支持阿维尼翁的教皇克莱门特七世，[129]他获得法国的支持，但是两位德国的神学家，朗根施泰因的亨利(卒于1397年)或者叫黑塞的亨利和格尔里豪森的康拉德(卒于1390年)撰文指出，应该形成一个“总评议会”作为一种结束大分裂的途径。[130]这种“协商方式”，即通过评议会决议的方式，在1381年被大学正式采纳了，[131]但是同年，巴黎大学转而支持阿维尼翁教皇克莱门特七世。他的一位亲密朋友，约翰·布朗沙尔被提升任命为巴黎大学教长。这次教长任命使得来自其他国家的学者离开了巴黎大学，[132]他们支持教皇乌尔班六世，即罗马教皇，克莱门特七世的竞争对手。

与以前其他任何形式的学术驱逐相比，巴黎大学学者的迁移和出走
436 ——主要是德国背景的，对大学生活产生了更为严重的影响和后果，因为这些学者不仅到那些已经建成多年的大学中去，而且他们对于一些新大学的建立和组成做出了巨大的贡献。布拉格大学教长甚至企图使巴黎大学转址到布拉格，[133]宛如1229年的图卢兹大学和牛津大学邀请巴黎大学的教师们一样，但是这些大学确实从学者的迁移和出走事件中获益匪浅，其中有维也纳大学，在那里，朗根施泰因的亨利和奥塔的亨利·托汀(卒于1396年)为其起草了1389年的大学章程；海德堡大学，接待过格尔里豪森的康拉德和巴黎大学的一位前校长，英格汉的马西琉斯(卒于1396年)，此

---

[128] A. Maierù, 'Logique et théologie trinitaire dans le moyen-âge tardif: deux solutions en présence', in M. Asztalos(ed.), *The Editing of Theological and Philosophical Texts from the Middle Ages*(Stockholm, 1986), 185-212.

[129] *CUP*, vol. Ⅲ, 565-572, no. 1624.

[130] A. E. Bernstein, *Pierre d'Ailly and the Blanchard Affair. University and Chancellor of Paris at the Beginning of the Great Schism* (Leiden, 1978), 36.

[131] *CUP*, vol. Ⅲ, 582, no. 1637.

[132] Bernstein, *Pierre d'Ailly*(注释130), 45-46.

[133] *CUP*, vol. Ⅲ, 548-549, no.1642.

外还有科隆大学。[134] 这三所大学都是由教皇乌尔班六世所建，这位教皇非常喜欢通过发布教皇诏令的形式来承认新成立的大学，以此来削弱克莱门特七世巴黎大学的地位，然而克莱门特七世尽量避免建立新的神学院。其中有一个例外是1379年阿维尼翁的教皇建立了爱尔福特大学神学院。

所有这些新大学的建立都效仿了巴黎大学的模式。维也纳大学和科隆大学也借鉴了博洛尼亚大学1364年的大学章程。在它们的章程中，有一段评论，这在任何已有的巴黎大学和博洛尼亚大学章程中都没有，该段评论有其关注的中心，很明显，它参考了巴黎大学的实践经验，作者也希望在这些新大学中不要出现类似的不良情况。该段评论的内容包括为校勘整理挑选出来的原则性的主题，[135] 这些主题必须包括《圣经》中的完整语句，不能只是一个词语或者一个字节，不能断章取义。[136]维也纳大学的章程之后对新词新义和其他字词的滥用展开了冗长的谴责批评。

巴黎大学教长约翰·热尔松在他1402年为神学院科目改革而撰写的《反对学生罢课》中，对神学词汇学中出现的一些新而不恰当的词语做出了类似的批评。[137]约翰·热尔松批评那些因为"形式化"而产生的新词语，也批评邓·司各脱的追随者们，如同方济各会的里帕的约翰(盛名于1350年)一样，引入一种形式上的区别和一些没有必要的观念来思考"三位一体"问题，这不是解释问题而是使问题复杂化。在这篇论文中，约翰·热尔松赞扬了奥塔的亨利·托汀，他作为维也纳大学章程的作者之一，以类似的方式抵制了词汇学方面的变革。

约翰·热尔松对不同学科之间应该具有的关系进行了定义，由于神学本身居于传统的支配地位，它的角色和作用位于其他学科之上，其他学科宛如侍女。他建议，神学应该回归到旧传统中，文学院的成员们不应该讨 437

[134] 参考注释132。

[135] 布道说教介绍参考有关《格言大全》的讲座，见第418页。

[136] 维也纳大学和科隆大学法规条例的汇编参考注释27和注释28。彼得·塞方，14世纪中期巴黎不负责任而顽皮的可畏人物，事实上选择单个字母O作为他论《格言大全》讲座《原理汇编》的主题(出于《启示录》篇'Omega')。D. Trapp, 'Peter Ceffons of Clairvaux', *Recherches de Théologie Ancienne et Médiévale*, 24 (1957), 106.

[137] J. Gerson, *Oeuvres complètes*, ed. P. Glorieux, vol. Ⅲ (Tournai, 1962), 224–249; also C. Burger, *Aedificatio*, *Fructus*, *Utilitas*. *Johannes Gerson als Professor der Theologie und Kanzler der Universität Paris* (Tübingen, 1986), 45–55.

论纯神学的问题。[138] 他重复强调1366年章程中的警告,反对人们把纯逻辑和纯哲学的问题引入到神学中来。他也批评那些用诡辩理论充斥其书籍和课堂、介绍奇怪教义的神学家。这些听起来有点像是1347年巴黎大谴责的一种延续。[139] 在约翰·热尔松的宣言中,能够听到一种主教斯蒂芬·腾皮尔1277年大谴责序言的回应,即信仰信条从来不是处于自然哲学的对立面的。从格列高利九世1228年的信中的本意来看,约翰·热尔松断言,自然哲学不能够达到信仰信条的知识水平,哲学家不得不接受和承认他们的学科所具有的局限性。用一种导致决定论的方法来超越这些学科的局限性,将会把一些限制强加在上帝的自由上。另一方面,神学研究者必须认识到,他们的学科对于《圣经》中的启示是有局限的。他说,当代的神学家有两大缺陷,一是好奇心,希望了解不可知或有害的知识,二是特立独行的愿望,希望通过求助于奇怪的和非同寻常的讲学证明自己高明。神学家们不必探究革新和对众所周知的教义提出质疑,而应该对传统的知识感到满足。

在1400年约翰·热尔松发给艾里的彼得[140]的一封信中,他推荐了一些回归传统神学的方法:强调学习《圣经》,抛弃神学中的诡辩论,关注《格言大全》第二卷、第三卷和第四卷,而不是完全聚精会神地注意第一卷的学习(第一卷的内容是思考"三位一体"的关键)。[141]

情况似乎是约翰·热尔松,这位巴黎大学的教长,已经研究过早期所有的教廷诏令、谴责文献、法规条例和其他的文献资料,并从中发现了回归传统神学的支持力量。他对当时那些习惯于根据学派或者宗教教团来捍卫和攻击教义的做法深感痛惜。[142]在他的那个时代,这是一个迫切需要解决的问题,1387年多明我会的蒙松的约翰(卒于约1412年)断言"完美概念"的教义与信仰是对立的,[143]一场争议开始了,结果是多明我会修士从大学中被驱逐出去。在大学中,对他的观点出现了一股强烈的反对力量,因为

---

[138] 参考1272年法规条例,注释59和本文424页。

[139] 参考432页。

[140] Gerson, *Oeuvres complètes*, (注释137), vol. Ⅱ, 23-28.

[141] 参考1389年法规条例类似叙述。*CUP*, vol. Ⅱ, 697-703, no. 1189.

[142] Gerson, *Oeuvres complètes* (注释137), vol. Ⅲ, 239.

[143] *CUP*, vol. Ⅲ, 486-533, nos. 1557-1583.

从1380年以来，“完美概念”就一直为官方所颂扬。[144]为了恢复秩序，1403年，约翰·热尔松允许多明我会修士返回大学。

438 依据约翰·热尔松的观点，为了避免教义混淆不清，应该并且只能在一所大学中教授神学，或者在法国没有必要超过一个神学院。这所神圣的大学——显而易见是巴黎大学——应该是一个没有污染的源泉，其他的神学院就像小河一样从其中流淌出来。[145]这个实际用来形容巴黎大学的比喻在维也纳和科隆大学的章程中得以体现。[146] 在1387年关于“完美概念”的争议中，巴黎神学院院长公开宣布，巴黎神学院是天主教真理的所在地，在正统问题方面享有最高的权威。[147]对于经过大分裂进一步弱化了的罗马教廷而言，这不亚于是一次挑战。1409年比萨会议期间，约翰·热尔松提出了一个理论，根据这个理论，作为基督神秘之体的教会能够召开会议，其权力可以任命教皇或者罢免教皇，并且谴责异端之举。[148]在约翰·热尔松的“会议”上，神学家们被赋予一种特殊的权威，一种“学术无谬误”的权威观。[149]

需要注意的是，大学制度对康斯坦斯会议(1414—1418)和巴塞尔会议(1431—1449)产生了影响，在巴塞尔会议上，一个被详细阐述的理论赋予了“公议会”更多的权力，远远超过了约翰·热尔松的计划：现在公议会本身被当做基督神秘之体的代表。[150]

在巴黎神学院的历史上，约翰·热尔松终结了一个时代。两百多年来，基督教世界的权威和学术界的权威们一起维护神学院，把它作为一位举世公认的正统捍卫者。在大分裂时期，当教皇本人走向衰落的时候，神学院

---

[144] *CUP*, vol. Ⅲ, 297 - 298, no. 1456.

[145] Gerson, *Oeuvres complètes*, (注释 137), vol. Ⅲ, 248.

[146] 维也纳大学和科隆大学法规条例的汇编参考注释27和注释28。巴黎大学1389年的法规条例中(*CUP*, vol. Ⅱ, 697 - 703, no. 1189)规定，如果一位神学学科学生在巴黎之外接受过训练，或者在其他学校学习过两年，到巴黎大学只记作一年神学学习时间。

[147] *CUP*, vol. Ⅲ, 486, no. 1557.

[148] S.E. Ozment, 'The University and the Church. Patterns of Reform in Jean Gerson', *Medievalia et Humanistica*, new series, 1(1970), 117.

[149] J.B. Morrall, *Gerson and the Great Schism* (Manchester, 1960), 80.

[150] A. Black, 'The Universities and the Council of Basle: Ecclesiology and Tactics', *Annuarium historiae conciliorum*, 6(1974), 341, 345 - 346.

就准备承担起教皇的权威角色。通过维持传统和抛弃奇怪的异邦教义——无论是希腊自然哲学、阿拉伯形而上学，还是英格兰微妙的思想——神学院成功地保持了它的地位。

“古代之途”和“现代之路”

15 世纪见证了学校传统的恢复，并在“唯实论”（古代）和“唯名论”（现代）之间出现了一条泾渭分明的界限。[151]在文学院和神学院中，这两个主要
439 的集团代表着两种不同的教学方式方法，即“古代之途”和“现代之路”。[152]然而，在每一个派系内部有许多重大的差别，例如在“唯实论”方面，差异取决于一个人是遵循阿尔贝图斯·马格努斯的“唯实论”、托马斯·阿奎那的“唯实论”，还是邓·司各脱的“唯实论”；在“唯名论”方面，差异取决于一个人是遵循奥卡姆的威廉的“唯名论”（奥卡姆的威廉被视做“唯名论”学派的先驱人物）、约翰·比里当的“唯名论”，还是英格汉的马西琉斯的“唯名论”。在 15 世纪中期，帕多瓦大学有两个神学讲席，一个是依据“圣·托马斯的方法”，由一位多明我会修士把持，另外一个是依据“司各脱的方法”，由一位方济各会修士把持。[153]

15 世纪在巴黎大学和德国已经建立的许多大学中，因为不同的研究取向，导致了讲学方法和方式的冲突和争议。在布拉格大学，“唯实论”和国家捷克派以及一场宗教改革运动结合在一起，其领导人物就是约翰·胡斯（卒于 1415 年），威克利夫的极端“唯实论”对他影响很大。1409 年，“唯名论”者不得不离开布拉格，他们中的大多数到了莱比锡，不久之后在那里

[151] 使用“唯名论”术语的争论参考：W. J. Courtenay, ‘Nominalism and Late Medieval Religion’, in C. Trinkaus (ed.) with H. A. Oberman, *The Pursuit of Holiness in the Late Medieval and Renaissance Religion* (Leiden, 1974), 26–59.

[152] 参考 A. Zimmermann(ed.), *Antiqui und Moderni*, Miscellanea Mediaevalia, 9(Berlin/New York, 1974)，尤其是 N. W. Gilbert, ‘Ockham, Wyclif, and the “via moderna”’, 85–125, and A. Gabriel, ‘“Via antiqua” and “via moderna” and the Migration of Paris Students and Masters to the German Universities in the Fifteenth Century’, 439–483. 也可参考‘Ancients and Moderns: a Symposium’，收有 W. J. Courtenay, C. Trinkaus 和 H. A. Oberman 的论文以及 N. W. Gilbert 的评论，*Journal of the History of Ideas*, 48(1987), 3–50.

[153] P. O. Kristeller, *Le Thomisme et la Pensée italienne de la renaissance* (Montreal/Paris, 1967), 46.

建立了一所新大学。“唯实论”和胡斯异端学说的这种偶尔联系,在康斯坦斯会议上引起了注意,在会议期间,“唯名论”者艾里的彼得在谴责胡斯信仰方面起了重要的作用,这似乎对于15世纪上半期欧洲许多大学“唯名论”的发展,起了一定的促进作用。[154]

当维也纳大学、海德堡大学和科隆大学建立时,由于大分裂离开巴黎大学的一些学者带来了“唯名论”。1415年在科隆,当决定文学院应该回归到在巴黎大学的学者来到之前盛行的那种教学模式的时候,“唯名论”者遇到了反对。[155]在1425年,路易三世伯爵告诫人们应该反对“唯实论”,因为它可能导致异端学说,就如同在布拉格大学发生的一样。[156]在海德堡大学,1412年威克利夫信仰的错误导致人们中止了“唯实论”的讲授,但是到1452年,校长明令禁止侮辱两派取向中的任何一方,公开宣称任何学生可以自由接受任何一方学说。三年之后发布的一份文件非常清楚地表明,这两派几乎形成了两个互相独立的等同于学院的地位的组织,该文件规定,如果任何一位学生没有完成一种取向所规定的学业要求,他就不能转学到另外一派学习。[157]

1474年国王路易十一世在巴黎禁止“唯名论”的教学,并推荐讲授亚 440
里士多德、阿威罗伊、阿尔贝图斯·马格努斯、托马斯·阿奎那、罗马的吉尔斯、赫尔斯的亚历山大、邓·司各脱、圣博纳旺蒂尔以及其他人的学说的唯实论者,而不是一些新人:奥卡姆的威廉、米尔古的约翰、里米尼的格列高利、约翰·比里当、艾里的彼得、英格汉的马西琉斯、亚当·沃德罕(卒于1358年)、约翰·多普、萨克森的阿尔伯特(卒于1390年),以及其他的唯名论者的学说。唯名论者写下一份保护自身权益的文件,这在历史上显得比较有趣,该文件记录下了“唯名论”和“唯实论”教学的主要特征,综述了从奥

[154] Rashdall, *Universities*, vol. Ⅲ, 214 - 233; P. De Vooght, *L'hérésie de Jean Huss* (Louvain, 1960).

[155] G. Ritter, *Via antiqua und via moderna auf den deutschen Universitäten des XV. Jahrhunderts*, Studien zur Spätscholastik, 2(Heidelberg, 1922), 42.

[156] F. Ehrle, 'Der Sentenzenkommentar Peters von Candia', *Franziskanische Studien*, 9 (1925), 282.

[157] Winkelmann, *Urkundenbuch*(注释 26), 165, 173f., 193.

卡姆的威廉时代就开始的对唯名论者的迫害事件。1481 年禁令取消。[158]

15 世纪后半期，唯实论者特别是其中的托马斯派风行一时，从德国的多明我会修道院开始，托马斯·阿奎那的《神学大全》作为一种教材取代了彼得·隆巴德的《格言大全》。这种革新首先出现在德国的大学，稍后又被介绍到意大利的大学中。复活托马斯主义的主要代表人物是约翰·卡佩里奥鲁斯（卒于 1444 年），又被称为托马斯派的代表，15 世纪上半期他在法国教学；托马斯·德·比奥（卒于 1534 年）（凯塔那斯的红衣主教），他在 15 世纪末 16 世纪初期在帕多瓦大学和帕维亚大学教学，写下一本对《神学大全》的评注。[159]大约在同一时期或者几十年之后，许多大学里都废除了两种取向的派别体制。

14 世纪中期，人文主义和经院主义在许多大学里和平共处。英格兰的多明我会和方济各会对古典文学情有独钟；法国的西多会僧侣彼得·塞方在他的《格言大全》注解中引用了古典文学知识，同时又维护了逻辑的细微之妙；布拉格大学是人文主义和唯名论的一个中心。[160]在图宾根大学，15 世纪时建立的欧洲大学之一，人文主义者亨利·倍倍尔（卒于 1518 年），讲授过诗学和修辞学，曾做诗敬献给前校长加布里埃尔·别尔（卒于 1495 年），这位前校长曾经受到过唯名论者奥卡姆的威廉、艾里的彼得和约翰·热尔松的影响。[161]但是当人文主义通过一场号召回归《圣经》学习的运动团结起来的时候，经院神学被击败了。当许多如同洛伦佐·瓦拉（卒于 1457 年）那样的人文主义者对圣经内容进行批评的时候，对古典文化的学习随之发展起来，[162]借助于世俗学科的帮助，他们开始达成共识，把神学概念作为对《圣经》的一种阐释或者解释，而圣·奥古斯丁在其《基督教教义大全》中早已提出了这种观点。

---

[158] Ehrle, 'Sentenzenkommentar'（注释 156），310 – 316；L. Thorndike, *University Records and Life in the Middle Ages* (New York, 1944), 355 – 360.

[159] Kristeller, *Thomisme*（注释 153），34, 36f., 53.

[160] B. Smalley, *English Friars and Antiquity in the Early Fourteenth Century* (Oxford, 1960); Trapp, 'Peter Ceffons'（注释 136）; Kaluza, *Thomas de Cracovie*（注释 126）, 55 – 57.

[161] H. A. Oberman, *The Harvest of Medieval Theology. Gabriel Biel and Late Medieval Nominalism* (Cambridge, Mass., 1963), 17.

[162] S. I. Camporeale, *Lorenzo Valla. Umanesimo e teologia* (Florence, 1972).

精选文献

Bazàn, B. C., Wippel, J. F., Fransen, G., and Jacquart, D. *Les Questions disputées et les questions quodlibétiques dans les facultés de théologie, de droit et de médecine*, Typologie des sources du Moyen Age occidental, ed. L. Genicot, fasc. 44–45, Turnhout, 1985.

Catto, J. I. 'Theology and theologians 1220–1320', in J. I. Catto (ed.), *The History of the University of Oxford*, Vol. I, *The Early Oxford Schools*, Oxford, 1984, 471–517.

Chenu, M.-D. *La Théologie comme science au XIII é siècle*, Paris, 1957.

Courtenay, W. J. *Schools and Scholars in Fourteenth-century England*, Princeton, 1987.

Ehrle, F. *I più antichi statuti della facoltà teologica dell' università di Bologna*, Bologna, 1932.

de Ghellinck, J. *Le Mouvement théologique du XII e siècle*, Bruges/Brussels, 1948; reprint, 1969.

Glorieux, P. 'L'enseignement au Moyen Age. Techniques et méthodes en usage à la Faculté de théologie de Paris au XIII e siècle', *Archives d'histoire doctrinale et littéraire du Moyen Age*, 43 (1968), 65–186.

Landgraf, A. M. *Introduction à l'histoire de la littérature théologique de la scholastique naissante*, Montreal/ Paris, 1973.

Leff, G. *Paris and Oxford Universities in the Thirteenth and Fourteenth Centuries*, New York, 1968.

Little, A. G. and Pelster, F. *Oxford Theology and Theologians* c. AD 1282–1302, Publications of Oxford Historical Society, 96, Oxford, 1934.

Paré, G., Brunet, A., and Tremblay, P. *La Renaissance du XII e siècle. Les écoles et l'enseignement*, Paris/Ottawa, 1933.

Ritter, G. *Via antiqua und via moderna auf den deutschen Universitäten des XV. Jahrhunderts*, Studien zur Spätscholastik, 2, Heidelberg, 1922.

Schneyer, J. B. *Repertorium der lateinischen Sermones des Mittelalters für die Zeit von 1150 – 1350*, Beiträge zur Geschichte der Philosophie und Theologie des Mittelalters, 43: 6, Münster, 1975.

Sheehan, M. W. 'The religious orders 1220 – 1370', in J. I. Catto (ed.), *The History of the University of Oxford*, vol. Ⅰ, *The Early Oxford Schools*, Oxford, 1984, 193 – 224.

Smalley, B. 'The Bible in the Medieval Schools', in G. W. Lampe (ed.), *The Cambridge History of the Bible*, vol. Ⅱ, Cambridge, 1969, 197 – 220.

Smalley, B. *The Study of the Bible in the Middle Ages*, Oxford, 1983.

Spicq, C. *Esquisse d'une histoire de l'exégèse latine au Moyen Age*, Paris, 1944.

Stegmüller, F. *Repertorium biblicum medii aevi*, vols. Ⅰ – Ⅶ, Madrid, 1949 – 1961.

Stegmüller, F. *Repertorium commentariorum in Sententias Petri Lombardi*, Würzburg, 1947.

Verger, J. 'L'exégèse de l'université', in P. Riché and G. Lobrichon (eds.), *Le Moyen Age et la Bible*, Paris, 1984, 199 – 232.

Zimmermann, A. (ed.) *Antiqui und Moderni*, Miscellanea Mediaevalia, 9, Berlin/ New York, 1974.

Zumkeller, A. 'Die Augustinerschule des Mittelalters: Vertreter und Philosophisch- Theologische Lehre', *Analecta Augustiniana*, 27 (1964), 167 – 262.

尾声:人文主义的兴起

瓦尔特·吕埃格

人文主义的划时代觉醒

442
德尼夫勒于1885年出版了《到1400年中世纪大学的形成》一书,在这本突破性著作中,他解释这一时间界定说,“15世纪每个地方都见证了新情况的出现”。[1]考夫曼的著作《德国大学史》[2]曾作为博洛尼亚大学1888年纪念庆典的献礼,在此书的“史前史”中,考夫曼将15世纪划分在第二卷里,而这一卷涉及到“至中世纪末德国大学的起源和发展”。这一划分有别于德尼夫勒。大多数历史学家同意1500年左右是历史的分水岭。但有一些人,特别是社会史学家和科学史学家认为,历史的分水岭应该更迟一点,

① Denifle, *Entstehung*, xxvi.

② Kaufmann, *Deutsche Universitäten*, vol. Ⅰ, xiff.

他们认为，在17世纪"科技革命"或18世纪"工业革命"以前，从中世纪延续下来的社会结构没有发生什么变化。③

第二卷的导言将论述这个问题。我们这里感兴趣的是15世纪"见证了新情况的出现"这个论断。正如第二章的文献、表格和地图显示的那样，尽管1350到1450年间深重的经济、宗教以及政治危机使欧洲动荡不安，15世纪的大学依然保持了扩张的势头。1500年左右，在乌普萨拉、阿伯
443 丁、帕尔马、克拉科的周边地区，大学仍然存在。在从鲁汶、维也纳到费拉拉和阿尔卡拉这一中心地区，地图上分布的大学变得很稠密。但是，这个时期的大学特征并没有发生根本性的改变。学院继续多样化，多数大学仍然教授神学。由于世俗政权出资，教师的报酬日益丰厚。同时，大学越来越受到市政当局或君主政权的监管。这些都不是新现象，因为在13和14世纪，这一趋势就已经出现。同样，经院教育的内容和方法也没有根本性的变化。这些持续引发了激烈的争论，但争论并没有超出经院哲学的思想框架，也没有对认识论的本质或教授经院哲学的方法提出置疑。

尽管如此，知识的和教育的某些发展趋势给大学带来了越来越多的挑战，这些趋势自19世纪以来被称之为人文主义(humanism)。像所有带有"主义"的名称一样，人文主义是一个派别标签。尼特哈默尔于1808年在一次反对教育改革的争论中最先使用"人文主义"一词。尼特哈默尔是巴伐利亚政府的哲学家和教育学家，那次教育改革是希望确立类似于德绍的泛爱学校而提供的那种实践训练。尼特哈默尔从中造出了"泛爱主义"这个词，④宣称它是鼓励孩子们的动物性，而人文主义则激起他们的人性。

---

③ E. R. Curtius, *Europäische Literatur und lateinisches Mittelalter* (Berne, 1954), 29–33; N. Hammerstein, 'Bildungsgeschichtliche Traditionszusammenhänge zwischen Mittelalter und früher Neuzeit', in *Der Übergang zur Neuzeit und die Wirkung von Traditionen. Vorträge, gehalten auf der Tagung der Joachim Jungius Gesellschaft der Wissenschaften, Hamburg 13. u. 14. Oktober 1977* (Göttingen, 1978), 32–36. On periodization: P. E. Hübinger, 'Spätantike und frühes Mittelalter, ein Problem historischer Periodenbildung (1952)', in P. E. Hübinger (ed.), *Zur Frage der Periodengrenze zwischen Altertum und Mittelalter* (Darmstadt, 1969), 145–164.

④ F. J. Niethammer, *Der Streit des Philantropinismus und des Humanismus in der Theorie des Erziehungs-Unterrichts unserer Zeit* (Jena, 1808); W. Rüegg, *Cicero und der Humanismus, formale Untersuchungen über Petrarca und Erasmus* (Zurich, 1946), 1ff.; E. Kessler, *Das Problem des frühen Humanismus* (Munich, 1968), 9.

按照人文主义的思想,尼特哈默尔主张自由教育的课程和语言教学,这些自15世纪以来一直统治着全欧洲的中等教育,同时,像人性[*humaniora*(1617)或者 *humanity*(1484)]、人文学科[*humanities*(1703)和 *humanités*(1673)]⑤这样的表达,都能够追溯到西塞罗"人文研究"(*studia humanitatis*)的理念。⑥

后面这一术语在1369年为科卢乔·萨卢塔蒂(1331—1406)所使用,萨卢塔蒂是佛罗伦萨的国务秘书和一名人文主义者。⑦像"人性研究"这样的术语一样,它涉及彼特拉克(1304—1374)所引发的新思想运动的目标,还涉及新学科的内容。因此,下面的发展就容易理解了:历史学家将这次运动称为人文主义运动,并且在1869年之后,历史学家按照新的"人文主义"的观念来探讨1350到1550年间的整个时代。⑧"文艺复兴"一词也开始用来指这个在生活各方面都复兴的时期,为了同"文艺复兴"区分开来,"人 444
文主义"被限定在教育和文学文化上。

人文主义有什么新的内涵吗?就目前最普遍的看法来说,人文主义重新发现了那些湮没在历史中的古希腊罗马作者,他们是古代异教徒的代表。根据这一观点,人文主义帮助古希腊罗马人用世俗观念来抵制基督教的宗教观念和经院哲学。但今天,这种观点暴露出了不足之处。中世纪的研究明确地提醒我们要注意"黑暗"年代里的闪光点,同时还指出查理曼大帝已经开始尝试复兴文化和思想的古典形式。(这是第一章中提到的加洛林王朝时期巴黎大学建立这一神话的基础。)古典著作在12世纪受到重新关注的意义已经得到认同。同时,文艺复兴和人文主义的概念都已在中世纪早期和盛期的作品与活动中得以应用。早在13世纪,世俗的甚至异教的倾向就已经出现,例如大学里对亚里士多德的研究。这一趋势还表明,从彼特拉克到伊拉斯谟,这些典型的人文主义者都信仰宗教,而且他们中

⑤ H. Schulz, *Deutsches Fremdwörterbuch* (Strasburg, 1913); *Oxford English Dictionary* (Oxford, 1971); E. Littré, *Dictionnaire de la langue française* (Paris, 1874), s. v.

⑥ W. Rüegg, 'Prolegomena zu einer Theorie der humanistischen Bildung', *Gymnasium*, 92(1985), 307-317.

⑦ 参考 A. von Martin, *Coluccio Salutati und das humanistische Lebensideal, ein Kapitel aus der Genesis der Renaissance* (Leipzig, 1916), 106.

⑧ 参见精选文献。

的许多人都深受经院哲学的影响。因此我们可以再次追问,人文主义有什么新的内涵吗?

首先,人的意识的普遍觉醒开启了一个崭新的时代。在这个时代里,在黑暗中沉睡了几个世纪的文学和艺术被唤起了新的生机。那些经历了这次意识觉醒的人将大迁徙和 14 世纪之间的“黑暗”时期称为“中世纪”。[9]这是全新的。早在 12 世纪就有作者认为他们自己是现代人,他们中有的认为自己超过了古人,有的则认为自己不如古人。然而,他们没有将过去和现在之间的区别与划时代的意识觉醒联系起来,而且没有超越弗罗里斯的乔基姆用末世论对世界时代三段式的划分。[10]

寻求新的安全象征

彼特拉克及其后继者将中世纪视为黑暗时代,并不是因为他们对科学和文学的无知,而是因为他们那时没有看到“光明”,没有揭示人生意义的
445 洞察力,也没有温暖人心的字句。[11]人文主义兴起在这样的时期:严重的政治和经济危机、教会大分裂、西欧的百年战争、罗马帝国的衰落,在勃艮第、意大利等地,帝国内部各个领主势力间争夺最高权力展开纷争,以及东方土耳其的威胁。所有这些都发生在经济增长停滞、财政危机、饥荒和黑死病肆虐的背景之下。结果加重了人们对现实的危机感。这些灾难使人文主义时代被称为“欧洲历史上人类灵魂最不安的时期”,这一时期以“心

⑨ J. Voss, *Das Mittelalter im historischen Denken Frankreichs. Untersuchungen zur Geschichte des Mittelalterbegriffes und der Mittelalterdeutung von der zweiten Hälfte des 16. bis zur Mitte des 19. Jahrhunderts* (Munich, 1972), 22ff.

⑩ A. J. Gurevich, *Categories of Medieval Culture* (London, 1986), 第 2 章和第 4 章。

⑪ 有关“黑暗时代”的概念:T. E. Mommsen, ‘Petrarch's Conception of the “Dark Ages” (1942)’ in T. E. Mommsen, *Medieval and Renaissance Studies*, ed. E. F. Rice (Ithaca, N. Y., 1959), 106 – 129; E. Garin, ‘Medio Evo e tempi bui: concetto e polemiche nella storia del pensiero dal XV al XVIII secolo’, in V. Branca (ed.), *Concetto, Storia, Miti e Immagini del medio Evo* (Florence, 1973), 199 – 224. 有关光明的象征主义:W. Rüegg, ‘Die scholastische und die humanistische Bildung im Trecento (1960)’, in W. Rüegg, *Anstösse, Aufsätze und Vorträge zur dialogischen Lebensform* (Frankfurt, 1973), 126.

灵的震荡”、死亡的恐惧，以及瘟疫横行为特征。⑫

精神不安不仅是纷扰外部环境的明证，而且反映了个体对自身和世界的认识危机。黑暗的中世纪这一陈旧的说法是市民社会危机感的表达。随着交流和交换手段合理化的日益重要，市民社会与传统的价值观念发生了冲突。市民阶层的日常经验日益强大，但它被剥夺了先验的合法性，而且往往与教会宣扬的观念和标准相反。货币经济重要性的日益增长和教会对放高利贷的谴责之间的矛盾也说明了以上情况。⑬新兴的城市统治阶层最主要的宗教问题是，要使他们的世俗活动与传统的先验秩序标准相调和，这就需要寻找一种新的宗教标准，它不受等级秩序的束缚，而是赋予社会各阶层以相应的道德意义。人文主义者并非是要将人们从中世纪的虔诚和统一中解放出来，更恰当地说，他们的目的是想通过寻找“新的安全象征”来克服宗教和社会的危机。⑭

人文主义对这种新的象征结构的明确探求使人性本身成为其所追求 446
的人类安宁的象征。对人类地位的置疑，特别是对按照上帝的形象造出的人的高贵性与他们在现世命运中的卑微弱点之间矛盾的置疑。这一流传久远的传统是确实存在的，人文主义者则极大地发扬了这一传统。⑮然而，人性在逻辑上是无足轻重的，仅仅当人性面临覆灭的危险，以至于人的尊严或其他人的价值，以及作为价值底线的人性本身都成为道德教育中需要特别努力达到的目标时，人性才有意义。

在特定的环境中以及在对口头传递的熟悉经验的理性反省中，在与其他人的相互影响中，人类受到了教育。缺乏精神安全感是人文主义时期的

⑫ Lynn White Jr, 'Death and the Devil', in R. S. Kinsman (ed.), *The Darker Vision of the Renaissance*, UCLA Center for Medieval and Renaissance Studies Contributions, 6 (Berkeley/Los Angeles/London, 1974), 26; M. Hébert, 'La mort: impact réel et choc psychologique', in C. Sutto (ed.), *Le Sentiment de la mort au Moyen-Age, Etudes présentées au Cinquième colloque de l'Institut d'études médiévales de l'Université de Montréal* (Quebec, 1979), 10.

⑬ B. Nelson, *The Ideal of Usury: From Tribal Brotherhood to Universal Otherhood* (Chicago, 1949; 2 nd edn enlarged, 1969), 5, 28.

⑭ 关于寻找新的安全象征：H. A. Oberman, 'The Shape of Late Medieval Thought: the Birthpangs of the Modern Era', in C. Trinkaus and H. Oberman (eds.), *The Pursuit of Holiness in Late Medieval and Renaissance Religion* (Leiden, 1974), 11.

⑮ W. Kölmel, *Aspekte des Humanismus* (Münster, 1981), 187–188.

特征,它反映了传统的机构不能再培养人——无论其原因是大学中的那些专业使用的理性和特殊的文献交流和交换方式无法提供适当的模式来帮助人对其家庭传统和周围环境的自我理解,还是因为大学发展出理性批评的程序,使传统的社会集团,例如贵族阶层远离了他们自身的口头传授模式。

人文研究用对不同人性的文学陈述的研究取代了缺失的或疏离的关于政治和社会经验的家庭传统的研究。他们将语言分析变成人类教育形式中最重要的组成部分。像人文研究、人的研究和人文作品这样的表达把以下结果设想为自动化的过程:通过与不同人性的文本陈述相互作用,个体的人用语言表达了各自的人性形态,同时又形成他们自己的人性。他通过自我教育从而成为一个有道德使命感的人,这样的人通过对语言的掌握获得了自主权。人文研究与道德养成的来源相同。人文主义者在经典的基督教徒和异教徒作家,例如奥古斯丁和西塞罗、亚里士多德和杰罗姆中,发现人类的这些楷模是为了他们自己的道德教育。他们在与古代作者的对话中找到了他们在社会角色扮演中的新的安全感。与他们的中世纪前辈不同的是,他们并不将古代作者的书与基督教的救赎道路联系起来进行评价,而更愿意将这些书作为超越时空的与人类对话的伙伴。各种立场的人文主义者,包括教授和后来的外交官弗吉里奥(1370—1444)、锡耶纳的圣伯纳迪诺(1380—1444)、教师格里诺·达·韦罗纳(1374—1460)、政治家和政治哲学家马基雅维里(1469—1527),以及世界主义的学者鹿特丹的伊
447 拉斯谟(约1466—1536),都称这些书为朋友。人们可以向这些朋友提问题,这些朋友能解答他们的问题;有这些朋友的陪伴,人会感到自由自在;在阅读中,这些朋友的灵魂能与个体自己的灵魂接触,同时这些朋友能给人力量。⑯

在哲学上,人文主义者采用诡辩家对人的定义,把人看做使用语言从而与动物区别开来的实体,这一定义后来为伊索克拉底和西塞罗进一步发

---

⑯ Evidence in W. Rüegg, 'Das antike Vorbild in Mittelalter und Renaissance (1953)', in Rüegg, *Anstösse* (注释 11), 91 - 111, 尤其是 106 - 108; W. Rüegg, 'Christliche Brüderlichkeit und humanistische Freundschaft (1976)', in W. Rüegg, *Bedrohte Lebensordnung*, *Studien zur humanistischen Soziologie* (Zurich/Munich, 1978), 107 - 124.

展。人运用语言来建立社会制度、表达价值观念和塑造现实形象。通过语言,人也感受到上帝语言中不可言说的神秘超凡,同时人也试图在诗歌中描绘这种感受。在最近几十年里,学者们将各种各样的意大利人文主义者和经院哲学中的唯名论联系起来。唯名论将语言看做是这个世界的符号系统,同时在与理性比较的过程中,唯名论重视人的意志。⑰对于人文主义者来说,语言既是个体形成过程与公共生活中的个体行为,是在现在与过去之间、在人与自然之间、在人与上帝之间相互联系和相互作用的结果,又是它们的原因。

人文主义者体验到古代作者的问答语言的价值,无论是基督教还是异教作者,在很大程度上都超过了经院哲学的著作。由于这个原因,人文主义者谈到"复活",谈到"新的花季",谈到诗歌而不是古物,这些都作为通过语言对人类知识构成进行描述的最具包容性的术语。1360 年左右,萨卢塔蒂将这些归功于彼特拉克,认为是他帮助灰暗的和已被长久遗忘的沉思恢复了青春活力,促使干涸的诗歌之流再次流淌。大约在同一时期,薄伽丘赞美但丁,因为正是但丁使死去的诗歌艺术复活。约 1381 年,佛罗伦萨历史学家菲利波·维拉尼第一次用诗歌的兴衰状况作为定义古代和现代之间时间间隔的世俗尺度。维拉尼说,公元 400 年左右,由于帝王的吝啬和衰弱,以及部分地由于教会的否定态度,诗歌衰退了,并陷入被忽视和不受尊重的境地,直到但丁"将诗歌从黑暗的深渊中唤回到白昼的光明下,他伸出手,帮助诗歌从横卧的姿态笔直地站立在它自己的双脚上"。⑱约 1400 年,佛罗伦萨由于雄辩术和同时发生的文化苏醒被赞誉为进入"全盛期",得以从地狱中被召回。

实际的情况是,作为这种态度的结果,经典散文作家的语言,尤其是西塞罗作品的风格经常被盲目地模仿,但也必须认识到许多伟大的人文主义者,从萨卢塔蒂、瓦拉(1407—1457)直到伊拉斯谟,他们都强烈批评对古典 448

⑰ K. O. Apel, 'Die Idee der Sprache in der Tradition des Humanismus von Dante bis Vico', *Archiv für Begriffsgeschichte*, 8 (1963), 12ff.; W. Kölmel, 'Scolasticus literator, Die Humanisten und ihr Verhältnis zur Scholastik', *Historisches Jahrbuch*, 93 (1973), 327 – 335; Oberman, 'Shape of the Late Medieval Thought' (注释 14),14.

⑱ B. L. Ullman, 'Renaissance, the Word and the Underlying Concept (1952)', in B. L. Ullman, *Studies in the Italian Renaissance*, (Rome, 1955), 11 – 25.

形式的模仿。重要的不是语言的古典模式，而是体现在语言中的具体的态度和意向。因此，西塞罗说，在语言中，每个字在它所处的社会中都有自己的意义，现代人的表达应该不同于古代人，甚至能够超越古代人。⑲因此，活着的人能从与古代作者的对话中发现“新的安全象征”，同时深化他们对自身以及世界的理解。

通过将其自身的境遇与所读著作中描述的不同历史境遇相比较，人物、时代，以及过去的象征形式都可以在他们自己的观点中找到。古代遗产不再仅仅作为现代社会的收藏品，也是过去社会和时代的象征性重建的因素。在这个意义上，古代是作为一个遥远的历史时代被重新发现的。同时，人文主义者试图用历史研究来追溯他们的城市和国家的起源，以此来代替城市和国家的神话基础。这解答了为什么提倡古典拉丁语教育的人文主义者同样也是本国文学和历史的最积极的捍卫者。迷惑的原因在于将人文主义误认为单纯模仿古代。正是这种与过去对话的方式，使我们能将过去和现在作为一个有其自身规律的统一体来认识。

教育中的人文主义运动

经院哲学的权威艾蒂安·吉尔森，将15、16世纪称为“西塞罗时代”，它取代了13、14世纪的“亚里士多德时代”。根据他的观点，以亚里士多德为代表、统治经院哲学的哲学思想已经让位于人文主义者的著作，也就是让位于西塞罗，我们的雄辩家。世界和人类形象的重心从事物的本质转移到人类的本质上来，人作为社会存在，使用语言是人特有的本质。人文主义中典型的西塞罗式要素是将“语言人”作为人的定义。因此，演说家和演说
449 术被置于人类等级中和知识分类中的最高位置。个体和各种知识分支，按照它们作为语言运用的工具和“社会约束和规范”的价值进行分类，⑳而不是根据它们理解现实世界的较大或较小的能力来分类。

人文主义最初出现在大学外部，几代人以后，人文主义被社会的中心

⑲ Rüegg, ‘Scholastische und humanistische Bildung’ (注释 11), 112ff., 135.

⑳ E. Gilson, ‘Le message de l'humanisme’, in F. Simone (ed.), *Culture et politique en France à l'époque de l'Humanisme et de la Renaissance* (Turin, 1974), 4.

人物所同化。对于他们来说,文字作为"社会的镣铐和标准",是其日常经验的一部分。在最重要的人文主义者中,有市政的、王室的、教会的官员,公证人和教师,贵族和国王,教阶成员和红衣主教,银行家和富有商人,以及出版商和自由撰稿人。在很大程度上,他们都是大学毕业生,他们在履行职业和公务职责的实践中继续着人文主义的学习。㉑他们的学习得以直接应用于商业、政治、法庭、官署和外交这些对口头和书面语言的掌握要求很高的行业里。据说,佛罗伦萨国务秘书萨卢塔蒂的人文主义笔锋比1000名骑兵更有杀伤力。㉒然而,更重要的是这样的信念:通过人文研究获得的道德教育能使作为家庭和社会成员的人的行为更有责任感。㉓

同样重要的是人文研究所带来的精神解放。人文研究并没有被视为基督教信仰的对立物,而是被视为其补充。人文主义者费德里戈·达·蒙泰费尔特罗(1422—1482)公爵用象征的形式表达了以上观点,这些象征形式是三个经过精心安排的寓所,当公爵在乌尔比诺的公爵府时,他在这些寓所中渡过其闲暇时光:两座比邻的大小和形状一样的小教堂是精神和情感意图的聚集点。其中一座是为了信仰上帝,一座是为了接近缪斯。在这两座"小圣堂"的上面正好是公爵的私人书房。直到今天,在镶板墙上公爵仍然被描绘成人类美德的化身,作为服务于上帝和缪斯的象征之一。在这面墙上,有佩德罗贝的一幅名画,画的是公爵和他的儿子。这幅画属于28幅描绘哲学家、诗人、古希腊罗马和中世纪的学者和画家自己时代的画作之一。他们象征着理性的社会,佩德罗贝能从中获得其"积极生活"的道德和

㉑ C. Bec, *Les Marchands écrivains. Affaires et humanisme à Florence* (Paris/The Hague,1967); P. Burke, *The Italian Renaissance. Culture and Society in Italy, 1420 – 1540* (Cambridge, 1986); L. Martines, *Power and Imagination, City-states in Renaissance Italy* (New York, 1979),191 – 217 (ch. Ⅺ, 'Humanism: a Program for Ruling Classes').

㉒ F. Novati (ed.), *Epistolario di Coluccio Salutati*, vol. Ⅳ (Rome, 1905), 247ff., 514.

㉓ M. B. Becker, 'Aspects of Lay Piety in Early Renaissance Florence', in Trinkaus and Oberman (eds.), *Pursuit of Holiness* (注释 14), 177 – 199.

政治基础。㉔

450 甚至成功的雇佣军首领也在过去和现在的人类个体之间的对话，以及具有自然天性和上帝语言的人类个体之间的对话中找到和发现了“新的安全象征”。在传统价值观念体系中的的斯库拉*和现代相对价值观中的卡律布迪斯**之间，人文主义的教育经验，作为“约束和规范”的语言，在克服时代的同一性危机中打开了一条通向社会顶峰的路。它通过一个标准体系来解释自身和世界，这是一个有界限的观念体系，但这一界限能从属于有意识的反应，因而这一体系能对所有的观点开放。

作为表达人际状况的形式，概念和价值已成为推论式对话的目标。这也在辩论的结构中得以确证。其最初的目的并不是用辩证逻辑的方法来分析和评价各种命题和学说，这些命题和学说的目的是建立抽象真理为是。这些命题和学说更被视为具体历史条件下个体的主张，要根据当时社会条件和个体面临的条件来认识它们。通过对文本的比较和批评，发现这些最可信陈述的形式，并用历史的观点来定位这些陈述，但是这些努力并不是大学里学者们工作的结果。萨卢塔蒂是第一个进行文献校勘和历史研究的人文主义学者。他的后继者，佛罗伦萨的国务秘书莱昂纳多·布鲁尼(1370—1444)被看做是“第一个现代历史学家”。㉕

与当代的或历史的人物不断对话，无论是明确的还是含蓄的，影响的不仅仅只是论证的类型。道德哲学、教育学、政治学、神学和自然科学等方面的著作都采取了对话体、书信体和演说体的形式。从 14 到 16 世纪，这些形式相继出现，而且替代了句子、摘要以及论文这些类型。对话体文章中包含了各种人提出的各种矛盾的观点或学说，还有个人的经验和思考。例如叙述个人经历的信件和由这些信件引发的评价性的思考，在个体之间

㉔ W. Rüegg, ‘Die befreiende Kraft der Studia humanitatis (1961)’, and ‘Der Humanist als Diener Gottes und der Musen (1967)’, in Rüegg, *Anstösse* (注释 11), 138 – 167, 尤其是 149, 162ff.; P. Rotondi, *Il Palazzo Ducale di Urbino*, vol. Ⅰ (Urbino, 1950) 357 – 382; W. Liebenwein, *Studiolo. Die Entstehung eines Raumtypes und seine Entwicklung bis um 1600* (Berlin, 1977), 83 – 99.

* 希腊神话中六头十二手的女怪——译者。

** 希腊神话中在大海里制造漩涡的女妖——译者。

㉕ B. L. Ullman, ‘Leonardo Bruni and Humanistic Historiography (1946)’, in Ullman, *Studies* (注释 18), 322, 344.

相互交流，并且通常发展成人文主义者自编的通信集。人文主义者喜好演说体这种文学形式，它针对的是更广泛的听众或更大范围的读者群体。上面提到的这些形式并不仅仅局限于阐明对特殊主题或是话题的认识。人文主义者同样用这些形式来展现情感的，甚至是戏剧性的社会行为因素。㉖ 451

人文主义的语言观同样影响了文艺复兴时期的艺术。通过人文研究的教学间接形成了艺术家的人文主义倾向。（帕诺夫斯基为了说明经院哲学与哥特式建筑之间的关系而证明了非常类似的倾向。）㉗ 人文主义理想与文艺复兴时期的艺术之间更直接的联系体现在修辞学概念被运用于艺术理论和实践中。㉘

人文研究的对话结构也体现在新兴的非大学机构中。在佛罗伦萨，约15 世纪初，市民、教士和大学教师与萨卢塔蒂在私人圈子里定期聚会，就是为了学术讨论。1454 年，人文主义者里努奇尼（1419—1499）在其家里建立了第一个学术协会。在确定的规则框架内，市民们能在学术协会里找到普通读物和经典作家的阐释，还能聆听关于综合的科学或学术话题的演讲和讨论。这种受过教育的俗人之间的常规学术对话形式迅速传播开来。在佛罗伦萨（1462）出现了第一个仿建组织——菲奇诺的“柏拉图学园”。随后，罗马、那不勒斯、威尼斯、欧芬、克拉科、海德堡、因戈尔施塔特、奥格斯堡和维也纳都出现了类似的学术协会。这刺激了学术组织和学术团体的建立，这些学术组织和团体与大学一起，在 16 世纪的下半叶遍布欧洲，并且成为现代科学和学术进步的重要动因。㉙

在人文主义者的努力之下，科学和学术科目中“继续教育”的早期形式有了新的内容。人文主义者设计出了中等教育的模式，不仅为大学学习做准备，也为政治领导和经济事业的发展服务。人文主义者还对身体锻炼、数学和语言教育、人文主义的自由教育，以及道德品质教育感兴趣。萨卢

㉖ C. Vasoli, ‘The Renaissance Concept of Philosophy’, in C. B. Schmitt and G. Skinner (eds.), *The Cambridge History of Renaissance Philosophy* (Cambridge, 1988), 57 – 74.

㉗ 见第 1 章，第 28 页（原文）。

㉘ G. Kaufmann, ‘Sprache und Kunst in der Renaissance’, *Wolfenbütteler Abhandlungen zur Renaissanceforschung*, 1(1981), 237 – 265.

㉙ T. Klaniczay, ‘Celtis und die sodalitas litteraria per Germaniam’, *Chloe*, *Beihefte zur Daphnis*, 6 (1987), 79 – 108.

塔蒂、弗吉里奥到伊拉斯谟、比代(1468—1540)、维韦斯(1492—1540),所有这些杰出的人文主义者都对教育改革提出过建议,在某种程度上他们是沿着西塞罗、昆体良、普鲁塔克和巴西利厄斯的道路,采用的是书信或是完整的教育论文的形式,并且这些都是针对世俗政府和教会当局提出的。维多里诺·达·费尔特雷(1378—1446)和格里诺·达·韦罗纳(1374—1460)在
452 村舍中创造了人文主义教育团体的成功模式。寓所、学舍和体育馆这些模式,在促进人文主义在阿尔卑斯山以北的传播方面,与那些身为大学教师的人文主义者有同样的影响,甚至更大。㉚

雄辩术,与智慧一起,构成了运用语言技巧进行道德劝说能力的基本要素。"积极生活"的重要信念通过术语"演说家"表达出来,演说家这个称呼是那些15世纪致力于人文研究的人用来称呼自己的。㉛他们也常用诗人这个头衔。在他们看来,诗是最宽泛的人类知识范畴,由于这个原因——尽管吉尔森不这么认为——他们将诗人而不是演说家视为人文研究的最高代表。㉜诗人的桂冠被意大利或德国人文主义者视为最高荣誉,而且往往与在大学里执教的权利相联系。㉝

人文主义进入大学

"人文主义者"一词的兴起,是人文研究在大学中确立了独特的和被认可的地位的标志。人文主义者(*humanista*)这个词于1490年出现在意大利比萨大学校长的书信中,也是1512年博洛尼亚大学新的人文作品讲席负责人的拉丁文称呼。人文主义者还更普遍地被用来称呼大学教师,例如文科教师、法学教师、神学教师。从1515年开始,人文主义者还用于指那

㉚ E. Garin, *L'educazione umanistica in Italia*, *testi scelti e illustrati* (Bari, 1949); E. Garin, *L'educazione in Europa*: *Problemi e programmi* (Bari, 1957); A. Grafton and L. Jardine, *From Humanism to the Humanities*: *Education and the Liberal Arts in Fifteenth and Sixteenth Century Europe* (London, 1986).

㉛ G. Billanovich, 'Auctorista, humanista, orator', *Rivista di cultura classica e medioevale*, 7 (1965), 160ff.

㉜ F. d'Episcopo, *Civiltà della parola*, vol. Ⅰ, *Il Rinascimento*, *La rivolta della poesia* (Naples, 1984).

㉝ E. H. Wilkins, 'The Coronation of Petrarch', *Sepculum*, 18 (1943), 156-197.

些在大学外进行人文研究的代表性人物,如著名的出版商和学者阿尔都斯·马努提修斯(1450—1515)与伊拉斯谟。人文主义者一词因此成为了通行的用法。[34]

但这并不表示人文主义仅仅是在16世纪的大学中确立的。这一时间要依据每个人对人文主义的理解而定。如果将人文主义仅仅看成是在大学中任教的古典文学作家,特别是诗人,那么就必须回溯到大学的源头。在西班牙的帕伦西亚大学,古典文学教师(*auctorista*)这个术语在1220年与神学家、法学家和逻辑学家并列使用,同样的用法还出现于一个世纪以 453
前的希尔索修道院,用来称呼教授经典作家作品的教师。[35]

如果将人文主义理解为回到古代,那么我们将在帕多瓦大学找到人文主义最初的用法。1315年,它作为古代以来第一个诗人桂冠授予给了诗人马萨托。与此同时,他获得了教学的权利。正是在帕多瓦大学,律师洛华图·洛华蒂(1241—1309)不仅写诗,而且分析古典韵律形式,同时还"发现"了传说中帕多瓦城的建立者特洛伊英雄安特罗的墓。[36]但也可以说,人文主义产生于博洛尼亚大学。1321年,乔万尼·德·维尔吉利奥被市政当局任命为古典文学教师,负责讲授古代的"伟大作者"和诗歌。他对奥维德《变形记》的评论毫无疑问地显示,他已经用人文主义的方式来处理文本了。例如,在第447页及以后对"对话式"一词含义的理解。[37]大体上,这个意义在学术应用中日益精确,这些人和其他的古典文学教师被称为"早期人文主义者"。

这些"早期人文主义者"在什么时候以及怎么样变成人文主义教师,都发生在大学史上的"黑暗时代"。比兰诺维奇可能是研究这个主题的权威,他说:"为了理解中世纪的欧洲是如何过渡到人文主义的欧洲,有必要推想那些古代教师的音容笑貌,追溯他们的影响和关于他们的证据,这经历了

---

[34] A. Campana, 'The Origins of the Word "Humanist"', *Journal of the Warburg and Courtauld Institutes*, 9 (1946), 60 – 73.

[35] Billanovich, 'Auctorista' (注释 31), 148.

[36] R. Weiss, *The Renaissance Discovery of Classical Antiquity* (Oxford, 1969),18ff.

[37] Text in F. Ghisalberti, 'Giovanni del Virgilio', *Giornale Dantesco*, 34 (1933),3 – 110.

曲折而艰巨但又是必需的研究档案和手稿的过程。”[38]

我们可以举出很多的理由来说明，为什么人文主义被意大利的大学吸收，或者正如一些学者认为的，为什么人文主义在意大利的大学里兴起，在时间上比其他地方的大学早了一个世纪。意大利的大学没有神学院，这被认为有助于把异教作家的古典作品引入到教学中来。重点是法律研究，像公证人一类的世俗职业的实践价值，罗马法的崇高声望，并不只是通过书信艺术对学生撰写法律和商业的书面交易进行特殊而严格的训练。这些都导致了一个情况，就是古典文学作家被作为书面交流中语言运用的典范来介绍。意大利人更熟悉那些于12世纪法国文艺复兴期间被重新发现的古典文学作家，因为当时正是教皇被驱逐到阿维尼翁的时期，因此他们也更加熟悉法国文化的成就。

454 然而，这些解释无法说明以下事实：正如我们看到的那样，对于人文主义者来说，神父和同时代的诗作与古典文学作家至少是同样重要的。《神曲》与圣·奥古斯丁的《忏悔录》一样，没有受到书信体的影响。如果人文主义是因为意大利的大学强调法律研究引起的，那人文主义应该最先侵占法学院。在意大利，进入法学院学习并不需要文学院的文凭。但人文主义很晚才摆脱文学院的束缚，而且还遭到来自法学院的强大抵抗。同样有趣的是人文主义的法理学——正如第十二章所阐述的——被称为高卢人的特征，它作为一种法国现象，与意大利人的特征形成了对比。[39]

实证主义者的解释并不能令人满意。外部环境最多只是为人文主义提供了更适宜的环境。由于在意大利的大学中，专业的学舍比较弱小，这使得个别的教师和大学外部的人士都能对课程的形成产生较大的影响。然而，只有通过仔细地进行追根溯源的研究，才能获得结论性的知识。但是，基于已有的研究，我们可以说，不是大学教师，而是大学和博洛尼亚公证员学校先前的学生——分别是彼特拉克和萨卢塔蒂——最先系统地整

---

[38] G. Billanovich, ‘Giovanni del Virgilio, Pietro da Moglio, Francesco da Fiano’, *Italia medievale e umanistica*, 6 (1963), 203.

[39] 参见第392页。

理了古典文献，并且用语言批评和历史批评的方式来阐释古典文献。[40]即使他们自己并不希望成为大学教师，彼特拉克是出于个人原因，萨卢塔蒂是出于履行国务秘书的职责，通过他们个人的和书信的联系，他们还是极大地推动了意大利北部大学中语法和修辞教师转向人文研究。到1415年，这些大学中的人文研究取得了如此大的进步，像比兰诺维奇所说的“哥特式的意大利很快变成了人文主义的意大利”。[41]

有两个例子能表明“对话体”人文主义对文学院的逐渐渗透，但它们不能解释原因。14世纪末，萨卢塔蒂的门徒，后来成为米兰官员的安东尼奥·罗斯尼，写了第一本人文主义的修辞学论著。这对罗斯尼以前的同学加斯帕里诺·巴兹查产生了直接的影响。巴兹查1403—1407年是帕维亚著名的文法和修辞学教师，后在帕多瓦(1407—1421)教授修辞学和道德哲学，他突出的成就是对西塞罗的研究。作为教师，巴兹查后来自己开办了 455
一所私人学校；作为语言学家和许多教科书的作者，而且通过他广泛的通信联系，与日益稠密的人文主义对话网中许多成员一样，不仅在他们的时代，而且还在下一个时代，为人文主义在大学的确立做出了贡献。[42]

关于大学中人文主义内涵的第二个例子是希腊语研究的引入。这往往还要归功于1453年土耳其人征服君士坦丁堡以及随后希腊学者移居到意大利。早在1312年，维也纳会议就决定鼓励巴黎大学、牛津大学、博洛尼亚大学和萨拉曼卡大学中希伯来语、希腊语、阿拉伯语和阿拉姆的研究，为的是使传教工作更有成效。但这只产生了零星的影响，并没有建立起常规的希腊研究。1360至1362年间，卡拉布里亚人里奥斯诺·彼拉图，经过薄伽丘的推荐，在佛罗伦萨大学教希腊语。但是他的教学如此匮乏，以至于没有留下任何记录。萨卢塔蒂的功绩在于，经过三年的认真准备——赞美的信件、学生的派遣和当局慷慨的赞助，他于1397年将一位学识深厚的拜占庭的外交家克里索罗里斯请到了佛罗伦萨。萨卢塔蒂引导许多有才

---

[40] 关于彼特拉克：G. Billanovich, *Petrarca letterato*, *I*, *Lo scrittoio del Petrarca* (Rome, 1947). 关于萨卢塔蒂：B. L. Ullman. *The Humanism of Coluccio Salutati* (Padua, 1963), 95–114.

[41] Billanovich, ‘Giovanni del Virgilio’ (注释 38), 7(1964), 322.

[42] W. Rüegg, ‘Cicero–Orator noster’, in W. Ludwig (ed.), *Eloquence et rhétorique chez Cicéron*, Entretiens sur l’Antiquité classique, 28 (Vandoeuvres/Geneva, 1982), 283ff.

能的学生学习精深的希腊语，使得他们后来在许多大学里教授希腊语，并在他们旅行过程中购买了大量的希腊文文献。例如前面提到的“第一个现代历史学家”莱昂纳多·布鲁尼，他用新的人文主义的方式将希腊文著作翻译成意大利文。[43]如此一来，1453 年以前，西方已经很熟悉希腊文作者了。[44]

到 15 世纪中叶，人文研究已经在意大利大学的文学院中确立了牢固的地位。[45]这是直接和间接的外部主动性作用的必然结果。这里引用两个例子来说明，他们代表了一般的趋势。在许多地方，主流阶层往往对教育的形式感兴趣，这将使他们能更充分地和更合法地履行他们的职业和行政任务。他们对大学中引入的新的教育形式感兴趣，[46] 并且愿意为这些改革承担一些费用。例如在 1432 年的佛罗伦萨大学，人文主义者菲尔弗得到了 224 个佛罗伦萨基尔德（钱币单位），以此教授修辞学和诗歌，而他的
456 哲学同事仅得到 160 个基尔德，民法教师的报酬是 130 个基尔德，医学教师的报酬是 150 个基尔德。60 年后，希腊语教师克里索罗里斯和阿伊罗普洛斯的报酬更加丰厚，前者得到了 250 个基尔德，后者得到了 400 个基尔德。[47]即使不是所有的城市及其统治者都达到了佛罗伦萨对教师给予报酬的水平（这是既富有又专注于人文主义的城市），人文主义者也不是贫穷的人。他们经常被许多文学作品描述成见风使舵、谄媚富人来求得生存的形象。人文主义者经常从一所大学迁移到另一所或者身兼教职和政府职务——今天我们对这种安排的理解比 19 世纪的前辈们更深。

15 世纪中叶，人文研究导致了大学文学院中对某些科目影响深远的改革，尤其是对语法和修辞学。这些改革要求回到源头，尽管著名的口号“回归本源”不是人文主义者的创造，而是 19 世纪历史学家的创造。在一

---

[43] H. Harth, ‘Leonardo Brunis Selbstverständnis als Übersetzer’, *Archiv für Kulturgeschichte*, 50 (1968), 41 – 63.

[44] R. Weiss, *Medieval and Humanist Greek* (Padua, 1977); Grafton and Jardine, *Humanism to Humanities* (注释 30), 99 – 121.

[45] Grafton and Jardine, *Humanism to Humanities* (注释 30), 62.

[46] Martines, *Power and Imagination* (注释 21), 202ff.; 但是，作者并没有看到上层阶级心理稳定的意义。

[47] E. Garin, ‘La concezione dell’ Università in Italia nell’ età del Rinascimento’, in *Les Universités européennes du XIV e au XVIII e siècle. Aspects et problèmes* (Geneva, 1967), 92.

些大学中,它们甚至渗透进三艺中的第三门科目——辩证法中,迫切要求引入人文主义的逻辑。㊽诗学、历史和道德哲学被添加进传统的科目,这可以从1444年为科西莫·德·梅迪奇图书馆编制的分类目录中推断出来,这份目录由后来的教皇尼古拉斯五世编制。㊾

人文主义对近代大学开端的影响

人文主义思想获得了社会的认可,并进入了大学的教学中,于是,起初的人文主义与经院哲学的争论转向了教师和人文主义者之间的争论。关键的问题首先在方法论上,认为古代权威的不可辩驳,是对各种资源的历史性批评的反对,最终则是有关语言结构的认识论地位问题。

洛伦佐·瓦拉曾于1431至1436年间在帕维亚做修辞学教师;后来在那不勒斯做了人文主义之王阿拉贡的阿方索的大臣;最后,从1447年直到1457年去世,他一直为人文主义的教皇尼古拉斯五世服务,同时还是罗马大学的修辞学教师。通过发展演说逻辑的计划,严格遵守文法规则,根据 457 对作家的语言和环境的理解来对作家作品进行阐释,瓦拉在这些方面产生了广泛的影响。1440年,他使用对文本进行历史批评的方法,揭示了"君士坦丁的馈赠"是伪造的,而这一事件是作为早期教皇权力合法性的证据。1444年,他对《新约》的注释,是对《圣经》进行历史诠释的第一次尝试,后来伊拉斯谟进一步发展了这种尝试。瓦拉的《优雅的拉丁语》一书同样产生于1444年,在书中他将拉丁文作为对人类自我理解变化的生动表达来分析,为正确的拉丁文用法打下了基础。同时,此书保存了几个世纪的最重要的拉丁文文献。他的《辩证法的辩论推理》一书更像关于这个主题的现代作品,尝试在普通语言的语法基础上建立逻辑关系。两个后来者及其主要著作发展了这一尝试,一是荷兰人文主义者鲁道夫·阿格里科拉,其著作是《辩证法的发明》,一是法国哲学家佩特斯·拉谟斯(1515—1572),德

㊽ L. Jardine, 'Humanistic Logic', in Schmitt and Steiner (eds.), *Cambridge History* (注释 26), 173-198.

㊾ Text in P. O. Kristeller, *Renaissance Thought, the Classic, Scholastic and Humanist Strains* (New York, 1961), 162.

国、英国以及后来的美国在此方面的发展都受到了他们的影响。[50]瓦拉的著作中非常清楚地揭示了，人文主义者通过三艺的教学，能够超出文学院的学科界限，同时也因此与其他学院产生矛盾。这种扩张的结果是，由于法学院成员制造的暴力迫害威胁到他的生命，瓦拉不得不离开帕维亚。在罗马，瓦拉没有遭到神学家的攻击只是因为他博得了教皇的喜爱。当收集拉丁文和希腊文的文献，并且试图建立正确的原文形式并加以解释时，甚至较少批判性的人文主义者都不能避免涉及自然科学、法律和神学方面的文献。在数学研究中，人文主义者依靠新发现的重要的古代资料来整理研究。[51]他们处理天文学和自然科学文献的方法也是一样的，有些文献是第一次由希腊文翻译过来的。因此，这是西方第一次能获得关于卢克莱修原子理论的完整文献。这些著作在自然科学的发展中非常重要。皮尔巴赫的乔治(1423—1461)是维也纳大学的文科硕士，1440 年至 1450 年间曾在费拉拉、博洛尼亚和帕多瓦学习，1454 年之前在维也纳大学教授天文学和拉丁文经典著作。像他这样"两种文化"集于一身是后来人文主义者的明显特征。[52]

458 在意大利的大学中，医学博士和文科教师属于同一个学院。然而，正如第十一章中写的那样，直到 1500 年，人文主义对医学研究只有间接的影响。但到了 16 世纪，这种情况就改变了。认为人文主义仅起到间接影响的原因之一是，许多医生接受的是人文主义的教育，而且通过翻译以及评论新发现的医学文献，许多医生仍然坚持着人文主义的研究，跨越历史的

[50] Grafton and Jardine, *Humanism to Humanities* (注释 30), 71 - 78; P. O. Kristeller, *Acht Philosophen der italienischen Renaissance* (Weinheim, 1986), 17 - 31(译自 P. O. Kristeller, *Eight Italian Philosophers of the Italian Renaissance*, Stanford, 1964). 参考 C. Vasoli, *La dialettica e la retorica dell'Umanesimo*, '*Invenzione*' *e* '*Metodo*' *nella cultura del XV et XVI secolo* (Milan, 1968).

[51] P. I. Rose, *The Italian Renaissance of Mathematics* (Geneva, 1975).

[52] M. Boas, *The Scientific Renaissance 1450 - 1630* (London, 1962), ch.1.

距离弄清楚古代的医学。[53]尼科洛·里奥斯诺(1428—1524)就是一个典型例子。他在费拉拉教授了60年的医学、数学以及希腊哲学,并且还将盖伦和希波克拉底的著作译成拉丁文,将罗马历史学家的著作译成意大利文。他将人文主义的校勘方法运用于医学文献激起了极大的学术争论,其影响远远超出了意大利的国家界限。伊拉斯谟将其誉为医学的人文主义复兴者。[54]

人文主义与神学的关系更为直接。特别是神父圣·奥古斯丁从一开始就是人文主义者最钟爱的作者之一。人文主义者编辑了这些作者的作品,并对之加以评论,如果需要还将这些作品译成其他文字。在这些作者关于道德哲学的演说和作品中,人文主义者反复涉及到神学争论,例如,萨卢塔蒂在瘟疫期间,触及到关于神圣天意和自由意志的存在问题。瓦拉以及后来伊拉斯谟对《新约》的评注成为了深刻洞察神学争论的契机,这些对教会改革和宗教改革运动产生了持久深远的影响。[55]

人文主义与法学和法学实践之间的关系很复杂。许多人文主义者都曾研究和实践法学。彼特拉克对自己做法学学生时的钻牛角尖深恶痛绝。他更推崇西塞罗简单的道德法。在关于学院等级的众多争论开始时,萨卢塔蒂认为应将法学而不是医学置于基础地位,原因是人类因为法学而高贵。[56] 但是,他的门徒布鲁尼和波乔(1380—1459)谴责律师,嘲笑法律,赞

---

[53] G. Baader, 'Medizinische Theorie und Praxis zwischen Arabismus und Renaissance Humanismus', and A. Buck, 'Die Rezeption des Humanismus an der juristischen und medizinischen Fakultäten der italienischen Universitäten', in G. Keil, B. Moeller, and W. Trusen (eds.), *Der Humanismus und die oberen Fakultäten*, Mitteilung XIV der Kommission für Humanismusforschung (Weinheim, 1987), 185 – 213, 276ff. 参见 E. Schmitz and G. Keil (eds.), *Humanismus und Medizin*, Mitteilung XI der Kommission für Humanismusforschung (Weinheim, 1984).

[54] M. J. C. Lowry, 'Niccolò Leoniceno', in P. G. Bietenholz (ed.), *Contemporaries of Erasmus. A Biographical Register of the Renaissance and Reformation*, vol. Ⅱ (Toronto, 1986), 323.

[55] H. Lutz, 'Humanismus und Reformation (1972)', in H. Lutz, *Politik, Kultur und Religion im Werdeprozess der frühen Neuzeit, Aufsätze und Vorträge* (Graz, 1984), 3 – 14; C. Trinkaus, 'The Religious Thought of the Italian Humanists and the Reformers: Anticipation or Autonomy?', in Trinkaus and Oberman (eds.), *Pursuit of Holiness* (注释 14), 339 – 366.

[56] 参见第28页。

459 扬医学才是真正的科学。[57]许多律师对人文主义的主题很感兴趣，并且与人文主义者保持着友好关系。然而，正如前文提到的，人文主义的方法在意大利的法学院遇到了强烈抵制。人文主义的历史文献校勘原则被意大利法学教授阿西亚特斯（1492—1550）引入到法律研究中仅仅是在16世纪，后来就成为了高卢人的特征。“在意大利人文主义的全盛时期，法律的人文主义仅仅产生了先驱者和倾向，但几乎没有结果和成效。”[58]

意大利以外地区人文主义的兴起

最后的观察并不仅仅适用于大学学院对人文主义方法和人文主义思想实质的接纳。15世纪中叶之后，除法国之外，法国是1418年危机之前人文主义最先繁盛的地方，人文主义越过意大利的边界，扩展到大学中；1500年之后，人文主义才在大学中确立了永久的地位。然而，考察一些人文主义不太成功的先驱者的细节也很有价值。这样做能让我们理解人文主义扩张的社会条件。在很大程度上，人文主义的赞助者和拥护者都是世俗和宗教显贵，意大利的旅行者将大学毕业生和人文研究引入阿尔卑斯山以外的法庭、城市和大学中。最后，主要在政治当局发端而不是在大学，人文主义者，起初多是意大利人，开始承担一些大学或文学院中的人文学科的教学工作。

彼特拉克曾与查理四世（1316—1387）有过密切的书信往来。1356年，他作为维斯孔蒂的大使，拜访了布拉格的皇帝。于是布拉格大主教阿诺斯特、主教奥洛穆茨的约翰·奥科，以及最重要的皇室大臣、主教约翰·冯·纽马克都成了他的崇拜者和追随者。然而，这并没有持续很久，也没有真正影响到布拉格大学。这所大学是查理在1348年建立的。直到16世

---

[57] A. Buck, ‘Rezeption des Humanismus’（注释 53），270 – 279.

[58] H. E. Troje, ‘Die Literatur des gemeinen Rechts unter dem Einfluss des Humanismus’, in H. Coing (ed.), *Handbuch der Quellen und Literatur der neueren europäischen Privatrechtsgeschichte, Bd 2: Neuere Zeit (1500 – 1800)*，第Ⅰ卷（Munich, 1977), 614；也参见 Buck, ‘Rezeption des Humanismus’（注释 53），269 – 279；K. H. Burmeister, *Das Studium der Rechte im Zeitalter des Humanismus im deutschen Rechtsbereich* (Wiesbaden, 1974), 26f. 151 – 160；E. Meuthen, *Kölner Universitätsgeschichte*，第Ⅰ卷，*Die alte Universität* (Cologne/Vienna, 1988), 215ff.

纪,人文主义才在布拉格大学占有一席之地。

匈牙利国王,安茹的路易斯(1322—1382)对人文主义的兴趣倒是间接影响了存在时间不长的佩奇大学(1376至约1440年)。国王与彼特拉克和萨卢塔蒂均有书信往来,他允许在法庭上使用人文主义的文体形式。佩奇大学的教学保留了人文主义的理念和篇章。现在仍不清楚佩奇大学有多少毕业生,他们越来越多地来自于下层贵族、资产阶级,甚至少数富裕的农民,他们从事世俗的职业,并为人文主义思想的传播做出了贡献。无论如何,路易斯国王为继起者打下了基础。[59]西斯吉蒙德(1368—1437),匈牙利、波西米亚和德意志的国王和后来的皇帝,将皮耶罗·保罗·弗吉里奥(1370—1444)从康斯坦斯会议带到欧芬。弗吉里奥在宫廷中一直非常积极直到生命结束。他,还包括后来格兰的大主教约翰尼斯·维特兹(约1400—1472)是第一代匈牙利人文主义者的启蒙者和教育者。在匈牙利,人文主义是一项宫廷事务。维特兹是人文主义的国王马提亚斯·科维尼斯(1440—1490)的教师和大臣。维特兹的侄子亚努斯·帕诺尼斯(1434—1472)是马提亚斯的副大臣。维特兹将其送到格里诺那里学习,后来亚努斯·帕诺尼斯被认为是最伟大的匈牙利人文主义者。人文研究主要还是在学术圈中发展,最初的研究开始于1440年维特兹的家里,紧跟着是在1470年马提亚斯的宫廷里,1497年则是在布达的多瑙河流域文学团体的集体宿舍里。意大利人文主义者和来自中欧各处的知识分子汇聚起来,这些"学术团体"成了匈牙利、波西米亚和波兰的真正的人文主义传播中心。他们还建立了人文主义的图书馆。维特兹在大瓦登的主教辖区建立了中欧第一个重要的图书馆,那时马提亚斯也建立了罗马之外最大最豪华的图书馆,取名叫 *Biblioteca Corvina*。15世纪的匈牙利有许多存在时间不长的大学,只有马提亚斯建立的帕塞尼大学在1465至1492年间一直存在,并

460

[59] E. Kovacs, 'Die Gründung der Universität Pécs und ihre Bedeutung für die ungarische Kultur', in *Universités Européennes* (注释 47), 42-47.

展示了人文主义影响的所有轨迹。[60]

教会高层人士对人文主义的兴趣对克拉科大学的各个方面都产生了深远的影响,这所大学在 1400 年重建。红衣主教奥尔尼基是大学的先驱,从 1423 年直到 1455 年去世,他一直是克拉科的大主教。他与意大利人文主义者有频繁的书信往来。人文主义于 1439 年进入克拉科大学,这时桑诺克的格列高利紧随着他在克拉科和意大利的学习之后,开始发表人文主
461 义演说。他们强烈的兴趣促使了 1449 年诗歌和修辞学教授职位的产生。1440 年,格列高利跟随维特兹到了西班牙,直到 1450 年,他作为匈雅迪儿子的指导教师,参加了维特兹的人文主义团体。后来,他于 1451 年返回波兰,被奥尔尼基提升为莱姆伯格的大主教。他的住所成了波兰人文主义文化的中心。1472 年,意大利人文主义者卡里马库斯·伊可斯皮恩斯成了克拉科皇室子弟的指导教师,后来又成了国王的秘书,在此之前,他在格列高利的住所避难。他与大学保持着紧密的联系。大学很快就成为公认的天文学中心,1450 年以后,克拉科许多杰出的天文学家都前往意大利获取医学博士学位并接受人文研究的训练。哥白尼于 1491 至 1495 年在克拉科学习文科,他是数学和天文学与哲学批评进行了人文主义结合的最大受益者。哥白尼在克拉科学习的人文主义课程包括 1499 年以前的希腊文,这些课程吸引了来自中欧和向西远至瑞士的学生。[61]

帝国真正的"人文主义的传道者"是埃涅阿斯·西尔维尔斯,即后来的教皇庇护二世。[62]与他在巴塞尔议会中的角色相关,他于 1442 年被任命为

---

[60] T. Klaniczay, E. Kushner, and A. Stegmann (eds.), *L'Epoque de la Renaissance 1400 – 1600*, vol. Ⅰ, *L'Avènement de l'esprit nouveau (1400 – 1480)* (Budapest, 1988), 135; T. Klaniczay, *Mattia Corvino e l'umanesimo italiano*, Accademia Nazionale dei Lincei, anno CCCLXXI – 1974, Quad. N. 202 (Rome, 1974); T. Klaniczay, 'Le mouvement académique à la Renaissance et le cas de la Hongrie', *Hungarian Studies* 2:1 (1986), 13 – 34; T. Klaniczay, 'Das Contubernium des Johannes Vitéz, Die erste ungarische "Akademie"', in K. Benda. T. von Beggay, H. Glass, and K. Lengyel (eds.), *Forschungen über Siebenbürgen und seine Nachbarn*, *Festschrift für A. T. Szabo und Z. Jako* (Munich, 1988), 227 – 243.

[61] L. Hajdukiewicz and M. Karas, *Die Jagellonen-Universität*, *Tradition-Gegenwart-Perspektiven* (Cracow, 1977), 26 – 34; M. Markowski, 'Astronomie an der Krakauer Universität im XV. Jahrhundert', in *Universities in the Late Middle Ages*, 267.

[62] G. Voigt and M. Lehnerdt, *Die Wiederbelebung des classischen Alterthums oder das erste Jahrhundert des Humanismus*, vol. Ⅱ, 3rd edn (Berlin, 1893), 277.

维也纳的大臣,并且一直为腓特烈三世服务直到1455年。最初,他批评维也纳大学忽视了对辩证法有益的文学、诗学、音乐和数学。[63]他认为辩证法是最能吸引年轻的王子们进行人文主义学习的学术知识。后来,他行使桂冠诗人的权利发表人文主义演说。在他的示范下,在1450年之前,尽管有过中断,但这样的演说还是定期举行。1454年,天文学家皮尔巴赫的乔治教授拉丁文经典著作。他的学生和朋友雷吉奥蒙塔努斯在1461年也是这么做的。15世纪80年代大学衰落以后,神圣罗马帝国的马克西米利安一世在大学负责人珀格的支持下,竭尽全力进行人文主义改革,以对付经院哲学统治下文学院的抵制。1497年,人文主义就在维也纳大学中取得了稳固的地位,这时皇帝委任德国人"大主教人文主义者"康拉德·策尔蒂斯担当新设立的诗学和修辞学教授职位。当学院不能承受这个荣誉时,他创立了一个与学院并列的独立的教育中心,称为"诗歌和数学学舍"。这个学舍有授予诗人教学资格的权利,即 *venia legendi*。[64]

同样,在帝国的其他地方,对人文主义的接纳也得到了详细考察。[65]主 462
要是教会和世俗的领袖,例如沃姆斯主教和海德堡大学校长约翰·冯·达尔贝格(1455—1503),他们在宫殿和大学里鼓励和支持发展人文主义的学术。他们中的一部分人本身是人文主义社团的赞助者,另一部分,是通过他们的顾问和官员,这些人都在意大利接受过人文主义的训练。人文主义在城市中也得到了认同,这些城市都开始有了集体意识。人文主义的传播离不开一些有影响力的个人的成就,例如巴姆堡和埃奇斯达特的大教堂主教阿尔布雷西特·冯·艾布(1420—1475);1458年奥格斯堡的市长西斯吉蒙德·格森伯特;或者纽伦堡的贵族汉斯·皮克海默,1448年他跟随艾布在博洛尼亚学习人文研究,其人文主义手稿集现存于大英博物馆。汉斯的儿

---

[63] Enea Silvio Piccolomini, *Epistolae*, vol. Ⅰ, ed. R. Wolkan, (Vienna, 1909), 81ff.

[64] A. Lhotsky, *Die Wiener Artistenfakultät 1365 - 1497* (Vienna, 1965).

[65] H. O. Burger, *Renaissance*, *Humanismus*, *Reformation*, *Deutsche Literatur im europaïschen Kontext* (Bad Homburg/Berlin/Zurich, 1969); L. W. Spitz, 'The Course of German Humanism', in H. A. Oberman(ed.), with T. A. Brady, *Iter Italicum*, *the Profile of the Italian Renaissance in the Mirror of the European Transformation* (Leiden, 1975), 371 - 436; E. Meuthen, 'Charakter und Tendenzen des deutschen Humanismus', in H. Angermeier(ed.), *Säkulare Aspekte der Reformationszeit*, Schriften des Historischen Kollegs, Kolloquien 3 (Munich/Vienna, 1983), 217 - 266.

子约翰尼斯和侄子维利巴尔德都是纽伦堡市政议会的成员，他们同时也是活跃的人文主义者。人文研究在市政学校中取得了固定地位，这些学校，例如罗特韦尔、曼斯特、斯莱茨斯塔特的学校，成了真正的人文主义的温床。通过学校、大学和出版机构的共同活动，巴塞尔成为了人文主义文化的中心，在全欧洲地位突出，影响深远。

“巡回的人文主义者”，既有意大利人又有德国人，他们曾在意大利学习，是德国大学中的第一批人文主义代表。他们应地方统治者的邀请，主要教授学院计划之外的课程。这种情况最好的例子是路德，尽管他没有大学学位，但他是德国大学中第一个讲授人文课程的人。1456 至 1470 年间，路德在海德堡、爱尔福特、莱比锡、巴塞尔以及维也纳提出了一套新的人文主义的教学计划。他做这些事有双重意义，作为一个外来者，他不得不通过特殊的广告为他的课做宣传。[66]

人文主义者不仅仅为文学院所用，同时文学院也付给他们丰厚的报
463 酬，他们的报酬远远超过了普通教师的报酬。[67]市立大学也努力提供人文主义的教学。1464 年，巴塞尔设立了它的第一个有薪俸的“人文或者演说”职位。科隆也做了同样的努力，它在 1515 年被视为经院哲学的堡垒，因此也是人文主义争辩的目标。从整体上看，到 1500 年之前，多数德国大学都有了人文主义教学的倾向。然而，1516 年以后，最先在维腾堡，大学结构在人文主义的指导下进行了改革。[68]

在英格兰，人文主义最初也是名流们的私人事务，他们通过外交使团，对意大利的人文主义者留下深刻印象。因此，温彻斯特的主教，即后来的英格兰红衣主教亨利·博福特，邀请著名的人文主义者波乔·布利乔利尼参加康斯坦斯会议的服务。但是 1418 至 1423 年波乔在伦敦逗留期间，博福

---

[66] L. Bertalot, 'Humanistische Vorlesungsankündigungen in Deutschland im 15. Jahrhundert(1915)', in L. Bertalot *Studien zum italienischen und deutschen Humanismus*, vol. Ⅰ, ed. P. O. Kristeller, (Rome,1975), 219 – 227.

[67] L. Boehm, 'Humanistische Bildungsbewegung und mittelalterliche Universitätsverfassung, Aspekte zur frühneuzeitlichen Reformgeschichte der deutschen Universitäten', in *Universities of the Late Middle Ages*, 329 – 341; O. Herding, 'Pädagogik, Politik, Geschichte', in *L'Humanisme allemand (1480 – 1540): XVIII e Colloque international de Tours* (Munich/Paris, 1979), 114 – 116.

[68] Meuthen, *Kölner Universitätsgeschichte* (注释 58), 204 – 209.

特并没有为人文主义思想的传播做什么。而在他的对手,英国摄政王格洛斯特的公爵汉弗莱(1391—1447)的统治下,情况则很不同。他不仅对人文主义兴趣浓厚,而且还慷慨资助意大利人文主义者。他请一些人文主义者为他服务,另外一些人文主义者则将自己的翻译作品和论文献给他。汉弗莱还组建了一个很有价值的人文主义图书馆,现在的牛津大学图书馆的部分基础就建立在这个图书馆上。他的做法为其他英国贵族所仿效,他们搜集人文主义的书籍,并将学识渊博的人文主义者吸引到他们周围。一代人以后,正是这些意大利的旅行者将人文研究引入到了贵族成员以及那些后来成为教师和官员的人中间。这些特定的制度状况为15世纪末某些学舍的其他研究奠定了基础,例如,1480年的牛津大学的马格达莱娜学舍。但是,人文研究真正进入大学要到16世纪。[69]

在伊比利亚半岛,人文主义甚至更像是宫廷事务。卡斯蒂利亚和利昂的国王约翰二世与意大利人文主义者有非常密切的关系。阿拉贡、加泰罗尼亚和那不勒斯的国王(1396—1458)阿方索五世的宫廷是名副其实的人文主义宫廷。后来意大利的人文主义者在葡萄牙宫廷里获得了拉丁文的新发现。1464年以后,其他的意大利人文主义者在萨拉曼卡大学做占星学和诗学教授。15世纪末,通过两个曾在意大利学习的学者的活动,人文研究在萨拉曼卡大学深深地扎下了根。他们是拉丁语学者安东尼奥·德·内夫里哈(1444—1522)和艾里兹·巴尔沃萨。1495年,他们被委任了第一批希腊文的教授职位。阿尔卡拉大学在人文主义的红衣主教希门内斯的努力下,于1499年建立。1508年这所大学才敞开大门。在葡萄牙,人文主义的确立也是在16世纪。[70] 464

---

[69] W. E. Pantin, 'The Conception of the Universities in England in the period of the Renaissance', in *Universités européennes*(注释 47), 101 - 113; D. Hay, 'England and the Humanities in the Fifteenth Century', in Oberman(ed.), with Brady, *Itinerarium Italicum*(注释 65), 305 - 367.

[70] F. Rico, 'Nebrija, Aires Barbosa et l'humanisme de leur temps'; A. da Costa Ramalho, 'Quelques aspects de l'introduction de l'humanisme au Portugal'; L. de Matos, 'L'expansion portugaise dans la littérature latine de la Penaissance'; and L. de Albuquerque, 'Science et l'humanisme dans la Renaissance portugaise', in *L'Humanisme portugais et l'Europe. Actes du XXI e Colloque international d'études humanistes, Tours 3 - 13 juillet 1978*(Paris,1984),245 - 246,33 - 49,402 - 406,419 - 435.

从彼特拉克开始，他称一个荷兰朋友为“他的苏格拉底”，荷兰各地就有对人文主义感兴趣的知识分子。但说到荷兰接受人文主义则是 1465 年以后的事。首先是在学校里，例如德温特的一所学校，亚历山大·黑吉乌斯(1483—1498)执教于此，以及像安德沃斯的“学园”(academy)这样的学术圈中接纳了人文主义。安德沃斯“学园”是格罗宁根附近的一所修道院，几个著名的人文主义者，例如韦塞尔·甘斯福特(1419—1485)和鲁道夫·阿格里科拉(1443—1485)在 1470 年左右都是“学园”成员。甘斯福特和阿格里科拉首次在荷兰以外的大学中任教意义重大，前者在巴黎执教，在那里阿格里科拉和卢希林都是他的学生；后者在费拉拉和海德堡执教。可以肯定的是，1477 至 1478 年间，鲁汶的法学院设有诗学教授职位；自 1444 年以来，其文学院就设有修辞学教授职位。但是这些讲座的负责人主要对数学和法学感兴趣。直到 1517 年三语学舍的建立，鲁汶的人文主义才进入了全盛期。⑦

在法国，起初人文主义的发展大多与意大利的人文主义联系密切。设在阿维尼翁的教廷，鼓励加强意大利和法国知识分子之间的接触，并对此做出了贡献。教皇的高级官员和皇室大臣，像让·德·蒙特勒伊(1354—1418)和尼古拉斯·德·克莱芒斯(1365—1437)，传播了他们的意大利同行的人文主义理想。在巴黎的纳瓦拉学舍，他们开始熟悉拉丁文经典著作。尼古拉斯在成为教皇秘书之前，曾在纳瓦拉学舍讲授过关于人文主义的课程。1393 年，他被推选为大学的校长。除了上面提到的两个人，纳瓦拉学舍的第三个学生是著名的神学家、传教士和神职政治家热尔松(1363—1429)，他从 1396 年开始一直是巴黎大学的教长，同时也是巴黎大学在康斯坦斯会议上最有影响力的代表。热尔松与克莱芒斯、蒙特勒伊一起被视为法国人文主义的第一代学者和奠基者。

465 随着 1418 年许多学舍的解散，人文主义 经历了严重的倒退。后来英国的摄政王格洛斯特的汉弗莱曾刺激了巴黎和卡昂大学的人文主义研究，这所大学是英国国王创办的。艾克斯、安格斯和阿维尼翁的人文研究发展

⑦ J. IJsewijn, ‘The Coming of Humanism in the Low Countries’, in Oberman(ed.), with Brady, *Iter Italicum*(注释 65),193-301,尤其是 203, 230, 235, 276.

与意大利有着传承关系。1440年以后,纳瓦拉学舍的毕业生同样也在教授人文主义的课程。巴黎大学文学院在1452年改革之后,才迎来了真正的人文主义高潮。不仅仅是有声望的意大利人文主义者来到巴黎,使法国的人文主义进入了一个新的阶段。1453年,纪尧姆·费雪(1433至约1480年)从事了一项影响深远的职业,在索邦神学舍做一名人文教师。1470年,费雪与他的同事海恩林一起,建立了索邦神学舍的印刷出版社,这是人文主义文献第一次在法国印刷。然而,他们在1473年都离开了巴黎。仅仅十年之后,基督教和国家导向的人文主义开始形成,这归功于费雪的一个学生,圣三一教派的修道会长罗伯特·加甘(约1433—1502)。在他的学生中,他比较看重鹿特丹的伊拉斯谟。勒费弗尔·德·塔普勒(1455—1536)用改革的热情继承了人文主义传统。总的来说,15世纪的人文主义在法国的大学中扮演了一个相对谦虚的角色。人文研究仅仅是任选课程,而人文教学仅限于个别的学舍。人文主义的改革仅仅出现于16世纪,而且即使在那时,也是付出了巨大努力的结果。[72]

作为人文主义同盟者的书籍出版

费雪在索邦神学舍建立的印刷出版社显示了人文主义与书籍印刷有很重要的关系。但是,在15世纪,我们仅能找到书籍印刷出版发展的先兆,在16世纪,书籍印刷出版则成为了大学的一个重要特征。古登堡发明的活字印刷术采用了独立的字模,具有可组合的特征,但这一技术的产生并不是受人文主义所驱动的。著名的四十二行圣经就是古登堡印刷术的第一批作品,产生于1455年。1501年以前印刷的近3万册古版书籍中,有近一半是圣经的各种版本、宗教祈祷书、每日祈祷书和其他的宗教作品;有近30%是古希腊罗马时期、中世纪早期以及现代的文学作品;有10%是法律和自然科学方面的作品。[73]

书籍印刷从两种途径服务于人文主义的目标。一种途径是,正如我们

[72] *Universités en France*, 131 – 133; D. Cecchetti, *Il primo umanesimo francese* (Turin, 1987).

[73] L. Febvre and H. -J. Martin, *L'Apparition du livre* (Paris, 1971), 351.

看到的,人文主义者通过书籍与其他人交流,也是因为这个原因,他们希望占有近可能多的书。抄写机构迎合了这种需要,正如佛罗伦萨人韦斯帕夏诺·德·比斯蒂奇(1421—1498)创办的机构,产出了昂贵的精装本书籍。书
466 籍印刷使得不富裕的人文主义者也能建立他们自己的图书馆。质量和数量同等重要。1400 年萨卢塔蒂遗憾地写到,对有缺陷的传统文本的批评改进是徒劳,因为每个抄写员都会造成新的错误。他首创了通过对手稿文献的系统比较的校勘法。随着印刷书籍的出现,校勘后的文献能生产出人们需要的数量。当然,这要求特别注意样本的编排。

印刷业扩展迅速,因为它能快速积累起财富。它在行会及其质量标准外发展起来。伊拉斯谟轻蔑地说,成为一个印刷商比成为一个面包师容易得多。随着不计其数的印刷者生产出大量的书籍,而人文主义者又试图获得可信的文献,于是出现了学者型的印刷商,他们与学术界人士密切合作。阿尔都斯·马努提修斯就是这种类型的典型代表,特别是在罗马和费拉拉,他研究并教授人文研究,包括希腊文,1490 年,在他四十岁的时候,他在维也纳建立了一个出版机构。为了出版经过校勘的希腊经典著作,他召集了一群学术界的朋友,他们是希腊人或者是希腊文教师。这个圈子获得了“新学园派”的名称和地位。[74]

最重要的是,马努提修斯和他的合作者鹿特丹的伊拉斯谟都是印刷书籍对于人文主义在大学外部的发展意义重大的证明。伊拉斯谟是欧美国家第一个自由撰稿作家,他以自己出版书籍为生,拒绝各种邀请,不愿成为大学教师或者教会官员。他作为基督教人文主义的最重要的代表和传播者,还是 16 世纪清教改革和天主教改革的先驱,他的影响不仅是其广泛社会关系的结果,而且还是在书籍印刷和书籍贸易中扮演角色的结果。在巴塞尔,他直接在校对台前工作,先是与阿尔都斯·马努提修斯一起,后来是与约翰尼斯和耶洛尼姆斯·弗罗本一起,在那里他阅读自己最新作品的校样,同时他还忙于写作一部新书。他出售自己的人文主义产品,这些产品包括 160 多部作品。由于他是第一批获得特许权的人,同时还亲自过问书

---

[74] M. Lowry, *The World of Aldus Manutius. Business and Scholarship in Renaissance Venice*(Oxford,1979),8,196.

籍的设计,将像乌斯·格拉夫和汉斯·霍尔本这样的艺术家的设计和书籍的广告与发行结合起来,因此,伊拉斯谟的书籍产品格外出众。他将书籍出版艺术赞誉为最高的艺术,因为这使我们在任何时候都能与学识最渊博和信仰最虔诚的人进行对话。⑮ 467

书籍印刷对大学教学产生了深刻的影响。在中世纪的教学中,讲课和辩论中的口头语言占统治地位,同样那些口头标准提出和阐述的思想观念也占统治地位。当普通的学生开始购买书籍的时候,书面文字开始在大学教学中占据主导地位。不仅文献资料更容易获得,也更容易理解,而且注释、教科书和辩证法也不再为教师所垄断,那是因为这方面的书籍在市场上都能买到。因此,在较大规模的科学团体中,不同的观点和新的看法能很快成为激烈讨论和个人争辩的对象。到15世纪末,不仅是物质的宇宙得到了巨大的扩展。由于人文主义以及与之相关的书籍印刷,大学中知识和思想的世界也在所有的历史维度和在不同的表现形式上得以扩张,从某种程度上说这些扩张只能在接下来的世纪得到充分的发展。

人文主义是中世纪向现代过渡的一种现象。特别是在大学中,人文主义建立在中世纪的基础上。人文主义者对他们与中世纪理性方法和信仰之间的差异的强调显示出中世纪在他们身上的印记有多深。人文主义者感到他们几乎被它所控制,无法走自己的路,尤其是在大学中。人文主义者将人类对他们自身和世界的理解置于兴趣的中心,将人类的社会活动作为矛盾的潜在来源,就这些创新而言,他们开启了大学史上的新纪元。在这个新纪元中,人类的经验及其转化为语言和数字的形式,成为了"科学革命"的任务,或者,更精确地表达是:实质的扩展、经验的深化、方法的革新和概念的系统化,这些都是科学和学术研究以及它们通过教学进行交流的结果。

---

⑮ W. Rüegg, 'Erasmus von Rotterdam', in S. Corsten, G. Pflug, and F. A. Schmidt-Kunsemüller (eds.), *Lexikon de gesamten Buchwesens*, vol. Ⅱ (Stuttgart, 1989), 476–477.

精选文献

Baron, H. *The Crisis of Early Italian Renaissance, Civic Humanism and Republican Liberty in an Age of Classicism and Tyranny*, 2 vols., Princeton, 1955; revised one-volume edition with an epilogue, Princeton, 1966.

Baron, H. *In Search of Florentine Civic Humanism, Essays on the Transition from Medieval to Renaissance Thought*, 2 vols., Princeton, 1988.

468 Baxandall, M. *Giotto and the Orators, Humanist Observers of Painting in Italy and the Discovery of Pictorial Composition*, Oxford, 1971.

Bibliographie internationale de l'Humanisme et de la Renaissance (Geneva), 1(1969), and subsequent annual volumes.

Buck, A. *Humanismus, seine europäische Entwicklung in Dokumenten und Darstellungen*, Freiburg/Munich, 1987.

Cochrane, R. *Historians and Historiography in the Italian Renaissance*, Chicago, 1982.

Garin, E. *La cultura filosofica del Rinascimento italiano*, Florence, 1961; 2nd edn, 1979.

Garin, E. *La disputa delle arti nel Quattrocento*, Florence, 1947.

Garin, E. *Der italienische Humanismus*, Berne, 1947.

Grafton, A. and Jardine, L. *From Humanism to the Humanities, Education and the Liberal Arts in Fifteenth and Sixteenth Century Europe*, London, 1986.

Kohl, B. J. *Renaissance Humanism, 1300 – 1550. A Bibliography of Materials in English*, New York/London, 1985.

Kristeller, P. O. 'The Curriculum of the Italian Universities from the Middle Ages to the Renaissance', *Proceedings of the Patristic, Mediaeval and Renaissance Conference*, 7(1984), 1 – 15.

Kristeller, P. O. 'Humanism and Scholasticism in the Italian Renaissance (1944 – 1945)', in P. O. Kristeller, *Studies in Renaissance Thought and*

Letters, Rome, 1956.

Kristeller, P. O. 'Humanism', in C. B. Schmitt and G. Skinner, (eds.), *The Cambridge History of Renaissance Philosophy*, Cambridge, 1988, 113 – 137.

Martines, L. *Power and Imagination, City-states in Renaissance Italy*, New York, 1979.

Mitteilungen der Senatskommission für Humanismusforschung der DFG Deutsche Forschungsgemeinschaft, vol. Ⅺ, *Humanismus und Medizin*, ed. E. Schmitz and G. Keil, Weinheim, 1984; vol. Ⅻ, *Humanismus im Bildungswesen des 15. und 16. Jahrhunderts*, ed. W. Reinhard, Weinheim, 1984, vol. XIV, *Der Humanismus und die oberen Fakultäten*, ed. G. Keil, B. Moeller, and W. Trusen, Weinheim, 1987.

Müller, G. *Mensch und Bildung im italienischen Renaissance-Humanismus, Vittorino da Feltre und das humanistische Erziehungsdenken*, Baden-Baden, 1984.

Schmitt, C. B. and Skinner, G. (eds.), *The Cambridge History of Renaissance Philosophy*, Cambridge, 1988.

Trinkaus, C. 'Humanism', in *Encyclopedia of World Art*, vol. Ⅶ, New York, 1962, 702 – 743.

Trinkaus, C. and Oberman, H. A. (eds.) *The Pursuit of Holiness in Late Medieval and Renaissance Religion. Papers from the University of Michigan Conference*, Leiden, 1974.

Les Universités européennes du XIV e au XVIII e siècle: aspects et problèmes. Actes du colloque international à l'occasion du VI e centenaire de l'université Jagellonne de Cracovie, 6 – 8 Mai 1964, Geneva, 1967.

Verger, J. (ed.) *Histoire des universités en France*, Toulouse, 1986, 77 – 137.

Wuttke, D. 'Dürer et Celtis, l'an 1500 considéré comme l'époque de l'humanisme allemand', in *XVIII e Colloque international de Tours, L'Humanisme allemand (1480 – 1540)*, Munich/Paris, 1979.

主编关于索引的说明

因为一些实际原因,本书将索引分成两部分:一是人名索引,二是地名与主题索引。

第一部分索引包括本卷中涉及到的所有人名。人名按字母顺序排列,如果是中世纪的学者和名人,则先依其教名而不是姓氏排序。如果是人文主义者,通常依其姓氏排序。本索引不包括作者的著作。

地名和主题索引经过了仔细的编辑。换言之,文中出现的各种各样的主题没有必要在索引中反复重现或列在地名之下,而是改为将其纳入更普遍的题目下的集体条目下,并且索引中包括的仅是那些与大学史有直接相关的主题。查询所有涉及的个人,读者应该使用人名索引(显然亚里士多德和亚里士多德主义除外)。地名使用英语形式,如果有现代地名,还附有(现代)国家名和郡、县或省名。鉴于历史的精确性,索引中的地名一般使用当时的名称用法。现代的地名或其他用法都标在相关条目后的括号中。如果可能,人物身份统一且位置确定。

这两部分索引的编辑是在根特的约翰·汉塞莱尔的帮助下完成的。我们向他表示最诚挚的感谢,感谢他的辛勤劳动和对具体细节的注意。

人名索引*

* 人名索引及地名与主题索引中的页码为原书页码——译者。

C

D

E

H

N

S

W

X

Z

地名与主题索引

B

E

F

H

I

J

K

L

M

N

O

P

T